Abril EDUCAÇÃO

AlfaCon
Concursos Públicos

www.alfaconcursos.com.br

Autores

Língua Portuguesa	-	Pablo Jamilk
Matemática	-	Daniel Lustosa
Informática	-	João Paulo Colet Orso
Raciocínio Lógico	-	Daniel Lustosa
Matemática Financeira	-	Daniel Lustosa
Processos Administrativos	-	Júlio Raizer e Marisol Bufemann
Noções de Arquivologia	-	Thais Vieira

Ficha Catalográfica

C35i

CASTRO, Wilza (Org.) - **Técnico de Administração e Controle Júnior**. Cascavel: Editora AlfaCon, 2015.

388p. 20.5 x 27.5 cm

ISBN: 978-85-8339-154-8

1. Língua Portuguesa. 2. Matemática. 3. Informática. 4. Raciocínio Lógico. 5. Matemática Financeira. 6. Processos Administrativos. 7. Noções de Arquivologia

CDU: 811.134.3

Proteção de direitos

Endereço: rua Jacarezinho, 800, Cascavel-PR.

www.alfaconcursos.com.br/apostilas

Apresentação

Estudar para concurso público requer um aprendizado que vai desde a compreensão do conteúdo exigido em edital até a interpretação de uma lei.

Por isso, a presente obra, voltada ao concurso para o cargo de **Técnico de Administração e Controle Júnior**, reúne os principais conteúdos relacionados a essa prova, dando ênfase aos tópicos mais cobrados, com questões comentadas e gabaritadas a cada capítulo, o que ajudará na compreensão e fixação do conteúdo.

A obra contempla as disciplinas de Língua Portuguesa, Matemática, Informática, Raciocínio Lógico, Matemática Financeira, Processos Administrativos e Noções de Arquivologia.

Preparando-se com o material didático **AlfaCon**, você estará apto a realizar com sucesso a prova elaborada pela banca examinadora que aplica o concurso.

Desfrute de seu material o máximo possível.

Bons estudos e rumo à sua aprovação!

AlfaCon
Concursos Públicos

2015

Plano de Estudo

O plano de estudo é uma ferramenta indispensável para maximizar a aprendizagem do concursando. Quem nunca teve aquela sensação de não saber o que vai estudar no dia? Ou, ainda, quem nunca pegou um livro de qualquer matéria e começou a folhear sem critério algum? É nesse momento que o plano de estudo entra.

Temos o costume de nos dedicar ao que sabemos mais, porque é mais simples relembrar o que já dominamos, e estudar menos o que sabemos menos. Por esse motivo, o plano de estudo é a salvação para o concursando.

Organização dos Conteúdos

Para auxiliá-lo e direcionar os seus estudos, organizamos uma tabela com base nas disciplinas que fazem parte do concurso para a Petrobras, cargo de Técnico de Administração e Controle Júnior.

Antes de entender a tabela que estruturamos, é importante que você conheça quais os conteúdos básicos e específicos cobrados para essa prova.

→ Conhecimentos Básicos:

- Língua Portuguesa
- Matemática
- Informática

→ Conhecimentos Específicos:

- Matemática Financeira
- Raciocínio Lógico
- Processos Administrativos
- Noções de Arquivologia

A tabela disponível abaixo é uma sugestão de como você pode organizar seus estudos a partir do que está previsto em edital.

Fase	1º Dia - 2h por matéria		2º Dia - 2h por matéria		3º Dia - 2h por matéria	
Fase 01	Língua Portuguesa	Matemática	Informática	Matemática Financeira	Língua Portuguesa	Raciocínio Lógico
	4º Dia - 2h por matéria		5º Dia - 2h por matéria		6º Dia - 2h por matéria	
Fase 02	Língua Portuguesa	Matemática	Matemática Financeira	Informática	Processo Administrativo	Raciocínio Lógico
	7º Dia - 2h por matéria		8º Dia - 2h por matéria		9º Dia - 2h por matéria	
Fase 03	Língua Portuguesa	Matemática Financeira	Informática	Processos Administrativos	Arquivologia	Processos Administrativos
	10º Dia - 2h por matéria		11º Dia - 2h por matéria		12º Dia - 2h por matéria	
Fase 04	Língua Portuguesa	Matemática	Arquivologia	Informática	Raciocínio Lógico	Arquivologia

A tabela funciona da seguinte forma: cada fase corresponde a três dias de estudo. Em cada uma, você tem a possibilidade de estudar todas as disciplinas para o concurso da Petrobras, cargo de Técnico de Administração Júnior. Você deve estudar da primeira até chegar à última. Separamos de forma que você tenha contato com, pelo menos, duas matérias por dia. Por que dessa forma? Estudam-se duas matérias por dia porque, nessa sugestão de planejamento, há um ciclo equilibrado de estudo. Assim, o que foi estudado está sendo sempre relembrado. Nesse sistema, o que foi aprendido não é esquecido.

Outro fator positivo é que você estuda todas as matérias e coloca uma carga extra em matérias que têm um peso maior. Essa tabela tem como carga total 48 horas, distribuídas em 12 dias. Assim, você estuda e revisa os conteúdos até completar o edital.

Observe, na tabela abaixo, a quantidade de horas de estudo por ciclo.

Matérias Básicas	Quantitativo de Horas Estudadas por Ciclo
Língua Portuguesa	10 Horas
Matemática	6 Horas
Informática	6 Horas
Matérias Específicas	
Matemática Financeira	6 Horas
Raciocínio Lógico	6 Horas
Processos Administrativos	8 Horas
Noções de Arquivologia	6 Horas

Note que cada ciclo completo tem 48 horas de estudo. Veja que programamos mais horas para Língua Portuguesa, pois é a matéria que tem mais peso. Assim, você pode aumentar a carga das matérias em que têm mais dificuldade e diminuir a carga das matérias que mais domina.

Passo a Passo

1) Imagine que você comece a estudar numa segunda-feira.
2) Respeite a carga horária.
3) Separe o material de estudo.
4) Inicie os estudos.
5) Quando der as duas horas de estudo de Língua Portuguesa, pare imediatamente.
6) Passe para Matemática.
7) Marque onde parou. Assim, poderá começar de novo quando a tabela alcançar a disciplina de Língua Portuguesa novamente.
8) Faça isso com todas as matérias até chegar ao fim do ciclo.
9) Depois disso, analise se o plano está tendo resultado.
10) Se achar necessário, faça as alterações na carga horária e comece tudo de novo.
11) Lembre-se de que o ato de estudar é contínuo. Além disso, não podemos ser peritos em uma matéria e leigos em outras, ou seja, o concursando tem que ir bem em todas as disciplinas.
12) Não podemos esquecer que os exercícios são importantes. Desse modo, você pode reservar horários específicos somente para a resolução de questões da banca examinadora.

Organização é tudo. Se o concursando seguir esses passos, pode ter a certeza de que terá uma preparação completa. Agora, uma situação é certa: muita gente não pode seguir esse ritmo, pois as tarefas do dia simplesmente impedem. Assim, a palavra de ordem é adaptar-se à realidade!

Esse método é muito funcional e, ao contrário do que muita gente pensa, ele dá um rumo ao concursando. Precisamos ter em mente que um planejamento deve ser feito de médio a longo prazo e que, sem dúvida, demoramos um pouco a nos habituarmos a um ritmo de estudo. Porém, depois que conseguimos estruturar uma rotina, não paramos mais. Tanto é real que os verdadeiros concursandos e concurseiros passam em vários concursos públicos.

Ser organizado é chegar mais cedo à aprovação!

Prof. Evandro Guedes

SUMÁRIO

ÍNDICE

CAPÍTULO 01

Níveis de Análise da Língua

Vamos começar o nosso estudo fazendo uma distinção entre quatro níveis de análise da Língua Portuguesa, afinal, você não pode confundir-se na hora de estudar. Fique ligado nessa diferença:

I. **Nível Fonético / Fonológico:** estuda a produção e articulação dos sons da língua.

II. **Nível Morfológico:** estuda a estrutura e a classificação das palavras.

III. **Nível Sintático:** estuda a função das palavras dentro de uma sentença.

IV. **Nível Semântico:** estuda as relações de sentido construídas entre as palavras.

Fique Ligado

Na Semântica, estudaremos, entre outras coisas, a diferença entre linguagem de sentido denotativo (ou literal, do dicionário) e linguagem de sentido conotativo (ou figurado).

Ex: Rosa é uma flor.

01. Morfologia:

- ***Rosa: substantivo;***
- ***Uma: artigo;***
- ***É: verbo ser;***
- ***Flor: substantivo***

02. Sintaxe:

- ***Rosa: sujeito;***
- ***É uma flor: predicado;***
- ***Uma flor: predicativo do sujeito.***

03. Semântica:

- ***Rosa pode ser entendida como uma pessoa ou como uma planta, depende do sentido.***

Vamos, a partir de agora, estudar as classes de palavras. Precisamos de uma base sólida para podermos progredir. Preste muita atenção à morfologia, pois, sem ela, não é possível progredir no estudo do Português!

Morfologia - 10 Classes de Palavras

Antes de mergulhar nas conceituações, vamos fazer uma lista para facilitar o nosso estudo: classe e exemplo.

01. **Artigo:**
    - O, a, os, as, um, uma, uns, umas.
02. **Adjetivo:**
    - Legal, interessante, capaz, brasileiro, francês.
03. **Advérbio:**
    - Muito, pouco, bem, mal, ontem, certamente
04. **Conjunção:**
    - Que, caso, embora.
05. **Interjeição:**
    - Ai! Ui! Ufa! Eita.
06. **Numeral:**
    - Sétimo, vigésimo, terço.
07. **Preposição:**
    - A, ante, até, após, com, contra, de, desde, em, entre.
08. **Pronome:**
    - Cujo, o qual, quem, eu, lhe.
09. **Substantivo:**
    - Mesa, bicho, concursando, Pablo, José.
10. **Verbo:**
    - Estudar, passar, ganhar, gastar.

Artigo

O artigo é a palavra variável que tem por função individualizar algo, ou seja, possui como função primordial indicar um elemento, por meio de definição ou indefinição[1] da palavra que, pela anteposição do artigo, passa a ser substantivada. Os artigos se subdividem em:

a) **Artigos definidos: o, a, os, as** - porque definem o substantivo a que se referem.

Veja os exemplos:

- Hoje à tarde, falaremos sobre **a** aula da semana passada.
- Na última aula, falamos **do** conteúdo programático.

b) **Artigos indefinidos: Um, uma, uns, umas** - porque indefinem o substantivo a que se referem.

Veja os exemplos:

- Assim que eu passar no concurso, eu irei comprar **um** carro.
- Pela manhã, papai, apareceu **um** homem da loja aqui.

É importante ressaltar que os artigos podem ser contraídos com algumas preposições essenciais, como demonstraremos na tabela a seguir:

Preposições	Artigo							
	Definido				Indefinido			
	o	a	os	as	um	uma	uns	umas
A	ao	à	aos	às	-	-	-	-
De	do	da	dos	das	dum	duma	duns	dumas
Em	no	na	nos	nas	num	numa	nuns	numas
Per	pelo	pela	pelos	pelas	-	-	-	-
Por	polo	pola	polos	polas	-	-	-	-

Fique Ligado

O artigo é utilizado para substantivar um termo. Ou seja, quer transformar algo em um substantivo? Coloque um artigo em sua frente.

- ***Ex.: <u>Cantar</u> alivia a alma. (Verbo)***
- ***Ex.: <u>O cantar</u> alivia a alma. (Substantivo)***

Exercício Comentado

1 A noção aqui expressa por definição ou indefinição foi brilhantemente esclarecida por Napoleão Mendes de Almeida. O professor afirma que o artigo é um termo anteposto a um substantivo que possui com função dar precisão (no caso dos definidos) ou imprecisão (no caso dos indefinidos) ao termo com que estabelece relação.

01. (CESGRANRIO) Entre os apresentados a seguir, qual o único exemplo em que o "a" NÃO pode ser classificado como artigo?

a) "... mostram como ponto em comum a capacidade de ..."

b) "de suportar a frustração."

c) "(sujeitos a condições subumanas, ...)"

d) "Venceram a voz que falava:"

e) "... sobre a atitude negativa."

RESPOSTA. "C" Uma questão de simples resolução. Basta observar que a palavra "a" na alternativa "C" não fez flexão, ou seja, ficou no singular. Como o artigo costuma flexionar de acordo com o substantivo (e não fez), o elemento em destaque é uma preposição. Também era possível identificar se buscássemos a regência da palavra "sujeitos". Quem está sujeito, está sujeito a alguma coisa. Assim, entende-se que a palavra em destaque é uma preposição.

Emprego do artigo com a palavra "todo":

Quando inserimos artigos ao lado do termo "todo", em geral, o sentido da expressão passa a designar totalidade. Como no exemplo abaixo:

> Pobreza é um problema que acomete **todo** país. (todos os países)

> Pobreza é um problema que acomete **todo o** país. (o país em sua totalidade).

Adjetivo

É a palavra variável que expressa uma qualidade, característica ou origem de algum substantivo ao qual se relaciona.

» **Ex.**: Meu terno é **azul**, **elegante** e **italiano**.

Analisando, entendemos assim:

> **Azul:** característica.

> **Elegante:** qualidade.

> **Italiano:** origem.

Vamos falar um pouquinho sobre a estrutura e a classificação dos adjetivos. Com relação à sua formação, eles podem ser:

→ **Explicativos:** quando a característica é comum ao substantivo referido.

» **Ex.**: Fogo **quente**, Homem **mortal.** (Todo fogo é quente, todo homem é mortal)

→ **Restritivos:** quando a característica não é comum ao substantivo, ou seja, nem todo substantivo é assim caracterizado.

» **Ex.**: Terno **azul**, Casa **grande.** (Nem todo terno é azul, nem toda casa é grande)

→ **Simples:** quando possui apenas uma raiz.

» **Ex.**: amarelo, brasileiro, competente, sagaz, loquaz, inteligente, grande, forte etc.

→ **Composto:** quando possui mais de uma raiz.

» **Ex.**: amarelo-canário, luso-brasileiro, verde-escuro, vermelho-sangue etc.

→ **Primitivo:** quando pode dar origem a outra palavra, não tendo sofrido derivação alguma.

» **Ex.**: bom, legal, grande, rápido, belo etc.

→ **Derivado:** quando resultado de um processo de derivação, ou seja, oriundo de outra palavra.

» **Ex.**: bondoso (de bom), grandioso (de grande), maléfico (de mal), esplendoroso (de esplendor) etc.

Os adjetivos que designam origem de algum termo são denominados adjetivos pátrios ou gentílicos.

Uma lista de adjetivos pátrios de estado:

Adjetivos Pátrios	
Acre	Acriano
Alagoas	Alagoano
Amapá	Amapaense
Aracaju	Aracajuano ou aracajuense
Amazonas	Amazonense ou baré
Belém(PA)	Belenense
Belo Horizonte	Belo-horizontino
Boa Vista	Boa-vistense
Brasília	Brasiliense
Cabo Frio	Cabo-friense
Campinas	Campineiro ou campinense
Curitiba	Curitibano
Espírito Santo	Espírito-santense ou capixaba
Fernando de Noronha	Noronhense
Florianópolis	Florianopolitano
Fortaleza	Fortalezense
Goiânia	Goianiense
João Pessoa	Pessoense
Macapá	Macapaense
Maceió	Maceioense
Manaus	Manauense
Maranhão	Maranhense
Marajó	Marajoara
Natal	Natalense ou papa-jerimum
Porto Alegre	Porto alegrense
Ribeirão Preto	Ribeiropretense
Rio de Janeiro(Estado)	Fluminense
Rio de Janeiro(Cidade)	Carioca
Rio Branco	Rio-branquense
Rio grande do Norte	Rio-grandense-do-norte, norte-riograndense ou potiguar
Rio grande do Sul	Rio-grandense-do-sul, sul-rio-grandense ou gaúcho
Rondônia	Rondoniano
Roraima	Roraimense
Salvador	Salvadorense ou soteropolitano
Santa Catarina	Catarinense. ou barriga-verde
Santarém	Santarense
São Paulo (Estado)	Paulista
São Paulo (Cidade)	Paulistano
Sergipe	Sergipano
Teresina	Teresinense
Tocantins	Tocantinense

Países	
Croácia	Croata
Costa rica	Costarriquense
Curdistão	Curdo
Estados Unidos	Estadunidense, norte-americano ou ianque
El Salvador	Salvadorenho
Guatemala	Guatemalteco
Índia	Indiano ou hindu (os que professam o hinduísmo)
Israel	Israelense ou israelita
Irã	Iraniano
Moçambique	Moçambicano
Mongólia	Mongol ou mongólico
Panamá	Panamenho
Porto Rico	Porto-riquenho
Somália	Somali

Adjetivos pátrios compostos

Na formação de adjetivos pátrios compostos, o primeiro elemento aparece na forma reduzida e, normalmente, erudita.

Observe alguns exemplos:

Adjetivos Pátrios Compostos	
África	Afro-/Cultura afro-americana
Alemanha	Germano- ou teuto-/Competições teutoinglesas
América	Américo-/Companhia américo-africana
Ásia	Ásio-/Encontros ásio-europeus
Áustria	Austro-/Peças austro-búlgaras
Bélgica	Belgo-/Acampamentos belgo-franceses
China	Sino-/Acordos sino-japoneses
Espanha	Hispano-/Mercado hispano-português
Europa	Euro-/Negociações euro-americanas
França	Franco- ou galo-/Reuniões franco-italianas
Grécia	Greco-/Filmes greco-romanos
Índia	Indo-/Guerras indo-paquistanesas
Inglaterra	Anglo-/Letras anglo-portuguesas
Itália	Ítalo-/Sociedade ítalo-portuguesa
Japão	Nipo-/Associações nipo-brasileiras
Portugal	Luso-/Acordos luso-brasileiros

Locução Adjetiva

Expressão que tem valor adjetival, mas que é formada por mais de uma palavra. Geralmente, concorrem para sua formação uma preposição e um substantivo. Veja alguns exemplos.

Locução Adjetiva	Adjetivo
De águia	Aquilino
De aluno	Discente
De anjo	Angelical
De ano	Anual
De aranha	Aracnídeo
De asno	Asinino
De baço	Esplênico
De bispo	Episcopal
De bode	Hircino
De boi	Bovino
De bronze	Brônzeo ou êneo
De cabelo	Capilar
De cabra	Caprino
De campo	Campestre ou rural
De cão	Canino
De carneiro	Arietino
De cavalo	Cavalar, equino, equídeo ou hípico
De chumbo	Plúmbeo
De chuva	Pluvial
De cinza	Cinéreo
De coelho	Cunicular
De cobre	Cúprico
De couro	Coriáceo
De criança	Pueril
De dedo	Digital
De diamante	Diamantino ou adamantino
De elefante	Elefantino
De enxofre	Sulfúrico
De estômago	Estomacal ou gástrico
De falcão	Falconídeos
De fera	Ferino
De ferro	Férreo
De fígado	Figadal ou hepático
De fogo	Ígneo
De gafanhoto	Acrídeo
De garganta	Gutural
De gelo	Glacial
De gesso	Gípseo
De guerra	Bélico
De homem	Viril ou humano
De ilha	Insular
De intestino	Celíaco ou entérico
De inverno	Hibernal ou invernal
De lago	Lacustre
De laringe	Laríngeo
De leão	Leonino
De lebre	Leporino
De lobo	Lupino
De lua	Lunar ou selênico
De macaco	Simiesco, símio ou macacal
De madeira	Lígneo
De marfim	Ebúrneo ou ebóreo
De Mestre	Magistral
De monge	Monacal
De neve	Níveo ou nival
De nuca	Occipital
De orelha	Auricular
De ouro	Áureo
De ovelha	Ovino
De paixão	Passional
De pâncreas	Pancreático
De pato	Anserino

De peixe	Písceo ou ictíaco
De pombo	Columbino
De porco	Suíno ou porcino
De prata	Argênteo ou argírico
De quadris	Ciático
De raposa	Vulpino
De rio	Fluvial
De serpente	Viperino
De sonho	Onírico
De terra	Telúrico, terrestre ou terreno
De trigo	Tritício
De urso	Ursino
De vaca	Vacum
De velho	Senil
De vento	Eólico
De verão	Estival
De vidro	Vítreo ou hialino
De virilha	Inguinal
De visão	Óptico ou ótico

Flexão do Adjetivo

O adjetivo pode ser flexionado em gênero, número e grau. Vejamos melhor como isso se dá.

1) Flexão de gênero (Masculino / Feminino)

Com relação ao gênero, os adjetivos podem ser classificados de duas formas:

Biformes: quando possuem uma forma para cada gênero.

» **Ex.**: Homem **belo** / mulher **bela**

» **Ex.**:Contexto **complicado** / questão **complicada**.

Uniformes: quando possuem apenas uma forma, como se fossem elementos neutros.

» **Ex.**: Homem **fiel** / mulher **fiel**.

» **Ex.**:Contexto **interessante** / questão **Interessante.**

2) Flexão de número (Singular / Plural)

Os adjetivos simples seguem a mesma regra de flexão que os substantivos simples, portanto essas regras serão descriminadas no quadro de número dos substantivos. Momentaneamente, abordemos a flexão dos adjetivos compostos. Serão, por regra, flexionados os adjetivos compostos que, em sua formação, possuírem dois adjetivos. A flexão ocorrerá apenas no segundo elemento da composição.

» **Ex.**: Guerra greco-**romana** - Guerras greco-**romanas.**

» **Ex.**: Conflito socioeconô**mico** - Análises **socioeconômicas.**

Por outro lado, se houver um substantivo como elemento da composição, o adjetivo fica invariável.

» **Ex.**: Blusa **amarelo-canário** - *Blusas* **amarelo-canário.**

» **Ex.**: Mesa **verde-musgo** - Mesas **verde-musgo.**

Fique Ligado

O caso em questão também pode ocorrer quando um substantivo passa a ser, por derivação imprópria, um adjetivo, ou seja, também serão invariáveis os "substantivos adjetivados".

» ***Ex.: Terno cinza -Ternos cinza***

» ***Ex.: Vestido rosa -Vestidos rosa***

E também : O plural de surdo-mudo é surdos-mudos, de pele-vermelha é peles-vermelhas. Azul-marinho e azul-celeste são invariáveis.

3) Flexão de grau (Comparativo e Superlativo)

Há duas maneiras de se estabelecer o grau do adjetivo: por meio do grau **Comparativo** e por meio do grau **Superlativo**.

Vejamos como isso ocorre.

Grau comparativo: Estabelece um tipo de comparação de características, sendo estabelecido de três maneiras:

> Inferioridade: O açúcar é **menos** doce (do) **que** os teus olhos.

> Igualdade: O meu primo é **tão** estudioso **quanto** o meu irmão.

> Superioridade: Gramática é **mais** legal (do) **que** Matemática.

Grau superlativo: Reforça determinada qualidade em relação a um referente. Pode-se estabelecer o grau superlativo de duas maneiras:

> **Relativo**: em relação a um grupo.

» De superioridade: José é o **mais** inteligente dos alunos.

» De inferioridade: O presidente foi o **menos** prestigiado da festa.

> **Absoluto**: sem relações, apenas reforçando as características

a) Analítico (com auxílio de algum termo)

» **Ex.**: Pedro é muito magro.

» **Ex.**: Pedro é magro, magro, magro.

b) Sintético (com o acréscimo de – íssimo ou –érrimo)

» **Ex.**: Pedro é macérrimo.

» **Ex.**: Somos todos estudiosíssimos.

Veja, agora, uma tabela de superlativos sintéticos.

Superlativos	
Grau normal	Superlativos
Ágil	Agilíssimo
Agradável	Agradabilíssimo
Agudo	Acutíssimo ou agudíssimo
Alto	Altíssimo, sumo ou supremo
Amargo	Amaríssimo ou marguíssimo
Amável	Amabilíssimo
Amigo	Amicíssimo
Antigo	Antiquíssimo
Atroz	Atrocíssimo
Baixo	Baixíssimo ou ínfimo
Bom	Ótimo ou boníssimo
Capaz	Capacíssimo
Célebre	Celebérrimo
Cheio	Cheíssimo
Comum	Comuníssimo
Cristão	Cristianíssimo
Cruel	Crudelíssimo
Doce	Dolcíssimo ou docíssimo
Difícil	Dificílimo
Eficaz	Eficacíssimo
Fácil	Facílimo
Feliz	Felicíssimo
Feroz	Ferocíssimo
Fiel	Fidelíssimo
Frágil	Fragílimo

Frio	Frigidíssimo ou friíssimo
Geral	Generalíssimo
Grande	Grandíssimo ou máximo
Horrível	Horribilíssimo
Honorifíco	Honorificentíssimo
Humilde	Humílimo ou humildíssimo
Inimigo	Inimicíssimo
Inconstitucional	Inconstitucionalíssimo
Jovem	Juveníssimo
Livre	Libérrimo e livríssimo
Louvável	Laudabilíssimo
Magnífico	Magnificentíssimo
Magro	Macérrimo ou magríssimo
Mau	Péssimo ou malíssimo
Miserável	Miserabilíssimo
Mísero	Misérrimo
Miúdo	Minutíssimo
Notável	Notabilíssimo
Pequeno	Mínimo ou pequeníssimo
Pessoal	Personalíssimo
Pobre	Paupérrimo ou pobríssimo
Precário	Precaríssimo ou precariíssimo
Próspero	Prospérrimo
Provável	Probabilíssimo
Sábio	Sapientíssimo
Sério	Seríssimo
Simpático	Simpaticíssimo
Simples	Simplíssimo ou simplicíssimo
Singular	Singularíssimo
Tenaz	Tenacíssimo
Terrível	Terribilíssimo
Vão	Vaníssimo
Voraz	Voracíssimo
Vulgar	Vulgaríssimo
Vulnerável	Vulnerabilíssimo

Fique Ligado

Atente à mudança de sentido provocada pela alteração de posição do adjetivo.

» *Ex.: Homem grande (alto, corpulento)*

» *Ex.: Grande homem (célebre)*

Mas isso nem sempre ocorre. Se você analisar a construção "giz azul" e "azul giz", perceberá que não há diferença semântica.

Exercício Comentado

01. (CESGRANRIO) As palavras em destaque em "... que, apesar do olhar profissional crítico, analítico," são classificadas, respectivamente, como:

a) Substantivo e adjetivo.

b) Substantivo e substantivo.

c) Adjetivo e substantivo.

d) Verbo e adjetivo.

e) Verbo e substantivo.

RESPOSTA. "A" A palavra "olhar" foi transformada em um substantivo, porque o artigo "o" lhe foi anteposto. A palavra "crítico" qualifica o substantivo anteriormente destacado.

Advérbio

É a palavra invariável que se relaciona ao verbo, ao adjetivo ou a outro advérbio para atribuir-lhes uma circunstância.

» **Ex.**: Os alunos saíram **apressadamente.**

» **Ex.**: O caso era **muito** interessante.

» **Ex.**: Resolvemos **muito bem** o problema.

É importante decorar essa lista de advérbios para que você consiga reconhecê-los na sentença.

→ Classificação do Advérbio:

> **Afirmação:** Sim, certamente, efetivamente etc.

> **Negação:** Não, nunca, jamais.

> **Intensidade:** Muito, pouco, assaz, bastante, mais, menos, tão, tanto, quão etc.

> **Lugar:** Aqui, ali, aí, aquém, acima, abaixo, atrás, dentro, junto, defronte, perto, longe, algures, alhures, nenhures etc.

> **Tempo:** Agora, já, depois, anteontem, ontem, hoje, jamais, sempre, outrora, breve etc.

> **Modo:** Assim, adrede, bem, mal, depressa, devagar, melhor, pior e a maior parte das palavras formadas de um adjetivo, mais a terminação "mente" (leve + mente = levemente; calma + mente = calmamente).

> **Inclusão:** Também, inclusive.

> **Designação:** Eis.

> **Interrogação:** Onde, como, quando, por que.

Fique Ligado

Também existem as chamadas locuções adverbiais que vêm quase sempre introduzidas por uma preposição: à farta (= fartamente), às pressas (= apressadamente), à toa, às cegas, às escuras, às tontas, às vezes, de quando em quando, de vez em quando etc.

Existem casos em que utilizamos um adjetivo como forma de advérbio. É o que chamamos de adjetivo adverbializado.

» *Ex.: Aquele orador fala belamente. (advérbio de modo).*

» *Ex.:Aquele orador fala bonito. (adjetivo adverbializado que tenta designar modo).*

Conjunção

É a palavra invariável que conecta elementos em algum encadeamento frasal. A relação em questão pode ser de natureza lógico-semântica (relação de sentido) ou apenas indicar uma conexão exigida pela sintaxe da frase.

Coordenativas

São as conjunções que conectam elementos que não possuem dependência sintática, ou seja, as sentenças que são conectadas por meio desses elementos já estão com suas estruturas sintáticas (sujeito / predicado / complemento) completas. Eis a lista das coordenativas:

→ **Aditivas**

> E, nem (= e não), também, que, não só... mas também, não só... como, tanto ... como, assim... como etc.

» **Ex.**: José não foi à aula **nem** fez os exercícios.

» **Ex.**: Devemos estudar **e** apreender os conteúdos.

→ **Adversativas**

> Mas, porém, contudo, todavia, no entanto, entretanto, senão, não obstante, aliás, ainda assim.

» **Ex.**: Os países assinaram o acordo, **mas** não o cumpriram.

» **Ex.**: A menina cantou bem, **contudo** não agradou ao público.

→ **Alternativas**

> Ou... ou, já ... já, seja... seja, quer... quer, ora... ora, agora... agora.

» **Ex.**: **Ora** diz sim, ora diz não.

» **Ex.**: **Ou** está feliz, **ou** está no ludibriando.

→ **Conclusivas**

> Logo, pois (depois do verbo), então, portanto, assim, enfim, por fim, por conseguinte, consequintemente, consequentemente, donde, por onde, por isso.

» **Ex.**: O concursando estudou muito, **logo**, deverá conseguir seu cargo.

» **Ex.**: É professor, **por conseguinte** deve saber explicar o conteúdo.

→ **Explicativas**

> Isto é, por exemplo, a saber, ou seja, *verbi gratia*, pois (antes do verbo), pois bem, ora, na verdade, depois, além disso, com efeito, que, porque, ademais, outrossim, porquanto etc.

» **Ex.**: Deve ter chovido, **pois** o chão está molhado.

» **Ex.**: O homem é um animal racional, **porque** é capaz de raciocinar.

» **Ex.**: Não converse agora, **que** eu estou explicando.

Subordinativas

São as conjunções que denotam uma relação de subordinação entre orações, ou seja, a conjunção subordinativa evidencia que uma oração possui dependência sintática em relação a outra. O que se pretende dizer com isso é que uma das orações envolvidas nesse conjunto desempenha uma função sintática para com sua oração principal.

Assim dividiremos as conjunções subordinativas:

- **Integrantes**

> Conjunções : Que, se

» **Ex.**: Sei que o dia do pagamento é hoje.

» **Ex.**: *Vejamos se você consegue estudar sem interrupções.*

- **Adverbiais**

→ **Causais:** indicam a causa de algo.

> Conjunções: Já que, porque, que, pois que, uma vez que, sendo que, como, visto que, visto como, como etc.

» **Ex.**: Não teve medo do perigo, já que estava protegido.

» **Ex.**: Passou no concurso, porque estudou muito.

→ **Comparativas**: estabelecem relação de comparação:

> Conjunções: Como, tal como, mais...(do)que, menos...(do)que, tão como, assim como, tanto quanto etc.

» **Ex.**: Tal como procederes, receberás o castigo.

» **Ex.**: Alberto é aplicado como quem quer passar.

→ **Concessivas (concessão):** estabelecem relação de quebra de expectativa com respeito à sentença à qual se relacionam.

> Conjunções: Embora, ainda que, dado que, posto que, conquanto, em que, quando mesmo, mesmo que, por menos que, por pouco que, apesar de (que).

» **Ex.**: Embora tivesse estudado pouco, conseguiu passar.

» **Ex.**: Conquanto estudasse, não conseguiu aprender.

→ **Condicionais:** estabelecem relação de condição.

> Conjunções: Se, salvo se, caso, exceto se, contanto que, com tal que, caso, a não ser que, a menos que, sem que etc.

» **Ex.**: Se tudo der certo, estaremos em Portugal amanhã.

» **Ex.**: Caso você tenha dúvidas, pergunte a seu professor.

→ **Consecutivas:** estabelecem relação de consequência.

> Conjunções: Tanto que, de modo que, de sorte que, tão...que, sem que etc.

» **Ex.**: O aluno estudou tanto que morreu.

» **Ex.**: Timeto Amon era tão feio que não se olhava no espelho.

→ **Conformativas:** estabelecem relação de conformidade.

> Conjunções: Conforme, consoante, segundo, da mesma maneira que, assim como, como que etc.

» **Ex.**: Faça a prova conforme teu pai disse.

» **Ex.**: Todos agem consoante se vê na televisão.

→ **Finais:** estabelecem relação de finalidade.

> Conjunções: Para que, a fim de que, que, porque.

» **Ex.**: Estudou muito para que pudesse ter uma vida confortável.

» **Ex.**: Trabalhei a fim de que o resultado seja satisfatório.

→ **Proporcionais:** estabelecem relação de proporção.

> Conjunções: À proporção que, à media que, quanto mais... tanto mais, quanto menos... tanto menos, ao passo que etc.

» **Ex.**: À medida que o momento de realizar a prova chegava, a ansiedade de todos aumentava.

» **Ex.**: Quanto mais você estudar, tanto mais terá a chance de ser bem sucedido.

→ **Temporais:** estabelecem relação de tempo.

> Conjunções: Quando, enquanto, apenas, mal, desde que, logo que, até que, antes que, depois que, assim que, sempre que, senão quando, ao tempo que, apenas que, antes que, depois que, sempre que etc.

» **Ex.**: Quando todos disserem para você parar, continue.

» **Ex.**: Depois que terminar toda a lição, poderá descansar um pouco.

» **Ex.**: Mal chegou, já quis sair.

Exercícios Comentados

01. *(VUNESP) Em – No Brasil, <u>talvez</u> mais que em outros países,... – o advérbio em destaque expressa sentido de*

a) Causa.
b) Afirmação.
c) Negação.
d) Modo.
e) Dúvida.

RESPOSTA. "E" A palavra talvez é classificada morfologicamente como um advérbio de dúvida. Isso significa que ela atribui uma ideia de dúvida ao segmento do texto.

02. *(CESGRANRIO) "<u>Porém</u> aquele que fala, mal ou bem, sempre fala de si mesmo." Por qual conector a conjunção destacada acima pode ser substituída sem que haja alteração de sentido?*

a) Logo.
b) Pois.
c) Entretanto.
d) Porquanto.
e) Quando.

RESPOSTA. "C" Uma vez que a palavra em destaque (porém) é uma conjunção coordenativa adversativa, ela pode ser substituída pela palavra entretanto que se classifica da mesma maneira.

Interjeição

É o termo que exprime, de modo enérgico, um estado súbito de alma. Sem muita importância para a análise a que nos propomos, vale apenas lembrar que elas possuem uma classificação semântica[2]:

> **Dor:** ai! ui!
> **Alegria:** ah! eh! oh!
> **Desejo:** oxalá[3]! tomara!
> **Admiração:** puxa! cáspite! safa! quê!
> **Animação:** eia! sus! coragem!
> **Aplauso:** bravo! apoiado!
> **Aversão:** ih! chi! irra! apre!
> **Apelo:** ó, olá! psit! pitsiu! alô! socorro!
> **Silêncio:** psit! psiu! caluda!
> **Interrogação, espanto:** hem!

→ Há, também, locuções interjeitivas: **Minha nossa! Meu Deus!**

A despeito da classificação acima, o que determina o sentido da interjeição é o seu uso.

Numeral

É a palavra que indica uma quantidade, multiplicação, fração ou um lugar numa série. Os numerais podem ser divididos em:

> **Cardinais** - quando indicam um número básico: um, dois, três, cem mil...
> **Ordinais** - quando indicam um lugar numa série: primeiro, segundo, terceiro, centésimo, milésimo...
> **Multiplicativos** - quando indicam uma quantidade multiplicativa: dobro, triplo, quádruplo...
> **Fracionários** - quando indicam parte de um inteiro: meio, metade, dois terços...

Algarismo		Cardiais	Ordinais
Romanos	Arábicos		
I	1	um	primeiro
II	2	dois	segundo
III	3	três	terceiro
IV	4	quatro	quarto
V	5	cinco	quinto
VI	6	seis	sexto
VII	7	sete	sétimo
VIII	8	oito	oitavo
IX	9	nove	nono
X	10	dez	décimo
XI	11	onze	undécimo ou décimo primeiro
XII	12	doze	duodécimo ou décimo segundo
XIII	13	treze	décimo terceiro
XIV	14	quatorze ou catorze	décimo quarto
XV	15	quinze	décimo quinto
XVI	16	dezesseis	décimo sexto
XVII	17	dezessete	décimo sétimo
XVIII	18	dezoito	décimo oitavo
XIX	19	dezenove	décimo nono
XX	20	vinte	vigésimo
XXI	21	vinte e um	vigésimo primeiro
XXX	30	trinta	trigésimo
XXXL	40	quarenta	quadragésimo
L	50	cinquenta	quinquagésimo
LX	60	sessenta	sexagésimo
LXX	70	setenta	septuagésimo ou setuagésimo
LXXX	80	oitenta	octogésimo
XC	90	noventa	nonagésimo
C	100	cem	centésimo
CC	200	duzentos	ducentésimo
CCC	300	trezentos	trecentésimo
CD	400	quatrocentos	quadringentésimo
D	500	quinhentos	quingentésimo
DC	600	seiscentos	seiscentésimo ou sexcentésimo
DCC	700	setecentos	septingentésimo
DCCC	800	oitocentos	octingentésimo
CM	900	novecentos	nongentésimo ou noningentésimo
M	1.000	mil	milésimo
X'	10.000	dez mil	dez milésimos
C'	100.000	cem mil	cem milésimos
M'	1.000.000	um milhão	milionésimo
M''	1.000.000.000	um bilhão	bilionésimo

2 Segundo Napoleão Mendes de Almeida.

3 Curiosamente, esses elementos podem ser concebidos, em algumas situações, como advérbios de dúvida.

Lista de numerais multiplicativos e fracionários:

Algarismos	Multiplicativos	Fracionários
2	duplo, dobro, dúplice	meio ou metade
3	triplo, tríplice	terço
4	quádruplo	quarto
5	quíntuplo	quinto
6	sêxtuplo	sexto
7	sétuplo	sétimo
8	óctuplo	oitavo
9	nônuplo	nono
10	décuplo	décimo
11	undécuplo	onze avos
12	duodécuplo	doze avos
100	cêntuplo	centésimo

Para realizar a leitura dos cardinais:

É necessário colocar a conjunção "e" entre as centenas e dezenas, assim como entre as dezenas e a unidade. Ex.: 3.068.724 = três milhões sessenta e oito mil setecentos e vinte e quatro. Quando à leitura do numeral ordinal, há duas possibilidades: Quando é inferior a 2.000, lê-se inteiramente segundo a forma ordinal. 1766º = milésimo septingentésimo sexagésimo sexto. Acima de 2.000, lê-se o primeiro algarismo como cardinal e os demais como ordinais. Hodiernamente, entretanto, tem-se observado a tendência a ler os números redondos segundo a forma ordinal.

» **Ex.**: 2.536º = dois milésimos quingentésimo trigésimo sexto.

» **Ex.**: 8 000º = oitavo milésimo.

Para realizar a leitura do fracionário:

O numerador de um numeral fracionário é sempre lido como cardinal. Quanto ao denominador, há dois casos:

→ Primeiro: se for inferior ou igual a 10, ou ainda for um número redondo, será lido como ordinal 2/6 = dois sextos; 9/10 = nove décimos; centésimos (se houver).

» **Ex.**: São exceções: 1/2 = meio; 1/3 = um terço.

→ Segundo: se for superior a 10 e não constituir número redondo, é lido como cardinal, seguido da palavra "avos".

» **Ex.**: 1/12 = um doze avos; 4/25 = quatro vinte e cinco avos.

Ao se fazer indicação de reis, papas, séculos, partes de uma obra, usam-se os numerais ordinais até décimo. A partir daí, devem-se empregar os cardinais. Século V (século quinto), século XX (vinte), João Paulo II (segundo), Bento XVI (dezesseis).

Preposição

É a palavra invariável que serve de ligação entre dois termos de uma oração ou, às vezes, entre duas orações. Costuma-se denominar "regente" o termo que exige a preposição e "regido" aquele que recebe a preposição:

» **Ex.**: Ele comprou um livro de poesia.

» **Ex.**: Ele tinha medo de ficar solitário.

Como se vê, a preposição "de", no primeiro caso, liga termos de uma mesma oração; no segundo, liga orações.

Preposições essenciais

São aquelas que têm como função primordial a conexão das palavras. Eis a lista de preposições essenciais.

→ a, ante, até, após, com contra, de, desde, em,entre, para, per, perante, por, sem, sob, sobre, trás.

Veja o emprego de algumas preposições:

» Os manifestantes lutaram contra a polícia.

» O aluno chegou ao salão rapidamente.

» Aguardo sua decisão desde ontem.

» Entre mim e ti, não há qualquer problema.

Preposições acidentais

São palavras que pertencem a outras classes, empregadas, porém, eventualmente como preposições.

→ conforme, consoante, durante, exceto, fora, agora, mediante, menos, salvante, salvo, segundo, tirante.

O emprego das preposições acidentais é mais comum do que parece:

» Todos saíram da sala, **exceto** eu.

» **Tirante** as mulheres, o grupo que estava na sala parou de falar.

» Escreveu o livro **conforme** o original.

Locuções Prepositivas

Além das preposições simples, existem também as chamadas locuções prepositivas, que terminam sempre por uma preposição simples: abaixo de, acerca de, acima de, a despeito de, adiante de, a fim de, além de, antes de, ao lado de, a par de, apesar de, a respeito de, atrás de, através de, de acordo com, debaixo de, de cima de, defronte de, dentro de, depois de, diante de, embaixo de, em cima de, em frente de(a), em lugar de, em redor de, em torno de, em vez de, graças a, junto a (de), para baixo de, para cima de, para com, perto de, por baixo de, por causa de, por cima de, por detrás de, por diante de, por entre, por trás de.

Vamos Praticar

"A questão maior é saber como colocar em prática essas belezas, num momento em que as lutas sociais sofrem o assédio cada vez mais **agressivo** da globalização e as próprias barreiras ideológicas caem por terra."

(Newton Carlos. Má hora das esquerdas. In: Correio Braziliense, 20/11/2007 (com adaptações).

01. (CESPE) A partir do texto acima, julgue os itens subsequentes. O adjetivo "agressivo" está empregado com valor de advérbio e corresponde, dessa forma, a ***agressivamente***.

Certo ( ) Errado ( )

02. (NCE) A alternativa em que ***NÃO*** ocorre qualquer forma de superlativo de um adjetivo é:

a) "...é o mais esperto do mundo";
b) "...que mesmo espécies mais longe na escala...";
c) "...teria evoluído a partir de organismos mais simples...";
d) "...para chegar a conclusões bem simples...";
e) "...os animais são, sim, algo inteligentes".

Leia o texto:

O célebre homem brasileiro cordial é cordial não porque seja polido, o que ele nunca foi, mas porque nada nunca passa pelo cérebro antes de chegar à vida — é só um coração batendo forte no meio da rua, que é o seu lugar.

(Cristovão Tezza. Um erro emocional. Rio de Janeiro: Record, 2010, p. 91 - com adaptações).

03. (CESPE) Em relação às ideias e a aspectos gramaticais do texto acima, julgue os itens a seguir. Se, em vez do adjetivo "célebre", o autor tivesse optado pela sua forma superlativa, teria de acrescentar-lhe o sufixo ***-érrimo***, da seguinte forma: celebérrimo.

Certo ( ) Errado ( )

04. (NCE) "...comuns a quase todos os animais..."; O trecho abaixo em que o emprego do artigo é ***EQUIVOCADO*** é:

a) Ambos os animais são dotados de alguma inteligência;
b) Todos os quatro animais de estimação sobreviveram;
c) Os biólogos trabalharam todo o dia;
d) Entre os animais há diversos graus de inteligência;
e) Toda a manhã eles chegavam sempre na hora.

05. (TJ). Assinale a alternativa em que o grupo de vocábulos, a seguir, admite, exclusivamente, o artigo masculino.

a) Conceito, poema, sentinela;
b) Atleta, eclipse, herpes;
c) Quadrilha, assalto, hangar;
d) Fonema, afã, champanha;
e) Epígrafe, introito, omoplata.

06. (TJ) Assinale a alternativa em que a classificação morfológica da palavra está ***INCORRETA***.

a) Ele jamais faria tal afirmação tão leviana e vil. Leviana é adjetivo.
b) Nunca se soube verdadeiramente quem era culpado naquela história. Quem é pronome adjetivo interrogativo.
c) Não sei se vocês estão conscientes da situação periclitante em que nos encontramos. Se é conjunção.
d) A essa hora, o delegado já terá feito a ocorrência. Ocorrência é substantivo.
e) Era mister considerar todas as particularidades daquele contrato. Mister é adjetivo.

07. (TJ) Assinale a alternativa em que o termo em negrito NÃO apresenta o valor circunstancial indicado entre parênteses.

a) O hábito, naquele país, era comer **com as mãos**. (instrumento)
b) **Naquele verão**, quantos teriam viajado? (tempo)
c) **Para vencer**, precisávamos de um esforço hercúleo. (fim)
d) Procurava, **desordenadamente**, as fichas no arquivo morto. (modo)
e) Só se retirarão do recinto **com a minha licença**. (companhia)

08. (TJ) Assinale a alternativa em que a palavra composta inclui um elemento que originalmente é um advérbio.

a) Maus-tratos
b) Pré-frontal
c) Bem-humorado
d) Peça-chave
e) Maria-vai-com-as-outras

09. (FGV) Em ***<u>Justiça justa</u>***, ocorre um substantivo ao lado de um adjetivo dele cognato. Assinale a alternativa em que substantivo e adjetivo, respectivamente, **NÃO** sejam cognatos.

a) Lentidão – lento
b) Inércia – inercial
c) Arma – inerme
d) Perfil – perfilhado
e) Obcecação – obcecado

"**Se** fosse ensinar a uma criança a beleza da música, **não** começaria **com** partituras, notas e pautas. Ouviríamos juntos **as** melodias mais gostosas e **lhe** contaria sobre os instrumentos que fazem a música. Aí,encantada com a beleza da música,ela mesma me pediria que lhe ensinasse o mistério daquelas bolinhas pretas escritas sobre cinco linhas. Porque as bolinhas pretas e as cinco linhas são apenas ferramentas para a produção da beleza musical. A experiência da beleza tem de vir antes."

(http://pensador.uol.com.br/alegria de ensinar de rubens alves/)

10. (TJ) Assinale a alternativa que apresenta, ***correta*** e ***respectivamente***, as classes gramaticais a que pertencem as palavras em ***negrito*** no trecho a cima.

a) Conjunção – pronome – artigo – conjunção – pronome;
b) Conjunção – advérbio – preposição – artigo – pronome;
c) Pronome – advérbio– artigo – pronome – conjunção;
d) Pronome – conjunção – preposição – conjunção – pronome;
e) Conjunção – pronome – preposição – pronome – conjunção.

11. (CEPERJ) O sentido estabelecido pelo conectivo está corretamente indicado em:

a) "engolidas <u>ou</u> colocadas no nariz" - oposição
b) "comunicado público <u>sobre</u> o perigo" – causa
c) "tem os produtos <u>em</u> casa" – modo
d) "brinquedo <u>a</u> ser recolhido" – adição
e) "<u>para</u> evitar acidentes" - finalidade

12. (CEPERJ) O fragmento abaixo que apresenta uma estrutura sintática comparativa é:

a) "quem lhe escreve sou eu"
b) "Porque tive de viajar para o distante país do recall."
c) "mas três meses era o mínimo."
d) "O homem não disse nada, mas seu sorriso sinistro falava por si."
e) "ninguém mais fraco do que nós."

13. (CEPERJ) "Sei que você sente muitas saudades, porque eu também sinto saudades de você." O conectivo "porque", no contexto acima, estabelece relação de:

a) Modo
b) Causa
c) Adversidade
d) Conformidade
e) Proporcionalidade

"É exatamente isso o ***<u>que</u>*** tem ocorrido, nos últimos tempos, no ***<u>que</u>*** diz respeito ao direito de maior importância em uma democracia, ***<u>que</u>*** é o direito de defesa, inexistente nos Estados totalitários."

14. (FGV) A respeito das ocorrências da palavra QUE no trecho acima, assinale a alternativa que apresente, respectivamente, sua correta classificação.

a) Conjunção subordinativa – conjunção integrante – conjunção integrante

b) Pronome relativo – pronome relativo – pronome relativo

c) Conjunção integrante – conjunção integrante – conjunção subordinativa

d) Pronome relativo – preposição – pronome relativo

e) Conjunção integrante – preposição – conjunção subordinativa

No futebol americano, há um momento em que o jogador tem de dar um chute naquilo que eles chamam de bola. E, no circuito universitário, havia um rapaz recordista de chute. Ninguém chutava tão forte quanto esse rapaz. O importante, nessa história, era que o pé que ele usava para tal façanha não tinha nenhum dos dedos e, além disso, era menor que o outro. Quando descobriram isso, fizeram entrevistas com ele, e a primeira pergunta era: "Como você, com tal deficiência, consegue fazer uma coisa que ninguém mais conseguiu?" Ele, orgulhosamente, respondia: "Porque cresci ouvindo meu pai dizer: 'Encare suas deficiências e seus problemas como desafios, nunca como desculpas'.". O que mais se encontra no dia a dia? Justamente a postura oposta. [As pessoas encaram tudo como desculpas e justificativas.] Há pessoas que vivem dizendo frases negativas que encerram verdadeiras filosofias desastrosas.

Não são raras [as vezes] em que já se ouviu alguém falando de seus problemas e dificuldades e da incapacidade de superá-los, traduzida nas seguintes frases conformistas: "Eu sou assim mesmo..."; "Sempre fui assim..."; "Não posso evitar isso..."; "Essa é a minha natureza..."; "Não adianta mesmo..."; ["**Deus me fez assim e pronto!**".] [O que tais pessoas talvez nunca percebam é] que desculpas e justificativas só levam ao conformismo e à acomodação. E isso não diz respeito à elevação de padrões e à melhoria da qualidade de vida. Desculpas e justificativas são coisas de perdedor! Enquanto os vencedores comemoram, os perdedores se justificam.

Roberto Shinyashiki. Internet: <http://tecessa.arteblog.com.br>(com adaptações). Acesso em 19/1/2011.

15. (FUNIVERSA) Assinale a alternativa correta a respeito de fatos gramaticais e estilísticos encontrados no texto .

a) As palavras "ninguém", "pé", "você" são acentuadas pela mesma razão.

b) Na frase "'Deus me fez assim e pronto!'", encontra-se uma interjeição característica da linguagem coloquial.

c) Na frase "As pessoas encaram tudo como desculpas e justificativas" (linhas 8 e 19), há exemplo de gíria e de uma figura da linguagem: a anáfora.

d) Na construção "O que tais pessoas talvez nunca percebam", o pronome "tais" está empregado de modo informal, com significado de **brilhantes, grandiosas.**

e) O "as" de "as vezes" deve receber o sinal indicativo de crase para ajustar-se à norma culta padrão.

16. (FGV) A palavra <u>centenário</u> corresponde a cem anos. Assinale a alternativa em que não tenha havido correta associação da noção temporal à palavra indicada.

a) 400 anos – quadringentenário

b) 400 anos – quadricentenário

c) 600 anos – sesquicentenário

d) 150 anos – tricinquentenário

e) 7 anos – septenário

Corações a mil

(Gilberto Gil)

Minhas ambições são <u>dez</u>.
Dez corações de uma vez
pra eu poder me apaixonar
dez vezes a cada dia,
setenta a cada semana,
trezentas a cada mês.

(Fonte: www.gilbertogil.com.br/sec_discografia_letra.php?id=182)

17. (FIP) Na primeira frase do texto, a palavra "dez", sublinhada, tem duplo sentido. São eles:

a) O sentido de serem dez ambições (no caso, "dez" seria um numeral) e o sentido de os corações serem apaixonados (no caso, "dez" seria um adjetivo).

b) O sentido de serem dez ambições e o sentido de serem dez corações (nos dois casos, "dez" seria um numeral).

c) O sentido de serem dez corações e o sentido de serem dez vezes a cada dia (nos dois casos, "dez" seria um numeral).

d) O sentido de serem dez ambições (no caso, "dez" seria um numeral) e o sentido de as ambições serem de extrema qualidade (no caso, "dez" seria um adjetivo).

e) O sentido de serem dez vontades boas (no caso, "dez" seria um substantivo) e o sentido de totalizarem dez as paixões ambiciosas (no caso, "dez" seria um adjetivo).

Considerando o texto, avalie:

O cenário econômico otimista levou os empresários brasileiros a aumentarem a formalização do mercado de trabalho nos últimos cinco anos. As contratações com carteira assinada cresceram 19,5% entre 2003 e 2007, enquanto a geração de emprego seguiu ritmo mais lento e aumentou 11,9%, segundo estudo comparativo divulgado pelo IBGE.

In: Correio Braziliense, 25/1/2008 (com adaptações).

18. (CESPE) No primeiro período do texto, a partícula "a" ocorre tanto como preposição quanto como artigo: a primeira ocorrência é uma preposição exigida pelo emprego do verbo "levou"; a segunda ocorrência é um artigo que determina "formalização".

Certo ( ) Errado ( )

Gabarito

01	ERRADO	10	B
02	B	11	E
03	CERTO	12	E
04	E	13	B
05	D	14	B
06	B	15	B
07	E	16	C
08	C	17	D
09	D	18	CERTO

CAPÍTULO 02

Pronomes

Em uma definição breve, podemos dizer que pronome é o termo que substitui um substantivo, desempenhando, na sentença em que aparece, uma função coesiva. Podemos dividir os pronomes em sete categorias, são elas:

> Pessoais;
> Tratamento;
> Demonstrativos;
> Relativos;
> Indefinidos;
> Interrogativos;
> Possessivos.

Antes de partir para o estudo pormenorizado dos pronomes, vamos fazer uma classificação funcional deles quando empregados em uma sentença:

a) **Pronomes substantivos:** são aqueles que ocupam o lugar do substantivo na sentença.
   » **Ex.**: **Alguém** apareceu na sala ontem.
   » **Ex.**: **Nós** faremos todo o trabalho.

b) **Pronomes adjetivos:** são aqueles que acompanham um substantivo na sentença.
   » **Ex.**: **Meus** alunos são os mais preparados.
   » **Ex.**: Pessoa **alguma** fará tal serviço por **esse** valor.

Fique Ligado

Devemos estudar cada categoria separadamente e com muita atenção.

Pessoais

Referem-se às **Pessoas do Discurso:**

» Quem fala (1ª pessoa);
» Com quem se fala (2ª pessoa);
» De quem se fala (3ª pessoa).

Classificação dos Pronomes Pessoais (caso **Reto** x caso **Oblíquo**)

Pessoa Gramatical	Retos	Oblíquos	
		Átonos	Tônicos
1ª Singular	eu	me	mim, comigo
2ª Singular	tu	te	ti, contigo
3ª Singular	ele, ela	o, a, lhe, se	si, consigo
1ª Plural	nós	nos	nós, conosco
2ª Plural	vós	vos	vós, convosco
3ª Plural	eles, elas	os, as, lhes, se	si, consigo
Função	Sujeito	Complemento/Adjunto	

Emprego de alguns pronomes (**Certo** X **Errado**)

Eu e tu x mim e ti

1ª regra: depois de preposição essencial, usa-se pronome oblíquo.

> **Entre** mim e ti, não há acordo.
> **Sobre** Manoel e ti, nada se pode falar.
> Devo **a** ti esta conquista.
> O presente é **para** mim.
> Não saia **sem** mim.
> Comprei um livro **para** ti.

Observe a preposição essencial destacada nas sentenças.

2ª regra: se o pronome utilizado na sentença for sujeito de um verbo, deve-se empregar os do caso RETO.

> Não saia sem **eu** deixar.
> Comprei um livro para **tu** leres.
> O presente é para **eu** desfrutar.

Observe que o pronome desempenha a função de sujeito do verbo destacado.

→ Ou seja: "mim" não faz nada!

Fique Ligado

Não vá o aluno se confundir com as sentenças em que a ordem frasal está alterada. Deve-se, nesses casos, tentar pôr a sentença na ordem direta.
   » ***Ex.: Para mim, fazer exercícios é muito bom. - Fazer exercícios é muito bom para mim.***
   » ***Ex.: Não é tarefa para mim realizar esta revisão. - Realizar esta revisão não é tarefa para mim.***

Com causativos e sensitivos:

Regra com verbos causativos (mandar, fazer, deixar) ou sensitivos (ver, ouvir, sentir).

Quando os pronomes oblíquos átonos são empregados com verbos causativos ou sensitivos, pode haver a possibilidade de desempenharem a função de sujeito de uma forma verbal próxima. Veja o exemplo:

» **Ex.**: Fiz **Juliana** chorar. (sentença original)
» **Ex.**: Fi-**la** chorar. (sentença reescrita com a substituição do termo Juliana pelo pronome oblíquo)

→ **Explicando**: em ambas as situações, a Juliana é a chorona. Isso quer dizer que o termo feminino que está na sentença é sujeito do verbo chorar. Pensando dessa maneira, entenderemos a primeira função da forma pronominal "la" que aparece na sentença reescrita.

Outro fator a ser considerado é que o verbo fazer necessita de um complemento, portanto, é um verbo transitivo. Bem, ocorre que o complemento do verbo "fazer" não pode ter outro referente senão "Juliana". Então, entendemos que, na reescrita da frase, a forma pronominal "la" funciona como complemento do verbo "fazer" e sujeito do verbo "chorar".

Si e consigo

Estes pronomes somente podem ser empregados se se referirem ao sujeito da oração, pois possuem função reflexiva:

» **Ex.**: Alberto só pensa em si. ("Si" refere-se a "Alberto": sujeito do verbo "pensar")
» **Ex.**: O aluno levou as apostilas consigo. ("consigo" refere-se ao termo "aluno")

Estão erradas, portanto, frases como estas:

» **Ex.**: Creio muito em si, meu amigo.
» **Ex.**: Quero falar consigo.

Corrigindo:

» **Ex.**: Creio muito em você, meu amigo.

» **Ex.**: Quero falar contigo.

Conosco e convosco

Se vierem seguidos de uma expressão complementar, geralmente a palavra "todos", desdobram-se em "com nós" e "com vós":

» **Ex.**: Este trabalho é com nós mesmos.

Ele(s), ela(s) x o(s), a(s)

É muito comum ouvirmos frases como: "Vi ***ela*** na esquina", "Não queremos ***eles*** aqui". Então, é errado falar ou escrever assim, pois o pronome em questão está sendo utilizado fora de seu emprego original, ou seja, como um complemento (ao passo que deveria ser apenas sujeito). O certo é: "Vi-***a*** na esquina", "Não ***os*** queremos aqui".

"o" e "a"

São complementos diretos, ou seja, são utilizados juntamente aos verbos transitivos diretos, ou nos bitransitivos, como no exemplo a seguir:

» **Ex.**: Comprei **um carro** para minha namorada = Comprei-**o** para ela. (Ocorreu a substituição do Objeto Direto)

Fique Ligado

É importante lembrar que há uma especificidade em relação à colocação dos pronomes "o" e "a" depois de algumas palavras, eis as considerações:

Se a palavra terminar em R, S ou Z: tais letras devem ser suprimidas e o pronome há de ser empregado como **lo, la, los, las.**

» **Ex.**: Fazer as tarefas = fazê-**las** / querer o dinheiro = querê-**lo.**

Se a palavra terminar com **ão, õe** ou **m**: tais letras devem ser mantidas e o pronome há de ser empregado como **no, na, nos, nas.**

» **Ex.**: Compraram a casa = compraram-**na** / compõe a canção = compõe-**na.**

"lhe"

É um complemento indireto, equivalente a "a ele ou a ela": ou seja, é empregado juntamente a um verbo transitivo indireto ou a um verbo bitransitivo, como no exemplo:

» **Ex.**: Comprei um carro **para minha namorada** = comprei-**lhe** um carro. (Ocorreu a substituição do objeto indireto)

Fique Ligado

Muitas bancas gostam de trocar as formas "o" e "a" por "lhe", o que não pode ser feito sem que a sentença seja totalmente reelaborada.

De Tratamento

São pronomes de tratamento você, senhor, senhora, senhorita, fulano, sicrano, beltrano e as expressões que integram o quadro seguinte:

Pronome	Abreviatura Singular	Abreviatura Plural
Vossa Excelência(s)	V.Ex.ª	V.Ex.as
Usa-se para:		
Presidente (Sem abreviatura), ministro, embaixador, governador, secretário de Estado, prefeito, senador, deputado federal e estadual, juiz, general, almirante, brigadeiro e presidente de câmara de vereadores;		

Pronome	Abreviatura Singular	Abreviatura Plural
Vossa(s) Magnificência(s)	V.Mag.ª	V.Mag.as
Usa-se para:		
Reitor de universidade para o qual também se pode usar V. Ex.ª;		

Pronome	Abreviatura Singular	Abreviatura Plural
Vossa(s) Senhoria(s)	V.Sª	V.S.as
Usa-se para:		
Qualquer autoridade ou pessoa civil não citada acima;		

Pronome	Abreviatura Singular	Abreviatura Plural
Vossa(s) Santidade(s)	V.S	VV.SS.
Usa-se para:		
Papa;		

Pronome	Abreviatura Singular	Abreviatura Plural
Vossa(s) Eminência(s)	V.Em.ª	V.Em.as
Usa-se para:		
Cardeal;		

Pronome	Abreviatura Singular	Abreviatura Plural
Vossa(s) Excelência(s) Reverendíssima(s)	V.Exª.Rev.ma	V.Ex.as.Rev.mas
Usa-se para:		
Arcebispo e bispo;		

Pronome	Abreviatura Singular	Abreviatura Plural
Vossa(s) Reverendíssima(s)	V.Rev.ma	V.Rev.mas
Usa-se para:		
Autoridade religiosa inferior às acima citadas;		

Pronome	Abreviatura Singular	Abreviatura Plural
Vossa(s) Reverência(s)	V.Rev.ª	V.Rev.mas
Usa-se para:		
Religioso sem graduação;		

Pronome	Abreviatura Singular	Abreviatura Plural
Vossa(s) Majestade(s)	V.M.	VV.MM.
Usa-se para:		
Rei e imperador;		

Pronome	Abreviatura Singular	Abreviatura Plural
Vossa(s) Alteza(s)	V.A.	VV.AA.
Usa-se para:		
Príncipe, arquiduque e duque.		

Fique Ligado

Todas essas expressões se apresentam também com SUA para cujas abreviaturas basta substituir o "V" por "S".

Emprego dos pronomes de tratamento

a) **Vossa Excelência** etc. x **Sua Excelência** etc.

Os pronomes de tratamento iniciados com "Vossa(s)" empregam-se em uma relação direta, ou seja, indicam o nosso interlocutor, pessoa com quem falamos:

» **Ex.:** Soube que V. Ex.ª, Senhor Ministro, falou que não estava interessado no assunto da reunião.

Empregaremos o pronome com a forma "Sua" quando a relação não é direta, ou seja, quando falamos SOBRE a pessoa:

» **Ex.**: A notícia divulgada é de que Sua Excelência, o Presidente da República, foi flagrado em uma boate.

b) Utilização da **3ª pessoa**

Os pronomes de tratamento são de 3ª pessoa; portanto, todos os elementos relacionados a eles devem ser empregados também na 3ª pessoa, para que se mantenha a uniformidade:

» **Ex.**: É preciso que V. Ex.ª **diga** qual será o **seu** procedimento no caso em questão, a fim de que seus assessores possam agir a tempo.

c) **Uniformidade de Tratamento**

No momento da escrita ou da fala, não é possível ficar fazendo "dança das pessoas" com os pronomes. Isso quer dizer que se deve manter a uniformidade de tratamento. Para tanto, se for utilizada 3ª pessoa no início de uma sentença, ela deve permanecer ao longo de todo o texto. Preste atenção para ver como ficou estranha a construção abaixo:

» **Ex.**: Quando **você** chegar, eu **te** darei o presente.

Fique Ligado

"Você" é de 3ª pessoa e "te" é de 2ª pessoa. Não há motivo para cometer tal engano. Tome cuidado, portanto. Podemos corrigir a sentença:

» ***Ex.: Quando tu chegares, eu te darei o presente.***

» ***Ex.: Quando você chegar, eu lhe darei o presente.***

Demonstrativos

São os que localizam ou identificam o substantivo ou uma expressão no espaço, no tempo ou no texto.

	1ª Pessoa
Masculino	Este(s)
Feminino	Esta(s)
Neutro	Isto
No Espaço	Com o falante
No tempo	Presente
No Texto	O que se pretende dizer ou o imediatamente retomado
	2ª Pessoa
Masculino	Esse(s)
Feminino	Essa(s)
Neutro	Isso
No Espaço	Pouco afastado
No tempo	Passado ou futuro próximos
No Texto	O que se disse anteriormente
	3ª Pessoa
Masculino	Aquele(s)
Feminino	Aquela(s)
Neutro	Aquilo
No Espaço	Muito afastado
No tempo	Passado ou futuro distantes
No Texto	O que se disse há muito ou o que se pretende dizer

Explicações e exemplos

Quando o pronome retoma algo já mencionado no texto, dizemos que ele possui função **Anafórica**. Quando aponta para algo que será dito, dizemos que possui função **Catafórica**. Essa nomenclatura começou a ser cobrada em algumas questões de concurso público, portanto, é importante ter esses conceitos na ponta da língua.

Exemplo de emprego dos demonstrativos:

» **Ex.**: Veja este livro que eu trouxe, é muito bom.

» **Ex.**: Você deve estudar mais! Isso é o que eu queria dizer.

» **Ex.**: Vê aquele mendigo lá na rua? Terrível futuro o aguarda.

Há outros pronomes demonstrativos:

> ***O, a, os,as,*** quando antecedem o relativo Que e podem ser permutados por: Aquele (s), Aquela (s), Aquilo:

» **Ex.**: Não entendi *o* que disseste. (Não entendi aquilo que disseste.)

» **Ex.**: Esta rua não é **a** que te indiquei. (Esta rua não é aquela que te indiquei.)

> **Tal** (quando puder ser permutado por qualquer demonstrativo)

» **Ex.**: Não acredito que você disse **tal** coisa. (aquela coisa)

> **Semelhante** (quando puder ser permutado por qualquer demonstrativo)

» **Ex.**: Jamais me prestarei a **semelhante** canalhice. (esta canalhice)

> **Mesmo** (quando modificar os pronomes eu, tu, nós e vós)

» **Ex.:** Eu **mesmo** investiguei o caso.

De modo análogo, classificamos o termo "**próprio**". (eu próprio, ela própria)

Mesmo pode ainda funcionar como pronome neutro em frases como: "é o mesmo", "vem a ser o mesmo".

Vejamos mais alguns exemplos para fixar o conteúdo:

1) **José** e **João** são alunos do ensino médio. **Este** gosta de matemática, **aquele** gosta de português.

Veja que a verdadeira relação estabelecida pelos pronomes demonstrativos focaliza, por meio do "este" o elemento mais próximo, por meio do "aquele" o elemento mais afastado.

2) **Esta** sala precisa de bons professores. / Gostaria de que **esse** órgão pudesse resolver meu problema.

Este(s), esta(s), isto indicam o local de onde escrevemos. **Esse(s), essa(s), isso** indicam o local em que se encontra o nosso interlocutor.

Exercício Comentado

Leia o texto:

O barulhão da sumaumeira rendeu uma das mais difundidas histórias da Amazônia. Segundo a crença, o Curupira é o responsável pelo estrondo na mata. Armado com um casco de jabuti, ele bate com força nas sapopemas, a fim de verificar se elas estão fortes para resistir às tempestades. Para os índios ticuna, a sumaúma nos remete à formação da Amazônia: "No princípio estava tudo escuro, sempre frio e sempre noite. Uma enorme sumaumeira fechava o mundo, e por isso não entrava claridade na terra. Quando a árvore caiu, a luz apareceu. Do tronco formou-se o rio Amazonas. De seus galhos surgiram outros rios e igarapés."

01. *(FCC)... e por <u>isso</u> não entrava claridade na terra. O pronome grifado refere-se ao fato de que:*

a) a sumaumeira fechava o mundo.

b) estava tudo escuro.

c) era sempre frio e sempre noite.

d) a luz apareceu.

e) se formou o rio Amazonas.

RESPOSTA. "A". O pronome "isso" é anafórico, ou seja, retoma o elemento antecedente. Se a leitura for realizada corretamente (com atenção), você verá que a palavra "isso" retoma o motivo pelo qual não entrava claridade na terra.

Relativos

São termos que relacionam palavras em um encadeamento. Os relativos da Língua Portuguesa são:

> **Que:**

Quando puder ser permutado por "o qual" ou um de seus termos derivados. Utiliza-se o pronome "que" para referências a pessoas ou coisas.

> **O Qual:**

Empregado para referência a coisas ou pessoas.

> **Quem:**

É equivalente, segundo o mestre Napoleão Mendes de Almeida, a dois pronomes – aquele e que.

> **Quanto:**

Será relativo quando seu antecedente for o termo "tudo".

> **Onde:**

É utilizado para estabelecer referência a lugares, sendo permutável por "em que" ou "no qual" e seus derivados.

> **Cujo:**

Possui um sentido possessivo. Não permite permuta por outro relativo. Também é preciso lembrar que o pronome cujo não admite artigo, pois já é variável (cujo / cuja, jamais cujo o, cuja a).

Fique Ligado

Grave estas dicas:

> *Não troque seu cujo por nada!*

> *Não enfie artigo no cujo!*

» **Ex.**: O peão <u>a</u> **que** <u>me refiro</u> é Jonas.

» **Ex.**: A casa <u>na</u> **qual** houve o tiroteio foi interditada.

» **Ex.**: O homem <u>para</u> **quem** se <u>enviou</u> a correspondência é Alberto.

» **Ex.**: Não gastes tudo **quanto** tens.

» **Ex.**: O estado <u>para</u> **onde** <u>vou</u> é Minas Gerais.

» **Ex.**: Cara, o pedreiro <u>em</u> **cujo** serviço podemos <u>confiar</u> é Marcelino.

Fique Ligado

A preposição que está relacionada ao pronome é, em grande parte dos casos, oriunda do verbo que aparece posteriormente na sentença. As bancas costumam cobrar isso!

Exercício Comentado

Leia o texto:

Compreende-se que a festa, representando tal paroxismo de vida e rompendo de um modo tão violento com as pequenas preocupações da existência cotidiana, surja ao indivíduo como outro mundo, <u>em que</u> ele se sente amparado e transformado por forças que o ultrapassam. A sua atividade diária, colheita, caça, pesca, ou criação de gado, limita-se a preencher o seu tempo e a prover as suas necessidades imediatas. É certo que ele lhe dedica atenção, paciência, habilidade, mas, mais profundamente, vive na recordação de uma festa e na expectativa de outra, pois a festa figura para ele, para a sua memória e para o seu desejo o tempo das emoções intensas e da metamorfose do seu ser.

01. (CESPE) A expressão "em que" poderia ser corretamente substituída por onde ou por no qual, sem que houvesse prejuízo à correção gramatical do texto.

CERTO. A expressão "em que" é composta por uma preposição somada a um pronome relativo. No caso em questão, a troca é possível, pois o elemento anterior é masculino – assim como a expressão "no qual". A palavra "onde" retoma a ideia de lugar, isso garante sua permuta sem maiores problemas.

Indefinidos

São os que determinam o substantivo de modo vago, de maneira imprecisa.

Variáveis				Invariáveis
Masculino		Feminino		
Singular	Plural	Singular	Plural	
Algum	Alguns	Alguma	Algumas	Alguém
Certo	Certos	Certa	Certas	Algo
Muito	Muitos	Muita	Muitas	Nada
Nenhum	Nenhuns	Nenhuma	Nenhumas	Ninguém
Outro	Outros	Outra	Outras	Outrem
Qualquer	Quaisquer	Qualquer	Quaisquer	Cada
Quando	Quantos	Quanta	Quantas	
Tanto	Tantos	Tanta	Tantas	
Todo	Todos	Toda	Todas	Tudo
Vário	Vários	Vária	Várias	
Pouco	Poucos	Pouca	Poucas	

Fique Ligado

Fique bem atento para as alterações de sentido relacionadas às mudanças de posição dos pronomes indefinidos.

» *Ex.: <u>Alguma pessoa</u> passou por aqui ontem.*

» *Ex.: <u>Pessoa alguma</u> passou por aqui ontem.*

<u>Alguma pessoa</u> = ao menos uma pessoa.

<u>Pessoa alguma</u> = ninguém.

Interrogativos

Chamam-se interrogativos os pronomes **que, quem, qual e quanto,** empregados para formular uma pergunta direta ou indireta:

» **Ex.**: **Que** conteúdo estão estudando?

» **Ex.**: Diga-me **que** conteúdo estão estudando.

» **Ex.**: **Quem** vai passar no concurso?

» **Ex.**: Gostaria de saber **quem** vai passar no concurso.

» **Ex.**: **Qual** dos livros preferes?

» **Ex.**: Não sei **qual** dos livros preferes.

» **Ex.**: **Quantos** de coragem você tem?

» **Ex.**: Pergunte **quanto** de coragem você tem.

Possessivos

Com eles relacionamos a coisa possuída à pessoa gramatical possuidora. No quadro abaixo, estão relacionados aos pronomes pessoais.

Pessoais	Possessivos
Eu	meu, minha, meus, minhas
Tu	teu, tua, teus, tuas
Ele, você, V.Ex.ª. Etc.	seu, sua, seus, suas
Nós	nosso, nossa, nossos, nossas
Vós	vosso, vossa, vossos, vossas
Eles	seu, sua, seus, suas

Emprego

→ **Ambiguidade** - "Seu", "sua", "seus" e "suas" são os reis da ambiguidade (duplicidade de sentido)

» **Ex.**: O policial prendeu o maconheiro em **sua** casa. (casa de quem?)

» **Ex.**: Meu pai levou meu tio para casa em seu carro. (no carro de quem?)

Corrigindo:

» **Ex.**: O policial prendeu o maconheiro na casa **deste**.

» **Ex.**: Meu pai, em seu carro, levou meu tio para casa.

→ **Emprego especial** - Não se usam os possessivos em relação às partes do corpo ou às faculdades do espírito. Devemos, pois, dizer:

> Machuquei a mão. (E não "a minha mão")

> Ele bateu a cabeça. (E não "a sua cabeça")

> Perdeste a razão? (E não "a tua razão")

Substantivo

É a palavra variável que designa qualidades, sentimentos, sensações, ações etc.

Quanto a sua classificação, o substantivo pode ser:

→ **Primitivo** (sem afixos): pedra.

→ **Derivado** (com afixos): pedreiro/ empedrado.

→ **Simples** (1 núcleo): guarda.

→ **Composto** (mais de 1 núcleo): guarda-roupas.

→ **Comum** *(designa ser genérico): copo, colher.*

→ **Próprio** *(designa ser específico): Maria, Portugal.*

→ **Concreto** *(existência própria): cadeira, lápis.*

→ **Abstrato** *(existência dependente): glória, amizade.*

Os substantivos concretos

Designam seres de existência própria, como: padre, político, carro e árvore. Os substantivos abstratos nomeiam qualidades ou conceitos de existência dependente, como: beleza, fricção, tristeza e amor.

Os substantivos próprios

São sempre concretos e devem ser grafados com iniciais maiúsculas. Porém, alguns substantivos próprios podem vir a se tornar comuns, pelo processo de derivação imprópria que, geralmente, ocorre pela anteposição de um artigo e a grafia do substantivo com letra minúscula. (um judas = traidor / um panamá = chapéu). As flexões dos substantivos podem se dar em gênero, número e grau.

Gênero dos substantivos

Quanto à distinção entre masculino e feminino, os substantivos podem ser:

→ **Biformes:** quando apresentam uma forma para o masculino e outra para o feminino - gato, gata, homem, mulher.

→ **Uniformes**: quando apresentam uma única forma para ambos os gêneros. Nesse caso, eles estão divididos em:

> **Epicenos:** usados para animais de ambos os sexos (macho e fêmea) - besouro, jacaré, albatroz;

> **Comum de dois gêneros:** aqueles que designam pessoas. Nesse caso, a distinção é feita por um elemento ladeador (artigo, pronome) - terrícola, estudante, dentista, motorista;

> **Sobrecomuns:** apresentam um só gênero gramatical para designar seres de ambos os sexos - indivíduo, vítima, algoz.

Em algumas situações, a mudança de gênero altera também o sentido do substantivo:

» **Ex.**: O cabeça (líder) / A cabeça (parte do corpo).

O Número dos Substantivos

Tentemos resumir as principais regras de formação do plural nos substantivos.

Terminação	Variação	Exemplo
Vogal ou ditongo	Acréscimo do 's'	Barco - barcos
M	NS	Pudim - pudins
ÃO (primeiro caso)	ÕES	Ladrão - ladrões
ÃO (segundo caso)	ÃES	Pão - pães
ÃO (terceiro caso)	S	Cidadão - cidadãos
R	ES	Mulher - Mulheres
Z	ES	Cartaz - cartazes
N	ES	Abdômen - Abdômenes
S (oxítonos)	ES	Inglês - ingleses
AL, EL, OL, UL	IS	Tribunal - tribunais
IL (oxítonos)	S	Barril - barris
IL (paroxítonos)	EIS	Fóssil - fósseis
ZINHO, ZITO	S	Anelzinho - aneizinhos

Alguns substantivos são grafados apenas no plural:

> alvíssaras;

> anais;

> antolhos;

> arredores;

> belas-artes;

> calendas;
> cãs;
> condolências;
> esponsais;
> exéquias;
> fastos;
> férias;
> fezes;
> núpcias;
> óculos;
> pêsames.

O Grau do substantivo:

Aumentativo / Diminutivo[1]

→ **Analítico:** quando se associam os adjetivos ao substantivo.
» **Ex:** carro grande, pé pequeno;

→ **Sintético**: quando se adiciona ao substantivo sufixos indicadores de grau.
» **Ex:** carrão, pezinho.

> Sufixos:

Aumentativos: -ázio, -orra, -ola, -az, -ão, -eirão, -alhão, -arão, -arrão, -zarrão;

Diminutivos: -ito, -ulo-, -culo, -ote, -ola, -im, -elho, -inho, -zinho (o sufixo -zinho é obrigatório quando o substantivo terminar em vogal tônica ou ditongo: cafezinho, paizinho);

O aumentativo pode exprimir tamanho (casarão), desprezo (sabichão, ministraço, poetastro) ou intimidade (amigão); enquanto o diminutivo pode indicar carinho (filhinho) ou ter valor pejorativo (livreco, casebre), além das noções de tamanho (bolinha).

Verbo

É a palavra com que se expressa uma ação (cantar, vender), um estado (ser, estar), mudança de estado (tornar-se) ou fenômeno da natureza (chover).

Quanto à noção que expressam, os verbos podem ser classificados da seguinte maneira:

Verbos Relacionais*:* exprimem estado ou mudança de estado. São os chamados verbos de ligação.

Verbo de ligação
Ser
Estar
Continuar
Andar
Parecer
Permanecer
Ficar
Tornar-se

Verbos Nocionais: exprimem ação ou fenômeno da natureza. São os chamados verbos significativos.

Os Verbos Nocionais podem ser classificados da seguinte maneira:

a) **VI (Verbo Intransitivo):** Diz-se daquele que não necessita de um complemento para que se compreenda a ação verbal. Exemplos: morrer, cantar, sorrir, nascer, viver.

b) **VT (Verbo Transitivo):** Diz-se daquele que necessita de um complemento para expressar o afetado pela ação verbal. Divide-se em três tipos:
» **Diretos:** não possuem preposição para ligar o complemento verbal ao verbo. São exemplos os verbos querer, comprar, ler, falar etc.
» **Indiretos:** possuem preposição para ligar o complemento verbal ao verbo. São exemplos os verbos gostar, necessitar, precisar, acreditar etc.
» **Diretos e Indiretos, ou Bitransitivos:** possuem dois complementos, um não-preposicionado, outro com preposição. São exemplos os verbos pagar, perdoar, implicar etc.

Fique Ligado

Se você não compreendeu o que acabou de ler, preste atenção na dica que segue:

> ***Ex.: João morreu. (quem morre, morre. Não é preciso um complemento para entender o verbo).***
> ***Ex.: Eu quero um aumento. (quem quer, quer alguma coisa. É preciso um complemento para entender o sentido do verbo).***
> ***Ex.: Eu preciso de um emprego. (quem precisa, precisa "de" alguma coisa. Deve haver uma preposição para ligar o complemento ao seu verbo).***
> ***Ex.: Mário pagou a conta ao padeiro. (quem paga, paga algo a alguém. Há um complemento com preposição e um complemento sem preposição).***

Estrutura e conjugação dos verbos:

Antes da parte mais densa, vamos tentar clarear algumas coisas em relação aos verbos e a sua estrutura:

Os verbos possuem:

> ***Raiz:*** o que lhes guarda o sentido (**cant**ar, **corr**er, **sorr**ir)
> ***Vogal temática***: o que lhes garante a família conjugacional. (**A**R, **E**R, **I**R)
> ***Desinências***: o que ajuda a conjugar ou nominalizar o verbo. (canta**ndo**, cantá**vamos**)

Os verbos apresentam três conjugações, quer dizer, três famílias conjugacionais. Em função da vogal temática, podem-se criar três paradigmas[2] verbais. De acordo com a relação dos verbos com esses paradigmas, obtém-se a seguinte classificação:

> ***Regulares:*** seguem o paradigma verbal de sua conjugação sem alterar suas raízes (amar, vender, partir).
> ***Irregulares***: não seguem o paradigma verbal da conjugação a que pertencem. As irregularidades podem aparecer na raiz ou nas desinências (ouvir - ouço/ouve, estar - estou/estão).
> ***Anômalos***: apresentam profundas irregularidades. São classificados como anômalos em todas as gramáticas os verbos ser e ir.
> ***Defectivos***: não são conjugados em determinadas pessoas, tempo ou modo, portanto, apresentam algum tipo de "defeito" (falir - no presente do indicativo só apresenta a 1ª e a 2ª pessoa do plural). Os defectivos distribuem-se em grupos:

1 Quando não flexionamos o substantivo em algum grau, dizemos que ele está no grau normal.

2 Paradigma é o modo como se dá a conjugação.

a) impessoais;

b) unipessoais (vozes ou ruídos de animais, só conjugados nas 3as pessoas);

c) antieufônicos (a sonoridade permite confusão com outros verbos) - demolir; falir, abolir etc.

> **Abundantes:** apresentam mais de uma forma para uma mesma conjugação.

Existe abundância conjugacional e participial. A primeira ocorre na conjugação de algumas formas verbais, como, por exemplo, o verbo "haver", que admite "nós havemos/hemos", "vós haveis/heis". A segunda ocorre com as formas nominais de particípio. A seguir segue uma lista dos principais abundantes na forma participial.

Verbos	Particípio regular – empregado com os auxiliares TER e HAVER	Particípio irregular – empregado com os auxiliares SER, ESTAR e FICAR
Aceitar	Aceitado	Aceito
Acender	Acendido	Aceso
Benzer	Benzido	Bento
Eleger	Elegido	Eleito
Entregar	Entregado	Entregue
Enxugar	Enxugado	Enxuto
Expressar	Expressado	Expresso
Expulsar	Expulsado	Expulso
Extinguir	Extinguido	Extinto
Matar	Matado	Morto
Prender	Prendido	Preso
Romper	Rompido	Roto
Salvar	Salvado	Salvo
Soltar	Soltado	Solto
Suspender	Suspendido	Suspenso
Tingir	Tingido	Tinto

Flexão Verbal

Relativamente à flexão verbal, anotamos:

→ **Número:** singular ou plural;

→ **Pessoa gramatical:** 1ª, 2ª ou 3ª;

→ **Tempo:** referência ao momento em que se fala (pretérito, presente ou futuro). O modo imperativo só tem um tempo, o presente;

→ **Voz:** ativa, passiva, reflexiva e recíproca (que trabalharemos mais tarde);

→ **Modo:** indicativo (certeza de um fato ou estado), subjuntivo (possibilidade ou desejo de realização de um fato ou incerteza do estado) e imperativo (expressa ordem, advertência ou pedido).

Formas Nominais do Verbo

As três formas nominais do verbo (infinitivo, gerúndio e particípio) não possuem função exclusivamente verbal.

→ **Infinitivo:** assemelha-se ao substantivo, indica algo atemporal - o nome do verbo, sua desinência característica é a letra R: amar, realçar, ungir etc.

→ **Gerúndio:** equipara-se ao adjetivo ou advérbio pelas circunstâncias que exprime de ação em processo. Sua desinência característica é -**NDO**: ama**ndo**, realça**ndo**, ungi**ndo** etc.

→ ***Particípio:*** tem valor e forma de adjetivo - pode também indicar ação concluída, sua desinência característica é -**ADO** ou -**IDO** para as formas regulares: am**ado**, realç**ado**, ung**ido** etc.

Tempos Verbais

Dentro do **Modo Indicativo**, anotamos os seguintes tempos:

→ **Presente do indicativo:** indica um fato real situado no momento ou época em que se fala;

» **Ex.**: Eu amo, eu vendo, eu parto.

→ **Pretérito perfeito do indicativo:** indica um fato real cuja ação foi iniciada e concluída no passado;

» **Ex.**: Eu amei, eu vendi, eu parti.

→ **Pretérito imperfeito do indicativo:** indica um fato real cuja ação foi iniciada no passado, mas não foi concluída ou era uma ação costumeira no passado;

» **Ex.**: Eu amava, eu vendia, eu partia.

→ **Pretérito mais-que-perfeito do indicativo:** indica um fato real cuja ação é anterior a outra ação já passada;

» **Ex.**: Eu amara, eu vendera, eu partira.

→ **Futuro do presente do indicativo:** indica um fato real situado em momento ou época vindoura;

» **Ex.**: Eu amarei, eu venderei, eu partirei.

→ **Futuro do pretérito do indicativo:** indica um fato possível, hipotético, situado num momento futuro, mas ligado a um momento passado.

» **Ex.**: Eu amaria, eu venderia, eu partiria.

Dentro do **Modo Subjuntivo**, anotamos os seguintes tempos:

→ **Presente do subjuntivo:** indica um fato provável, duvidoso ou hipotético, situado no momento ou época em que se fala. Para facilitar a conjugação, utilize a conjunção "que";

» **Ex.**: Que eu ame, que eu venda, que eu parta.

→ **Pretérito imperfeito do subjuntivo:** indica um fato provável, duvidoso ou hipotético, cuja ação foi iniciada, mas não concluída no passado. Para facilitar a conjugação, utilize a conjunção "se";

» **Ex.**: Se eu amasse, se eu vendesse, se eu partisse.

→ **Futuro do subjuntivo:** indica um fato provável, duvidoso, hipotético, situado num momento ou época futura. Para facilitar a conjugação, utilize a conjunção "quando".

» **Ex.**: Quando eu amar, quando eu vender, quando eu partir.

Tempos compostos da voz ativa

Constituem-se pelos verbos auxiliares **ter** ou **haver** + particípio do verbo que se quer conjugar, dito principal.

No **modo Indicativo**, os tempos compostos são formados da seguinte maneira:

→ **Pretérito perfeito:** presente do indicativo do auxiliar + particípio do verbo principal (Tenho amado);

→ **Pretérito mais-que-perfeito:** pretérito imperfeito do indicativo do auxiliar + particípio do verbo principal (Tinha amado);

→ **Futuro do presente:** futuro do presente do indicativo do auxiliar + particípio do verbo principal (Terei amado);

→ **Futuro do pretérito:** futuro do pretérito indicativo do auxiliar + particípio do verbo principal (Teria amado).

No **modo Subjuntivo** a formação se dá da seguinte maneira:

→ **Pretérito perfeito:** presente do subjuntivo do auxiliar + particípio do VP (Tenha amado);

→ **Pretérito mais-que-perfeito:** imperfeito do subjuntivo do auxiliar + particípio do VP (Tivesse amado);

→ **Futuro composto:** futuro do subjuntivo do auxiliar + particípio do VP (Tiver amado).

Quanto às **formas nominais**, elas são formadas da seguinte maneira:

→ **Infinitivo composto:** infinitivo pessoal ou impessoal do auxiliar + particípio do verbo principal (Ter vendido / Teres vendido);

→ **Gerúndio composto:** gerúndio do auxiliar + particípio do verbo principal (Tendo partido).

Vozes verbais

Cuidado com esse conteúdo, costuma ser muito cobrado em provas de concursos públicos.

Quanto às vozes, os verbos apresentam voz:

→ **Ativa:** sujeito é agente da ação verbal; (**O corretor** vende casas)

→ **Passiva:** sujeito é paciente da ação verbal; (Casas são vendidas **pelo corretor**)

→ **Reflexiva:** o sujeito é agente e paciente da ação verbal. (A garota feriu-**se** ao cair da escada)

→ **Recíproca:** há uma ação mútua descrita na sentença. (Os amigos entreolh**aram-se**)

A voz passiva: sua característica é possuir um sujeito paciente, ou seja, que é afetado pela ação do verbo.

Tipos de voz passiva

→ **Analítica:** verbo auxiliar + particípio do verbo principal. Isso significa que há uma locução verbal de voz passiva.

» **Ex.**: Casas **são vendidas** pelo corretor

Veja mais alguns exemplos:

» **Ex.:** Ele fez o trabalho - O trabalho **foi feito** por ele (mantido o pretérito perfeito do indicativo)

» **Ex.:** O vento ia levando as folhas - As folhas iam **sendo levadas** pelo vento (mantido o gerúndio do verbo principal em um dos auxiliares).

» **Ex.:** Vereadores entregarão um prêmio ao gari - Um prêmio **será entregue** ao gari por vereadores (veja como a flexão do futuro se mantém na locução).

→ **Sintética:** verbo apassivado pelo termo "se" (partícula apassivadora) + sujeito paciente.

» **Ex.:** Roubou-se **o dinheiro do povo**.

» **Ex.:** Fez-se **o trabalho** com pressa.

É comum observar, em provas de concurso público, questões que mostram uma voz passiva sintética como aquela que é proveniente de uma ativa com sujeito indeterminado.

Alguns verbos da língua portuguesa apresentam **problemas de conjugação.** A seguir, **temos uma lista,** seguida de comentários sobre essas dificuldades de conjugação.

» **Ex.:** Compraram um carro novo (ativa);

» **Ex.:** Comprou-se um carro novo (passiva sintética).

Exercício Comentado

01. ***(FCC) A frase que NÃO admite transposição para a voz passiva está em:***

a) Quando Rodolfo surgiu...

b) ... adquiriu as impressoras...

c) ... e sustentar, às vezes, família numerosa.

d) ... acolheu-o como patrono.

e) ... que montou [...] a primeira grande folhetaria do Recife ...

RESPOSTA. ***"A". Não se pode transpor o verbo da frase "A" para a voz passiva, porque ele é um Verbo Intransitivo. Apenas os transitivos diretos e os bitransitivos admitem transposição para a voz passiva.***

Verbos com a conjugação irregular

Abolir

Defectivo - não possui a 1ª pessoa do singular do presente do indicativo, por isso não possui presente do subjuntivo e o imperativo negativo. (= banir, carpir, colorir, delinquir, demolir, descomedir-se, emergir, exaurir, fremir, fulgir, haurir, retorquir, urgir).

Acudir

Alternância vocálica o/u - presente do indicativo - acudo, acodes... e pretérito perfeito do indicativo - com u (= bulir, consumir, cuspir, engolir, fugir).

Adequar

Defectivo - só possui a 1ª e a 2ª pessoa do plural no presente do indicativo.

Aderir

Alternância vocálica e/i - presente do indicativo - adiro, adere... (= advertir, cerzir, despir, diferir, digerir, divergir, ferir, sugerir).

Agir

Acomodação gráfica g/j - presente do indicativo - ajo, ages... (= afligir, coagir, erigir, espargir, refulgir, restringir, transigir, urgir).

Agredir

Alternância vocálica e/i - presente do indicativo - agrido, agrides, agride, agredimos, agredis, agridem (= prevenir, progredir, regredir, transgredir).

Aguar

Regular - presente do indicativo - águo, águas..., - pretérito perfeito do indicativo - aguei, aguaste, aguou, aguamos, aguastes, aguaram (= desaguar, enxaguar, minguar).

Prazer

Irregular - presente do indicativo - aprazo, aprazes, apraz... / pretérito perfeito do indicativo - aprouve, aprouveste, aprouve, aprouvemos, aprouvestes, aprouveram.

Arguir

Irregular com alternância vocálica o/u - presente do indicativo - arguo (ú), arguis, argui, arguimos, arguis, arguem - pretérito perfeito - argui, arguiste...

Atrair

Irregular - presente do indicativo - atraio, atrais... / pretérito perfeito - atraí, atraíste... (= abstrair, cair, distrair, sair, subtrair).

Atribuir

Irregular - presente do indicativo - atribuo, atribuis, atribui, atribuímos, atribuís, atribuem - pretérito perfeito - atribuí, atribuíste, atribuiu... (= afluir, concluir, destituir, excluir, instruir, possuir, usufruir).

Averiguar

Alternância vocálica o/u - presente do indicativo - averiguo (ú), averiguas (ú), averigua (ú), averiguamos, averiguais, averiguam (ú) - pretérito perfeito - averiguei, averiguaste... - presente do subjuntivo - averigue, averigues, averigue... (= apaziguar).

Cear

Irregular - presente do indicativo - ceio, ceias, ceia, ceamos, ceais, ceiam - pretérito perfeito indicativo - ceei, ceaste, ceou, ceamos, ceastes, cearam (= verbos terminados em -ear: falsear, passear... - alguns apresentam pronúncia aberta: estreio, estreia...).

Coar

Irregular - presente do indicativo - coo, côas, côa, coamos, coais, coam - pretérito perfeito - coei, coaste, coou... (= abençoar, magoar, perdoar).

Comerciar

Regular - presente do indicativo - comercio, comercias... - pretérito perfeito - comerciei... (= verbos em -iar , exceto os seguintes verbos: mediar, ansiar, remediar, incendiar, odiar).

Compelir

Alternância vocálica e/i - presente do indicativo - compilo, compeles... - pretérito perfeito indicativo - compeli, compeliste...

Compilar

Regular - presente do indicativo - compilo, compilas, compila... - pretérito perfeito indicativo - compilei, compilaste...

Construir

Irregular e abundante - presente do indicativo - construo, constróis (ou constrúis), constrói (ou constrúi), construímos, construís, constroem (ou construem) - pretérito perfeito indicativo - construí, construíste...

Crer

Irregular - presente do indicativo - creio, crês, crê, cremos, credes, creem - pretérito perfeito indicativo - cri, creste, creu, cremos, crestes, creram - imperfeito indicativo - cria, crias, cria, críamos, críeis, criam.

Falir

Defectivo - presente do indicativo - falimos, falis - pretérito perfeito indicativo - fali, faliste... (= aguerrir, combalir, foragir-se, remir, renhir)

Frigir

Acomodação gráfica g/j e alternância vocálica e/i - presente do indicativo - frijo, freges, frege, frigimos, frigis, fregem - pretérito perfeito indicativo - frigi, frigiste...

Ir

Irregular - presente do indicativo - vou, vais, vai, vamos, ides, vão - pretérito perfeito indicativo - fui, foste... - presente subjuntivo - vá, vás, vá, vamos, vades, vão.

Jazer

Irregular - presente do indicativo - jazo, jazes... - pretérito perfeito indicativo - jazi, jazeste, jazeu...

Mobiliar

Irregular - presente do indicativo - mobílio, mobílias, mobília, mobiliamos, mobiliais, mobíliam - pretérito perfeito indicativo - mobiliei, mobiliaste...

Obstar

Regular - presente do indicativo - obsto, obstas... - pretérito perfeito indicativo - obstei, obstaste...

Pedir

Irregular - presente do indicativo - peço, pedes, pede, pedimos, pedis, pedem - pretérito perfeito indicativo - pedi, pediste... (= despedir, expedir, medir).

Polir

Alternância vocálica e/i - presente do indicativo - pulo, pules, pule, polimos, polis, pulem - pretérito perfeito indicativo - poli, poliste...

Precaver-se

Defectivo e pronominal - presente do indicativo - precavemo-nos, precaveis-vos - pretérito perfeito indicativo - precavi-me, precaveste-te...

Prover

Irregular - presente do indicativo - provejo, provês, provê, provemos, provedes, provêem - pretérito perfeito indicativo - provi, proveste, proveu...

Reaver

Defectivo - presente do indicativo - reavemos, reaveis - pretérito perfeito indicativo - reouve, reouveste, reouve... (verbo derivado do haver, mas só é conjugado nas formas verbais com a letra v).

Remir

Defectivo - presente do indicativo - remimos, remis - pretérito perfeito indicativo - remi, remiste...

Requerer

Irregular - presente do indicativo - requeiro, requeres... - pretérito perfeito indicativo - requeri, requereste, requereu... (derivado do querer, diferindo dele na 1ª pessoa do singular do presente do indicativo e no pretérito perfeito do indicativo e derivados, sendo regular)

Rir

Irregular - presente do indicativo - rio, rir, ri, rimos, rides, riem - pretérito perfeito indicativo - ri, riste... (= sorrir)

Saudar

Alternância vocálica - presente do indicativo - saúdo, saúdas... - pretérito perfeito indicativo - saudei, saudaste...

Suar

Regular - presente do indicativo - suo, suas, sua... - pretérito perfeito indicativo - suei, suaste, sou... (= atuar, continuar, habituar, individuar, recuar, situar)

Valer

Irregular - presente do indicativo - valho, vales, vale... - pretérito perfeito indicativo - vali, valeste, valeu...

Também merecem atenção os seguintes verbos irregulares:

→ **Pronominais:** Apiedar-se, dignar-se, persignar-se, precaver-se

Caber

> **Presente do indicativo:** Caibo, cabes, cabe, cabemos, cabeis, cabem;

> **Presente do subjuntivo:** Caiba, caibas, caiba, caibamos, caibais, caibam;

> **Pretérito perfeito do indicativo:** Coube, coubeste, coube, coubemos, coubestes, couberam;

> **Pretérito mais-que-perfeito do indicativo:** coubera, couberas, coubera, coubéramos, coubéreis, couberam;

- **Pretérito imperfeito do subjuntivo:** coubesse, coubesses, coubesse, coubéssemos, coubésseis, coubessem;
- **Futuro do subjuntivo:** Couber, couberes, couber, coubermos, couberdes, couberem.

Dar

- **Presente do indicativo:** Dou, dás, dá, damos, dais, dão;
- **Presente do subjuntivo:** Dê, dês, dê, demos, deis, deem;
- **Pretérito perfeito do indicativo:** Dei, deste, deu, demos, destes, deram;
- **Pretérito mais-que-perfeito do indicativo:** Dera, deras, dera, déramos, déreis, deram;
- **Pretérito imperfeito do subjuntivo:** Desse, desses, desse, déssemos, désseis, dessem;
- **Futuro do subjuntivo:** Der, deres, der, dermos, derdes, derem.

Dizer

- **Presente do indicativo:** Digo, dizes, diz, dizemos, dizeis, dizem;
- **Presente do subjuntivo:** Diga, digas, diga, digamos, digais, digam;
- **Pretérito perfeito do indicativo:** Disse, disseste, disse, dissemos, dissestes, disseram;
- **Pretérito mais-que-perfeito do indicativo:** Dissera, disseras, dissera, disséramos, disséreis, disseram;
- **Futuro do presente:** Direi, dirás, dirá etc.;
- **Futuro do pretérito:** Diria, dirias, diria etc.;
- **Pretérito imperfeito do subjuntivo:** Dissesse, dissesses, dissesse, disséssemos, dissésseis, dissessem;
- **Futuro do subjuntivo:** Disser, disseres, disser, dissermos, disserdes, disserem;

Estar

- **Presente do indicativo:** Estou, estás, está, estamos, estais, estão;
- **Presente do subjuntivo:** Esteja, estejas, esteja, estejamos, estejais, estejam;
- **Pretérito perfeito do indicativo:** Estive, estiveste, esteve, estivemos, estivestes, estiveram;
- **Pretérito mais-que-perfeito do indicativo:** Estivera, estiveras, estivera, estivéramos, estivéreis, estiveram;
- **Pretérito imperfeito do subjuntivo:** Estivesse, estivesses, estivesse, estivéssemos, estivésseis, estivessem;
- **Futuro do subjuntivo:** Estiver, estiveres, estiver, estivermos, estiverdes, estiverem;

Fazer

- **Presente do indicativo:** Faço, fazes, faz, fazemos, fazeis, fazem;
- **Presente do subjuntivo:** Faça, faças, faça, façamos, façais, façam;
- **Pretérito perfeito do indicativo:** Fiz, fizeste, fez, fizemos, fizestes, fizeram;
- **Pretérito mais-que-perfeito do indicativo:** Fizera, fizeras, fizera, fizéramos, fizéreis, fizeram;
- **Pretérito imperfeito do subjuntivo:** Fizesse, fizesses, fizesse, fizéssemos, fizésseis, fizessem;
- **Futuro do subjuntivo:** Fizer, fizeres, fizer, fizermos, fizerdes, fizerem.

Seguem esse modelo desfazer, liquefazer e satisfazer.

Os particípios desses verbos e seus derivados são irregulares: Feito, desfeito, liquefeito, satisfeito, etc.

Haver

- **Presente do indicativo:** Hei, hás, há, havemos, haveis, hão;
- **Presente do subjuntivo:** Haja, hajas, haja, hajamos, hajais, hajam;
- **Pretérito perfeito do indicativo:** Houve, houveste, houve, houvemos, houvestes, houveram;
- **Pretérito mais-que-perfeito do indicativo:** Houvera, houveras, houvera, houvéramos, houvéreis, houveram;
- **Pretérito imperfeito do subjuntivo:** Houvesse, houvesses, houvesse, houvéssemos, houvésseis, houvessem;
- **Futuro do subjuntivo:** Houver, houveres, houver, houvermos, houverdes, houverem.

Ir

- **Presente do indicativo:** Vou, vais, vai, vamos, ides, vão;
- **Presente do subjuntivo:** Vá, vás, vá, vamos, vades, vão;
- **Pretérito imperfeito do indicativo:** Ia, ias, ia, íamos, íeis, iam;
- **Pretérito perfeito do indicativo:** Fui, foste, foi, fomos, fostes, foram;
- **Pretérito mais-que-perfeito do indicativo:** Fora, foras, fora, fôramos, fôreis, foram;
- **Pretérito imperfeito do subjuntivo:** Fosse, fosses, fosse, fôssemos, fôsseis, fossem;
- **Futuro do subjuntivo:** For, fores, for, formos, fordes, forem.

Poder

- **Presente do indicativo:** Posso, podes, pode, podemos, podeis, podem;
- **Presente do subjuntivo:** Possa, possas, possa, possamos, possais, possam;
- **Pretérito perfeito do indicativo:** Pude, pudeste, pôde, pudemos, pudestes, puderam;
- **Pretérito mais-que-perfeito do indicativo:** Pudera, puderas, pudera, pudéramos, pudéreis, puderam;
- **Pretérito imperfeito do subjuntivo:** Pudesse, pudesses, pudesse, pudéssemos, pudésseis, pudessem;
- **Futuro do subjuntivo:** Puder, puderes, puder, pudermos, puderdes, puderem.

Pôr

- **Presente do indicativo:** Ponho, pões, põe, pomos, pondes, põem;
- **Presente do subjuntivo:** Ponha, ponhas, ponha, ponhamos, ponhais, ponham;
- **Pretérito imperfeito do indicativo:** Punha, punhas, punha, púnhamos, púnheis, punham;

- **Pretérito perfeito do indicativo:** Pus, puseste, pôs, pusemos, pusestes, puseram;
- **Pretérito mais-que-perfeito do indicativo:** Pusera, puseras, pusera, puséramos, puséreis, puseram;
- **Pretérito imperfeito do subjuntivo:** Pusesse, pusesses, pusesse, puséssemos, pusésseis, pusessem;
- **Futuro do subjuntivo:** Puser, puseres, puser, pusermos, puserdes, puserem.

Todos os derivados do verbo pôr seguem exatamente esse modelo: Antepor, compor, contrapor, decompor, depor, descompor, dispor, expor, impor, indispor, interpor, opor, pospor, predispor, pressupor, propor, recompor, repor, sobrepor, supor, transpor são alguns deles.

Querer

- **Presente do indicativo:** Quero, queres, quer, queremos, quereis, querem;
- **Presente do subjuntivo:** Queira, queiras, queira, queiramos, queirais, queiram;
- **Pretérito perfeito do indicativo:** Quis, quiseste, quis, quisemos, quisestes, quiseram;
- **Pretérito mais-que-perfeito do indicativo:** Quisera, quiseras, quisera, quiséramos, quiséreis, quiseram;
- **Pretérito imperfeito do subjuntivo:** Quisesse, quisesses, quisesse, quiséssemos, quisésseis, quisessem;
- **Futuro do subjuntivo:** Quiser, quiseres, quiser, quisermos, quiserdes, quiserem;

Saber

- **Presente do indicativo:** Sei, sabes, sabe, sabemos, sabeis, sabem;
- **Presente do subjuntivo:** Saiba, saibas, saiba, saibamos, saibais, saibam;
- **Pretérito perfeito do indicativo:** soube, soubeste, soube, soubemos, soubestes, souberam;
- **Pretérito mais-que-perfeito do indicativo:** Soubera, souberas, soubera, soubéramos, soubéreis, souberam;
- **Pretérito imperfeito do subjuntivo:** Soubesse, soubesses, soubesse, soubéssemos, soubésseis, soubessem;
- **Futuro do subjuntivo:** souber, souberes, souber, soubermos, souberdes, souberem.

Ser

- **Presente do indicativo:** Sou, és, é, somos, sois, são;
- **Presente do subjuntivo:** Seja, sejas, seja, sejamos, sejais, sejam;
- **Pretérito imperfeito do indicativo:** Era, eras, era, éramos, éreis, eram;
- **Pretérito perfeito do indicativo:** Fui, foste, foi, fomos, fostes, foram;
- **Pretérito mais-que-perfeito do indicativo:** Fora, foras, fora, fôramos, fôreis, foram;
- **Pretérito imperfeito do subjuntivo:** Fosse, fosses, fosse, fôssemos, fôsseis, fossem;
- **Futuro do subjuntivo:** For, fores, for, formos, fordes, forem.

As segundas pessoas do imperativo afirmativo são: Sê (tu) e sede (vós).

Ter

- **Presente do indicativo:** Tenho, tens, tem, temos, tendes, têm;
- **Presente do subjuntivo:** Tenha, tenhas, tenha, tenhamos, tenhais, tenham;
- **Pretérito imperfeito do indicativo:** Tinha, tinhas, tinha, tínhamos, tínheis, tinham;
- **Pretérito perfeito do indicativo:** Tive, tiveste, teve, tivemos, tivestes, tiveram;
- **Pretérito mais-que-perfeito do indicativo:** Tivera, tiveras, tivera, tivéramos, tivéreis, tiveram;
- **Pretérito imperfeito do subjuntivo:** Tivesse, tivesses, tivesse, tivéssemos, tivésseis, tivessem;
- **Futuro do subjuntivo:** Tiver, tiveres, tiver, tivermos, tiverdes, tiverem.

Seguem esse modelo os verbos: Ater, conter, deter, entreter, manter, reter.

Trazer

- **Presente do indicativo:** Trago, trazes, traz, trazemos, trazeis, trazem;
- **Presente do subjuntivo:** Traga, tragas, traga, tragamos, tragais, tragam;
- **Pretérito perfeito do indicativo:** Trouxe, trouxeste, trouxe, trouxemos, trouxestes, trouxeram;
- **Pretérito mais-que-perfeito do indicativo:** Trouxera, trouxeras, trouxera, trouxéramos, trouxéreis, trouxeram;
- **Futuro do presente:** Trarei, trarás, trará, etc.;
- **Futuro do pretérito:** Traria, trarias, traria, etc.;
- **Pretérito imperfeito do subjuntivo:** Trouxesse, trouxesses, trouxesse, trouxéssemos, trouxésseis, trouxessem;
- **Futuro do subjuntivo:** Trouxer, trouxeres, trouxer, trouxermos, trouxerdes, trouxerem.

Ver

- **Presente do indicativo:** Vejo, vês, vê, vemos, vedes, veem;
- **Presente do subjuntivo:** Veja, vejas, veja, vejamos, vejais, vejam;
- **Pretérito perfeito do indicativo:** Vi, viste, viu, vimos, vistes, viram;
- **Pretérito mais-que-perfeito do indicativo:** Vira, viras, vira, víramos, víreis, viram;
- **Pretérito imperfeito do subjuntivo:** Visse, visses, visse, víssemos, vísseis, vissem;
- **Futuro do subjuntivo:** Vir, vires, vir, virmos, virdes, virem.

Seguem esse modelo os derivados antever, entrever, prever, rever. **Prover** segue o modelo acima apenas no presente do indicativo e seus tempos derivados; nos demais tempos, comporta-se como um verbo regular da segunda conjugação.

Vir

- **Presente do indicativo:** Venho, vens, vem, vimos, vindes, vêm;
- **Presente do subjuntivo:** Venha, venhas, venha, venhamos, venhais, venham;

> **Pretérito imperfeito do indicativo:** Vinha, vinhas, vinha, vínhamos, vínheis, vinham;

> **Pretérito perfeito do indicativo:** Vim, vieste, veio, viemos, viestes, vieram;

> **Pretérito mais-que-perfeito do indicativo:** Viera, vieras, viera, viéramos, viéreis, vieram;

> **Pretérito imperfeito do subjuntivo:** Viesse, viesses, viesse, viéssemos, viésseis, viessem;

> **Futuro do subjuntivo:** Vier, vieres, vier, viermos, vierdes, vierem;

> **Particípio e gerúndio:** Vindo.

Emprego do infinitivo

Apesar de não haver regras bem definidas, podemos anotar as seguintes ocorrências:

1) Usa-se o impessoal:

> Sem referência a nenhum sujeito: É proibido **estacionar** na calçada;

> Nas locuções verbais: Devemos **pensar** sobre a sua situação;

> Se o infinitivo exercer a função de complemento de adjetivos: É uma questão fácil de **resolver**;

> Se o infinitivo possuir valor de imperativo – O comandante gritou: "**marchar**!"

2) Usa-se o pessoal:

> Quando o sujeito do infinitivo é diferente do sujeito da oração principal: Eu não te culpo por **seres** um imbecil;

> Quando, por meio de flexão, se quer realçar ou identificar a pessoa do sujeito: Não foi bom **agires** dessa forma;

Exercícios Comentados

Hoje se acredita que a família nuclear <u>tenha</u> se estabelecido por trazer vantagens evolutivas.

01. ***(FCC) O emprego da forma verbal grifada acima denota, considerando-se o contexto,***

a) ***condição de realização de um fato.***
b) ***ação terminada no passado.***
c) ***hipótese plausível.***
d) ***dúvida baseada em fatos.***
e) ***fato concreto.***

RESPOSTA. ***"C". O verbo em destaque está conjugado no Modo Subjuntivo. Isso quer dizer que a forma verbal expressa uma ideia de hipótese passível de realização.***

Vamos Praticar

01. (FCC) Levando-se em conta as alterações necessárias, o termo grifado foi substituído corretamente por um pronome em:

a) A Inveja habita o <u>fundo de um vale</u> = habitá-lo
b) jamais se acende <u>o fogo</u> = lhe acende
c) serviu de modelo <u>a todos</u> = serviu-os
d) infectar <u>a jovem Aglauros</u> = infectá-la
e) ao dilacerar <u>os outros</u> = dilacerar-lhes

Leia o texto:

Na era das redes sociais, algumas formas de comunicação arcaicas ainda dão resultado. O canadense Harold Hackett que o diga. Morador da Ilha Príncipe Eduardo, uma das dez províncias do Canadá, ele enviou mais de 4.800 mensagens em uma garrafa e recebeu 3.100 respostas de pessoas de várias partes do mundo. De acordo com a BBC, o canadense envia as mensagens desde 1996. O seu método é simples. Harold utiliza **garrafas** de suco de laranja e se certifica de que as **mensagens** estão com data. Antes de **enviá-las,** checa o sentido dos ventos — que devem rumar de preferência para oeste ou sudoeste. Algumas cartas demoraram 13 anos para voltar para ele.

02. (CESPE) A forma pronominal "las", em "enviá-las", pode fazer referência tanto ao termo "garrafas" quanto ao termo "mensagens"

Certo ( ) Errado ( )

03. (CESGRANRIO) "***A gente se acostuma*** a morar em apartamentos de fundos."

Nós nos acostumamos a morar em apartamentos de fundos.

A troca de pronomes também respeita as regras de concordância estabelecidas na norma-padrão em:

a) Tu te acostuma / Você se acostuma.
b) Tu se acostuma / Você se acostumas.
c) Tu te acostumas / Você se acostuma.
d) Tu te acostumas / Você vos acostuma.
e) Tu te acostumas / Você vos acostumais.

Nossa espécie passou os últimos 150 mil anos melhorando o cérebro. Mas uma pesquisa recém-publicada por uma equipe da Universidade de Cambridge reforçou uma tese recorrente na neurociência: a de que nossa inteligência chegou a seu limite. Os estudos ainda devem prosseguir para confirmá-la, mas esse trabalho, **somado aos que vinham sendo realizados nos últimos anos**, não deixa margem para muitas dúvidas.

04. (CESPE) No trecho "somado aos que vinham sendo realizados nos últimos anos", o elemento "aos" poderia ser corretamente substituído por àqueles.

Certo ( ) Errado ( )

As bibliotecas virtuais têm, de certo modo, os predicados _____ o escritor argentino Jorge Luis Borges define a sua fantástica Biblioteca de Babel: são ilimitadas e periódicas. Desse modo, atualizam, no que oferecem e na forma _____ o oferecem, uma espécie de otimismo cético próprio do racionalismo.

A biblioteca está e vai com você onde você estiver, como uma Babel feita do paradoxo do conhecimento: quanto mais se sabe, mais há para saber, de modo que, o máximo sendo também o mínimo, nunca nos falte nem a pergunta ilimitada, nem a resposta periódica _____ os livros e revistas postos ao alcance de nosso cotidiano podem nos ajudar a formular, ou, ao menos, entrever.

05. (FAURGS) Assinale a alternativa que preenche, correta e respectivamente, as lacunas das linhas.

a) que – como – que
b) com que – que – a que
c) com que – como – que
d) que – como – a que
e) que – que – a que

06. (CESGRANRIO) Os substantivos grafados com **ç** são derivados de verbos: **produção, redução, desaceleração, projeção.** Quais os verbos a seguir que formam substantivos com a mesma grafia:

a) admitir, agredir, intuir
b) discutir, emitir, aferir
c) inquirir, imprimir, perseguir
d) obstruir, intervir, conduzir
e) reduzir, omitir, extinguir

07. (NUCEPE) **Adaptada**. Assinale a opção em que o substantivo apresentado é uma palavra de gênero feminino.

a) "sinal".
b) "palco".
c) "comunidade".
d) "lugares".
e) "jornais".

08. (CEPERJ) Os verbos considerados impessoais devem se manter invariáveis, no singular, segundo as normas de concordância verbal. Há um caso de verbo impessoal no seguinte exemplo do texto:

a) "você não vê há três meses"
b) "Para lá fui enviada."
c) "um gigantesco caminhão que andava"
d) "aquilo nos pareceu absurdo"
e) "E não precisará de recall para isso."

Ainda que os modernistas de 1922 não se _____ componentes de uma escola, nem ______ ter postulados rigorosos em comum, um grande desejo de expressão livre os unificava.

09. (FCC) Na frase acima, a correção será mantida caso a conjugação dos verbos originalmente empregados **consideraram** e **afirmaram** for modificada de modo que as formas verbais resultantes sejam, respectivamente:

a) considerarem e afirmarem.
b) considerassem e afirmassem.
c) consideravam e afirmavam.
d) considerariam e afirmariam.
e) considerar e afirmar.

10. (FUNCAB) Em "(...) A empregada já HAVIA CHEGADO e estava no portão, olhando o movimento.(...)", o tempo verbal mostra uma ação:

a) iniciada no passado, continuada no presente.
b) realizada em futuro próximo.
c) subordinada a uma ação futura.
d) repetida, independente da ação passada.
e) já terminada.

Leia o texto:

Eu sei morrer. Morri **desde pequena**. E dói, mas a gente finge que não dói. Estou com tanta saudade de Deus.

E agora vou morrer um pouquinho. Estou tão precisada.

Sim. Aceito, my Lord. Sob protesto.

Mas Brasília é esplendor. Estou assustadíssima.

São Paulo: Círculo do Livro, 1981, p. 106-7.

No que concerne a aspectos gramaticais do texto acima, julgue (C ou E) o item a seguir.

11. (CESPE) Da combinação inusitada do verbo morrer, flexionado no pretérito perfeito do indicativo, com a expressão adverbial "desde pequena" infere-se uma compreensão da morte diferente da que estaria implícita caso tivesse sido empregada a locução verbal Venho morrendo.

Certo ( ) Errado ( )

12. (FCC) Na Antiguidade, os egípcios tinham nas letras um objeto sagrado, inventado pelos deuses. O verbo flexionado nos mesmos tempo e modo em que se encontra o grifado acima está em:

a) Por meio da observação do cérebro de crianças e adultos, verificou-se de forma bastante clara ...
b) ... que o ato de escrever desencadeia ligações entre os neurônios ...
c) Com a digitação, essa área fica inativa.
d) .. a caligrafia constava entre as habilidades avaliadas nos exames de admissão do antigo ginásio até a década de 70 ...
e) ... entre as gerações que chegam aos bancos escolares.

13. (FCC) ... que já ***detestava*** a jovem... O verbo empregado nos mesmos tempo e modo que o grifado está em:

a) A Inveja habita o fundo de um vale...
b) ...todos os que falaram desse sentimento...
c) ...porque esta a espionara...
d) ...que interceda junto a Hersé...
e) Não admitia que a mortal...

14. (Vunesp) No contexto, a correlação expressa pelos verbos destacados na frase - Se o **fizesse** não **teria** coragem de me olhar no espelho. - indica:

a) hipótese sobre a consequência de mentir.
b) necessidade de comunicar-se sem enganar.
c) certeza acerca de ser desnecessária a mentira.
d) dúvida em relação àquilo que motiva a mentira.
e) negação de que a mentira seja viável.

Gabarito

01	*D*	*08*	*A*
02	*CERTO*	*09*	*B*
03	*C*	*10*	*E*
04	*CERTO*	*11*	*CERTO*
05	*C*	*12*	*D*
06	*D*	*13*	*E*
07	*C*	*14*	*A*

Anotações

CAPÍTULO 03

Sintaxe Básica da Oração e do Período

Sintaxe é a parte da Gramática que estuda a função das palavras ou das expressões em uma oração ou em um período.

Definições importantes:

Frase, oração e período (conceitos essenciais)

→ **Frase:** Qualquer sentença dotada de sentido.
  » **Ex.**: Eu adoro estudar Português!
  » **Ex.**: Fogo! Socorro!

→ **Oração:** Frase organizada em torno de uma forma verbal.
  » **Ex.**: Os alunos **farão** a prova amanhã!

→ **Período:** Conjunto de orações;
  > Período simples: 1 oração.
    » **Ex.**: **Estudarei** Português.
  > Período composto: mais de 1 oração.
    » **Ex.**: **Estudarei** Português e **farei** a prova.

Período Simples (Oração)

A oração é dividida em termos. Assim, o estudo fica organizado e impossibilita a confusão. São os termos da oração:

→ Essenciais;
→ Integrantes;
→ Acessórios.

Termos essenciais da oração

Sujeito e Predicado - são chamados de ***essenciais***, porque são os elementos que dão vida à oração. Quer dizer, sem um deles (o predicado, ao menos) não se pode formar oração.

» **Ex.**: O **Brasil (sujeito)** / caminha para uma profunda transformação social. (predicado)

Sujeito

Sujeito é o termo sintático sobre o qual se declara ou se constata algo. Deve-se observar que há uma profunda relação entre o verbo que comporá o predicado e o sujeito da oração. Usualmente, o sujeito é formado por um substantivo ou por uma expressão substantivada.

Classificação do Sujeito:

→ Simples;
→ Composto;
→ Oculto, elíptico ou desinencial;
→ Indeterminado;
→ Inexistente;
→ Oracional.

> **Sujeito simples:** Aquele que possui apenas um núcleo.
  » **Ex.**: **O país** deverá enfrentar difíceis rivais na competição.
  » **Ex.**: **A perda de fôlego de algumas das grandes economias** também já foi notada por outras gigantes do setor.

> **Sujeito composto:** É aquele que possui mais de um núcleo.
  » **Ex.**: **Rigoberto e Jacinto** são amigos inseparáveis.
  » **Ex.**: **Eu,** meus **amigos** e todo o **resto** dos alunos faremos a prova.

> **Sujeito oculto, elíptico ou desinencial:** Aquele que não se encontra expresso na oração, porém é facilmente subentendido pelo verbo apresentado.
  » **Ex.**: Acord**amos** cedo naquele dia. (Quem acordou? Nós)
  » **Ex.**: Abri o blusão, tir**ei** o 38, e pergunt**ei** com tanta raiva que uma gota de meu cuspe bateu na cara dele.(R. Fonseca)
  » **Ex.**: Vanderlei caminhou pela manhã. À tarde pass**eou** pelo lago municipal, onde encont**rou** a Anaconda da cidade.

Fique Ligado

Perceba que o sujeito não está grafado na sentença, mas é facilmente recuperável por meio da terminação do verbo.

> **Sujeito indeterminado**: Ocorre quando o verbo não se refere a um núcleo determinado. São situações de indeterminação do sujeito:

I. Terceira pessoa do plural sem um referente:
  » **Ex.**: Nunca lhe **deram** nada.
  » **Ex.**: **Fizeram** comentários maldosos a seu respeito.

II. Com verbos transitivos indiretos, intransitivo e relacionais (de ligação) acompanhados da partícula "se" que, no caso, será classificada como índice de indeterminação de sujeito.
  » **Ex.**: **Vive-se** muito bem quando a verba abunda.
  » **Ex.**: **Precisa-se** de força e coragem na vida de estudante.
  » **Ex.**: Nem sempre **se está** feliz na riqueza.

> **Sujeito inexistente ou oração sem sujeito:** Ocorre em algumas situações específicas.

I. Com verbos impessoais (principalmente os que denotam fenômeno da natureza).
  » **Ex.**: Em setembro **chove** muito.
  » **Ex.**: **Nevava** em Palotina.

II. Com o verbo haver, desde que empregado nos sentidos de existir, acontecer ou ocorrer.
  » **Ex.**: **Há** poemas perfeitos, não **há** poetas perfeitos.
  » **Ex.**: **Deveria haver** soluções para tais problemas.

III. Com os verbos ir, haver e fazer, desde que empregado fazendo alusão a tempo transcorrido.
  » **Ex.**: **Faz** um ano que não viajo. (verbo "fazer" no sentido de "tempo transcorrido")
  » **Ex.**: **Há** muito tempo que você não aparece. (verbo "haver" no sentido de "tempo")
  » **Ex.**: **Vai** para dois meses que não recebo salário. (verbo "ir" no sentido de "tempo")

IV. Com os verbos **ser** ou **estar** indicando tempo.
  » **Ex.**: **Era** noite fechada.
  » **Ex.**: **É** tarde, eles não vêm!

V. Com os verbos **bastar** e **chegar** indicando cessamento.

» **Ex.**: **Basta** de tanta corrupção no Senado!

» **Ex.**: **Chega** de ficar calado quando a situação aperta!

VI. Com o verbo **ser** indicando data ou horas.

» **Ex.**: **São** dez horas no relógio da torre.

» **Ex.**: Amanhã **serão** dez de dezembro.

> **Sujeito oracional:** Ocorre nas análises do período composto, quando se verifica que o sujeito de um verbo é uma oração.

» **Ex.**: É preciso **que você estude Língua Portuguesa.**

Exercício Comentado

01. *(CESGRANRIO) Eu sei que a gente se acostuma. Mas não devia. A palavra que tem o mesmo valor sintático e morfológico do que se destaca em:*

a) Vamos ao Maranhão, que a passagem está barata.

b) Ainda que chova, irei ao encontro.

c) Há mais razões para sorrir que para chorar.

d) Ele espera que tudo dê certo.

e) A cidade em que nascemos só prospera.

RESPOSTA. "D". A palavra destacada no enunciado da questão introduz o complemento do verbo saber, portanto é uma conjunção subordinativa integrante. O mesmo processo ocorre com a alternativa "D". A conjunção introduz o complemento do verbo "esperar.

Predicado

É o termo que designa aquilo que se declara acerca do sujeito. É mais simples e mais prudente para o aluno buscar identificar o predicado antes do sujeito, pois, se assim o fizer, terá mais concretude na identificação do sujeito.

Natureza do predicado:

→ Nominal;

→ Verbal;

→ Verbo-nominal.

> **Predicado Nominal:** O predicado nominal é formado por **um verbo relacional (de ligação) + predicativo.**

Fique Ligado

Lembre os principais verbos de ligação: ser, estar, permanecer, continuar, ficar, parecer, andar e torna-se.

Exemplos:

» A economia da Ásia **parecia derrotada após a crise.**

» O deputado, de repente, **virou patriota.**

» Português **é legal.**

> **Predicado Verbal:** O predicado verbal tem como núcleo um verbo nocional.

» Empresários **investirão R$ 250 milhões em novo berço para Porto de Paranaguá.**

> **Predicado Verbo-nominal:** Ocorre quando há um verbo significativo (nocional) + um predicativo do sujeito.

» O trem chegou **atrasado**. ("atrasado" é uma qualidade do sujeito que aparece após o verbo, portanto, é um predicativo do sujeito).

» Pedro Paladino já nasceu **rico**.

» Acompanhei a indignação de meus alunos **preocupado**.

Predicativo

O predicativo é um termo componente do predicado. Qualifica sujeito ou objeto.

» **Ex.**: Josefina era **maldosa, ruim, sem valor.** (pred. do sujeito)

» **Ex.**: Leila deixou o garoto **louco**. (pred. do objeto)

» **Ex.**:O diretor nomeou João **chefe da repartição.** (pred. do objeto)

Termos Integrantes da Oração

→ Objeto Direto (complemento verbal);

→ Objeto Indireto (complemento verbal);

→ Complemento Nominal;

→ Agente da Passiva.

> **Objeto Direto**: É o complemento de um verbo transitivo direto.

» **Ex.**: Os bons cidadãos cumprem **as leis**. (quem cumpre, cumpre algo)

» **Ex.**: Em resumo: ele queria **uma mulher.** (quem quer, quer algo)

> **Objeto Indireto:** É o complemento de um verbo transitivo indireto.

» **Ex** .: Os bons cidadãos obedecem **às leis.** (quem obedece, obedece a algo)

» **Ex.**: Necessitamos **de manuais mais práticos** nos dias de hoje. (quem necessita, necessita de algo)

> **Complemento Nominal:** É o complemento, sempre preposicionado, de adjetivos, advérbios e substantivos que, em determinadas circunstâncias, pedem complemento, assim como os verbos transitivos indiretos.

» **Ex.**: O filme era impróprio **para crianças**.

» **Ex.**: Finalizou-se a construção **do prédio.**

» **Ex.**: Agiu favoravelmente **ao réu**.

> **Agente da Passiva**: É o complemento que, na voz passiva, designa o ser praticante da ação sofrida ou recebida pelo sujeito.

» **Ex.** de voz passiva: O zagueiro executou a jogada.

» **Ex.** de voz passiva: A jogada foi executada **pelo zagueiro**. (**Agente da passiva**)

» **Ex.**: Conversas foram interceptadas pela **Polícia Federal**. (Agente da passiva)

Termos Acessórios da Oração

→ Adjunto Adnominal;

→ Adjunto Adverbial ;

→ Aposto;

→ Vocativo.

> **Adjunto Adnominal:** A função do adjunto adnominal é desempenhada por qualquer palavra ou expressão que, junto de um substantivo ou de uma expressão substantivada, modifica o seu sentido. Vejamos algumas palavras que desempenham tal função.

Artigos:

» **As** alunas serão aprovadas.

Pronomes Adjetivos:

» **Aquela** aluna será aprovada.

Numerais Adjetivos:

» **Duas** alunas serão aprovadas.

Adjetivos:

» Aluno **estudioso** é aprovado.

Locuções Adjetivas:

» Aluno **de gramática** passa no concurso.

Exercício Comentado

Leia o texto:

"E deixo pra Zé Patife,
Que anda cagando goma,
Uma ***bainha*** *pros chifre*
E as cueca de Zé Maromba"

01. ***(CEV-URCA) Sintaticamente, o termo em destaque é núcleo de:***

a) ***Complemento nominal.***
b) ***Objeto direto.***
c) ***Adjunto adverbial.***
d) ***Adjunto adnominal.***
e) ***Objeto indireto.***

RESPOSTA. ***"B". A expressão "bainha" serve de núcleo do complemento do verbo deixar. Como o verbo em questão é transitivo direto, o complemento se chama objeto direto.***

> **Adjunto Adverbial:** O Adjunto Adverbial é o termo acessório (que não é exigido por elemento algum da sentença) que exprime circunstância ao verbo e, às vezes, ao adjetivo ou mesmo ao advérbio.

Advérbios:

» Os povos antigos trabalhavam **mais**.

Locuções Adverbiais:

» Li vários livros **durante as férias.**

Alguns tipos de adjuntos adverbiais:

» Tempo: **Ontem**, choveu muito.

» Lugar: Gostaria de que me encontrasse **na esquina da padaria.**

» Modo: Alfredo executou a aria **fantasticamente**.

» Meio: Fui para a escola **a pé**.

» Causa: **Por amor**, cometem-se loucuras.

» Instrumento: Quebrou a **vidraça com uma pedra**.

» Condição: **Se estudar muito**, será aprovado.

» Companhia: Faremos sucesso **com essa banda**.

> **Aposto:** O Aposto é o termo sintático que, possuindo equivalência semântica, esclarece seu referente.

Tipos de Aposto:

» Explicativo: Alencar, **escritor romântico**, possui uma obra vastíssima.

» Resumitivo ou recapitulativo: Estudo, esporte, cinema, **tudo** o chateava.

» Enumerativo: Preciso de duas coisas: **saúde e dinheiro.**

» Especificativo: A notícia foi publicada na revista **Veja.**

» Distributivo: Havia grupos interessados: **o da direita e o da esquerda.**

» Oracional: Desejo só uma coisa: **que vocês passem no concurso.**

> **Vocativo:** O Vocativo é uma interpelação, é um chamamento. Normalmente, indica com quem se fala.

» **Ex.**: **Ó mar**, por que não me levas contigo?

» **Ex.**: Vem, **minha amiga**, abraçar um vitorioso.

Período Composto

Nesse tópico, você deverá realizar a análise de mais de uma oração, portanto, atenção! Há dois processos de composição de período em Língua Portuguesa. São eles: coordenação e subordinação.

Coordenação

Ocorre quando são unidas orações independentes sintaticamente. Ou seja, são autônomas do ponto de vista estrutural. Vamos a um exemplo.

» Altamiro pratica esportes **e** estuda muito.

Subordinação

Ocorre quando são unidas orações que possuem dependência sintática. Ou seja, não estão completas em sua estrutura. O processo de subordinação ocorre de três maneiras:

→ **Substantiva:**

Quando a oração desempenhar a função de um substantivo na sentença (**sujeito, predicativo, objeto direto, objeto indireto, complemento nominal ou aposto**).

→ **Adjetiva:**

Quando a oração desempenhar a função de **adjunto adnominal** na sentença.

→ **Adverbial:**

Quando a oração desempenhar a função de **adjunto adverbial** na sentença.

» **Ex.**: Eu quero **que vocês passem no concurso**. (oração subordinada substantiva objetiva direta – a função de objeto direto está sendo desempenhada pela oração)

» **Ex.**: O Brasil, **que é um belíssimo país**, possui vegetação exuberante. (oração subordinada adjetiva explicativa)

» **Ex.**: **Quando José entrou na sala**, Manoel saiu. (oração subordinada adverbial temporal)

Processo de Coordenação

Há dois tipos de orações coordenadas: **assindéticas** e **sindéticas**.

Assindéticas:

O nome vem da palavra grega *sýndetos*, que significa conjunção, união. Ou seja, oração que não possui conjunção quando está colocada ao lado de outra.

» Valdevino **correu (OCA), correu (OCA), correu (OCA)** o dia todo.

Perceba que não há conjunções para ligar os verbos, ou seja, as orações estão colocadas uma ao lado da outra sem síndeto, portanto, são **Orações Coordenadas Assindéticas.**

Sindéticas:

Contrariamente às assindéticas, as sindéticas possuem conjunção para exprimir uma relação lógico-semântica.

Cada oração recebe o nome da conjunção que a introduz. Por isso é necessário decorar as conjunções.

> **Aditivas**

São introduzidas pelas conjunções e, nem, mas também, também, como (após "não só"), como ou quanto (após "tanto"), mais etc., dando a ideia de adição à oração anterior.

» **Ex.**: A seleção brasileira venceu a Dinamarca/ **e empatou com a Inglaterra**. (Oração Coordenada Assindética / **Oração Coordenada Sindética Aditiva**)

> **Adversativas**

São introduzidas pelas conjunções mas, porém, todavia, contudo, entretanto, no entanto, não obstante, senão, apesar disso, embora etc., indicando uma relação de oposição à sentença anterior.

» **Ex.**: O time batalhou muito, / **mas não venceu o adversário.** (Oração Coordenada Assindética / **Oração Coordenada Sindética Adversativa**)

> **Alternativas**

São introduzidas pelas conjunções ou... ou, ora... ora, já... já, quer... quer, seja... seja, nem... nem etc., indicando uma relação de alternância entre as sentenças.

» **Ex.**: Ora estuda, / ora trabalha,: (Oração Coordenada Sindética Alternativa / Oração Coordenada Sindética Alternativa)

> **Conclusivas**

São introduzidas pelas conjunções pois (posposto ao verbo), logo, portanto, então, por conseguinte, por consequência, assim, desse modo, destarte, com isso, por isto, consequentemente, de modo que, indicando uma relação de conclusão do período anterior.

» **Ex.**: Comprei a carne e o carvão, / **portanto podemos fazer o churrasco.** (Oração Coordenada Assindética / **Oração Coordenada Sindética Conclusiva**)

» **Ex.**: Estou muito doente, / **não posso, pois, ir à aula**. (Oração Coordenada Assindética/ **Oração Coordenada Sindética Conclusiva**)

> **Explicativas**

São introduzidas pelas conjunções que, porque, porquanto, por, portanto, como, pois (anteposta ao verbo), ou seja, isto é, indicando uma relação de explicação para com a sentença anterior.

» **Ex.**: Não converse, / **pois estou estudando.** (OCA / **Oração Coordenada Sindética Explicativa**)

Processo de Subordinação

Orações Subordinadas Substantivas: dividem-se em 6 tipos, introduzidas, geralmente, pelas conjunções **"que"** e **"se"**.

> **Subjetiva (O.S.S.S.)**

Exerce função de sujeito do verbo da oração principal.

» **Ex.**: É interessante / **que todos joguem na loteria.** (Oração Principal / **Oração subordinada substantiva subjetiva**)

> **Objetiva Direta (O.S.S.O.D.)**

Exerce função de objeto direto.

» **Ex.**: Eu quero / **que você entenda a matéria**. - Quem quer, quer algo ou alguma coisa - (Oração Principal / **Oração subordinada substantiva Objetiva Direta**)

> **Objetiva Indireta (O.S.S.O.I.)**

Exerce função de objeto indireto.

» **Ex.**: Os alunos necessitam / **de que as explicações fiquem claras**. - Quem necessita, necessita de algo - (Oração Principal / **Oração subordinada substantiva Objetiva Indireta**)

> **Predicativa (O.S.S.P.)**

Exerce função de predicativo.

» **Ex.**: O bom é / **que você faça exercícios todos os dias**. (Oração Principal / **Oração subordinada substantiva Predicativa**)

> **Completiva Nominal (O.S.S.C.N.)**

Exerce função de complemento nominal de um nome da oração principal.

» **Ex.**: Jonas tem vontade / **de que alguém o mande calar a boca.** (Oração Principal / **Oração subordinada substantiva Completiva Nominal**)

> **Apositivas (O.S.S.A.)**

Possuem a função de aposto da sentença principal, geralmente são introduzidas por dois-pontos (:).

» **Ex.**: Eu quero apenas isto: / **que você passe no concurso**. (Oração Principal / **Oração subordinada substantiva Apositiva**)

Orações Subordinadas Adjetivas: dividem-se em dois tipos. Quando desenvolvidas, são introduzidas por um pronome relativo.

Fique Ligado

O nome Oração Subordinada Adjetiva se deve ao fato de ela desempenhar a mesma função de um adjetivo na oração, ou seja, a função de adjunto adnominal. Na Gramática de Portugal, são chamadas de Orações Relativas pelo fato de serem introduzidas por pronome relativo.

> **Restritivas**

Restringem a informação da oração principal. Não possuem vírgulas.

» **Ex.**: O homem / **que mora ao lado** / é mal-humorado. (Oração Principal / **Oração subordinada Adjetiva Restritiva** / Oração Principal)

Para entender basta perguntar: qualquer homem é mal-humorado? Não. Só o que mora ao lado.

> **Explicativas**

Explicam ou dão algum esclarecimento sobre a oração principal.

» **Ex.**: João, / **que é o ex-integrante da comissão**, / chegou para auxiliar os novos contratados. (Oração Principal / **Oração Subordinada Adjetiva Explicativa** /Oração Principal)

Orações Subordinadas Adverbiais: dividem-se em nove tipos. Recebem o nome da conjunção que as introduz. Nesse caso, teremos uma principal (que não está **negritada**) e uma subordinada adverbial (que está em **negrito**).

Fique Ligado

Essas orações desempenham a função de Adjunto Adverbial da oração principal.

> **Causais**

Exprimem a causa do fato que ocorreu na oração principal. Introduzidas, principalmente, pelas conjunções porque, visto que, já que, uma vez que, como que, como.

» **Ex.**: **Já que precisamos de dinheiro**, vamos trabalhar.

> **Comparativas**

Representam o segundo termo de uma comparação. Introduzidas, na maior parte dos casos, pelas conjunções que, do que, como, assim como, (tanto) quanto.

» **Ex.**: Tiburcina fala **como uma gralha** (fala - o verbo está elíptico).

> **Concessivas**

Indica uma concessão entre as orações. Introduzidas, principalmente, pelas conjunções embora, a menos que, ainda que, posto que, conquanto, mesmo que, se bem que, por mais que, apesar de que. Fique de olho na relação da conjunção com o verbo.

» **Ex.**: **Embora não tivesse tempo disponível**, consegui estudar.

> **Condicionais**

Expressa ideia de condição. Introduzidas, principalmente, pelas conjunções se, salvo se, desde que, exceto, caso, desde, contanto que, sem que, a menos que.

» **Ex.**: **Se ele não se defender**, acabará como "boi-de-piranha" no caso.

> **Conformativas**

Exprimem acordo, concordância entre fatos ou ideias. Introduzidas, principalmente, pelas conjunções como, consoante, segundo, conforme, de acordo com etc.

» **Ex.**: Realize as atividades **conforme eu expliquei.**

> **Consecutivas**

Indicam a consequência ou o efeito daquilo que se diz na oração principal. Introduzidas, principalmente, pelas conjunções que (precedida de tal, tão, tanto, tamanho), de sorte que, de modo que.

» **Ex.**: Estudei tanto, **que saiu sangue dos olhos.**

> **Finais**

Exprimem finalidade da ação primeira. Introduzidas, em grande parte dos casos, pelas conjunções para que, a fim de que, que e porque.

» **Ex.**: Estudei muito **para que pudesse fazer a prova.**

> **Proporcionais**

Expressa uma relação de proporção entre as orações. Introduzidas, principalmente, pelas conjunções (locuções conjuntivas) à medida que, quanto mais.... mais, à proporção que, ao passo que, quanto mais.

» **Ex.**: José piorava, **à medida que abandonava seu tratamento.**

> **Temporais**

Indicam circunstância de tempo. Introduzidas, principalmente, pelas conjunções quando, antes que, assim que, logo que, até que, depois que, mal, apenas, enquanto etc.

» **Ex.**: **Logo que iniciamos o trabalho** os alunos ficaram mais tranquilos.

Fique Ligado

Você viu que não é difícil. Na verdade, só é preciso estudar muito e decorar o sentido das conjunções.

Exercício Comentado

***01.** (CESPE) O segmento "..., que financia projetos de obras públicas na América Latina,..." constitui oração subordinada adjetiva restritiva.*

ERRADO. Não se pode dizer que a oração é restritiva, pois há uma vírgula a antecedendo. Isso faz com que a oração se torne explicativa.

Vamos Praticar

Macunaíma

No fundo do mato-virgem nasceu Macunaíma, herói da nossa gente. Era preto retinto e filho do medo da noite. Houve um momento em que o silêncio foi tão grande escutando o murmurejo do Uraricoera, que a índia tapanhumas pariu uma criança feia. Essa criança é que chamaram de Macunaíma. Já na meninice fez coisas de sarapantar. De primeiro passou mais de seis anos não falando. Si o incitavam a falar exclamava:

— Ai! Que preguiça!... e não dizia mais nada. Ficava no canto da maloca, trepado no jirau de paxiúba, espiando o trabalho dos outros e principalmente os dois manos que tinha, Maanape já velhinho e Jiguê na força do homem.

01. (CESPE) Na linha 13 do fragmento I, a oração "que tinha", sintática e semanticamente dispensável para o texto, caracteriza-se por ter um pronome relativo como sujeito sintático.

Certo ( ) Errado ( )

Leia o texto:

Que Demócrito não risse, eu o provo. Demócrito ria sempre: logo não ria. A consequência parece difícil e evidente. O riso, como dizem todos os filósofos, nasce da novidade e da admiração, e cessando a novidade ou a admiração, cessa também o riso; o como Demócrito se ria dos ordinários desconcertos do mundo, o que é ordinário e se vê sempre, não pode causar admiração nem novidade; segue-se que nunca ria, rindo sempre, pois não havia matéria que motivasse o riso.

02. (CESPE) No período "Que Demócrito não risse, eu o provo" (linha 1), o verbo provar complementa-se com uma estrutura em forma de objeto direto pleonástico, com uma oração servindo de referente para um pronome.

Certo ( ) Errado ( )

03. (FCC) **Graças aos avanços na medicina e na agricultura,** as previsões funestas de Malthus não se confirmaram...

O segmento grifado exprime, em relação à afirmativa seguinte, noção de:

a) Condição.
b) Tempo.
c) Proporção.
d) Causa.
e) Finalidade.

04. (FCC) A frase em que **ambos** os elementos sublinhados são complementos verbais é:

a) Assim vos confesso que entendo de arquitetura, apesar das muitas opiniões em contrário.

b) Ninguém se impressiona tanto com um velho porão como este velho cronista, leitor amigo.

c) O porão deverá jazer sob os pés da família como jazem os cadáveres num cemitério.

d) Que atração exercem sobre o cronista as gravatas manchadas, quando desce a um porão...

e) Já não se fazem porões, hoje em dia, já não há qualquer mistério ou evocação mágica numa casa moderna.

05. (FCC) **Nascidas do povo mais humilde do Brasil**, as Escolas afirmam a vocação dos brasileiros, de todos os brasileiros, para a grandeza.

A oração grifada acima tem sentido ...... e, ao reescrevê-la com o emprego da conjunção adequada, a oração resultante deverá iniciar-se por ....

As lacunas estarão corretamente preenchidas, respectivamente, por:

a) final - Para que tivessem nascido

b) temporal - Enquanto tinham nascido

c) concessivo - Ainda que tenham nascido

d) consecutivo - Desde que tenham nascido

e) condicional - Caso tenham nascido

06. (FCC) Analisando-se aspectos sintáticos de frases de textos, é correto afirmar que em:

a) Muitos se lembravam da alegria voraz com que foram disputadas as toneladas da vítima - as formas verbais sublinhadas têm um mesmo sujeito.

b) Todos se empenhavam no lúcido objetivo comum - configura-se um caso de indeterminação do sujeito.

c) Uma tripulação de camelôs anunciava umas bugigangas - a voz verbal é ativa, sendo umas bugigangas o objeto direto.

d) Eu já podia recolher a minha aflição - não há a possibilidade de transposição para outra voz verbal.

e) Logo uma estatal, ó céus - o elemento sublinhado exerce a função de adjunto adverbial de tempo.

07. (FCC) "Fica calmo, meu caro jornalista, avião comigo não cai", procurava me tranquilizar **dr. Ulysses**...

O segmento em destaque exerce na frase acima a mesma função sintática que o elemento grifado exerce em:

a) Como a Folha era **o único veículo** ...

b) ... essas coisas não pegariam bem **para um repórter.**

c) ... **em que** tudo devia estar acertado...

d) Viajava **com os três líderes da campanha** em pequenos aviões fretados...

e) ... **quem** era o comandante.

08. (FCC) Mas, **embora ele não tivesse sido nomeado**, todos sabiam quem era o comandante.

Em relação à frase em que está inserido, o segmento grifado acima possui um sentido.

a) Condicional.

b) Causal.

c) Concessivo.

d) Comparativo.

e) Conclusivo.

09. (FCC) Este conceito **é relativo**, pois em arte não há originalidade absoluta.

... a sua contribuição maior foi **a liberdade de criação e expressão**.

Ambos os elementos acima grifados exercem nas respectivas frases a função de:

a) Adjunto adverbial.

b) Objeto direto.

c) Complemento nominal.

d) Predicativo.

e) Objeto indireto.

10. (FCC) ... o tema das mudanças climáticas **pressiona** os esforços mundiais para reduzir a queima de combustíveis.

A mesma relação entre o verbo grifado e o complemento se reproduz em:

a) ... a Idade da Pedra não acabou por falta de pedras ...

b) ... o estilo de vida e o modo da produção (...) são os principais responsáveis...

c) ... que ameaçam a nossa própria existência.

d) ... e a da China triplicou.

e) Mas o homem moderno estaria preparado.

Leia o texto:

A tradição teológica e filosófica nunca conseguiu explicar o "mistério da iniquidade", a existência do mal como potência do desejo e da ação humanas.

Ora, a corrupção é o mal do nosso tempo. Curiosamente, ela aparece como uma nova regra de conduta, uma contraditória "moral imoral". Da governalidade aos atos cotidianos, o mundo da vida no qual ética e moral se cindiram há muito tempo transformou-se na sempre saqueável terra de ninguém.

Como toda moral, a corrupção é rígida. Daí a impossibilidade do seu combate por meios comuns, seja o direito, seja a polícia. Do contrário, meio mundo estaria na prisão. A mesma polícia que combate o narcotráfico nas favelas das grandes cidades poderia ocupar o Congresso e outros espaços do governo onde a corrupção é **a regra**.

Mas o problema é que a força da corrupção é a do costume, é a da "moral", aquela mesma do malandro que age "na moral", que é "cheio de moral". Ela é muito mais forte do que a delicada reflexão ética que envolveria a autonomia de cada sujeito agente. E que só surgiria pela educação política que buscasse um pensamento reflexivo.

O sistema da corrupção é composto de um jogo de forças do qual uma das mais importantes é a "força do sentido". É ela que faz perguntar, por exemplo, "como é possível que um policial pobre se negue a aceitar dinheiro para agir ilegalmente?"

O simples fato de que essa pergunta seja colocada implica o pressuposto de que uma verdade ética tal como a honestidade foi transvalorada. Isso significa que foi também desvalorizada.

Se a conduta de praxe seria não apenas aceitar, mas exigir dinheiro em troca de uma ação qualquer na contramão do dever, é porque no sistema da corrupção o valor da honestidade, que garantiria ao sujeito a sua autonomia, foi substituído pela vantagem do dinheiro.

Mas não somente. Aquele que age na direção da lei como que age contra a moral caracterizada pelo "fazer como a grande maioria", levando em conta que no âmbito da corrupção se entende que o que a maioria quer é "dinheiro".

Verdade é que a ação em nome de um universal por si só caracteriza qualquer moral. É por meio dela que se faz o **cálculo** do "sentido" no qual, fora da vantagem que define a regra, o sujeito honesto se transfigura imediatamente em otário.

Se a moral é medida em dinheiro, não entregar-se a ele poderá parecer um luxo. Mas um contraditório luxo de pobre, já que a questão da honestidade não se coloca para os ricos, para quem tal valor parece de antemão assegurado.

Daí que jamais se louve nos noticiários a honestidade de alguém que não se enquadra no estereótipo do "pobre". **Honesto** é sempre o pobre elevado a cidadão exótico. Na verdade, por meio desse gesto o pobre é colocado à prova pelo sistema. Afinal ele teria tudo para ser corrupto, ou seja, teria todo o motivo para sê-lo. Mas teria também todo o perdão?

O cidadão exótico – pobre e honesto – que deixa de agir na direção de uma vantagem pessoal como que estaria perdoado por antecipação ao agir imoralmente sendo pobre, mas não está. A frase de Brecht seria sua jurisprudência mais básica: "O que é roubar um banco comparado a fundar um?"

Ora, sabemos que essa "moral imoral" tem sempre dois pesos e duas medidas, diferentes para ricos e pobres. No **vão** que as separa vem à tona a **incompreensibilidade** diante do mistério da honestidade. De categoria ética, ela desce ao posto de irrespondível problema metafísico.

Pois quem terá hoje a coragem de perguntar como alguém se torna o que é quando a subjetividade, a individualidade e a biografia já não valem nada e sentimos apenas o miasma que exala da vala comum das celebridades da qual o cidadão pode se salvar apenas alcançando o posto de um herói exótico, máscara do otário da vez?

(Marcia Tiburi. Cult, dezembro de 2011)

11. (CONSULPLAN) Assinale o termo que, no texto, desempenhe função sintática idêntica à de incompreensibilidade (L. 73).

a) a regra (L. 18)
b) vão (L. 72)
c) cálculo (L. 48)
d) honesto (L. 58)

12. (IPAD) Em que opção a expressão em negrito retoma a ideia de um termo para explicá-lo, desenvolvê-lo ou esclarecê-lo, assumindo a função sintática de aposto?

a) O conjunto de saltos de quedas d'água estava localizado ao oeste do Estado do Paraná, **no município de Guaíra...**
b) Calcula-se que a água do Rio Paraná levou cerca de 1 milhão de anos para cavar no basalto, **rocha vulcânica dura**, o caminho que percorria.
c) Era a cachoeira mais caudalosa do mundo, **nela** se escoando cerca de 75 mil metros cúbicos de água por segundo...
d) Capaz de gerar 15 milhões de kilowatts, Itaipu é **a usina** de maior potencial energético do mundo.
e) A barragem, **que represa o Rio Paraná**, tem a altura aproximada de um edifício de 62 andares.

13. (IPAD) Em que oração o sujeito **não** é posposto ao verbo?

a) "Sete quedas por mim passaram"
b) "Cessa o estrondo das cachoeiras"
c) "Aos mortos espanhóis, aos mortos bandeirantes, aos apagados fogos de Ciudad Real de Guaira vão juntar-se os sete fantasmas das águas assassinadas"
d) "Faz-se do movimento uma represa"
e) "da agitação faz-se um silêncio"

14. (CESGRANRIO) Em "e controlar a epidemia crescente **das doenças crônicas**," o termo destacado está ligado sintaticamente ao substantivo "epidemia". O termo que desempenha função sintática idêntica ao destacado acima está no trecho:

a) "enquanto cerca de 300 milhões de adultos são **obesos**,"
b) "...que ajude as autoridades **nacionais** a enfrentar os problemas."
c) "– Para alcançar as Metas do Milênio estabelecidas **pela ONU**,"
d) "Todos eles estão **mais** expostos..."
e) "entre outras doenças ligadas **ao excesso de peso**."

15. (FCC) ... mas nem todos **entendem** seu real significado.

O verbo que exige o mesmo tipo de complemento que o grifado acima está também **grifado** em:

a) Pesquisadores **revelaram** a existência de preconceitos enraizados contra a manifestação de emoções.
b) A pesquisa **tratava** da valorização de sentimentos até então vistos como negativos no ambiente de trabalho.
c) A manifestação de emoções positivas **é** geralmente bem aceita em qualquer ambiente.
d) Estudos recentes **aludem** à importância das emoções, sejam elas positivas ou negativas, na vida pessoal e profissional.
e) O local de trabalho nem sempre se **torna** propício à manifestação das próprias emoções.

16. (FUNCAB) A alternativa em que o termo destacado tem a função de adjunto adnominal e não a de predicativo do sujeito é:

a) "(...) ela estava muito mais **viva**(...)"
b) "(...) um peixe **sozinho** num tanque era algo muito solitário. (...)"
c) "(...) a mãe era **boa** para dar ideias. (...)"
d) "(...) Mas ele estava **sozinho**. (...)"
e) "(...) Só então notou como estava **cansado**."

17. (FCC) ... **embora** a maioria das pessoas consuma calorias suficientes ...

A conjunção grifada acima imprime ao contexto noção de:

a) Finalidade de uma ação.
b) Temporalidade relativa a um fato.
c) Concessão quanto à afirmativa que a segue.
d) Conjectura que não se realiza.
e) Incerteza quanto à comprovação de um fato.

18. (FCC) ... elas ainda **sofrem de imensas deficiências de nutrientes** ...

A relação entre verbo e complemento, grifada acima, se reproduz em:

a) ... embora a maioria das pessoas consuma calorias suficientes ...
b) ... e têm pontuação mais baixa nos testes de habilidade cognitiva.
c) ... a epidemia de obesidade nos países ricos representa exatamente o problema oposto.
d) ... e muitos não obtêm esses nutrientes.
e) ... menos da metade daqueles que mais precisam deles ...

19. (FCC) **Com o avançar da idade**, eles precisam de mais cálcio e vitaminas...

Iniciando o período por **Eles precisam de mais cálcio e vitaminas**, o segmento grifado poderá passar corretamente a:

a) À medida que a idade vai avançando.
b) Conquanto a idade avance.
c) Se a idade for avançando.
d) Ainda que a idade vá avançando.
e) Em comparação à idade que avança.

20. **Enquanto** o primeiro é regido por valores como amor e lealdade, o segundo tem como marca indexadores monetários e contratos. Assinale a alternativa que poderia substituir Enquanto no período anterior, sem modificação de sentido.

a) Como
b) Já que
c) Ao passo que
d) Quando

Gabarito

01	ERRADO	11	C
02	CERTO	12	B
03	D	13	A
04	A	14	B
05	C	15	A
06	C	16	B
07	E	17	C
08	C	18	E
09	D	19	A
10	C	20	C

Anotações

CAPÍTULO 04

Concordância Verbal e Nominal

Trata-se do processo de flexão dos termos a fim de se relacionarem harmoniosamente na frase. Quando se pensa sobre a relação do verbo com os demais termos da oração, o estudo focaliza a concordância verbal. Quando a análise se volta para a relação entre pronomes, substantivos, adjetivos e demais termos do grupo nominal, diz-se que o foco é concordância nominal.

Fique Ligado

Fique de olho aberto para a relação do sujeito com o verbo. Uma boa noção de Sintaxe é importantíssima para entender esse segmento do conteúdo.

Concordância Verbal

Regra geral

O verbo concorda com o sujeito em número e pessoa.

> O **primeiro-ministro** russo **acusou** seus inimigos.

> Dois **parlamentares rebateram** a acusação.

> **Contaram**-se **mentiras** no telejornal.

> **Vós sois** os responsáveis por vosso destino.

Regras para sujeito composto[1]

> Anteposto (colocado antes do verbo): o verbo vai para o plural:

» **Ex.**: Eu e meus irmãos **vamos** à praia.

> Posposto (colocado após o verbo): o verbo concorda com o mais próximo ou vai para o plural:

» Ex.: **Morreu (morreram)**, no acidente, **o prefeito e o vereador**.

Formado por pessoas (gramaticais) diferentes: plural da predominante.

» **Ex.**: Eu, você e os alunos **estudaremos** para o concurso. (a primeira pessoa é a predominante, por isso, o verbo fica na primeira pessoa do plural)

> Com núcleos em correlação: concorda com o mais próximo ou fica no plural:

» **Ex.**: O professor assim como o monitor auxilia(m) os estudantes.

Ligado por NEM: verbo concordará:

> No singular: se houver exclusão.

» **Ex.**: Nem Josias nem Josué **percebeu** o perigo iminente.

> No singular: quando se pretende individualizar a ação, aludindo a um termo em específico.

» **Ex.**: Nem os esportes nem a leitura **o entretém**.

> No plural: quando não houver exclusão, ou seja, quando a intenção for aludir ao sujeito em sua totalidade.

» **Ex.**: Nem a minha rainha nem o meu mentor **serão** tão convincentes a ponto de me fazerem mudar de ideia.

Ligado por COM: verbo concorda com o antecedente do COM ou vai para o plural:

» **Ex.**: O vocalista com os demais integrantes da banda **realizaram (realizou)** o show.

Ligado por OU: verbo no singular (se houver exclusão) ou no plural (se não houver exclusão):

» **Ex.**: Ou Pedro Amorim ou Jurandir Leitão **será** eleito vereador da cidade.

» **Ex.**: O aviso ou o ofício **deveriam** ser expedidos antes da data prevista.

Se o sujeito for construído com os termos:

I. Um e outro, nem um nem outro: verbo no singular ou plural, dependendo do sentido pretendido.

» **Ex.**: Um e outro **passou (passaram)** no concurso.

II. Um ou outro: verbo no singular.

» **Ex.**: Um ou outro fez a lição.

III. Expressões partitivas seguidas de nome plural: verbo no singular ou plural.

» **Ex.**: A maior parte das pessoas **fez (fizeram)** o exercício recomendado.

IV. Coletivo geral: verbo no singular.

» **Ex.**: O cardume **nadou** rio acima.

V. Expressões que indicam quantidade aproximada seguida de numeral: Verbo concorda com o substantivo.

» **Ex.**: Aproximadamente 20 % dos eleitores compareceram às urnas.

» **Ex.**: Aproximadamente 20% do eleitorado **compareceu** às urnas.

VI. Pronomes (indefinidos ou interrogativos) seguidos dos pronomes "nós" e/ou "vós": verbo no singular ou plural.

» **Ex.**: Quem de nós **fará (faremos)** a diferença?

VII. Palavra QUE (pronome relativo): verbo concorda com o antecedente do pronome "que".

» **Ex.**: Fui eu que **fiz** a diferença.

VIII. Palavra QUEM: verbo na 3ª pessoa do singular.

» **Ex.**: Fui eu quem **fez** a diferença.

Fique Ligado

Pela repetida utilização errônea, algumas gramáticas já toleram a concordância do verbo com a pessoa gramatical distinta da terceira, no caso de se utilizar um pronome pessoal como antecedente do "quem".

IX. Um dos que: verbo no singular ou plural.

» **Ex.**: Ele foi um dos que **fez (fizeram)** a diferença.

X. Palavras sinônimas: verbo concorda com o mais próximo ou fica no plural.

» **Ex.**: A ruindade, a maldade, a vileza **habita (habitam)** a alma do ser humano.

Quando os verbos estiverem acompanhados da palavra "SE":

Fique Ligado

Cuidado para não confundir aqui! Deve ficar atento à função da palavra "SE".

I. SE - na função de pronome apassivador: verbo concorda com o sujeito paciente.

» **Ex.**: **Vendem**-se casas e sobrados em Alta Vista.

1 As gramáticas registram um sem-número de regras de concordância. Selecionamos as mais relevantes para o universo do concurso público.

» **Ex.**: **Presenteou**-se o aluno aplicado com uma gramática.

II. SE - na função de índice de indeterminação do sujeito: verbo fica sempre na 3ª pessoa do singular.

» **Ex.**: **Precisa-se** de empregados com capacidade de aprender.

» **Ex.**: **Vive**-se muito bem na riqueza.

> **Fique Ligado**
>
> ***A dica é ficar de olho na transitividade do verbo. Se o verbo for VTI, VI ou VL, o termo "SE" será índice de indeterminação do sujeito.***

Casos de concordância com o verbo "ser":

I. Quando indicar tempo ou distância: Concorda com o predicativo.

» **Ex.**: Amanhã **serão** 7 de fevereiro.

» **Ex.**: **São** 890 quilômetros daqui até Florianópolis.

II. Quando houver sujeito que indica quantidade e predicativo que indica suficiência ou excesso: Concorda com o predicativo.

» **Ex.**: Vinte milhões **era** muito por aquela casa.

» **Ex.**: Sessenta centavos **é** pouco por aquele lápis.

O verbo dar, no sentido de bater ou soar, acompanhado do termo hora(s): concorda com o sujeito.

» **Ex.**: **Deram** cinco horas no relógio do juiz.

» **Ex.**: **Deu** cinco horas o relógio juiz.

Verbo "parecer" – Concordância estranha.

Verbo "parecer" somado a infinitivo: Flexiona-se um dos dois.

» **Ex.**: Os alunos **pareciam** estudar novos conteúdos.

» **Ex.**: Os alunos **parecia estudarem** novos conteúdos.

Quando houver sujeito construído com nome no plural:

I. Com artigo no singular ou sem artigo: o verbo fica no singular.

» **Ex.**: Memórias Póstumas de Brás Cubas **continua** sendo lido por jovens estudantes.

» **Ex.**: Minas Gerais **é** um lindo lugar.

II. Com artigo plural: o verbo fica no plural.

» **Ex.**: Os Estados Unidos **aceitaram** os termos do acordo assinado.

Concordância Nominal

A concordância nominal está relacionada aos termos do grupo nominal. Ou seja, entram na dança o substantivo, o pronome, o artigo, o numeral e o adjetivo. Vamos à regra geral para a concordância.

Regra geral

O artigo, o numeral, o adjetivo e o pronome adjetivo devem concordar com o substantivo a que se referem em gênero e número.

» **Ex.**: **Meu belíssimo** e **antigo** carro **amarelo** quebrou, ontem, em **uma** rua **estreita.**

> **Fique Ligado**
>
> ***Veja que os termos destacados mantém uma relação harmoniosa com o núcleo de cada expressão. Relação tal que se estabelece em questões de gênero e de número.***

A despeito de a regra geral dar conta de grande parte dos casos de concordância, devemos considerar a existência de casos particulares, que merecem atenção.

Casos que devem ser estudados

Dependendo da intencionalidade de quem escreve, pode-se realizar a concordância atrativa, primando por concordar com apenas um termo de uma sequência ou com toda a sequência. Vejamos:

» **Ex.**: Vi um carro e uma **moto** vermelha. (concordância apenas com o termo "moto")

» **Ex.**: Vi um carro e uma **moto** vermelhos. (concordância com ambos os elementos)

→ **Bastante ou bastantes?**

Se "bastante" é pronome adjetivo, será variável; se for advérbio (modificando o verbo), será invariável, ou seja, não vai para o plural.

» **Ex.**: Há bastantes **motivos** para sua ausência. (adjetivo)

» **Ex.**: Os alunos **falam** bastante. (advérbio)

> **Fique Ligado**
>
> ***Troque a palavra "bastante" por "muito". Se "muito" for para o plural, "bastante" também irá.***

→ **Anexo, incluso, apenso, obrigado, mesmo, próprio. São adjetivos que devem concordar com o substantivo a que se referem.**

» **Ex.**: O relatório segue **anexo** ao documento.

» **Ex.**: Os documentos irão **apensos** ao relatório.

A expressão "em anexo" é invariável (não vai para plural nem para o feminino).

» **Ex.**: As planilhas irão **em anexo.**

→ **É bom, é necessário, é proibido, é permitido. Variam somente se o sujeito vier antecedido de um artigo ou outro termo determinante.**

» **Ex.**: Maçã **é bom** para a voz. / A maçã **é boa** para a voz.

» **Ex.**: É necessário **aparecer** na sala. / É necessária **sua aparição** na sala.

→ **Menos / alerta. São sempre invariáveis, contanto que respeitem sua classe de origem - advérbio. Se forem derivadas para substantivo, elas poderão variar.**

» **Ex.**: Encontramos **menos** alunos na escola. / Encontramos **menos** alunas na escola.

» **Ex.**: O policial ficou **alerta**. / Os policiais ficaram **alerta**.

→ **Só / sós. Variam apenas quando forem adjetivos. Quando forem advérbios, serão invariáveis.**

» **Ex.**: Pedro apareceu **só** (sozinho) na sala. / Os meninos apareceram **sós** (sozinhos) na sala. (adjetivo)

» **Ex.**: Estamos **só** (somente) esperando sua decisão. (advérbio)

A expressão "a sós" é invariável.

» **Ex.**: A menina ficou **a sós** com seus pensamentos.

Fique Ligado

Troque "só" por "sozinho" (vai para o plural) ou "somente" (fica no singular).

Exercício Comentado

Leia o trecho:

A França foi a pioneira na dominação do continente africano. A Inglaterra, no entanto, consagrada como grande potência marítima desde a queda de Napoleão, rapidamente assumiu a liderança da colonização.

01. ***(CESPE) A palavra "consagrada" estabelece relação de concordância com a palavra "Inglaterra".***

CERTO. ***A palavra consagrada aparece em referência ao termo "Inglaterra", que é um substantivo feminino. Pela lógica da língua, o certo é flexionar o termo "consagrado" para o feminino, obtendo-se "consagrada".***

Vamos Praticar

01. (FCC) O verbo indicado entre parênteses deverá ser obrigatoriamente flexionado numa forma do plural para preencher de modo correto a frase:

a) Quanto mais interesses ...... (haver) em jogo, mais contundentes serão as iniciativas da máquina neoliberal.

b) A não ...... (ser) pelas miragens que alimenta, muitas pessoas não conseguiriam sustentar o ânimo de viver.

c) O que não lhes ...... (dever) convir é abandonar todos esses sonhos que ajudam a viver.

d) Nunca me ...... (sobrevir), como agora, os sobressaltos que cada sonho traz consigo.

e) .....-se (dever) a essas miragens o esforço com que muitos conduzem seu trabalho.

Leia o trecho:

Dentro de um mês tinha comigo vinte aranhas; no mês seguinte cinquenta e cinco; em março de 1877 contava quatrocentas e noventa. Duas forças serviram principalmente à empresa de as congregar: o emprego da língua delas, desde que pude discerni-la um pouco, e o sentimento de terror que lhes infundi.

02. (CESPE) O verbo ter, na linha 1, está empregado no sentido de haver, existir, por isso mantém-se no singular, sem concordar com o sujeito da oração — "vinte aranhas".

Certo ( ) Errado ( )

03. (FCC) O verbo indicado entre parênteses deverá flexionar-se numa forma do singular para preencher corretamente a lacuna da frase:

a) Aquele a quem ...... (sensibilizar) os fatos do noticiário deve poupar-se de acompanhá-los todos os dias.

b) Não ...... (dever) mover a ninguém as esperanças ou a crença em que o mundo se torne mais discreto e silencioso.

c) Em qualquer notícia que provenha do nosso íntimo não mais ...... (haver) de se ocultar as verdades que fingimos desconhecer.

d) As pessoas a quem ...... (impor) a TV, diuturnamente, notícias de toda espécie perdem a capacidade de discriminar o que é ou não importante.

e) As novidades que dentro de mim se ...... (mascarar) só se revelarão mediante uma análise introspectiva.

04. (FCC) O verbo entre parênteses deverá flexionar-se em uma forma do plural para preencher de modo correto a lacuna da frase:

a) Aos sentimentos do menino ...... (corresponder) um gesto bonito, pelo qual se materializou o amor filial.

b) Não se ...... (atribuir) ao gesto do menino quaisquer intentos que não tivessem raiz em sua generosidade.

c) A nenhum dos parentes ...... (ocorrer) alimentar suspeitas acerca das preocupações do menino.

d) Não ...... (faltar) aos brinquedos antigos a magia que as engenhocas eletrônicas exercem hoje sobre os pequenos.

e) ...... (ter) ocorrido aos pais que os gestos do filho estariam ocultando algum segredo?

Leia o trecho:

Imagine que um poder absoluto ou um texto sagrado declarem que quem roubar ou assaltar será enforcado (ou terá a mão cortada). **Nesse caso, puxar a corda, afiar a faca ou assistir à execução seria simples, pois a responsabilidade moral do veredicto não estaria conosco.** Nas sociedades tradicionais, em que a punição é decidida por uma autoridade superior a todos, as execuções podem ser públicas: a coletividade festeja o soberano que se encarregou da justiça — que alívio!

05. (CESPE) No período "Nesse caso (...) estaria conosco", como o conector "ou" está empregado com sentido aditivo, e não, de exclusão, a forma verbal do predicado "seria simples" poderia, conforme faculta a prescrição gramatical, ter sido flexionada na terceira pessoa do plural: seriam.

Certo ( ) Errado ( )

Para cada uma dessas questões, assinale a alternativa que preenche corretamente, na ordem, as lacunas da frase apresentada.

06. (FCC) O cientista ......, com base em dados que lhe haviam sido ...... , que a pesquisa ...... resultados importantes para a fauna da região.

a) previu - entregues - traria

b) previu - entregados - trazeria

c) preveu - entregues - trazeria

d) preveu - entregados - traria

e) previu - entregues - trazeria

07. (FCC) ...... tomar medidas que ...... a sobrevivência de algumas espécies de aves na região.

a) Eram necessários - garantissem

b) Eram necessárias - garantissem

c) Era necessário - garantisse

d) Eram necessárias - garantisse

e) Era necessário - garantissem

08. (FCC) A frase em que as regras de concordância estão plenamente respeitadas é:

a) Contam-se que o poeta Manuel Bandeira ficou extasiado e impressionado ao ouvirem as novas batidas do violão de João Gilberto.

b) As canções de Caetano Veloso, cuja letra costumam despertar discussões acaloradas, são considerados por muitos grandes poemas da literatura nacional.

c) Já se passou vários anos do surgimento da bossa nova, mas Chega de saudade, de João Gilberto, continua a encantar os ouvidos ao redor do mundo.

d) Além de uma canção de João Gilberto, Chega de saudade é o título do livro de Ruy Castro em que o autor relembra os protagonistas da bossa nova.

e) Imagina-se que, embora pouco estudados, deve existir motivos sociais para a indiferença com que as camadas superiores durante muito tempo via o samba.

09. O verbo que se mantém corretamente ***no singular***, mesmo com as alterações propostas entre parênteses para o segmento grifado, está em:

a) Quando <u>a peste negra</u> varreu populações inteiras (**as epidemias**)

b) Quanto <u>mais gente</u> houvesse no mundo (**mais habitantes**)

c) <u>Tom alarmista</u> acerca do crescimento populacional arrefeceu (**As profecias**)

d) <u>A humanidade</u> terá de colocar toda sua inventividade à prova (**Os homens**)

e) Existe <u>um consenso</u> (**hipóteses diversas**)

10. (FCC) A frase em que ***ambos*** os elementos sublinhados são complementos verbais é:

a) Assim <u>vos</u> confesso que entendo <u>de arquitetura</u>, apesar das muitas opiniões em contrário.

b) <u>Ninguém</u> se impressiona <u>tanto</u> com um velho porão como este velho cronista, leitor amigo.

c) O porão deverá jazer <u>sob os pés da família</u> como jazem os <u>cadáveres</u> num cemitério.

d) Que atração exercem sobre o cronista as <u>gravatas manchadas</u>, quando desce <u>a um porão...</u>

e) Já não se fazem <u>porões</u>, hoje em dia, já não há qualquer mistério ou evocação mágica <u>numa casa moderna</u>.

11. (FCC) Substituindo-se o elemento grifado pelo segmento que está entre parênteses, o verbo que deverá flexionar-se no ***plural*** está em:

a) <u>Clarice</u> (**Juntamente com o marido, Clarice**) se encontrava no exterior...

b) <u>A voz nova e solitária</u> (**A voz que poucos conheciam**) em seguida iria encontrar obstáculos ...

c) <u>O nome de Clarice</u> (**A ficção de autoras intimistas**) [...] tinha aqui pequena repercussão.

d) ... como está dito <u>por toda parte</u> (**em todos os jornais**).

e) Ao contrário do que <u>se</u> (**os desavisados**) pensa ...

Em épocas passadas, alguns poetas se ...... atrelados a convenções literárias tão rígidas que, em alguns casos, os ...... de encontrar uma voz original e única

12. (FCC) Preenchem corretamente as lacunas da frase acima, na ordem dada:

a) Mantém - impedirão

b) Manteram - impediam

c) Mantiveram - impediram

d) Manteriam - impedira

e) Mantinham - impedia

Leia o trecho:

"O [fim] da Idade Média, no [século] XV, e o [ressurgimento] das cidades, no período renascentista,[representaram] profundas mudanças para a sociedade da época, mas, do ponto de vista político, assistiu-se a uma concentração ainda maior do poder nas mãos dos soberanos, reis absolutos, que, sob o peso de sua autoridade, unificaram os diversos feudos e formaram vários dos Estados modernos que hoje conhecemos."

13. (CESPE) A forma verbal "representaram" está no plural para concordar com o sujeito composto da oração, cujos núcleos são "fim", "século" e "ressurgimento".

Certo ( ) Errado ( )

Leia o trecho:

Trabalho demais, agenda cheia, Internet, celular [e carros que chegam a mais de 200 km/h] **transformam** o homem moderno numa espécie de Coelho Branco de Alice no País das Maravilhas.

14. (CESPE) Se o trecho "e carros que chegam a mais de 200 km/h" fosse retirado do texto, a forma verbal "transformam" deveria ser substituída por ***transforma.***

Certo ( ) Errado ( )

15. (FCC) Estão plenamente observadas as normas de concordância verbal em:

a) À noite, davam-se aos trabalhos de poucos e à diversão de muitos uma trégua oportuna, para tudo recomeçar na manhã seguinte.

b) Aos esforços brutais da jubarte não correspondiam qualquer efeito prático, nenhum avanço obtinha o gigante encalhado na areia.

c) Sempre haverá de aparecer aqueles que, diante de um espetáculo trágico, logram explorá-lo como oportunidade de comércio.

d) Como se vê, cabe aos bons princípios ecológicos estimular a salvação das baleias, seja no alto-mar, seja na areia da praia.

e) Da baleia encalhada em 1966 não restou, lembra-nos o autor, senão as postas em que a cruel voracidade dos presentes retalhou o animal

16. (CESGRANRIO) Em uma mensagem de e-mail bastante formal, enviada para alguém de cargo superior numa empresa, estaria mais adequada, por seguir a norma-padrão, a seguinte frase:

a) Anexo vão os documentos.

b) Anexas está a planilha e os documentos

c) Seguem anexos os documentos

d) Em anexas vão as planilhas.

e) Anexa vão os documentos e a planilha.

17. (CESGRANRIO) Em que sentença a concordância segue os parâmetros da norma-padrão?

a) Paguei a dívida e fiquei quites com minhas obrigações.

b) A secretária disse que ela mesmo ia escrever a ata.

c) Junto com o contrato, segue anexo a procuração.

d) A vizinha adotou uma atitude pouca amistosa.

e) Após a queda, a criança ficou meio chorosa.

18. A concordância verbal está de acordo com a norma-padrão em:

a) Cada um dos curadores foram responsáveis por um tema.

b) Muitos cartões vem decorados com guirlandas de flores.

c) A maior parte dos cartões expostos encantou os visitantes.

d) Está acontecendo diversos eventos sobre meios de comunicação na cidade.

e) Haviam poucos estudantes interessados em meios de comunicação do passado.

19. (CESGRANRIO) O plural, de acordo com a norma-padrão, do trecho "Foi um momento mágico, pois, apesar de bastante jovem, eu já vinha de uma experiência de vida cheia de mudanças e recomeços." é:

a) Foi momentos mágicos, pois, apesar de bastante jovens, nós já vínhamos de uma experiência de vida cheia de mudanças e recomeços.

b) Foi um momento mágico, pois, apesar de bastante jovem, eu já vinha de uma experiência de vidas cheias de mudanças e recomeços.

c) Foi um momento mágico, pois, apesar de bastante jovem, eu já vinha de experiências de vidas cheia de mudanças e recomeços.

d) Foram momentos mágicos, pois, apesar de bastante jovens, nós já vínhamos de experiências de vida cheias de mudanças e recomeços.

e) Foram dois momentos mágicos, pois, apesar de bastante jovem, eu já vinha de uma experiência de vida cheia de mudanças e recomeços.

O chefe de vários departamentos identifica a mudança no cenário da informática.

20. (CESGRANRIO) Considere a frase a cima. *A palavra* ***identifica*** *pode ser substituída, mantendo o sentido da sentença, pelo verbo ver, flexionado de acordo com a norma-padrão, por*

a) Vêm

b) Veem

c) Vem

d) Vê

e) Viram

Gabarito

01	D	11	E
02	ERRADO	12	C
03	D	13	ERRADO
04	B	14	ERRADO
05	ERRADO	15	D
06	A	16	C
07	E	17	E
08	D	18	C
09	B	19	D
10	A	20	D

Anotações

CAPÍTULO 05

Acentuação Gráfica

Antes de começar o estudo, é importante que você entenda quais são os padrões de tonicidade da Língua Portuguesa e quais são os encontros vocálicos presentes na Língua. Assim, fica mais fácil entender quais são as regras e como elas surgem.

Padrões de Tonicidade

→ **Palavras oxítonas:**

» Última sílaba tônica (so**fá**, ca**fé**, ji**ló**)

→ **Palavras paroxítonas:**

» Penúltima sílaba tônica (fer**ru**gem, a**du**bo, sa**ú**de)

→ **Palavras proparoxítonas:**

» Antepenúltima sílaba tônica (**â**nimo, **ví**tima, **á**timo)

Encontros Vocálicos

→ **Hiato (encontro vocálico que se separa):**

» Pi - **a** - no; sa - **ú** - de.

→ **Ditongo (encontro vocálico que permanece unido na sílaba):**

» cha - **péu**; to - **néis**.

→ **Tritongo (encontro vocálico que permanece unido na sílaba):**

» sa - **guão**; U - ru - **guai**.

Regras Gerais

Quanto às Proparoxítonas

Acentuam-se todas as palavras:

» **Ex.**: **Ví**tima, **â**nimo, Hiper**bó**lico

Quanto às Paroxítonas

a) Não se acentuam as terminadas em A, E, O (seguidas ou não de S) M e ENS.

» **Ex.**: Cas**te**lo, gra**na**da, pa**ne**la, pe**pi**no, **pa**jem, i**ma**gens etc.

b) Acentuam-se as terminadas em R, N, L, X, I ou IS, US, UM, UNS, PS, Ã ou ÃS e DITONGOS.

» **Ex.**: Susten**tá**vel, **tó**rax, **hí**fen, **tá**xi, **ál**bum, **bí**ceps, prin**cí**pio etc.

c) Fique de olho em alguns casos particulares, como as palavras terminadas em OM / ON / ONS

» **Ex.**: **lân**dom; **pró**ton, **nêu**trons etc.

Fique Ligado

Nova Ortografia – olho aberto! Deixam de se acentuarem as paroxítonas com OO e EE

» ***Ex.: Voo, enjoo, perdoo, magoo.***

» ***Ex.: Leem, veem, deem, creem.***

Quanto às Oxítonas

São acentuadas as terminadas em:

» **Ex.**: **A** ou **AS**: Sof**á**, Par**á**;

» **Ex.**: **E** ou **ES**: Rap**é**, Caf**é**;

» **Ex.**: **O** ou **OS**: Av**ô**, Cip**ó**;

» **Ex.**: **EM** ou **ENS**: Tam**bém**, Para**béns**.

Acentuação de Monossílabos

Acentuam-se os monossílabos tônicos terminados em **A**, **E** e **O**, seguidos ou não de **S**.

» **Ex.**: Pá, pó, pé, já, lá, fé, só.

Acentuação dos Hiatos

Acentuam-se os hiatos quando forem formados pelas letras **I** ou **U**, sozinhas ou seguidas de **S**:

» **Ex.**: Sa**ú**va, Ba**ú**, Bala**ú**stre, Pa**ís**.

Exceções:

» **Ex.**: Seguidas de **NH**: Tainha

» **Ex.**: Paroxítonas antecedidas de ditongo: Feiura

» **Ex.**: Com o **i** duplicado: Xiita

Ditongos Abertos

Serão acentuados os ditongos abertos **ÉU**, **ÉI** e **ÓI**, com ou sem **S**, quando forem oxítonos ou monossílabos.

» **Ex.**: Cha**péu**, **Réu**, To**néis**, He**rói**, Pas**téis**, Ho**téis**, Len**çóis**.

Fique Ligado

Novo Acordo Ortográfico – fique de olho! Caiu o acento do ditongo aberto em posição de paroxítona.

» ***Ex.: Ideia, Onomatopeia, Jiboia, Paranoia, Heroico etc.***

Formas Verbais com Hífen

Para saber se há acento em uma forma verbal com hífen, deve-se analisar o padrão de tonicidade de cada bloco da palavra:

» **Ex.**: Aju**dá**-lo (oxítona terminada em "a" / monossílabo átono)

» **Ex.**: Con**tar**-lhe (oxítona terminada em "r" / monossílabo átono)

» **Ex.**: Convi**dá**-la-íamos. (oxítona terminada em "a" / proparoxítona)

Verbos *"ter" e "vir"*

Quando escritos na **3ª pessoa do singular, não serão acentuados:**

» **Ex.**: Ele tem / ele vem.

Quando escritos na **3ª pessoa do plural,** receberão o **acento circunflexo:**

» **Ex.**: Eles **têm / vêm**

Nos verbos derivados das formas acima:

» Acento agudo para singular - Contém / convém.

» Acento circunflexo para o plural - Contêm / convêm.

Acentos Diferenciais

Alguns permanecem:

» **Ex.**: pôde / pode (pretérito perfeito / presente simples);

» **Ex.**: pôr / por (verbo / preposição);

» **Ex.**: fôrma[1] / forma (substantivo / verbo ou ainda substantivo).

Caiu o acento diferencial de:

» **Ex.**: para - pára (preposição / verbo);

» **Ex.**: pelo - pêlo (preposição + artigo / substantivo);

» **Ex.**: polo - pólo (preposição + artigo / substantivo);

» **Ex.**: pera - pêra (preposição + artigo / substantivo).

Exercício Comentado

01. ***(CESPE) Os vocábulos "indivíduo", "diária" e "paciência" recebem acento gráfico com base na mesma regra de acentuação gráfica.***

CERTO. ***As três palavras são paroxítonas terminadas em ditongo.***

1 Nesse caso, é facultativo o acento.

Fique Ligado

Para palavras da Língua Portuguesa, não há mais o trema (¨), mas, em palavras estrangeiras ou em derivados delas, ele ainda permanece.

» ***Ex.: Tranquilo / linguiça / sanguíneo;***

» ***Ex.: Müller / Mülleriano.***

Vamos Praticar

01. É preciso corrigir deslizes relativos à ortografia oficial e à acentuação gráfica da frase:

a) As obras modernistas não se distinguem apenas pela temática inovadora, mas igualmente pela apreensão do ritmo alucinante da existência moderna.

b) Ainda que celebrassem as máquinas e os aparelhos da civilização moderna, a ficção e a poesia modernista também valorizavam as coisas mais quotidianas e prosaicas.

c) Longe de ser uma excessão, a pintura modernista foi responsável, antes mesmo da literatura, por intênsas polêmicas entre artistas e críticos conservadores.

d) No que se refere à poesia modernista, nada parece caracterizar melhor essa extraordinária produção poética do que a opção quase incondicional pelo verso livre.

e) O escândalo não era apenas uma consequência da produção modernista: parecia mesmo um dos objetivos precípuos de artistas dispostos a surpreender e a chocar.

02. Assinale a palavra que **NÃO** tenha sido acentuada pelo mesmo motivo que as demais.

a) Substituído

b) Polícia

c) Jurisprudência

d) Saqueável

03. Em qual das frases abaixo, a palavra destacada está de acordo com as regras de acentuação gráfica oficial da língua portuguesa?

a) Vende-se **cocô** gelado.

b) Se **amássemos** mais, a humanidade seria diferente.

c) É importante que você estude pelo **ítem** do edital.

d) Estavam deliciosas as **larânjas** que comprei.

e) A empresa **têm** procurado um novo empregado.

04. Todas as palavras são acentuadas graficamente pelo mesmo motivo em:

a) Água, município, edifício, Guaíra

b) Estádios, superfície, Baía, média

c) Paraná, será, vulcânica

d) Cúbicos, espetáculo, energético

e) Insuperável, quilômetro, três

05. Assinale a alternativa em que todos os substantivos devem ser acentuados.

a) Lapis - bonus - bainha

b) Serie - aspecto - torax

c) Alcool - moinho - sucuri

d) Urubu - egoismo - magoa

e) Armazem - orgao - carater

06. Levando-se em consideração o que está previsto na ortografia oficial vigente, é correto afirmar que: o vocábulo "têxtil", que segue o padrão de flexão do vocábulo pênsil, é acentuado também na forma plural; "obsolescência" é vocábulo que segue o padrão do vocábulo ciência, no que se refere ao emprego de sinal de acentuação; a acentuação gráfica do vocábulo "déspotas" também é empregada quando o vocábulo é grafado na forma singular.

Certo ( ) Errado ( )

07. Assinale a alternativa em que o termo tenha sido acentuado seguindo regra distinta dos demais.

a) Difíceis

b) Próprio

c) Concluída

d) Consequências

e) Solidários

"E no alto da torre exibo-te o varal. Onde balança ao léu minh'alma"

08. A respeito dos versos acima, analise os itens a seguir: O acento em léu se justifica como acento diferencial, para não se confundir com o verbo leu.

Certo ( ) Errado ( )

09. Que palavra obedece à mesma regra de acentuação que país?

a) Compôs

b) Baú

c) Índio

d) Negócios

e) Águia

10. Cada alternativa a seguir apresenta um princípio ortográfico seguido de dois exemplos. A exemplificação está correta somente em:

a) São acentuadas todas as palavras oxítonas terminadas em a, e, o, em seguidas ou não de "s": também e já.

b) Todas as palavras proparoxítonas são acentuadas: década e porém.

c) Acentua-se a segunda vogal tônica do hiato: subtraídas e ótimo.

d) Acentuam-se os monossílabos tônicos terminados em a, e, o (s): há e só.

e) Acentuam-se com acento agudo os ditongos tônicos éi, éu, ói: vídeo e sério.

11. "Dedicar-se **à** relação é importante..." É correto afirmar que o sinal gráfico empregado na palavra destacada nessa frase é denominado:

a) Trema.

b) Acento agudo.

c) Crase.

d) Acento circunflexo.

e) Acento grave.

12. Assinale a alternativa em que a palavra tenha sido acentuada seguindo regra distinta das demais.

a) Consciência

b) Juízos

c) Pretório

d) Episódios

e) Importância

13. Assinale a alternativa em que a palavra tenha sido acentuada seguindo regra distinta das demais.
  a) Previdência
  b) Diária
  c) Vítima
  d) Declínio
  e) Óbvia
14. Nas palavras "país", "político", "preferência", "perpétua" e "páginas", o acento é decisivo para a determinação do sentido dos vocábulos, uma vez que, sem acento, tais palavras, mesmo estando escritas de acordo com a norma culta, teriam outro significado.
    Certo ( )   Errado ( )
15. As palavras "é", "média", "até" e "líderes", obedecem, respectivamente, às mesmas regras de acentuação gráfica de:
  a) Há, salários, paletós e técnico.
  b) Já, próprio, júnior e acadêmico
  c) É, consultório, convém e infindáveis.
  d) Mês, universitário, papéis e público
  e) Só, líder, escritório e sênior.
16. Assinale a alternativa que traz toda a acentuação correta:
  a) Não duvida o órfão que tal benção no tatú é doida.
  b) Coçá-lo é bem doído; é seriíssimo, sem dúvida.
  c) Vanglória-te dos girassois cultivados no paraíso.
  d) Favor apôr sua rubrica no documento, sem desdem.
  e) O edil foi habil ao comprar toda a maquinária.
17. Nas alternativas a seguir, os acentos foram omitidos propositadamente. Assinale a alternativa em que todas as palavras deveriam ser graficamente acentuadas
  a) Rubrica, diluvio, viuva.
  b) Ambar, heroi, ilustra-lo.
  c) Protons, forceps, releem.
  d) Dificilmente, Piaui, misantropo.
  e) Perdoo, atribuimos, caiste.
18. Assinale a série que apresenta somente palavras paroxítonas:
  a) Enciclopédia – página – relatório.
  b) Conteúdo – brechós – catálogo.
  c) Além – lá – bônus.
  d) Histórias – enciclopédia – bônus.
19. A alternativa em que o uso do acento gráfico obedece à mesma regra é:
  a) Panóptico, ótima, úteis
  b) Óleo, ótima, Ásia
  c) Óleo, Ásia, delícia
  d) Aliás, já, biguá
  e) Chapéu, vocês, aí
20. As palavras mês, está e água, respectivamente, recebem acento pelo mesmo motivo que:
  a) Baú, sofá, possível.
  b) Até, já, ausência.
  c) Nós, até, canário.
  d) Caí, será, última.
  e) Pés, saúde, notícia.

Gabarito

01	C	11	E
02	A	12	B
03	B	13	C
04	D	14	ERRADO
05	E	15	A
06	CERTO	16	B
07	C	17	B
08	ERRADO	18	D
09	B	19	C
10	D	20	C

Anotações

Língua Portuguesa

CAPÍTULO 06

Colocação Pronominal

Esta parte do conteúdo é relativa ao estudo da posição dos pronomes oblíquos átonos em relação ao verbo. Antes de iniciar o estudo, trate de memorizar os pronomes em questão, do contrário, você não progredirá.

Pronomes Oblíquos Átonos
me
te
o, a, lhe, se
nos
vos
os, as, lhes, se

Quatro casos de colocação:

01. **Próclise** (anteposto ao verbo)
    » **Ex.**: Nunca **o** vi.
02. **Mesóclise** (medial em relação ao verbo)
    » **Ex.**: Dir-**te**-ei algo.
03. **Ênclise** (posposto ao verbo)
    » **Ex.**: Passa-**me** a resposta.
04. **Apossínclise** (intercalação de uma ou mais palavras entre o pronome e o verbo)
    » **Ex.**: Talvez tu **me** já não creias.

Regras de Próclise

→ Palavras ou expressões negativas:
  » **Ex.**: Não **me** deixe aqui neste lugar!
  » **Ex.**: Ninguém **lhe** disse que seria fácil.

→ Pronomes relativos:
  » **Ex.**: O material de que **me** falaste é muito bom.
  » **Ex.**: Eis o conteúdo que **me** causa nojo.

→ Pronomes indefinidos:
  » **Ex.**: Alguém me disse que você vai ser transferido.
  » **Ex.**: Tudo **me** *parece estranho.*

→ Conjunções subordinativas:
  » **Ex.**: Confiei neles, assim que **os** *conheci.*
  » **Ex.**: Disse que **me** faltavam palavras.

Exercício Comentado

01. (TJSC) Em qual período a colocação pronominal está INCORRETA:

a) O cientista pretende desvendar como se formam os furacões, tornados, tsunamis e demais fenômenos naturais de inegável potência.

b) Adotarão-se medidas de urgência para minorar os efeitos do temporal.

c) Não se sabe ainda o valor do negócio, que, especula-se, ficou em torno de um bilhão de reais.

d) O advogado se referiu duas vezes ao mesmo assunto.

e) O dano moral é a lesão aos elementos individualizadores da pessoa, tais como a honra, a reputação e o prestígio, expressando-se por desequilíbrios no ânimo do lesado.

RESPOSTA. ***"B". Como o verbo está no futuro do presente, o correto seria empregar a mesóclise, ou seja, a forma verbal resultante seria "adotar-se-ão".***

→ Advérbios:
  » **Ex.**: Sempre **lhe** disse a verdade.
  » **Ex.**: Talvez **nos** apareça a resposta para essa questão.

→ Pronomes interrogativos:
  » **Ex.**: Quem **te** contou a novidade?
  » **Ex.**: Que **te** parece essa situação?

→ "Em + gerúndio"
  » **Ex.**: Em **se** tratando de Gramática, eu gosto muito!
  » **Ex.**: Nesta terra, em **se** plantando, tudo há de nascer.

→ Particípio
  » **Ex.**: Ele havia avisado-**me** (errado)
  » **Ex.**: Ele **me** havia avisado (certo)

→ Sentenças optativas
  » **Ex.**: Deus **lhe** pague!
  » **Ex.**: Deus **o** acompanhe!

Regras de Mesóclise

Emprega-se o pronome oblíquo átono no meio da forma verbal, quando ela estiver no futuro do presente ou no futuro simples do pretérito do indicativo.

  » **Ex.**: Chamar-**te**-ei, quando ele chegar.
  » **Ex.**: Se houver tempo, contar-**vos**-emos nossa aventura.
  » **Ex.**: Contar-**te**-ia a novidade.

Regras de Ênclise

Não se inicia sentença, em Língua Portuguesa, por pronome oblíquo átono. Ou seja, não coloque o pronome átono no início da frase.

Formas verbais:

→ Do **infinitivo impessoal** (precedido ou não da preposição "a");

→ Do **gerúndio;**

→ Do **imperativo afirmativo;**
  » **Ex.**: Alcança-**me** o prato de salada, por favor!
  » **Ex.**: Urge obedecer-**se** às leis.
  » **Ex.**: O garoto saiu da sala desculpando-**se**.
  » **Ex.**: Tratando-**se** desse assunto, não gosto de pensar.
  » **Ex.**: Dá-**me** motivos para estudar.

Fique Ligado

Se o gerúndio vier precedido da preposição "em", deve-se empregar a próclise.

  » **Ex.**: Em **se** tratando de Gramática, eu gosto muito.

Casos Facultativos

→ Sujeito expresso, próximo ao verbo.
  » **Ex.**: O menino **se** machucou **(-se)**.
  » **Ex.**: Eu **me** refiro **(-me)** ao fato de ele ser idiota.

→ Infinitivo antecedido de "não" ou de preposição.
  » **Ex.**: Sabemos que não **se** habituar **(-se)** ao meio causa problemas.
  » **Ex.**: O público o incentivou a **se** jogar **(-se)** do prédio.

Vamos Praticar

01. (FUNCAB) A autora escreve "mas nos cingiremos a uma delas", e não "cingiremo-nos", para não infringir a mesma regra de colocação pronominal DESRESPEITADA em:

a) O livro havia sumido e eu queria que alguém procurasse-o.

b) Se não achasse o livro na estante, eu procuraria-o por toda a casa.

c) Aquele livro era ótimo, por isso tenho procurado--o com insistência.

d) Procure o livro para mim, que eu hoje não procuro-o mais.

e) Venho tentando achar o livro, mas quem disse que encontro-o?

02. (FUNCAB) A passagem em que se evitou a ênclise do pronome átono com base na mesma regra de colocação observada em: "Assim, o homem se tornaria menos consumidor e mais feliz" é a seguinte:

a) "... com argumentos de que se trata de uma economia limpa..."

b) "... fica evidente que poucos se perguntam sobre as consequências..."

c) "Para frear o drama ambiental planetário que se avizinha..."

d) "Os manipuladores da indústria da moda não se cansam de alternar tendências..."

e) "... uma maior consciência do nosso Eu Superior se refletirá num contato mais próximo coma natureza..."

E quando Seu José, desesperado, fez saltar os miolos com uma bala, deixou esta frase escrita num pedaço de papel:

"Enquanto foi solteira, achava minha mulher que nenhum homem era digno de ser seu marido; depois de casada (por conveniência) achou que todos eles eram dignos de ser seus amantes. Mato- me".

03. (MS CONCURSOS - ADAPTADA) Na oração final do texto: "Mato-me", a colocação pronominal está:

a) Correta, pois depois de verbo é obrigatória a ênclise.

b) Incorreta, pois depois de verbo é obrigatória a próclise.

c) Adequada, pois não se inicia frase ou oração com pronome oblíquo átono.

d) Adequada, pois não se inicia frase ou oração com pronome pessoal reto.

04. (CESGRANRIO) Observe os pronomes oblíquos destacados no texto abaixo.

Como já **se** sabia, o ser humano adapta-**se** rapidamente a novas condições de vida. O que a pesquisa da felicidade nos ensinou foi o fato de a nossa capacidade de adaptação ser ainda maior do que **se** imaginava. Acostumamo-**nos** a quase tudo e há coisas das quais nunca **nos** enfadamos.

Segundo a norma culta, é possível inverter a colocação do pronome apenas em:

a) Sabia-se.

b) Se adapta.

c) Imaginava-se.

d) Nos acostumamos.

e) Enfadamo-nos.

05. (CESGRANRIO) A colocação do pronome átono destacado está ***INCORRETA*** em:

a) Quando **se** tem dúvida, é necessário refletir mais a respeito.

b) Tudo **se** disse e nada ficou acordado.

c) Disse que, por vezes, temos equivocado-**nos** nesse assunto.

d) Alguém **nos** informará o valor do prêmio.

e) Não devemos preocupar-**nos** tanto com ela.

06. (FADESP - ADAPTADA) Quanto às normas de colocação pronominal, é correto afirmar que, no enunciado "agora se reivindica uma escola capaz de extrapolar a mera transmissão de conteúdos", a próclise justifica-se pelo(pela):

a) Uso do registro informal da língua.

b) Presença de um termo atrativo.

c) Ocorrência de forma verbal paroxítona.

d) Posição que o pronome ocupa na frase, não iniciando a oração.

07. (INSTITUTO CIDADES) A colocação pronominal no trecho "O país recusou-se a assinar o tratado" está ***CORRETA*** porque:

a) Não se deve usar pronome oblíquo átono antes de verbo.

b) Não há nenhuma palavra atrativa antes do verbo para que se desse a próclise.

c) Por estar no pretérito perfeito do indicativo, o pronome ocorre em ênclise.

d) Por tratar-se de uma locução verbal de infinitivo, essa é a única forma possível de colocação pronominal.

08. (FUNCAB) Marque a opção em que houve **ERRO** na colocação do pronome oblíquo átono.

a) Você realmente acha que me convenceu com esta história?

b) Pergunto-me frequentemente se há vida após a morte.

c) Ninguém me convenceria do contrário.

d) Jamais me submeteria a este tipo de interrogatório.

e) Sentiria-se tranquilo se tivesse certeza.

09. (IADES) Assinale a alternativa correta em relação à colocação pronominal em "E muitas delas, talvez a maioria das empresas manufatureiras, **se tornarão** simples fornecedoras (...)".

a) Está adequada uma vez que a vírgula funciona como fator de próclise.

b) Está inadequada, porque quando houver o emprego de verbos nos futuros do modo indicativo, seja futuro do presente ou futuro do pretérito, a colocação deve ser a mesóclise.

c) É inadequada, pois como não há fator atrativo deveria estar na posição enclítica.

d) Está adequada, já que não há justificativa para as demais posições: ênclise, mesóclise.

10. (TJ-SC) Em qual período a colocação pronominal está **INCORRETA**:

a) O cientista pretende desvendar como se formam os furacões, tornados, tsunamis e demais fenômenos naturais de inegável potência.

b) Adotarão-se medidas de urgência para minorar os efeitos do temporal.

c) Não se sabe ainda o valor do negócio, que, especula-se, ficou em torno de um bilhão de reais.

d) O advogado se referiu duas vezes ao mesmo assunto.

e) O dano moral é a lesão aos elementos individualizadores da pessoa, tais como a honra, a reputação e o prestígio, expressando-se por desequilíbrios no ânimo do lesado.

Gabarito

01	B	06	B
02	E	07	B
03	C	08	E
04	B	09	B
05	C	10	B

Anotações

CAPÍTULO 07

Regência Verbal e Nominal

Regência é a parte da Gramática Normativa que estuda a relação entre dois termos, verificando se um termo serve de complemento a outro e se nessa complementação há uma preposição.

Dividimos a Regência em:

> Regência Verbal (ligada aos verbos).

> Regência Nominal (ligada aos substantivos, adjetivos ou advérbios).

Regência Verbal

Deve-se analisar, nesse caso, a necessidade de complementação, a presença ou ausência da preposição e a possibilidade de mudança de sentido do texto.

Vamos aos casos:

→ **Agradar e desagradar:** São transitivos indiretos (com preposição a) nos sentidos de satisfazer, contentar:

» **Ex.**: A biografia de Aníbal Machado **agradou/desagradou** à maioria dos leitores.

» **Ex.**: A criança **agradava** ao pai por ser muito comportada.

→ **Agradar:** Pode ser transitivo direto (sem preposição) se significar acariciar, afagar:

» **Ex.**: **Agradar** a esposa.

» **Ex.**: Pedro passava o dia todo **agradando** os seus gatos.

→ **Agradecer:** Transitivo direto e indireto, com a preposição a, no sentido de demonstrar gratidão a alguém:

» **Ex.**: **Agradecemos** a Santo Antônio o milagre alcançado.

» **Ex.**: **Agradecemos**-lhes a benesse concedida.

O verbo em questão também pode ser transitivo direto no sentido de mostrar gratidão por alguma coisa:

» **Ex.**: **Agradeço** a dedicação de todos os estudantes.

» **Ex.**: Os pais **agradecem** a dedicação dos professores para com os alunos.

→ **Aspirar:** É transitivo indireto (preposição "a") nos sentidos de desejar, pretender ou almejar:

» **Ex.**: Sempre **aspirei** a um cargo público.

» **Ex.**: Manoel **aspirava** a ver novamente a família na Holanda.

→ **Aspirar:** É transitivo direto na acepção de inalar, sorver, tragar, ou seja, mandar para dentro:

» **Ex.**: **Aspiramos** o perfume das flores.

» **Ex.**: Vimos a empregada **aspirando** a poeira do sofá.

→ **Assistir:** É transitivo direto no sentido de ajudar, socorrer etc:

» **Ex.**: O professor **assistia** o aluno.

» **Ex.**: Devemos **assistir** os mais necessitados.

→ **Assistir:** É transitivo indireto (complemento regido pela preposição "a") no sentido de ver ou presenciar:

» **Ex.**: **Assisti** ao comentário da palestra anterior.

» **Ex.**: Você deve **assistir** às aulas do professor!

→ **Assistir:** É transitivo indireto (complemento regido pela preposição "a") no sentido de "ser próprio de", "pertencer a":

» **Ex.**: O direito à vida **assiste** ao ser humano.

» **Ex.**: Esse comportamento **assiste** às pessoas vitoriosas.

→ **Assistir:** É intransitivo no sentido de morar ou residir:

» **Ex.**: Maneco **assistira** em Salvador.

→ **Chegar:** É verbo intransitivo e possui os adjuntos adverbiais de lugar introduzidos pela preposição "a":

» **Ex.**: **Chegamos** a Cascavel pela manhã.

» **Ex.**: Este é o ponto a que pretendia **chegar.**

Caso a expressão indique posição em um deslocamento, admite-se a preposição em:

» **Ex.**: **Cheguei** no trem à estação.

Os verbos ir e vir têm a mesma regência de chegar:

» **Ex.**: Nós **iremos** à praia amanhã.

» **Ex.**: Eles **vieram** ao cursinho para estudar.

→ **Custar:** Ter valor ou preço: verbo transitivo direto:

» **Ex.**: O avião **custa** 100 mil reais.

Ter como resultado certa perda ou revés: verbo transitivo direto e indireto:

» **Ex.**: Essa atitude **custou**-lhe a vida.

Ser difícil ou trabalhoso: intransitivo:

» **Ex.**: **Custa** muito entender esse raciocínio.

Levar tempo ou demorar: intransitivo:

» **Ex.**: **Custa** a vida para aprender a viver.

→ **Esquecer / lembrar:** Possuem a seguinte regra - se forem pronominais, terão complemento regido pela preposição "de"; se não forem, não haverá preposição:

» **Ex.**: Lembrei-**me de** seu nome. / Esqueci-me de seu nome.

» **Ex.**: Lembrei seu nome. / Esqueci seu nome.

→ **Gostar:** É transitivo indireto no sentido de apreciar (complemento introduzido pela preposição "de"):

» **Ex.**: **Gosto** de estudar.

» **Ex.**: Gosto muito de minha mãe.

→ **Gostar:** Como sinônimo de experimentar ou provar é transitivo direto:

» **Ex.**: **Gostei** a sobremesa apenas uma vez e já adorei.

» **Ex.**: **Gostei** o chimarrão uma vez e não mais o abandonei.

→ **Implicar:** pode ser:

Transitivo direto (sentido de acarretar):

» **Ex.**: Cada escolha **implica** uma renúncia.

Transitivo direto e indireto (sentido de envolver alguém em algo):

» **Ex.**: **Implicou** a irmã no crime.

Transitivo indireto (sentido de rivalizar):

» **Ex.**: Joana estava **implicando** com o irmão menor.

→ O verbo ***informar*** é bitransitivo, ou seja, é transitivo direto e indireto. Quem informa, informa:

» Algo a alguém: **Informei** o acontecido para Jonas.

» Alguém de algo: **Informei**-o do acontecido.

» Alguém sobre algo: **Informei**-o sobre o acontecido.

→ **Morar / Residir:** Verbos intransitivos (ou, como preconizam alguns dicionários, transitivo adverbiado), cujos adjuntos adverbiais de lugar são introduzidos pela preposição "em":

» **Ex.**: José **mora** em Alagoas.

» **Ex.**: Há boas pessoas **residindo** em todos os estados do Brasil.

→ **Obedecer:** É um verbo transitivo indireto:

» **Ex.**: Os filhos **obedecem** aos pais.

» **Ex.**: **Obedeça** às leis de trânsito.

Fique Ligado

Embora transitivo indireto, admite forma passiva:

» ***Ex.: Os pais são obedecidos pelos filhos.***

O antônimo "desobedecer" também segue a mesma regra.

→ **Perdoar:** É transitivo direto e indireto, com objeto direto de coisa e indireto de pessoa:

» **Ex.**: Jesus **perdoou** os pecados aos pecadores.

» **Ex.**: **Perdoava**-lhe a desconsideração.

Fique Ligado

Perdoar admite a voz passiva:

» ***Ex.: Os pecadores foram perdoados por Deus.***

→ **Precisar:** É transitivo indireto (complemento regido pela preposição de) no sentido de "necessitar":

» **Ex.**: **Precisaremos** de uma nova Gramática.

→ **Precisar:** É transitivo direto no sentido de indicar com precisão:

» **Ex.**: Magali não soube **precisar** quando o marido voltaria da viagem.

→ **Preferir** É um verbo bitransitivo, ou seja, é transitivo direto e indireto, sempre exigindo a preposição a (preferir alguma coisa a outra):

» **Ex.**: Adelaide **preferiu** o filé ao risoto.

» **Ex.**: **Prefiro** estudar a ficar em casa descansando.

» **Ex.**: **Prefiro** o sacrifício à desistência.

Fique Ligado

É incorreto reforçar o verbo "preferir" ou utilizar a locução "do que".

→ **Proceder:** É intransitivo na acepção de "ter cabimento":

» **Ex.**: Suas críticas são vazias, não **procedem**.

→ **Proceder**: É também intransitivo na acepção de "portar-se":

» **Ex.**: Todas as crianças **procederam** bem ao lavarem as mãos antes do lanche.

→ **Proceder:** No sentido de "ter procedência" é utilizado com a preposição de:

» **Ex.**: Acredito que a dúvida **proceda** do coração dos curiosos.

→ **Proceder**: É transitivo indireto exigindo a preposição a no sentido de "dar início":

» **Ex.**: Os investigadores **procederam** ao inquérito rapidamente.

→ **Querer:** É transitivo direto no sentido de "desejar":

» **Ex.**: Eu **quero** um carro novo.

→ **Querer:** É transitivo indireto (com o complemento de pessoa) no sentido de "ter afeto":

» **Ex.**: **Quero** muito a meus alunos que são dedicados.

→ **Solicitar:** É utilizado, na maior parte dos casos, como transitivo direto e indireto. Nada impede, entretanto, que se construa como transitivo direto:

» **Ex.**: O juiz **solicitou** as provas ao advogado.

» **Ex.**: **Solicito** seus documentos para a investidura no cargo.

→ **Visar:** É transitivo direto na acepção de mirar:

» **Ex**: O atirador **visou** o alvo e disparou um tiro certeiro.

→ **Visar**: É transitivo direto também no sentido de "dar visto", "assinar":

» **Ex.**: O gerente havia **visado** o relatório do estagiário.

→ **Visar:** É transitivo indireto, exigindo a preposição a, na acepção de "ter em vista", "pretender", "almejar":

» **Ex.**: Pedro **visava** ao amor de Mariana.

» **Ex.**: As regras gramaticais **visam** à uniformidade da expressão linguística.

Regência Nominal

Alguns nomes (substantivos, adjetivos e advérbios) são comparáveis aos verbos transitivos indiretos: precisam de um complemento introduzido por uma preposição.

Acompanhemos os principais termos que exigem regência especial.

Substantivo		
Admiração a, por	Devoção a, para, com, por	Medo a, de
Aversão a, para, por	Doutor em	Obediência a
Atentado a, contra	Dúvida acerca de, em, sobre	Ojeriza a, por
Bacharel em	Horror a	Proeminência sobre
Capacidade de, para	Impaciência com	Respeito a, com, para com, por
Exceção a	Excelência em	Exatidão de, em
Dissonância entre	Divergência com, de, em, entre, sobre	Referencia a
Alusão a	Acesso a	Menção a

Adjetivos		
Acessível a	Diferente de	Necessário a
Acostumado a, com	Entendido em	Nocivo a
Afável com, para com	Equivalente a	Paralelo a
Agradável a	Escasso de	Parco em, de
Alheio a, de	Essencial a, para	Passível de
Análogo a	Fácil de	Preferível a
Ansioso de, para, por	Fanático por	Prejudicial a
Apto a, para	Favorável a	Prestes a

Ávido de	Generoso com	Propício a
Benéfico a	Grato a, por	Próximo a
Capaz de, para	Hábil em	Relacionado com
Compatível com	Habituado a	Relativo a
Contemporâneo a, de	Idêntico a	Satisfeito com, de, em, por
Contíguo a	Impróprio para	Semelhante a
Contrário a	Indeciso em	Sensível a
Curioso de, por	Insensível a	Sito em
Descontente com	Liberal com	Suspeito de
Desejoso de	Natural de	Vazio de
Distinto de, em, por	Dissonante a, de, entre	Distante de, para

Advérbios		
Longe de	Perto de	Relativamente a
Contemporaneamente a	Impropriamente a	Contrariamente a

Exercício Comentado

01. ***(CEPERJ)"É forçoso reconhecer que razão assiste ao magistrado."***

A frase acima exemplifica um uso mais formal da língua, escolhido pelo autor deste texto, que foi originalmente publicado em uma seção voltada para questões de Direito e Justiça de um jornal. No contexto da frase, o significado do verbo "assistir" é:

a) Comparecer
b) Acompanhar
c) Faltar
d) Caber
e) Permanecer

RESPOSTA. "D". Como visto no conteúdo deste material, o verbo assistir pode significar "pertencer" ou "ser cabível a", ou seja, aquilo que foi cobrado nesta questão.

É provável que você encontre um grande número de listas com palavras e suas regências, porém a maneira mais eficaz de se descobrir a regência de um termo é fazer uma pergunta para ele e verificar se, na pergunta, há uma preposição. Havendo, descobre-se a regência.

» **Ex.**: A descoberta era **acessível** a todos.

Faz-se a pergunta: algo que é acessível é acessível? (a algo ou a alguém). Descobre-se, assim, a regência de acessível.

Vamos Praticar

01. (FCC) A frase em que a regência está em conformidade com o padrão culto escrito é:

a) Em seu fingimento, só restou de que dissesse ao ex-sócio que sentia saudades dele.

b) Tudo isso considerado, é necessário fazer que ele sinta o peso da responsabilidade.

c) Em atenção por seu talento indiscutível, o pouparam as devidas multas.

d) Passou os documentos a mão do técnico e não os perdeu de vista até ao final da reunião.

e) Inconformado de que eles propalavam injúrias a seu respeito, decidiu denunciá-los.

02. (CESGRANRIO) A frase em que a presença ou ausência da preposição está de acordo com a norma-padrão é:

a) A certeza que a sorte chegará para mim é grande.

b) Preciso de que me arranjem um emprego.

c) Convidei à Maria para vir ao escritório.

d) A necessidade que ele viesse me ajudar me fez chamá-lo.

e) Às dez horas em ponto, estarei à sua casa.

... de modo que ele próprio o anunciou no orçamento de 1925.

03. (FCC) Considerando-se o contexto, o verbo grifado acima está empregado como

a) transitivo indireto pronominal.

b) transitivo indireto.

c) bitransitivo.

d) transitivo direto.

e) intransitivo.

... procurava incorporar à escrita o ritmo da fala...

04. (FCC) O verbo empregado no texto com a mesma regência do grifado acima está em:

a) ... consagrar literariamente o vocabulário usual.

b) ... dar estado de literatura aos fatos da civilização moderna.

c) No Brasil, ele significou principalmente libertação dos modelos acadêmicos...

d) ... que a sua contribuição maior foi a liberdade de criação e expressão.

e) ... os modernistas promoveram uma valorização diferente do léxico...

05. (CESPE) No trecho "essa propensão tenderá à aceleração" o uso do sinal indicativo de crase não é obrigatório, haja vista que o verbo tender, com o sentido empregado no texto, pode ter complementação direta ou indireta, isto é, com ou sem preposição.

Certo ( ) Errado ( )

06. (CESPE) Em "que ele chama ***metafísica dos costumes***", o trecho em itálico, que exerce, na oração, a função de complemento verbal, deveria estar precedido da preposição ***de***.

Certo ( ) Errado ( )

07. (CESPE) A retirada da preposição "de" em "A indicação inicial é a de que, sim, a rede (...)" não implicaria alteração do texto, quer do ponto de vista semântico, quer sintático.

Certo ( ) Errado ( )

Leia o texto:

Ainda que se soubessem todas as palavras de cada figura da Inconfidência, nem assim se poderia fazer com o seu simples registro uma composição da arte. A obra de arte não é feita de tudo — mas apenas de algumas coisas essenciais. A busca desse essencial expressivo é que constitui o trabalho do artista. Ele poderá dizer a mesma verdade do historiador, porém de outra maneira. Seus caminhos são outros, para atingir a comunicação. Há um problema de palavras. Um problema de ritmos. Um problema de composição. Grande parte de tudo isso se realiza, decerto, sem inteira consciência do artista. É a **decorrência** natural da sua constituição, da sua personalidade — por isso, tão difícil se torna quase sempre a um criador explicar a própria criação. No caso, porém, de um poema de mais objetividade, como o Romanceiro, muitas coisas podem ser explicadas, porque foram aprendidas, à proporção que ele se foi compondo.

Digo "que ele se foi compondo" e não "que foi sendo composto", pois, na verdade, uma das coisas que pude observar melhor que nunca, ao realizá-lo, foi a maneira por que um tema encontra sozinho ou sozinho impõe seu ritmo, sua sonoridade, seu desenvolvimento, sua medida. O Romanceiro foi construído tão sem normas preestabelecidas, tão à mercê de sua expressão natural que cada poema procurou a forma **condizente** com sua mensagem. A voz **irreprimível** dos fantasmas, que todos os artistas conhecem, vibra, porém, com certa docilidade, e submete-se à aprovação do poeta, como se realmente, a cada instante, lhe pedisse para ajustar seu timbre à audição do público. Porque há obras que existem apenas para o artista, desinteressadas de transmissão; outras que exigem essa transmissão e esperam que o artista se ponha a seu serviço, para alcançá-la. O Romanceiro é desta segunda espécie. Quatro anos de quase completa solidão — numa renúncia total às mais sedutoras solicitações, entre livros de toda espécie relativos ao especializadamente século ainda pareceram curtos demais para uma obra que se desejava o menos imperfeita possível, porque se impunha, acima de tudo, o respeito por essas vozes que falavam, que se confessavam, que exigiam, quase, o registro da sua história. E era uma história feita de coisas eternas e irredutíveis: de ouro, amor, liberdade, traições... Mas porque esses grandiosos acontecimentos já vinham preparados de tempos mais antigos e foram o desfecho de um passado minuciosamente construído — era preciso iluminar esses caminhos anteriores, seguir o rastro do ouro que vai, a princípio como o fio de um colar, ligando cenas e personagens, até transformar-se em pesada cadeia que prende e imobiliza num destino doloroso.

Cecília Meireles. Como escrevi o Romanceiro da Inconfidência. In: Romanceiro da Inconfidência. 3.ª ed., Rio de Janeiro: Nova Fronteira, 2005, p. XVI-XVII (com adaptações).

08. (CESPE) Os vocábulos "decorrência" (L.13), "condizente" (L.28) e "irreprimível" (L.29) regem termos que lhes complementam, necessariamente, o sentido.

Certo ( ) Errado ( )

09. (CESGRANRIO) Em qual das sentenças abaixo, a regência verbal está em ***DESACORDO*** com a norma-padrão:

a) Esqueci-me dos livros hoje.
b) Sempre devemos aspirar a coisas boas.
c) Sinto que o livro não agradou aos alunos.
d) Ele lembrou os filhos dos anos de tristeza.
e) Fomos no cinema ontem assistir o filme

10. Em relação à regência verbal e nominal, o emprego do pronome relativo, segundo o registro culto e formal da língua, está ***INCORRETO*** em:

a) A conclusão que chegamos é que o fracasso ensina ao homem como recomeçar
b) O barco a cujos tripulantes me referi pode voltar a navegar
c) O ideal por que lutamos norteia nossos projetos.
d) O infortúnio a que está sujeito o empreendedor motiva-o
e) Após o término da pesquisa, informei-lhe que tornasse cuidado para não errar.

Gabarito

01	B	06	ERRADO
02	B	07	ERRADO
03	D	08	ERRADO
04	B	09	E
05	ERRADO	10	A

Anotações

CAPÍTULO 08

Crase

O acento grave é solicitado nas palavras quando há a união da preposição "a" com o artigo (ou a vogal dependendo do caso) feminino "a" ou com os pronomes demonstrativos (aquele, aquela, aquilo e "a").

» **Ex.**: Mário foi **à** festa ontem.

> Tem-se o "a" preposição e o "a" artigo feminino.

Quem vai, vai a algum lugar / festa é palavra feminina, portanto, admite o artigo "a".

» **Ex.**: Chegamos **àquele** assunto (a + aquele).

» **Ex.**: A gravata que eu comprei é semelhante **à** que você comprou (a + a).

Decore os casos em que não ocorre crase, pois a tendência da prova é perguntar se há crase ou não. Sabendo os casos proibitivos, fica muito fácil.

Crase Proibitiva

Não se pode usar acento grave indicativo de crase:

> Antes de palavras masculinas;

» **Ex.**: Fez uma pergunta **a** Mário.

> Antes de palavras de sentido indefinido;

» **Ex.**: Não vai **a** festas, **a** reuniões, **a** lugar algum.

> Antes de verbos;

» **Ex.**: Todos estão dispostos **a** colaborar.

> De pronomes pessoais;

» **Ex.**: Darei um presente **a ela.**

> De nomes de cidade, estado ou país que não utilizam o artigo feminino;

» **Ex.**: Fui **a** Cascavel. / Vou **a** Pequim.

> Da palavra "casa" quando tem significado de próprio lar, ou seja, quando ela aparecer indeterminada na sentença;

» **Ex.**: Voltei a casa, pois precisava comer algo.

Fique Ligado

Quando houver determinação da palavra casa, ocorrerá crase.

» ***Ex.: Voltei à casa de meus pais***

> Da palavra "terra" quando tem sentido de solo;

» **Ex.**: Os tripulantes vieram a terra.

Fique Ligado

A mesma regra da palavra "casa" se aplica à palavra terra.

> De expressões com palavras repetidas;

» **Ex.**: Dia a dia, mano a mano, face a face, cara a cara etc.

> Diante de numerais cardinais referentes a substantivos que não estão determinados pelo artigo:

» **Ex.**: Irei assistir a duas aulas de Língua Portuguesa.

Fique Ligado

No caso de locuções adverbiais que exprimem hora determinada e nos casos em que o numeral estiver precedido de artigo, acentua-se:

» ***Ex.: Chegamos às oito horas da noite.***

» ***Ex.: Assisti às duas sessões de ontem.***

No caso dos numerais, há uma dica para facilitar o entendimento dos casos de crase. Se houver o "a" no singular e a palavra posterior no plural, não ocorrerá o acento grave. Do contrário, ocorrerá.

Crase Obrigatória

> Locução adverbial feminina:

» **Ex.**: À noite, à tarde, às pressas, às vezes, à farta, à vista, à hora certa, à esquerda, à direita, à toa, às sete horas, à custa de, à força de, à espera de, à vontade, à toa.

> Termos femininos ou masculinos com sentido da expressão "à moda de" ou "ao estilo de":

» **Ex.**: Filé à milanesa, servir à francesa, brigar à portuguesa, gol à Pelé, conto à Machado de Assis, discurso à Rui Barbosa etc.

> Locuções conjuntivas proporcionais:

» **Ex.**: À medida que, à proporção que.

> Locuções prepositivas:

» **Ex.**: À procura de, à vista de, à margem de, à beira de, à custa de, à razão de, à mercê de, à maneira de etc.

> Para evitar ambiguidade: receberá o acento o termo afetado pela ação do verbo (objeto direto preposicionado):

» **Ex.**: Derrubou a menina **à panela.**

» **Ex.**: Matou a vaca **à cobra.**

> Diante da palavra distância quando houver determinação da distância em questão:

» **Ex.**: Achava-se **à distância de cem** (ou de alguns) **metros.**

> Antes das formas de tratamento "senhora", "senhorita" e "madame" = não há consenso entre os gramáticos, no entanto, opta-se pelo uso:

» **Ex.**: Enviei lindas flores **à senhorita.**

» **Ex.**: Josias remeteu uma carta **à senhora.**

Crase Facultativa

> Após a preposição até:

» **Ex.**: As crianças foram até **à escola.**

> Antes de pronomes possessivos femininos:

» **Ex.**: Ele fez referência **à nossa causa!**

> Antes de nomes próprios femininos:

» **Ex.**: Mandei um SMS **à Joaquina.**

> Antes da palavra Dona.

» **Ex.**: Remeti uma carta **à Dona Benta.**

Fique Ligado

Não se usa crase antes de nomes históricos ou sagrados:

» *Ex.: O padre fez alusão a Nossa Senhora.*

» *Ex.: Quando o professor fez menção a Joana D'Arc, todos ficaram entusiasmados.*

Exercício Comentado

01. (FCC) Considere:

......angústia de imaginar que o homem pode estar só no universo soma-se a curiosidade humana, que se prende ...... tudo o que é desconhecido, para que não desapareça de todo o interesse por pistas que dariam embasamento...... teses de que haveria vida em outros planetas.

Preenchem corretamente as lacunas da frase acima, na ordem dada:

a) À - a - às

b) A - à - as

c) À - a - as

d) A - a - às

e) À - à - as

RESPOSTA. "A". O primeiro "a" recebe acento, pois há preposição proveniente do verbo "somar" e um artigo anteposto à palavra "angústia". O segundo "a" não recebe acento, porque está diante de um pronome indefinido (o que inviabiliza crase). O terceiro elemento "às" deve receber o acento, pois há a preposição "a" proveniente do verbo "dar" somada ao artigo "as" que define a palavra "teses".

Vamos Praticar

... assim [ele] se via transportado de volta "à glória que foi a Grécia e à grandeza que foi Roma".

01. Ambos os sinais indicativos de crase devem ser mantidos caso o segmento sublinhado seja substituído por:

a) Enaltecia.

b) Louvava.

c) Aludia.

d) Mencionava.

e) Evocava.

A vida urbana ofereceu ...... condições ideais para o surgimento do detetive particular, personagem dedicado ...... elucidação dos mais variados mistérios, propenso ...... investigar delitos de todos os tipos.

02. Preenchem corretamente as lacunas da frase acima, na ordem dada:

a) as - à - a

b) às - a - à

c) as - a - à

d) as - à - à

e) às - à - a

03. A pesquisa, feita em terras destinadas ...... agricultura, teve por objetivo estudar ...... áreas que permitissem condições favoráveis de sobrevivência ...... aves.

a) à - às - as

b) à - as - as

c) à - as - às

d) a - as - as

e) a - às - às

... e chegou à conclusão de que o funcionário passou o dia inteiro tomando café.

04. Do mesmo modo que se justifica o sinal indicativo de crase em destaque na frase acima, está correto o seu emprego em:

a) E chegou à uma conclusão totalmente inesperada.

b) E chegou então à tirar conclusões precipitadas.

c) E chegou à tempo de ouvir as conclusões finais.

d) E chegou finalmente à inevitável conclusão.

e) E chegou à conclusões as mais disparatadas.

Com relação a aspectos linguísticos do texto, julgue o item que se segue.

05. No trecho "Exceção a essa regra", é opcional o emprego do sinal indicativo de crase no "a".

Certo ( ) Errado ( )

...os modernistas promoveram uma valorização diferente do léxico, paralela à renovação dos assuntos.

06. O sinal indicativo de crase presente na frase acima deve ser mantido em caso de substituição do segmento grifado por:

a) Muita inovação no repertório.

b) Uma grande reformulação dos temas.

c) Toda sorte de revigoramento do repertório.

d) Profundas mudanças temáticas.

e) Inevitável transformação temática.

A fidelidade ...... música e ...... fala do povo permitiram ...... Adoniran exprimir a sua cidade de modo completo e perfeito.

Antonio Cândido. Op. cit.

07. Preenchem corretamente as lacunas da frase acima, na ordem dada:

a) a - a - à

b) a - à - à

c) à - à - a

d) à - a - a

e) a - à - a

Não deixa de ser paradoxal o fato de o crescimento da descrença, que parecia levar ...... uma ampliação da liberdade, ter dado lugar ...... escalada do fundamentalismo religioso, ... que se associam manifestações profundamente reacionárias.

08. Preenchem corretamente as lacunas da frase acima, na ordem dada:

a) a - à - a

b) à - a - a

c) a - a - à

d) à - à - a

e) a - à - à

09. Em "Bem-vindos à Feira de Caruaru", a crase é obrigatória. Em qual das alternativas abaixo, o uso da crase É FACULTATIVO?

a) A Feira de Caruaru é atração devido à grande diversidade lá existente.

b) Na Feira de Caruaru, tudo está à venda.

c) Em feiras, como a de Caruaru, vendem-se coisas às pessoas de diferentes classes sociais

d) Nas cidades de pequeno comércio, há mais pagamentos à vista.

e) Todos os dias, os comerciantes da Feira de Caruaru permanecem até às 18h.

A parcela da população mundial que ascendeu ...... classe média nos últimos vinte anos passou ...... consumir mais, ... um ritmo acelerado, o que põe em risco a sustentabilidade do planeta.

10. As lacunas da frase acima estarão corretamente preenchidas, respectivamente, por:

a) à - a - a
b) à - à - a
c) à - a - à
d) a - a - à
e) a - a - a

11. Assinale a opção em que o espaço deve ser preenchido com À (preposição e pronome), como destacado em "(...) uma média semelhante À de um casal de classe média (...)".

a) ___ medida que caminhava, recordava-se da terra natal
b) Esta cena corresponde ___ que presenciei ontem.
c) Aproveite ___ oferta e se contente com a cor do tecido.
d) Referia-se, com certeza, ___ terra de seus pais.
e) Obedeceu ___ ordem dada, sem reclamar.

12. Assinale a alternativa em que o uso do acento grave é obrigatório.

a) Ficou a olhar para os peixes sobre a pia.
b) Abriu a torneira para ver o que acontecia.
c) Ela está lá do jeitinho que a deixei.
d) Juro; pode ir a cozinha ver os peixes.
e) Podia dar alguma coisa a ele.

... levava à crença na contínua evolução da sociedade ...

13. O emprego do sinal de crase, exemplificado acima, estará correto, unicamente, em:

a) Aludir à felicidade geral.
b) Buscar à felicidade.
c) Propor à toda a população
d) Impor à esse grupo.
e) Discutir à obrigatoriedade da lei.

14. Em "direito à alimentação", o uso de sinal indicativo de crase é um recurso imprescindível para a compreensão do texto.

Certo ( ) Errado ( )

Leia o texto :

A preocupação com a herança que deixaremos as (1) gerações futuras está cada vez mais em voga. Ao longo da nossa história, crescemos em número e modificamos quase todo o planeta. Graças aos avanços científicos, tomamos consciência de que nossa sobrevivência na Terra está fortemente ligada a (2) sobrevivência das outras espécies e que nossos atos, relacionados a (3) alterações no planeta, podem colocar em risco nossa própria sobrevivência. Contudo, aliado ao desenvolvimento científico, temos o crescimento econômico que nem sempre esteve preocupado com questões ambientais. O que se almeja é o desenvolvimento sustentável, que é aquele viável economicamente, justo socialmente e correto ambientalmente, levando em consideração não só as (4) nossas necessidades atuais, mas também as (5) das gerações futuras, tanto nas comunidades em que vivemos quanto no planeta como um todo.

(Adaptado de A. P. FOLTZ, A Crise Ambiental e o Desenvolvimento Sustentável: o crescimento econômico e o meio ambiente. Disponível em http://www.iuspedia.com.br.22 jan. 2008)

15. Para que o texto acima respeite as regras gramaticais do padrão culto da Língua Portuguesa, é obrigatória a inserção do sinal indicativo de crase em:

a) 1, 2 e 3.
b) 1 e 2.
c) 1, 3 e 5.
d) 2 e 4.
e) 3, 4 e 5.

Institucionalizada ___ partir das lutas antiabsolutistas, no século 18, e da expansão dos movimentos constitucionalistas, no século 19, ___ democracia representativa foi consolidada ao longo de um processo histórico marcado pelo reconhecimento de três gerações de direitos humanos: os relativos ___ cidadania civil e política, os relativos ___ cidadania social e econômica e os relativos ___ cidadania "pós-material", que se caracterizam pelo direito ___ qualidade de vida, ___ um meio ambiente saudável, ___ tutela dos interesses difusos e ao reconhecimento da diferença e da subjetividade.

(Baseado em Mário Antônio Lobato de Paiva em www.ambitojurídico.com.br)

16. Marque o item que preenche de forma correta as lacunas do texto seguinte:

a) a, à, à, a, à, à, a, a.
b) a, a, à, à, à, à, a, à.
c) à, a, a, à, à, a, a, à.
d) à, a, a, à, à, à, a, à.
e) a, à, à, a, à, à, a, à.

"O movimento altermundialista deverá também responder à nova situação mundial nascida da crise escancarada da fase neoliberal da globalização capitalista."

17. No trecho acima, empregou-se corretamente o acento grave indicativo de crase. Assinale a alternativa em que isso não tenha ocorrido.

a) Eles visaram à premiação no concurso.
b) Sempre nos referimos à Florianópolis dos açorianos.
c) Nossos cursos vão de 8h às 18h.
d) A solução foi sair à francesa.
e) Fizemos uma longa visita à casa nova dos nossos amigos.

18. Os trechos abaixo compõem, sequencialmente, um texto adaptado do Editorial do jornal Zero Hora (RS) de 18/01/2010. Assinale a opção que está gramaticalmente correta quanto à ausência ou à presença do acento grave indicativo de crase.

a) O novo estímulo aos usineiros, também com pesado suporte de subsídios, levou à indústria automobilística a investir na produção não mais de carros movidos a álcool, mas de veículos flex, que permitem o uso dos dois combustíveis. No ano passado, as vendas de carros flex cresceram 14% em relação a 2008.
b) Apresentado nos anos 70 como opção à crise do petróleo, sob forte apoio governamental, o álcool perdeu relevância nas décadas de 80 e 90. A produção foi retomada e intensificada nos últimos anos, com a explosão nos preços internacionais dos derivados da energia fóssil.
c) As montadoras aplicaram recursos no desenvolvimento de tecnologias, e o consumidor se dispôs a pagar mais por veículos mais modernos. Ambos apostaram nas vantagens de um combustível que,

além de reduzir à dependência da gasolina e do diesel, apresentava ainda as virtudes do ecologicamente correto, por ser menos poluente e renovável.

d) A partir do ano passado, com a queda nos preços do petróleo, outros fatores de mercado conspiraram contra o álcool, como a quebra na produção da cana e o aumento dos preços do açúcar. Mesmo que o álcool se submeta à oscilações de cotações, como qualquer outro produto, o que não se pode admitir é que essas variações façam com que a oferta do produto seja imprevisível e instável.

e) A sazonalidade e outras questões envolvidas não são suficientes para explicar a ausência de uma política que assegure, à fabricantes e consumidores, a certeza de que investiram em uma opção de combustível tratada com a seriedade que merece.

19. Assinale a alternativa em que o acento indicativo de crase está corretamente empregado.

a) O memorando refere-se à documentos enviados na semana passada.

b) Dirijo-me à Vossa Senhoria para solicitar uma audiência urgente.

c) Prefiro montar uma equipe de novatos à trabalhar com pessoas já desestimuladas.

d) O antropólogo falará apenas àquele aluno cujo nome consta na lista.

e) Quanto à meus funcionários, afirmo que têm horário flexível e são responsáveis.

20. O acento indicativo de crase foi corretamente empregado apenas em:

a) O cidadão não atende à apelos sem fundamento.

b) No artigo, o autor citou à necessária reforma do Estado.

c) Convencemos à todos da necessidade de um pacto social.

d) O debatedor não se rendeu àqueles discursos demagógicos.

e) Os governantes dispuseram-se à colaborar.

Gabarito

01	C	11	B
02	A	12	D
03	C	13	A
04	D	14	ERRADO
05	ERRADO	15	B
06	E	16	B
07	C	17	C
08	A	18	B
09	E	19	D
10	A	20	D

Anotações

CAPÍTULO 09

Pontuação

A pontuação assinala a melodia de nossa fala, ou seja, as pausas, a ênfase etc.

Principais Sinais e Usos

Vírgula

É o sinal mais importante para concurso público.

Usa-se a vírgula para:

→ Separar termos que possuem mesma função sintática no período:
  » **Ex.**: **José**, **Maria**, **Antônio** e **Joana** foram ao mercado. (função de núcleo do sujeito)

→ Isolar o vocativo:
  » **Ex.**: Então, **minha cara**, não há mais o que se dizer!

→ Isolar um aposto explicativo (cuidado com essa regra, veja que não há verbo no aposto explicativo):
  » **Ex.**: O João, **ex-integrante da comissão**, veio fazer parte da reunião.

→ Isolar termos antecipados, como: complemento, adjunto ou predicativo:
  » **Ex.**: **Na semana passada**, comemos camarão no restaurante português. (antecipação de adjunto adverbial)

→ Separar expressões explicativas, conjunções e conectivos:
  » **Ex.**: isto é, ou seja, por exemplo, além disso, pois, porém, mas, no entanto, assim etc.

→ Separar os nomes dos locais de datas:
  » **Ex.**: **Cascavel**, 02 de maio de 2012.

→ Isolar orações adjetivas explicativas (pronome relativo + verbo + vírgula):
  » **Ex.**: O Brasil, **que é um belíssimo país**, possui ótimas praias.

→ Separar termos de uma enumeração:
  » **Ex.**: Vá ao mercado e traga **cebola**, **alho**, **sal**, **pimenta e coentro**.

→ Separar orações coordenadas:
  » **Ex.**: Esforçou-se muito, **mas não venceu o desafio**. (oração coordenada sindética adversativa)
  » **Ex.**: Roubou todo o dinheiro, **e ainda apareceu na casa.** (oração coordenada sindética aditiva).

Fique Ligado

A vírgula pode ser utilizada antes da conjunção aditiva "e" caso se queira enfatizar a oração por ela introduzida.

→ Omitir um termo, elipse (no caso da elipse verbal, chamaremos "zeugma"):
  » **Ex.**: De dia era um anjo, de noite um **demônio**. (omissão do verbo "ser")

→ Separar termos de natureza adverbial deslocado dentro da sentença:
  » **Ex.**: **Na semana passada**, trinta alunos foram aprovados no concurso. (locução adverbial temporal)
  » **Ex.**: **Se estudar muito**, você será aprovado no concurso. (oração subordinada adverbial condicional)

Ponto final

Usa-se o ponto final:

→ Ao final de frases para indicar uma pausa total; é o que marca o fim de um período:
  » **Ex.**: Depois de passar no concurso, comprarei um carro.

→ Em abreviaturas:
  » **Ex.**: Sr., a. C., Ltda., num., adj., obs., máx., *bat.*, *brit. etc.*

Ponto e vírgula

Usam-se ponto e vírgula para:

→ Separar itens que aparecem enumerados:
  » **Ex.**: Uma boa dissertação apresenta:
  » Coesão;
  » Coerência;
  » Progressão lógica;
  » Riqueza lexical;
  » Concisão;
  » Objetividade;
  » Aprofundamento.

→ Separar um período que já se encontra dividido por vírgulas:
  » **Ex.**: Não gostava de trabalhar; queria, no entanto, muito dinheiro no bolso.

Exercício Comentado

01. ***(VUNESP) Assinale a frase correta quanto à pontuação.***

a) ***Serviço de Proteção ao Crédito reúne, empresas para aliviar dívidas dos consumidores.***

b) ***Corinthians enfrenta, desespero do Vitória para ampliar liderança.***

c) ***Recorde de passageiros brasileiros traz, trens europeus ao país.***

d) ***Novo "Harry Potter" arrecada, US$ 24 mi na sessão da meia-noite.***

e) ***Sotaque caipira saiu da capital paulista, diz estudo.***

RESPOSTA. ***"A". Há uma vírgula entre o verbo "reunir" e seu objeto "empresas".***

RESPOSTA. ***"B". Há uma vírgula entre o verbo "enfrentar" e o objeto "desespero".***

RESPOSTA. ***"C". Há uma vírgula entre o verbo "trazer" e o objeto "trens".***

RESPOSTA. ***"D". Há uma vírgula entre o verbo "arrecadar" e o objeto "US$ 24 mi".***

RESPOSTA. ***"E". A vírgula foi corretamente empregada para separar um comentário na frase.***

→ Separar partes do texto que se equilibram em importância:
  » **Ex.**: Os pobres dão pelo pão o trabalho; os ricos dão pelo pão a fazenda; os de espíritos generosos dão pelo pão a vida; os de nenhum espírito dão pelo pão a alma.(Vieira).
  » **Ex.**: O capitalismo é a exploração do homem pelo homem; o socialismo é exatamente o contrário.

Dois Pontos

São usados dois pontos quando:

→ Se vai fazer uma citação ou introduzir uma fala:

» **Ex.**: José respondeu:
- Não, muito obrigado!

→ Se quer indicar uma enumeração:
» **Ex.**: Quero apenas uma coisa: que vocês sejam aprovados no concurso!

Aspas

São usadas aspas para indicar:

→ Citação presente no texto:
» **Ex.**: "Há distinção entre categorias do pensamento" - disse o filósofo.

→ Expressões estrangeiras, neologismos, gírias:
» **Ex.**: Na parede, haviam pintado a palavra "love". (expressão estrangeira)
» **Ex.**: Ficava "bailarinando", como diria Guimarães. (neologismo)
» **Ex.**: "Velho", esconde o "cano" aí e "deixa baixo". (gíria)

Reticências

São usadas para indicar supressão de um trecho, interrupção na fala, ou dar ideia de continuidade ao que se estava falando:

» **Ex.**: (...) Profundissimamente hipocondríaco
Este ambiente me causa repugnância
Sobe-me à boca uma ânsia análoga à ânsia
Que se escapa pela boca de um cardíaco(...)
» **Ex.**: Eu estava andando pela rua quando...
» **Ex.**: Eu gostei da nova casa, mas da garagem...

Parênteses

São usados quando se quer explicar melhor algo que foi dito ou para fazer simples indicações:

» **Ex.**: Foi o homem que cometeu o crime (o assassinato do irmão).

Travessão

→ Indica a fala de um personagem:
» **Ex.**: Ademar falou:
- Amigo, preciso contar algo para você.

→ Isola um comentário no texto:
» **Ex.**: O estudo bem realizado - **diga-se de passagem, que quase ninguém faz** - é o primeiro passo para a aprovação.

→ Isola um aposto na sentença:
» **Ex.**: A Semântica – **estudo sobre as relações de sentido** - é importantíssima para o entendimento da Língua.

→ Reforçar a parte final de um enunciado:
» **Ex.**: Para passar no concurso, é preciso estudar muito — **muito mesmo.**

Fique Ligado

Trocas

A Banca, eventualmente, costuma perguntar sobre a possibilidade de troca de termos, portanto, atenção!

» ***Vírgulas, travessões e parênteses, quando isolarem um aposto, podem ser trocadas sem prejuízo para a sentença;***
» ***Travessões podem ser trocados por dois pontos, a fim de enfatizar um enunciado.***

Regra de ouro

Na ordem natural de uma sentença, é proibido:

→ ***Separar Sujeito e Predicado com vírgulas:***
» ***Ex.: Aqueles maravilhosos velhos ensinamentos de meu pai foram de grande utilidade. (certo)***
Aqueles maravilhosos velhos ensinamentos de meu pai, foram de grande utilidade. (errado)

→ ***Separar Verbo de Objeto:***
» ***Ex.: O presidente do maravilhoso país chamado Brasil assinou uma lei importante. (certo)***
O presidente do maravilhoso país chamado Brasil assinou, uma lei importante. (errado)

Vamos Praticar

Leia o trecho:

É uma pena que haja tamanha displicência em relação ao seu uso. Poucos se dão conta de que ela é a chave que abre as portas mais emperradas, que ela facilita negociações, encurta caminhos, cria laços, aproxima as pessoas. Tanta gente nasce e morre sem dialogar com a vida. Contam coisas, falam por falar, mas não conversam, não usam a palavra como elemento de troca. Encantam-se pelo som da própria voz e, nessa onda narcísica, qualquer palavra lhes serve.

Mas não. Não serve qualquer uma.

01. (CESGRANRIO) O trecho "Mas não. Não serve qualquer uma." pode ter sua pontuação alterada, sem modificar-lhe o sentido original, em:

a) Mas não: não serve qualquer uma.
b) Mas, não; não, serve qualquer uma.
c) Mas não; não serve, qualquer uma.
d) Mas: não, não. Serve qualquer uma.
e) Mas não - não; serve qualquer uma.

02. (CESGRANRIO) Atente para as afirmações abaixo sobre a pontuação empregada em segmentos transcritos do texto.

I. Eis aí duas culturas, a grega e a romana, que na Antiguidade se reuniram para criar uma civilização comum... **A substituição das vírgulas por travessões redundaria em prejuízo para a correção e a lógica.**
II. Se Grécia e Roma foram, para Poe, uma espécie de casa... **A retirada simultânea das vírgulas não implicaria prejuízo para a correção e a lógica.**
III. ... a primeira, em suma, a tornar-se letrada no pleno sentido deste termo, e a transmitir-nos o seu conhecimento letrado. **A vírgula colocada imediatamente depois de termo é facultativa.**

Está correto o que consta APENAS em:

a) I.
b) I e II.
c) I e III.
d) II e III.
e) III.

03. (CESGRANRIO) O uso de sinais (aspas e travessão) está adequado à norma-padrão, que deve ser observada em uma correspondência oficial, na seguinte frase:

a) O artigo sobre o "processo de desregulamentação" foi publicado na Folha de São Paulo.

b) As chuvas de verão — fenômenos que se repetem desde há muito tempo podem ser previstas.

c) "Mutatis mutandis", as novas diretrizes da direção em nada alteram as antigas.

d) O cuidado com a saúde — meta prioritária do governo, será ainda maior.

e) — O diretor disse: Demita-se o funcionário.

A pesquisa também chama a atenção para o novo Código Florestal, que prevê a redução de algumas áreas - ***hoje legalmente protegidas, como matas ciliares e topos de morros*** -, para serem utilizadas para a agropecuária. "Ficamos receosos de que as mudanças nas áreas protegidas possam ser terríveis para as aves e para outros animais, que vão perder ambientes naturais. E aquelas que não conseguem sobreviver nas plantações tendem a se tornar raras ou até mesmo a desaparecer", prevê o professor.

04. (FCC) O segmento isolado pelos travessões, constitui:

a) Repetição desnecessária de uma mesma informação.

b) Introdução de um novo assunto no texto

c) Transcrição exata das palavras do pesquisador.

d) Determinação de uma área a ser explorada.

e) Informação com exemplos esclarecedores.

Na escala de valores, popular, mais que um adjetivo, era um estigma. Daí o escândalo do sarau de d. Nair de Tefé. Primeira-dama, ela própria artista, afrontou a conspícua Velha República.

05. (FCC) Mantendo-se, em linhas gerais, o sentido original, uma redação alternativa para as frases acima, em que se respeitam as regras de pontuação, é:

a) Popular, era na escala de valores mais que um adjetivo, um estigma. Daí o escândalo do sarau da primeira-dama, d. Nair de Tefé, ela própria artista, que, afrontou a conspícua Velha República.

b) Popular era, na escala de valores, mais que um adjetivo, um estigma. Daí o escândalo do sarau da primeira-dama, d. Nair de Tefé, ela própria artista, que afrontou a conspícua Velha República.

c) Popular, era na escala de valores mais que um adjetivo: um estigma. Daí o escândalo do sarau da primeira-dama, d. Nair de Tefé ela própria artista, que afrontou a conspícua, Velha República.

d) Popular era, na escala de valores, mais que um adjetivo, um estigma, daí o escândalo do sarau da primeira-dama d. Nair de Tefé ela própria, artista que afrontou a conspícua Velha República.

e) Popular era, na escala de valores, mais que um adjetivo um estigma; daí o escândalo do sarau, da primeira-dama d. Nair de Tefé, ela própria, artista que afrontou, a conspícua Velha República.

06. (FCC) Está plenamente correta a pontuação do seguinte período:

a) Confessando não sem ironia, que entende de arquitetura, o cronista Rubem Braga, mestre do gênero propõe uma receita de casa, em que o porão, área frequentemente desprezada, ganha ares de profundidade e mistério.

b) Confessando, não sem ironia, que entende de arquitetura o cronista, Rubem Braga, mestre do gênero, propõe uma receita de casa, em que, o porão, área frequentemente desprezada, ganha ares de profundidade e mistério.

c) Confessando não sem ironia que entende de arquitetura, o cronista Rubem Braga, mestre do gênero, propõe: uma receita de casa em que, o porão área frequentemente desprezada, ganha ares de profundidade, e mistério.

d) Confessando, não sem ironia que, entende de arquitetura, o cronista Rubem Braga – mestre do gênero – propõe uma receita, de casa, em que o porão (área frequentemente desprezada), ganha ares de profundidade e mistério.

e) Confessando, não sem ironia, que entende de arquitetura, o cronista Rubem Braga, mestre do gênero, propõe uma receita de casa em que o porão, área frequentemente desprezada, ganha ares de profundidade e mistério.

Leia o Texto:

Por mais que tudo isso venha desaparecendo dos nossos olhos e se dissolvendo em passado, em antiguidade, em raridade de museu, continua a ser parte do espírito do Rio de Janeiro. Pois as cidades são como as pessoas, em cujo espírito nada do que se passou deixa inteiramente de ser. O Rio descaracterizado de hoje guarda no seu íntimo para os que, como Gastão Cruls, sabem vê-lo histórica e sentimentalmente, uma riqueza de característicos irredutíveis ou indestrutíveis, que as páginas de Aparência do Rio de Janeiro nos fazem ver ou sentir. E este é o maior encanto do guia da cidade que o autor de A Amazônia que eu vi acaba de **escrever: dar-nos**, através da aparência do Rio de Janeiro, traços essenciais do passado e do caráter da gente carioca. Comunicar-nos do Rio de Janeiro que Gastão Cruls conhece desde seus dias de menino de morro ilustre – menino nascido à sombra do Observatório – alguma coisa de essencial. Alguma coisa do que a cidade parece ter de eterno e que vem de certa harmonia misteriosa a que tendem o branco, o preto, o roxo e o moreno – principalmente o moreno – da cor da pele dos seus homens e das suas mulheres, com o azul e o verde quente de suas águas e de suas matas.

07. (FCC - adaptada) Os dois-pontos que aparecem no trecho destacado denotam:

a) Inclusão de segmento especificativo.

b) Interrupção intencional do fluxo expositivo.

c) Intercalação de ideia isolada no contexto.

d) Constatação de fatos pertinentes ao assunto.

e) Enumeração de elementos da cidade e do povo.

Leia o texto:

O levantamento concluído pelo Instituto Médico Legal (IML) aponta, após a implantação da Lei de Embriaguez ao Volante, uma redução de 63% nas mortes ocasionadas por acidente de trânsito em São Paulo. No levantamento realizado pelo IML, são comparadas as três primeiras semanas de junho, período que antecedeu a chamada Lei Seca, com as três semanas posteriores. Na primeira fase, a média é de 11,7 mortos na quinta, sexta, sábado e domingo de cada semana. Depois da implantação da Lei Seca, a média cai para 4,3 mortos em acidentes de trânsito. A pesquisa foi feita nesses quatro dias de cada semana, pois é o período em que é mais frequente a associação de álcool e direção com o aumento do número de acidentes registrados.

Internet: <www.detran.sp.gov.br>

08. (CESPE) O emprego de vírgulas após as palavras "aponta" (L. 2) e "Volante" (L. 3) indica que o adjunto adverbial de tempo está deslocado na oração.

Certo ( ) Errado ( )

09. (CESPE) Após a palavra "trânsito" (L. 4), não se emprega vírgula porque o adjunto adverbial de lugar está em sua posição lógica na oração.

Certo ( ) Errado ( )

10. (CESPE) O emprego de vírgula após "junho" (L. 7) e "Lei Seca"(L. 7) justifica-se porque isola oração subordinada adjetiva restritiva.

Certo ( ) Errado ( )

Gabarito

01	A	06	E
02	D	07	A
03	C	08	CERTO
04	E	09	CERTO
05	B	10	ERRADO

Anotações

Língua Portuguesa

CAPÍTULO 10

Ortografia

A ortografia é a parte da Gramática que estuda a escrita correta das palavras. O próprio nome da disciplina já designa tal função. É oriunda das palavras gregas ***ortho*** que significa "correto" e ***graphos*** que significa "escrita". Neste capítulo, vamos estudar alguns aspectos da correta grafia das palavras: o emprego de algumas letras que apresentam dificuldade para os falantes do Português.

Atualmente, há um confusão a respeito do sistema ortográfico vigente. O último sistema foi elaborado em 1990, com base em um sistema de 1986, e será implantado em todos os países de língua lusófona. No Brasil, a adesão ao acordo se deu em 2009 e, como leva 4 anos para ser implantado, teríamos dois sistemas oficiais até 31 de dezembro de 2013. Bem, seria isso, se não houvesse a prorrogação do prazo até o ano de 2016. A partir de então, vale apenas o Novo Acordo Ortográfico.

Por certo, dúvidas pairam pela cabeça do aluno: que sistema devo usar? Qual sistema devo aprender? O melhor é estudar o sistema antigo, aprendendo quais foram as atualizações, assim, garante-se que não errará pela novidade ou pela tradição. A banca deve avisar no edital do concurso ou no comando da questão qual sistema ortográfico está levando em consideração. Como as maiores alterações estão no terreno de acentuação e emprego do hífen (para o Português falado no Brasil, evidentemente), não teremos grandes surpresas neste capítulo. Vamos ao trabalho.

O Alfabeto

As letras K, W e Y foram inseridas no alfabeto devido a uma grande quantidade de palavras que são grafadas com tais letras e não podem mais figurar como termos exóticos em relação ao português. Eis alguns exemplos de seu emprego:

a) Em abreviaturas e em símbolos de uso internacional:
   » ***Ex.*: Kg** - quilograma / **w** - watt /

b) Em palavras estrangeiras de uso internacional, nomes próprios estrangeiros e seus derivados:
   » **Ex.**: Kremlin, Kepler, Darwin, Byron, byroniano.

O alfabeto, também conhecido como abecedário, é formado (a partir do novo acordo ortográfico) por 26 letras.

Forma Maiúscula		Forma Minúscula	
A	B	a	b
C	D	c	d
E	F	e	f
G	H	g	h
I	J	i	j
K	L	k	l
M	N	m	n
O	P	o	p
Q	R	q	r
S	T	s	t
U	V	u	v
W	X	w	x
Y	Z	y	z

O emprego da letra "H"

A letra H demanda um pouco de atenção. Apesar de não possui verdadeiramente sonoridade, utilizamo-la, ainda, por convenção histórica. Seu emprego, basicamente, está relacionado às seguintes regras:

No início de algumas palavras, por sua origem:
   » **Ex.**: Hoje, hodierno, haver, Helena, helênico.

a) No fim de algumas interjeições:
   » **Ex.**: Ah! Oh! Ih! Uh!

b) No interior de palavra compostas que preservam o hífen, nas quais o segundo elemento se liga ao primeiro:
   » **Ex.**: Super-homem, pré-história, sobre-humano.

c) Nos dígrafos NH, LH e CH:
   » **Ex.**: Tainha, lhama, chuveiro.

O emprego de "E" e "I"

Existe uma curiosidade a respeito do emprego dessas letras nas palavras que escrevemos: o fato de o "e", no final da palavra, ser pronunciado como uma semivogal faz com que muitos falantes sintam aquela vontade de grafar a palavra com "i". Bem, veremos quais são os principais aspectos do emprego dessas letras.

Escreveremos com "e"

a) Palavras formadas com o prefixo ante- (que significa antes, anterior):
   » **Ex.**: Antebraço, antevéspera, antecipar, antediluviano etc.

b) A sílaba final de formas conjugadas dos verbos terminados em –OAR e –UAR (quando estiverem no subjuntivo):
   » Abençoe (abençoar)
   » Continue (continuar)
   » Pontue (pontuar)

c) Algumas palavras, por sua origem: arrepiar, cadeado, creolina, desperdiçar, desperdício, destilar, disenteria, empecilho, indígena, irrequieto, mexerico, mimeógrafo, orquídea, quase, sequer, seringa, umedecer etc.

Escreveremos com "i"

a) Palavras formadas com o prefixo anti- (que significa contra):
   » **Ex.**: Antiaéreo, anticristo, antitetânico, anti-inflamatório.

b) A sílaba final de formas conjugadas dos verbos terminados em –AIR, -OER e –UIR:
   » Cai (cair)
   » Sai (sair)
   » Diminui (diminuir)
   » Dói (doer)

a) Os ditongos AI, OI, ÓI, UI:
   » Pai
   » Foi
   » Herói
   » Influi.

b) As seguintes palavras: aborígine, chefiar, crânio, criar, digladiar, displicência, escárnio, implicante, impertinente, impedimento, inigualável, lampião, pátio, penicilina, privilégio, requisito etc.

Vejamos alguns casos em que o emprego das letras "E" e "I" pode causar uma alteração semântica:

Escrito com "e"
Arrear = pôr arreios
Área = extensão de terra, local
Delatar = denunciar
Descrição = ação de descrever
Descriminação = absolver
Emergir = vir à tona
Emigrar = sair do país ou do local de origem
Eminente = importante

Escrito com "i"
Arriar = abaixar, desistir
Ária = peça musical
Dilatar = alargar, aumentar
Discrição = qualidade do discreto
Discriminar = separar, estabelecer diferença
Imergir = mergulhar
Imigrar = entrar em um país estrangeiro
Iminente = próximo, prestes e ocorre

Fique Ligado

O Novo Acordo Ortográfico explica que, agora, escreve-se com "i" antes de sílaba tônica. Veja alguns exemplos: acriano (admite-se, por ora, acreano), rosiano (de Guimarães Rosa), camoniano, nietzschiano (de Nietzsche) etc.

O emprego de O e U

Vejamos como empregar essas letras, a fim de que não mais possamos errar.

Apenas por exceção, palavras em Português com sílabas finais átonas (fracas) terminam por us; o comum é que se escreva com o ou os. Veja os exemplos: carro, aluno, abandono, abono, chimango etc.

» Exemplos das exceções a que aludimos: bônus, vírus, ônibus etc.

Em palavras proparoxítonas ou paroxítonas com terminação em ditongo, são comuns as terminações –UA, -ULA, -ULO:

» **Ex.**: Táb**ua**, ráb**ula**, cráp**ula**, coág**ulo**.

As terminações –**AO, -OLA, -OLO** só aparecem em algumas palavras: mág**oa**, név**oa**, nód**oa**, agríc**ola**[1], viníc**ola**, varí**ola** etc.

Fique de olho na grafia destes termos:

a) Com a letra **O**: abolir, boate, botequim, bússola, costume, engolir, goela, moela, moleque, mosquito etc.

b) Com a letra **U**: bulício, buliçoso, bulir, camundongo, curtume, cutucar, jabuti, jabuticaba, rebuliço, urtiga, urticante etc.

O emprego de G e J

Essas letras, por apresentarem o mesmo som eventualmente, costumam causar problemas de ortografia. Vamos tentar facilitar o trabalho: a letra "g" só apresenta o som de "j" diante das letras "e" e "i": gesso, gelo, agitar, agitador, agir, gíria.

1 Em razão da construção íncola (quem vive, habitante), por isso, silvícola, terrícola etc.

Escreveremos com "G"

Palavras terminadas em - **AGEM, -IGEM, -UGEM**:

» **Ex.**: Garagem, vertigem, rabugem, ferrugem, fuligem etc.

Exceções: pajem, lambujem (doce ou gorjeta), lajem (pedra da sepultura).

As palavras terminadas em –**ÁGIO, ÉGIO, ÍGIO, ÓGIO, ÚGIO**:

» **Ex.**: Contágio, régio, prodígio, relógio, refúgio.

As palavras derivadas de outras que já possuem a letra "g".

» ***Viagem*** -> viageiro

» ***Ferrugem*** -> ferrugento

» ***Vertigem*** -> vertiginoso

» ***Regime*** -> regimental

» ***Selvagem*** -> selvageria

» ***Regional*** -> regionalismo

Em geral, após a letra "r"

» **Ex.**: Aspergir, divergir, submergir, imergir etc.

As palavras:

» De origem latina: agir, gente, proteger, surgir, gengiva, gesto etc.

» De origem árabe: álgebra, algema, ginete, girafa, giz etc.

» De origem francesa: estrangeiro, agiotagem, geleia, sargento etc.

» De origem italiana: gelosia, ágio etc.

» Do castelhano: gitano.

» Do inglês: gim.

Escreveremos com "J"

Os verbos terminados em –**JAR** ou –**JEAR** e suas formas conjugadas:

Gorjear: gorjeia (lembre-se das "aves"), gorjeiam, gorjearão.

Viajar: viajei, viaje, viajemos, viajante.

Fique Ligado

Cuidado para não confundir os termos viagem (substantivo) com viajem (verbo "viajar"). Vejamos o emprego.

» ***Ele fez uma bela viagem.***

» ***Tomara que eles viajem amanhã.***

Palavras derivadas de outras terminadas em –**JA**.

> ***Granja:*** granjeiro, granjear.

> ***Loja:*** lojista, lojinha.

> ***Laranja:*** laranjal, laranjeira.

> ***Lisonja:*** lisonjeiro, lisonjeador.

> ***Sarja:*** sarjeta.

Palavras cognatas (raiz em comum) ou derivadas de outras que possuem o "j".

> ***Laje:*** lajense, lajedo.

> ***Nojo:*** nojento, nojeira.

> ***Jeito:*** jeitoso, ajeitar, desajeitado.

Nas palavras: conjetura, ejetar, injeção, interjeição, objeção, objeto, objetivo, projeção, projeto, rejeição, sujeitar, sujeito, trajeto, trajetória, trejeito.

Palavras de origem ameríndia (geralmente tupi--guarani) ou africana: canjerê, canjica, jenipapo, jequitibá, jerimum, jia, jiboia, jiló, jirau, Moji, pajé, pajéu.

Nas palavras: berinjela, cafajeste, jeca, jegue, Jeremias, jerico, jérsei, majestade, manjedoura, ojeriza, pegajento, rijeza, sujeira, traje, ultraje, varejista.

Orientações sobre a grafia do fonema /s/

Podemos representar o fonema /s/ por:

a) S: ânsia, cansar, diversão, farsa.
b) SS: acesso, assar, carrossel, discussão.
c) C, Ç: acetinado, cimento, açoite, açúcar.
d) SC, SÇ: acréscimo, adolescente, ascensão, consciência, nasço, desça
e) X: aproximar, auxiliar, auxílio, sintaxe.
f) XC: exceção, exceder, excelência, excepcional.

Como se grafa, então?

Escreveremos com s:

→ A correlação nd - ns:
> ***Pretender*** -> pretensão, pretenso;
> ***Expandir*** -> expansão, expansivo.

→ A correlação rg - rs:
> ***Aspergir*** -> aspersão;
> ***Imergir*** -> imersão;
> ***Emergir*** -> emersão .

→ A correlação rt - rs:
> ***Divertir*** -> diversão;
> ***Inverter*** -> inversão.

→ O sufixo - ense:
> paranaense;
> cearense;
> londrinense.

Escreveremos com ss:

→ A correlação ced -> cess:
> ***Ceder*** -> cessão;
> ***Interceder*** -> intercessão;
> ***Retroceder*** -> retrocesso .

→ A correlação gred -> gress
> ***Agredir*** -> agressão, agressivo;
> ***Progredir*** -> progressão, progresso.

→ A correlação prim - press
> ***Imprimir*** -> impressão, impresso;
> ***Oprimir*** -> opressão, opressor;
> ***Reprimir*** -> repressão, repressivo.

→ A correlação meter - miss
> ***Submeter*** -> submissão;
> ***Intrometer*** -> intromissão.

Escreveremos com c ou com "Ç"

→ Palavras de origem tupi ou africana:
> Açaí, araçá, Iguaçu, Juçara, muçurana, Paraguaçu, caçula, cacimba

Fique Ligado

O "ç" só será usado antes das vogais a, o, u.

→ Com os sufixos:
> ***aça:*** barcaça;
> ***ação:*** armação;
> ***çar:*** aguçar;
> ***ecer:*** esmaecer;
> ***iça:*** carniça;
> ***nça:*** criança;
> ***uça:*** dentuça.

→ Palavras derivadas de verbos terminados em –ter (não confundir com a regra do –meter / s):
> ***Abster*** -> abstenção;
> ***Reter*** -> retenção;
> ***Deter*** -> detenção.

→ Depois de ditongos:
> Feição;
> louça;
> traição.

→ Palavras de origem árabe:
> açúcar;
> açucena;
> cetim;
> muçulmano.

Emprego do SC

→ Escreveremos com sc palavras que são termos emprestados do latim:
> adolescência;
> ascendente;
> consciente;
> crescer;
> descer;
> fascinar;
> fescenino.

Grafia da letra s com som de "Z"

Escreveremos com "S":

→ Terminações –ês, -esa, -isa, que indicam nacionalidade, título ou origem:
> ***Japonês*** -> japonesa;
> ***Marquês*** -> marquesa;
> ***Camponês*** -> camponesa.

→ Após ditongos:
> causa;
> coisa;
> lousa;
> Sousa.

→ As formas dos verbos pôr e querer e de seus compostos:
> Eu pus, nós pusemos, pusésseis etc.
> Eu quis, nós quisemos, quisésseis etc.

→ As terminações –oso e –osa, que indicam qualidade:
> gostoso;
> garboso;
> fervorosa;
> talentosa.

→ O prefixo trans-:
> transe;
> transação;
> transoceânico.

→ Em diminutivos cujo radical termine em "***S***":
> ***Rosa*** -> rosinha;
> ***Teresa*** -> Teresinha;
> ***Lápis*** -> lapisinho.

→ A correlação "***d***" - "***s***":
> ***Aludir*** -> alusão, alusivo;

> ***Decidir*** -> decisão, decisivo;
> ***Defender***->– defesa, defensivo.

→ Verbos derivados de palavras cujo radical termina em s:

> ***Análise*** -> analisar;
> ***Presa*** -> apresar;
> ***Êxtase*** -> extasiar.
> ***Português*** -> aportuguesar

→ Os substantivos com os sufixos gregos –esse, isa, -ose:

> catequese;
> diocese;
> poetisa;
> virose.

(obs.: "catequizar" com "z")

→ Os nomes próprios:

> Baltasar;
> Heloísa;
> Isabel;
> Isaura;
> Luísa;
> Sousa;
> Teresa.

→ As palavras:

> análise;
> cortesia;
> hesitar;
> reses;
> vaselina;
> avisar;
> defesa;
> obséquio;
> revés;
> vigésimo;
> besouro;
> fusível;
> pesquisa;
> tesoura;
> colisão;
> heresia;
> querosene;
> vasilha.

Emprego da letra "Z"

Escreveremos com "z"

→ As terminações - ez, -eza de substantivos abstratos derivados de adjetivos:

> ***Belo*** -> beleza;
> ***Rico*** -> riqueza;
> ***Altivo*** -> altivez;
> ***Sensato*** -> sensatez.

→ Os verbos formados com os sufixo - izar e palavras cognatas:

> balizar;
> inicializar;
> civilizar.

→ As palavras derivadas em:

> ***zal:*** cafezal, abacaxizal;
> ***zeiro:*** cajazeiro, açaizeiro;
> ***zito:*** avezita.
> ***zinho:*** cãozinho, pãozinho, pezinho

→ Os derivados de palavras cujo radical termina em z:

> Cruzeiro;
> Esvaziar.

→ As palavras:

> azar;
> aprazível;
> baliza;
> buzina;
> bazar;
> cicatriz;
> ojeriza;
> prezar;
> proeza;
> vazamento;
> vizinho;
> xadrez;
> xerez.

Emprego do X e do CH

→ A letra X pode representar os seguintes fonemas:

> ***/ch/:*** xarope;
> ***/cx/:*** sexo, tóxico;
> ***/z/:*** exame;
> ***/ss/:*** máximo;
> ***/s/:*** sexto.

Escreveremos com "X"

→ Em geral, após um ditongo:

> Caixa, peixe, ameixa, rouxinol, caixeiro **(exceções: recauchutar e guache)**

→ Geralmente, depois de sílaba iniciada por -**em**:

> enxada;
> enxerido;
> enxugar;
> enxurrada.

Fique Ligado

Encher (e seus derivados); palavras que iniciam por ch e recebem o prefixo en- "encharcar, enchumaçar, enchiqueirar, enchumbar". "Enchova" também é uma exceção.

→ Em palavras de origem indígena ou africana:

> abacaxi;
> xavante;
> xará;
> orixá;
> xinxim.

→ Após a sílaba me no início da palavra:

> mexerica;
> mexerico;
> mexer;
> mexida.

(exceção: mecha de cabelo)

→ Nas palavras:

> bexiga;
> bruxa;
> coaxar;
> faxina;
> graxa;
> lagartixa;

- lixa;
- praxe;
- vexame;
- xícara;
- xale;
- xingar;
- xampu.

Escreveremos com "CH"

→ As seguintes palavras, em razão de sua origem:

- chave;
- cheirar;
- chuva;
- chapéu;
- chalé;
- charlatão;
- salsicha;
- espadachim;
- chope;
- sanduíche;
- chuchu;
- cochilo;
- fachada;
- flecha;
- mecha;
- mochila;
- pechincha.

Atente para a divergência de sentido com os seguintes elementos

bucho - estômago	buxo - espécie de arbusto
cheque - ordem de pagamento	xeque - lance do jogo de xadrez
tacha - pequeno prego	taxa - imposto

Exercício Comentado

01. ***(FCC) A frase em que se encontram palavras escritas de modo INCORRETO é:***

a) ***Observou-se um repentino comportamento agressivo em um dos integrantes do grupo, sem que se soubesse por que ele agia de modo tão estranho.***

b) ***Na sociedade moderna, as regras são produzidas como em uma linha de montagem industrial e recheiam os manuais de autoajuda.***

c) ***A insegurança no relacionamento dentro de uma equipe em situação de trabalho pode gerar graves consequências na produtividade.***

d) ***A complexidade do mundo moderno exige sençatez diante dos dezafios do convívio social, que aumentam em proporção geométrica.***

e) ***Por que se tornou tão necessário haver regras de convivência harmoniosa, não só nas empresas, mas também nos relacionamentos pessoais?***

RESPOSTA. "D". "sensatez" é escrito com "s"; "desafios" é escrito com "s".

Vamos Praticar

01. (ESAF) O texto abaixo foi transcrito com adaptações. Assinale a opção que corresponde a erro gramatical ou de grafia de palavra.

Em alguns países mais afetados pela crise global, como os Estados Unidos, a indústria buscou aumentar sua competitividade por meio da forçada redução dos custos de produção, **o que** (1) implicou demissões em massa. Mesmo com menos trabalhadores, a indústria manteve ou ampliou a produção, alcançando ganhos notáveis de produtividade. Mesmo que **aceitasse** (2) arcar com um custo social tão alto, dificilmente o Brasil **alcançaria**(3) resultados econômicos tão rápidos. O aumento da produtividade do trabalhador brasileiro é limitado, entre outros fatores, pela **defazagem** (4) nos investimentos em educação. Com **escassez** (5) de trabalhadores qualificados, exigidos cada vez mais pelo mercado de trabalho, os salários de determinadas funções tendem a subir bem mais do que a produtividade média do setor, que afeta o preço dos bens finais.

(Editorial, O Estado de S. Paulo, 24/3/2012)

a) 1
b) 2
c) 3
d) 4
e) 5

02. (ESAF) O texto abaixo foi transcrito com adaptações. Assinale a opção que corresponde a erro gramatical ou de grafia de palavra.

Poucos dias depois de **estender** (1) a cobrança de 6% do Imposto sobre Operações Financeiras - IOF para os empréstimos externos de cinco anos (antes eram taxados apenas os de três anos), como parte da guerrilha que **mantém** (2) para conter a valorização do real frente **ao** (3) dólar, o ministro da Fazenda não apenas reconheceu que sacrifica sua fé no câmbio flutuante, como admitiu haver efeitos colaterais da medida que terão de ser **mitigados** (4).De fato, o aumento do custo desse tipo de empréstimo ajuda o governo a rejeitar o capital oportunista, que aqui vem apenas para tirar vantagem de nossas taxas de juros elevadas, mas **ingeta** (5) problema na veia dos exportadores que precisam financiar suas operações no exterior. Ele fez questão de reforçar sua disposição de continuar atirando com todas as armas contra o excesso de liquidez mundial, provocado pelo tsunami cambial promovido pelos bancos centrais europeu e norte-americano.

(Editorial, Correio Braziliense,15/3/2012)

a) 1
b) 2
c) 3
d) 4
e) 5

03. Há alguns substantivos grafados com ç que são derivados de verbos, como produção, redução, desaceleração, projeção. Os verbos a seguir formam substantivos com a mesma grafia:

a) admitir, agredir, intuir
b) discutir, emitir, aferir
c) inquirir, imprimir, perseguir
d) obstruir, intervir, conduzir
e) reduzir, omitir, extinguir

04. Assinale a alternativa gramaticalmente correta de acordo com a ortografia.

a) A última paralização ocorreu há cerca de dois anos.
b) A última paralizassão ocorreu acerca de dois anos.
c) A última paralização ocorreu a cerca de dois anos.
d) A última paralisação ocorreu há cerca de dois anos.

e) A última paralisação ocorreu a cerca de dois anos.

05. (FCC) Os ...... para a conclusão da pesquisa estavam próximos e exigiam ...... na ...... dos dados já obtidos.

a) prazos – rapidês – análize
b) prazos – rapidez – análise
c) prazos – rapidez – análize
d) prasos – rapidez – análise
e) prasos – rapidês – análise

06. (FCC) É preciso corrigir deslizes relativos à ortografia oficial e à acentuação gráfica da frase:

a) As obras modernistas não se distinguem apenas pela temática inovadora, mas igualmente pela apreensão do ritmo alucinante da existência moderna.
b) Ainda que celebrassem as máquinas e os aparelhos da civilização moderna, a ficção e a poesia modernista também valorizavam as coisas mais quotidianas e prosaicas.
c) Longe de ser uma excessão, a pintura modernista foi responsável, antes mesmo da literatura, por intênsas polêmicas entre artistas e críticos concervadores.
d) No que se refere à poesia modernista, nada parece caracterizar melhor essa extraordinária produção poética do que a opção quase incondicional pelo verso livre.
e) O escândalo não era apenas uma consequência da produção modernista: parecia mesmo um dos objetivos precípuos de artistas dispostos a surpreender e a chocar.

07. (CESGRANRIO) Em qual das frases abaixo, todas as palavras são adequadas à ortografia oficial da língua portuguesa?

a) A discução sobre o português mais correto rerpercutiu bastante da mídia.
b) A discussão sobre o português mais correto repecutiu bastante na mídia.
c) A discussão sobre o português mais correto repercutiu bastante na mídia.
d) A discusão sobre o português mais correto respercutiu bastante na mídia.
e) A discursão sobre o português mais correto respercutiu bastante na mídia.

08. (ESAF) A frase correta do ponto de vista da grafia é:

a) Era grande a insidência de casos de enjoo quando era servido aquele alimento, por isso o episódio não foi tratado como exceção, atitude que garantiu o êxito das providências.
b) Em meio a tanta opulência da mansão leiloada, encontrou a geringonça que, tratada criativamente por ele, garantiu por anos seu apoio a entidades beneficientes.
c) Seus gestos desarmônicos às vezes eram mal compreendidos, mas seu jeito afável de falar, sem resquícios de mágoa, revelava sua intenção de restabelecer a paz entre os familiares.
d) Defendeu-se dizendo que nunca pretendeu axincalhar ninguém, mas as suas caçoadas realmente humilhavam e incitavam à maledíscência.
e) Sempre ansiosos, desenrolaram no saguão apinhado a faixa com que brindavam os recém-formados, com os seguintes dizeres: "Viagem bastante e divirtam-se, nobres doutores".

09. A palavra corretamente grafada é

a) admissão
b) distenção
c) discusão
d) excessão
e) extenção

10. A frase que está em conformidade com a ortografia oficial é:

a) Não interessa recaptular a indesejável dissensão, mas sim aliviar as tensões agudizadas pelo desnecessário enxerto de questões polêmicas.
b) Sempre quis ser assessora de moda em lojas, mas eram tantos os empecilhos, que acabou por vencer a ojeriza de coser sob encomenda e, com isso, tornou-se grande costureira.
c) Endoidescia o marido com seus gastos extravagantes, pois acreditava que o tão desejado charme era questão de plumas e brilhos esplendorosos, de preferência, vindos do exterior.
d) Quando disse que não exitaria em abandonar o emprego de sopetão e ir relaxar numa praia distante, lhe disseram que seria sandice, mas não conseguiram vencer o fascínio da aventura.
e) Representava na peça um cafageste que tratava a todos com escárneo, mas sua atuação era sempre tão fascinante que diariamente angariava a simpatia de toda a platéia.

Gabarito

01	D	06	C
02	E	07	C
03	D	08	C
04	D	09	A
05	B	10	B

Anotações

CAPÍTULO 11

Interpretação de Textos

Ideias preliminares sobre o assunto

Independentemente de quem seja o professor de Língua Portuguesa, é muito comum ele ouvir alguns alunos falando que até gostam da matéria em questão, mas que possuem muita dificuldade com a interpretação dos textos. Isso é algo totalmente normal, principalmente porque costumamos fazer algo terrível chamado de "leitura dinâmica" que poderia ser traduzido da seguinte maneira: procedimento em que você olha as palavras mas não entende o significado do que está lá escrito.

Para interpretar um texto, o indivíduo precisa de muita atenção e de muito treino. Interpretar pode ser comparado com disparar uma arma: apenas temos chance de acertar o alvo se treinarmos muito e soubermos combinar todos os elementos externos ao disparo: velocidade do ar, direção, distância etc.

Quando o assunto é texto, o primordial é estabelecer uma relação contextual com aquilo que estamos lendo. Montar o contexto significa associar o que está escrito no texto base com o que está disposto nas questões. Lembre-se de que há uma questão montada com a intenção de testar você, ou seja, deve ficar atento para todas as palavras e para todas as possibilidades de mudança de sentido que possa haver nas questões.

É preciso, para entender as questões de interpretação de qualquer banca, buscar o raciocínio que o elaborador da questão emprega na redação da questão. Usualmente, objetiva-se a depreensão dos sentidos do texto. Para tanto, destaque os itens fundamentais (as ideias principais contidas nos parágrafos) para poder refletir sobre tais itens dentro das questões.

Semântica ou Pragmática?

Existe uma discussão acadêmica sobre o que possa ser considerado como semântica e como pragmática. Em que pese o fato de os universitários divergirem a respeito do assunto, vamos estabelecer uma distinção simples, apenas para clarear nossos estudos.

→ **Semântica**: disciplina que estuda o significado dos termos. Para as questões relacionadas a essa área, o comum é que se questione acerca da troca de algum termo e a manutenção do sentido original da sentença.

→ **Pragmática**: disciplina que estuda o sentido que um termo assume dentro de determinado contexto. Isso quer dizer que a identificação desse sentido depende do entorno linguístico e da intenção de quem exprime a sentença.

Para exemplificar essa situação, vejamos o exemplo abaixo:

Pedro está na geladeira.

Nesse caso, é possível que uma questão avalie a capacidade de o leitor compreender que há, no mínimo, dois sentidos possíveis para essa sentença: um deles diz respeito ao fato de a expressão "na geladeira" poder significar algo como "ele foi até a geladeira buscar algo", o que – coloquialmente – significaria uma expressão indicativa de lugar. O outro sentido diz respeito ao fato de "na geladeira" significar que "foi apartado de alguma coisa para receber algum tipo de punição".

A questão sobre semântica exigiria que o candidato percebesse a possibilidade de trocar a palavra "geladeira" por "refrigerador" – havendo, nesse caso, uma relação de sinonímia.

A questão de pragmática exigiria que o candidato percebesse a relação contextualmente estabelecida, ou seja, a criação de uma figura de linguagem (um tipo de metáfora) para veicular um sentido particular.

Questão de interpretação?

Como se faz para saber que uma questão de interpretação é uma questão de interpretação? É uma mera intuição que surge na hora da prova ou existe uma "pista" a ser seguida para a identificação da natureza da questão?

Respondendo a essa pergunta, entende-se que há pistas que identificam a questão como pertencente ao rol de questões para interpretação. Os indícios mais precisos que costumam aparecer nas questões são:

→ Reconhecimento da intenção do autor.

→ Ponto de vista defendido.

→ Argumentação do autor.

→ Sentido da sentença.

Apesar disso, não são apenas esses os indícios de que uma questão é de intepretação. Dependendo da banca, podemos ter a natureza interpretativa distinta, principalmente porque o critério de intepretação é mais subjetivo que objetivo. Algumas bancas podem restringir o entendimento do texto; outras podem extrapolá-lo.

Tipos de Texto - o Texto e Suas Partes

Um texto é um todo. Um todo é constituído de diversas partes. A interpretação é, sobremaneira, uma tentativa de reconhecer as intenções de quem comunica recompondo as partes para uma visão global do todo.

Para podermos interpretar, é necessário termos o conhecimento prévio a respeito dos tipos de texto que, fortuitamente, podemos encontrar em um concurso. Vejamos quais são as distinções fundamentais com relação aos tipos de texto.

Exercício Comentado

Ao longo do século XVII, a Holanda foi um dos dois motores de um fenômeno que transformaria para sempre a natureza das relações internacionais: a primeira onda da chamada globalização. O outro motor daquela era de florescimento extraordinário das trocas comerciais e culturais era um império do outro lado do planeta – a China. Só na década de 1650, 40 000 homens partiram dos portos holandeses rumo ao Oriente, em busca dos produtos cobiçados que se fabricavam por lá. Mas a derrota em uma guerra contra a França encerrou os dias da Holanda como força dominante no comércio mundial.

Se o século XVI havia sido marcado pelas grandes descobertas, o seguinte testemunhou a consequência maior delas: o estabelecimento de um poderoso cinturão de comércio que ia da Europa à Ásia. "O sonho de chegar à China é o fio imaginário que percorre a história da luta da Europa para fugir do isolamento", diz o escritor canadense Timothy Brook, no livro O chapéu de Vermeer.

Isso determinou mudanças de comportamento e de valores: "Mais gente aprendia novas línguas e se ajustava a costumes desconhecidos". O estímulo a esse movimento era o desejo irreprimível dos ocidentais de consumir as riquezas produzidas no Oriente. A princípio refratários ao comércio com o exterior, os governantes chineses acabaram rendendo-se à evidência de que o comércio significava a injeção de riqueza na economia local (em especial sob a forma de toneladas de prata).

Sob vários aspectos, a China e a Holanda do século XVII eram a tradução de um mesmo espírito de liberdade comercial. Mas deveu-se só à Holanda a invenção da pioneira engrenagem econômica transnacional. A Companhia das Índias Orientais - a primeira grande companhia de ações do mundo, criada em 1602 – foi a mãe das multinacionais contemporâneas. Beneficiando-se dos baixos impostos e da flexibilidade administrativa, ela tornou-se a grande potência empresarial do século XVII.

(Adaptado de: Marcelo Marthe. Veja, p. 136-137, 29 ago. 2012)

01. De acordo com o texto:

a) Durante os séculos XVI e XVII, os produtos orientais, especialmente aqueles que eram negociados na China, constituíram a base do comércio europeu, em que se destacou a Holanda.

b) A eficiência administrativa de uma empresa comercial criada na Holanda, durante o século XVII, favoreceu o surgimento desse país como um dos polos iniciais do fenômeno da globalização.

c) A atração por produtos exóticos, de origem oriental, determinou a criação de empresas transnacionais que, durante os séculos XVI e XVII, dominaram o comércio entre Europa e Ásia.

d) A China, beneficiada pelo comércio desde o século XVI, rivalizou com a Holanda no predomínio comercial, em razão da grande procura por seus produtos, bastante cobiçados na Europa.

e) Apesar do intenso fluxo de comércio com o Oriente no século XVII, as mudanças de valores por influência de costumes diferentes aceleraram o declínio da superioridade comercial holandesa.

RESPOSTA. "B". É preciso verificar que a chave para a interpretação dessa questão repousa na identificação da representação do século descrito no texto e a retomada por sinonímia que a o texto da questão apresenta.

Itens lexicais de ancoragem para compreender essa interpretação:

→ *1602 - Século XVII.*

→ *Mas deveu-se só à Holanda a invenção da pioneira engrenagem econômica transnacional. A Companhia das Índias Orientais - a primeira grande companhia de ações do mundo, criada em 1602 – foi a mãe das multinacionais contemporâneas.*

O Texto Dissertativo

Nas acepções mais comuns do dicionário, o verbo "dissertar" significa "discorrer ou opinar sobre algum tema". O texto dissertativo apresenta uma ideia básica que começa a ser desdobrada em subitens ou termos menores. Cabe ressaltar que não existe apenas um tipo de dissertação, há mais de uma maneira de o autor escrever um texto dessa natureza.

Conceituar, polemizar, questionar a lógica de algum tema, explicar ou mesmo comentar uma notícia são estratégias dissertativas. Vamos dividir essa tipologia textual em dois tipos essencialmente diferentes: o **dissertativo-expositivo** e o **dissertativo-argumentativo**.

Padrão Dissertativo-expositivo

A característica fundamental do padrão expositivo da dissertação é utilizar a estrutura da prosa não para convencer alguém de alguma coisa, e sim para apresentar uma ideia, apresentar um conceito. O princípio do texto expositivo não é a persuasão, é a informação e, justamente por tal fato, ficou conhecido como informativo. Para garantir uma boa interpretação desse padrão textual, é importante buscar a ideia principal (que deve estar presente na introdução do texto) e, depois, entender quais serão os aspectos que farão o texto progredir.

→ **Onde posso encontrar esse tipo de texto?** Jornais revistas, sites sobre o mundo de economia e finanças. Diz-se que esse tipo de texto focaliza a função referencial da linguagem.

→ **Como costuma ser o tipo de questão relacionada ao texto dissertativo-expositivo?** Geralmente, os elaboradores questionam sobre as informações veiculadas pelo texto. A tendência é que o elaborador inverta as informações contidas no texto.

→ **Como resolver mais facilmente?** Toda frase que mencionar o conceito ou a quantidade de alguma coisa deve ser destacada para facilitar a consulta.

Padrão Dissertativo-argumentativo

No texto do padrão dissertativo-argumentativo, existe uma opinião sendo defendida e existe uma posição ideológica por detrás de quem escreve o texto. Se analisarmos a divisão dos parágrafos de um texto com características argumentativas, perceberemos que a introdução apresenta sempre uma tese (ou hipótese) que é defendida ao longo dos parágrafos.

Uma vez feito isso, o candidato deve entender qual é a estratégia utilizada pelo produtor do texto para defender seu ponto de vista. Na verdade, agora é o momento de colocar "a mão na massa" para valer, uma vez que aqueles enunciados que iniciam com "infere-se da argumentação do texto", "depreende-se dos argumentos do autor" serão vencidos caso se observem os fatores de interpretação corretos.

Quais são esses fatores, então?

> A conexão entre as ideias do texto (atenção para as conjunções).

> Articulação entre as ideias do texto (atenção para a combinação de argumentos).

> Progressão do texto.

→ **Os Recursos Argumentativos:**

Quando o leitor interage com uma fonte textual, deve observar - tratando-se de um texto com o padrão dissertativo-argumentativo - que o autor se vale de recursos argumentativos para construir seu raciocínio dentro do texto. Vejamos alguns recursos importantes:

> **Argumento de autoridade**: baseado na exposição do pensamento de algum especialista ou alguma autoridade no assunto. Citações, paráfrases e menções ao indivíduo podem ser tomadas ao longo do texto. Tome cuidado para não cair na armadilha: saiba diferenciar se a opinião colocada

em foco é a do autor ou se é a do indivíduo que ele cita ao longo do texto.

> **Argumento com base em consenso**: parte de uma ideia tomada como consensual, o que "carrega" o leitor a entender apenas aquilo que o elaborador mostra. Sentenças do tipo todo mundo sabe que, é de conhecimento geral que identificam esse tipo de argumentação.

> **Argumento com fundamentação concreta**: basear aquilo que se diz em algum tipo de pesquisa ou fato que ocorre com certa frequência.

> **Argumento silogístico (com base em um raciocínio lógico)**: do tipo hipotético - Se...então.

> **Argumento de competência linguística**: consiste em adequar o discurso ao panorama linguístico de quem é tido como possível leitor do texto.

> **Argumento de exemplificação**: utilizar casos, ou pequenos relatos para ilustrar a argumentação do texto.

Vamos Praticar

Costumamos olhar pouco para fora do Brasil quando tentamos compreender o que estamos vivendo. Faz muito que a distância entre os países desapareceu, no plano objetivo. Continuamos, porém, vivendo "isolados do mundo", como diz uma canção, ainda que apenas na subjetividade.

Se pensarmos no que está à nossa volta, na América do Sul, então, mais ainda. Mesmo quando é bem informado, o brasileiro típico se mostra mais capaz de dar notícia do que ocorre na Europa e nos Estados Unidos da América do que em qualquer de nossos vizinhos.

É pena, pois estar mais informados sobre o que acontece além das fronteiras pode ajudar muito a que nos entendamos como país.

Marcos Coimbra. Olhando à nossa volta. In: Correio Braziliense, 23/9/2007 (com adaptações).

01. (CESPE) O autor do texto, em sua argumentação, opõe o desaparecimento da distância entre os Estados Unidos da América e a Europa, no "plano objetivo", à preservação dessa distância entre os países da América do Sul, no plano subjetivo.

Certo ( ) Errado ( )

Celular Vira 'Fura-trânsito' em São Paulo

Em uma cidade com tantos problemas no trânsito como São Paulo, a indústria de apps - os aplicativos para celulares e tablets - encontrou terreno fértil para se desenvolver.

Aplicativos lançados recentemente ajudam o motorista a escapar de alagamentos, a desviar de congestionamentos e até a saber onde há vagas para estacionar.

Um dos mais famosos é o Waze. Criado em Israel, é uma mistura de rede social com GPS, em que motoristas compartilham as condições do trânsito e pontos críticos de congestionamento.

Uri Levine, fundador e presidente do Waze, diz que a ideia surgiu em suas férias de 2007, ao viajar com amigos. Ele foi o último a sair, ligou para saber como estava o trânsito e evitou engarrafamentos.

Situação semelhante ocorreu em São Paulo, na temporada de chuvas de 2010. Noel Rocha trabalhava no centro e precisava passar pelo túnel do Anhangabaú - famoso pelos alagamentos.

Preso no trânsito, ele queria saber se o túnel estava fechado. "Tentei, pelo celular, o site do CGE (Centro de Gerenciamento de Emergências), mas achei muito complicado." Foi aí que teve a ideia de criar o Alaga SP, aplicativo que mostra os alagamentos ativos em São Paulo a partir de informações da prefeitura.

Além do Waze e do Alaga SP, destacam-se o Moovit - que oferece informações sobre o transporte público (ônibus, trens etc.) -, o Maplink - que mostra rotas, condições de trânsito e exibe imagens dos principais corredores através de um sistema de coleta de informações próprio - e o Apontador Rodoviário, que traça rotas e mostra a localização de pedágios com seus preços.

(André Monteiro, Folha de S.Paulo, 10.03.2013. Adaptado)

02. (VUNESP) Os aplicativos mencionados no texto têm, em comum, a finalidade de:

a) Oferecer aos usuários opções para contornarem os problemas no trânsito.
b) Substituir os órgãos públicos na fiscalização do tráfego de veículos.
c) Auxiliar os pedestres e acabar com os atropelamentos nas grandes cidades.
d) Orientar os motoristas que desconhecem as principais leis de trânsito.
e) Reduzir o número de carros por habitante na cidade de São Paulo.

03. (VUNESP) Uri Levine e Noel Rocha idealizaram os aplicativos Waze e Alaga SP, respectivamente, a partir:

a) Da conversa com amigos que reclamavam do trânsito.
b) De suas experiências concretas como motoristas.
c) De situações em que se viram presos em engarrafamentos.
d) Da impossibilidade de viajar devido a alagamentos.
e) Da cópia de aplicativos idênticos que faziam sucesso no mercado.

"Quando paro com meu carro no semáforo, já olho se o caminho que vou fazer está congestionado. Se estiver, pego uma alternativa e, se também estiver travada, uso o aplicativo para avisar os outros motoristas."

04. (VUNESP) Considerando as descrições dos aplicativos apresentadas no texto, pode-se concluir que esse comentário se refere ao uso do:

a) Waze.
b) Alaga SP.
c) Moovit.
d) Maplink.
e) Apontador Rodoviário.

Leia o primeiro parágrafo:

Em uma cidade com tantos problemas no trânsito como São Paulo, a indústria de apps – os aplicativos para celulares e tablets - encontrou **terreno fértil** para se desenvolver.

05. (VUNESP) A expressão **terreno fértil** pode ser substituída, sem alteração da mensagem, por:

a) Necessidade restrita.
b) Cenário conturbado.
c) Condições propícias.
d) Ferramentas exóticas.
e) Momento contraditório.

Observe a passagem do terceiro parágrafo: Criado em Israel, é uma mistura de rede social com GPS, em que motoristas compartilham as condições do trânsito e pontos **críticos** de congestionamento.

06. (VUNESP) O termo **críticos**, em destaque, é empregado com o sentido de:

a) Distintos.
b) Provisórios.
c) Sugestivos.
d) Problemáticos.
e) Analíticos.

O novo milênio - designado como era do conhecimento, da informação - é marcado por mudanças de relevante importância e por impactos econômicos, políticos e sociais. Em épocas de transformações tão radicais e abrangentes como essa, caracterizada pela transição de uma era industrial para uma baseada no conhecimento, aumenta-se o grau de indefinições e incertezas. Há, portanto, que se fazer esforço redobrado para identificar e compreender esses novos processos - o que exige o desenvolvimento de um novo quadro conceitual e analítico que permita captar, mensurar e avaliar os elementos que determinam essas mudanças - e para distinguir, entre as características e tendências emergentes, as que são mais duradouras das que são transitórias, ou seja, lidar com a necessidade do que Milton Santos resumiu como distinguir o modo da moda.

No novo padrão técnico-econômico, notam-se a crescente inovação, intensidade e complexidade dos conhecimentos desenvolvidos e a acelerada incorporação desses nos bens e serviços produzidos e comercializados pelas organizações e pela sociedade. Destacam-se, sobretudo, a maior velocidade, a confiabilidade e o baixo custo de transmissão, armazenamento e processamento de enormes quantidades de conhecimentos codificados e de outros tipos de informação.

Helena Maria Martins Lastres et al. Desafios e oportunidades da era do conhecimento. In: São Paulo em Perspectiva, 16(3), 2002, p. 60-1 (com adaptações).

A partir das ideias e dos argumentos suscitados pelo texto, julgue os itens subsequentes.

07. (CESPE) Da leitura do texto infere-se que o novo milênio engloba a era do conhecimento, em que a vantagem competitiva decorrente da produção e comercialização de bens e serviços ocorrerá por meio da geração do conhecimento, que permitirá a manutenção do potencial inovador das organizações.

Certo ( ) Errado ( )

08. (CESPE) No texto, é abordada a necessidade de se lidar com as tendências e mudanças derivadas das novas formas de conhecimento, objeto do que se denomina, hoje, por era do conhecimento.

Certo ( ) Errado ( )

O setor de tecnologias da informação e comunicação (TICs) impulsiona um conjunto de inovações técnico-científicas, organizacionais, sociais e institucionais, gerando novas possibilidades de retorno econômico e social nas mais variadas atividades. Por contribuir para a elevação do valor agregado da produção, com reflexos positivos no emprego, na renda e na qualidade de vida da população, esse ramo vem obtendo status privilegiado em diversas políticas e programas nacionais para a ampliação do acesso às telecomunicações, aceleração da informatização e mitigação da exclusão digital. Como exemplo, podem ser destacadas as propostas de fortalecimento da competitividade inseridas no âmbito da Política de Desenvolvimento Produtivo do Ministério do Desenvolvimento, Indústria e Comércio, que são imprescindíveis em face do panorama da crise financeira internacional.

Cristiane Vianna Rauen et al. Relatório de acompanhamento setorial. In: Tecnologias de informação e comunicação, v. III. UNICAMP e Agência Brasileira de Desenvolvimento Industrial, ago./2009, p. 10-1 (com adaptações).

No que diz respeito aos argumentos e às estruturas linguísticas do texto acima, julgue o próximo item:

09. (CESPE) Da leitura do texto depreende-se que as TICs representam a nova base tecnoprodutiva em conhecimento e podem ser consideradas as principais difusoras de progresso técnico nos dias de hoje, além de constituírem elemento estratégico das organizações e instituições.

Certo ( ) Errado ( )

Crescimento da População é "Desafio do Século", Diz Consultor da ONU

O crescimento populacional é o "desafio do século" e não está sendo tratado de forma adequada na Rio+20, segundo o consultor do Fundo de População das Nações Unidas, Michael Herrmann.

"O desafio do século é promover bem-estar para uma população grande e em crescimento, ao mesmo tempo em que se assegura o uso sustentável dos recursos naturais" [...] "As questões relacionadas à população estão sendo tratadas de forma adequada nas negociações atuais? Eu acho que não. O assunto é muito sensível e muitos preferem evitá-lo. Mas nós estaremos enganando a nós mesmos se acharmos que é possível falar de desenvolvimento sustentável sem falar sobre quantas pessoas seremos no planeta, onde estaremos vivendo e que estilo de vida teremos", afirmou.

No fim do ano passado, a população mundial atingiu a marca de sete bilhões de pessoas. As projeções indicam que, em 2050, serão 9 bilhões. O crescimento é mais intenso nos países pobres, mas Herrmann defende que os esforços para o enfrentamento do problema precisam ser globais.

"Se todos quiserem ter os padrões de vida do cidadão americano médio, precisaremos ter cinco planetas para dar conta. Isso não é possível. Mas também não é aceitável falar para os países em desenvolvimento 'desculpa, vocês não podem ser ricos, nós não temos recursos suficientes'. É um desafio global, que exige soluções globais e assistência ao desenvolvimento", afirmou.

O consultor disse ainda que o Fundo de População da ONU é contrário a políticas de controle compulsório do crescimento da população. Segundo ele, as políticas mais adequadas são aquelas que permitem às mulheres fazerem escolhas sobre o número de filhos que querem e o momento certo para engravidar. Para isso, diz, é necessário ampliar o acesso à educação e aos serviços de saúde reprodutiva e planejamento familiar. [...]

MENCHEN, Denise. Crescimento da população é "desafio do século", diz consultor da ONU. Folha de São Paulo. São Paulo, 11 jun. 2012. Ambiente. Disponível em:<http://www1.folha.uol.com.br/ambiente.1103277-crescimento-da-populacao-e-desafio-do--seculo-diz-consultor-da-onu.shtml>. Acesso em: 22 jun. 2012. Adaptado.

10. (CESGRANRIO) No Texto I, Michael Herrmann, consultor do Fundo de População das Nações Unidas, afirma que tratar o crescimento populacional de forma adequada significa:

a) Enfrentar o problema de forma localizada e evitar soluções globalizantes.

b) Permitir a proliferação dos padrões de vida do cidadão americano e rechaçar a miséria.

c) Evitar o enriquecimento dos países emergentes e incentivar a preservação ambiental nos demais.

d) Implementar uma política de controle populacional compulsório e garantir acesso à educação e aos serviços de saúde reprodutiva.

e) Promover o bem-estar da população e assegurar o uso sustentável dos recursos naturais.

Gabarito

01	ERRADO	06	D
02	A	07	CERTO
03	B	08	CERTO
04	A	09	CERTO
05	C	10	E

Anotações

CAPÍTULO 12

Demais Tipologias Textuais

O Texto Narrativo

Em uma definição bem simplista, "narrar" significa "sequenciar ações". É um dos gêneros mais utilizados e mais conhecidos pelo ser humano, quer no momento de relatar algum evento para alguém – em um ambiente mais formal -, quer na conversa informal sobre o resumo de um dia de trabalho. O fato é que narramos, e o fazemos de maneira praticamente instintiva. É importante, porém, conhecer quais são seus principais elementos de estruturação.

→ Os operadores do texto narrativo são:

> **Narrador**: é a voz que conduz a narrativa.

> **Narrador-protagonista**: narra o texto em primeira pessoa.

> **Narrador-personagem (testemunha)**: nesse caso, quem conta a história não participou como protagonista, no máximo como um personagem adjuvante da história.

> **Narrador onisciente**: narrador que está distanciado dos eventos e conhece aquilo que se passa na cabeça dos personagens.

→ **Personagens**: são aqueles que efetivamente atuam na ordem da narração, ou seja, a trama está atrelada aos comportamentos que eles demonstram ao longo do texto.

→ **Tempo**: claramente, é o lapso em que transcorrem as ações narradas. Segundo a classificação tradicional, divide-se o tempo da narrativa em: Cronológico, Psicológico e Da narrativa.

→ **Espaço**: é o local físico em que as ações ocorrem.

→ **Trama**: é o encadeamento de ações propriamente dito.

Exercício Comentado

O fragmento transcrito abaixo faz parte do conto "Circuito fechado (3)", de Ricardo Ramos.

Muito prazer. Por favor, quer ver o meu saldo? Acho que sim. Que bom telefonar, foi ótimo, agora mesmo estava pensando em você. Puro, com gelo. Passe mais tarde, ainda não fiz, não está pronto. Amanhã eu ligo, e digo alguma coisa. Guarde o troco. Penso que sim. Este mês, não, fica para o outro. Desculpe, não me lembrei. Veja logo a conta, sim? É uma pena, mas hoje não posso, tenho um jantar. Vinte litros, da comum. Acho que não. Nas próximas férias, vou até lá, de carro. Gosto mais assim, com azul. Bem, obrigado, e você? [...] É um chato, um perigo público. Foi há muito tempo. Tudo bem, tudo legal? Gostei de ver. Acho que não, penso que não, creio que não. Acredito que sim. Claro, fechei a porta e botei o carro pra dentro. Vamos dormir? É, leia que é bom. Ainda agosto e esse calor. Me acorde cedo amanhã, viu?

LADEIRA, Julieta de Godoy (Org.). Contos brasileiros contemporâneos. 2. ed. São Paulo: Moderna, 2005. p.126-127.

01. (COMPERVE) Esse conto pode ser visto como uma representação literária do automatismo da vida cotidiana moderna. Os procedimentos dos quais o autor se vale para representar esse automatismo são:

a) Frases curtas, fragmentação de diálogo e estrutura narrativa circular.

b) Causalidade entre as ações, descrição exaustiva e estrutura narrativa circular.

c) Fragmentação de diálogo, omissão dos nomes das personagens e ritmo narrativo lento.

d) Frases curtas, densidade psicológica das personagens e causalidade entre as ações.

RESPOSTA. "A". é preciso perceber a fragmentação no recorte de orações – atente para a quantidade de pontos finais -, além disso, o modo como ele narra revela que age de maneira automática, em razão disso o chamado automatismo.

O Texto Descritivo

O texto descritivo é o que levanta características para montar algum tipo de panorama. Essas características, mormente, são físicas, entretanto, não é necessário ser sempre desse modo. Podemos dizer que há dois tipos de descrição:

→ **Objetiva**: em que surgem aspectos sensoriais diretos, ou seja, não há uma subjetividade por parte de quem escreve. Veja um exemplo:

> Nome científico: Ginkgo biloba L.

> Nome popular: nogueira-do-japão.

> Origem: Extremo Oriente.

Aspecto: as folhas dispõem-se em leque e são semelhantes ao trevo.

A altura da árvore pode chegar a 40 metros; o fruto lembra uma ameixa e contém uma noz que pode ser assada e comida.

→ **Subjetiva**: em que há impressões particulares do autor do texto. Há maior valorização dos sentimentos insurgentes daquilo que se contempla. Veja um exemplo:

Conotação X Denotação

É interessante, quando se estuda o conteúdo de interpretação de texto, ressaltar a distinção conceitual entre o sentido conotativo e o sentido denotativo da linguagem. Vejamos como se opera essa distinção:

→ **Sentido conotativo**: figurado, ou abstrato. Relaciona-se com as figuras de linguagem.

> Adalberto **entregou sua alma a Deus**.

A ideia de entregar a alma a Deus é figurada, ou seja, não ocorre literalmente, pois não há um serviço de entrega de almas. Essa é uma figura que convencionamos chamar de **metáfora**.

→ **Sentido denotativo**: literal, ou do dicionário. Relaciona-se com a função referencial da linguagem.

> Adalberto **morreu**.

Quando dizemos função referencial, entende-se que o falante está preocupado em transmitir precisamente o fato ocorrido, sem apelar para figuras de pensamento.

Figuras de Linguagem

Apenas para ilustrar algumas das mais importantes figuras de linguagem que podem ser cobradas em algumas provas, observe a lista:

→ **Metáfora**: uma figura de linguagem, que consiste na comparação de dois termos sem o uso de um conectivo.

» Seus olhos **são dois oceanos**. (Os olhos possuem a profundidade do oceano, a cor do oceano etc.)

→ **Comparação**: comparação direta com o elemento conectivo.

» O vento é como uma mulher.

→ **Metonímia**: figura de linguagem que consiste utilização de uma expressão por outra, dada a semelhança de sentido ou a possibilidade de associação lógica entre elas.

> **Vá ao mercado e traga um Nescau**. (achocolatado em pó).

→ **Antítese**: figura de linguagem que consiste na exposição de ideias opostas.

"**Nasce** o Sol e não dura mais que um **dia**
Depois da **Luz** se segue à **noite** escura
Em tristes **sombras morre** a formosura,
Em contínuas **tristezas** e **alegrias**."

(Gregório de Matos)

Os termos em negrito evidenciam relações semânticas de distinção (oposição). Nascer é o contrário de morrer, assim como sombra é o contrário de luz. Essa figura foi muito utilizada na poesia brasileira, em especial pelo autor dos versos acima: Gregório de Matos Guerra.

→ **Paradoxo**: expressão que contraria o senso comum. Ilógica.

"Amor é fogo que **arde sem se ver**;
É ferida que **dói e não se sente**;
É um **contentamento descontente**;
É **dor que desatina sem doer**."

(Luís de Camões)

A construção semântica acima é totalmente ilógica, pois é impossível uma ferida doer e não ser sentida, assim como não é possível o contentamento ser descontente.

→ **Perífrase**: expressão que tem por função substituir semanticamente um termo:

> **A última flor do Lácio** anda muito judiada. (Português é a última flor do Lácio)

→ **Eufemismo:** figura que consiste em atenuar uma expressão desagradável:

> José **pegou emprestado sem avisar**; (roubou).

→ **Disfemismo**: contrário ao Eufemismo, é a figura de linguagem que consiste em tornar uma expressão desagradável em algo ainda pior.

> O homem **abotoou o paletó de madeira.** (morreu).

→ **Prosopopeia**: atribuição de características animadas a seres inanimados.

> O vento sussurrou em meus ouvidos.

→ **Hipérbole**: exagero proposital de alguma característica.

> **Estou morrendo de rir.**

→ **Sinestesia**: confusão dos sentidos do corpo humano para produzir efeitos expressivos.

> Ouvi uma **voz suave** saindo do quarto.

Funções da Linguagem

Deve-se a Roman Jakobson a discriminação das seis funções da linguagem na expressão e na comunicação humanas, conforme o realce particular que cada um dos componentes do processo de comunicação recebe no enunciado. Por isso mesmo, é raro encontrar em uma única mensagem apenas uma dessas funções, ou todas reunidas em um mesmo texto. O mais frequente é elas se superporem, apresentando-se uma ou outra como predominante.

Em que pese tal fato, é preciso considerar que há particularidades com relação às funções da linguagem, ou seja, cada função descreve algo em particular. Com isso, pretendo dizer que, antes de o estudante se ater às funções em si, é preciso que ele conheça o sistema que é um pouco mais amplo, ou seja, o ato comunicativo. Afinal, a teoria de Roman Jakobson se volta à descrição do ato comunicativo em si.

Em um livro chamado Linguística e comunicação, o linguista Roman Jakobson, pensando sobre o ato comunicativo e seus elementos, identifica seis funções da linguagem. Vamos tentar agora traçar o mesmo percurso de Jakobson, todavia de uma outra maneira. Prefiro chamar de "teoria da fofoca".

Para uma boa fofoca, você precisa de:

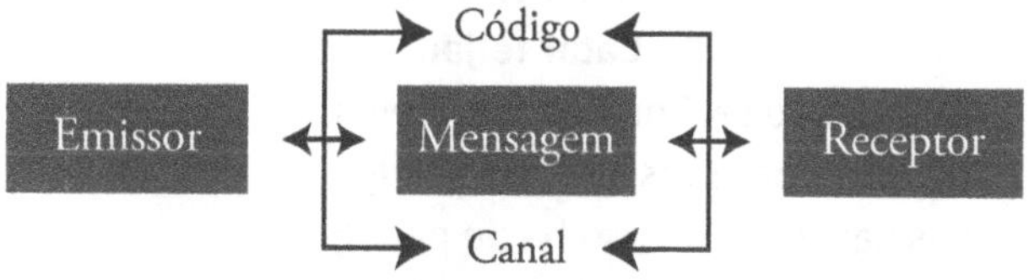

→ Nesse esquema, identificamos:

> **Emissor**: quem enuncia a fofoca.

> **Mensagem**: aquilo que é transmitido pelo emissor, o conteúdo da fofoca.

> **Receptor**: quem recebe a mensagem.

> **Código**: o sistema em que a mensagem é codificada. O código deve ser comum aos polos da comunicação.

> **Canal**: meio físico por que ocorre a comunicação.

Pensando sobre esses elementos, Jakobson percebeu que cada função da linguagem está centrada em um elemento específico do ato comunicativo. É o que veremos agora.

→ **As Funções da Linguagem são:**

> **Referencial**: centrada na mensagem, ou seja, na transmissão do conteúdo. Como possui esse caráter, a objetividade é uma constante para a função referencial. É comum que se busque a imparcialidade quando dela se faz uso. É também conhecida como função denotativa. Como a terceira pessoa do singular é predominante, podem-se encontrar exemplos de tal função em textos científicos, livros didáticos, textos de cunho apenas informativo etc.

> **Emotiva**: centrada no emissor, ou seja, em quem enuncia a mensagem. Basicamente a primeira pessoa predomina quando o texto se apoia sobre a função emotiva. É muito comum a observarmos em depoimentos, discursos, em textos sentimentais, e mesmo em textos líricos.

- **Apelativa**: centrada no receptor, ou seja, em quem recebe a mensagem. As características comuns a manifestações dessa função da linguagem são os verbos no modo imperativo, a tentativa de persuadir o receptor, a utilização dos pronomes de tratamento que tangenciem o interlocutor. É comum observar a função apelativa em propaganda, em discursos motivacionais etc.
- **Poética**: centrada na transformação da mensagem, ou seja, em como modificar o conteúdo da mensagem a fim de torná-lo mais expressivo. As figuras de linguagem são abundantes nessa função e, por sua presença, convencionou-se chamar, também, função poética de função conotativa. Textos literários, poemas e brincadeiras com a mensagem são fontes em que se pode verificar a presença da função poética da linguagem.
- **Fática**: centrada no canal comunicativo. Basicamente, busca testar o canal para saber se a comunicação está ocorrendo. Expressões como "olá", "psiu" e "alô você" são exemplos dessa função.
- **Metalinguística**: centrada no código. Quando o emissor se vale do código para explicar o próprio código, ou seja, num tipo de comunicação autorreferente. Como exemplo, podemos citar um livro de gramática, que se vale da língua para explicar a própria língua; uma aula de didática (sobre como dar aula); ou mesmo um poema que se refere ao processo de escrita de um poema. O poema a seguir é um ótimo exemplo de função metalinguística.

Catar feijão

Catar feijão se limita com escrever:
jogam-se os grãos na água do alguidar
e as palavras na da folha de papel;
e depois, joga-se fora o que boiar.
Certo, toda palavra boiará no papel,
água congelada, por chumbo seu verbo:
pois para catar esse feijão, soprar nele,
e jogar fora o leve e oco, palha e eco.

Ora, nesse catar feijão entra um risco:
o de que entre os grãos pesados entre
um grão qualquer, pedra ou indigesto,
um grão imastigável, de quebrar dente.
Certo não, quando ao catar palavras:
a pedra dá à frase seu grão mais vivo:
obstrui a leitura fluviante, flutual,
açula a atenção, isca-a com risco.

MELO NETO, João Cabral de. Obra completa. Rio de Janeiro: Nova Aguilar, 1995.

Vamos Praticar

Logo à entrada paramos diante de uma lápide quadrada, incrustada nas lajes escuras, tão polida e reluzindo com um tão doce brilho de nácar, que parecia a água quieta de um tanque, onde se refletiam as luzes das lâmpadas. Pote puxou-me a manga, lembrou-me que era costume beijar aquele pedaço de rocha, santa entre todas, que outrora, no jardim de José de Arimateia... (A Relíquia – Eça de Queirós).

Uma pesquisa realizada em 16 países mostrou que os jovens brasileiros são os que colecionam o maior número de amigos virtuais. A média brasileira de contatos é mais do que o dobro da mundial, que tem como base países como Estados Unidos da América (EUA) e China. O levantamento avaliou a participação da tecnologia na vida de 18 mil jovens de 8 a 24 anos, com acesso fácil à Internet, telefones celulares e pelo menos dois outros aparelhos eletrônicos.

Os brasileiros com idade entre 14 e 24 anos têm em média 46 amigos virtuais, enquanto a média global é de 20. No mundo, os jovens costumam ter cerca de 94 contatos guardados no celular, 78 na lista de programas de mensagem instantânea e 86 em sítios de relacionamento como o Orkut.

Jornal do Brasil, 27/7/2007, p. A24 (com adaptações).

01. O texto entrelaça características de dissertação; de narração e de descrição.

Certo ( ) Errado ( )

Zygmunt Bauman põe o dedo na ferida ao denunciar o limite da liberdade na modernidade capitalista: pode-se tudo (embora a maioria não possa quase nada), exceto imaginar um mundo melhor que este em que vivemos. Quando muito, fica-se no conserto da casa, a reforma do telhado, a pintura das paredes, sem que se questionem a própria arquitetura da casa e, muito menos, o modo de convivência dos que a habitam.

02. A expressão "põe o dedo na ferida" tem sentido conotativo (figurado).

Certo ( ) Errado ( )

03. Há sentido conotativo na seguinte alternativa:

a) "Será que uma bola é mais valiosa que um livro?"
b) "... aposentados choram pelo minguado aumento."
c) "Por que se concedem altos aumentos na política?"
d) "... hospitais deixam de atender ao mais simples diagnóstico..."
e) "Por que os salários não são igualitários?"

04. Leia o seguinte trecho de Machado de Assis e marque a opção correta.

"O tempo é um tecido invisível em que se pode bordar tudo, uma flor, um pássaro, uma dama, um castelo, um túmulo. Também se pode bordar nada. Nada em cima de invisível é a mais sutil obra deste mundo..."

a) Em "O tempo é um tecido invisível", o autor empregou uma metáfora.
b) Depreende-se do sentido global do trecho uma censura aos que vivem sem fazer nada.
c) A sintaxe de "bordar nada" foi construída com a figura de estilo chamada paradoxo ou oxímoro, dado que o verbo "bordar" é transitivo direto, ou seja, quem borda sempre borda alguma coisa.
d) No contexto em que está empregado, o adjetivo "sutil" significa "inútil".
e) O trecho está construído sobre uma contradição: na primeira linha, afirma-se que sobre o tecido do tempo "se pode bordar tudo"; na segunda, afirma-se que "se pode bordar nada".

O Lixo

(Luís Fernando Veríssimo)

Encontram-se na área de serviço. Cada um com seu pacote de lixo. É a primeira vez que se falam.

- Bom dia...
- Bom dia.

- A senhora é do 610.

- E o senhor do 612.

- É.

- Eu ainda não lhe conhecia pessoalmente...

- Pois é...

- Desculpe a minha indiscrição, mas tenho visto o seu lixo...

- O meu quê?

- O seu lixo.

- Ah...

- Reparei que nunca é muito. Sua família deve ser pequena...

- Na verdade sou só eu.

- Mmmm. Notei também que o senhor usa muito comida em lata.

- É que eu tenho que fazer minha própria comida. E como não sei cozinhar...

- Entendo.

- A senhora também...

- Me chame de você.

- Você também perdoe a minha indiscrição, mas tenho visto alguns restos de comida em seu lixo. Champignons, coisas assim...

- É que eu gosto muito de cozinhar. Fazer pratos diferentes. Mas, como moro sozinha, às vezes sobra...

- A senhora... Você não tem família?

- Tenho, mas não aqui.

- No Espírito Santo.

- Como é que você sabe?

- Vejo uns envelopes no seu lixo. Do Espírito Santo.

- É. Mamãe escreve todas as semanas.

- Ela é professora?

- Isso é incrível! Como foi que você adivinhou?

- Pela letra no envelope. Achei que era letra de professora.

- O senhor não recebe muitas cartas. A julgar pelo seu lixo.

- Pois é...

- No outro dia tinha um envelope de telegrama amassado.

- É.

- Más notícias?

- Meu pai. Morreu.

- Sinto muito.

- Ele já estava bem velhinho. Lá no Sul. Há tempos não nos víamos.

- Foi por isso que você recomeçou a fumar?

- Como é que você sabe?

- De um dia para o outro começaram a aparecer carteiras de cigarro amassadas no seu lixo.

- É verdade. Mas consegui parar outra vez.

- Eu, graças a Deus, nunca fumei.

- Eu sei. Mas tenho visto uns vidrinhos de comprimido no seu lixo...

- Tranquilizantes. Foi uma fase. Já passou.

- Você brigou com o namorado, certo?

- Isso você também descobriu no lixo?

- Primeiro o buquê de flores, com o cartãozinho, jogado fora. Depois, muito lenço de papel.

- É, chorei bastante, mas já passou.

- Mas hoje ainda tem uns lencinhos...

- É que eu estou com um pouco de coriza.

- Ah.

- Vejo muita revista de palavras cruzadas no seu lixo.

- É. Sim. Bem. Eu fico muito em casa. Não saio muito. Sabe como é.

- Namorada?

- Não.

- Mas há uns dias tinha uma fotografia de mulher no seu lixo. Até bonitinha.

- Eu estava limpando umas gavetas. Coisa antiga.

- Você não rasgou a fotografia. Isso significa que, no fundo, você quer que ela volte.

- Você já está analisando o meu lixo!

- Não posso negar que o seu lixo me interessou.

- Engraçado. Quando examinei o seu lixo, decidi que gostaria de conhecê-la. Acho que foi a poesia.

- Não! Você viu meus poemas?

- Vi e gostei muito.

- Mas são muito ruins!

- Se você achasse eles ruins mesmo, teria rasgado. Eles só estavam dobrados.

- Se eu soubesse que você ia ler...

- Só não fiquei com eles porque, afinal, estaria roubando. Se bem que, não sei: o lixo da pessoa ainda é propriedade dela?

- Acho que não. Lixo é domínio público.

- Você tem razão. Através do lixo, o particular se torna público. O que sobra da nossa vida privada se integra com a sobra dos outros. O lixo é comunitário. É a nossa parte mais social. Será isso?

- Bom, aí você já está indo fundo demais no lixo. Acho que...

- Ontem, no seu lixo...

- O quê?

- Me enganei, ou eram cascas de camarão?

- Acertou. Comprei uns camarões graúdos e descasquei.

- Eu adoro camarão.

- Descasquei, mas ainda não comi. Quem sabe a gente pode...

- Jantar juntos?

- É.

- Não quero dar trabalho.

- Trabalho nenhum.

- Vai sujar a sua cozinha?

- Nada. Num instante se limpa tudo e põe os restos fora.

- No seu lixo ou no meu?

05. A função da linguagem predominante no texto de Luís Fernando Veríssimo é:

a) Fática.
b) Conativa.
c) Referencial.
d) Metalinguística.

Leia a seguir os trechos de -Consideração do poema , integrante do livro A Rosa do Povo, de Carlos Drummond de Andrade.

Uma pedra no meio do caminho
ou apenas um rastro, não importa.
Estes poetas são meus. De todo o orgulho,
de toda a precisão se incorporaram
ao fatal meu lado esquerdo. Furto a Vinicius
sua mais límpida elegia. Bebo em Murilo.
Que Neruda me dê sua gravata
chamejante. Me perco em Apollinaire. Adeus, Maiakovski.
São todos meus irmãos, não são jornais
nem deslizar de lancha entre camélias:
é toda a minha vida que joguei.
[...]
Saber que há tudo. E mover-se em meio
a milhões e milhões de formas raras,
secretas, duras. Eis aí meu canto.

ANDRADE, Carlos Drummond de. Nova reunião: 23 livros de poesia. Rio de Janeiro: Bestbolso, 2009. p. 139-140.

Nesses trechos, além da função poética, ocorre predominantemente a função:

06. Apelativa, percebida na persuasão do texto poético.

Certo ( ) Errado ( )

07. Expressiva, percebida na ausência da subjetividade do eu-lírico.

Certo ( ) Errado ( )

08. O texto "Grandes cidades nem sempre são as mais poluentes diz estudo, da France Press, publicado em http://www1.folha.uol.com.br/ambiente/866228 (com acesso em 29/12/2011)" foi adaptado para compor os fragmentos abaixo. Numere-os, de acordo com a ordem em que devem ser dispostos para formar um texto coeso e coerente.

( ) Nesse estudo, enquanto cidades do mundo todo foram apontadas como culpadas por cerca de 71% das emissões causadoras do efeito estufa, cidadãos urbanos que substituíram os carros por transporte público ajudaram a diminuir as emissões per capita em algumas cidades.

( ) Pesquisadores examinaram dados de cem cidades em 33 países, em busca de pistas sobre quais metrópoles seriam as maiores poluidoras e por que, de acordo com estudo publicado na revista especializada "Environment and Urbanization".

( ) "Isso reflete a grande dependência de combustíveis fósseis para a produção de eletricidade, uma base industrial significante em muitas cidades e uma população rural relativamente grande e pobre", informa o estudo.

( ) Por fim, quando os pesquisadores olharam as cidades asiáticas, latino-americanas e africanas, descobriram emissões menores por pessoa. A maior parte das cidades na África, Ásia e América Latina tem emissões inferiores por pessoa. O desafio para elas é manter essas emissões baixas, apesar do crescimento de suas economias.

( ) O estudo também aponta outras tendências, como as cidades de climas frios terem emissões maiores, e países pobres e de renda média terem emissões per capita inferiores aos países desenvolvidos.

A sequência correta é:

a) (1) (2) (5) (4) (3)
b) (2) (1) (3) (5) (4)
c) (2) (5) (1) (3) (4)
d) (4) (1) (2) (5) (3)
e) (4) (2) (1) (3) (5)

09. Assinale a opção que preenche de forma coesa, coerente e gramaticalmente correta a lacuna do trecho a seguir.

Brasil, Rússia, Índia, China e África do Sul são mais do que cinco economias emergentes em expansão num mundo em crise. Reunidas sob o acrônimo Brics, abrigam mais de 40% da população global e somam perto de US$ 14 trilhões de PIB, ou seja, quase um quinto das riquezas produzidas no planeta. É natural que busquem maior participação no cenário internacional – o que seria facilitado por uma atuação conjunta, em bloco.

____
____
____
____
____

A instituição permitiria aos países reduzir a dependência econômica em relação aos Estados Unidos e à União Europeia, em sérias dificuldades. Mais do que isso, a experiência poderia depois ser replicada para dar um pontapé inicial para mudanças políticas não apenas voltadas ao desenvolvimento sustentável, como também à segurança e à paz no universo, com um rearranjo das regras e dos organismos internacionais.

(Adaptado do Correio Braziliense, 27/3/2012)

a) Maior dos Brics, a China, segunda potência mundial, tem PIB de US$ 7,4 trilhões e reservas cambiais superiores a US$ 3 trilhões. Contudo, é uma ditadura que ganha mercados mundo afora com vantagens artificiais, como a desvalorização da moeda, o yuan, um calo inclusive para o Brasil, invadido por produtos chineses em condições desfavoráveis de competitividade.

b) Assim, reconhecer a necessidade de promover correções de rumo internas é desafio de primeira ordem para os cinco emergentes. Aproximações bilaterais, vale lembrar, também terminam por fortalecer o quinteto emergente.

c) A Rússia, por sua vez, apresenta desenvolvimento relativo e hoje consolida-se como economia de mercado ainda sob olhares desconfiados de parte dos governantes de outros países do globo.

d) Os demais países têm abismos sociais a superar, problemas de desigualdades evidentes, o que deixa o bloco, formalizado ou não, distante da pose de referência internacional na questão do desenvolvimento humano.

e) Avançar na criação de um banco de desenvolvimento, proposto pelo primeiro-ministro indiano, como alternativa ao Banco Mundial - Bird e ao Fundo Monetário Internacional - FMI, já seria grande passo.

10. Os trechos abaixo compõem um texto, mas estão desordenados. Ordene-os nos parênteses e assinale a opção que corresponde à ordem que assegura coesão e coerência ao texto.

a) ( ) Em seu Parecer, já enviado ao Tribunal Superior Eleitoral, em que responde à Consulta nº 1062, está expresso o entendimento de que o Parecer da AGU viola o artigo 73, VI, "a", da Lei 9.504/97.

b) ( ) O subprocurador-geral da República, com aprovação do vice-procurador-geral eleitoral, contesta a posição da Advocacia Geral da União (AGU) que permite a liberação de recursos para obras e serviços iniciados nos três meses que antecedem as eleições

c) ( ) O subprocurador-geral da República conclui, então, que "o tão-só posicionamento liberalizante de verbas em período vedado por lei está a merecer o conhecimento da presente consulta e sua resposta negativa para prevenir eventuais equívocos de interpretação, passíveis de quebra do princípio isonômico que deve presidir o embate eleitoral".

d) ( ) Tal dispositivo legal proíbe aos agentes públicos "realizar transferência voluntária de recursos da União aos Estados e Municípios, e dos Estados aos Municípios, sob pena de nulidade de pleno direito, ressalvados os recursos destinados a cumprir obrigação formal preexistente para execução de obra ou serviço em andamento e com cronograma pré-fixado, e os destinados a atender situações de emergência e de calamidade pública".

(Adaptado de www.mpu.gov.br/noticias/ - 05/07/2004)

a) B A D C.
b) C D B A.
c) D C A B.
d) A B D C.
e) B D C A.

Gabarito

01	CERTO	06	ERRADO
02	CERTO	07	ERRADO
03	B	08	B
04	A	09	E
05	A	10	A

Anotações

CAPÍTULO 13

Interpretação de Texto Poético

Cada vez mais comum em provas de concursos públicos, o texto poético possui suas particularidades. Nem todas as pessoas possuem a capacidade de ler um texto poético, quanto mais interpretá-lo. Justamente por esse fato, ele tem sido o predileto dos examinadores que querem dificultar a vida dos candidatos.

Antes de passar à interpretação propriamente dita, é preciso identificar a nomenclatura das partes de um poema. Cada "linha" do poema é chamada de "**verso**", o conjunto de versos é chamado de "**estrofe**". A primeira sugestão para quem pretende interpretar um poema é segmentar a interpretação por estrofe e anotar o sentido trazido ao lado e cada trecho.

Geralmente as bancas pecam ao diferenciar **autor** de **eu-lírico**. O primeiro é realmente a pessoa por detrás da pena, ou seja, é quem efetivamente escreve o texto; o segundo é a "voz" do poema, a "pessoa" fictícia, abstrata que figura como quem traz o poema para o leitor.

Outro problema muito comum na hora de fazer algo dessa natureza é a leitura do texto. Como o texto está em uma disposição que não é mais tão usual, as pessoas têm dificuldade para realizar a leitura. Eis uma dica fundamental: só interrompa a leitura quando chegar a um ponto ou a uma vírgula, porque é dessa maneira que se lê um texto poético. Além disso, é preciso que, mesmo mentalmente, o indivíduo tente dar ênfase na leitura, pois isso pode ajudar na intepretação.

Comumente, o vocabulário do texto poético não é acessível e, em razão disso, costuma haver notas explicativas com o significado das palavras, jamais ignore essa informação! Pode ser a salvação para a interpretação do texto lido.

Veja um exemplo:

Nel mezzo del camin (Olavo Bilac)

"Cheguei. Chegaste. Vinhas fatigada
E triste, e triste e fatigado eu vinha.
Tinhas a alma de sonhos povoada,
E a alma de sonhos povoada eu tinha...

E paramos de súbito na estrada
Da vida: longos anos, presa à minha
A tua mão, a vista deslumbrada
Tive da luz que teu olhar continha.

Hoje, segues de novo... Na partida
Nem o pranto os teus olhos umedece,
Nem te comove a dor da despedida.

E eu, solitário, volto a face, e tremo,
Vendo o teu vulto que desaparece
Na extrema curva do caminho extremo."

Existe outro fator extremamente importante na hora de tentar entender o conteúdo de um texto poético: o **título**! Nem todo poema possui um título, é claro, mas os que possuem ajudam, e muito, na compreensão do "assunto" do poema.

É claro que ter conhecimento do autor e do estilo de escrita por ele adotado é a ferramenta mais importante para que o candidato compreenda com profundidade o que está sendo veiculado pelo texto, porém, como grande parte das bancas ainda não chegou a esse nível de aprofundamento interpretativo, apenas o reconhecimento da superfície do texto já é suficiente para responder às questões.

Vejamos alguns textos para explanar melhor:

Bem no fundo (Paulo Leminski)

No fundo, no fundo,
Bem lá no fundo,
A gente gostaria
De ver nossos problemas
Resolvidos por decreto

A partir desta data,
Aquela mágoa sem remédio
É considerada nula
E sobre ela - silêncio perpétuo

Extinto por lei todo o remorso,
Maldito seja quem olhar pra trás,
Lá pra trás não há nada,
E nada mais

Mas problemas não se resolvem,
Problemas têm família grande,
E aos domingos saem todos passear
O problema, sua senhora
E outros pequenos probleminhas

→ **Interpretação**: por mais que trabalhemos para resolvermos nossos problemas, a única certeza é a de que eles continuarão, pois é isso que nos move.

Tradução de Sentido

As questões de tradução de sentido costumam ser o "calcanhar de Aquiles" dos candidatos. Nem sempre aparecem nas provas, mas quando surgem, é celeuma garantida. A maneira mais eficaz de resolvê-las é buscar relações de sinonímia em ambos os lados da sentença. Com isso, fica mais fácil acertar a questão.

Consideremos a relação de sinonímia presente entre "alegria" e "felicidade". Esses dois substantivos não significam, rigorosamente, a mesma coisa, mas são considerados sinônimos contextuais, se considerarmos um texto. Disso, entende-se que o sinônimo é identificado contextualmente e não depende, necessariamente, do conhecimento do sentido de todas as palavras.

Seria bom se fosse sempre dessa maneira. Ocorre que algumas bancas tentam selecionar de maneira não rigorosa os candidatos que acabam por cobrar o chamado "conhecimento que não é básico" dos candidatos. O melhor exemplo é pedir o significado da palavra "adrede", o qual pouquíssimas pessoas conhecem.

Organização de Texto (Texto Embaralhado)

Em algumas bancas, é comum haver questões que apresentam um texto desordenado, para que o candidato o reordene, garantido a coesão e a coerência. Além disso, não é raro haver trecho de texto com lacunas para preencher com alguns parágrafos. Para que isso ocorra, é mister saber o que significa coesão e coerência. Vamos a algumas definições simples.

→ **Coesão** é o conjunto de procedimentos e mecanismos que estabelecem conexão dentro do texto, o que busca garantir a progressão daquilo que se escreve nas sentenças. Pronomes, perífrases e sinônimos estão entre os mecanismos de coesão que podem ser empregados na sentença.

→ **Coerência** diz respeito à organização de significância do texto, ou seja, o sentido daquilo que se escreve. A sequência temporal e o princípio de não contradição são os dispostos mais emergentes da coerência.

Em questões dessa natureza, busque analisar as sequências de entrada e saída dos textos. Veja se há definições e conectivos que encerram ideias, ou se há pronomes que buscam sequenciar as sentenças. Desse modo, fica mais fácil acertar a questão.

Significação das Palavras

Compreensão, Interpretação, Intelecção

O candidato que é concurseiro de longa data sabe que, dentre as questões de interpretação de texto, é muito comum surgirem nomenclaturas distintas para fenômenos não tão distintos assim. Quer dizer que se no seu edital há elementos como leitura, compreensão, intelecção ou interpretação de texto, no fundo, o conceito é o mesmo. Ocorre que, dentro desse processo de interpretação, há elementos importantes para a resolução dos certames.

→ **O que se diz e o que se pode ter dito:**

Sempre que há um momento de enunciação, o material linguístico serve de base para que os interlocutores negociem o sentido daquilo que está na comunicação. Isso ocorre por meio de vários processos, sendo que é possível destacar alguns mais relevantes:

> **Dito**: consiste na superfície do enunciado. O próprio material linguístico que se enuncia.

> **Não-dito**: consiste naquilo que se identifica imediatamente, quando se trabalha com o que está posto (o dito).

> **Subentendido**: consiste nos sentidos ativados por um processo inferencial de análise e síntese do material linguístico somado ao não-dito.

» Vejamos isso em uma sentença para compreendermos a teoria.

» "A eleição de Barack Obama não é um evento apenas americano."

> Dito: é o próprio conteúdo da sentença – o fato de a eleição em questão não ser um evento apenas americano.

> Não-dito: alguém poderia pensar que a eleição teria importância apenas para os americanos.

> Subentendido: pode-se concluir que a eleição em questão terá grandes repercussões, a um nível global.

Inferência

Assunto muitíssimo delicado e ainda não resolvido na linguística. Não vou me dispor a teorizar sobre isso, pois seria necessário o espaço de um livro para tanto. Para a finalidade dos concursos públicos, vamos considerar que a inferência é o resultado do processamento na leitura, ou seja, é aquilo que se pode "concluir" ou "depreender" da leitura de um texto.

No momento de responder a uma questão dessa natureza, recomenda-se prudência. Existe um conceito que parece fundamental para facilitar a resolução dessas questões. Ele se chama **ancoragem lexical.** Basicamente, entende-se como A. L. a inserção de algum elemento que dispara pressuposições e fomenta inferências, ou seja, se alguma questão pedir se é possível inferir algo, o candidato só poderá responder afirmativamente, se houve uma palavra ou uma expressão (âncora lexical) que permita associar diretamente esses elementos.

Semântica (Sentido)

Evidentemente, o conteúdo relativo à significação das palavras deve muito a uma boa leitura do dicionário. Na verdade, o vocabulário faz parte do histórico de leitura de qualquer pessoa: quanto mais você lê, maior é o número de palavras que você vai possuir em seu "HD" mental. Como é impossível receitar a leitura de um dicionário, podemos arrolar uma lista com palavras que possuem peculiaridades na hora de seu emprego. Falo especificamente de **sinônimos, antônimos, homônimos e parônimos**. Mãos à obra!

→ **Sinônimos**:

Sentido aproximado: não existem sinônimos perfeitos:

> Feliz (Alegre / Contente).

> Palavra (Vocábulo).

> Professor (Docente).

Exemplo:

> **Professor** Mário chegou à escola. O **docente** leciona matemática.

→ **Antônimos:**

Oposição de sentido:

> Bem (Mal).

> Bom (Mau).

> Igual (Diferente).

→ **Homônimos**:

Homônimos são palavras com escrita ou pronúncia iguais (semelhantes), porém com significado (sentido) diferente:

> Adoro comer **manga** com sal.

> Derrubei vinho na **manga** da camisa.

Há três tipos de homônimos: homógrafos, homófonos e homônimos perfeitos.

Homógrafos - palavras que possuem a mesma grafia, mas o som é diferente.

> O meu **olho** está doendo.

> Quando eu **olho** para você, dói.

Homófonos - apresentam grafia diferente, mas o som é semelhante.

> A **cela** do presídio foi incendiada.

> A **sela** do cavalo é novinha.

Homônimos perfeitos - possuem a mesma grafia e o mesmo som.

> O **banco** foi assaltado.
> O **banco** da praça foi restaurado ontem.
> Ele não **para** de estudar.
> Ele olhou **para** a prova.

→ **Parônimos:**

Parônimos - são palavras que possuem escrita e pronúncia semelhantes, mas com significado distinto.

> O professor fez a **descrição** do conteúdo.
> Haja com muita **discrição**, Marivaldo.

Aqui vai uma lista para você se precaver quanto aos sentidos desses termos:

> Ascender (subir).
> Acender (pôr fogo, alumiar).

Exemplos:

» Quando Nero **ascendeu** em Roma, ele **acendeu** Roma.

> Acento (sinal gráfico).
> Assento (lugar de sentar-se).

Exemplos:

» O **acento** grave indica crase.
» O **assento** 43 está danificado.

> Acerca de (a respeito de).
> Cerca de (aproximadamente).
> Há cerca de (faz aproximadamente).

Exemplos:

» Falamos **acerca de** Português ontem.
» José mora **cerca de** mim.
» **Há cerca de** 10 anos, leciono Português.

> Afim (semelhante a).
> A fim de (com a finalidade de).

Exemplos:

» Nós possuímos ideias **afins**.
» Nós estamos estudando **a fim** de passar.

> Aprender (instruir-se).
> Apreender (assimilar).

Exemplos:

» Quando você **apreender** o conteúdo, saberá que **aprendeu** o conteúdo.

> Área (superfície).
> Ária (melodia, cantiga).

Exemplos:

» O tenor executou a ária.
» A polícia cercou a área.

> Arrear (pôr arreios).
> Arriar (abaixar, descer).

Exemplos:

» Precisamos **arrear** o cavalo.
» Joaquim **arriou** as calças.

> Caçar (apanhar animais).
> Cassar (anular).

Exemplos:

» O veado foi **caçado**.
» O deputado teve sua candidatura **cassada**.

> Censo (recenseamento).
> Senso (raciocínio).

Exemplos:

» Finalizou-se o **censo** no Brasil.
» Argumentou com bom-**senso**.

> Cerração (nevoeiro).
> Serração (ato de serrar).

Exemplos:

» Nos dias de chuva, pode haver **cerração**.
» Rolou a maior **serração** na madeireira ontem.

> Cerrar (fechar).
> Serrar (cortar).

Exemplos:

» **Cerrou** os olhos para a verdade.
» Marina **serrou**, acidentalmente, o nariz na serra.

> Cessão (ato de ceder).
> Seção (divisão).
> Secção (corte).
> Sessão (reunião).

Exemplos:

» O órgão pediu a **cessão** do espaço.
» Compareça à **seção** de materiais.
» Fez-se uma **secção** no azulejo.
» Assisti à **sessão** de cinema ontem. Passava "A Lagoa Azul".

> Concerto (sessão musical).
> Conserto (reparo).

Exemplos:

» Vamos ao **concerto** hoje.
» Fizeram o **conserto** do carro.

> Mal (antônimo de bem).
> Mau (antônimo de bom).

Exemplos:

» O homem **mau** vai para o inferno.
» O **mal** nunca prevalece sobre o bem.

> Ratificar (confirmar).
> Retificar (corrigir).

Exemplos:

» O documento **ratificou** a decisão.
» O documento **retificou** a decisão.

> Tacha (pequeno prego, mancha).
> Taxa (imposto, percentagem).

Exemplos:

» Comprei uma tacha.
» Paguei outra taxa.

Continuação da lista:

> **Bucho (estômago)**
> **Buxo (arbusto)**
> Calda (xarope)
> Cauda (rabo)
> **Cela (pequeno quarto)**
> **Sela (arreio)**
> Chá (bebida)
> Xá (Título do soberano da Pérsia, atual Irã, antes da revolução islâmica)

- **Cheque (ordem de pagamento)**
- **Xeque (lance do jogo de xadrez)**
- Comprimento (extensão)
- Cumprimento (saudação)
- **Conjetura (hipótese)**
- **Conjuntura (situação)**
- Coser (costurar)
- Cozer (cozinhar)
- **Deferir (costurar)**
- **Diferir (distinguir-se)**
- Degredado (desterrado, exilado)
- Degradado (rebaixado, estragado)
- **Descrição (ato de descrever)**
- **Discrição (reserva, qualidade de discreto)**
- Descriminar (inocentar)
- Discriminar (distinguir)
- **Despensa (lugar de guardar mantimentos)**
- **Dispensa (isenção, licença)**
- Despercebido (não notado)
- Desapercebido (desprovido, despreparado)
- **Emergir (vir à tona)**
- **Imergir (mergulhar)**
- Eminente (notável, célebre)
- Iminente (prestes a acontecer)
- **Esbaforido (ofegante, cansado)**
- **Espavorido (apavorado)**
- Esperto (inteligente)
- Experto (perito)
- **Espiar (observar)**
- **Expiar (sofrer castigo)**
- Estada (ato de estar, permanecer)
- Estadia (permanência, estada por tempo limitado)
- **Estático (imóvel)**
- **Extático (pasmo)**
- Estrato (tipo de nuvem)
- Extrato (resumo)
- **Flagrante (evidente)**
- **Fragrante (perfumado)**
- Fluir (correr)
- Fruir (gozar, desfrutar)
- **Incidente (episódio)**
- **Acidente (acontecimento grave)**
- Incipiente (principiante)
- Insipiente (ignorante)
- **Inflação (desvalorização do dinheiro)**
- **Infração (violação, transgressão)**
- Infligir (aplicar castigo)
- Infringir (transgredir)
- **Intercessão (ato de interceder)**
- **Interseção ou intersecção (ato de cortar)**
- Laço (nó)
- Lasso (frouxo)
- **Mandado (ordem judicial)**
- **Mandato (período político)**
- Ótico (relativo ao ouvido)
- Óptico (relativo à visão)
- **Paço (palácio)**
- **Passo (passada)**
- Peão (empregado / peça de xadrez)
- Pião (brinquedo)
- **Pequenez (pequeno)**
- **Pequinês (ração de cão, de Pequim)**
- Pleito (disputa)
- Preito (homenagem)
- **Proeminente (saliente)**
- **Preeminente (nobre, distinto)**
- Prescrição (ordem expressa)
- Proscrição (eliminação, expulsão)
- **Prostrar-se (humilhar-se)**
- **Postar-se (permanecer por muito tempo)**
- Ruço (grisalho, desbotado)
- Russo (da Rússia)
- **Sexta (numeral cardinal)**
- **Cesta (utensílio)**
- **Sesta (descanso depois do almoço)**
- Sortido (abastecido)
- Surtido (produzido, causado)
- **Sortir (abastecer)**
- **Surtir (efeito ou resultado)**
- Sustar (suspender)
- Suster (sustentar)
- Tilintar (soar)
- Tiritar (tremer)
- **Tráfego (trânsito)**
- **Tráfico (comércio ilícito)**
- Vadear (passa a pé ou a cavalo, atravessar o rio)
- Vadiar (vagabundear)
- **Viagem (substantivo)**
- **Viajem (verbo)**
- Vultoso (volumoso, grande vulto)
- Vultuoso (inchado)

Exercício Comentado

01. (TJSC) Indique a única palavra que não completa, com sentido, esta sentença: "Não havendo provas, tornou-se ___________ que o malfeitor escapará das grades."

a) Hialino.
b) Claro.
c) Evidente.
d) Patente.
e) Adrede.

RESPOSTA. "E". Dentre as palavras da questão, o termo adrede é o mais "diferente". Responde-se com mais facilidade quando se percebe que hialino, claro, evidente e patente são sinônimos. O sentido da palavra "adrede" é de "intencionalmente". Eis a prova de que você (se fez tudo o que o professor do Ensino Médio mandou) deve ter visto essa palavra:

"Antes, no amanhecer daquele dia, a comissão adrede escolhida descobrira o cadáver de Antônio Conselheiro.

Jazia um dos casebres anexos à latada, e foi encontrado graças à indicação de um prisioneiro. (...)

Desenterraram-no cuidadosamente. Dádiva preciosa - único prêmio, únicos despojos opimos de tal guerra! — fazem-se mister os máximos resguardos para que se não desarticulasse ou deformasse, reduzindo-se a uma massa angulhenta de tecidos decompostos."' (Os Sertões - Euclides da Cunha).

Vamos Praticar

A Contribuição do Conhecimento Geológico Para a Educação Ambiental

A observação do tempo geológico contrapõe-se à percepção histórica construída na sociedade moderna capitalista vinculada ao imediatismo. A concepção do tempo geológico pode contribuir para uma mudança cultural dessa percepção imediatista que tem se refletido em um consumismo exacerbado de produtos, produtos esses que se originaram a partir de bens minerais que se formaram ao longo do tempo geológico e que levarão anos até serem incorporados pela terra, quando passarão novamente a ser fonte de recurso. Os conhecimentos do Sistema Terra oferecem condições de se pensar a realidade de forma complexa e integrada, em diversas escalas de tempo e espaço, o que permite a construção do mundo físico em que vivemos. As discussões dos conteúdos das geociências transformam a visão de mundo, tornando-a significativa, não fragmentada, não linear, e estabelecem conexões, expressas por características criativas, sem mecanismos repetitivos e descontextualizados, propiciando o conhecimento em uma rede de relações com significado, transformando seus agentes, flexibilizando tarefas e saberes, formando cidadãos aptos a entender e atuar em um mundo em transformação de forma participativa.

Denise de La Corte Bacci. A contribuição do conhecimento geológico para a educação ambiental. In: Pesquisa em debate. Edição 11, V. 6, nº 2, jul. / dez. 2009, p. 17 e 19 (com adaptações).

01. (CESPE) Dados a organização das ideias no texto e o emprego de forma verbal flexionada na primeira pessoa do plural em "a construção do mundo físico em que vivemos", infere-se que os conhecimentos geológicos têm importância para toda a sociedade.

Certo ( ) Errado ( )

Vaidade - Florbela Espanca

Sonho que sou a Poetisa eleita,
Aquela que diz tudo e tudo sabe,
Que tem a inspiração pura e perfeita,
Que reúne num verso a imensidade!

Sonho que um verso meu tem claridade
Para encher todo o mundo! E que deleita
Mesmo aqueles que morrem de saudade!
Mesmo os de alma profunda e insatisfeita!

Sonho que sou Alguém cá neste mundo...
Aquela de saber vasto e profundo,
Aos pés de quem a terra anda curvada!

E quando mais no céu eu vou sonhando,
E quando mais no alto ando voando,
Acordo do meu sonho...

E não sou nada!...

02. (FUNRIO) No primeiro verso do poema, encontramos o eu poético feminino afirmando seu sonho de ser "a Poetisa eleita". Outro de seus sonhos é que:

a) Sua inspiração lhe diga tudo o que sabe.
b) Seus versos encham todo o mundo.
c) A terra ande curvada aos seus pés.
d) A imensidade lhe seja pura e perfeita.
e) A claridade de seus versos deleite os mortos.

03. (FUNRIO) Sobre as rimas que ocorrem nas duas primeiras estrofes do poema, é correto afirmar que elas são feitas

a) Entre verbos no gerúndio e substantivos concretos.
b) Em posição interna e externa nos oito versos.
c) Com palavras paroxítonas terminadas em vogal átona.
d) Sem simetria apenas na primeira estrofe.
e) De modo aleatório, com pouca regularidade.

Coisas da Terra

Todas as coisas de que falo estão na cidade entre o céu e a terra. São todas elas coisas perecíveis e eternas como o teu riso a palavra solidária minha mão aberta ou este esquecido cheiro de cabelo que volta e acende sua flama inesperada no coração de maio. Todas as coisas de que falo são de carne como o verão e o salário. Mortalmente inseridas no tempo, estão dispersas como o ar no mercado, nas oficinas, nas ruas, nos hotéis de viagem. São coisas, todas elas, cotidianas, como bocas e mãos, sonhos, greves, denúncias, acidentes do trabalho e do amor. Coisas, de que falam os jornais às vezes tão rudes às vezes tão escuras que mesmo a poesia as ilumina com dificuldade. Mas é nelas que te vejo pulsando, mundo novo, ainda em estado de soluços e esperança.

Identifique os itens verdadeiros.

04. (CEFET) A primeira estrofe do poema (Texto II) é marcada pela presença de:

I. Elementos antitéticos.
II. Imagens sensoriais.
III. Ideias hiperbólicas.
IV. Termos de valor metafórico.
V. Ambiguidade de signos linguísticos.

A alternativa em que todos os itens verdadeiros estão corretamente indicados é a:

a) I e III.
b) II e V.
c) III e IV.
d) I, II e IV.
e) II, III e V.

05. (FCC) Considerando-se o contexto, traduz-se adequadamente o sentido de um segmento em:

a) Trepidam as engrenagens = Ajustam-se as peças.
b) Luz imponderável = chama impetuosa.
c) Um híbrido estranho = um mestiço inolvidável.
d) Perturbam a frieza = abalam a impassibilidade.
e) Reflexos flamejantes = imagens enérgicas.

06. (FCC) Considerado o contexto, o segmento cujo sentido está adequadamente expresso em outras palavras é:

a) Manejar a lâmina da ironia = lidar com o cortante da blasfêmia.
b) Sem apelo ideológico = desprovido de ideias revolucionárias.
c) Se alimentava da matula = se nutria da provisão.
d) Pelo atalho do senso de humor = através de um muxoxo.
e) Tratam o forasteiro = referem-se ao salteador.

07. (FCC) Considerando-se o contexto, o segmento cujo sentido está adequadamente expresso em outras palavras é:

a) Partisse os laços com a tradição = quebrasse o condão sagrado.
b) Galgou ao comando de um continente = sobrelevou o ordenamento europeu.
c) Pela causa da liberdade contra a tirania = pelo motivo da insubmissão versus rigorismo.
d) Os próprios clichês o denunciam = os próprios lugares-comuns o evidenciam.
e) O mecanismo das instituições francesas = a articulação dos institutos galeses.

... estudou para ser monge beneditino no Colégio São Bento, em São Paulo, onde chegou a escrever um livro sobre a **ordem**. No entanto, acabou seguindo o caminho da poesia – em meio à **agitação** cultural e política dos anos 1960 e 1970. (1º parágrafo).

08. (FCC) Considerado o contexto, o sentido dos elementos grifados acima pode ser adequadamente reproduzido, na ordem dada, por:

a) Disposição - tumulto.
b) Escola - confronto.
c) Equilíbrio - burburinho.
d) Congregação - efervescência.
e) Prudência - radicalismo.

09. (FCC) Considerando-se o contexto, o segmento cujo sentido está adequadamente expresso em outras palavras é:

a) Semelhante à tensão típica = parecida com a inquietude disseminada.
b) Eletricidade que emanava da interpretação = impulso que transcendia a encenação.
c) Misto de respeito e estranhamento = mistura de reverência e espanto.
d) Energia que vibrava da vontade = força que celebrava o anseio.
e) Carga de emoção que era única = voltagem sentimental que era usual.

10. (FCC) Considere as definições abaixo:

I. **Senso** (estético): capacidade de apreciar a beleza pelo prazer que ela proporciona. **Censo** (demográfico): conjunto de dados característicos dos habitantes de uma localidade ou país.

II. **Cobre**: forma flexionada do verbo cobrir. **Cobre**: metal usado em condutores de eletricidade.

III. **Manto**: veste feminina, larga, comprida e sem mangas, usada por cima do vestido. **Manto**: por extensão, o que cobre, revestimento.

Constitui exemplo de homonímia o par que se encontra em:

a) III, apenas.
b) I e II, apenas.
c) I e III, apenas.
d) II e III, apenas.
e) I, II e III.

Gabarito

01	C	06	D
02	D	07	CERTO
03	D	08	C
04	C	09	C
05	D	10	D

Anotações

CAPÍTULO 14
Figuras de Linguagem

Para iniciar o estudo deste capítulo, é importante, retomar alguns conceitos: ao falar de figuras de linguagem, estamos, também, falando de **funções da linguagem** e de **semântica**.

As figuras de linguagem (também chamadas de figuras de pensamento) são construções que se relacionam com a função **poética da linguagem**, ou seja, estão articuladas em razão de modificar o código linguístico para dar ênfase no sentido de uma frase.

É comum vermos exemplos de figuras de linguagem em propagandas publicitárias, poemas, músicas etc. Essas figuras estão presentes em nossa fala cotidiana, principalmente na fala de registro **informal**.

Fique Ligado

O registro dito informal é aquele que não possui grande preocupação com a situação comunicativa, uma vez que não há tensão para a comunicação entre os falantes. Gírias, erros de concordância e subtração de termos da frase são comuns nesse baixo nível de formalidade comunicativa. Até grandes poetas já escreveram textos sobre esse assunto, veja o exemplo do escritor Oswald de Andrade, que discute a norma gramatical em relação à fala popular do brasileiro:

Pronominais

Dê-me um cigarro
Diz a gramática
Do professor e do aluno
E do mulato sabido
Mas o bom negro e o bom branco
Da Nação Brasileira
Dizem todos os dias
Deixa disso camarada
Me dá um cigarro

Oswald de Andrade
(1890-1954)

Os Cem Melhores Poemas Brasileiros do Século - Seleção e Organização de Ítalo Moriconi, Editora Objetiva, Rio de Janeiro, 2001 (In Pau-Brasil - Poesia - Oswald de Andrade, São Paulo, Globo)

Conotação X Denotação

É interessante, quando se estuda o conteúdo de figuras de linguagem, ressaltar a distinção conceitual entre o sentido conotativo e o sentido denotativo da linguagem. Vejamos como se opera essa distinção:

Sentido CONOTATIVO: figurado, ou abstrato. Relaciona-se com as figuras de linguagem.

> Adalberto **entregou sua alma a Deus**.

A ideia de entregar a alma a Deus é figurada, ou seja, não ocorre literalmente, pois não há um serviço de entrega de almas. Essa é uma figura que convencionamos chamar de **metáfora**.

Sentido DENOTATIVO: literal, ou do dicionário. Relaciona-se com a função **referencial** da linguagem.

> Adalberto **morreu**.

Quando dizemos função referencial, entende-se que o falante está preocupado em transmitir precisamente o fato ocorrido, sem apelar para figuras de pensamento. Essa frase do exemplo serviu para mostrar o sinônimo da figura de linguagem anterior.

Vejamos agora algumas das principais figuras de linguagem que costumam ser cobradas em provas de concursos públicos:

→ **Metáfora**: uma figura de linguagem, que consiste na comparação de dois termos sem o uso de um conectivo.

> Rosa **é uma flor**. (A pessoa é como uma flor: perfumada, delicada, bela etc.)

> Seus olhos **são dois oceanos**. (Os olhos possuem a profundidade do oceano, a cor do oceano etc.)

> João **é fera**. (João é perito em alguma coisa, desempenha determinada tarefa muito bem etc.)

→ **Metonímia**: figura de linguagem que consiste utilização de uma expressão por outra, dada a semelhança de sentido ou a possibilidade de associação lógica entre elas.

Há vários tipos de metonímia, vejamos alguns deles:

Efeito pela causa:

> O carrasco ergueu **a morte**. (O efeito é a morte, a causa é o machado).

Marca pelo produto:

> **Vá ao mercado e traga um Nescau**. (achocolatado em pó).

Autor pela obra:

> **Li Camões com entusiasmo.** (Quem leu, leu a obra, não o autor).

Continente pelo conteúdo:

> **Comi dois pratos de feijão**. (Comeu o feijão, ou seja, o conteúdo do prato)

Parte pelo todo:

> Peço sua **mão em casamento**. (Pede-se, na verdade, o corpo todo).

Possuidor pelo possuído:

> Mulher, vou **ao médico**. (Vai-se ao consultório que pertence ao médico, não ao médico em si).

→ **Antítese**: figura de linguagem que consiste na exposição de ideias opostas.

*"**Nasce** o Sol e não dura mais que um **dia***
*Depois da **Luz** se segue à **noite** escura*
Em tristes sombras morre a formosura,
*Em contínuas **tristezas** e **alegrias**."*

(Gregório de Matos)

Os termos em negrito evidenciam relações semânticas de distinção (oposição). Nascer é o contrário de morrer, assim como sombra é o contrário de luz. Essa figura foi muito utilizada na poesia brasileira, em especial pelo autor dos versos acima: Gregório de Matos Guerra.

→ **Paradoxo**: expressão que contraria o senso comum. Ilógica.

*"Amor é fogo que **arde sem se ver**;*
*É ferida que **dói e não se sente**;*
*É um **contentamento descontente**;*
*É **dor que desatina sem doer**."*

(Luís de Camões)

A construção semântica acima é totalmente ilógica, pois é impossível uma ferida doer e não ser sentida, assim como não é possível o contentamento ser descontente.

→ **Perífrase:** expressão que tem por função substituir semanticamente um termo:

> **A última flor do Lácio** anda muito judiada. (Português é a última flor do Lácio)

- **O país do futebol** é uma grande nação. (Brasil)
- **O Bruxo do Cosme Velho** foi um grande escritor. (Machado de Assis era conhecido como o Bruxo do Cosme Velho)
- **O anjo de pernas tortas** foi o melhor jogador do mundo. (Garrincha)

→ **Eufemismo**: figura que consiste em atenuar uma expressão desagradável:

- José **pegou emprestado sem avisar**; (roubou).
- Maurício **entregou a alma a Deus**; (morreu).
- Coitado, só porque **é desprovido de beleza**. (feio)

→ **Disfemismo**: contrário ao Eufemismo, é a figura de linguagem que consiste em tornar uma expressão desagradável em algo ainda pior.

- O homem **abotoou o paletó de madeira**. (morreu)
- **Está chupando cana pela raiz**. (morreu)
- **Sentou no colo do capeta**. (morreu)

→ **Prosopopeia**: atribuição de características animadas a seres inanimados.

- **O vento sussurrou em meus ouvidos**.
- Parecia que a **agulha odiava o homem**.

→ **Hipérbole**: exagero proposital de alguma característica.

- **Estou morrendo de rir.**
- **Chorou rios de lágrimas.**

→ **Hipérbato**: inversão sintática de efeito expressivo.

- **Ouviram do Ipiranga as margens plácidas**
- **De um povo heroico o brado e retumbante.**

Colocando na ordem direta:

As margens plácidas do Ipiranga ouviram o brado retumbante de um povo heroico.

- **Da minha família, ninguém fala!**

→ **Gradação**: figura que consiste na construção de uma escala de termo que fazem parte do mesmo campo semântico.

- <u>Plantou</u> **a semente**, <u>zelou</u> pelo **broto**, <u>regou</u> a **planta** e <u>colheu</u> o **fruto**. (A gradação pode ser do campo semântico da palavra semente – broto, planta e fruto – ou da palavra plantar – zelar, regar, colher)

→ **Ironia**: figura que consiste em dizer o contrário do que se pensa.

- **Lamento por ter sido eu o vencedor dessa prova.** (Evidentemente a pessoa não lamenta ser o vencedor de alguma coisa)

→ **Onomatopeia**: tentativa de representar um som da natureza. Figura muito comum em histórias em quadrinhos.

- Pof, tic-tac, click, bum, vrum!

→ **Sinestesia**: confusão dos sentidos do corpo humano para produzir efeitos expressivos.

- Ouvi uma **voz suave** saindo do quarto.
- O seu **perfume doce** é extremamente inebriante.

Vícios de Linguagem

Em um âmbito geral, vício de linguagem é toda expressão contrária à lógica da norma gramatical. Vejamos quais são os principais deslizes que se transformam em vícios.

→ **Pleonasmo vicioso**: consiste na repetição desnecessária de ideias.

- **Subir para cima.**
- **Descer para baixo.**
- **Entrar para dentro.**
- **Cardume de peixes.**
- **Enxame de abelhas.**
- **Elo de ligação.**
- **Fato real.**

Fique Ligado

Observação: pode existir o plágio expressivo em um texto poético. Na frase "ele penetrou na escura treva" há pleonasmo, mas não é vicioso.

→ **Ambiguidade**: ocorre quando a construção frasal permite que a sentença possua dois sentidos.

- Tenho que buscar **a cadela da sua irmã**.
- A empregada disse para o chefe que o cheque estava sobre **sua mesa**.
- **Como você**, também estou cansado. (conjunção "como" ou verbo "comer")

→ **Cacofonia**: ocorre quando a pronúncia de determinadas palavras permite a construção de outra palavra.

- Dei um beijo na bo**ca dela**.
- Nos**so hino** é belo.
- Na **vez passada**, esca**pei de** uma.

→ **Barbarismo**: é um desvio na forma de falar ou grafar determinada palavra.

- Mortandela (em vez de mortadela).
- Poblema (em vez de problema).
- Mindingo (em vez de mendigo).
- Salchicha (em vez de salsicha).

Esse conteúdo costuma ser simples para quem pratica a leitura de textos poéticos, portanto devemos sempre ler poesia. Passemos à resolução de algumas questões.

Exercício Comentado

XÓPIS

Não foram os americanos que inventaram o shopping center. Seus antecedentes diretos são as galerias de comércio de Leeds, na Inglaterra, e as passagens de Paris pelas quais flanava, encantado, o Walter Benjamin. Ou, se você quiser ir mais longe, os bazares do Oriente. Mas foram os americanos que aperfeiçoaram a ideia de cidades fechadas e controladas, à prova de poluição, pedintes, automóveis, variações climáticas e todos os outros inconvenientes da rua. Cidades só de calçadas, onde nunca chove, neva ou venta, dedicadas exclusivamente às compras e ao lazer - enfim, pequenos (ou enormes) templos de consumo e conforto. Os xópis são civilizações à parte, cuja existência e o sucesso dependem, acima de tudo, de não serem invadidas pelos males da rua.

Dentro dos xópis você pode lamentar a padronização de lojas e grifes, que são as mesmas em todos, e a sensação de estar num ambiente artificial, longe do mundo real, mas não pode deixar de reconhecer que, se a americanização do planeta teve seu lado bom, foi a criação desses bazares modernos, estes centros de conveniência com que o Primeiro Mundo - ou pelo menos uma ilusão de Primeiro Mundo - se espraia pelo mundo todo. Os xópis não são exclusivos, qualquer um pode entrar num xópi nem que seja só para fugir do calor ou flanar entre as suas vitrines, mas a apreensão causada por essas manifestações de massa nas suas calçadas protegidas, os rolezinhos, soa como

privilégio ameaçado. De um jeito ou de outro, a invasão planejada de xópis tem algo de dessacralização. É a rua se infiltrando no falso Primeiro Mundo. A perigosa rua, que vai acabar estragando a ilusão.

As invasões podem ser passageiras ou podem descambar para violência e saques. Você pode considerar que elas são contra tudo que os templos de consumo representam ou pode vê-las como o ataque de outra civilização à parte, a da irmandade da internet, à civilização dos xópis. No caso seria o choque de duas potências parecidas, na medida em que as duas pertencem a um primeiro mundo de mentira que não tem muito a ver com a nossa realidade. O difícil seria escolher para qual das duas torcer. Eu ficaria com a mentira dos xópis.

(Veríssimo, O Globo, 26-01-2014.)

01.** **(FGV) Ao dizer que os shoppings são "cidades", o autor do texto faz uso de um tipo de linguagem figurada denominada:

***a)** Metonímia.*
***b)** Eufemismo.*
***c)** Hipérbole.*
***d)** Metáfora.*
***e)** Catacrese.*

RESPOSTA. "D". Ao fazer a comparação entre um shopping e uma cidade – uma comparação direta – o autor utiliza uma figura de linguagem conhecida como metáfora.

Vamos Praticar

01. (CESGRANRIO) As palavras podem assumir sentidos figurados, ou seja, significados diferentes das acepções e usos previstos pelos dicionários, embora facilmente compreensíveis no contexto específico em que se encontram. A passagem do texto em que uma palavra em sentido figurado está presente é:

a) "Daí esta avalanche, este tsunami de informações."
b) "O estado de nossas células cerebrais, as nossas emoções; tudo isso pode representar uma limitação para nossa capacidade de lembrar."
c) "Para quem, como eu, viaja bastante e tem de trabalhar em aviões ou em hotéis, é um recurso precioso."
d) "Mas não encontrei pen drive algum."
e) "Perguntei no aeroporto, entrei em contato com o táxi que me trouxera, liguei para casa: nada."

02. (UNICENTRO) O fragmento que ilustra a linguagem conotativa é o transcrito na alternativa:

a) "pelo uso dos aviões sequestrados como arma".
b) "A derrubada do Taleban, que governava o país centro-asiático, contribuiu de modo decisivo para debilitar aquele grupo terrorista."
c) "uma guerra injustificável contra o Iraque."
d) "como alegou então, por má-fé e paranoia, o governo americano."
e) "Produziu até agora apenas dois outros atentados de vulto".

03. (CEV-URCA) Em: "Chico passou por maus bocados, andou gastando mais de cinco litros de saliva para reconquistar a mulher" (linhas 40 e 41). A construção em destaque é própria da linguagem literária e caracteriza-se como:

a) Hipérbole.
b) Eufemismo.
c) Catacrese.
d) Anáfora.
e) Elipse.

Leia o texto:

Tomar uma decisão envolve uma disputa com três participantes – dois deles (instinto e experiência) cuidam de seu presente, o outro (razão) pensa no seu futuro. Por isso, diante de uma encruzilhada, o melhor é tentar organizar essa briga. Antes de decidir se quer mesmo encarar uma mudança radical na carreira, talvez você resolva usar a razão. Ou não – talvez você esteja cansado da profissão que escolheu e prefira tentar um caminho novo. Tanto faz: em qualquer decisão, o importante é pensar se aquele problema merece uma consideração mais racional ou emotiva. E só aí começar a julgar as informações e os argumentos. Assim, o cérebro começa a movimentar as engrenagens sabendo qual delas interessa mais. E evita erros.

04. (PaqTcPB) A utilização dos termos "participantes", "cuidam" e "pensa" (L. 2 e 3) contribui para estabelecer, no texto, uma relação de sentido denominada:

a) Ambiguidade.
b) Sinonímia.
c) Paráfrase.
d) Oposição.
e) Metáfora.

05. Pleonasmo é uma figura de linguagem que tem como marca a repetição de palavras ou expressões, aparentemente desnecessárias, para enfatizar uma ideia. No entanto, alguns pleonasmos são considerados "vícios de linguagem" por informarem uma obviedade e não desempenharem função expressiva no enunciado. Considerando esta afirmação, assinale a alternativa que possui exemplo de pleonasmo vicioso.

a) "(...) E então abriu a torneira: a água espalhou-se (...)"
b) "(...)O jeito era ir comprar um pão na padaria. (...)"
c) "(...)Matá-la, não ia; não, não faria isso. (...)"
d) "(...) Traíra é duro de morrer, nunca vi um peixe assim. (...)"
e) "(...) Tirou para fora os outros peixes: lambaris, chorões, piaus; (...)"

06. (FUNCAB) Assinale a figura de linguagem que predomina no trecho "Mas aquele pendão firme, vertical, beijado pelo vento do mar, veio enriquecer nosso canteirinho vulgar com uma força e uma alegria que me fazem bem."

a) hipérbole
b) eufemismo
c) prosopopeia
d) antítese
e) catacrese

07. (FUNRIO) Em um texto, as palavras e as expressões podem ser empregadas em sentido conotativo ou denotativo. No segmento "O segundo caminho, válido para profissionais liberais, é conquistar bons clientes e assumir a propriedade do próprio nariz.", a expressão "do próprio nariz" tem natureza conotativa. O termo ou expressão destacado(a) que está empregado(a) em sentido denotativo ocorre em:

a) Os jovens "lutam" aguerridamente para conseguir um bom emprego.
b) É educativo ensinar às pessoas a ganharem o dinheiro com o "suor do seu rosto".
c) Muitos jovens não conseguem ser "felizes" nas profissões que abraçaram.
d) Os profissionais financeiramente "mais bem sucedidos" são os médicos.
e) Os filhos podem ser "o braço direito" dos pais em empresas familiares.

08. (CESPE)

*"**Nasce** o Sol e não dura mais que um **dia***
*Depois da **Luz** se segue à **noite** escura*
*Em tristes **sombras morre** a formosura,*
*Em contínuas **tristezas** e **alegrias**."*

(Gregório de Matos)

Assinale a opção que apresenta a figura de linguagem predominante no trecho do poema acima.

a) sinestesia
b) comparação
c) antítese
d) eufemismo
e) hipérbole

09. (CONSUPLAN) Há sentido conotativo na seguinte alternativa:

a) "Será que uma bola é mais valiosa que um livro?"
b) "...aposentados choram pelo minguado aumento."
c) "Por que se concedem altos aumentos na política?"
d) "... hospitais deixam de atender ao mais simples diagnóstico..."
e) "Por que os salários não são igualitários?"

10. Constitui exemplo de uso de linguagem figurada o elemento sublinhado na frase:

I. Foi acusado de ser o cabeça do movimento.
II. Ele emprega sempre a palavra literalmente atribuindo- lhe um sentido inteiramente inadequado.
III. Ignoro o porquê de você se aborrecer comigo.
IV. Seus pensamentos são fantasmagorias que não o deixam em paz.

Atende ao enunciado APENAS o que está em:

a) I e II.
b) I e IV.
c) II e III.
d) III e IV.
e) I e III.

Gabarito

01	A	06	C
02	B	07	C
03	A	08	C
04	E	09	B
05	E	10	B

Anotações

ÍNDICE

MATEMÁTICA

CAPÍTULO 01

Teoria de Conjuntos

Nesta seção, estão os principais conceitos sobre conjuntos e suas operações. Um assunto importante e de fácil aprendizagem.

Definições

O conceito de conjunto é redundante visto que se trata de um agrupamento ou reunião de coisas, que serão chamadas de **elementos** do conjunto.

» **Ex.:** se quisermos montar o conjunto das vogais do alfabeto, os **elementos**: a, e, i, o, u.

Fique Ligado

A nomenclatura dos conjuntos é formada pelas letras maiúsculas do alfabeto.

» ***Ex.: conjunto dos estados da região sul do Brasil: A = {Paraná, Santa Catarina, Rio Grande do Sul}.***

Representação dos Conjuntos

Os conjuntos podem ser representados tanto em **chaves** como em **diagramas**.

→ Representação em chaves:

» **Ex.:** conjuntos dos estados brasileiros que fazem fronteira com o Paraguai: **B** = {Paraná, Mato Grosso do Sul}.

→ Representação em diagramas:

» **Ex.:** conjuntos das cores da bandeira do Brasil:

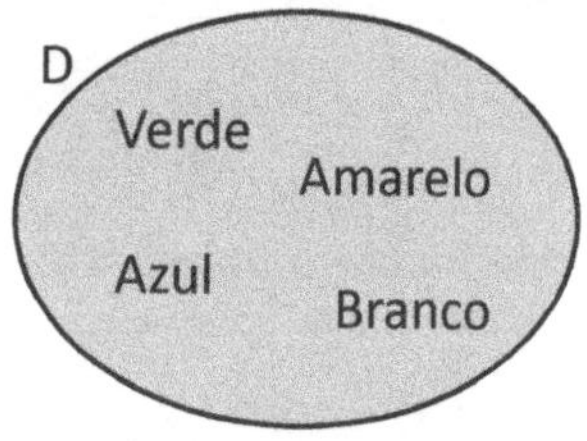

Elementos e Relação de Pertinência

Quando um elemento está em um conjunto, dizemos que ele pertence a esse conjunto. A relação de pertinência é representada pelo símbolo $\in$ (pertence).

» **Ex.:** conjunto dos algarismos pares: **G** = {2, 4, 6, 8, 0}.

Observe que:

$4 \in G$

$7 \notin G$

Conjunto Unitário e Conjunto Vazio

→ **Conjunto unitário**: possui um só elemento.

» **Ex.:** conjunto da capital do Brasil: **K** = {Brasília}

→ **Conjunto vazio:** simbolizado por $\emptyset$ ou {}, é o conjunto que não possui elemento.

» **Ex.:** conjunto dos estados brasileiros que fazem fronteira com o Chile: **M** = $\emptyset$.

Subconjuntos

Subconjuntos são partes de um conjunto.

» **Ex.:** conjunto dos algarismos: **F** = {1, 2, 3, 4, 5, 6, 7, 8, 9, 0}.

» **Ex.:** conjunto dos algarismos ímpares: **H** = {1, 3, 5, 7, 9}.

Observe que o conjunto H está dentro do conjunto F sendo, então, o conjunto H um subconjunto de F.

As relações entre subconjunto e conjunto são de: "está contido = $\subset$" e "contém = $\supset$".

Os subconjuntos "**estão contidos**" nos conjuntos e os conjuntos "**contém**" os subconjuntos. Veja:

$H \subset F$

$F \supset H$

Fique Ligado

> ***Todo conjunto é subconjunto de si próprio. ($D \subset D$);***

> ***O conjunto vazio é subconjunto de qualquer conjunto. ($\emptyset \subset D$);***

> ***Se um conjunto A possui "p" elementos, então ele possui 2^p subconjuntos;***

> ***O conjunto formado por todos os subconjuntos de um conjunto A, é denominado conjunto das partes de A. Assim, se A = {4, 7}, o conjunto das partes de A, é dado por {$\emptyset$, {4}, {7}, {4, 7}}.***

Operações com Conjuntos

→ **União de conjuntos:** a união de dois conjuntos quaisquer será representada por "A U B" e terá os elementos que pertencem a A "ou" a B, ou seja, todos os elementos.

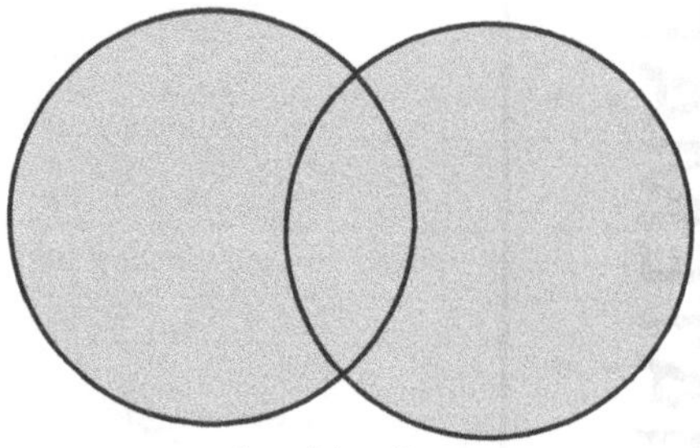

A U B

Fique Ligado

O número de elementos da união de dois conjuntos será dado por: $n(A \cup B) = n(A) + n(B) - n(A \cap B)$

Para resolver as questões que envolvem união de conjuntos, começaremos a resolução sempre pelo que for mais comum aos conjuntos.

→ **Interseção de conjuntos:** a interseção de dois conjuntos quaisquer será representada por "A ∩ B". Os elementos que fazem parte do conjunto interseção são os elementos comuns aos dois conjuntos.

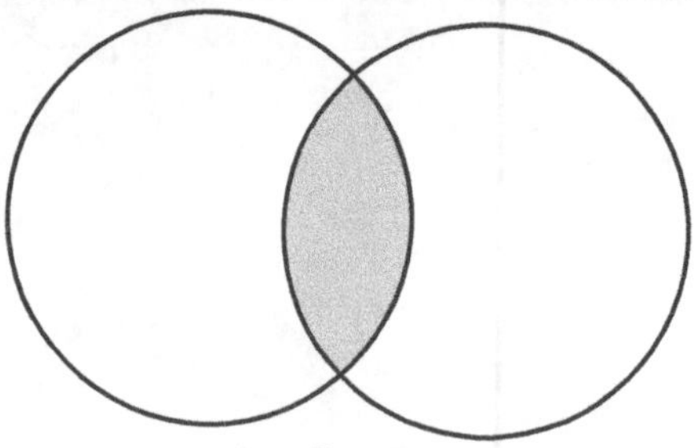

A ∩ B

Exercício Comentado

01. ***(FCC) Duas modalidades de esporte são oferecidas para os 200 alunos de um colégio: basquete e futebol. Sabe-se que 140 alunos praticam basquete, 100 praticam futebol e 20 não praticam nenhuma dessas modalidades. O número de alunos que praticam uma e somente uma dessas modalidades é:***

a) ***120***

b) ***100***

c) ***80***

d) ***60***

e) ***40***

RESPOSTA. ***"A". Representando o enunciado, temos:***

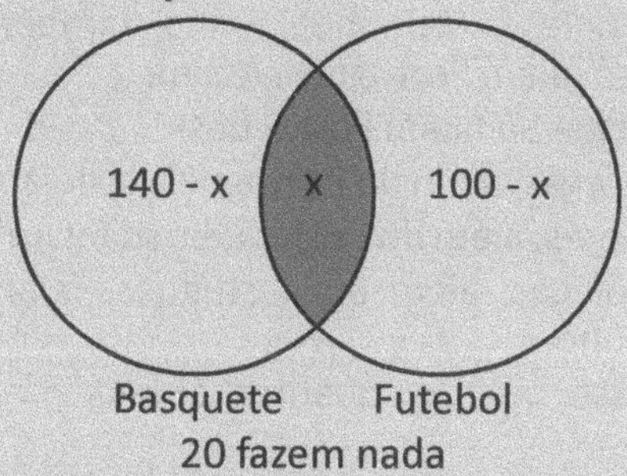

Calculando o valor de "x":

$$140 - x + x + 100 - x + 20 = 200$$
$$260 - x = 200$$
$$X = 260 - 200$$
$$X = 60$$

Se x = 60, então 80 praticam somente basquete e 40 praticam somente futebol. Como a questão está pedindo o número de alunos que praticam somente uma modalidade, essa será de:

$$80 + 40 = 120.$$

→ **Diferença de conjuntos**: a diferença de dois conjuntos quaisquer será representada por "A – B" e terá os elementos que pertencem somente a A, mas não pertencem a B, ou seja, que são exclusivos de A.

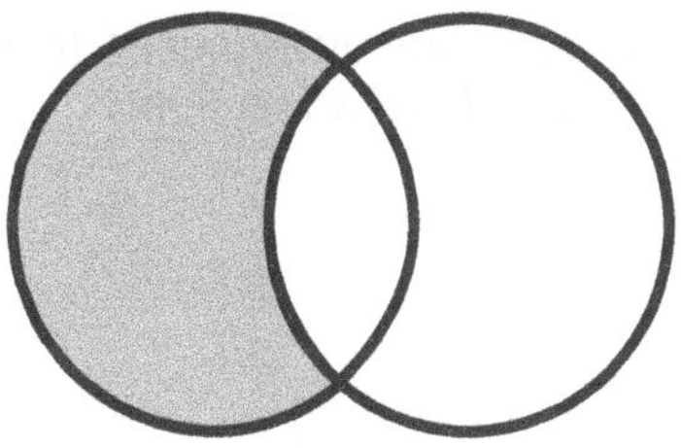

A - B

→ **Complementar de um conjunto:** se A está contido no conjunto universo U, o complementar de A é a diferença entre o conjunto universo e o conjunto A, será representado por "$C_U(A)$ = U – A" e terá todos os elementos que pertencem ao conjunto universo, menos os que pertencem ao conjunto A.

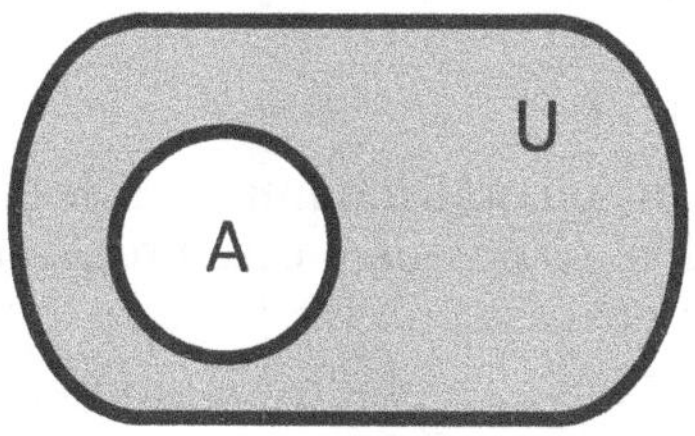

$C_p(A)$

Exercícios Comentados

01. ***Sejam os conjuntos A = {1, 3, 4}, B = {1, 2, 3} e X. Sabe-se que qualquer subconjunto de A∩B está contido em X, que por sua vez é subconjunto de AUB. Quantos são os possíveis conjuntos de X?***

a) ***3***

b) ***4***

c) ***5***

d) ***6***

e) ***7***

RESPOSTA. ***"B". O conjunto A∩B = {1, 3} tem como subconjuntos: {∅, {1}, {3}, {1,3}}. Como a questão fala que qualquer subconjunto de A∩B está contido em X e que o conjunto X é um subconjunto de AUB, então o conjunto X pode ser: X = {1, 3} ou X = {1, 2, 3} ou X = {1, 3, 4} ou X = {1, 2, 3, 4}. Portanto, a quantidade de conjuntos X pode ser igual a 4.***

02. ***(ESAF) X e Y são dois conjuntos não vazios. O conjunto X possui 64 subconjuntos. O conjunto Y, por sua vez, possui 256 subconjuntos. Sabe-se, também, que o conjunto Z = X ∩ Y possui 2 elementos. Desse modo, conclui-se que o número de elementos do conjunto P = Y - X é igual a:***

a) ***4***

b) ***6***

c) ***8***

d) ***vazio***

e) ***1***

RESPOSTA. ***"B". Calculando o número de elementos do conjunto "X", temos:***

$$2^n = 64$$
$$2^n = 2^6$$
$$n = 6 \text{ (elementos de "X")}$$

Calculando o número de elementos de "Y", fica:

$$2^n = 256 \text{ (elementos de "Y")}$$
$$2^n = 2^8$$
$$n = 8 \text{ (elementos de "Y")}$$

Se Z = X ∩ Y = 2 elementos, então temos a seguinte representação dos conjuntos, com a quantidade dos seus elementos:

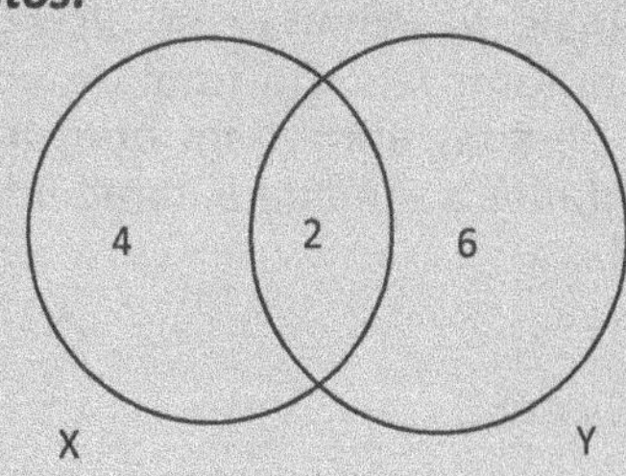

Então P (número de elementos) = Y - X = 6.

Vamos Praticar

01. Dados os conjuntos A = {1, 2, 3, 4, 6}, B = {1, 2, 3, 5, 7} e C = {3, 4, 5, 8, 9}, determine o conjunto X sabendo que X⊂C e C – X = B ∩ C.

a) X = {3, 5}

b) X = {1, 2, 7}

c) X = {2, 3, 4}

d) X = {3, 4, 7}

e) X = {4, 8, 9}

02. Para uma turma de 80 alunos do CPCAR, foi aplicada uma prova de Matemática valendo 9,0 pontos distribuídos igualmente em 3 questões sobre:

> 1ª) FUNÇÃO
> 2ª) GEOMETRIA
> 3ª) POLINÔMIOS

Sabe-se que:

> Apesar de 70% dos alunos terem acertado a questão sobre FUNÇÃO, apenas 1/10 da turma conseguiu nota 9,0;
> 20 alunos acertaram as questões sobre FUNÇÃO e GEOMETRIA;
> 22 acertaram as questões sobre GEOMETRIA e POLINÔMIOS;
> 18 acertaram as questões sobre FUNÇÃO e POLINÔMIOS.

A turma estava completa nessa avaliação, ninguém tirou nota zero, no critério de correção não houve questões com acertos parciais e o número de acertos apenas em GEOMETRIA é o mesmo que o número de acertos apenas em POLINÔMIOS. Nessas condições, é correto afirmar que:

a) O número de alunos que só acertaram a 2ª questão é o dobro do número de alunos que acertaram todas as questões.
b) Metade da turma só acertou uma questão.
c) Mais de 50% da turma errou a terceira questão.
d) Apenas 3/4 da turma atingiu a média maior ou igual a 5,0.

03. Se A, B e C são conjuntos não vazios, sendo N(X) = número de elementos do conjunto X, é CORRETO afirmar que das afirmativas abaixo:

I. $A \cap (B \cup C) = (A \cap B) \cup (A \cap C)$;
II. $N(A \cap B) = N(A \cup B) - N(A) + N(B)$;
III. Se $A \cap B = \emptyset$, então, obrigatoriamente, $A = B = \emptyset$.

a) I é verdadeira.
b) I e II são verdadeiras.
c) III é verdadeira.
d) I, II e III são verdadeiras.
e) II e III são verdadeiras.

04. 1000 pessoas responderam a uma pesquisa sobre a frequência do uso de automóvel. 810 pessoas disseram utilizar automóvel em dias de semana, 880 afirmaram que utilizam automóvel nos finais de semana e 90 disseram que não utilizam automóveis. Do total de entrevistados, quantas pessoas afirmaram que utilizam automóvel durante a semana e, também, nos fins de semana?

a) 580
b) 610
c) 690
d) 710
e) 780

05. Dos 36 funcionários de uma agência bancária, sabe-se que: apenas 7 são fumantes, 22 são do sexo masculino e 11 são mulheres que não fumam. Com base nessas afirmações, é correto afirmar que o:

a) Número de homens que não fumam é 18.
b) Número de homens fumantes é 5.
c) Número de mulheres fumantes é 4.
d) Total de funcionários do sexo feminino é 15.
e) Total de funcionários não fumantes é 28.

06. Considere os conjuntos A, B e C, seus respectivos complementares A^C, B^C e C^C e as seguintes declarações:

I. $A \cup (B \cap C) = (A \cap B) \cup (A \cap C)$;
II. $A \cap (B \cup C) = (A \cup B) \cap (A \cup C)$;
III. $(B \cap C)^C = B^C \cap C^C$.

Para esses conjuntos e seus respectivos complementares, está(ão) correta(s) a(s) declaração(ões):

a) II, somente.
b) III, somente.
c) I e II, somente.
d) I e III, somente.
e) I, II e III.

07. Em minha turma da Escola, tenho colegas que falam, além do Português, duas línguas estrangeiras: Inglês e Espanhol. Tenho, também, colegas que só falam Português. Assim:

> 4 colegas só falam Português;
> 25 colegas, além do Português, só falam Inglês;
> 6 colegas, além do Português, só falam Espanhol;
> 10 colegas, além do Português, falam Inglês e Espanhol.

Diante desse quadro, quantos alunos há na minha turma?

a) 46
b) 45
c) 44
d) 43
e) 42

08. Em um grupo de 48 pessoas, 9 não têm filhos. Dentre as pessoas que têm filhos, 32 têm menos de 4 filhos e 12, mais de 2 filhos. Nesse grupo, quantas pessoas têm 3 filhos?

a) 4
b) 5
c) 6
d) 7
e) 8

09. Se A e B são conjuntos quaisquer e $C(A, B) = A - (A \cap B)$ então C (A, B) é igual ao conjunto:

a) $\emptyset$
b) B
c) B - A
d) A - B
e) $(A \cup B) - A$

10. Dois conjuntos B e C são subconjuntos de um conjunto A, porém A também é subconjunto de B e contém os elementos de C. Desse modo, pode-se afirmar que:

a) $A = B$ e $C \subset B$
b) $A \supset B$ e $C \supset B$
c) $A \in B$ e $C \supset B$
d) $A \in B$ e $C = B$
e) $A = B$ e $B = C$

Sabendo-se que dos 110 empregados de uma empresa, 80 são casados, 70 possuem casa própria e 30 são solteiros e possuem casa própria, julgue o item seguinte.

11. (CESPE) Mais da metade dos empregados casados possui casa própria.

Certo ( ) Errado ( )

Texto para as questões 12 a 15

Considere que todos os 80 alunos de uma classe foram levados para um piquenique em que foram servidos salada, cachorro-quente e frutas. Entre esses alunos, 42 comeram salada e 50 comeram frutas. Além disso, 27 alunos comeram cachorro-quente e salada, 22 comeram salada e frutas, 38 comeram cachorro-quente e frutas e 15 comeram os três alimentos. Sabendo que cada um dos 80 alunos comeu pelo menos um dos três alimentos, julgue os próximos itens.

12. (CESPE) Quinze alunos comeram somente cachorro-quente.

Certo ( ) Errado ( )

13. (CESPE) Dez alunos comeram somente salada.

Certo ( ) Errado ( )

14. (CESPE) Cinco alunos comeram somente frutas.

Certo ( ) Errado ( )

15. (CESPE) Sessenta alunos comeram cachorro--quente.

Certo ( ) Errado ( )

Acerca de operações com conjuntos, julgue o item subsequente.

16. (CESPE) Considere que os conjuntos A, B e C tenham o mesmo número de elementos, que A e B sejam disjuntos, que a união dos três possuía 150 elementos e que a interseção entre B e C possuía o dobro de elementos da interseção entre A e C. Nesse caso, se a interseção entre B e C possui 20 elementos, então B tem menos de 60 elementos.

Certo ( ) Errado ( )

17. (FCC) Do total de Agentes que trabalham em um setor da Assembleia Legislativa de São Paulo, sabe-se que, se fossem excluídos os:

> Do sexo feminino, restariam 15 Agentes;

> Do sexo masculino, restariam 12 Agentes;

> Que usam óculos, restariam 16 Agentes;

> Que são do sexo feminino ou usam óculos, restariam 9 Agentes.

Com base nessas informações, o número de Agentes desse setor que são do sexo masculino e não usam óculos é:

a) 5
b) 6
c) 7
d) 8
e) 9

18. (ESAF) Um colégio oferece a seus alunos a prática de um ou mais dos seguintes esportes: futebol, basquete e vôlei. Sabe-se que, no atual semestre.

> 20 alunos praticam vôlei e basquete;

> 60 alunos praticam futebol e 65 praticam basquete;

> 21 alunos não praticam nem futebol nem vôlei;

> o número de alunos que praticam só futebol é idêntico ao número dos alunos que praticam só vôlei;

> 17 alunos praticam futebol e vôlei;

> 45 alunos praticam futebol e basquete; 30, entre os 45, não praticam vôlei.

O número total de alunos do colégio, no atual semestre, é igual a:

a) 93
b) 110
c) 103
d) 99
e) 114

19. (FGV) Dado um conjunto A, chamamos subconjunto próprio não vazio de A a qualquer conjunto que pode ser formado com parte dos elementos do conjunto A, desde que:

> Algum elemento de A seja escolhido;

> Não sejam escolhidos todos os elementos de A.

Sabemos que a quantidade de subconjuntos próprios não vazios de A é 14. A quantidade de elementos de A é igual a:

a) 4
b) 5
c) 6
d) 7
e) 8

20. (FCC) Em um grupo de 100 pessoas, sabe-se que:

> 15 nunca foram vacinadas;

> 32 só foram vacinadas contra a doença A;

> 44 já foram vacinadas contra a doença A;

> 20 só foram vacinadas contra a doença C;

> 2 foram vacinadas contra as doenças A, B e C;

> 22 foram vacinadas contra apenas duas doenças.

De acordo com as informações, o número de pessoas do grupo que só foi vacinado contra as doenças B e C é:

a) 10
b) 11
c) 12
d) 13
e) 14

Gabarito

01	E	11	ERRADO
02	C	12	ERRADO
03	A	13	ERRADO
04	E	14	CERTO
05	A	15	CERTO
06	B	16	ERRADO
07	A	17	E
08	B	18	D
09	D	19	A
10	A	20	A

Anotações

CAPÍTULO 02

Sequências Numéricas

Neste capítulo, será possível ver como informada uma sequência e também do que trata a P.A. (Progressão Aritmética) e a P.G. (Progressão Geométrica).

Conceitos

→ **Sequências**: conjuntos de elementos organizados de acordo com certo padrão, ou seguindo determinada regra. O conhecimento das sequências é fundamental para a compreensão das progressões.

→ **Progressões**: as progressões são sequências numéricas com algumas características exclusivas.

Fique Ligado

Cada elemento das sequências e/ou progressões são denominados termos. Exemplos:

> ***Sequência dos números quadrados perfeitos: (1, 4, 9, 16, 25, 36, 49, 64, 81, 100...);***

> ***Sequência dos números primos: (2, 3, 5, 7, 11, 13, 17, 19, 23, 29, 31, 37, 41, 43, 47, 53...).***

Veja que na sequência dos números quadrados perfeitos a lei que determina sua formação é: $a_n = n^2$.

Lei de Formação de uma Sequência

Para determinarmos uma sequência numérica, precisamos de uma lei de formação. A lei que define a sequência pode ser a mais variada possível.

» **Ex.:** A sequência definida pela lei $a_n = n^2 + 1$, com "n" ∈ N, cujo a_n é o termo que ocupa a n-ésima posição na sequência é: 0, 2, 5, 10, 17, 26... Por esse motivo, a_n é chamado de termo geral da sequência.

Progressão Aritmética (P.A.)

Toda sequência na qual, a partir do segundo termo, a subtração de um termo por seu antecessor tem como resultado um valor fixo, que chamaremos de **razão** e representaremos pela letra "r", é chamada de progressão aritmética. Exemplos:

> (2, 4, 6, 8, 10, 12, 14, ...); r = 2

> (5, 2, -1, -4, -7, -10, -13, ...); r = -3

Acompanhe-me

Uma P.A. pode ser crescente, decrescente ou constante:

> ***Crescente: é aquela que tem a razão positiva, r > 0;***

> ***Decrescente: é aquela que tem a razão negativa, r < 0;***

> ***Constante: é aquela que tem a razão nula, r = 0.***

Termo Geral da P.A.

Sabendo-se o primeiro termo de uma P.A. e sua razão, podemos determinar qualquer termo que quisermos, bastando para isso fazer uso da fórmula do termo geral, que é:

$$a_n = a_1 + (n - 1) \cdot r$$

Cujo:

> a_1 = o primeiro termo da P.A.;

> a_n = o termo que se quer determinar;

> n = o número do termo;

> r = a razão da P.A.

» **Ex.:** determine o 8º termo da P.A. (3, 7, 11, 15, ...)

Resolução:

Sendo $a_1 = 3$, e r = 4 (7 - 3 = 4), aplicando a fórmula do termo geral, temos:

$$a_n = a_1 + (n - 1) \cdot r$$
$$a_8 = 3 + (8 - 1) \cdot 4$$
$$a_8 = 3 + 7 \cdot 4$$
$$a_8 = 3 + 28$$
$$a_8 = 31$$

Portanto, o 8º termo da P.A. é 31.

Propriedades das P.A.

→ **1ª propriedade:** qualquer termo da P.A., a partir do segundo, é a média aritmética entre seu antecessor e seu sucessor.

$$a_p = \frac{a_{p-1} + a_{p+1}}{2}; p \geq 2$$

» **Ex.:** P.A. (3, 7, ?, 15, ...)

$a_1 = 3$; $a_2 = 7$; $a_3 = ?$; $a_4 = 15$

$$a_p = \frac{a_{p-1} + a_{p+1}}{2}$$
$$a_3 = \frac{a_2 + a_4}{2}$$
$$a_3 = \frac{7 + 15}{2}$$
$$a_3 = \frac{22}{2}$$
$$a_3 = 11$$

→ **2ª propriedade:** a soma dos termos equidistantes aos extremos é igual à soma dos extremos.

$$a_1 + a_n = a_2 + a_{n-1} = a_3 + a_{n-2} = a_{1+p} + a_{n-p}$$

» **Ex.:** P.A. (3, 7, 11, 15, 19, 23, 27, 31)

$a_1 = 3$; $a_2 = 7$; $a_3 = 11$; $a_4 = 15$; $a_5 = 19$; $a_6 = 23$; $a_7 = 27$; $a_8 = 31$

$$a_1 + a_n = a_2 + a_{n-1} = a_3 + a_{n-2} = a_{1+p} + a_{n-p}$$
$$a_1 + a_8 = a_2 + a_7 = a_3 + a_6 = a_4 + a_5$$
$$3 + 31 = 7 + 27 = 11 + 23 = 15 + 19$$
$$34 = 34 = 34 = 34$$

Fique Ligado

Dois termos são equidistantes quando a distância entre um deles para o primeiro termo da P.A. é igual a distância do outro para o último termo da P.A.

Interpolação Aritmética

Interpolar significa inserir termos, ou seja, interpolação aritmética é a colocação de termos entre os extremos de uma P.A. Consiste basicamente em descobrir o valor da razão da P.A. e, com, isso inserir esses termos.

Utiliza-se a fórmula do termo geral para a resolução das questões, em que "**n**" será igual a "**k + 2**", cujo "**k**" é a quantidade de termos que se quer interpolar.

» **Ex.:** insira 5 termos em uma P.A. que começa com 3 e termina com 15.

Resolução:

$a_1 = 3$; $a_n = 15$; $k = 5$ e $n = 5 + 2 = 7$

$$a_n = a_1 + (n-1) \cdot r$$
$$15 = 3 + (7-1) \cdot r$$
$$15 = 3 + 6r$$
$$6r = 15 - 3$$
$$6r = 12$$
$$r = \frac{12}{6}$$
$$r = 2$$

Então, P.A (3, **5, 7, 9, 11, 13,** 15)

Soma dos Termos de uma P.A.

Para somar os termos de uma P.A. basta utilizar a seguinte fórmula.

$$S_n = \frac{(a_1 + a_n) \cdot n}{2}$$

Cujo:

> a_1 = o primeiro termo da P.A.;
> a_n = o último termo da P.A.;
> **n** = o total de termos da P.A.

» **Ex.:** calcule a soma dos temos da P.A. (1, 4, 7, 10, 13, 16, 19, 22, 25).

Resolução:

$a_1 = 1$; $a_n = 25$; $n = 9$

$$S_n = \frac{(a_1 + a_n) \cdot n}{2}$$
$$S_n = \frac{(1 + 25) \cdot 9}{2}$$
$$S_n = \frac{(26) \cdot 9}{2}$$
$$S_n = \frac{234}{2}$$
$$S_n = 117$$

Exercício Comentado

01. ***(FGV) Em uma fila, denominamos extremos o primeiro e o último elemento e equidistantes os elementos que estão à mesma distância dos extremos. A distância entre dois elementos consecutivos dessa fila é sempre a mesma, quaisquer que sejam esses dois elementos. Sabendo que essa fila é formada por 52 elementos, o 8º elemento é equidistante ao:***

a) 44º elemento.
b) 45º elemento.
c) 46º elemento.
d) 47º elemento.
e) 48º elemento.

RESPOSTA. ***"B". Veja que se trata de uma questão bem simples, na qual trabalharemos com a propriedade dos termos equidistantes. O 8º elemento está a 7 termos distante do 1º (8 – 1 = 7), logo o termo equidistante ao 8º terá que estar 7 termos distante do último termo, que é o 52º termo, então 52 – 7 = 45. Portanto, o 8º termo é equidistante ao 45º termo.***

Progressão Geométrica (P.G.)

Toda sequência na qual, a partir do segundo termo, a divisão de um termo por seu antecessor tem como resultado um valor fixo, que chamaremos de **razão** e representaremos pela letra "**q**", é chamada de progressão geométrica.

Observe que os conceitos de P.A. e P.G. são muito parecidos, mas não iguais. Enquanto a P.A. usamos a adição na P.G. utilizamos a multiplicação exemplo:

> (2, 4, 8, 16, 32, 64, ...); q = 2
> (5, -25, 125, -625, 3125, ...); q = -5

Fique Ligado

Uma P.G. pode ser crescente, decrescente, constante ou oscilante:

> ***Crescente (3, 9, 27, 81, 243, ...)***
> ***Decrescente (1296, 216, 36, 6, 1, ...)***
> ***Constante (7, 7, 7, 7, ...)***
> ***Oscilante (3, -12, 48, -192, ...)***

Termo Geral da P.G.

Sabendo o primeiro termo de uma P.G. e sua razão, podemos determinar qualquer termo que quisermos, bastando para isso fazer uso da fórmula do termo geral:

$$a_n = a_1 \cdot q^{(n-1)}$$

Cujo:

> a_1 = o primeiro termo da P.G.;
> a_n = o termo que se quer determinar;
> **n** = o número do termo;
> **q** = a razão da P.G.

» **Ex.:** determine o 5º termo da P.G. (3, 15, 75, ...)

Resolução:

Sendo $a_1 = 3$, e q = 5 (15/3 = 5), aplicando a fórmula do termo geral, temos:

$$a_n = a_1 \cdot q^{(n-1)}$$
$$a_5 = 3 \cdot 5^{(5-1)}$$
$$a_5 = 3 \cdot 5^4$$
$$a_5 = 3 \cdot 625$$
$$a_5 = 1875$$

Propriedades das P.G.

→ **1ª propriedade:** qualquer termo da P.G., a partir do segundo, é a média geométrica entre seu antecessor e seu sucessor.

$$a_k^2 = a_{k-1} \cdot a_{k+1};\ k \geq 2$$

→ **2ª propriedade:** o produto dos termos equidistantes aos extremos é igual ao produto dos extremos.

$$a_1 \cdot a_n = a_2 \cdot a_{n-1} = a_3 \cdot a_{n-2} = a_{1+k} + a_{n-k}$$

Fique Ligado

Dois termos são equidistantes quando a distância de um deles para o primeiro termo P.G. é igual a distância do outro para o último termo da P.G.

Interpolação Geométrica

Interpolar significa inserir termos, ou seja, interpolação geométrica é a colocação de termos entre os extremos de uma P.G. Consiste basicamente em descobrir o valor da razão da P.G. e, com isso, inserir esses termos.

Utiliza-se a fórmula do termo geral para a resolução das questões, em que "**n**" será igual a "**p + 2**", cujo "**p**" é a quantidade de termos que se quer interpolar.

» **Ex.:** insira 4 termos em uma P.G que começa com 2 e termina com 2048.

Resolução:

$a_1 = 2$; $a_n = 2048$; $p = 4$ e $n = 4 + 2 = 6$

$$a_n = a_1 \cdot q^{(n-1)}$$
$$2048 = 2 \cdot q^{(6-1)}$$
$$2048 = 2 \cdot q^5$$
$$q^5 = \frac{2048}{2}$$
$$q^5 = 1024 \quad (1024 = 4^5)$$
$$q^5 = 4^5$$
$$q = 4$$

P.G. (2, **8, 32, 128, 512,** 2048).

Soma dos Termos de uma P.G

Aqui temos duas situações: P.G. **finita** e **infinita**. Devemos ficar atentos, pois para cada tipo de P.G.temos uma fórmula correspondente.

→ **P.G. finita:**

$$S_n = \frac{a_n \cdot q - a_1}{q - 1} \text{ ou } S_n = \frac{a_1 \cdot (q^n - 1)}{q - 1}$$

→ **P.G. infinita:**

$$S_n = \frac{a_1}{1 - q}$$

P.G. infinita é aquela que tem a razão: $-1 < q < 1$.

Cujo:

> **a_1** = o primeiro termo da P.G.;

> **a_n** = o último termo da P.G.;

> **q** = a razão da P.G.

» **Ex.:** calcule a soma da P.G.: $(1, -\frac{1}{3}, \frac{1}{9}, -\frac{1}{27}, \cdots)$

Resolução:

Como $q = -1/3$, ou seja, $-1 < q < 1$, então:

$S_n = \frac{a_1}{1 - q}$ e $a_1 = 1$

$$S_n = \frac{1}{1 - (-\frac{1}{3})}$$
$$S_n = \frac{1}{1 + \frac{1}{3}}$$
$$S_n = \frac{1}{\frac{3}{4}}$$
$$S_n = \frac{3}{4}$$

Produto dos Termos de uma P.G.

Para o cálculo do produto dos termos de uma P.G., basta usar a seguinte fórmula:

$$P_n = \sqrt{(a_1 \cdot a_n)^n}$$

» **Ex.:** qual o produto dos termos da P.G. (5, 10, 20, 40, 80, 160).

Resolução:

$a_1 = 5$; $a_n = 160$; $n = 6$

$$P_n = \sqrt{(a_1 \cdot a_n)^n}$$
$$P_n = \sqrt{(5 \cdot 160)^6}$$
$$P_n = (5 \cdot 160)^3$$
$$P_n = (800)^3$$
$$P_n = 512000000$$

Exercícios Comentados

01. ***(FMZ) Um fungo cresce de tal forma que dobra de tamanho a cada hora. Sabendo que em 30 horas o fungo atingiu 6m², quanto tempo o fungo levou para atingir 3m²?***

a) 29 horas
b) 15 horas
c) 10 horas
d) 5 horas
e) 1 hora

RESPOSTA. "A". sabemos que o fungo dobra de tamanho a cada hora, como em 30 horas o fungo tem 6m² de tamanho, 1 hora antes ele tinha a metade desse tamanho, logo em 29 horas o fungo tinha 3m².

02. ***O sexto termo de uma progressão geométrica é igual a 12.500. Se a razão é igual a 5, assinale a alternativa correspondente ao terceiro termo.***

a) 100
b) 125
c) 150
d) 340
e) 300

RESPOSTA. "A". Se $a_6 = 12.500$ e $q = 5$, então a_1 será:

$$a_6 = a_1 \cdot q^{n-1}$$
$$12.500 = a_1 \cdot 5^5$$
$$12.500 = a_1 \cdot 3.125$$
$$a_1 = \frac{12.500}{3.125}$$
$$a_1 = 4$$

Por fim:

$$a_3 = a_1 \cdot q^2$$
$$a_3 = 4 \cdot 25$$
$$a_3 = 100$$

Vamos Praticar

01. O número mínimo de termos que deve ter a P.A (73, 69, 65, ...) para que a soma de seus termos seja negativa é:

a) 18
b) 19
c) 20
d) 37
e) 38

02. Sejam $(1, a_2, a_3, a_4)$ e $(1, b_2, b_3, b_4)$ uma progressão aritmética e uma progressão geométrica, respectivamente, ambas com a mesma soma dos termos e ambas crescentes. Se a razão r da progressão aritmética é o dobro da razão q da progressão geométrica, então, o produto $r \cdot q$ é igual a:

a) 15
b) 18
c) 21
d) 24
e) 26

03. Quantos múltiplos de 9 ou 15 há entre 100 e 1000?

a) 100
b) 120
c) 140
d) 160
e) 180

04. Um menino, de posse de uma porção de grãos de arroz, brincando com um tabuleiro de xadrez, colocou um grão na primeira casa, dois grãos na segunda casa, quatro grãos na terceira casa, oito grãos na quarta casa e continuou procedendo desta forma até que os grãos acabaram, em algum momento, enquanto ele preenchia a décima casa. A partir dessas informações, podemos afirmar que a quantidade mínima de grãos de arroz que o menino utilizou na brincadeira é:

a) 480
b) 511
c) 512
d) 1023
e) 1024

05. Numa P.A., o 2º termo é 1 e o 5º termo é 16. O termo igual a 31 é o:

a) 7º
b) 8º
c) 10º
d) 11º
e) 15º

06. Álvaro, Bento, Carlos e Danilo trabalham em uma mesma empresa, e os valores de seus salários mensais formam, nessa ordem, uma progressão aritmética. Danilo ganha mensalmente R$ 1.200,00 a mais que Álvaro, enquanto Bento e Carlos recebem, juntos, R$ 3.400,00 por mês. Qual é, em reais, o salário mensal de Carlos?

a) 1.500,00
b) 1.550,00
c) 1.700,00
d) 1.850,00
e) 1.900,00

07. Seja a progressão geométrica: $\sqrt{5}, \sqrt[3]{5}, \sqrt[6]{5}, ...$ O quarto termo dessa progressão é:

a) 0
b) $5^{-\frac{1}{6}}$
c) $5^{\frac{1}{9}}$
d) 1
e) 5

08. Em uma progressão geométrica, o segundo termo é 27^{-2}, o terceiro termo é 9^4, e o quarto termo é 3^n. O valor de n é:

a) 22
b) 20
c) 18
d) 16
e) 24

09. Qual é a soma dos termos da sequência $(x - 2, 3x - 10, 10 + x, 5x + 2)$, para que a mesma seja uma progressão geométrica crescente?

a) 52
b) 60
c) 40
d) 48
e) 64

10. Os valores das parcelas mensais estabelecidas em contrato para pagamento do valor total de compra de um imóvel constituem uma P.A crescente de 5 termos. Sabendo que $a_1 + a_3 = 60$ mil reais, e que $a_1 + a_5 = 100$ mil reais, pode-se afirmar que o valor total de compra desse imóvel foi, em milhares de reais, igual a:

a) 200
b) 220
c) 230
d) 250
e) 280

11. (FGV) Considere a sequência numérica (1, 4, 5, 9, 14, 23, ...). O primeiro número dessa sequência a ter 3 algarismos é:

a) 157
b) 116
c) 135
d) 121
e) 149

12. (FCC) Considere que os números que compõem a sequência seguinte obedecem a uma lei de formação (120; 120; 113; 113; 105; 105; 96; 96; 86; 86; . . .). A soma do décimo quarto e décimo quinto termos dessa sequência é um número:

a) Múltiplo de 5
b) Ímpar
c) Menor do que 100
d) Divisível por 3
e) Maior do que 130

13. (FGV) Uma sequência numérica $(a_1, a_2, a_3, a_4, ...)$ é construída de modo que, a partir do 3º termo, cada um dos termos corresponde à média aritmética dos termos anteriores. Sabendo-se que $a_1 = 2$ e que $a_9 = 10$, o valor do 2º termo é:

a) 18
b) 10
c) 6
d) 5
e) 3

14. (FCC) Às 10 horas do dia 18 de maio de 2007, um tanque continha 9 050 litros de água. Entretanto, um furo em sua base fez com que a água escoasse em vazão constante e, então, às 18 horas do mesmo dia restavam apenas 8.850 litros de água em seu interior. Considerando que o furo não foi consertado e não foi colocada água dentro do tanque, ele ficou totalmente vazio às:

a) 11 horas de 02/06/2007
b) 12 horas de 02/06/2007
c) 12 horas de 03/06/2007
d) 13 horas de 03/06/2007
e) 13 horas de 04/06/2007

15. (CESGRANRIO) Qual é a soma dos múltiplos de 11 formados por 4 algarismos?

a) 4.504.500
b) 4.505.000
c) 4.505.500
d) 4.506.000
e) 4.506.500

16. (FCC) Considere que em 1990 uma Seção Eleitoral de certa cidade tinha apenas 52 eleitores inscritos – 18 do sexo feminino e 34 do sexo masculino – e que, a partir de então, a cada ano subsequente o número de mulheres inscritas nessa Seção aumentou de 3 unidades, enquanto que o de homens inscritos aumentou de 2 unidades. Assim sendo, o número de eleitores do sexo feminino se tornou igual ao número dos eleitores do sexo masculino em:

a) 2004
b) 2005
c) 2006
d) 2007
e) 2008

17. (FCC) Considere as progressões aritméticas: P: (237, 231, 225, 219, ...) e Q: (4, 9, 14, 19, ...). O menor valor de n para o qual o elemento da sequência Q localizado na posição n é maior do que o elemento da sequência P também localizado na posição n é igual a:

a) 22
b) 23
c) 24
d) 25
e) 26

18. (CONSULPLAN) Qual é a soma dos termos da sequência (x - 2, 3x - 10, 10 + x, 5x + 2), para que a mesma seja uma progressão geométrica crescente?

a) 52
b) 60
c) 40
d) 48
e) 64

19. (CEPERJ) Em uma progressão geométrica, o segundo termo é 27^{-2}, o terceiro termo é 4^9, e o quarto termo é 3^n. O valor de n é:

a) 22
b) 20
c) 18
d) 16
e) 24

20. (CESGRANRIO) Qual é o número que deve ser somado aos números 1, 5 e 7 para que os resultados dessas somas, nessa ordem, formem três termos de uma progressão geométrica?

a) - 9
b) - 5
c) - 1
d) 1
e) 9

Gabarito

01	E	11	A
02	B	12	B
03	C	13	A
04	C	14	B
05	B	15	A
06	E	16	C
07	D	17	B
08	A	18	B
09	B	19	A
10	D	20	A

Anotações

CAPÍTULO 03

Análise Combinatória

Neste capítulo você verá as técnicas dos Arranjos, das Combinações e saberá quando usar cada uma.

Definição

A análise combinatória é utilizada para descobrir o **número de maneiras possíveis** de realizar determinado evento, sem que seja necessário demonstrar todas essas maneiras.

» **Ex.:** quantos são os pares formados pelo lançamento de dois "**dados**" simultaneamente?

Resolução: no primeiro dado, temos 6 possibilidades – do 1 ao 6 – e, no segundo dado, também temos 6 possibilidades – do 1 ao 6. Juntando todos os pares formados, temos 36 pares (6 · 6 = 36). Observe:

(1,1), (1,2), (1,3), (1,4), (1,5), (1,6),
(2,1), (2,2), (2,3), (2,4), (2,5), (2,6),
(3,1), (3,2), (3,3), (3,4), (3,5), (3,6),
(4,1), (4,2), (4,3), (4,4), (4,5), (4,6),
(5,1), (5,2), (5,3), (5,4), (5,5), (5,6),
(6,1), (6,2), (6,3), (6,4), (6,5), (6,6);

Logo, temos **36 pares.**

Fique Ligado

Não há necessidade de expor todos os pares formados, basta que saibamos quantos pares são.

Imagine se fossem 4 dados e quiséssemos saber todas as quadras possíveis, o resultado seria 1296 quadras. Um número inviável de ser representado. Por isso utilizamos a Análise Combinatória.

Para resolver as questões de Análise Combinatória, utilizamos algumas técnicas, que veremos a partir de agora.

Fatorial

Fatorial de um número (natural e maior que 1) é a multiplicação desse número pelos seus antecessores em ordem decrescente (até o número 1).

Considerando um número "n" natural maior que 1, definimos o fatorial de "n" (indicado pelo símbolo **n!**) como sendo:

$$n! = n \cdot (n-1) \cdot (n-2) \cdot \ldots \cdot 4 \cdot 3 \cdot 2 \cdot 1; \text{ para } n \geq 2$$

Exemplos:

> **4!** = 4 · 3 · 2 · 1 = 24
> **6!** = 6 · 5 · 4 · 3 · 2 · 1 = 720
> **8!** = 8 · 7 · 6 · 5 · 4 · 3 · 2 · 1 = 40320

Observe que:

> **6!** = 6 · 5 · 4!
> **8!** = 8 · 7 · 6!

Fique Ligado

> ***Para n = 0, teremos: 0! = 1.***
> ***Para n = 1, teremos: 1! = 1.***

Princípio Fundamental da Contagem (P.F.C.)

É uma das técnicas mais importantes e uma das mais utilizadas nas questões de Análise Combinatória.

O P.F.C. é utilizado nas questões em que os elementos podem ser repetidos **ou** quando a ordem dos elementos fizer diferença no resultado.

Fique Ligado

Esses "elementos" são os dados das questões, os valores envolvidos.

Consiste de dois princípios: o **multiplicativo** e o **Aditivo**. A diferença dos dois consiste nos termos utilizados durante a resolução das questões.

> **Multiplicativo:** usado sempre que na resolução das questões utilizarmos o termo "**e**". Como o próprio nome já diz, faremos multiplicações.
> **Aditivo:** usado quando utilizarmos o termo "**ou**". Aqui realizaremos somas.

» **Ex.:** Quantas senhas são possíveis com os algarismos 1, 3, 5 e 7?

Resolução:

Como nas senhas os algarismos podem ser repetidos, para formar senhas de 3 algarismos temos a seguinte possibilidade:

SENHA = Algarismo **E** Algarismo **E** Algarismo

Nº de SENHAS = 4 · 4 · 4 (já que são 4 os algarismos que temos na questão, e observe o princípio multiplicativo no uso do "e"). Nº de SENHAS = 64.

Arranjo e Combinação

Duas outras técnicas usadas para resolução de problemas de análise combinatória, sendo importante saber quando usa cada uma delas.

→ **Arranjo:** usado quando os elementos (envolvidos no cálculo) não podem ser repetidos **e** quando a ordem dos elementos faz diferença no resultado

A fórmula do arranjo é:

$$A_{n,p} = \frac{n!}{(n-p)!}$$

Cujo:

> **n** = a todos os elementos do conjunto;
> **p** = os elementos utilizados.

» **Ex.:** pódio de competição.

→ **Combinação:** usado quando os elementos (envolvidos no cálculo) não podem ser repetidos **e** quando a ordem dos elementos **não** faz diferença no resultado.

A fórmula da combinação é:

$$C_{n,p} = \frac{n!}{p! \cdot (n-p)!}$$

Cujo:

> **n** = a todos os elementos do conjunto;
> **p** = os elementos utilizados.

» **Ex.:** salada de fruta.

Exercícios Comentados

Considerando uma corrida de Fórmula 1 com a participação de 22 carros e 22 pilotos igualmente competitivos, julgue o item a seguir

01. ***(CESPE) Se sete carros quebrarem durante a corrida e seus pilotos forem obrigados a abandoná-la antes da bandeirada final, então a quantidade de maneiras diferentes de se formar a dupla dos primeiros classificados será inferior a 200.***

ERRADO. Para 1º e 2º colocados a ordem faz diferença no resultado, assim como um mesmo piloto não pode ser 1º e 2º ao mesmo tempo, portanto, vamos trabalhar com arranjo. Na questão: n = 22 – 7 = 15, e p = 2; agora é só aplicar a fórmula.

$$A_{15,2} = \frac{15!}{(15-2)!}$$

$$A_{15,2} = \frac{15!}{13!}$$

$$A_{15,2} = \frac{15 \cdot 14 \cdot 13!}{13!} \text{ (simplificando 13!)}$$

$$A_{15,2} = 15 \cdot 14$$

$$A_{15,2} = 210$$

A questão fala em menos de 200.

02. ***(CESPE) Considere que seja possível chegar a uma pequena cidade por meio de carro, por um dos 5 ônibus ou por um dos 2 barcos disponíveis e que, dado o caráter sigiloso de uma operação a ser realizada nessa cidade, os agentes que participarão dessa operação devam chegar à referida cidade de maneira independente, em veículos distintos. Em face dessa situação, sabendo-se que o órgão de inteligência dispõe de apenas um carro e que os deslocamentos devem ocorrer no mesmo dia, é correto afirmar que o número de maneiras de o servidor responsável pela organização das viagens escolher os veículos para transporte de 3 agentes para essa missão é inferior a 50.***

ERRADO. De acordo com a questão, temos 8 meios de transporte, dos quais queremos utilizar 3. A ordem com que esses meios de transporte serão utilizados não fazem a menor diferença; como um meio de transporte não poderá ser usado por 2 ou mais agentes, temos aqui uma questão de combinação.

$$C_{8,3} = \frac{8!}{3! \cdot (8-3)!}$$

$$C_{8,3} = \frac{8!}{3! \cdot (5)!}$$

$$C_{8,3} = \frac{8 \cdot 7 \cdot 6 \cdot 5!}{3 \cdot 2 \cdot 1 \cdot 5!} \text{ (simplificando 5!)}$$

$$C_{8,3} = \frac{336}{6}$$

$$C_{8,3} = 56$$

A questão traz um número inferior a 50 maneiras de organizar a missão.

Permutação

Permutação Simples

Usado quando os elementos (envolvidos no cálculo) não podem ser repetidos **e** quando a ordem dos elementos faz diferença no resultado **e** quando são utilizados todos os elementos do conjunto.

Nada mais é do que um caso particular de arranjo cujo p = n.

Logo:

$$A_{n,p} = \frac{n!}{(n-p)!}$$

$$A_{n,n} = \frac{n!}{(n-n)!}$$

$$A_{n,n} = \frac{n!}{(0)!}$$

$$A_{n,n} = \frac{n!}{1}$$

$$A_{n,n} = n!$$

Assim, a fórmula da permutação é:

$$P_n = n!$$

Fique Ligado

As permutações são usadas muito nas questões de anagramas.

ANAGRAMAS: todas as palavras formadas com todas as letras de uma palavra, quer essas novas palavras tenham sentido ou não na linguagem comum.

» **Ex.:** quantos anagramas têm a palavra prova?

Resolução: a palavra **prova** tem 5 letras, e nenhuma repetida, sendo assim **n = 5**, e:

$$P_5 = 5!$$

$$P_5 = 5 \cdot 4 \cdot 3 \cdot 2 \cdot 1$$

$$P_5 = 120 \text{ anagramas}$$

Permutação com Elementos Repetidos

Na permutação com elementos repetidos, usa-se a seguinte fórmula:

$$P_n^{k,y,\cdots,w} = \frac{n!}{k! \cdot y! \cdot \ldots \cdot w!}$$

Cujo:

> **n** = o número total de elementos do conjunto;

> **k, y, w** = as quantidades de elementos repetidos.

» **Ex.:** quantos anagramas têm a palavra concurso?

Resolução: observe que na palavra **CONCURSO** existem duas letras repetidas, o "C" e o "O", e cada uma duas vezes, portanto n = 8, k = 2 e y = 2, agora:

$$P_8^{2,2} = \frac{8!}{2! \cdot 2!}$$

$$P_8^{2,2} = \frac{8 \cdot 7 \cdot 6 \cdot 5 \cdot 4 \cdot 3 \cdot 2!}{2 \cdot 1 \cdot 2!} \text{ (Simplificando o 2!)}$$

$$P_8^{2,2} = \frac{20.160}{2}$$

$$P_8^{2,2} = 10.080 \text{ anagramas}$$

Resumo:

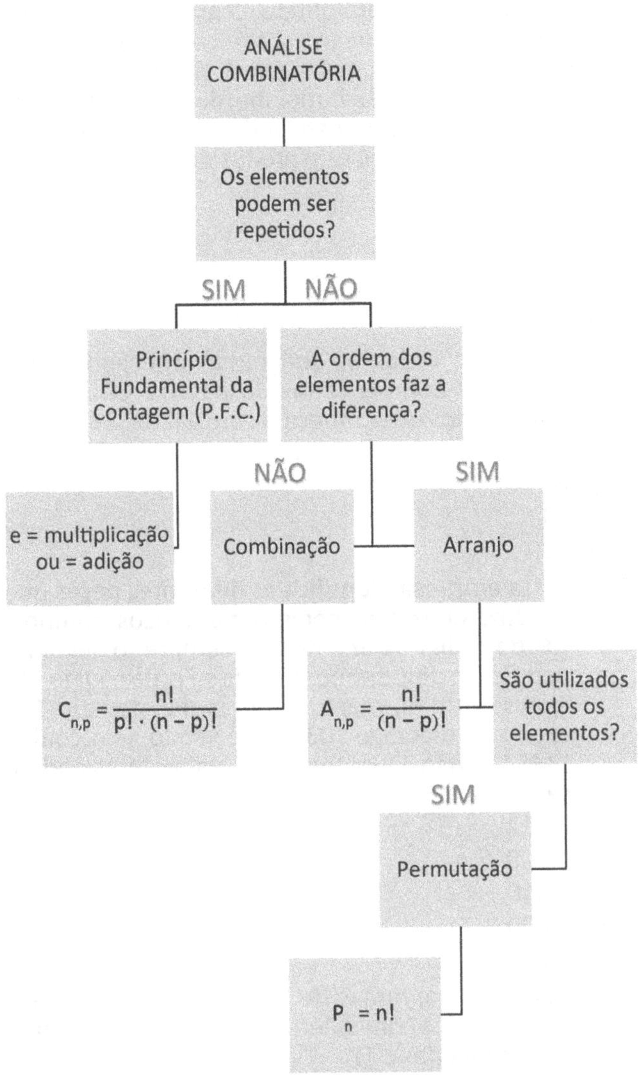

Fique Ligado

Para saber qual das técnicas utilizar basta fazer duas, no máximo, três perguntas para a questão, veja:

> ***1ª: os elementos podem ser repetidos?***

Se a resposta for sim, deve-se trabalhar com o P.F.C.; se a resposta for não, passe para a próxima pergunta;

> ***2ª: a ordem dos elementos faz diferença no resultado da questão?***

Se a resposta for sim, trabalha-se com arranjo; se a resposta for não, trabalha-se com as combinações. (Todas as questões de arranjo podem ser feitas por P.F.C.)

> ***3ª (opcional): vou utilizar todos os elementos para resolver a questão?***

Para fazer a 3ª pergunta, depende, se a resposta da 1ª for não e a 2ª for sim; se a resposta da 3ª for sim, trabalha-se com as permutações.

Permutações Circulares e Combinações com Repetição

Casos especiais dentro da Análise Combinatória.

→ **Permutação Circular**: usada quando houver giro horário ou anti-horário.

$$P_{c(n)} = (n-1)!$$

Cujo:

> **n** = o número total de elementos do conjunto;

> P_c = permutação circular.

→ **Combinação com Repetição:** usada quando p > n ou quando a questão informar que pode haver repetição.

$$C_{r(n,p)} = C_{(n+p-1,p)} = \frac{(n+p-1)!}{p! \cdot (n-1)!}$$

Cujo:

> **n** = o número total de elementos do conjunto;

> **p** = o número de elementos utilizados;

> C_r = combinação com repetição.

Exercícios Comentados

01. (CESGRANRIO) Uma loja vende barras de chocolate de diversos sabores. Em uma promoção, era possível comprar três barras de chocolate com desconto, desde que estas fossem dos sabores ao leite, amargo, branco ou com amêndoas, repetidos ou não. Assim, um cliente que comprar as três barras na promoção poderá escolher os sabores de n modos distintos, sendo n igual a:

a) 20
b) 16
c) 12
d) 10
e) 4

RESPOSTA. "A". Note nessa questão que n = 4 (quatro sabores de chocolate) e p = 3 (três barras de chocolate), e a questão informa que os sabores podem ser repetidos; então vamos trabalhar com a combinação com elementos repetidos, pois a ordem em que as barras de chocolate são escolhidas não faz diferença para o resultado. Basta aplicar a fórmula:

$$C_{r(4,3)} = C_{r(4+3-1,3)} = \frac{(4+3-1)!}{3! \cdot (4-1)!}$$

$$C_{r(4,3)} = C_{(6,3)} = \frac{(6)!}{3! \cdot (3)!}$$

$$C_{(6,3)} = \frac{6 \cdot 5 \cdot 4 \cdot 3!}{3! \cdot 3 \cdot 2 \cdot 1} \text{ (simplificando 3!)}$$

$$C_{(6,3)} = \frac{120}{6}$$

$$C_{(6,3)} = 20$$

O jogo de dominó tradicional é jogado com 28 peças, igualmente divididas entre 4 jogadores sentados face a face em torno de uma mesa retangular. As peças são retangulares e possuem uma marcação que as divide em duas metades iguais; em cada metade: ou não há nada gravado, ou está gravado um determinado número de buracos que representam números. As metades representam 7 números: 1, 2, 3, 4, 5, 6 e 0, sendo este último representado por uma metade sem marcação. Cada número ocorre em 7 peças distintas. Em 7 peças, denominadas buchas, o número aparece nas duas metades. Existe também uma variação de dominó conhecida como "double nine", em que as metades representam os números 0, 1, 2, 3, 4, 5, 6, 7, 8 e 9, em um total de 55 peças.

(M. Lugo. How to play better dominoes. New York: Sterling Publishing Company, 2002 "com adaptações").

A partir dessas informações, julgue o item subsequente.

02. (CESPE) No dominó tradicional, os 4 jogadores podem se sentar à mesa de 6 maneiras distintas.

CERTO. Aqui nós temos a ideia dos giros pois, a mudança de lugar só ocorre quando 2 ou mais jogadores mudam efetivamente de posição. Se houver só um giro dos competidores na mesa, sem que os jogadores, dos lados direito e esquerdo de um jogador, mudem de lugar não haverá mudança efetiva. Assim, usaremos a fórmula da Permutação Circular:

$$P_{c(4)} = (4-1)!$$
$$P_{c(4)} = (3)!$$
$$P_{c(4)} = 6$$

03. Uma pessoa foi ao dentista e constatou que estava com cinco cáries, cada uma em um dente. Ficou decidido que seria restaurado um dente cada vez que ela voltasse ao consultório. O dentista combinou que marcaria as datas em cinco semanas seguidas, um dia a cada semana. Considerando-se apenas os dias úteis e sabendo-se que, nesse período, ocorreriam, ao todo, dois feriados, em semanas diferentes, o número de maneiras distintas para se programar o tratamento do paciente seria:

a) 3.125
b) 1.875
c) 1.600
d) 2.000

RESPOSTA. "D". Como cada semana tem 5 dias, porém 2 dessas semanas tem feriados, então temos a seguinte conta:

- ***Semanas sem feriados = 5 dias disponíveis (3 semanas)***
- ***Semanas com feriados = 4 dias disponíveis (2 semanas)***

Multiplicando, já que será um dente por semana, fica:

$5 \cdot 5 \cdot 5 \cdot 4 \cdot 4 = 2.000$ (qualquer que seja a ordem dos números, o resultado sempre será 2.000).

Vamos Praticar

01. Com os algarismos 1, 2, 3, 4, 5 e 6 sem repeti-los, podemos escrever "x" números de 4 algarismos, maiores que 3.200. O valor de "x" é:

a) 210
b) 228
c) 240
d) 300
e) 320

02. Uma urna contém uma bola vermelha (V), uma preta (P) e uma amarela (A). Extrai-se uma bola, observa-se sua cor e repõe-se a bola na urna. Em seguida, outra bola é extraída e sua cor é observada. O número das possíveis sequências de cores observadas nestas duas etapas consecutivas é:

a) 9
b) 10
c) 11
d) 12

03. Os alunos de uma escola realizam experiências no laboratório de Química utilizando 8 substâncias diferentes. O experimento consiste em misturar quantidades iguais de duas dessas substâncias e observar o produto obtido. O professor recomenda, entretanto, que as substâncias S1, S2 e S3 não devem ser misturadas entre si, pois produzem como resultado o gás metano, de odor muito ruim. Assim, o número possível de misturas diferentes que se pode obter, sem produzir o gás metano é:

a) 16
b) 24
c) 25
d) 28
e) 56

04. Considere todos os anagramas que podem ser formados com as letras da palavra COLHER. O número dos que começam com a letra C é:

a) 2
b) 6
c) 24
d) 120

05. Certa empresa identifica as diferentes peças que produz, utilizando códigos numéricos compostos de 5 dígitos, mantendo, sempre, o seguinte padrão: os dois últimos dígitos de cada código são iguais entre si, mas diferentes dos demais. Por exemplo, o código "03344" é válido, já o código "34544", não. Quantos códigos diferentes podem ser criados?

a) 3.312
b) 4.608
c) 5.040
d) 7.000
e) 7.290

06. Quantos anagramas de 5 letras distintas podem ser formados com as letras T, R, A, N e S se o R não pode preceder o T?

a) 24
b) 48
c) 60
d) 84
e) 120

07. Em uma sala há "x" homens e 8 mulheres. Os homens cumprimentam-se entre si e cumprimentam todas as mulheres, mas as mulheres não se cumprimentam entre si. Houve 50 cumprimentos. Quantos homens havia na sala?

a) 6
b) 8
c) 4
d) 5
e) 7

08. Pedrinho precisava inventar uma bandeira para representar seu grupo em um trabalho escolar. Ele criou uma bandeira simples, de quatro listras verticais, representada abaixo.

Pedrinho decidiu pintar sua bandeira utilizando as quatro cores da bandeira do Estado de Rondônia. De quantos modos essa bandeira poderá ser pintada, se duas listras seguidas devem, obrigatoriamente, ser de cores diferentes?

a) 24
b) 48
c) 72
d) 96
e) 108

09. Um treinador de futebol dispõe de 3 goleiros, 5 atacantes, 6 jogadores de meio de campo e 4 zagueiros para compor um time de 11 jogadores. Se o time será composto por 1 goleiro, 3 atacantes, 5 jogadores de meio de campo e 2 zagueiros, de quantos modos diferentes esse time poderá ser montado?

a) 25
b) 120
c) 360
d) 745
e) 1080

10. Uma permutação de um número natural é um outro número natural que possui exatamente os mesmos algarismos em outra ordem. Se todas as permutações do número 31452 foram escritas em ordem crescente, o número que ocupará a 80ª posição nessa lista será:

a) 32154
b) 34251
c) 35142
d) 41352
e) 42153

11. (CESPE) Se os números das matrículas dos empregados de uma fábrica têm 4 dígitos e o primeiro dígito não é zero e se todos os números de matrícula são números ímpares, então há, no máximo, 450 números de matrícula diferentes.

Certo ( ) Errado ( )

12. (CESPE) Considere que, em visita a uma discoteca, um indivíduo escolheu 10 CDs de cantores de sua preferência. Todos os CDs tinham o mesmo preço, mas esse indivíduo dispunha de dinheiro suficiente para comprar apenas 4 CDs. Nesse caso, a quantidade de maneiras diferentes que esse indivíduo dispõe para escolher os 4 CDs que irá comprar é inferior a 200.

Certo ( ) Errado ( )

Uma moeda é jogada para o alto 10 vezes. Em cada jogada, pode ocorrer 1 (cara) ou 0 (coroa) e as ocorrências são registradas em uma sequência de dez dígitos, como, por exemplo, 0110011010. Considerando essas informações, julgue o próximo item.

13. (CESPE) O número de sequências nas quais é obtida pelo menos uma cara é inferior a 512.

Certo ( ) Errado ( )

14. (CESPE) Considere que três alunos tenham camisetas azuis, três tenham camisetas brancas, dois tenham camisetas vermelhas, um tenha camiseta verde e um tenha camiseta preta. Nessas condições, existem $72 \cdot 5!$ maneiras diferentes de se colocarem os dez alunos em fila, de tal forma que alunos com camisetas de mesma cor fiquem sempre juntos.

Certo ( ) Errado ( )

15. (CESPE) Um correntista do BB deseja fazer um único investimento no mercado financeiro, que poderá ser em uma das 6 modalidades de caderneta de poupança ou em um dos 3 fundos de investimento que permitem aplicações iniciais de pelo menos R$ 200,00. Nessa situação, o número de opções de investimento desse correntista é inferior a 12.

Certo ( ) Errado ( )

O número de países representados nos Jogos Pan-Americanos realizados no Rio de Janeiro foi 42, sendo 8 países da América Central, 3 da América do Norte, 12 da América do Sul e 19 do Caribe. Com base nessas informações, julgue o item que se segue.

16. (CESPE) Considerando-se que, em determinada modalidade esportiva, havia exatamente 1 atleta de cada país da América do Sul participante dos Jogos Pan-Americanos, então o número de possibilidades distintas de dois atletas desse continente competirem entre si é igual a 66.

Certo ( ) Errado ( )

17. (CESPE) Sabe-se que no BB há 9 vice-presidências e 22 diretorias. Nessa situação, a quantidade de comissões que é possível formar, constituídas por 3 vice-presidentes e 3 diretores, é superior a 10^5.

Certo ( ) Errado ( )

18. (CESGRANRIO) Quantos números naturais de 5 algarismos apresentam dígitos repetidos?

a) 27.216
b) 59.760
c) 62.784
d) 69.760
e) 72.784

19. (CESGRANRIO) Uma mesa redonda apresenta lugares para 7 computadores. De quantos modos podemos arrumar os 7 computadores na mesa de modo que dois deles, previamente determinados, não fiquem juntos, considerando equivalentes disposições que possam coincidir por rotação?

a) 120
b) 240
c) 480
d) 720
e) 840

20. (CESGRANRIO) Um posto de combustível comprou 6 bombas (idênticas) de abastecimento, que serão pintadas, antes de sua instalação, com uma única cor, de acordo com o combustível a ser vendido em cada uma. O posto poderá vender etanol (cor verde), gasolina (cor amarela) e diesel (cor preta). De quantas maneiras as bombas podem ser pintadas, considerando a não obrigatoriedade de venda de qualquer tipo de combustível?

a) 20
b) 28
c) 56
d) 216
e) 729

Gabarito

01	B	11	ERRADO
02	A	12	ERRADO
03	C	13	ERRADO
04	D	14	CERTO
05	E	15	CERTO
06	C	16	CERTO
07	D	17	CERTO
08	E	18	C
09	E	19	C
10	E	20	B

CAPÍTULO 04

Probabilidade

Neste capítulo, veremos como é fácil e interessante calcular probabilidade.

Definições

Disciplina que serve para calcular as **chances** de determinado evento ocorrer.

Fique Ligado

Chance de determinado evento ocorrer (probabilidade).

≠ (diferente)

Maneiras possíveis de se realizar determinado evento (análise combinatória).

Para o cálculo das probabilidades, temos que saber primeiro 3 (três) conceitos básicos acerca do tema:

→ **Experimento Aleatório:** é o experimento em que não é possível **garantir** o resultado, mesmo que esse seja feito diversas vezes nas mesmas condições.

» **Ex.: lançamento de uma moeda:** você sabe que ao lançarmos uma moeda os resultados possíveis são o de cara e o de coroa, mas não tem como garantir qual será o resultado desse lançamento.

» **Ex.: lançamento de um "dado":** da mesma forma que a moeda, não temos como garantir qual o resultado (1, 2, 3, 4, 5 e 6) desse lançamento.

→ **Espaço Amostral - (Ω) ou (U):** é o conjunto de todos os resultados possíveis para um experimento aleatório.

» **Ex.: na moeda:** o espaço amostral na moeda é Ω = 2, pois só temos dois resultados possíveis para esse experimento, que é ou CARA ou COROA.

» **Ex.: no "dado":** o espaço amostral no "dado" é U = 6, pois temos do 1 (um) ao 6 (seis), como resultados possíveis para esse experimento.

→ **Evento:** é o acontecimento – dentro do experimento aleatório – que se quer determinar a **chance** de ocorrer. É uma parte do espaço amostral.

Fórmula da Probabilidade

A fórmula da probabilidade nada mais é do que uma razão entre o evento e o espaço amostral.

$$P = \frac{\text{evento}}{\text{espaço amostral}}$$

Exercício Comentado

01. (CESPE) Considere que 9 rapazes e 6 moças, sendo 3 delas adolescentes, se envolvam em um tumulto e sejam detidos para interrogatório. Se a primeira pessoa chamada para ser interrogada for escolhida aleatoriamente, então a probabilidade de essa pessoa ser uma moça adolescente é igual a 0,2.

CERTO. ***De acordo com o enunciado temos 15 pessoas ao todo, portanto esse é o espaço amostral. O evento é 3, pois queremos saber qual a probabilidade de a pessoa chamada ser uma das adolescentes.***

$$P = \frac{\text{evento}}{\text{espaço amostral}}$$

$$P = \frac{3}{15}$$

$$P = 0{,}2$$

Fique Ligado

Os valores da probabilidade variam de 0 (0%) a 1 (100%).

> ***Quando a probabilidade é de 0 (0%), diz-se que o evento é impossível.***

» ***Ex.: chance de você não passar num concurso.***

> ***Quando a probabilidade é de 1 (100%), diz-se que o evento é certo.***

» ***Ex.: chance de você passar num concurso.***

> ***Qualquer outro valor entre 0 e 1, caracteriza-se como a probabilidade de um evento.***

Na probabilidade também se usa o P.F.C., ou seja sempre que houver duas ou mais probabilidades ligadas pelo conectivo "e" elas serão multiplicadas, e quando for pelo "ou", elas serão somadas.

Eventos Complementares

Dois eventos são ditos **complementares** quando a chance do evento ocorrer somado à chance de ele não ocorrer sempre dá 1 (um).

$$P(A) + P(\bar{A}) = 1$$

Cujo:

> **P(A)** = a probabilidade do evento ocorrer;

> **P($\bar{A}$)** = a probabilidade do evento **não** ocorrer.

Exercício Comentado

01. (FCC) Em um escritório trabalham 10 funcionários: 5 do sexo feminino e 5 do sexo masculino. Dispõe-se de 10 fichas numeradas de 1 a 10, que serão usadas para sortear dois prêmios entre esses funcionários e, para tal, cada mulher receberá uma ficha numerada de 1 a 5, enquanto que cada homem receberá uma numerada de 6 a 10. Se, para o sorteio, as fichas das mulheres forem colocadas em uma urna M e as dos homens em uma urna H, então, ao sortear-se uma ficha de cada urna, a probabilidade de que em pelo menos uma delas esteja marcado um número ímpar é de?

a) 24%

b) 38%

c) 52%

d) 68%

e) 76%

RESPOSTA. ***"E". Nessa questão, conseguiremos ver o conceito de probabilidade complementar, pois basta que se calcule primeiro a probabilidade dos dois números serem pares e depois diminuir do todo (100%). Eliminando a possibilidade de os dois números serem par, o restante terá pelo menos um ímpar.***

Calculando:

> ***Probabilidade de M:*** $P = \frac{2}{5}$

Matemática

> *Probabilidade de H:* $P = \frac{3}{5}$

> *Probabilidade das duas urnas (um número de cada = M e H):* $P = \frac{2}{5} \cdot \frac{3}{5} = \frac{6}{25}$

> *Probabilidade Complementar:*

$$P(A) + P(\bar{A}) = 1$$

$$\frac{19}{25} + P(\bar{A}) = 1$$

$$P(\bar{A}) = 1 - \frac{6}{25}$$

$$P(\bar{A}) = \frac{19}{25} = 76\%$$

Há 76% de chance de, ao menos, uma ficha ímpar ser sorteada.

Casos Especiais de Probabilidade

A partir de agora veremos algumas situações típicas da probabilidade, que servem para não perdermos tempo na resolução das questões.

Eventos Independentes

Dois ou mais eventos são independentes quando não dependem uns dos outros para acontecer, porém ocorrem simultaneamente. Para calcular a probabilidade de dois ou mais eventos independentes, basta multiplicar a probabilidade de cada um deles.

» **Ex.:** uma urna tem 30 bolas, sendo 10 vermelhas e 20 azuis. Se sortearmos 2 bolas, 1 de cada vez e repondo a sorteada na urna, qual será a probabilidade de a primeira ser vermelha e a segunda ser azul?

Resolução:

Sortear uma bola vermelha da urna não depende de uma bola azul ser sorteada e vice-versa, então a probabilidade da bola ser vermelha é $\frac{10}{30}$, e para a bola ser azul a probabilidade é $\frac{20}{30}$. Dessa forma, a probabilidade de a primeira bola ser vermelha e a segunda azul é:

$$P = \frac{10}{30} \cdot \frac{20}{30}$$

$$P = \frac{200}{900}$$

$$P = \frac{2}{9}$$

Probabilidade Condicional

É a probabilidade de um evento ocorrer sabendo que já ocorreu outro, relacionado a esse.

A fórmula para o cálculo dessa probabilidade é:

$$P_{\frac{A}{B}} = \frac{P_{(A \cap B)}}{P_B}$$

$$P = \frac{\text{probabilidade dos eventos simultâneos}}{\text{probabilidade do evento condicional}}$$

Exercício Comentado

01. ***(ESAF) Maria ganhou de João nove pulseiras, quatro delas de prata e cinco delas de ouro. Maria ganhou de Pedro onze pulseiras, oito delas de prata e três delas de ouro. Maria guarda todas essas pulseiras - e apenas essas - em sua pequena caixa de joias. Uma noite, arrumando-se apressadamente para ir ao cinema com João, Maria retira, ao acaso, uma pulseira de sua pequena caixa de joias. Ela vê, então, que retirou uma pulseira de prata. Levando em conta tais informações, a probabilidade de que a pulseira de prata que Maria retirou seja uma das pulseiras que ganhou de João é igual a:***

a) 1/3
b) 1/5
c) 9/20
d) 4/5
e) 3/5

RESPOSTA. "A". Ao todo Maria tem 12 pulseiras de prata e dessas 4 foram dadas por João.

$$P = \frac{\text{probabilidade dos eventos simultâneos}}{\text{probabilidade do evento condicional}}$$

$$P = \frac{4}{12}$$

$$P = \frac{1}{3}$$

Probabilidade da União de Dois Eventos

Assim como na teoria de conjuntos, faremos a relação com a fórmula do número de elementos da união de dois conjuntos. É importante lembrar que "ou" significa união..

A fórmula para o cálculo dessa probabilidade é:

$$P(A \cup B) = P(A) + P(B) - P(A \cap B)$$

» **Ex.:** ao lançarmos um dado, qual é a probabilidade de obtermos um número primo ou um número ímpar?

Resolução:

Os números primos no dado são 2, 3 e 5, já os números ímpares no dado são 1, 3 e 5, então os números primos e ímpares são 3 e 5. Aplicando a fórmula para o cálculo da probabilidade fica:

$$P_{(AUB)} = \frac{3}{6} + \frac{3}{6} - \frac{2}{6}$$

$$P_{(AUB)} = \frac{4}{6}$$

$$P_{(AUB)} = \frac{2}{3}$$

Exercício Comentado

01. ***(CESPE) Em uma urna há 100 bolas numeradas de 1 a 100. Nesse caso, a probabilidade de se retirar uma bola cuja numeração seja um múltiplo de 10 ou de 25 será inferior a 0,13: Inferior a 0,13.***

CERTO. De 1 a 100 temos 10 (10, 20, 30, 40, 50, 60, 70, 80, 90, 100) múltiplos de 10, 4 (25, 50, 75, 100) múltiplos de 25 e 2 (50, 100) múltiplos simultâneos de 10 e 25. Veja aqui o uso do "ou", que quando acontece já sabemos que faremos a probabilidade da união de dois eventos. Calculando:

$$P_{10} = \frac{10}{100} = \frac{1}{10}$$

$$P_{25} = \frac{4}{100} = \frac{1}{25}$$

$$P_{50} = \frac{2}{100} = \frac{1}{50}$$

$$P(A \cup B) = P(A) + P(B) - P(A \cap B)$$

$$P(A \cup B) = P_{10} + P_{25} - P_{50}$$

$$P(A \cup B) = \frac{10}{100} + \frac{4}{100} - \frac{2}{100}$$

$$P(A \cup B) = \frac{12}{100} = 0{,}12$$

Como a questão está falando em inferior a 0,13, a resposta está correta.

Probabilidade Binomial

Essa probabilidade será tratada aqui de forma direta e com o uso da fórmula.

A fórmula para o cálculo dessa probabilidade é:

$$P = C_{n,s} \cdot P_{sucesso}^{s} \cdot P_{fracasso}^{f}$$

Cujo:

- > **C** = o combinação;
- > **n** = o número de repetições do evento;
- > **s** = o números de "sucessos" desejados;
- > **f** = o número de "fracassos".

Exercícios Comentados

01. ***Um torneio vai ser disputado por quatro tenistas A, B, C e D. Inicialmente, um sorteio dividirá os tenistas em dois pares, que se enfrentarão na primeira rodada do torneio. A probabilidade de que A e B se enfrentem na primeira rodada é:***

a) ***1/2***
b) ***1/3***
c) ***1/4***
d) ***1/6***
e) ***1/8***

RESPOSTA. "B". Os pares que podem ser formadas inicialmente são A e B, A e C ou A e D (a ordem não importa já que A e B ou B e A é a mesma coisa). Se são 3 possibilidades e A e B representa uma delas, a chance de ser A e B será de 1/3 (calculando pela fórmula: probabilidade = evento/espaço amostral).

02. ***(CESPE) A probabilidade de serem encontrados defeitos em uma casa popular construída em certo local é igual a 0,1. Retirando-se amostra aleatória de 5 casas desse local, a probabilidade de que em exatamente duas dessas casas sejam encontrados defeitos na construção é:***

a) ***Inferior a 0,15.***
b) ***Superior a 0,16 e inferior a 0,30.***
c) ***Superior a 0,31 e inferior a 0,45.***
d) ***Superior a 0,46.***

RESPOSTA. "A"

$$P = C_{n,s} \cdot P_{sucesso}^{s} \cdot P_{fracasso}^{f}$$

Onde:

- > ***n = 5***
- > ***s = 2***
- > ***f = 3***
- > ***$P_{sucesso}$ = 0,1 (casa com defeito)***
- > ***$P_{fracasso}$ = 0,9 (casa sem defeito)***

$$P = C_{5,2} \cdot 0{,}1^{2} \cdot 0{,}9^{3}$$

$$P = 10 \cdot 0{,}01 \cdot 0{,}729$$

$$P = 0{,}0729$$

Vamos Praticar

01. Em uma escola com 500 alunos, foi realizada uma pesquisa para determinar a tipagem sanguínea destes. Observou-se que 115 tinham o antígeno A, 235 tinham o antígeno B e 225 não possuíam nenhum dos dois. Escolhendo ao acaso um destes alunos, a probabilidade de que ele seja do tipo AB, isto é, possua os dois antígenos são:

a) 15%
b) 23%
c) 30%
d) 45%
e) 47%

02. Na Agência dos Correios de uma certa cidade trabalham 20 funcionários. Sabe-se que 12 desses funcionários jogam futebol, 8 jogam vôlei e 5 jogam futebol e vôlei. Escolhendo ao acaso um dos funcionários, qual a probabilidade dele não praticar nenhum desses esportes?

a) 12%
b) 5%
c) 25%
d) 50%
e) 75%

03. Em uma prateleira há 16 pastas que contêm processos a serem arquivados e cada pasta tem uma etiqueta na qual está marcado um único número, de 1 a 16. Se as pastas não estão dispostas ordenadamente na prateleira e um Técnico Judiciário pegar aleatoriamente duas delas, a probabilidade de que nessa retirada os números marcados em suas respectivas etiquetas somem 13 unidades é de:

a) 4%
b) 4,2%
c) 4,5%
d) 4,8%
e) 5%

04. A figura abaixo mostra um trecho de uma malha rodoviária de mão única. Dos veículos que passam por A, 45% viram à esquerda, dos veículos que passam por B, 35% viram à esquerda. Daqueles que trafegam por C, 30% dobram à esquerda.

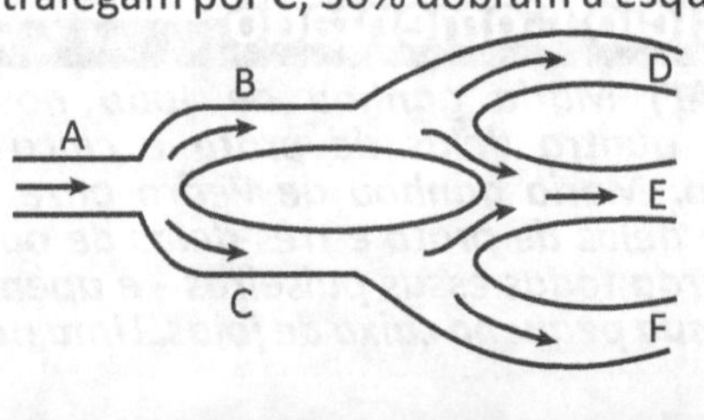

Qual é o percentual dos veículos que, passando por A, entram em E?

a) 57,50%
b) 45,75%
c) 38,60%
d) 29,85%

05. (CESPE) Um dado não viciado é lançado duas vezes. Nesse caso, a probabilidade de se ter um número par no primeiro lançamento e um número múltiplo de 3 no segundo lançamento é igual a 1/6.

Certo ( ) Errado ( )

06. (CESPE) De 100 processos guardados em um armário, verificou-se que 10 correspondiam a processos com sentenças anuladas, 20 estavam solucionados sem mérito e 30 estavam pendentes, aguardando a decisão de juiz, mas dentro do prazo vigente. Nessa situação, a probabilidade de se retirar desse armário um processo que esteja com sentença anulada, ou que seja um processo solucionado sem mérito, ou que seja um processo pendente, aguardando a decisão de juiz, mas dentro do prazo vigente, é igual a 3/5.

Certo ( ) Errado ( )

A diretoria da associação dos servidores de uma pequena empresa deve ser formada por 5 empregados escolhidos entre os 10 de nível médio e os 15 de nível superior.

A respeito dessa restrição, julgue o item seguinte.

07. (CESPE) Se a diretoria fosse escolhida ao acaso, a probabilidade de serem escolhidos 3 empregados de nível superior seria maior que a probabilidade de serem escolhidos 2 empregados de nível médio.

Certo ( ) Errado ( )

08. (CESPE) Considere-se que, das 82 varas do trabalho relacionadas no sítio do TRT da 9ª Região, 20 ficam em Curitiba, 6 em Londrina e 2 em Jacarezinho. Considere-se, ainda, que, para o presente concurso, haja vagas em todas as varas, e um candidato aprovado tenha igual chance de ser alocado em qualquer uma delas. Nessas condições, a probabilidade de um candidato aprovado no concurso ser alocado em uma das varas de Curitiba, ou de Londrina, ou de Jacarezinho é superior a 1/3.

Certo ( ) Errado ( )

09. (CESPE) Se, em um concurso público com o total de 145 vagas, 4.140 inscritos concorrerem a 46 vagas para o cargo de técnico e 7.920 inscritos concorrerem para o cargo de analista, com provas para esses cargos em horários distintos, de forma que um indivíduo possa se inscrever para os dois cargos, então a probabilidade de que um candidato inscrito para os dois cargos obtenha uma vaga de técnico ou de analista será inferior a 0,025.

Certo ( ) Errado ( )

10. (CESPE) Nas eleições majoritárias, em certo estado, as pesquisas de opinião mostram que a probabilidade de os eleitores votarem no candidato X à presidência da República ou no candidato Y a governador do estado é igual a 0,7; a probabilidade de votarem no candidato X é igual a 0,51 e a probabilidade de votarem no candidato Y é igual a 0,39. Nessa situação, a probabilidade de os eleitores desse estado votarem nos candidatos X e Y é igual a:

a) 0,19
b) 0,2
c) 0,31
d) 0,39
e) 0,5

(CESPE) Em uma pesquisa de opinião, foram entrevistados 2.400 eleitores de determinado estado da Federação, acerca dos candidatos A, ao Senado Federal, e B, à Câmara dos Deputados, nas próximas eleições. Das pessoas entrevistadas, 800 votariam no candidato A e não votariam em B, 600 votariam em B e não votariam em A e 600 não votariam em nenhum desses dois candidatos.

11. Com base nessa pesquisa, a probabilidade de um eleitor desse estado, escolhido ao acaso:

a) Votar em apenas um desses dois candidatos será igual a 0,5.
b) Não votar no candidato A será igual a 1/3.
c) Votar no candidato A ou no candidato B será igual a 0,75.
d) Votar nos candidatos A e B será igual a 0,2.
e) Votar no candidato B e não votar no candidato A será igual a 1/3.

12. (CESGRANRIO) Dois dados comuns, "honestos", são lançados simultaneamente. A probabilidade do evento "a soma dos valores dos dados é ímpar e menor que 10" é igual a:

a) 4/11
b) 17/36
c) 4/9
d) 12/36
e) 3/8

13. (CESGRANRIO) Pedro está jogando com seu irmão e vai lançar dois dados perfeitos. Qual a probabilidade de que Pedro obtenha pelo menos 9 pontos ao lançar esses dois dados?

a) 1/9
b) 1/4
c) 5/9
d) 5/18
e) 7/36

14. (CESGRANRIO) Três dados comuns e honestos serão lançados. A probabilidade de que o número 6 seja obtido mais de uma vez é:

a) 5/216
b) 6/216
c) 15/216
d) 16/216
e) 91/216

15. (ESAF) Uma urna contém 5 bolas pretas, 3 brancas e 2 vermelhas. Retirando-se, aleatoriamente, três bolas sem reposição, a probabilidade de se obter todas da mesma cor é igual a:

a) 1/10
b) 8/5
c) 11/120
d) 11/720
e) 41/360

16. (ESAF) Em uma urna existem 200 bolas misturadas, diferindo apenas na cor e na numeração. As bolas azuis estão numeradas de 1 a 50, as bolas amarelas estão numeradas de 51 a 150 e as bolas vermelhas estão numeradas de 151 a 200. Ao se retirar da urna três bolas escolhidas ao acaso, com reposição, qual a probabilidade de as três bolas serem da mesma cor e com os respectivos números pares?

a) 10/512
b) 3/512
c) 4/128
d) 3/64
e) 1/64

17. (ESAF) Uma urna contém bolas vermelhas, azuis, amarelas e pretas. O número de bolas pretas é duas vezes o número de bolas azuis, o número de bolas amarelas é cinco vezes o número de bolas vermelhas, e o número de bolas azuis é duas vezes o número de bolas amarelas. Se as bolas diferem apenas na cor, ao se retirar ao acaso três bolas da urna, com reposição, qual a probabilidade de exatamente duas bolas serem pretas?

a) 100/729
b) 100/243
c) 10/27
d) 115/243
e) 25/81

18. (ESAF) As apostas na Mega-Sena consistem na escolha de 6 a 15 números distintos, de 1 a 60, marcados em volante próprio. No caso da escolha de 6 números tem-se a aposta mínima e no caso da escolha de 15 números tem-se a aposta máxima. Como ganha na Mega-sena quem acerta todos os seis números sorteados, o valor mais próximo da probabilidade de um apostador ganhar na Mega-sena ao fazer a aposta máxima é o inverso de:

a) 20.000.000
b) 3.300.000
c) 330.000
d) 100.000
e) 10.000

19. (ESAF) Em um experimento binomial com três provas, a probabilidade de ocorrerem dois sucessos é doze vezes a probabilidade de ocorrerem três sucessos. Desse modo, as probabilidades de sucesso e fracasso são, em percentuais, respectivamente, iguais a:

a) 80% e 20%
b) 30% e 70%
c) 60% e 40%
d) 20% e 80%
e) 25% e 75%

20. (FCC) Para disputar a final de um torneio internacional de natação, classificaram-se 8 atletas: 3 norte-americanos, 1 australiano, 1 japonês, 1 francês e 2 brasileiros. Considerando que todos os atletas classificados são ótimos e têm iguais condições de receber uma medalha (de ouro, prata ou bronze), a probabilidade de que pelo menos um brasileiro esteja entre os três primeiros colocados é igual a:

a) 5/14
b) 3/7
c) 4/7
d) 9/14
e) 5/7

Gabarito

01	A	11	C
02	C	12	C
03	E	13	D
04	B	14	D
05	CERTO	15	C
06	CERTO	16	A
07	ERRADO	17	B
08	CERTO	18	E
09	CERTO	19	D
10	B	20	D

Anotações

CAPÍTULO 05

Geometria Plana

Neste capítulo serão abordados os principais conceitos de geometria plana e suas aplicações.

Semelhanças de Figuras

Duas figuras (formas geométricas) são semelhantes quando satisfazem a duas condições: os seus ângulos têm o mesmo tamanho e os lados correspondentes são proporcionais.

Nos triângulos existem alguns casos de semelhanças bem conhecidos;

1º caso: LAL (lado, ângulo, lado): dois lados congruentes e o ângulo entre esses lados também congruentes.

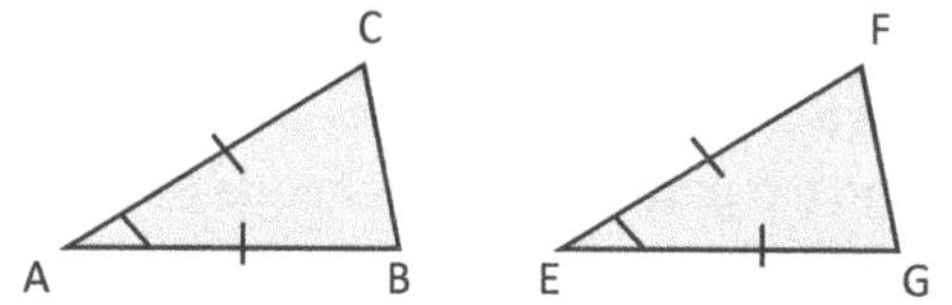

2º caso: LLL (lado, lado, lado): os três lados congruentes.

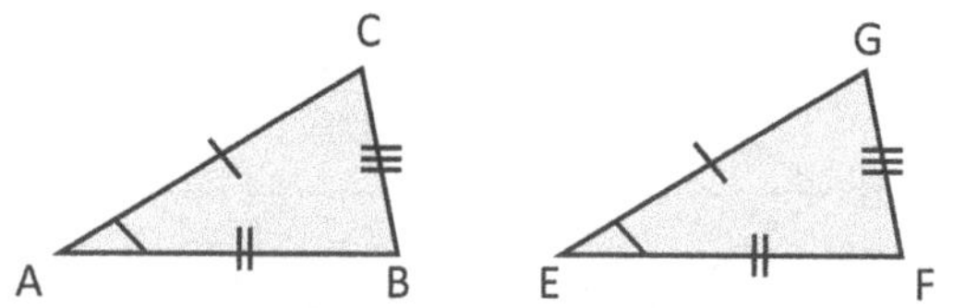

3º caso: ALA (ângulo, lado, ângulo): dois ângulos congruentes e o lado entre esses ângulos também congruente.

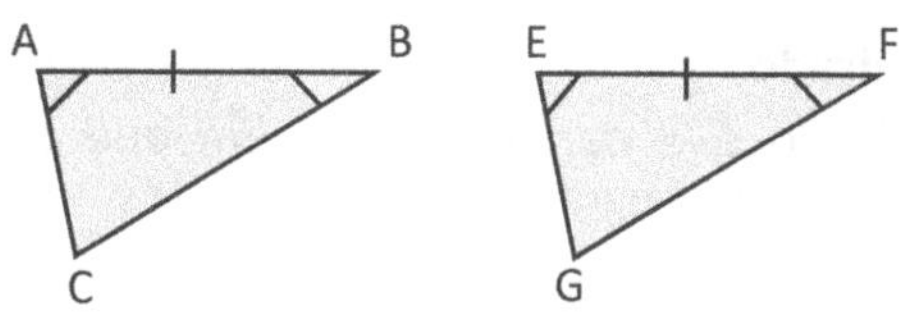

4º caso: LAA_o (lado, ângulo, ângulo oposto): congruência do ângulo adjacente ao lado, e congruência do ângulo oposto ao lado.

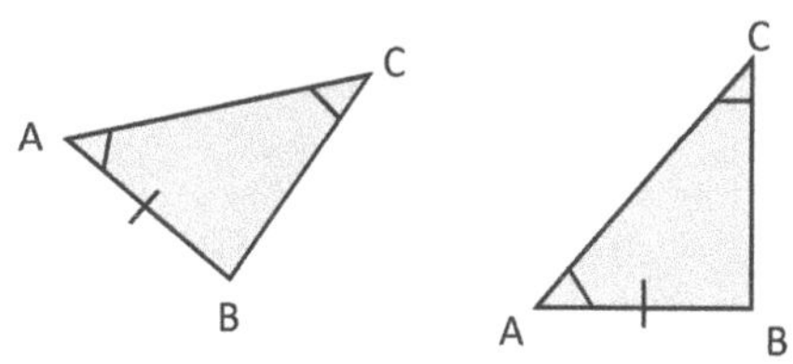

Relações Métricas nos Triângulos

As principais relações métricas nos triângulos são:

→ **Nos triângulos retângulos é o teorema de Pitágoras**

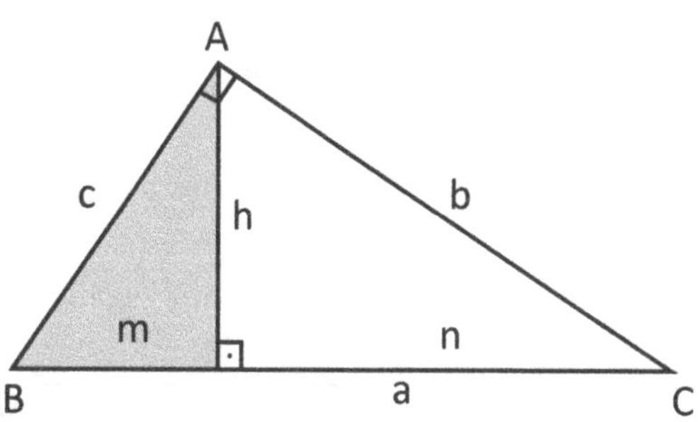

O quadrado da hipotenusa é igual a soma dos quadrados dos catetos.

$$a^2 = b^2 + c^2$$

Além das relações que decorrem do teorema de Pitágoras:

O quadrado de um cateto é igual ao produto da hipotenusa pela projeção desse cateto sobre a hipotenusa.

$$b^2 = a \cdot n$$
$$c^2 = a \cdot m$$

O produto dos catetos é igual ao produto da hipotenusa pela altura relativa à hipotenusa.

$$b \cdot c = a \cdot h$$

O quadrado da altura é igual ao produto das projeções dos catetos sobre a hipotenusa.

$$h^2 = m \cdot n$$

Outras relações que não estão nos triângulos retângulos são:

→ **Lei dos cossenos**

Para um triângulo qualquer demonstra-se que:

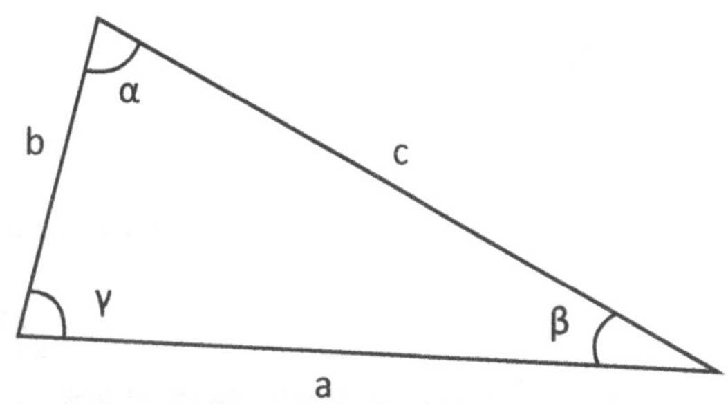

$$a^2 = b^2 + c^2 - 2 \cdot b \cdot c \cdot \cos\alpha$$

Fique Ligado

Note que o lado "a" do triângulo é oposto ao cosseno do ângulo α.

→ **Lei dos senos**

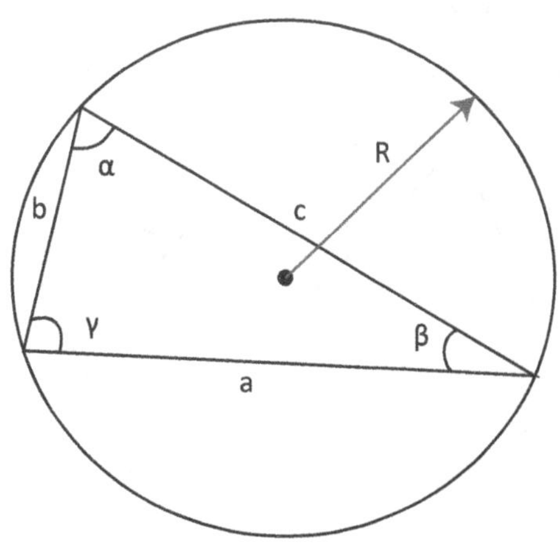

Acompanhe-me

R é o raio da circunferência circunscrita a esse triângulo.

Neste caso, valem as seguintes relações, conforme a lei dos senos:

$$\frac{a}{\operatorname{sen}\alpha} = \frac{b}{\operatorname{sen}\beta} = \frac{c}{\operatorname{sen}\gamma} = 2R$$

Quadriláteros

Quadrilátero é um polígono de quatro lados. Eles possuem os seguintes elementos:

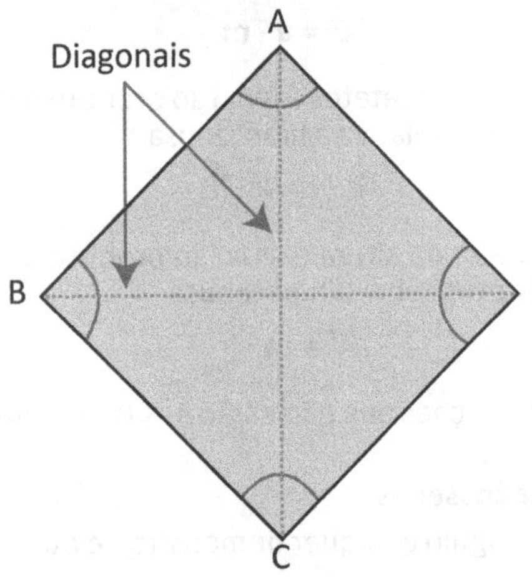

Vértices: A, B, C, e D.

Lados: $\overline{AB}$, $\overline{BC}$, $\overline{CD}$ e $\overline{DA}$.

Diagonais: $\overline{AC}$ e $\overline{BD}$.

Ângulos internos ou ângulos do quadrilátero ABCD: $\hat{A}$, $\hat{B}$, $\hat{C}$ e $\hat{D}$.

Fique Ligado

Todo quadrilátero tem duas diagonais.

O perímetro de um quadrilátero ABCD é a soma das medidas de seus lados, ou seja: AB + BC + CD + DA.

Quadriláteros Importantes

→ **Paralelogramo**

Paralelogramo é o quadrilátero que tem os lados opostos paralelos.

Exemplo:

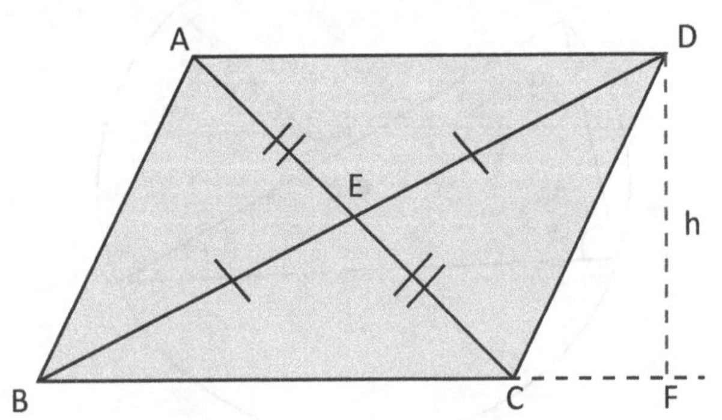

Fique Ligado

h é a altura do paralelogramo.

Num paralelogramo:

- ***os lados opostos são congruentes;***
- ***cada diagonal o divide em dois triângulos congruentes;***
- ***os ângulos opostos são congruentes;***
- ***as diagonais interceptam-se em seu ponto médio.***

→ **Retângulo**

Retângulo é o paralelogramo em que os quatro ângulos são congruentes (retos).

Exemplo:

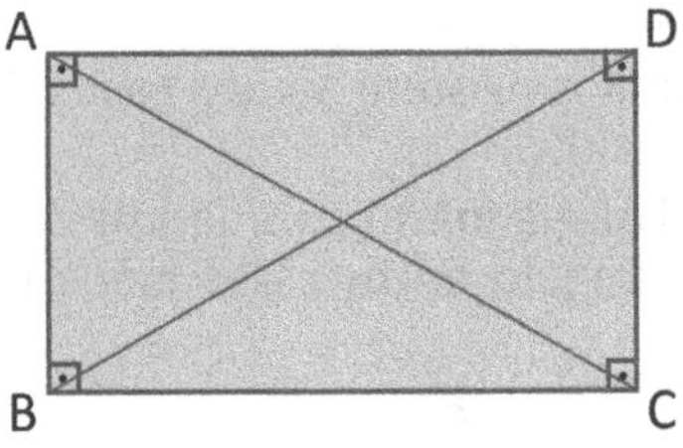

→ **Losango**

Losango é o paralelogramo em que os quatro lados são congruentes.

Exemplo:

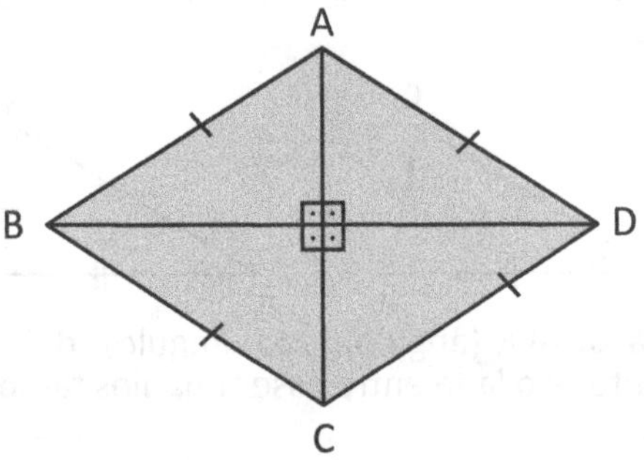

→ **Quadrado**

Quadrado é o paralelogramo em que os quatro lados e os quatro ângulos são congruentes.

Exemplo:

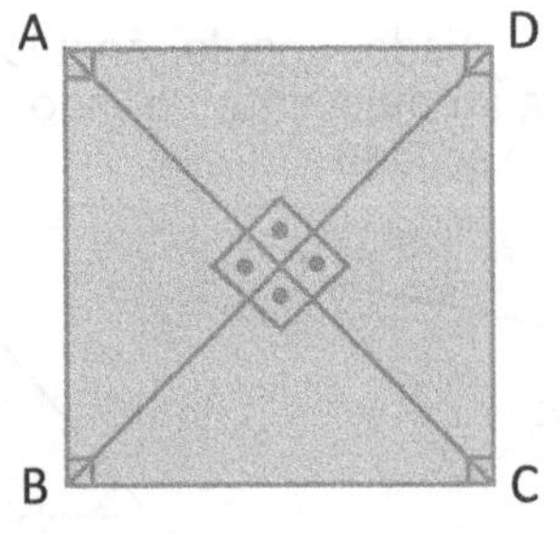

Trapézios

É o quadrilátero que apresenta somente dois lados paralelos chamados bases.

Exemplo:

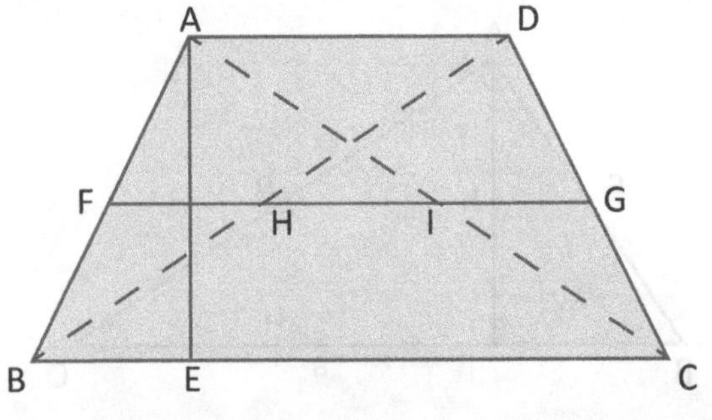

→ **Trapézio retângulo**

É aquele que apresenta dois ângulos retos.

Exemplo:

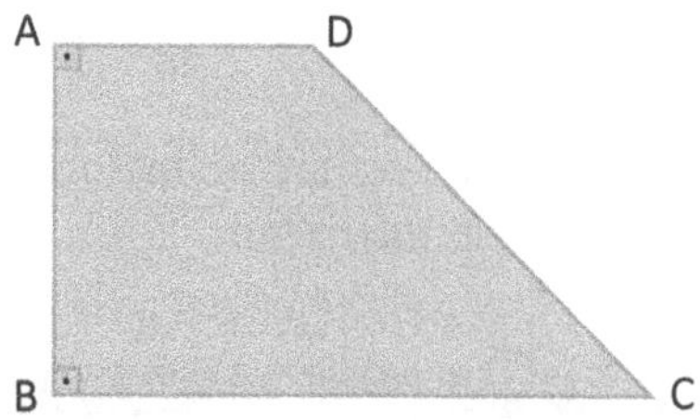

→ **Trapézio isósceles**

É aquele em que os lados não paralelos são congruentes.

Exemplo:

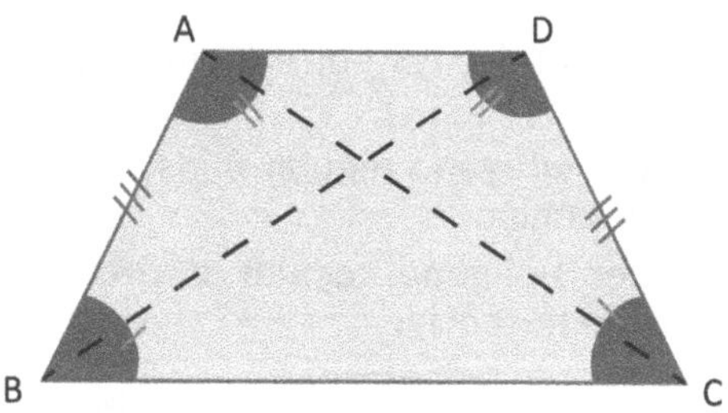

Polígonos Regulares

Um polígono é regular se todos os seus lados e todos os seus ângulos forem congruentes.

Os nomes dos polígonos dependem do critério que se utiliza para classificá-los. Usando **o número de ângulos** ou o **número de lados**, tem-se a seguinte nomenclatura:

Número de lados (ou ângulos)	Nome do Polígono	
	Em função do Número de ângulos	Em função do Número de lados
3	triângulo	trilátero
4	quadrângulo	quadrilátero
5	pentágono	pentalátero
6	hexágono	hexalátero
7	heptágono	heptalátero
8	octógono	octolátero
9	eneágono	enealátero
10	decágono	decalátero
11	undecágono	undecalátero
12	dodecágono	dodecalátero
15	pentadecágono	pentadecalátero
20	icoságono	icosalátero

Nos polígonos regulares cada ângulo externo é dado por:

$$e = \frac{360^o}{n}$$

A soma dos ângulos internos é dada por:

$$S_i = 180 \cdot (n - 2)$$

E cada ângulo interno é dado por:

$$i = \frac{180(n - 2)}{n}$$

→ **Diagonais de um Polígono**

O segmento que liga dois vértices não consecutivos de polígono é chamado de diagonal.

O número de diagonais de um polígono é dado pela fórmula:

$$d = \frac{n \cdot (n - 3)}{2}$$

Círculos e Circunferências

→ **Círculo**

É a área interna a uma circunferência.

→ **Circunferência**

É o contorno do círculo. Por definição, é o lugar geométrico dos pontos equidistantes ao centro.

A distância entre o centro e o lado é o raio.

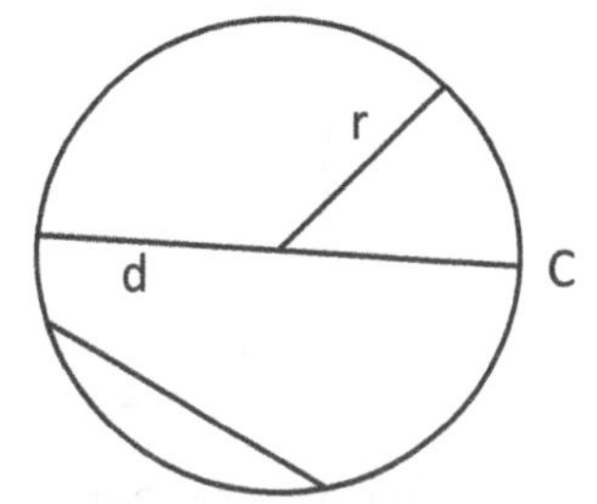

> **Corda:** é o seguimento que liga dois pontos da circunferência.

A maior corda, ou corda maior de uma circunferência, é o diâmetro. Também dizemos que a corda que passa pelo centro é o diâmetro.

→ **Posição relativa entre reta e circunferência.**

Uma reta é:

- **Secante**: distância entre a reta e o centro da circunferência é menor que o raio.
- **Tangente**: a distância entre a reta e o centro da circunferência é igual ao raio.
- **Externa**: a distância entre a reta e o centro da circunferência é maior que o raio.

→ **Posição Relativa entre Circunferência**

As posições relativas entre circunferência são basicamente 4.

- Circunferência Secante

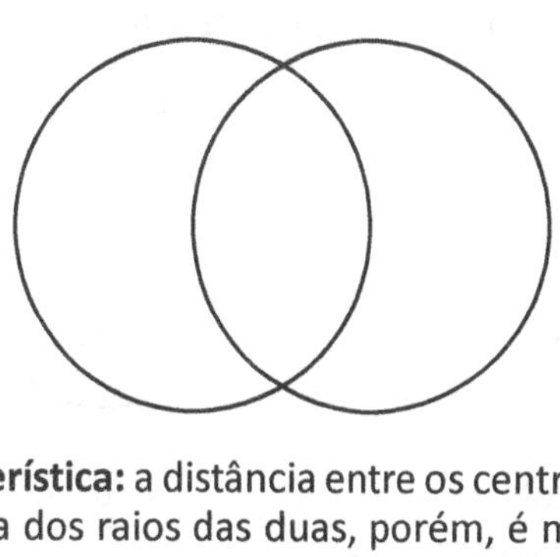

Característica: a distância entre os centros é menor que a soma dos raios das duas, porém, é maior que o raio de cada uma.

- > Externo

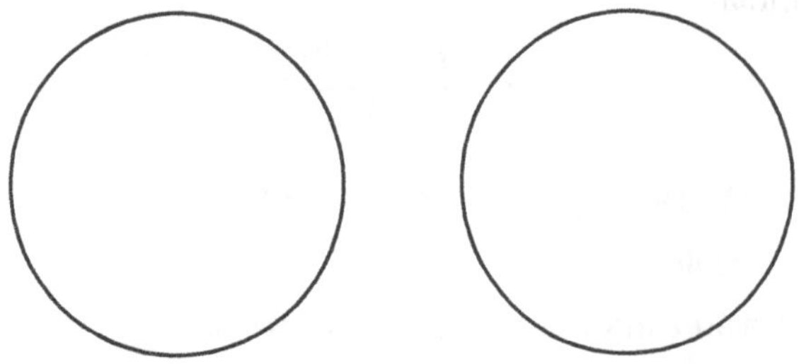

Característica: a distância entre os centros é maior que a soma do raio.

- > Tangente

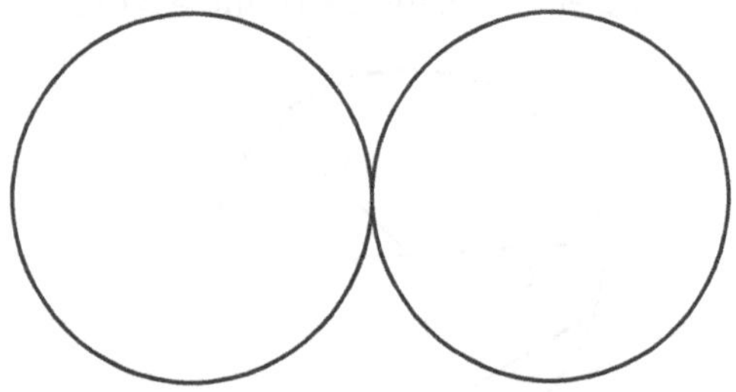

Característica: distância entre centro é igual à soma dos raios.

- > Interna

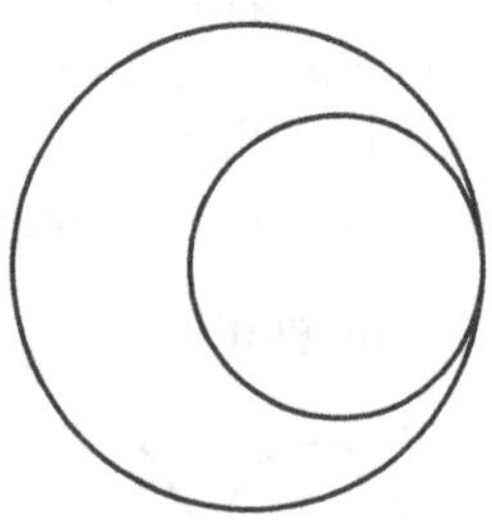

Característica: distância entre os centros mais o raio da menor é igual ao raio da maior.

- > Interior

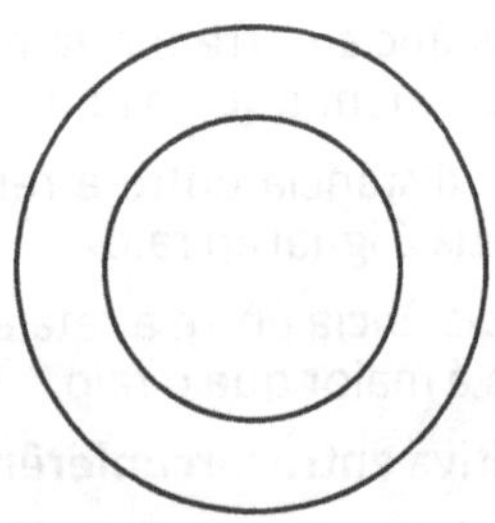

Característica: distância entre os centros menos o raio da menor é menor que o raio da maior.

→ **Ângulo Central e Ângulo Inscrito**

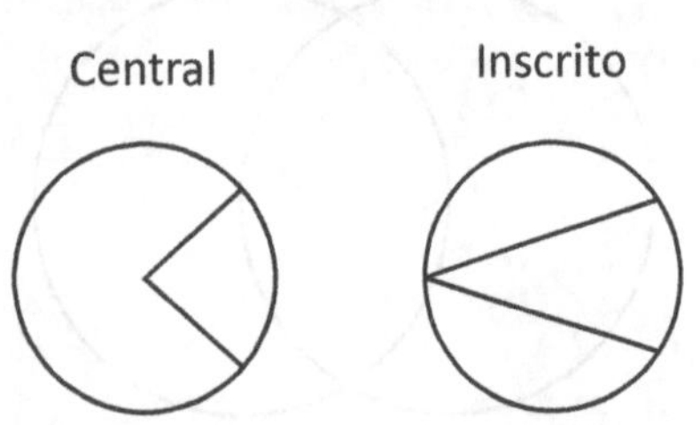

Um ângulo central sempre é o dobro do ângulo inscrito de um mesmo arco.

As áreas de círculos e partes do círculo são:

$$\text{Área do círculo} = \pi \cdot r^2 = \frac{1}{4} \cdot \pi \cdot D^2$$

$$\text{Área do setor círcular} = \pi \cdot r^2 \cdot \frac{\alpha}{360^o} = \frac{1}{2} \cdot \alpha \cdot r^2$$

Área da coroa = área do círculo maior – área do círculo menor

Fique Ligado

Os ângulos podem ser expressos em graus (360° = 1 volta) ou em radianos (2π = 1 volta)

Polígonos Regulares Inscritos e Circunscritos

As principais relações entre a circunferência e os polígonos são:

- > **Qualquer polígono regular é inscritível em uma circunferência.**
- > **Qualquer polígono regular e circunscritível a uma circunferência.**

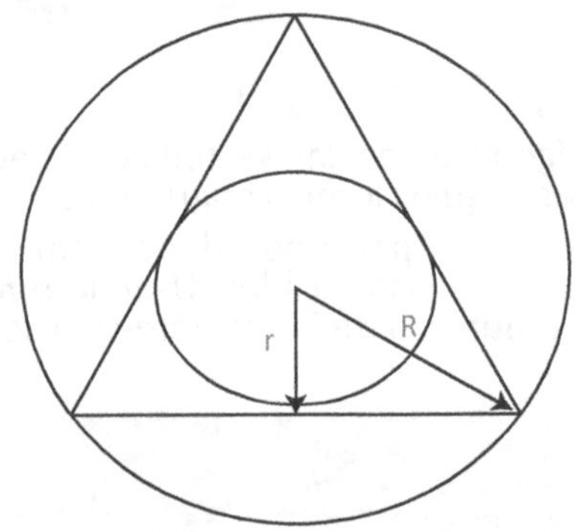

Acompanhe-me

Polígono circunscrito a uma circunferência é o que possui seus lados tangentes à circunferência. Ao mesmo tempo, dizemos que esta circunferência está inscrita no polígono.

Já um polígono é inscrito em uma circunferência se cada vértice do polígono for um ponto da circunferência, e neste caso dizemos que a circunferência é circunscrita ao polígono.

Da inscrição e circunscrição dos polígonos nas circunferências podem-se ter as seguintes relações:

→ **Apótema** de um polígono regular é a distância do centro a qualquer lado.

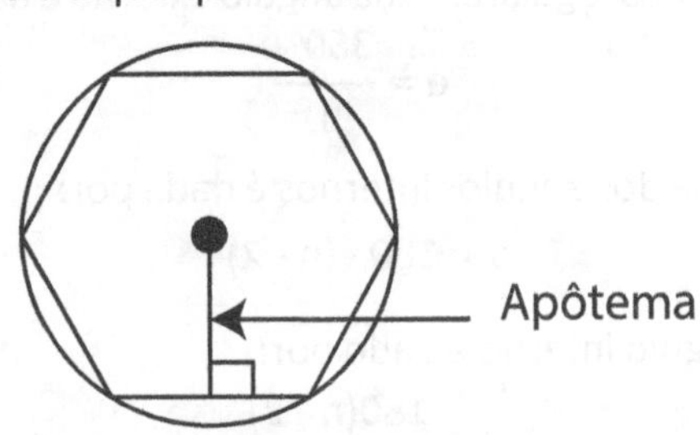

Fique Ligado

O apótema é sempre perpendicular ao lado.

Nos polígonos inscritos:

→ **No Quadrado:**

> Cálculo da medida do lado (L):

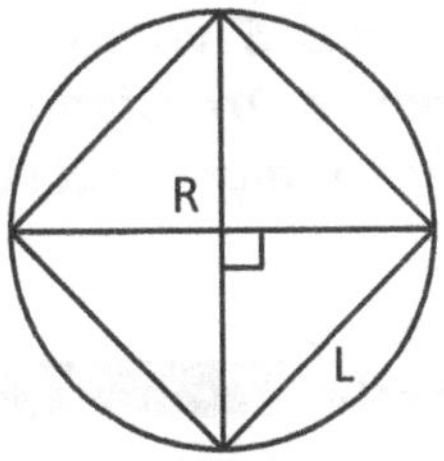

$L = R\sqrt{2}$

> Cálculo da medida do apótema (a):

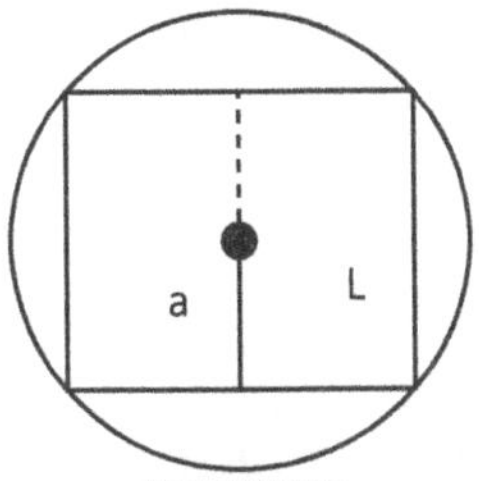

$a = \frac{R\sqrt{2}}{2}$

→ **No Hexágono:**

> Cálculo da medida do lado (L):

$\mathbf{L = R}$

> Cálculo da medida do apótema (a):

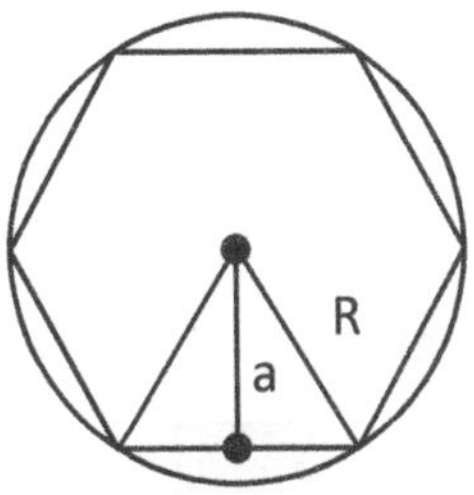

$a = \frac{R\sqrt{3}}{2}$

→ **No Triângulo Equilátero:**

> Cálculo da medida do lado (L):

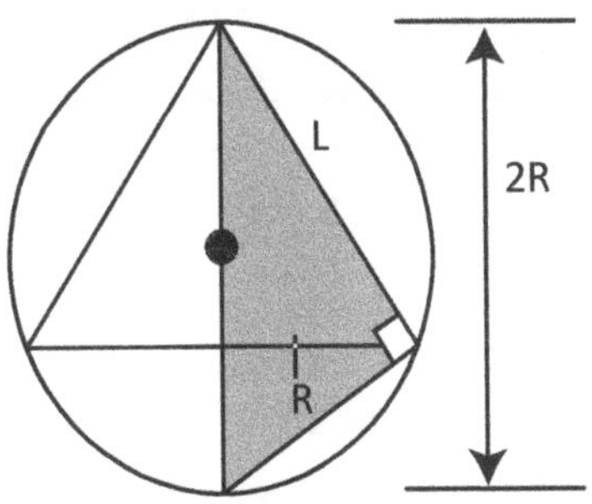

$L = R\sqrt{3}$

> Cálculo da medida do apótema (a):

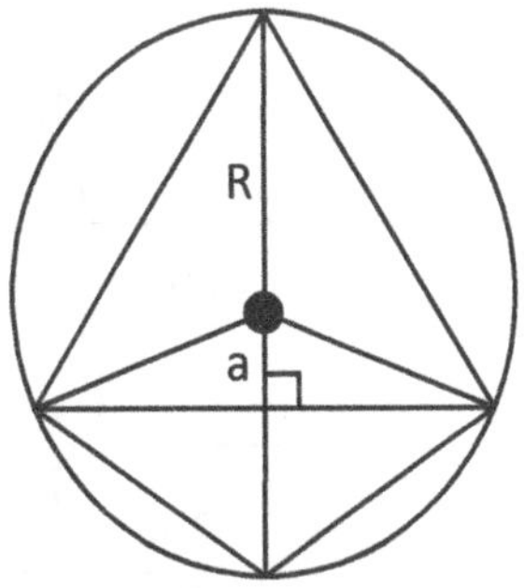

$a = \frac{R}{2}$

Nos polígonos circunscritos:

→ **No Quadrado:**

> Cálculo da medida do lado (L):

$L = 2R$

> Cálculo da medida do apótema (a):

$a = R$

→ **No Hexágono:**

> Cálculo da medida do lado (L):

$L = \frac{2R\sqrt{3}}{3}$

> Cálculo da medida do apótema (a):

$a = R$

→ **No Triângulo Equilátero:**

> Cálculo da medida do lado (L):

$L = 2R\sqrt{3}$

> Cálculo da medida do apótema (a):

$\mathbf{a = R}$

Perímetros e Áreas dos Polígonos e Círculos

Perímetro: é o contorno da figura, ou seja, a soma dos lados da figura.

Área: é o espaço interno, ou seja, a extensão que ela ocupa dentro do perímetro.

→ **As principais áreas (S) de polígonos são:**

> Retângulo

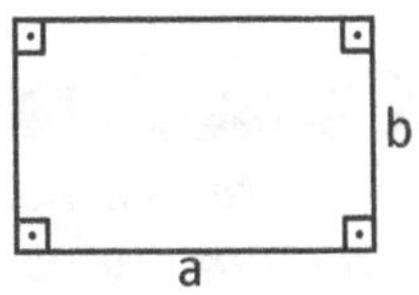

$S = a \cdot b$

> Quadrado

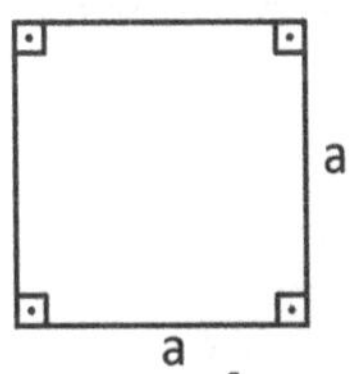

$S = a^2$

> Paralelogramo

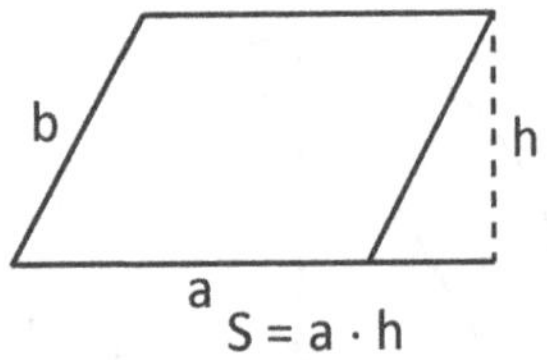

$S = a \cdot h$

> Losango

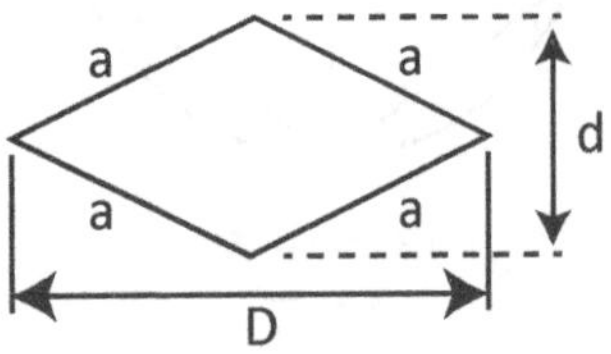

$$S = \frac{D \cdot d}{2}$$

> Trapézio

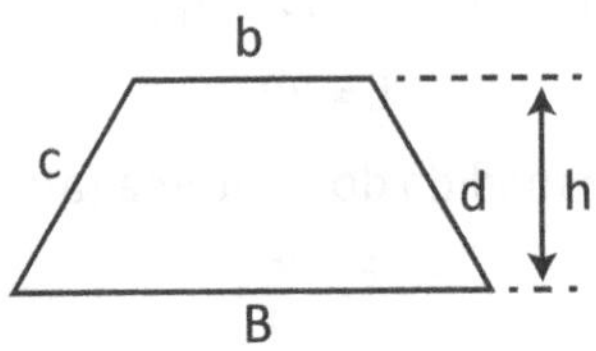

$$S = \frac{(B + b) \cdot h}{2}$$

> Triângulo

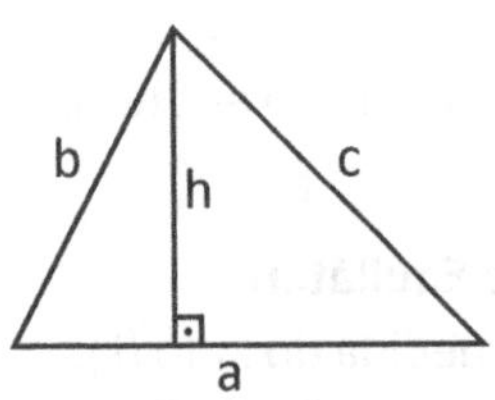

$$S = \frac{a \cdot h}{2}$$

> Triângulo equilátero

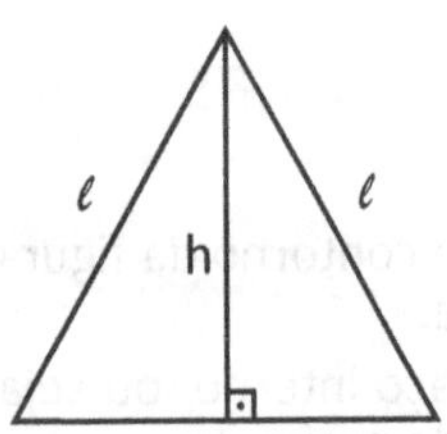

$$S = \frac{\ell^2 \sqrt{3}}{4}$$

Exercício Comentado

01. ***Para cercar um quartel, são necessários 5 voltas de arame farpado em seu perímetro. Quantos quilômetros de arame serão necessários para cercar um quartel que mede 500 metros de comprimento e 300 metros de largura?***

a) ***16***
b) ***15,5***
c) ***12***
d) ***10,5***
e) ***8***

RESPOSTA. ***"E". Se o quartel mede 500 metros de comprimento e 300 metros de largura, então seu perímetro será de 1600 metros (500 + 500 + 300 + 300 = 1600). Como são necessárias 5 voltas no terreno, então 1600 · 5 = 8000 metros. Transformando 8000 metros em km (basta dividir o valor por 1000), fica 8 km.***

Vamos Praticar

01. Um terreno de forma triangular tem frentes de 20 metros e 40 metros, em ruas que formam, entre si, um ângulo de 60°. Admitindo-se, a medida do perímetro do terreno, em metros, é:

a) 94
b) 93
c) 92
d) 91
e) 90

02. Um quadrado e um retângulo têm a mesma área. Os lados do retângulo são expressos por números naturais consecutivos, enquanto que o quadrado tem $2\sqrt{5}$ centímetros de lado. Assim, o perímetro, em centímetros, do retângulo é:

a) 12
b) 16
c) 18
d) 20
e) 24

03. As diagonais de um losango medem 48cm e 33cm. Se a medida da diagonal maior diminuir 4cm, então, para que a área permaneça a mesma, deve-se aumentar a medida da diagonal menor de:

a) 3cm
b) 5cm
c) 6cm
d) 8cm
e) 9cm

04. Qual o perímetro do polígono abaixo?

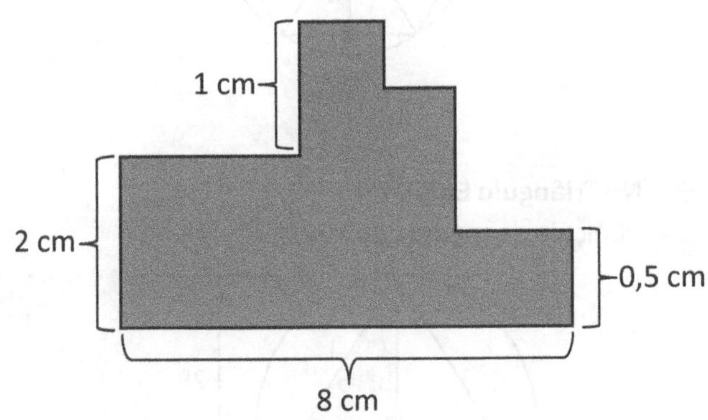

a) 15 cm
b) 18 cm
c) 20 cm
d) 22 cm
e) 23 cm

05. Na figura, cujas dimensões estão em metros, a linha pontilhada representa uma grade que foi colocada em dois lados de um canteiro. A extensão total dessa grade é:

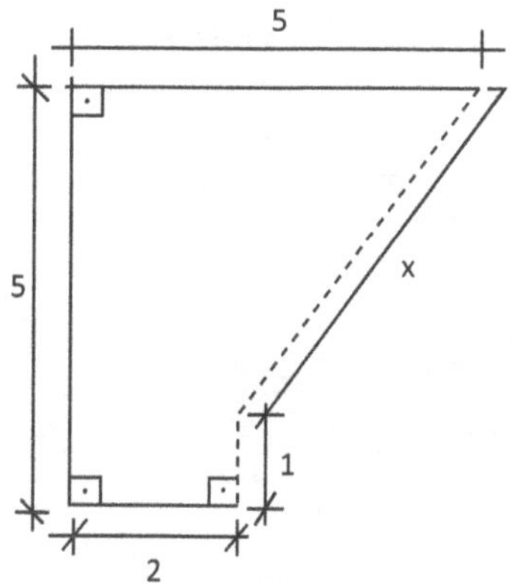

a) 6,00 m
b) 5,80 m
c) 5,75 m
d) 5,50 m
e) 5,00 m

06. Abaixo, temos a planta de um terreno retangular, de 810 m^2 de área cercado por um muro. Note que o terreno tem 36 m de comprimento, e que há um único portão de acesso com 2,5 m de largura.

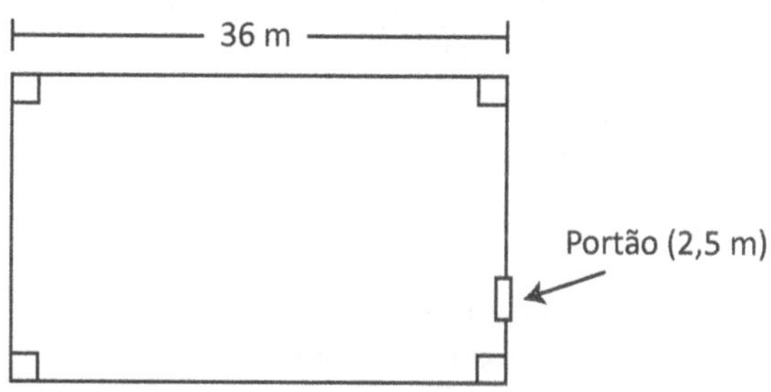

Qual é, em metros, o comprimento do muro que cerca esse terreno?

a) 113,0
b) 113,5
c) 114,5
d) 116,0
e) 117,0

07. Observe atentamente o retângulo abaixo, no interior do qual se encontra um polígono ABCD:

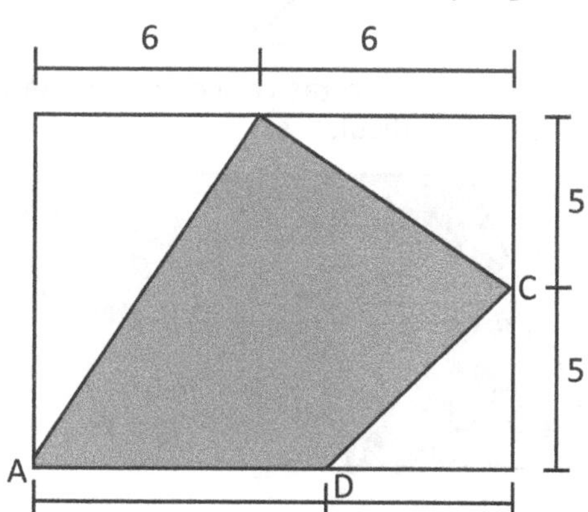

A área hachurada vale:

a) 55
b) 65
c) 90
d) 120
e) 150

08. A área de um triângulo isósceles cujos lados iguais medem 4, e dois de seus ângulos medem 45°, corresponde a:

a) 4 u.a.
b) 8 u.a.
c) 12 u.a.
d) 16 u.a.
e) 20 u.a.

09. A figura ilustra a planta, a vista superior, de um edifício. O quadrado CGHI corresponde ao corpo da edificação. O quadrado ABCD é uma área coberta cujo lado mede 8 m. A parte cinza da figura é um espelho d'água. DEFG é um quadrado tal que $EF^4 - GH^4 = 640\ m^4$.

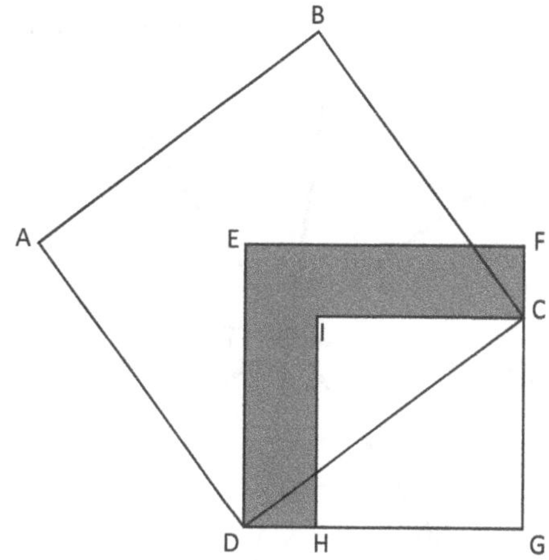

Qual é a medida da superfície do espelho d'água?

a) 80 m^2
b) 64 m^2
c) 18 m^2
d) 10 m^2
e) 8 m^2

Ultimamente tem havido muito interesse no aproveitamento da energia solar para suprir outras fontes de energia. Isso fez com que, após uma reforma, parte do teto de um salão de uma empresa fosse substituída por uma superfície retangular totalmente revestida por células solares, todas feitas de um mesmo material. Considere que:

Células solares podem converter a energia solar em energia elétrica e que para cada centímetro quadrado de célula solar que recebe diretamente a luz do sol é gerada 0,01 watt de potência elétrica;

A superfície revestida pelas células solares tem 3,5 m de largura por 8,4 m de comprimento.

10. Assim sendo, se a luz do sol incidir diretamente sobre tais células, a potência elétrica que elas serão capazes de gerar em conjunto, em watts, é:

a) 294.000
b) 38.200
c) 29.400
d) 3.820
e) 2.940

Gabarito A B C

01	A	06	C
02	C	07	B
03	A	08	B
04	D	09	D
05	A	10	E

CAPÍTULO 06

Geometria Espacial

Neste capítulo, serão abordados os principais conceitos de geometria espacial e suas aplicações.

Retas e Planos

Veja alguns conceitos:

→ A reta é infinita, ou seja, contém infinitos pontos.

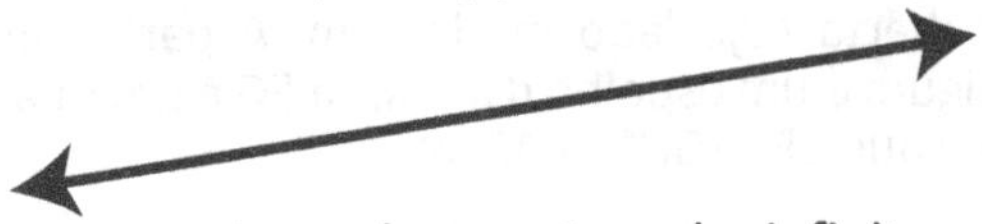

→ Por um ponto, podem ser traçadas infinitas retas.

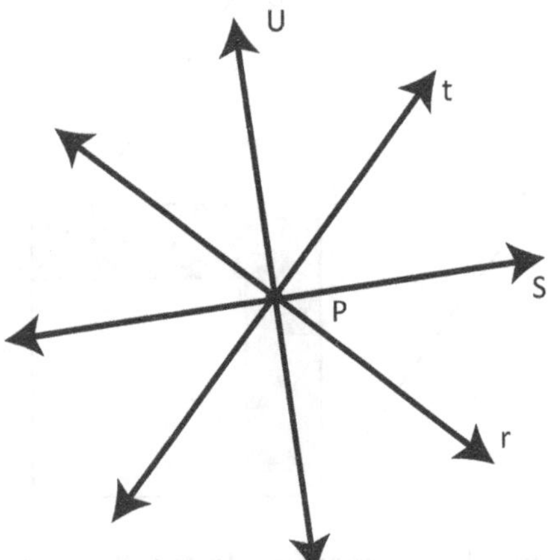

→ Por dois pontos distintos, passa uma única reta.

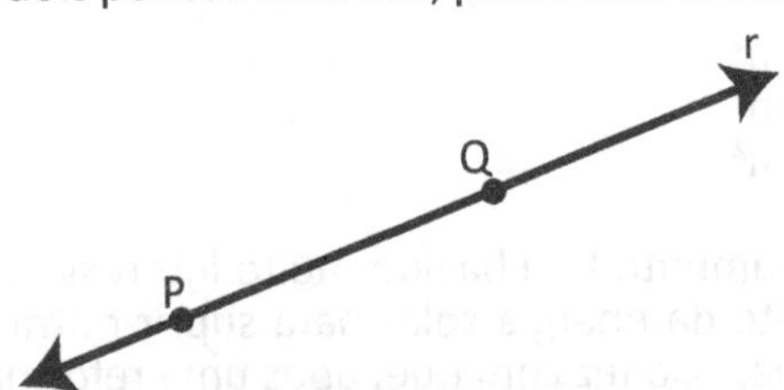

→ Um ponto qualquer de uma reta divide-a em duas semirretas.

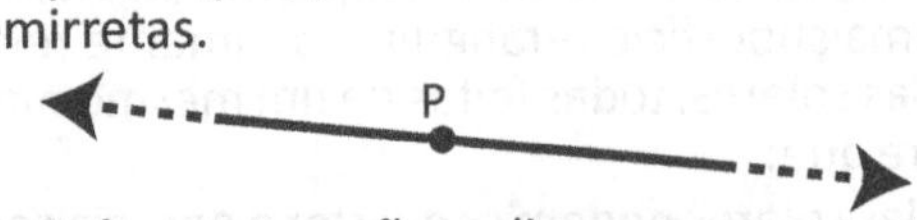

→ Por três pontos não colineares, passa um único plano.

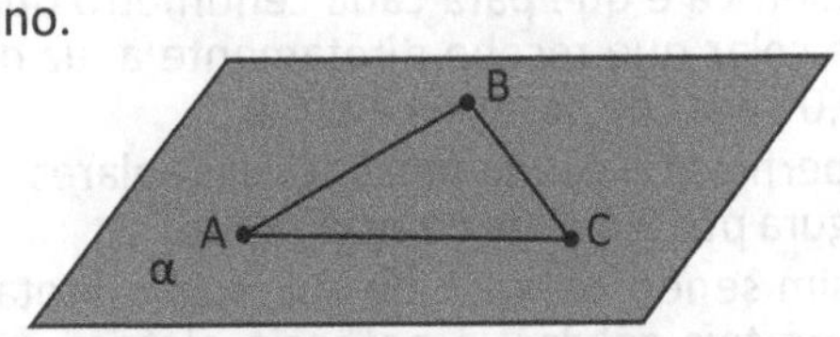

→ Por uma reta, pode ser traçada uma infinidade de planos.

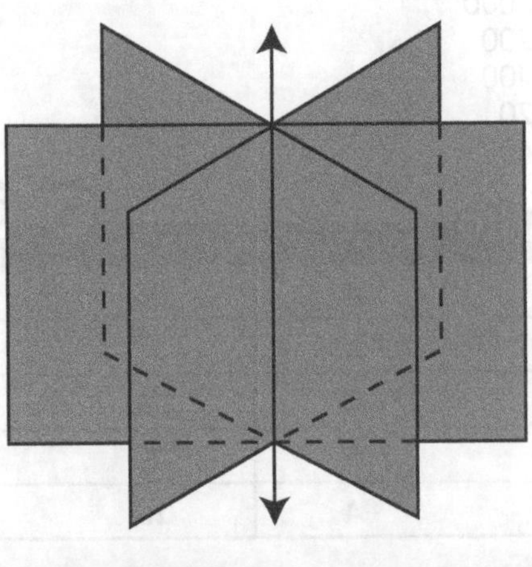

Posições Relativas de Duas Retas

No espaço, duas retas distintas podem ser concorrentes, paralelas ou reversas:

Concorrentes

$r \cap s = \{P\}$

$r \subset \alpha$

$s \subset \alpha$

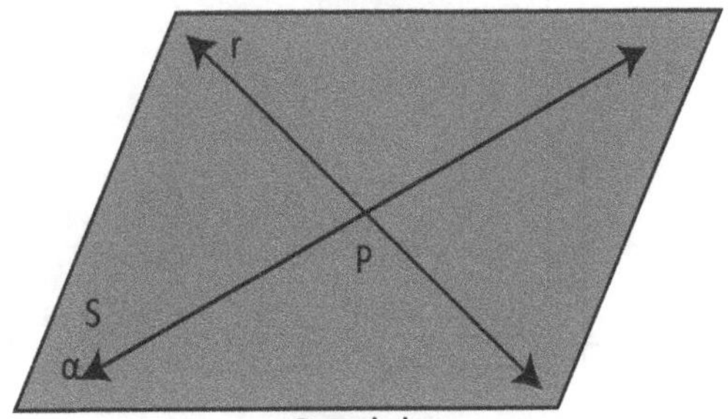

Paralelas

$r \cap s = \{\ \}$

$r \subset \alpha$

$s \subset \alpha$

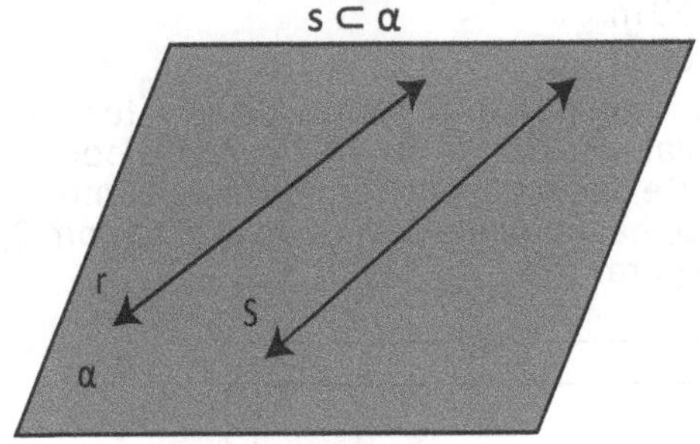

Concorrentes

$r \cap s = \{\ \}$

Não existe plano que contenha r e s simultaneamente

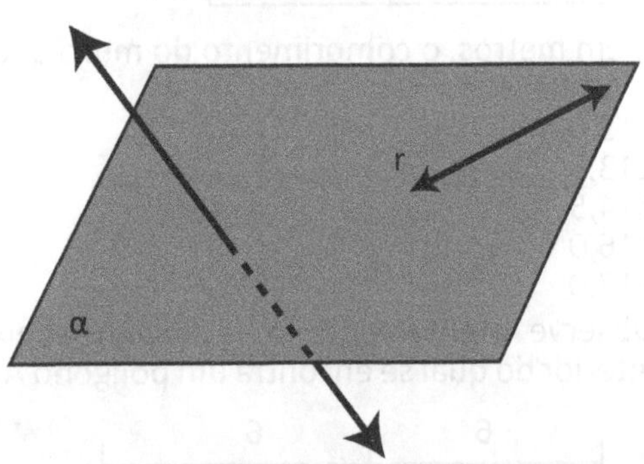

→ Em particular nas retas concorrentes, há aquelas que são perpendiculares.

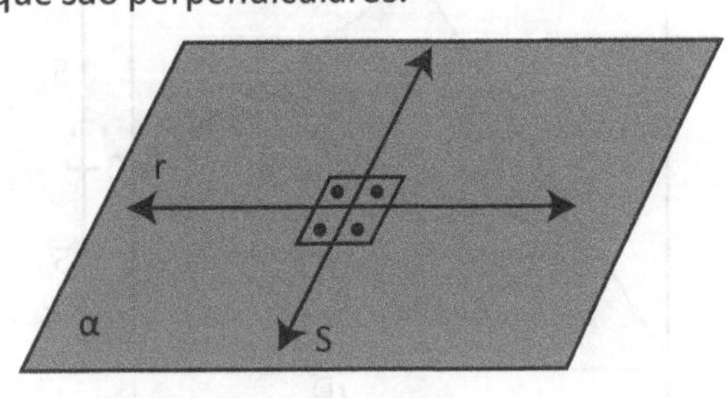

$r \perp s$

Posições Relativas entre Reta e Plano

→ Reta contida no plano

Se uma reta r tem dois pontos distintos num plano α, então, r está contida nesse plano:

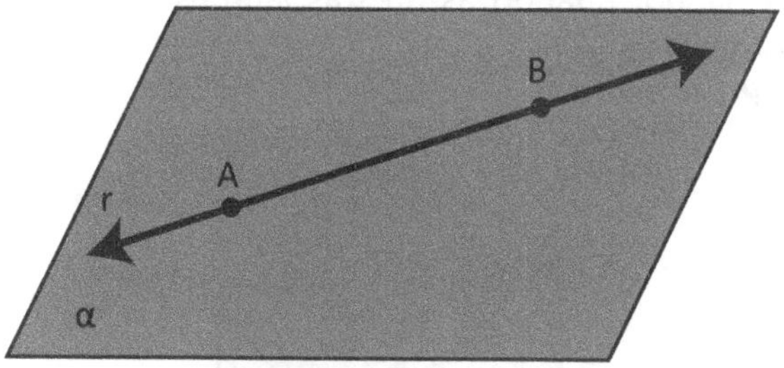

$$\left.\begin{array}{l} A \in \alpha \text{ e } B \in \alpha \\ A \in r \text{ e } B \in r \end{array}\right\} \Rightarrow r \subset \alpha$$

→ Reta concorrente ou incidente ao plano

Dizemos que a reta r "fura" o plano α ou que r e α são concorrentes em P quando $r \cap \alpha = \{P\}$.

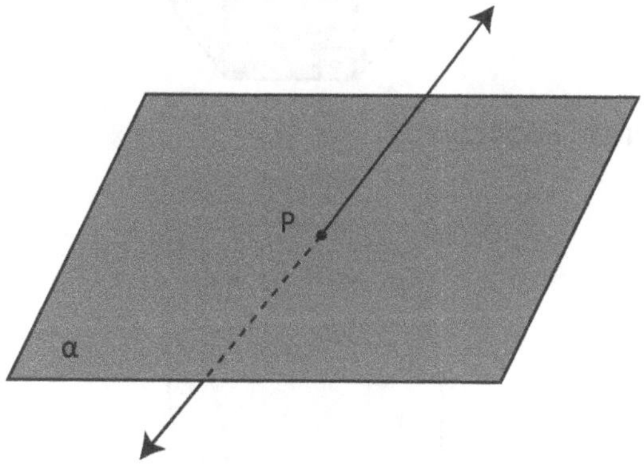

→ Reta paralela ao plano

Se uma reta r e um plano α não tem ponto em comum, então, a reta r é paralela a uma reta t contida no plano α; portanto, $r \parallel \alpha$, $r \parallel t$ e $t \subset \alpha \Rightarrow r \parallel \alpha$

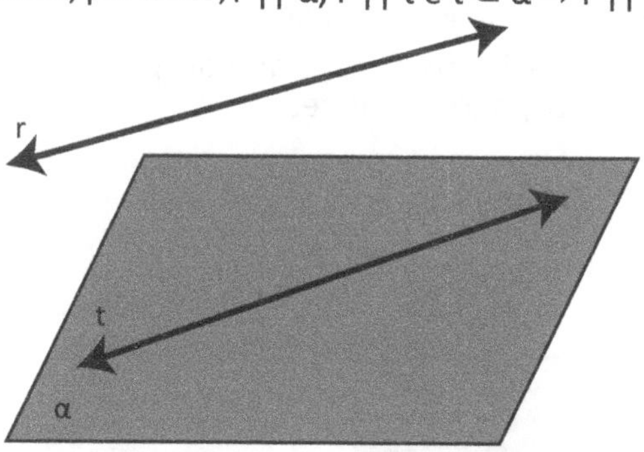

Fique Ligado

Se dois planos distintos têm um ponto em comum, então, a sua interseção é dada por uma única reta que passa por esse ponto.

Perpendicularismo entre Reta e Plano

Uma reta r é perpendicular a um plano α se, e somente se, r for perpendicular a todas as retas de α que passam pelo ponto de interseção de r e α.

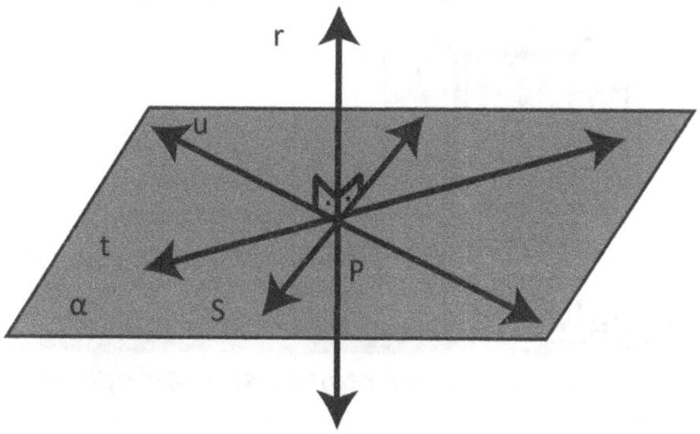

Posições Relativas de Dois Planos

→ Planos coincidentes ou iguais

→ Planos concorrentes ou secantes

Dois planos, α e β, são concorrentes quando sua interseção é uma única reta:

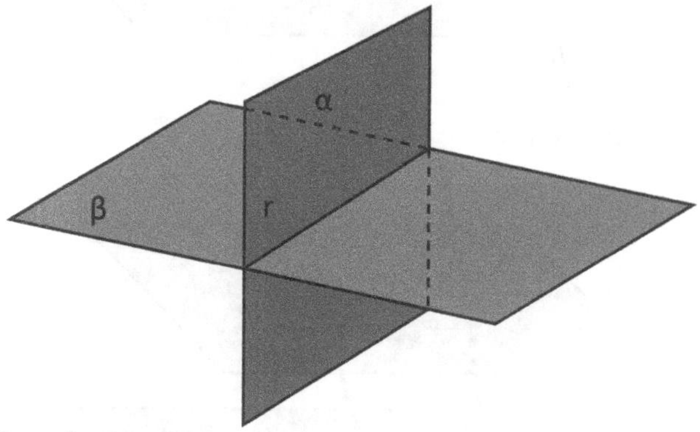

→ Planos paralelos

Dois planos, α e β, são paralelos quando sua interseção é vazia:

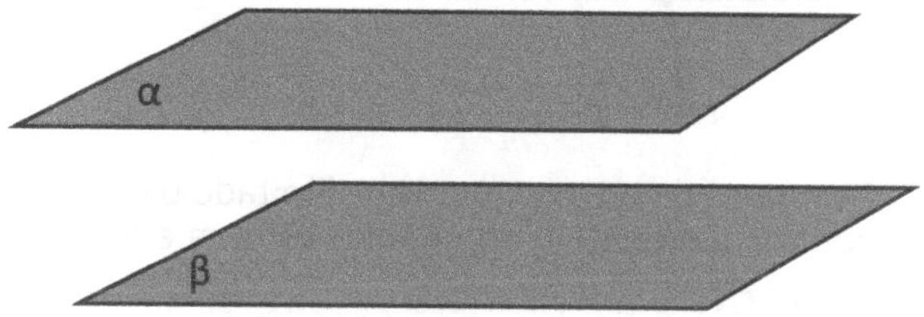

→ Perpendicularismo entre planos

Dois planos, α e β, são perpendiculares se, e somente se, exista uma reta de um deles que seja perpendicular ao outro:

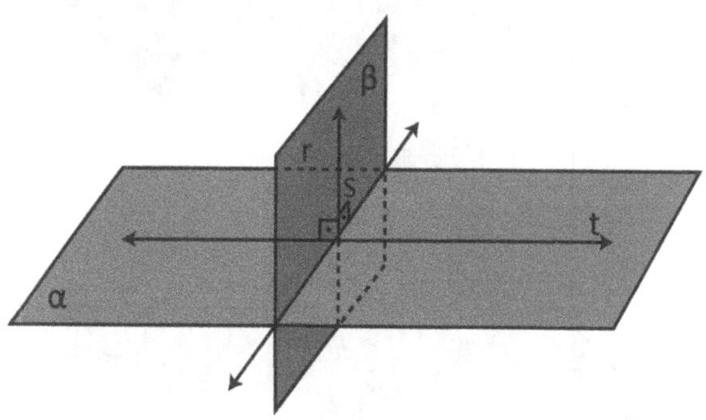

Prismas

Na figura abaixo, temos dois planos paralelos e distintos, α e β, um polígono convexo R contido em a e uma reta r que intercepta a e β, mas não R:

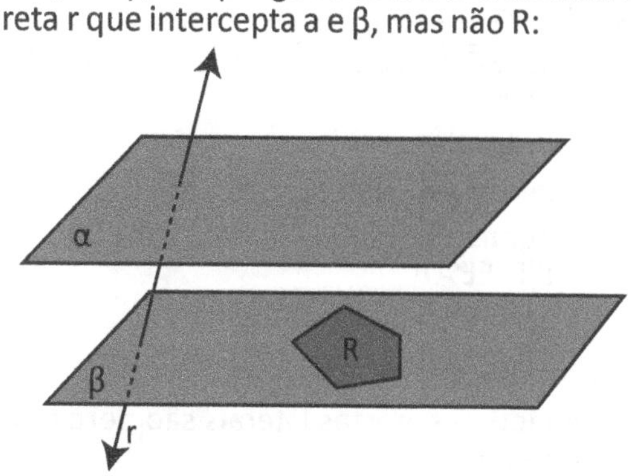

Para cada ponto P da região R, vamos considerar o segmento $\overline{PP}$, paralelo à reta r (P

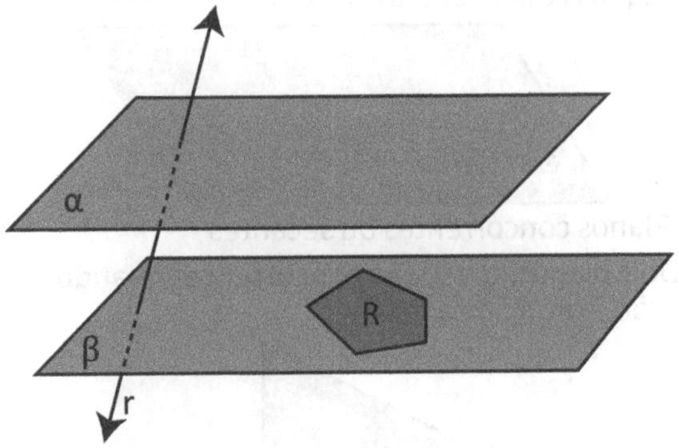

→ **Assim, temos:**

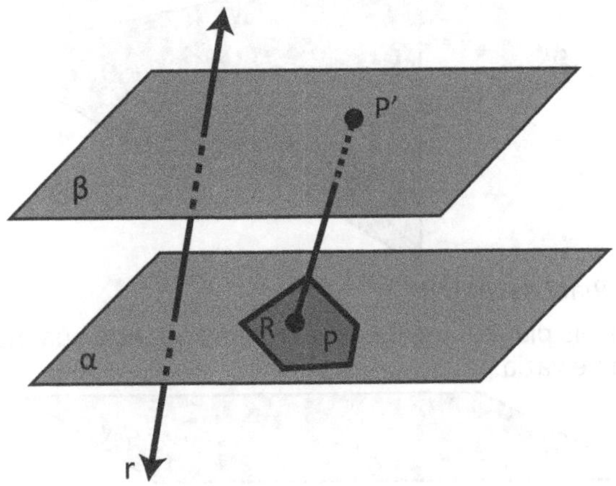

Chama-se de prisma ou prisma limitado o conjunto de todos os segmentos congruentes $\overline{PP}$ paralelos a r.

Elementos do Prisma

→ **Dado o prisma a seguir, considere os seguintes elementos:**

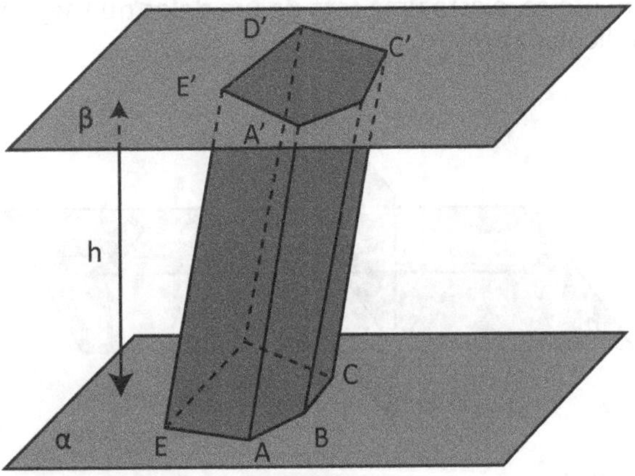

Bases: as regiões poligonais R e S

Altura: a distância h entre os planos α e β

→ **Arestas das bases:**

Lados $\overline{AB}$, $\overline{BC}$, $\overline{CD}$, $\overline{DE}$, $\overline{EA}$, $\overline{A'B'}$, $\overline{B'C'}$, $\overline{C'D'}$, $\overline{D'E'}$, $\overline{E'A'}$ (dos polígonos)

→ **Arestas laterais:**

Os segmentos $\overline{AA'}$, $\overline{BB'}$, $\overline{CC'}$, $\overline{DD'}$, $\overline{EE'}$

Faces laterais: os paralelogramos AA'BB', BB'C'C, CC'D'D, DD'E'E, EE'A'A

Classificação

Um prisma pode ser:

Reto: quando as arestas laterais são perpendiculares aos planos das bases;

Oblíquo: quando as arestas laterais são oblíquas aos planos das bases.

→ **Prisma reto**

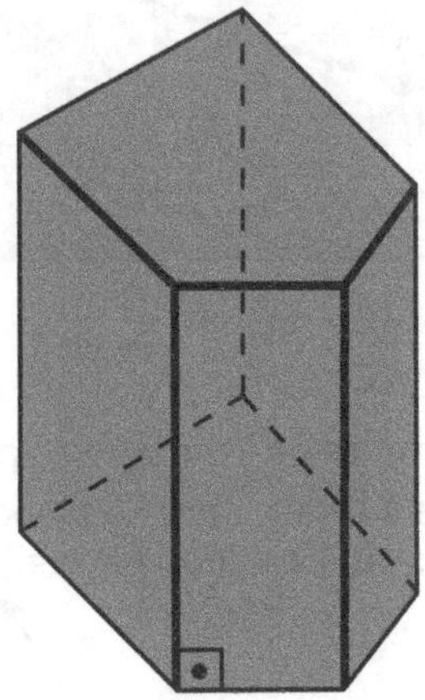

→ **Prisma oblíquo**

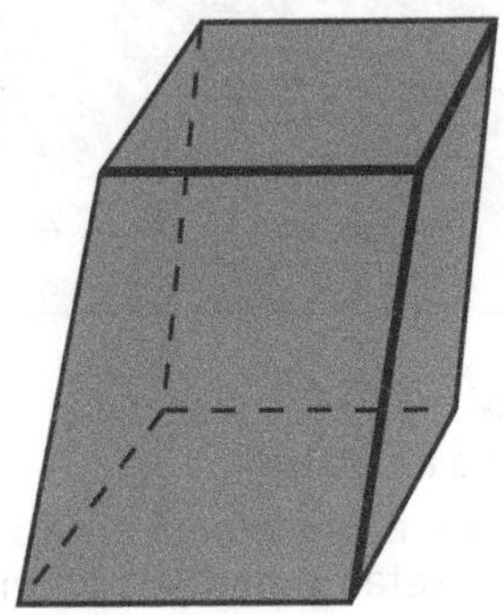

→ **Prisma regular triangular**

Chama-se de prisma regular todo prisma reto cujas bases são polígonos regulares:

Triângulo equilátero

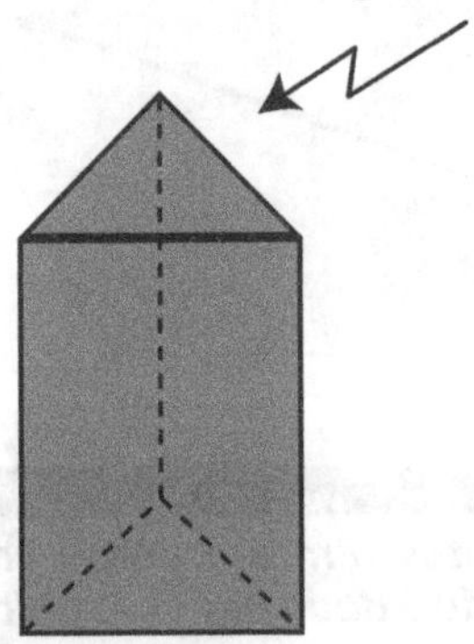

→ **Prisma regular hexagonal**

Hexágono regular

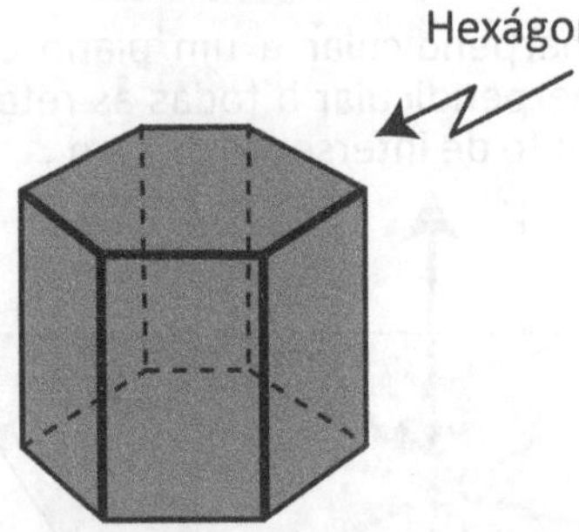

Fique Ligado

As faces de um prisma regular são retângulos congruentes.

Áreas

Num prisma, distinguimos dois tipos de superfície: as faces e as bases. Assim, temos de considerar as seguintes áreas:

a) Área de uma face (A_F): área de um dos paralelogramos que constituem as faces.

b) Área lateral (A_L): soma das áreas dos paralelogramos que formam as faces do prisma.

Acompanhe-me

No prisma regular, temos:

$A_L = n \cdot A_F$ (n = número de lados do polígono da base).

c) Área da base (A_B): área de um dos polígonos das bases.

d) Área total (A_T): soma da área lateral com a área das bases:

$$A_T = A_L + 2A_B$$

Paralelepípedo

Todo prisma cujas bases são paralelogramos recebe o nome de paralelepípedo. Assim, podemos ter:

→ **Paralelepípedo oblíquo**

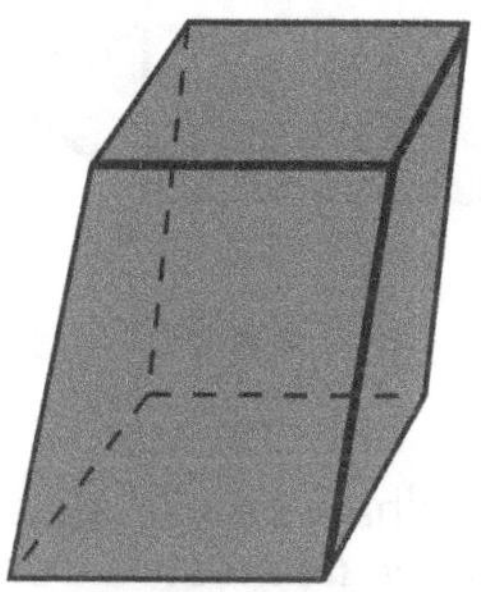

→ **Paralelepípedo reto**

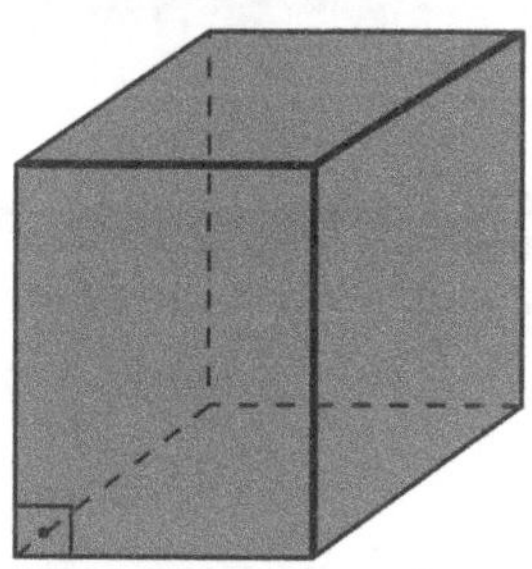

Fique Ligado

Se o paralelepípedo reto tem bases retangulares, ele é chamado de paralelepípedo reto-retângulo, ortoedro ou paralelepípedo retângulo.

→ **Paralelepípedo retângulo**

> Diagonais da base e do paralelepípedo

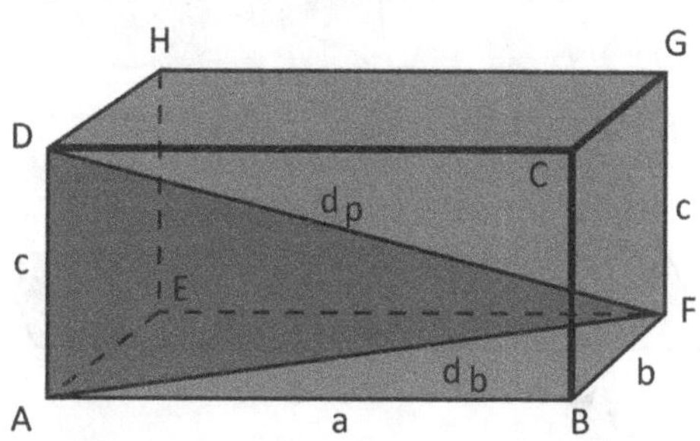

d_b = diagonal da base

d_p = diagonal do paralelepípedo

→ **Na base, ABFE, tem-se:**

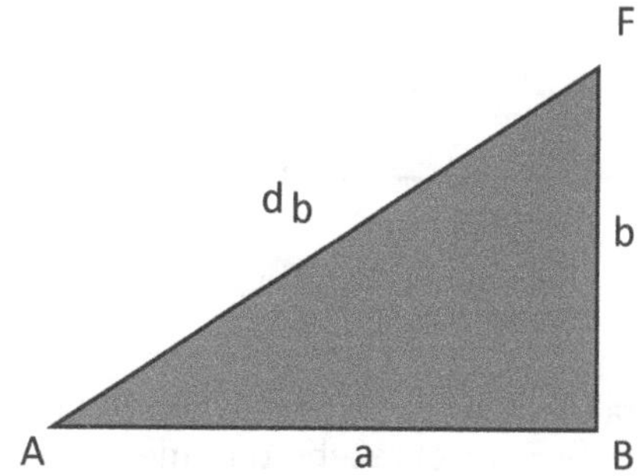

$$d_b^2 = a^2 + b^2 \Longrightarrow d_b = \sqrt{a^2 + b^2}$$

→ **No triângulo AFD, tem-se:**

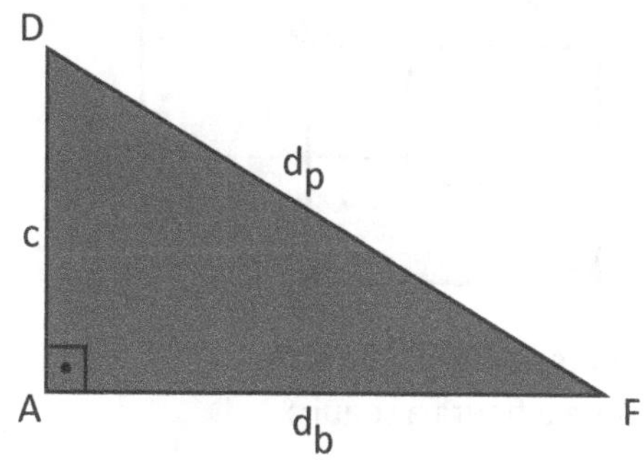

$$d_f^2 = d_b^2 + c^2 = a^2 + b^2 + c^2 \Rightarrow d_f = \sqrt{a^2 + b^2 + c^2}$$

→ **Área lateral**

Sendo A_L a área lateral de um paralelepípedo retângulo, tem-se:

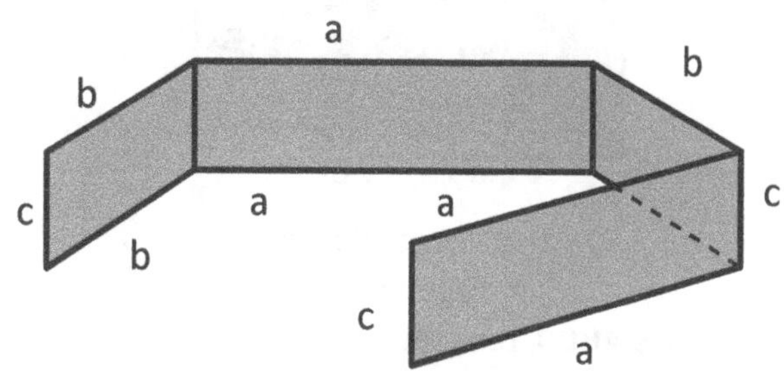

$$A_L = ac + bc + ac + bc = 2ac + 2bc = A_L = 2(ac + bc)$$

→ **Área total**

Planificando o paralelepípedo, verificamos que a área total é a soma das áreas de cada par de faces opostas:

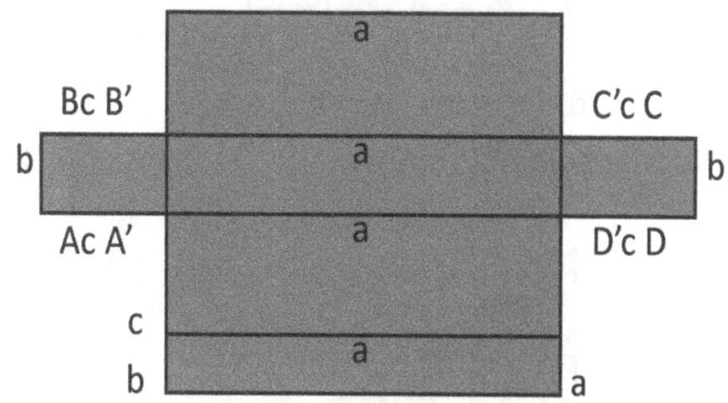

$$A_T = 2(ab + ac + bc)$$

→ **Volume**

O volume de um paralelepípedo retângulo de dimensões a, b e c é dado por:

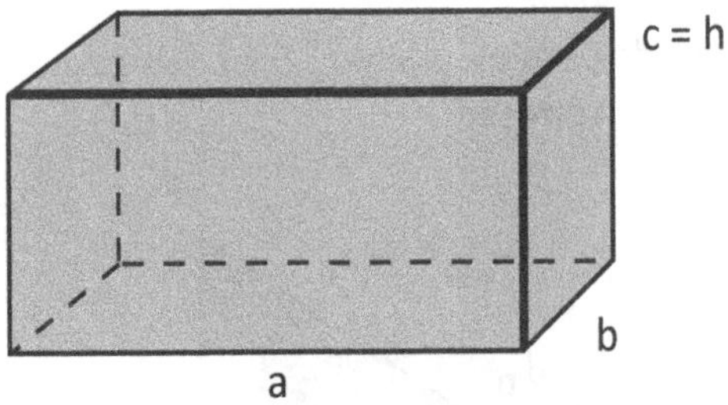

$V = A_B h$

$V = a \cdot b \cdot c$

Cubo

Um paralelepípedo retângulo com todas as arestas congruentes (a = b = c) recebe o nome de cubo. Dessa forma, cada face é um quadrado.

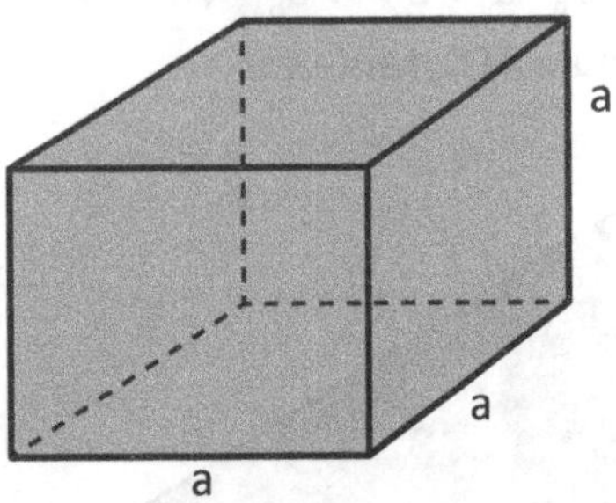

→ **Diagonais da base e do cubo**

Considere a figura a seguir:

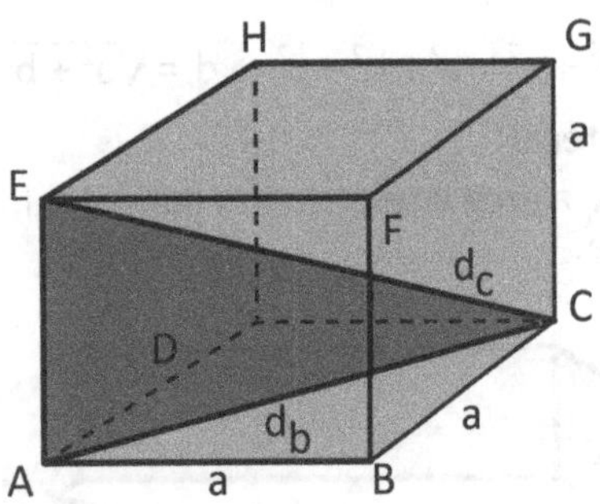

d_c = diagonal do cubo

d_b = diagonal da base

→ **Na base ABCD, tem-se:**

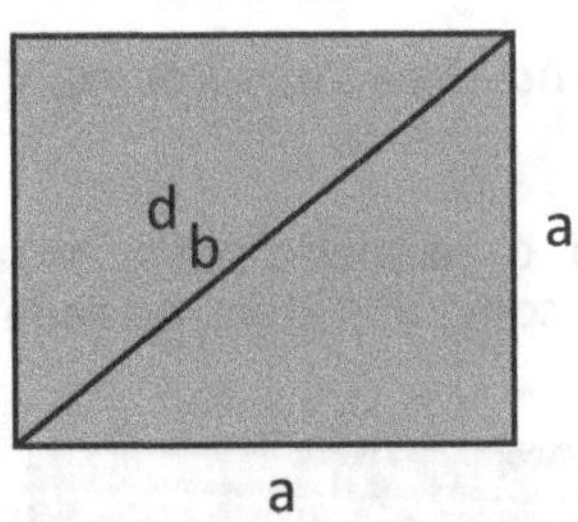

$$d_c^2 = a^2 + a^2 = 2a^2 \Longrightarrow d_b = a\sqrt{2}$$

→ **No triângulo ACE, tem-se:**

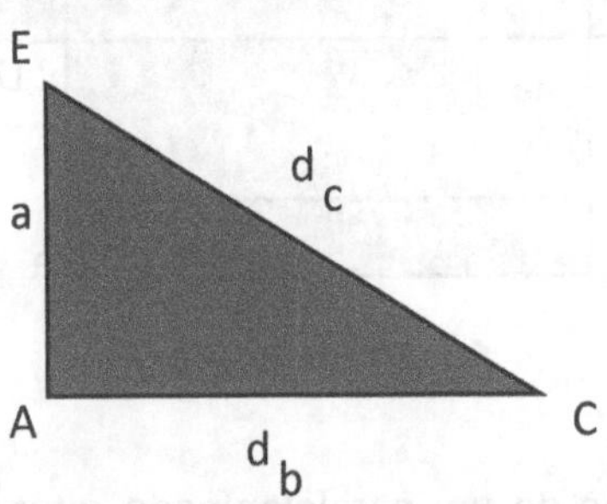

$$d_c^2 = a^2 + d_b^2 = a^2 + 2a^2 = 3a^2 \Longrightarrow d_c = a\sqrt{3}$$

→ **Área lateral**

A área lateral A_L é dada pela área dos quadrados de lado a:

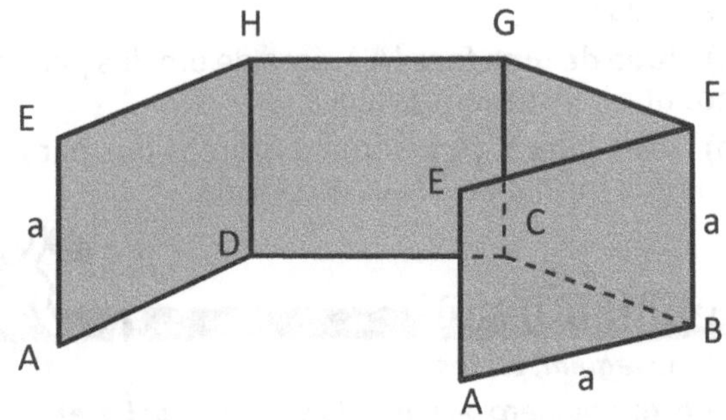

$A_L = 4a^2$

→ **Área total**

A área total A_T é dada pela área dos seis quadrados de lado a:

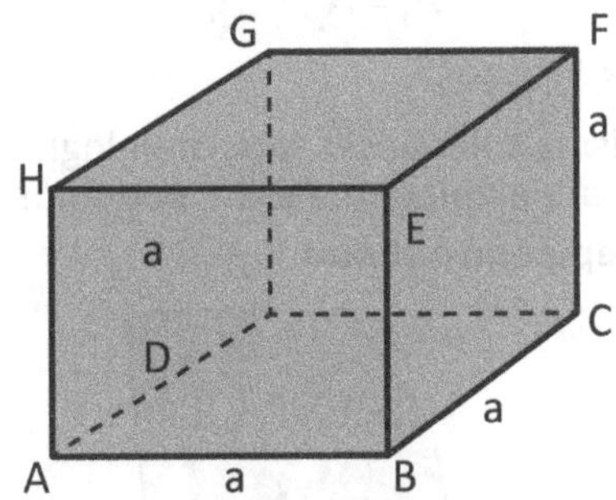

$A_T = 6a^2$

→ **Volume**

De forma semelhante ao paralelepípedo retângulo, o volume de um cubo de aresta a é dado por:

$V = a \cdot a \cdot a = a^3$

Fique Ligado

Generalização do volume de um prisma:

$V_{prisma} = A_B \cdot h$

Cilindro

Elementos do Cilindro

→ Dado o cilindro a seguir, considere os seguintes elementos:

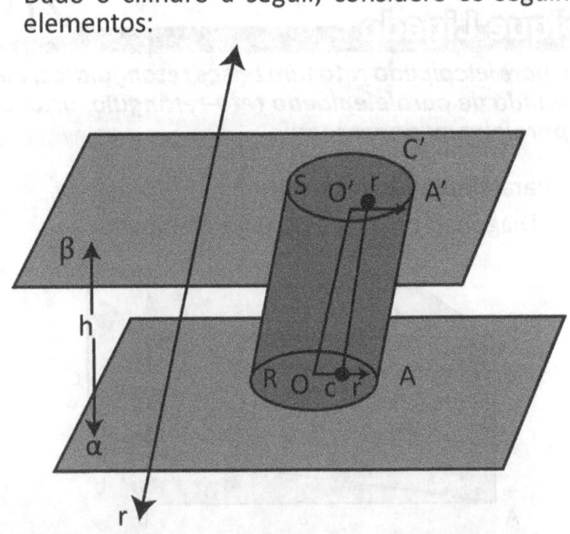

Bases: os círculos de centro O e O' e raios r.

Altura: a distância h entre os planos α e β.

Geratriz: qualquer segmento de extremidades nos pontos das circunferências das bases (por exemplo, $\overline{AA'}$) e paralelo à reta r.

Classificação do Cilindro

→ **Um cilindro pode ser:**

> Circular oblíquo: quando as geratrizes são oblíquas às bases;

> Circular reto: quando as geratrizes são perpendiculares às bases.

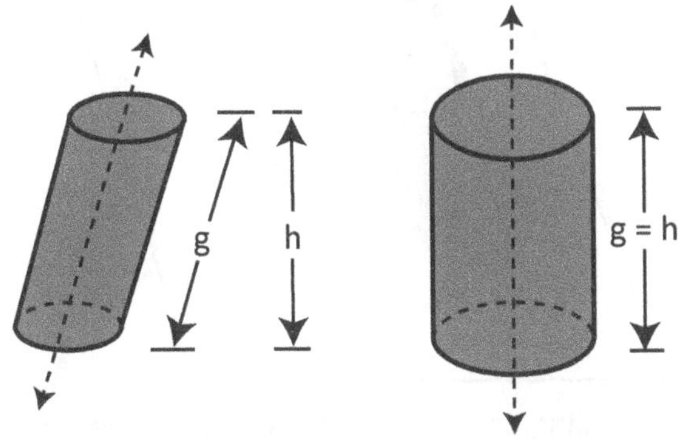

O cilindro circular reto é também chamado de cilindro de revolução, por ser gerado pela rotação completa de um retângulo por um de seus lados. Assim, a rotação do retângulo ABCD pelo lado $\overline{BC}$ gera o cilindro a seguir:

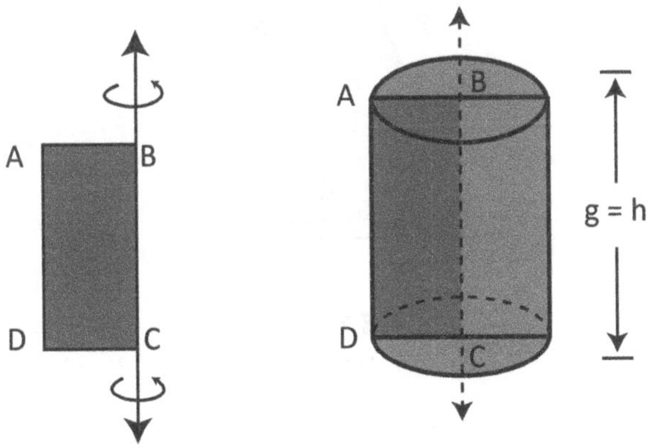

A reta $\overline{BC}$ contém os centros das bases e é o eixo do cilindro.

Seção

Seção transversal é a região determinada pela interseção do cilindro com um plano paralelo às bases. Todas as seções transversais são congruentes.

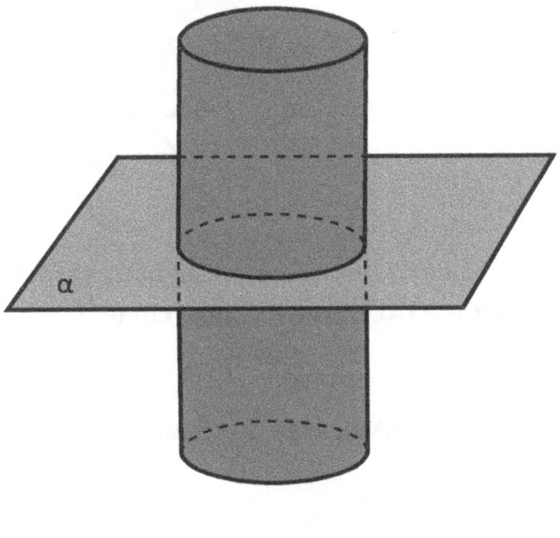

Seção meridiana é a região determinada pela interseção do cilindro com um plano que contém o eixo.

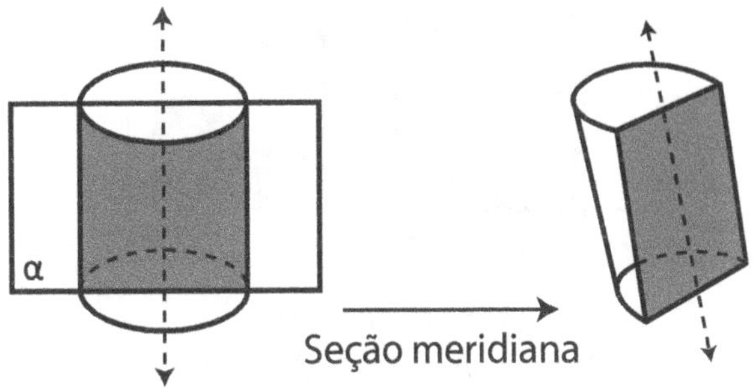

Áreas

Num cilindro, consideramos as seguintes áreas:

→ **Área lateral (A_L)**

Pode-se observar a área lateral de um cilindro fazendo a sua planificação:

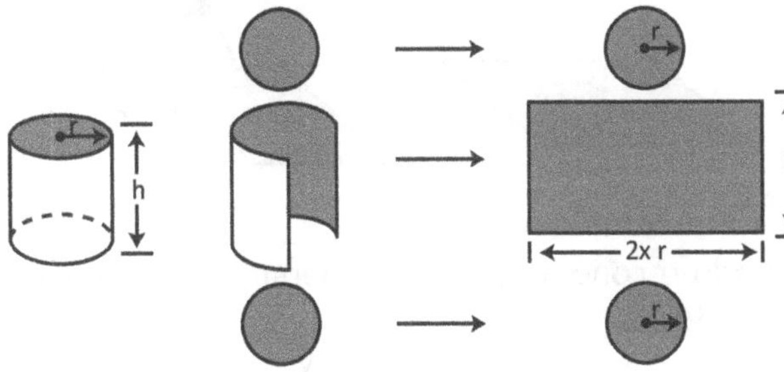

Assim, a área lateral do cilindro reto cuja altura é h e cujos raios dos círculos das bases são r é um retângulo de dimensões $2\,\pi\,r$ e h:

$$A_L = 2\pi r\,h$$

→ **Área da base (A_B):** área do círculo de raio r

$$A_B = 2\,\pi r^2$$

→ **Área total (A_T):** soma da área lateral com as áreas das bases

$$A_T = A_L + 2A_B = 2\pi\,r\,h + 2\pi\,r^2 = 2\pi\,r\,(h + r)$$

Volume

O volume de todo paralelepípedo retângulo e de todo cilindro é o produto da área da base pela medida de sua altura:

$$V_{cilindro} = A_B \cdot h$$

No caso do cilindro circular reto, a área da base é a área do círculo de raio r, $A_B = \pi\ r^1\,h$; portanto, seu volume é:

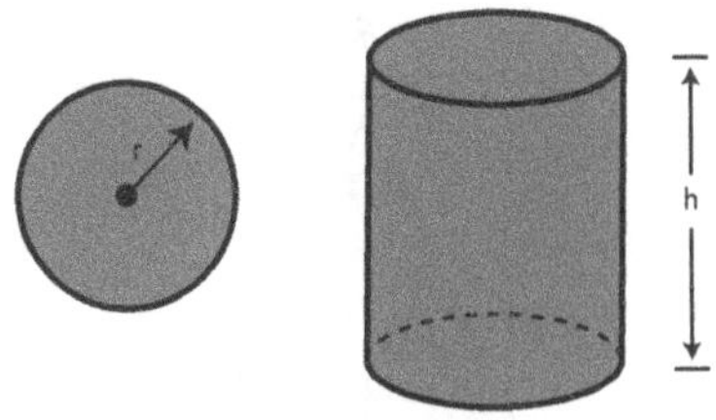

$$V = r^2 h$$

→ **Cilindro equilátero**

Todo cilindro cuja seção meridiana é um quadrado (altura igual ao diâmetro da base) é chamado cilindro equilátero.

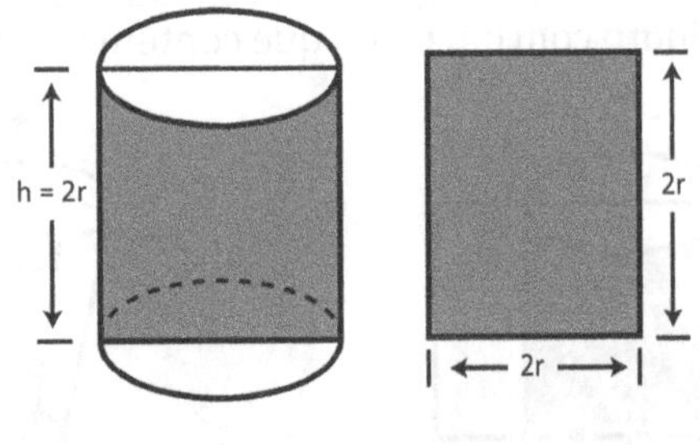

$$A_L = 2r \cdot 2\pi r = 4\pi r^2$$
$$A_T = A_L + A_B = 4\pi r^2 + 2\pi r^2 = 6\pi r^2$$

Cone Circular

Dado um círculo C, contido num plano α, e um ponto V (vértice) fora de α, chamamos de cone circular o conjunto de todos os segmentos $\overline{VP}$, $P \in C$.

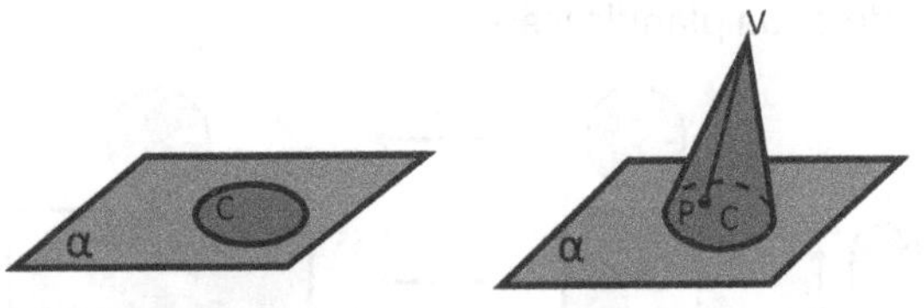

→ **Elementos do cone circular**

Dado o cone a seguir, consideramos os seguintes elementos:

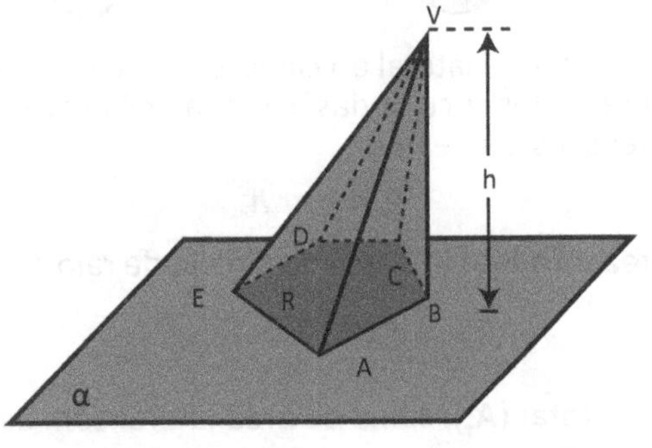

Altura: distância h do vértice V ao plano α.

Geratriz (g): segmento com uma extremidade no ponto V e outra num ponto da circunferência.

Raio da base: raio R do círculo.

Eixo de rotação: reta $\overline{VO}$ determinada pelo centro do círculo e pelo vértice do cone.

Cone reto

Todo cone cujo eixo de rotação é perpendicular à base é chamado cone reto, também denominado cone de revolução. Ele pode ser gerado pela rotação completa de um triângulo retângulo em torno de um de seus catetos.

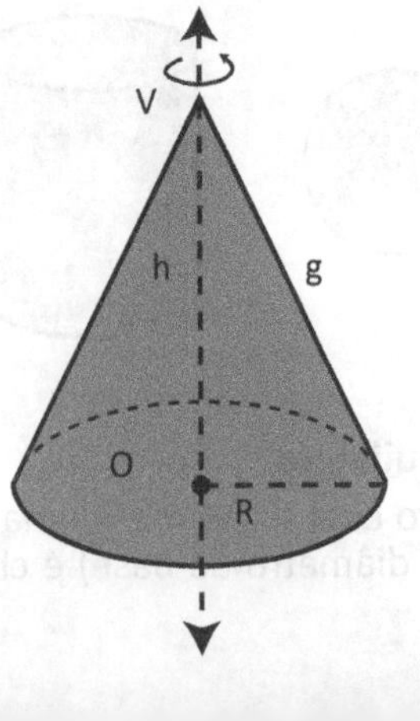

Da figura, e pelo Teorema de Pitágoras, temos a seguinte relação:

g2 = h2 + R2

→ **Seção meridiana**

A seção determinada, num cone de revolução, por um plano que contém o eixo de rotação é chamada seção meridiana.

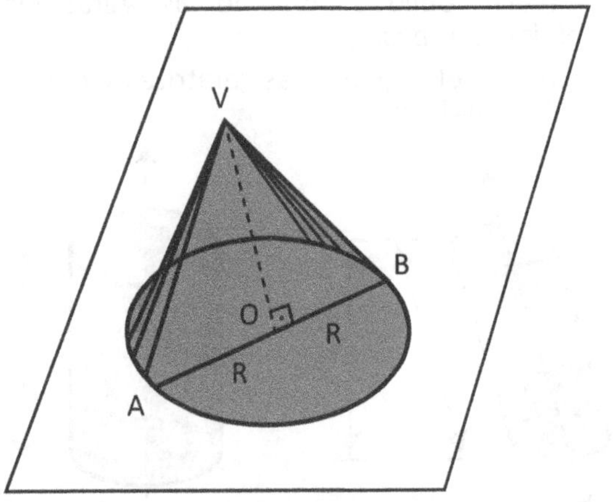

Se o triângulo AVB for equilátero, o cone também será equilátero:

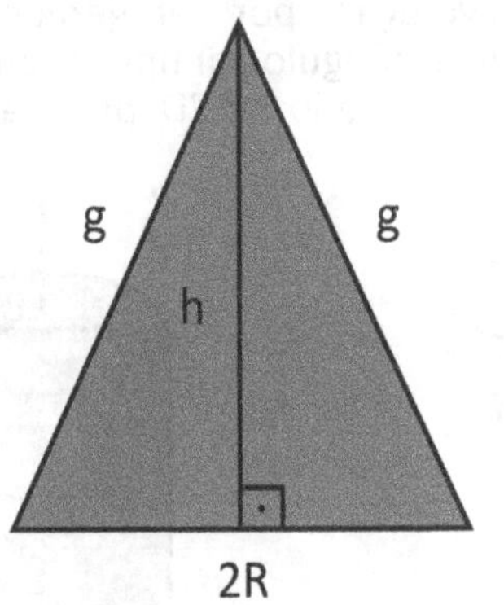

$$g = 2R$$
$$h = R\sqrt{3}$$

Áreas

Desenvolvendo a superfície lateral de um cone circular reto, obtemos um setor circular de raio g e comprimento $L = 2\pi R$

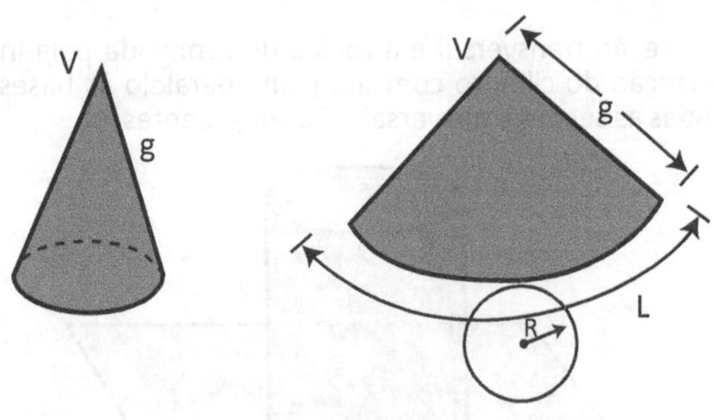

Assim, há de se considerar as seguintes áreas:

→ **Área lateral (AL): área do setor circular**

$$A_L = \frac{gl}{2} = \frac{g \cdot 2\pi R}{2} \Longrightarrow A_L = \pi R g$$

→ **Área da base (AB): área do círculo do raio R**

$$A_B = \pi R^2$$

→ **Área total (AT): soma da área lateral com a área da base**

$$A_T = A_L + A_B = \pi Rg + \pi R^2 \rightarrow A_T\ \pi R\,(g+R)$$

Volume

$$V_{cone} = 2\pi dS = 2\pi \cdot \frac{r}{3} \cdot \frac{rh}{2} \Longrightarrow V_{cone} = \frac{1}{3} \cdot \pi r^2 h$$

Pirâmides

Dado um polígono convexo R, contido em um plano α, e um ponto V (vértice) fora de α, chamamos de pirâmide o conjunto de todos os segmentos $\overline{VP}$, $P \in R$.

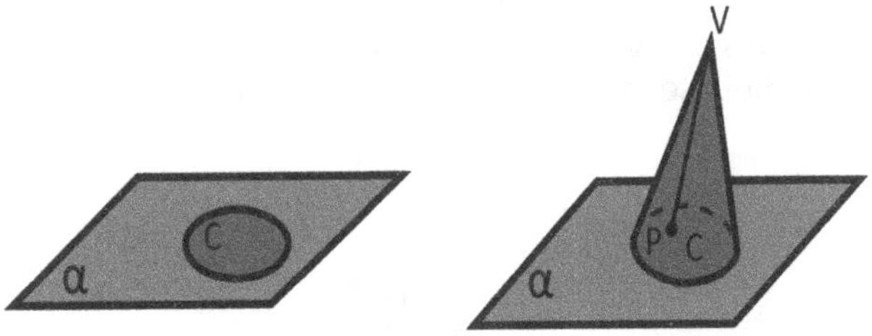

→ **Elementos da pirâmide**

Dada a pirâmide a seguir, tem-se os seguintes elementos:

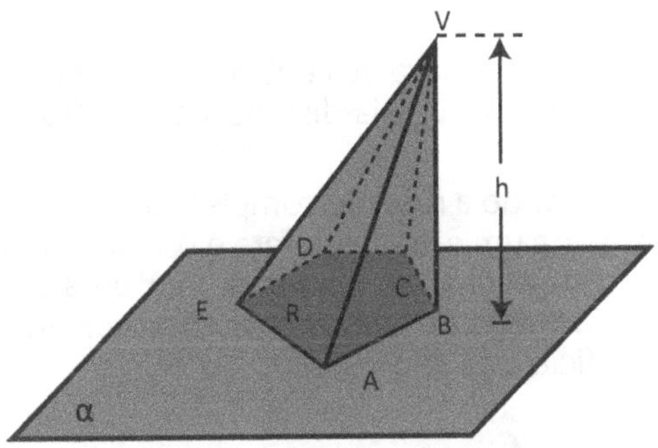

Base: o polígono convexo R.

Arestas da base: os lados $\overline{AB}$, $\overline{BC}$, $\overline{CD}$, $\overline{DE}$, $\overline{EA}$ do polígono.

Arestas laterais: os segmentos $\overline{VA}$, $\overline{VB}$, $\overline{VC}$, $\overline{VD}$, $\overline{VE}$.

Faces laterais: os triângulos VAB, VBC, VCD, VDE, VEA.

Altura: distância h do ponto V ao plano.

→ **Classificação**

Uma pirâmide é reta quando a projeção ortogonal do vértice coincide com o centro do polígono da base.

Toda pirâmide reta, cujo polígono da base é regular, recebe o nome de pirâmide regular. Ela pode ser triangular, quadrangular, pentagonal etc., conforme sua base, seja, respectivamente, um triângulo, um quadrilátero, um pentágono etc.

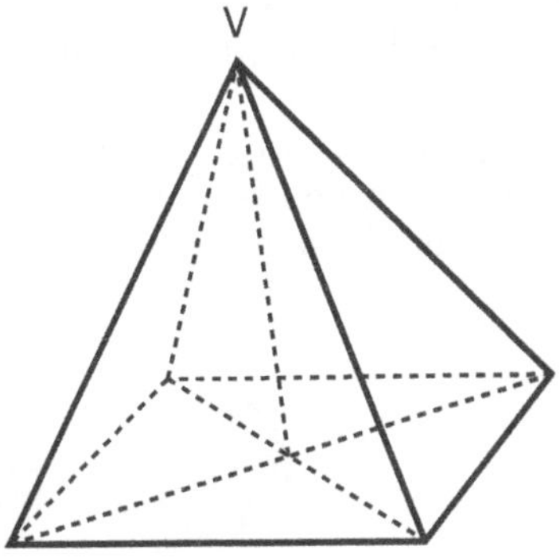

Pirâmide regular quadrangular

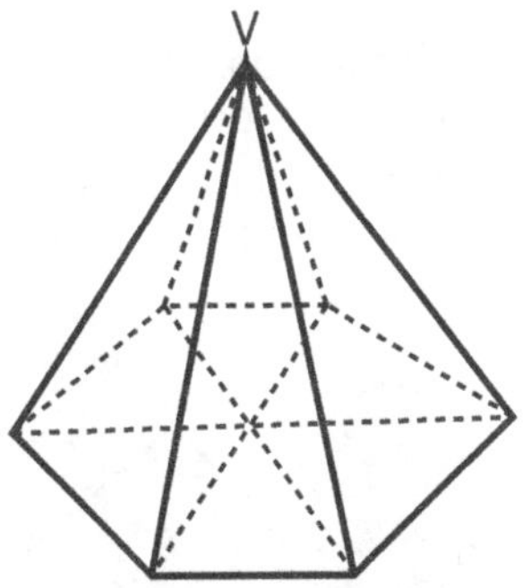

Pirâmide regular hexagonal

Áreas

→ **Numa pirâmide, temos as seguintes áreas:**

> **Área lateral (AL):** reunião das áreas das faces laterais.

> **Área da base (AB):** área do polígono convexo (base da pirâmide).

> **Área total (AT):** união da área lateral com a área da base.

$$A_T = A_L + A_B$$

→ **Para uma pirâmide regular, temos:**

$$A_L = n \cdot \frac{bg}{2} \qquad A_B = pa$$

→ **Em que:**

> b é a aresta;

> g é o apótema;

> n é o número de arestas laterais;

> p é o semiperímetro da base;

> a é o apótema do polígono da base.

Volume

$$V_{cone} = \frac{1}{3} \cdot \underbrace{\pi \cdot R^2}_{\text{Área da base}} h \rightarrow \boxed{V_{pirâmide} = \frac{1}{3} \cdot ABh}$$

Troncos

Se um plano interceptar todas as arestas de uma pirâmide ou de um cone, paralelamente às suas bases, o plano dividirá cada um desses sólidos em dois outros: uma nova pirâmide e um tronco de pirâmide; e um novo cone e um tronco de cone.

→ **Tronco da pirâmide**

Dado o tronco de pirâmide regular a seguir, tem-se:

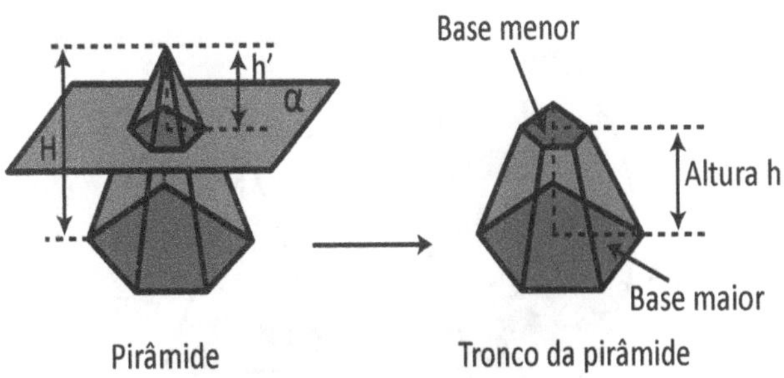

> As bases são polígonos regulares paralelos e semelhantes;

> As faces laterais são trapézios isósceles congruentes.

→ **Áreas**

> Área lateral (A_L): soma das áreas dos trapézios isósceles congruentes que formam as faces laterais.

> Área total (A_T): soma da área lateral com a soma das áreas da base menor (A_b) e maior (A_B).

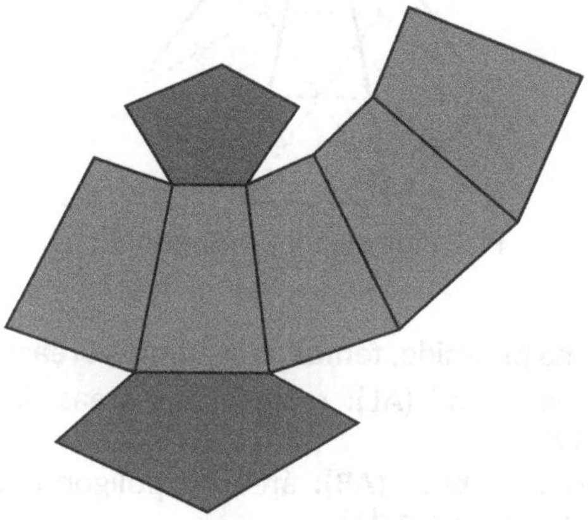

$$A_T = A_L + A_B + A_b$$

→ **Volume**

> O volume de um tronco de pirâmide regular é dado por:

$$V_r = \frac{h}{3}\left(A_B + A_b + \sqrt{A_B A_b}\right)$$

> Sendo V o volume da pirâmide e V' o volume da pirâmide obtido pela seção, é válida a relação:

$$\frac{V'}{V} = \left(\frac{h'}{H}\right)^3$$

→ **Tronco do cone**

> Sendo o tronco do cone circular regular a seguir, tem-se:

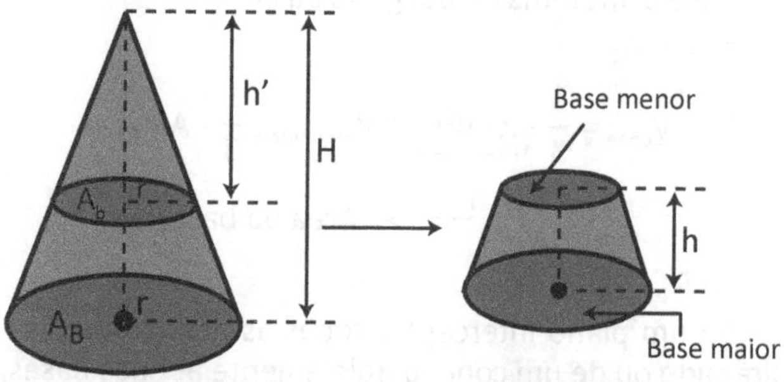

Cone   Tronco do cone

> As bases maior e menor são paralelas;

> A altura do tronco é dada pela distância entre os planos que contém as bases.

→ **Áreas**

Tem-se: área lateral

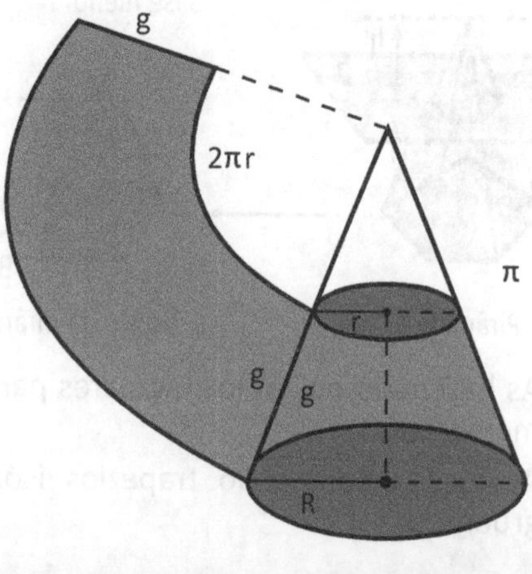

$$A_L = \pi(R + r)g$$

> Área total

$$A_r = A_L + A_b + A_b = \pi(R + r)\,g + \pi R^2 + \pi r^2$$

$$\Downarrow$$

$$Ar = \pi\left[(R + r)\,g + R^2 + r^2\right]$$

→ **Volume**

$$V = \frac{h}{3}\left(A_B + A_b + \sqrt{A_B A_b}\right) = \frac{h}{3}\left(\pi R^2 + \pi r^2 + \sqrt{\pi R^2 \cdot \pi r^2}\right)$$

$$\Downarrow$$

$$V = \frac{\pi h}{3}\left(R^2 + r^2 + Rr\right)$$

Sendo V o volume do cone e V' o volume do cone obtido pela seção, são válidas as relações:

$$\frac{r}{r'} = \frac{H}{h'}$$

$$\frac{A_B}{A_b} = \left(\frac{H}{h'}\right)^2$$

$$\frac{V}{V'} = \left(\frac{H}{h'}\right)^3$$

Esfera

Chama-se de esfera de centro O e raio R o conjunto de pontos do espaço cuja distância ao centro é menor ou igual ao raio R.

Considerando a rotação completa de um semicírculo em torno de um eixo e, a esfera é o sólido gerado por essa rotação. Assim, ela é limitada por uma superfície esférica e formada por todos os pontos pertencentes a essa superfície e ao seu interior.

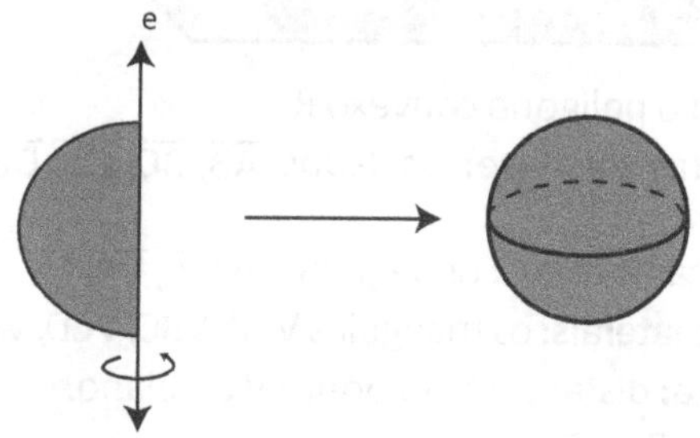

→ **Volume**

> O volume da esfera de raio R é dado por:

$$V_e = \frac{4}{3} \cdot \pi R^3$$

Partes da Esfera

→ **Superfície esférica**

A superfície esférica de centro O e raio R é o conjunto de pontos do espaço cuja distância ao ponto O é igual ao raio R.

Se considerar a rotação completa de uma semicircunferência em torno de seu diâmetro, a superfície esférica é o resultado dessa rotação.

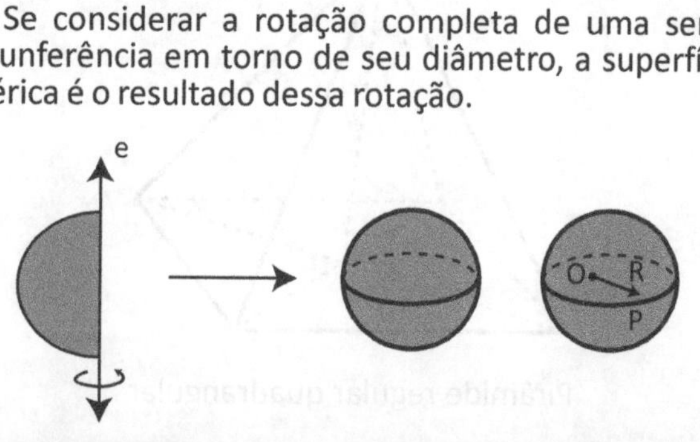

> A área da superfície esférica é dada por:

$$A_s = 4\pi R^2$$

→ **Zona esférica**

> É a parte da esfera gerada do seguinte modo:

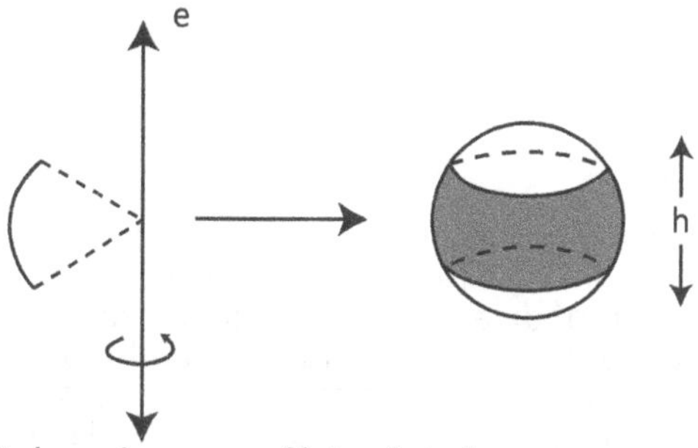

> A área da zona esférica é dada por:

$$S = 2\pi Rh$$

→ **Calota esférica**

> É a parte da esfera gerada do seguinte modo:

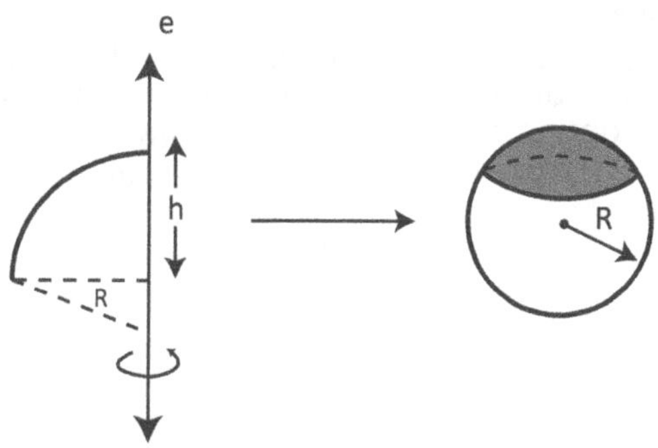

> A área da calota esférica é dada por:

$$S = 2\pi Rh$$

→ **Fuso esférico**

O fuso esférico é uma parte da superfície esférica que se obtém ao girar uma semicircunferência de um ângulo $\alpha(0< \alpha<2\pi)$ em torno de seu eixo:

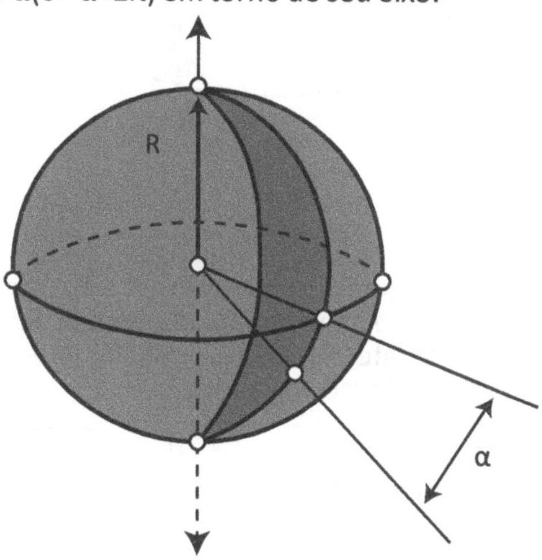

> A área do fuso esférico pode ser obtida por uma regra de três simples:

$$A_S - 2\pi \quad A_F = \frac{4\pi R^2\alpha}{2\pi} \Rightarrow A_F = 2R^2\alpha \text{ (α em radianos)}$$
$$A_F - \alpha$$

$$A_S = 360^o \quad A_F = \frac{4\pi R^2\alpha}{360^o} \Rightarrow A_F = \frac{\pi R^2\alpha}{90^o} \text{ (α em graus)}$$
$$A_F - \alpha$$

→ **Cunha esférica**

> Parte da esfera que se obtém ao girar um semicírculo em torno de seu eixo de um ângulo $\alpha(0< \alpha< 2\pi)$:

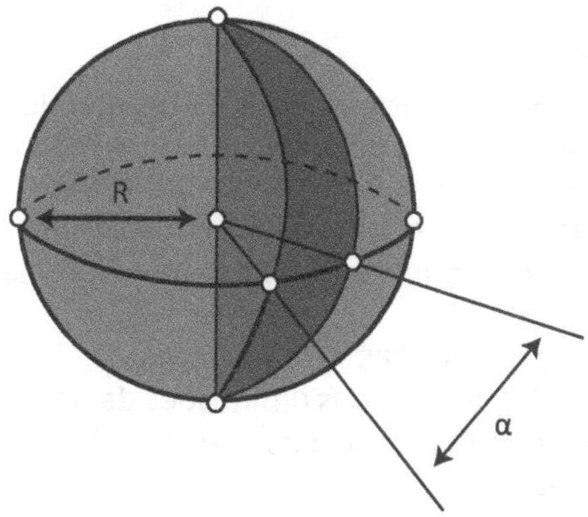

> O volume da cunha pode ser obtido por uma regra de três simples:

Exercício Comentado

01. ***Uma barra de madeira maciça, com a forma de um paralelepípedo reto retângulo, tem as seguintes dimensões: 48 cm, 18 cm e 12 cm. Para produzir calços para uma estrutura, essa barra deve ser cortada pelo carpinteiro em cubos idênticos, na menor quantidade possível, sem que reste qualquer pedaço da barra. Desse modo, o número de cubos cortados será igual a:***

a) 54
b) 52
c) 50
d) 48
e) 46

RESPOSTA. ***"D". Como o cubo tem todas as suas arestas iguais, devemos incialmente encontrar qual o valor da aresta do cubo, e esse valor será o MDC de 48, 18 e 12, ou seja, 6. Agora, dividindo cada uma das dimensões por 6, encontramos quantos cubos têm em cada lado, 48/6 = 8; 18/6 = 3; 12/6 = 2. Agora, é só multiplicar esses valores e encontrar quantos cubos há ao todo, ou seja, 8 x 2 x 3 = 48 cubos.***

Vamos Praticar

01. Flávio ingeriu uma certa quantidade do suco contido em um recipiente no formato de um prisma reto, mostrado na figura, e o nível do suco no recipiente baixou 5 cm. A quantidade de suco ingerida por Flávio foi, em mL, igual a:

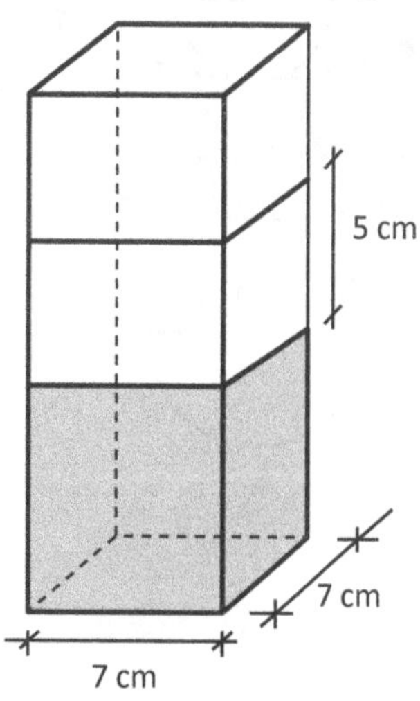

a) 185
b) 200
c) 210
d) 225
e) 245

02. Ao aumentarmos a altura de um paralelepípedo retângulo em 2 unidades, em quanto aumenta a área total do paralelepípedo obtido?

a) Quatro vezes a soma das dimensões da base.
b) Três vezes a diferença das dimensões das arestas laterais.
c) Dobro das arestas.
d) Metade da soma das dimensões da base.
e) Um quinto da soma das arestas e das dimensões da base.

03. Considere que a peça mostrada na figura abaixo foi obtida secionando-se obliquamente um prisma reto de base quadrada, feito de aço maciço.

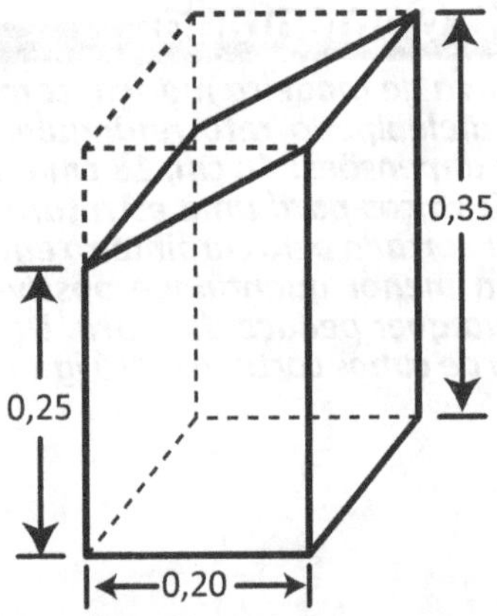

Se a unidade das medidas indicadas na figura é o metro e sabendo que a densidade do aço é 7,9 g/cm3, então, a massa da peça obtida, em quilogramas, é:

a) 8,76
b) 9,48
c) 87,6
d) 94,8
e) 125,6

04. A figura abaixo representa a planificação de um tronco de cone reto com a indicação das medidas dos raios das circunferências das bases e da geratriz. A medida da altura desse tronco de cone é:

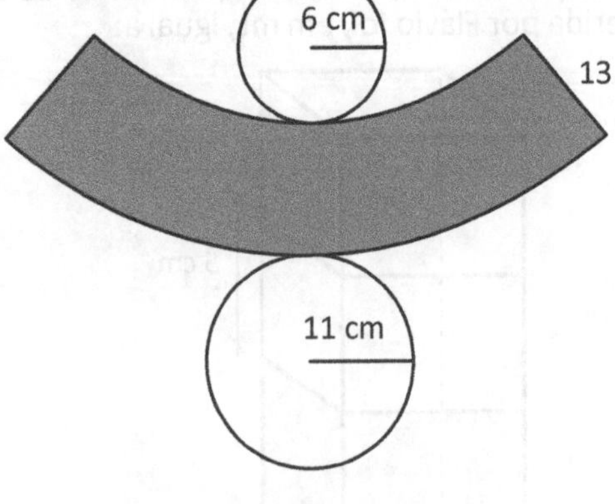

a) 13 cm
b) 12 cm
c) 11 cm
d) 10 cm
e) 9 cm

05. A pirâmide de Quéops, em Gizé, no Egito, tem aproximadamente $90\sqrt{2}$ metros de altura, possui uma base quadrada e suas faces laterais são triângulos equiláteros. Nessas condições, pode-se afirmar que, em metros, cada uma de suas arestas mede:

a) 90
b) 120
c) 160
d) 180
e) 200

06. Um tanque subterrâneo tem a forma de um cone invertido. Esse tanque está completamente cheio com $8dm^3$ de água e $56dm^3$ de petróleo. Petróleo e água não se misturam, ficando o petróleo na parte superior do tanque e a água na parte inferior. Sabendo que o tanque tem 12m de profundidade, a altura da camada de petróleo é:

a) 10m
b) 9m
c) 8m
d) 7m
e) 6m

07. Um recipiente cônico foi projetado de acordo com o desenho ao lado, no qual o tronco do cone foi obtido de um cone de altura igual a 18 cm.

O volume desse recipiente, em cm3, é igual a:

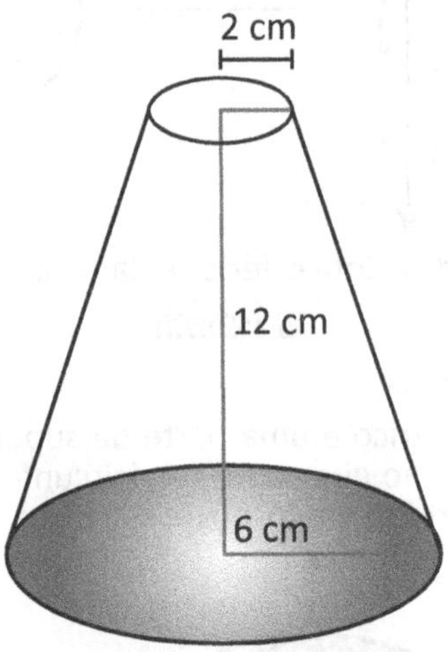

a) 216π
b) 208 π
c) 224 π
d) 200 π

08. A figura mostra os retângulos A e B, que representam, respectivamente, as planificações das superfícies laterais dos cilindros circulares retos A e B, ambos de mesma altura.

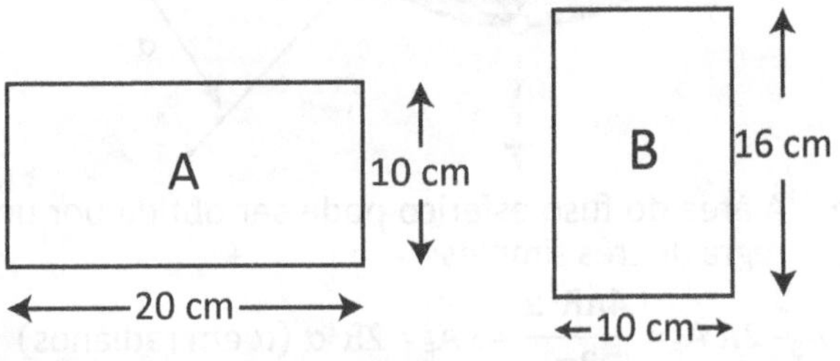

Em relação aos volumes dos dois cilindros, é correto afirmar que o volume do cilindro:

a) B supera em $\frac{390}{\pi}$ cm³ o volume do cilindro A.
b) B supera em $\frac{156}{\pi}$ cm³ o volume do cilindro A.

c) A supera em $\frac{144}{\pi}$ cm³ o volume do cilindro B.

d) A supera em $\frac{250}{\pi}$ cm³ o volume do cilindro B.

e) A supera em $\frac{360}{\pi}$ cm³ o volume do cilindro B.

09. Em um cubo de aresta a, a distância entre um vértice e o centro da face oposta é igual a:

a) $\frac{a\sqrt{6}}{2}$

b) $\frac{a\sqrt{3}}{2}$

c) $\frac{a\sqrt{6}}{3}$

d) $\frac{a\sqrt{2}}{2}$

e) $\frac{a\sqrt{3}}{3}$

10. O volume de uma pirâmide regular de base quadrada é igual a 8 cm³ e a aresta da base é igual a 2 cm. Aumentando a altura em 3 cm, qual é o valor da aresta lateral da pirâmide regular de base quadrada obtida?

a) $\sqrt{35}$ cm.

b) $\sqrt{51}$ cm.

c) $\sqrt{83}$ cm.

d) $\sqrt{91}$ cm.

e) $\sqrt{107}$ cm.

Gabarito

01	E	06	E
02	A	07	B
03	D	08	E
04	B	09	A
05	D	10	C

Anotações

Matemática

CAPÍTULO 07

Matrizes, Determinantes e Sistemas Lineares

Matrizes

Matriz: é uma tabela que serve para organizar dados numéricos em linhas e colunas.

Nas matrizes, cada número é chamado de elemento da matriz, as filas horizontais são chamadas **linhas** e as filas verticais são chamadas **colunas**.

Exemplo:

$$\begin{bmatrix} 1 & 4 & 7 \\ 13 & -1 & 18 \end{bmatrix} \rightarrow \text{Linha}$$

↓
Coluna

No exemplo, a matriz apresenta 2 linhas e 3 colunas. Dizemos que essa matriz é do tipo 2x3 (2 linhas e 3 colunas). Lê-se dois por três.

Representação de uma Matriz

Uma matriz pode ser representada por parênteses ( ) ou colchetes [ ], com seus dados numéricos inseridos dentro desses símbolos matemáticos. Cada um desses dados, ocupam uma posição definida por uma linha e coluna.

A nomenclatura da matriz se dá por uma letra maiúscula. De modo geral, uma matriz A de m linhas e n colunas (m x n) pode ser representada da seguinte forma:

$$A = \begin{bmatrix} a_{11} & a_{12} & a_{13} & \dots & a_{1n} \\ a_{21} & a_{22} & a_{23} & \dots & a_{2n} \\ a_{31} & a_{32} & a_{33} & \dots & a_{3n} \\ \dots & \dots & \dots & \dots & \dots \\ a_{m1} & a_{m2} & a_{m3} & & a_{mn} \end{bmatrix}_{m \times n} \quad \text{com m, n e N*}$$

Abreviadamente: $A_{m \times n} = [a_{ij}]_{m \times n}$

Com:

"i" ∈ {1, 2, 3, ..., m} e "j" ∈ {1, 2, 3, ..., n}

No qual, "a_{ij}" é o elemento da "i" linha com a "j" coluna.

Exemplo:

$$B_{3 \times 2} = \begin{pmatrix} 4 & 7 \\ 6 & 8 \\ 18 & 10 \end{pmatrix} \text{ matriz de ordem } 3 \times 2$$

$$C_{2 \times 2} = \begin{pmatrix} 2 & 13 \\ 18 & 28 \end{pmatrix} \text{ matriz de ordem } 2 \times 2\text{, ou somente } 2$$

Lei de Formação de uma Matriz

As matrizes possuem uma lei de formação que define seus elementos a partir da posição (linha e coluna) de cada um deles na matriz, e podemos assim representar:

Para podermos entender esse conceito, observe o exemplo a seguir:

$D = (d_{ij})_{3x3}$ em que $d_{ij} = 2_i - j$

$$D = \begin{pmatrix} d_{11} = 2 \cdot (1) - 1 = 1 & d_{12} = 2 \cdot (1) - 2 = 0 & d_{13} = 2 \cdot (1) - 3 = -1 \\ d_{21} = 2 \cdot (2) - 1 = 3 & d_{22} = 2 \cdot (2) - 2 = 2 & d_{23} = 2 \cdot (2) - 3 = 1 \\ d_{31} = 2 \cdot (3) - 1 = 5 & d_{32} = 2 \cdot (3) - 2 = 4 & d_{33} = 2 \cdot (3) - 3 = 3 \end{pmatrix}$$

$$= \begin{pmatrix} 1 & 0 & -1 \\ 3 & 2 & 1 \\ 5 & 4 & 3 \end{pmatrix}$$

Logo:

$$D = \begin{pmatrix} 1 & 0 & -1 \\ 3 & 2 & 1 \\ 5 & 4 & 3 \end{pmatrix}$$

Tipos de Matrizes

Existem alguns tipos de matrizes mais comuns e usados nas questões de concursos:

→ **Matriz Linha:** é aquela que possui somente uma linha.

Exemplo:

$$A_{1 \times 3} = [4 \quad 7 \quad 10]$$

→ **Matriz Coluna:** é aquela que possui somente uma coluna.

Exemplo:

$$B_{3 \times 1} = \begin{bmatrix} 6 \\ 13 \\ 22 \end{bmatrix}$$

→ **Matriz Nula**: é aquela que possui todos os elementos nulos, ou zero.

Exemplo:

$$C_{2 \times 3} = \begin{bmatrix} 0 & 0 & 0 \\ 0 & 0 & 0 \end{bmatrix}$$

→ **Matriz Quadrada**: é aquela que possui o número de linhas **igual** ao número de colunas.

Exemplo:

$$D_{3 \times 3} = \begin{bmatrix} 1 & 4 & 7 \\ 13 & 10 & 18 \\ 32 & 29 & 1 \end{bmatrix}$$

Fique Ligado

Características das Matrizes Quadradas:

→ Possuem diagonal principal e secundária.

Exemplo:

$$A_{3 \times 3} = \begin{bmatrix} 1 & 2 & 3 \\ 2 & 4 & 6 \\ 3 & 6 & 9 \end{bmatrix} \text{ diagonal principal}$$

$$A_{3 \times 3} = \begin{bmatrix} 1 & 2 & 3 \\ 2 & 4 & 6 \\ 3 & 6 & 9 \end{bmatrix} \text{ diagonal secundária}$$

Matriz Identidade: é toda a matriz quadrada que os elementos da diagonal principal são iguais a um e os demais são zeros:

Exemplo:

$$A_{3 \times 3} = \begin{bmatrix} 1 & 0 & 0 \\ 0 & 1 & 0 \\ 0 & 0 & 1 \end{bmatrix}$$

Matriz Diagonal: é toda a matriz quadrada que os elementos da diagonal principal são diferentes de zero e os de mais são zeros:

Exemplo:

$$A_{3\times3}=\begin{bmatrix}1&0&0\\0&4&0\\0&0&7\end{bmatrix}$$

Matriz triangular: aquela cujos elementos de um dos triângulos formados pela diagonal principal são zeros.

Exemplo:

$$A_{3\times3}=\begin{bmatrix}2&5&8\\0&6&3\\0&0&9\end{bmatrix}$$

→ **Matriz Transposta (A^t)**: é aquela em que ocorre a troca ordenada das linhas por colunas.

Exemplo:

$$A=[a_{ij}]_{m\times n}=A^t=[a^t_{ji}]_{n\times m}$$

$$A_{2\times3}=\begin{bmatrix}1&4&7\\6&8&9\end{bmatrix}\rightarrow A^t_{3\times2}=\begin{bmatrix}1&6\\4&8\\7&9\end{bmatrix}$$

Perceba que a linha 1 de A corresponde à coluna 1 de A^t e a coluna 2 de A corresponde à coluna 2 de A^t.

→ **Matriz Oposta**: é toda matriz obtida trocando o sinal de cada um dos elementos de uma matriz dada.

Exemplo:

$$A=\begin{bmatrix}4&-1\\-6&7\end{bmatrix}\rightarrow \text{sua oposta será } -A=\begin{bmatrix}-4&1\\6&-7\end{bmatrix}$$

Fique Ligado

Matriz simétrica: é toda a matriz quadrada que a $A^t = A$:

$$\left.\begin{aligned}A&=\begin{bmatrix}1&3\\3&2\end{bmatrix}\\A^t&=\begin{bmatrix}1&3\\3&2\end{bmatrix}\end{aligned}\right\}A=A^t$$

Operações com Matrizes

Vamos ver agora as principais operações com as matrizes; fique atento para a multiplicação de duas matrizes.

→ **Igualdade de matrizes**: duas matrizes são iguais quando possuem o mesmo número de linhas e colunas (mesma ordem), e os elementos correspondentes são iguais.

Exemplo:

$$X=Y \rightarrow X_{2\times2}=\begin{pmatrix}1&0\\3&2\end{pmatrix} \text{ e } Y_{2\times2}=\begin{pmatrix}1&0\\3&2\end{pmatrix}$$

→ **Soma de matrizes**: só é possível somar matrizes de mesma ordem. Para fazer o cálculo, basta somar os elementos correspondentes.

Exemplo:

S = X + Y (S = matriz soma de X e Y)

$$X_{2\times3}=\begin{bmatrix}6&8&9\\10&13&4\end{bmatrix} \text{ e } Y_{2\times3}=\begin{bmatrix}18&22&30\\9&14&28\end{bmatrix}$$

$$S_{2\times3}=\begin{bmatrix}6+18&8+22&9+30\\10+9&13+14&4+28\end{bmatrix}$$

$$S_{2\times3}=\begin{bmatrix}24&30&39\\19&27&32\end{bmatrix}$$

→ **Produto de uma constante por uma matriz**: basta multiplicar a constante por todos os elementos da matriz.

Exemplo:

$$P=2Y$$

$$Y_{2\times2}=\begin{pmatrix}7&4\\13&25\end{pmatrix}$$

$$P=\begin{pmatrix}2\cdot7&2\cdot4\\2\cdot13&2\cdot25\end{pmatrix}$$

$$P_{2\times2}=\begin{pmatrix}14&8\\26&50\end{pmatrix}$$

Para multiplicar matrizes, devemos "multiplicar linhas por colunas", ou seja, multiplica o 1º número da linha pelo 1º número da coluna, o 2º número da linha pelo 2º número da coluna e assim sucessivamente para todos os elementos das linhas e colunas.

Esse procedimento de cálculo só poderá ser feito se o número de colunas da 1ª matriz for igual ao número de linhas da 2ª matriz.

$$(A_{mxn})\cdot(B_{nxp})=C_{mxp}$$

Exemplo: $M = A_{2\times3}\cdot B_{3\times2}$

$$A_{2\times3}=\begin{bmatrix}1&2&4\\5&7&6\end{bmatrix} \text{ e } B_{3\times2}=\begin{bmatrix}2&3\\8&1\\4&9\end{bmatrix}$$

$$M_{2\times2}=\begin{bmatrix}m_{11}&m_{12}\\m_{21}&m_{22}\end{bmatrix}$$

$$M_{2\times2}=$$

$$\begin{bmatrix}m_{11}=(1\cdot2+2\cdot8+4\cdot4)&m_{12}=(1\cdot3+2\cdot1+4\cdot9)\\m_{21}=(5\cdot2+7\cdot8+6\cdot4)&m_{22}=(5\cdot3+7\cdot1+6\cdot9)\end{bmatrix}$$

$$M_{2\times2}=\begin{bmatrix}m_{11}=34&m_{12}=41\\m_{21}=90&m_{22}=76\end{bmatrix}$$

$$M_{2\times2}=\begin{bmatrix}34&41\\90&76\end{bmatrix}$$

→ **Matriz Inversa (A^{-1})**: se existe uma matriz B, quadrada de ordem n, tal que $A\cdot B=B\cdot A=I_n$, dizemos que a matriz B é a inversa de A. Costumamos indicar a matriz inversa por A^{-1}. Assim $B=A^{-1}$.

Logo: $A\cdot A^{-1}=A^{-1}\cdot A=I_n$

Para melhor compreender essa definição, observe o exemplo:

Exemplo: $A\cdot A^{-1}=In$

$$A_{2\times2}=\begin{pmatrix}1&-2\\3&1\end{pmatrix} \text{ e } A^{-1}_{2\times2}=\begin{pmatrix}a&b\\c&d\end{pmatrix}$$

Logo

$$\begin{pmatrix}1 & -2\\3 & 1\end{pmatrix}\cdot\begin{pmatrix}a & b\\c & d\end{pmatrix}=\begin{pmatrix}1 & 0\\0 & 1\end{pmatrix}$$

$$\begin{pmatrix}1a-2c & 1b-2d\\3a+1c & 3b+1d\end{pmatrix}=\begin{pmatrix}1 & 0\\0 & 1\end{pmatrix}$$

$$\begin{cases}1a-2c=1\\1b-2d=0\\3a+1c=0\\3b+1d=1\end{cases}\rightarrow\left\{\begin{matrix}\begin{cases}1a-2c=1\\3a+1c=0\end{cases}\\ \begin{cases}1b-2d=0\\3b+1d=1\end{cases}\end{matrix}\right.$$

→ **Resolvendo o sistema I**

$$\begin{cases}1a-2c=1\\3a+1c=0\ (\cdot 2)\end{cases}$$

$$\begin{cases}1a-2c=1\\6a+2c=0\end{cases}+\text{(somando as equações)}$$

$$7a=1$$

$$a=\frac{1}{7}$$

→ **Substituindo-se "a" em uma das duas equações, temos:**

$$3\left(\frac{1}{7}\right)+1c=0$$

$$\frac{3}{7}+1c=0$$

$$c=\frac{-3}{7}$$

→ **Resolvendo o sistema II**

$$\begin{cases}1b-2d=0\ (\cdot -3)\\3b+1d=1\end{cases}$$

$$\begin{cases}-3b+6d=0\\3b+1d=1\end{cases}+\text{(somando as equações)}$$

$$7d=1$$

$$d=\frac{1}{7}$$

→ **Substituindo-se "d" em uma das duas equações, temos:**

$$1b-2\left(\frac{1}{7}\right)=0$$

$$b-\frac{2}{7}=0$$

$$b=\frac{2}{7}$$

Então:

a = 1/7; b = 2/7; c = -3/7; d = 1/7

Logo:

$$A^{-1}_{2\times 2}=\begin{pmatrix}1/7 & 2/7\\-3/7 & 1/7\end{pmatrix}$$

Determinantes

Determinante: é um número real associado à matriz.

Fique Ligado

Só há determinante de matriz quadrada. Cada matriz apresenta um único determinante.

Cálculo dos Determinantes

→ **Determinante de uma Matriz de Ordem 1 ou de 1ª ordem:**

Se a matriz é de 1ª ordem, significa que ela tem apenas uma linha e uma coluna, portanto, só um elemento, que é o próprio determinante da matriz.

Exemplo:

$\mathbf{A_{1\times 1}=[13]}$

Det A = 13

$\mathbf{B_{1\times 1}=[-7]}$

Det B = -7

→ **Determinante de uma Matriz de Ordem 2 ou de 2ª ordem:**

Será calculado pela **subtração** do produto dos elementos da diagonal principal pelo produto dos elementos da diagonal secundária.

Exemplo:

$$A_{2\times 2}=\begin{bmatrix}2 & 4\\3 & 7\end{bmatrix}$$

Det A = (2 · 7) - (4 · 3)

Det A = (14) - (12)

Det A = 2

$$B_{2\times 2}=\begin{bmatrix}6 & -1\\8 & 9\end{bmatrix}$$

Det B = (6 · 9) - (-1 · 8)

Det B = (54) - (-8)

Det B = 54 + 8

Det B = 62

→ **Determinante de uma Matriz de Ordem 3 ou de 3ª ordem:**

Será calculado pela **REGRA DE SARRUS**, que consiste em:

1º passo: Repetir as duas primeiras colunas ao lado da matriz.

2º passo: Multiplicar os elementos da diagonal principal e das outras duas diagonais que seguem a mesma direção, e somá-los.

3º passo: Multiplicar os elementos da diagonal secundária e das outras duas diagonais que seguem a mesma direção, e somá-los.

4º passo: O valor do determinante será dado pela subtração do resultado do 2º com o 3º passo.

Exemplo:

$$A_{3\times 3}=\begin{pmatrix}2 & 4 & 7\\3 & 5 & 8\\1 & 9 & 6\end{pmatrix}\begin{matrix}2 & 4\\3 & 5\\1 & 9\end{matrix}$$

$$A_{3\times 3}=\begin{pmatrix}2 & 4 & 7\\3 & 5 & 8\\1 & 9 & 6\end{pmatrix}\begin{matrix}2 & 4\\3 & 5\\1 & 9\end{matrix}$$

Det A = (2 · 5 · 6 + 4 · 8 · 1 + 7 · 3 · 9) - (7 · 5 · 1 + 2 · 8 · 9 + 4 · 3 · 6)

Det A = (60 + 32 + 189) – (35 + 144 + 72)

Det A = (281) – (251)

Det A = 30

Fique Ligado

Se estivermos diante de uma matriz triangular ou matriz diagonal, o seu determinante será calculado, pelo produto dos elementos da diagonal principal, somente.

Exemplo:

→ ***Matriz triangular***

$$A_{3\times3} = \begin{pmatrix} 2 & 4 & 7 \\ 0 & 5 & 8 \\ 0 & 0 & 6 \end{pmatrix} \begin{matrix} 2 & 4 \\ 0 & 5 \\ 0 & 0 \end{matrix}$$

$$A_{3\times3} = \begin{pmatrix} 2 & 4 & 7 \\ 0 & 5 & 8 \\ 0 & 0 & 6 \end{pmatrix} \begin{matrix} 2 & 4 \\ 0 & 5 \\ 0 & 0 \end{matrix}$$

Det A = (2 · 5 · 6 + 4 · 8 · 0 + 7 · 0 · 0) - (7 · 5 · 0 + 2 · 8 · 0 + 4 · 0 · 6)

Det A = (60 + 0 + 0) - (0 + 0 + 0)

Det A = 60 (produto da diagonal principal = 2 x 5 x 6)

→ ***Matriz diagonal***

$$B_{3\times3} = \begin{pmatrix} 2 & 0 & 0 \\ 0 & 5 & 0 \\ 0 & 0 & 6 \end{pmatrix} \begin{matrix} 2 & 0 \\ 0 & 5 \\ 0 & 0 \end{matrix}$$

$$B_{3\times3} = \begin{pmatrix} 2 & 0 & 0 \\ 0 & 5 & 0 \\ 0 & 0 & 6 \end{pmatrix} \begin{matrix} 2 & 0 \\ 0 & 5 \\ 0 & 0 \end{matrix}$$

Det B = (2 · 5 · 6 + 0 · 0 · 0 + 0 · 0 · 0) - (0 · 5 · 0 + 2 · 0 · 0 + 0 · 0 · 6)

Det B = (60 + 0 + 0) – (0 + 0 + 0)

Det B = 60 (produto da diagonal principal = 2 · 5 · 6)

Determinante de uma Matriz de Ordem superior a 3:

Será calculado pela **Regra de Chió** ou **Teorema de Laplace**.

A **Regra de Chió** consiste em:

I. Escolha um elemento $a_{ij} = 1$.

II. Retirando a linha (i) e a coluna (j) do elemento $a_{ij} = 1$, obtenha o menor complementar (D_{ij}) do referido elemento – uma nova matriz com uma ordem a menos.

III. Subtraia de cada elemento dessa nova matriz menor complementar (D_{ij}) o produto dos elementos que pertenciam a sua linha e coluna e que foram retirados, formado outra matriz.

→ Calcule o determinante dessa última matriz e multiplique por $(-1)^{i+j}$, sendo que i e j pertencem ao elemento $a_{ij} = 1$.

Exemplo:

$$A_{3\times3} = \begin{pmatrix} 2 & 4 & 7 \\ 3 & 5 & 8 \\ 1 & 9 & 6 \end{pmatrix} \text{(I)}$$

$$\text{Det. } A_{3\times3} = \begin{pmatrix} 2 & 4 & 7 \\ 3 & 5 & 8 \\ 1 & 9 & 6 \end{pmatrix} = \begin{pmatrix} 4 & 7 \\ 5 & 8 \end{pmatrix} \text{(II)}$$

$$\text{Det. } A_{3\times3} = \begin{pmatrix} 2 & 4 & 7 \\ 3 & 5 & 8 \\ 1 & 9 & 6 \end{pmatrix} = \begin{pmatrix} 4-(2\cdot9) & 7-(2\cdot6) \\ 5-(3\cdot9) & 8-(3\cdot6) \end{pmatrix} \text{(III)}$$

$$\text{Det. } A_{3\times3} = (-1)^{3+1} \cdot \begin{pmatrix} -14 & -5 \\ -22 & -10 \end{pmatrix} \text{(IV)}$$

Det. $A_{3\times3}$ = (1) · (140 – 110)

Det. A = 30

O **Teorema de Laplace**:

Primeiramente, precisamos saber o que é um cofator.

O cofator de um elemento a_{ij} de uma matriz é: $A_{ij} = (-1)^{i+j} \cdot D_{ij}$.

Agora, vamos ao teorema:

→ Escolha uma linha ou coluna qualquer do determinante:

$$A_{3\times3} = \begin{pmatrix} 2 & 4 & 7 \\ 3 & 5 & 8 \\ 1 & 9 & 6 \end{pmatrix}$$

→ Calcule o cofator de cada elemento dessa fila:

$$a_{11} = A_{11} = (-1)^{1+1} \cdot \begin{pmatrix} 5 & 8 \\ 9 & 6 \end{pmatrix} = (1) \cdot (-42)$$

$$a_{21} = A_{21} = (-1)^{2+1} \cdot \begin{pmatrix} 4 & 7 \\ 9 & 6 \end{pmatrix} = (-1) \cdot (-39)$$

$$a_{31} = A_{31} = (-1)^{3+1} \cdot \begin{pmatrix} 4 & 7 \\ 5 & 8 \end{pmatrix} = (1) \cdot (-3)$$

→ Multiplique cada elemento da fila selecionada pelo seu respectivo cofator. O determinante da matriz será a soma desses produtos.

Det. $A_{3x3} = a_{11} \cdot A_{11} + a_{21} \cdot A_{21} + a_{31} \cdot A_{31}$

Det. A_{3x3} = 2 · (-42) + 3 · 39 + 1 · (-3)

Det. A_{3x3} = (-84) + 117 + (-3)

Det. A_{3x3} = 117 - 87

Det A = 30

Propriedade dos Determinantes

As propriedades dos determinantes servem para facilitar o cálculo do determinante, uma vez que, com elas, diminuímos nosso trabalho nas resoluções das questões de concursos.

→ Determinante de Matriz Transposta

Se **A** é uma matriz de ordem "**n**" e $\mathbf{A^t}$ sua transposta, então: Det. At = Det. A

Exemplo:

$$A_{2\times2} = \begin{bmatrix} 2 & 3 \\ 1 & 4 \end{bmatrix}$$

Det. A = 2 · 4 - 3 · 1

Det. A = 8 - 3

Det. A = 5

$$A^t_{2\times2} = \begin{bmatrix} 2 & 1 \\ 3 & 4 \end{bmatrix}$$

Det. A^t = 2 x 4 - 1 · 3

Det. A^t = 8 - 3

Det. A^t = 5

→ Determinante de uma Matriz com Fila Nula

Se uma das filas (linha ou coluna) da matriz A for toda nula, então: Det. A = 0

Exemplo:

$$A_{2\times2} = \begin{bmatrix} 2 & 3 \\ 0 & 0 \end{bmatrix}$$

Det. A = 2 · 0 – 3 · 0

Det. A = 0 - 0

Det. A = 0

→ Determinante de uma matriz cuja fila foi multiplicada por uma constante.

Se multiplicarmos uma fila (linha ou coluna) qualquer da matriz A por um número k, o determinante da nova matriz será k vezes o determinante de A.

Det. A' (k vezes uma fila de A) = k · Det. A

Exemplo:

$$A_{2\times2} = \begin{bmatrix} 2 & 1 \\ 3 & 2 \end{bmatrix}$$

Det. A = 2 · 2 - 1 · 3

Det. A = 4 - 3

Det. A = 1

$$A'_{2\times2} = \begin{bmatrix} 4 & 2 \\ 3 & 2 \end{bmatrix} \cdot 2 \quad (k = 2)$$

$$A'_{2\times2} = \begin{bmatrix} 8 & 4 \\ 3 & 2 \end{bmatrix} \quad (k = 2)$$

Det. A' = 4 · 2 - 2 · 3

Det. A' = 8 - 6

Det. A' = 2

Det. A' = k · Det. A

Det. A' = 2 · 1

Det. A' = 2

→ Determinante de uma Matriz multiplicada por uma constante.

Se multiplicarmos toda uma matriz A de ordem "n" por um número k, o determinante da nova matriz será o produto (multiplicação) de kn pelo determinante de A.

Det (k · A) = k^n · Det. A

Exemplo:

$$A_{2\times2} = \begin{bmatrix} 2 & 1 \\ 4 & 3 \end{bmatrix}$$

Det. A = 2 · 3 - = 1 · 4

Det. A = 6 - 4

Det. A = 2

$$3 \cdot A_{2\times2} = \begin{bmatrix} 6 & 3 \\ 12 & 9 \end{bmatrix}$$

Det. 3A = 6 · 9 - 3 · 12

Det. 3A = 54 - 36

Det. 3A = 18

Det (k · A) = k^n · Det. A

Det (3 · A) = 3^2 · 2

Det (3 · A) = 9 · 2

Det (3 · A) = 18

→ Determinante de uma Matriz com Filas Paralelas iguais.

Se uma matriz A de ordem n ≥ 2 tem duas filas paralelas com os elementos respectivamente iguais, então: Det. A = 0

Exemplo:

$$A_{2\times2} = \begin{bmatrix} 2 & 3 \\ 2 & 3 \end{bmatrix}$$

Det. A = 2 · 3 - 3 · 2

Det. A = 6 - 6

Det. A = 0

→ Determinante de uma Matriz com Filas Paralelas proporcionais

Se uma matriz A de ordem n ≥ 2 tem duas filas paralelas com os elementos respectivamente proporcionais, então: Det. A = 0.

Exemplo:

$$A_{2\times2} = \begin{bmatrix} 3 & 6 \\ 4 & 8 \end{bmatrix}$$

Det. A = 3 · 8 - 6 · 4

Det. A = 24 - 24

Det. A = 0

→ Determinante de uma Matriz com Troca de filas Paralelas

Se em uma matriz A de ordem n ≥ 2 trocarmos de posição duas filas paralelas, obteremos uma nova matriz B, tal que:

Det. A = - Det. B

Exemplo:

$$A_{2\times2} = \begin{bmatrix} 5 & 4 \\ 2 & 3 \end{bmatrix}$$

Det. A = 5 · 3 - 2 · 4

Det. A = 15 - 8

Det. A = 7

$$B_{2\times2} = \begin{bmatrix} 4 & 5 \\ 3 & 2 \end{bmatrix}$$

Det. B = 4 · 2 - 5 · 3

Det. B = 8 - 15

Det. B = -7

Det. A = - Det. B

Det. A = - (-7)

Det. A = 7

→ Determinante do Produto de Matrizes

Se A e B são matrizes quadradas de ordem n, então:

Det. (A · B) = Det. A · Det. B

Exemplo:

$$A_{2\times2} = \begin{bmatrix} 1 & 2 \\ 2 & 3 \end{bmatrix}$$

Det. A = 1 · 3 - 2 · 2

Det. A = 3 - 4

Det. A = -1

$$B_{2\times2} = \begin{bmatrix} 2 & 5 \\ 3 & 4 \end{bmatrix}$$

Det. B = 2 · 4 - 5 · 3

Det. B = 8 - 15

Det. B = -7

$$A \cdot B_{2\times2} = \begin{bmatrix} 8 & 13 \\ 13 & 22 \end{bmatrix}$$

Det. (A · B) = 8 · 22 - 13 · 13

Det. (A · B) = 176 - 169

Det. (A · B) = 7

Det. (A · B) = Det. A · Det. B

Det. (A · B) = (-1) · (-7)

Det. (A · B) = 7

→ Determinante de uma Matriz Triangular

O determinante é igual ao produto dos elementos da diagonal principal. (Visto anteriormente)

→ Determinante de uma Matriz Inversa

Seja B a matriz inversa de A, então, a relação entre os determinantes de B e A é dado por:

$$\text{Det (B)} = \frac{1}{\text{Det (A)}}$$

Exemplo:

$$A_{2\times 2} = \begin{pmatrix} 1 & -2 \\ 3 & 1 \end{pmatrix}$$

Det. A = 1 · 1 - (-2 · 3)

Det. A = 1 + 6

Det. A = 7

$$B = A^{-1}{}_{2\times 2} = \begin{pmatrix} 1/7 & 2/7 \\ -3/7 & 1/7 \end{pmatrix}$$

Det. B = (1/7 · 1/7) - (2/7 · -3/7)

Det. B = 1/49 + 6/49

Det. B = 7/49

Det. B = 1/7

$$\text{Det . B} = \frac{1}{\text{Det (A)}}$$

$$\text{Det . B} = \frac{1}{7}$$

$$\text{Det . B} = \frac{1}{7}$$

Sistemas Lineares

→ **Equações Lineares:** é toda equação do 1º grau com uma ou mais incógnitas.

→ **Sistemas Lineares:** é o conjunto de equações lineares.

Exemplos:

Equação: $2x + 3y = 7$

Sistema: $\begin{cases} 2x + 3y = 7 \\ 4x - 5y = 3 \end{cases}$

Equação: $x + 2y + z = 8$

Sistema: $\begin{cases} x + y - z = 4 \\ 2x - y + z = 5 \\ x + 2y + z = 8 \end{cases}$

Representação de um Sistema Linear em Forma de Matriz

Todo sistema linear pode ser escrito na forma de uma matriz.

Esse conteúdo será importante mais adiante para a resolução dos sistemas.

Exemplo:

$$\begin{cases} 2x + 3y = 7 \\ 4x - 5y = 3 \end{cases}$$

→ Forma de Matriz:

$$\begin{bmatrix} 2\ (\text{coeficiente de } x) & 3\ (\text{coeficiente de } y) \\ 4\ (\text{coeficiente de } x) & -5\ (\text{coeficiente de } y) \end{bmatrix} \cdot \begin{bmatrix} x \\ y \end{bmatrix} = \begin{bmatrix} 7 \\ 3 \end{bmatrix}$$

→ termos independentes

→ Matriz incompleta:

$$\begin{bmatrix} 2 & 3 \\ 4 & -5 \end{bmatrix}$$

→ Matriz de x

$$\begin{bmatrix} 7 & 3 \\ 3 & -5 \end{bmatrix}$$

Substituem-se os coeficientes de x pelos termos independentes

→ Matriz de Y

$$\begin{bmatrix} 2 & 7 \\ 4 & 3 \end{bmatrix}$$

Substituem-se os coeficientes de y pelos termos independentes

Resolução de um Sistema Linear

Resolvem-se os sistemas pelo método dos determinantes, também conhecido como **Regra de Cramer**.

Fique Ligado

A Regra de Cramer só é possível quando o número de variáveis for igual ao número de equações.

A regra consiste em: o valor das variáveis será calculado dividindo-se o **determinante da matriz da variável** pelo **determinante da matriz incompleta**, do sistema.

Então:

→ O valor de x é dado por:

$$x = \frac{\text{deteminante da matriz de X}}{\text{determinante da matriz incompleta}}$$

→ O valor de y é dado por:

$$y = \frac{\text{deteminante da matriz de Y}}{\text{determinante da matriz incompleta}}$$

→ O valor de z é dado por:

$$z = \frac{\text{deteminante da matriz de Z}}{\text{determinante da matriz incompleta}}$$

Fique Ligado

Se o determinante da matriz incompleta for diferente de zero (Det. In. ≠ 0), teremos sempre um sistema possível e determinado;

Se o determinante da matriz incompleta for igual a zero (Det. In. = 0), temos duas situações:

1ª: se os determinantes de todas as matrizes das variáveis também forem iguais a zero (Det. X = 0 e Det. Y = 0 e Det. Z = 0), teremos um sistema possível e indeterminado;

2ª: se o determinante de, pelo menos, uma das matrizes das variáveis for diferente de zero (Det. · ≠ 0 ou Det. Y ≠ 0 ou Det. Z ≠ 0), teremos um sistema impossível.

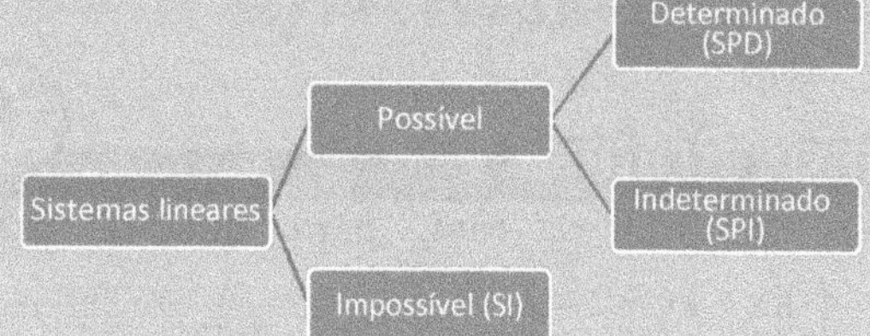

SPD: sistema possível e determinado (quando Det. In. ≠ 0).

SPI: sistema possível e indeterminado (quando Det. In. = 0, e Det. · = 0 e Det. Y = 0 e Det. Z = 0).

SI: sistema impossível (quando Det. In. = 0, e Det. · ≠ 0 ou Det. Y ≠ 0 ou Det. Z ≠ 0).

Exemplo:

$$\begin{cases} x + y - z = 4 \\ 2x - y + z = 5 \\ x + 2y + z = 8 \end{cases}$$

Matriz incompleta: $\begin{bmatrix} 1 & 1 & -1 \\ 2 & -1 & 1 \\ 1 & 2 & 1 \end{bmatrix}$ det. In. = -9

Matriz de X: $\begin{bmatrix} 4 & 1 & -1 \\ 5 & -1 & 1 \\ 8 & 2 & 1 \end{bmatrix}$ det. X = -27

Matriz de Y: $\begin{bmatrix} 1 & 4 & -1 \\ 2 & 5 & 1 \\ 1 & 8 & 1 \end{bmatrix}$ det. Y = -18

Matriz de Z: $\begin{bmatrix} 1 & 1 & 4 \\ 2 & -1 & 5 \\ 1 & 2 & 8 \end{bmatrix}$ det. Z = -9

Valor de x é: $x = \frac{-27}{-9} = 3 = \mathbf{3}$

Valor de y é: $y = \frac{-18}{-9} = 2 = \mathbf{2}$

Valor de z é: $z = \frac{-9}{-9} = 1 = \mathbf{1}$

Solução: x= 3, y = 2 e z = 1

Exercício Comentado

01. ***As matrizes A, B, C e D são quadradas de quarta ordem. A matriz B é igual a 1/2 da matriz A, ou seja: B = ½ · A. A matriz C é igual à matriz transposta de B, ou seja: C = B^t. A matriz D é definida a partir da matriz C; a única diferença entre essas duas matrizes é que a matriz D tem como primeira linha a primeira linha de C multiplicada por 2. Sabendo-se que o determinante da matriz A é igual a 32, então, a soma dos determinantes das matrizes B, C e D é igual a:***

a) ***6***
b) ***4***
c) ***12***
d) ***10***
e) ***8***

RESPOSTA. ***"E". Se B = ½ · A, então, det B = $½^4$ · det A => det B = 1/16 · 32 => det B = 2.***

Como C = B^t, então, det C = det B => det C = 2.

Já D = C (com a 1ª linha multiplicada por 2), daí det D = 2 det C =>det D = 4.

Agora, somando esses determinantes, temos:

det B + det C + det D = 2 + 2 + 4 = 8.

Vamos Praticar

01. O valor de **k real, para que o sistema** $\begin{cases} kx + 2y - z = 2 \\ 2x - 8y + 2z = 0 \\ 2x + z = 4 \end{cases}$ **seja possível e determinado é:**

a) $k \neq -\frac{1}{2}$
b) $k = \frac{1}{2}$
c) $k \neq -\frac{1}{6}$
d) $k \neq -\frac{3}{2}$
e) $k \neq -\frac{7}{2}$

02. Sendo $m = \begin{vmatrix} 0 & 2 \\ 4 & 6 \end{vmatrix}$ e $n = \begin{vmatrix} -1 & -3 \\ -5 & -7 \end{vmatrix}$, pode-se afirmar que:

a) m = n
b) m = -n
c) m = 2n
d) n = 2m

03. Seja a matriz $A = (a_{ij})_{3x3}$, tal que $a_{ij} = (-1)^{i+j}$. A soma dos elementos a_{12} e a_{31} é:

a) -2.
b) -1.
c) 0.
d) 1.

04. Considerando a matriz quadrada **A** abaixo, e det(A) seu determinante, calcule o valor de 5 · det(A).

$$A = \begin{vmatrix} 7 & -13 \\ 2 & 4 \end{vmatrix}$$

a) 10
b) -140
c) 270
d) 130
e) -35

05. São dadas as matrizes $A = \begin{vmatrix} 2 & -1 \\ 1 & 0 \end{vmatrix}$ e $B = \begin{vmatrix} 3 & 1 \\ 1 & 2 \end{vmatrix}$

A matriz X é tal que A · X = B.

A soma dos elementos da matriz X é:

a) 3
b) 5
c) 7
d) 9
e) 11

06. Considere a seguinte matriz.

$$A = \begin{pmatrix} 1 & 2 & a \\ b & 4 & 5 \\ 3 & c & 6 \end{pmatrix}$$

Se a matriz A goza da seguinte propriedade: $A = A^t$, então a afirmativa incorreta é:

a) a + b + c = 10
b) det. A = -1
c) det . $(A \cdot A^t) = 1$
d) det. A = 1
e) det. $A^t = -1$

07. Sabendo-se que a matriz $A = \begin{bmatrix} 1 & 1 \\ 0 & 1 \end{bmatrix}$ e que $n \in \mathbb{N}$ e $n \geq 1$, então, o determinante da matriz $A^n - A^{n-1}$ é igual a:

a) 0
b) -1
c) 1
d) n
e) n-1

08. Considere as matrizes: $M = \begin{bmatrix} \frac{1}{3} & \frac{1}{2} \\ \frac{1}{5} & \frac{1}{4} \end{bmatrix}$ e $P = \begin{bmatrix} \frac{2}{5} & \frac{2}{3} \\ 1 & \frac{5}{4} \end{bmatrix}$

Sendo Q o produto das matrizes M e P, nessa ordem, ou seja, Q = MP, o determinante da matriz Q é igual a:

a) $\frac{1}{720}$

b) $\frac{1}{540}$
c) $\frac{1}{360}$
d) $\frac{1}{240}$
e) $\frac{1}{180}$

09. Encontre o valor de a para que o sistema linear

$$\begin{cases} ax + y + z = 15 \\ 2y + 8z = 17 \\ x + 4z = 19 \end{cases}$$

Não tenha solução:

a) $-\frac{3}{4}$
b) 3/4
c) $-\frac{5}{4}$
d) 5/4
e) 1/4

10. Para que o sistema linear $\begin{cases} 5x - 6y = 1 \\ ax + 4y = b \end{cases}$ possua infinitas soluções, os valores de a e b devem ser tais que $\frac{a}{b}$ valha:

a) - 5
b) - 2
c) 0
d) 2
e) 5

Gabarito

01	D	06	D
02	A	07	A
03	C	08	C
04	C	09	A
05	B	10	E

Anotações

CAPÍTULO 08

Números Complexos

Neste capítulo, veremos mais um conjunto numérico até então desconhecido e não utilizado, porém, passa a fazer muito sentido quando, por exemplo, se queremos obter a raiz de um número negativo.

Unidade Imaginária

Para resolver uma equação do tipo $x^2 + 1 = 0$, não existe solução no conjunto dos números reais, mas foi criado um conjunto, com um valor, que permite resolver essa equação, é o conjunto dos números complexos e o valor é o da unidade imaginária ($i^2 = -1$).

Partindo desse conceito, temos que $i^2 = -1$, assim, podemos definir as potências de i.

$$i^0 = 1$$
$$i^1 = i$$
$$i^2 = -1$$
$$i^3 = -i$$
$$i^4 = 1$$
$$i^5 = i$$
$$i^6 = -1$$
$$i^7 = -i$$
$$i^8 = 1$$
$$i^9 = i$$
$$i^{10} = -1$$
$$i^{11} = -i$$

Forma Algébrica de um Número Complexo

Um número complexo é representado na forma $Z = a + bi$ em que a e b são números reais.

→ **A representação Z = a + bi tem três classificações:**

> $Z = a + bi$; se $b = 0$ podemos afirmar que Z é um número real.

> $Z = a + bi$ é imaginário puro se $a = 0$ e $b \neq 0$

> $Z = a + bi$ é simplesmente imaginário se a e b forem diferentes de zero.

Logo, pode-se concluir que os números complexos contêm todos os reais mais os imaginários:

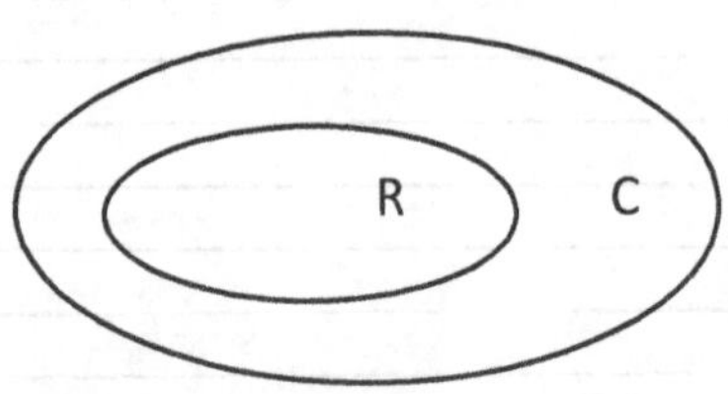

Conjugado e Módulo de um Número Complexo

Para encontrar o conjugado de um número complexo, basta trocar o sinal da parte imaginária, ou seja, dado $Z = a + bi$, o conjugado $\bar{Z}$ será $\bar{Z} = a - bi$.

A representação de um número complexo pode ser feita no "Plano Cartesiano" (Plano de Argand-Gauss), sendo x o eixo real e y o eixo imaginário. Dessa forma, um número complexo $Z = a + bi$ é representado no plano da seguinte maneira.

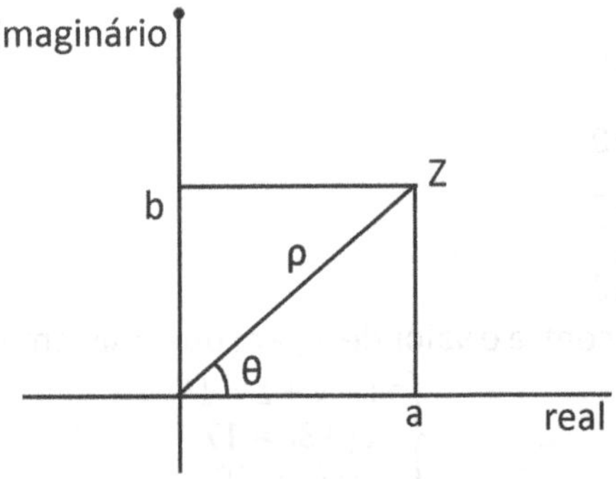

O par ordenado (a, b) do número complexo $Z = a + bi$ é chamado de afixo do número.

Temos que $\rho = |Z|$, ou seja, ρ é o módulo de Z dado por $\rho = \sqrt{a^2 + b^2}$.

O ângulo θ é chamado de argumento de Z e sempre será o ângulo entre a reta real e o segmento de comprimento ρ.

Para encontrar θ, usamos a trigonometria no triângulo retângulo.

$$\text{sen}\theta = \frac{b}{\rho} \quad \text{e} \quad \cos\theta = \frac{a}{\rho}$$

Forma Trigonométrica de um Número Complexo

A forma trigonométrica de um número complexo é dada pela fórmula:

$$Z = \rho(\cos\theta + i \cdot \text{sen}\theta)$$

Operações com Números Complexos

Adição

Para somar dois números complexos (na forma algébrica), deve-se somar parte real com parte real e parte imaginária com parte imaginária.

Subtração

A subtração de complexos (na forma algébrica), a exemplo da adição, segue as mesmas regras, parte real com parte real e parte imaginária com parte imaginária.

Multiplicação

Na multiplicação de complexos (na forma algébrica), tem-se que multiplicar tudo, aplicando a propriedade distributiva da multiplicação, se for necessário.

Já na forma trigonométrica, deve-se proceder da seguinte forma:

$$z^1 \cdot z^2 = |z_1| \cdot |z_2| \cdot [\cos(\theta + \alpha) + i \cdot \text{sen}(\theta + \alpha)]$$

Divisão

Para efetuarmos a divisão de $\frac{Z_1}{Z_2}$ (na forma algébrica), deve-se multiplicar o denominador e o numerador pelo conjugado do denominador.

→ **Já na forma trigonométrica deve-se proceder assim:**

$$\frac{z1}{z2} = \frac{|z1|}{|z2|} \cdot [\cos(\theta - \alpha) + i \cdot \text{sen}(\theta - \alpha)]$$

Potenciação

→ **Na forma trigonométrica, temos:**

$$Z^n = |Z|^n \cdot (\cos(n\theta) + i \cdot \text{sen}(n\theta))$$

Exercício Comentado

***01.** Sejam w = 3 - 2i e y = m + pi dois números complexos, tais que m e p são números reais e i, a unidade imaginária. Se w + y = -1 + 3i, conclui-se que m e p são, respectivamente, iguais a:*

a) -4 e +1
b) -4 e +5
c) +2 e +1
d) +2 e +5
e) +4 e -1

RESPOSTA. "B". Questão de números complexos e operações com números complexos.

Nos números complexos, as somas, subtrações e igualdades são feitas de modo que juntamos parte imaginária com parte imaginária e parte real com parte real, logo:

$w + y = (3 + m) + (-2 + p)i$

$(3 + m) + (-2 + p)i = -1 + 3i$

Então:

$3 + m = -1$

$m = -1 - 3$

$m = -4$

$-2 + p = 3$

$p = 3 + 2$

$p = 5$

Temos m = -4 e p = 5, resultados que se encontram na alternativa B.

Vamos Praticar

01. Se os números complexos z = a + 5i e z' = 3 – bi são iguais, então, a + b é igual a:

a) –2
b) –1
c) 0
d) 1

02. Dados os números complexos $z_1 = 5 + i$, $z_2 = 2 - i$ e $z_3 = 1 - i$, efetuando-se $z_1 + z_2 - z_3$, obtém-se o número complexo:

a) 3 – i
b) 6 + i
c) 8 + 3i
d) 7 – 2i

03. Assinale a alternativa que corresponde ao inverso do número complexo z = 3 + 2i.

a) (3 + 2i) / 13
b) (2 - 3i) / 13
c) (2 + 3i) / 13
d) (-2 + 3i) / 13
e) (3 - 2i) / 13

04. Sendo i a unidade imaginária e escrevendo o complexo $z = \dfrac{(3+i)^2}{1+i}$ na forma z = a + bi tem-se que a + b é igual a:

a) -1
b) 1
c) 2
d) 6
e) 8

05. O conjugado da divisão entre os números complexos z_1, cujo afixo é (-3,4) e $Z_2 = \sqrt{2} \cdot \left[\cos\left(\frac{7\pi}{4}\right) + i \cdot \text{sen}\left(\frac{7\pi}{4}\right)\right]$, nessa ordem, é igual a:

a) $\dfrac{-7+i}{2}$
b) $\dfrac{-7-i}{2}$
c) $\dfrac{7+i}{2}$
d) $\dfrac{7-i}{2}$

06. Considere a igualdade x + (4 + y) · i = (6 - x) + 2yi, em que x e y são números reais e i é a unidade imaginária. O módulo do número complexo z = x + yi é um número:

a) maior que 10
b) quadrado perfeito
c) irracional
d) racional não inteiro
e) primo

07. Dentre os números complexos abaixo, aquele cujo módulo é igual ao dobro do módulo de z = 4 + 6 i é:

a) 3 + 17i
b) 8 - 6 i
c) $3\sqrt{3 + 2i}$
d) $6\sqrt{3 - 10i}$
e) $20 - 4\sqrt{3i}$

08. Se os números complexos $z_1 = 2 - i$ e z2 = x + 1, x real e positivo, são tais que $|z_1 . z_2|2 = 10$, então, x é igual a:

a) 5
b) 4
c) 3
d) 2
e) 1

09. Dadas as alternativas abaixo:

I. $i^2 = 1$
II. $(i + 1)^2 = 2i$
III. $|4 + 3i| = 5$
IV. $(1 + 2i) \cdot (1 - 2i) = 5$

Pode-se dizer que:

a) Todas as alternativas acima estão corretas
b) Todas as alternativas acima estão erradas
c) As alternativas I e III estão erradas
d) As alternativas II, III e IV estão corretas
e) As alternativas I e III estão corretas

10. Simplificando-se a expressão $E = i^7 + i^5 + (i^3 + 2i^4)^2$, obtém-se:

a) -1 + 2i
b) 1 + 2i
c) 1 - 2i
d) 3 - 4i
e) 3 + 4i

Matemática

Gabarito

01	A	06	E
02	B	07	D
03	E	08	E
04	D	09	D
05	B	10	D

Anotações

ÍNDICE

CAPÍTULO 01

Software

Cerca de 90% das questões de Informática abordam conceitos relacionados aos softwares, na forma de definições e de modos de operação, tanto em provas de nível médio como de nível superior. Por esse motivo, ele será abordado em nosso primeiro tópico.

O software é a parte **abstrata** de um computador, também conhecido como a parte **Lógica**. É um programa instalado em um dispositivo, que pode ser um computador ou mesmo um celular.

Os Programas são a aplicação de regras de maneira digital, para que, dada uma situação, ocorra uma reação pré-programada. Assim, temos que um programa é uma representação de tarefas manuais; com eles podemos automatizar processos, o que torna as tarefas mais dinâmicas.

Licenças de Software

Uma licença de software define o que um usuário pode ou não fazer com ele, ela se baseia muito no direito autoral. Existem vários tipos de licenças de software, mas, no que tange ao concurso público, apenas duas são de valor significativo: a licença de software livre e a licença de software proprietário.

Software Proprietário

A licença de software proprietário procura reservar o direito de autor do programa.

Um software proprietário é também conhecido como software não livre, pois uma de suas principais características é manter o **Código Fonte[1] fechado.**

Há vários softwares proprietários gratuitos. Por outro lado, existem aqueles que, para o usuário adquirir o direito de uso, exigem a compra de uma licença de uso, a qual não lhe dá direito de propriedade sobre o programa, apenas concede a ele o direito de utilizá-lo, além de impor algumas regras quanto ao seu uso.

São exemplos de softwares proprietários: Windows, Microsoft Office, Mac OS, aplicativos da Adobe, Corel Draw, WinRar, WinZip, MSN entre outros tantos.

Software Livre

Em contrapartida ao software proprietário, um grupo criou o software livre. Como princípio atribuem-se às leis que o regem a definição de **liberdades** como forma de protesto em relação ao software proprietário.

O software livre tem como primordial característica o **Código Fonte Aberto.**

A principal organização que mantém e promove o software livre é a Free Software Foundation (FSF).

Para que um software seja classificado como Software Livre, ele deve obedecer a quatro **liberdades de software** do projeto **GNU** - *General Public License* (Licença Pública Geral) - idealizado por Richard M. Stallman:

→ **Liberdade 0:** a liberdade para executar o programa, para qualquer propósito;

→ **Liberdade 1:** a liberdade de estudar como o programa funciona e adaptá-lo às suas necessidades;

→ **Liberdade 2:** a liberdade de redistribuir cópias do programa de modo que você possa ajudar ao seu próximo;

→ **Liberdade 3:** a liberdade de modificar o programa e distribuir essas modificações, de modo que toda a comunidade se beneficie.

A GPL (*CopyLeft*) é um reforço a essas quatro liberdades, garantindo que o código fonte de um programa software livre não possa ser apropriado por outra pessoa ou empresa, principalmente para que não seja transformado em software proprietário.

A GPL só possui versão em inglês devido a possíveis erros de tradução que possam vir a ser inseridos em sua descrição.

O Linux é um dos principais projetos desenvolvidos sobre a licença de software livre, assim como o BrOffice, mas o principal responsável por alavancar o software livre, assim como o próprio Linux, foi o projeto Apache[2] que no início só rodava em servidores Linux e hoje é multiplataforma.

Fique Ligado

São exemplos de softwares livres: Apache, Linux, BrOffice, LibreOffice, Mozilla Firefox, Mozilla Thunderbird, entre outros.

Shareware

A Licença do tipo Shareware é comumente usada quando se deseja permitir ao usuário uma degustação do programa, é uma licença que oferece funcionalidades reduzidas ou mesmo em sua totalidade, porém, com um prazo para esse uso que, depois de encerrado, o programa limita as funcionalidades ou pode deixar de funcionar.

Um exemplo de software popular que utiliza essa licença é o Winrar, que, após os 40 dias, começa a exibir uma mensagem toda vez que é aberto, contudo, continua funcionando mesmo que o usuário não adquira a licença.

Esta permite a cópia e redistribuição do software, porém, não permite a alteração, pois o código fonte não é público.

Exercício Comentado

01. (CESPE) Com relação a softwares livres, suas licenças de uso, distribuição e modificação, assinale a opção correta, tendo como referência as definições e os conceitos atualmente empregados pela Free Software Foundation.

a) Todo software livre deve ser desenvolvido para uso por pessoa física em ambiente com sistema operacional da família Linux, devendo haver restrições de uso a serem impostas por fornecedor, no caso de outros sistemas operacionais.

1 Código Fonte: conjunto de instruções feitas em uma linguagem de programação, que definem o funcionamento e o comportamento do programa.

2 Apache: servidor responsável pelo processamento da maior parte das páginas disponibilizadas atualmente na Internet, cerca de 51%. (http://news.netcraft.com/archives/category/web-server-survey) acessado em 08/2013.

b) *O código fonte de um software livre pode ser adaptado ou aperfeiçoado pelo usuário, para necessidades próprias, e o resultado de aperfeiçoamentos desse software pode ser liberado e redistribuído para outros usuários, sem necessidade de permissão do fornecedor do código original.*

c) *Toda licença de software livre deve estabelecer a liberdade de que esse software seja, a qualquer momento, convertido em software proprietário e, a partir desse momento, passem a ser respeitados os direitos de propriedade intelectual do código fonte do software convertido.*

d) *Quando a licença de um software livre contém cláusula denominada copyleft, significa que esse software, além de livre, é também de domínio público e, dessa forma, empresas interessadas em comercializar versões não gratuitas do referido software poderão fazê-lo, desde que não haja alterações nas funcionalidades originais do software.*

e) *Um software livre é considerado software de código aberto, quando o seu código fonte está disponível em sítio da Internet com designação .org, podendo, assim, ser continuamente atualizado, aperfeiçoado e estendido às necessidades dos usuários, que, para executá-lo, devem compilá-lo em seus computadores pessoais. Essa característica garante a superioridade do software livre em face dos seus concorrentes comerciais proprietários.*

RESPOSTA. *"A". Um software, por ser livre, não significa que tenha de ser para um tipo de pessoa apenas, pelo contrário, a ideia do software livre é a democratização, tanto que temos no Brasil um grande incentivo por parte do governo ao software livre, por isso, inclusive, é que ele aparece na sua prova do concurso. Como usuário doméstico (pessoa física), você também pode fazer uso desse ambiente mais seguro que é o Linux. O software livre também emprega as 4 liberdades, ou seja, o termo "restrição" não soa muito bem associado ao software livre.*

RESPOSTA. *"B". A alternativa descreve bem as 4 liberdades da licença livre bem como a característica "código fonte ser aberto", ou seja, disponível a todos.*

RESPOSTA. *"C". Um software Livre não pode ser convertido em software proprietário, contudo, existem licenças derivadas do software livre ditas licenças permissivas, que são utilizadas quando o desenvolvedor de um sistema apenas o cria sem intenção de mantê-lo ou melhorá-lo, deixando livre para que, caso alguém se interesse, possa tornar o fruto do seu trabalho em um produto e comercializar por conta.*

RESPOSTA. *"D". Software de Domínio Público pode ser transformado em software proprietário. A denominação CopyLeft faz uma alusão ao CopyRight (direitos autorais), dando ênfase à liberdade de software. Ela é um complemento ao conceito de software livre, pois o reforça, impondo a necessidade de que as atualizações, mudanças ou mesmo uso de partes de um deste sejam mantidas sob a licença de software livre, o qual é diferente de domínio público devido às condições citadas.*

RESPOSTA. *"E". O código fonte não precisa estar disponibilizado necessariamente em um site, porém, deve ser acessível a quem precisar; o código pode ser disponibilizado por meio de mídias como CDs e DVDs. Além disso, um software livre já possui versões compiladas disponíveis para usuários, ou seja, o usuário não precisa compilá-lo previamente para executar.*

Tipos de Software

Existem diversos tipos de software, mas somente alguns nos interessam durante a prova. Dessa forma, iremos focar o estudo no que nos é pertinente.

Podemos classificar os softwares de acordo com os itens a seguir:

> **Firmwares;**
> **Sistemas Operacionais;**
> **Escritório;**
> **Utilitários;**
> **Entretenimento;**
> **Malwares.**

Firmwares

Um firmware é normalmente um software embarcado, ou seja, ele é um software desenvolvido para operar sobre um hardware específico. De forma geral, um firmware é incorporado ao hardware já no momento de sua fabricação, mas, dependendo do tipo de memória em que é armazenado, ele pode ser atualizado ou não. O software do tipo firmware que interessa ao nosso estudo é o BIOS.

BIOS (Basic Input/Output System)

O Sistema Básico de Entrada e Saída é um software embarcado em uma **memória do tipo ROM**, nos computadores atuais é mais comum em memórias do tipo **Flash ROM.**

O BIOS é o primeiro programa que roda quando ligamos o computador. Ele é composto pelo **SETUP,** que são suas configurações, e pelo **POST,** responsável por realizar os testes de hardware.

Durante o processo de boot[3], o BIOS aciona a memória CMOS[4], onde ficam armazenadas as últimas informações sobre o hardware do computador e sobre a posição de início do sistema operacional no disco. Em posse dessas informações, o BIOS executa o POST, a etapa que verifica se todos os dispositivos necessários estão conectados e operantes.

Após as verificações de compatibilidade, o BIOS inicia o processo de leitura do disco indicado como primário a partir do ponto onde se encontra o sistema operacional, que é carregado para a memória principal do computador.

Quando há apenas um sistema operacional instalado no computador, este é iniciado diretamente pelo BIOS, porém, se houver dois ou mais se faz necessário optar por qual dos sistemas se deseja utilizar.

Em uma situação em que existem dois sistemas operacionais atribui-se a caracterização de Dual boot.

Fique Ligado

Em um mesmo computador podem ser instalados dois ou mais sistemas operacionais diferentes, ou mesmo versões diferentes do mesmo sistema.

Um computador que possua uma distribuição Linux instalada e uma versão Windows, por exemplo, ao ser concluído o processo do BIOS, inicia um gerenciador de boot. Em geral é citado nas provas ou o **GRUB** ou o **LILO**, que são associados ao Linux.

3 boot: processo de inicialização do sistema operacional.

4 CMOS: uma pequena memória RAM alimentada por uma pilha de 9V.

Exercícios Comentados

01. ***(IF-SE) Um programa (software), quando armazenado na memória ROM, recebe o nome de firmware.***

CERTO. Um exemplo disso é o Sistema Básico de Entrada/Saída (BIOS), que é um software do tipo Firmware que fica armazenado em uma memória do tipo ROM, nos computadores atuais do tipo Flash ROM (que é dita do tipo ROM, pela característica de manter uma informação mesmo sem alimentação de energia). Os chips de memória ROM são peças normalmente já acopladas ao hardware final.

02. ***Diferentemente dos computadores pessoais ou PCs tradicionais, que são operados por meio de teclado e mouse, os tablets e computadores pessoais portáteis dispõem de recurso touch-screen. Outra diferença entre esses dois tipos de computadores diz respeito ao fato de o tablet possuir firmwares, em vez de processadores, como o PC.***

ERRADO. A questão compara um software do tipo firmware a um processador, uma peça de hardware. Tablets, assim como outros dispositivos (celulares, smartphones, etc.), também possuem processador; muitas vezes mais de um, como o primeiro Iphone, que portava 8 processadores, cada um com uma finalidade. Esses dispositivos, assim como o computador, também possuem firmwares.

Sistemas Operacionais (SO)

O conteúdo de sistemas operacionais é cobrado de duas formas nas provas: prática e conceitual. Questões de caráter conceitual são colocadas de forma comparativa entre os sistemas, enquanto que as práticas estão associadas às ferramentas e modos de operação de cada sistema. O conteúdo referente à parte prática é abordado em específico nos tópicos Windows e Linux.

O sistema operacional é o **principal programa do computador**. Ele é o responsável por facilitar a interação do usuário com a máquina, além de ter sido criado para realizar as tarefas de controle do hardware, livrando assim os aplicativos de conhecer o funcionamento de cada peça existente no mundo.

As tarefas de responsabilidade do SO são, principalmente, de níveis gerenciais. O sistema operacional é o responsável por administrar a Entrada e a Saída de dados de forma que, quando um usuário seleciona uma janela, ele está trazendo-a para o primeiro plano de execução. Assim, sempre que o usuário digita um texto, por exemplo, o SO tem de gerenciar qual a janela, ou seja, qual aplicativo irá receber as informações entradas pelo teclado, mas ao mesmo tempo o SO irá receber uma solicitação do aplicativo para que exiba na tela as informações recebidas.

É de responsabilidade do SO gerenciar o uso da memória RAM e do processador. O controle estabelecido pelo sistema operacional dita que programa será executado naquele instante e quais espaços de memória estão sendo usados por ele e pelos demais aplicativos em execução.

Para que o sistema operacional consiga se comunicar com cada dispositivo, aquele precisa saber antes como estes funcionam, para tanto, é necessário instalar o **driver**[5] do dispositivo. Atualmente, a maioria dos drivers são identificados automaticamente pelo SO, mas o sistema nem sempre possui as informações sobre hardwares recém-lançados. Nesse caso, o sistema, ao não conseguir o driver específico, solicita ao usuário que informe o local onde ele possa encontrar o driver necessário.

Aplicativos	
Hardware	Gerenciamento de Entrada/Saída
	Gerenciamento de Drivers de dispositivos
	Gerenciamento de Memória
	Gerenciamento de CPU
Hardware	

Dentre os sistemas operacionais modernos, o Windows ainda é o que mais se destaca em termos de número de usuários em computadores pessoais. Por outro lado, quando se questiona em relação ao universo de servidores na Internet, nos deparamos com o Linux como mais utilizado; o principal motivo relaciona-se à segurança mais robusta oferecida pelo Linux.

Os exemplos de SO para computadores pessoais (PC) que podem ser citados em provas são:

> **Windows;**
> **Linux;**
> **Mac OS;**
> **Chrome OS;**
> **Solaris.**

Porém, esses sistemas derivaram de duas vertentes principais o **DOS** e o **UNIX**. É de interesse da prova saber que o DOS foi o precursor do Windows e que a plataforma UNIX foi a base do Linux e também do Mac OS.

Contudo, não encontramos SO apenas em PCs. Celulares, smartphones e tablets também utilizam sistemas operacionais. Atualmente, fala-se muito no sistema do Google para esses dispositivos, o Google Android, no entanto, a Microsoft lançou em 2012 o Windows 8, inclusive para o mercado de dispositivos móveis.

Os Sistemas Operacionais podem ser divididos em duas partes principais: Núcleo e Interface.

O **Núcleo de um Sistema Operacional** é chamado de **Kernel**. Ele é a parte responsável pelo gerenciamento do hardware, como já explanado, enquanto que a **interface** é parte de interação com o usuário, seja ela uma interface apenas textual ou uma interface com recursos gráficos.

Fique Ligado

O Kernel é a principal parte do Sistema Operacional.

A interface com recursos gráficos é comumente chamada de **GUI (Graphic User Interface)**, Interface Gráfica do Usuário, também citada como gerenciador de interface gráfica. O nome Windows foi baseado, justamente, nessa característica de trabalhar com janelas gráficas como forma de comunicação com o usuário.

Sistema Operacional	Kernel
Windows XP	NT 5.2
Windows Vista	NT 6.0
Windows 7	NT 6.1
Windows 8	NT 6.2
Linux	Linux 3.10

5 Driver: Conjunto de informações sobre como funciona um dispositivo de hardware.

Em relação às **GUIs**, cada versão do Windows utiliza e trabalha com apenas uma única interface gráfica, que só passou a ter um nome específico a partir do Windows Vista.

Windows	GUI
XP	Sem nomenclatura
Vista	Aero
7	Aero
8	Metro

Fique Ligado

Ao contrário do Windows, o Linux tem suporte a várias Interfaces Gráficas.

Por outro lado, existem diversas GUIs para o Linux, algumas Distribuições Linux[6] trabalham com apenas um gerenciador de interface gráfica, enquanto que outras trabalham com múltiplas. As principais GUIs do Linux são:

> **Gnome;**
> **KDE;**
> **Unity;**
> **XFCE;**
> **FluxBox;**
> **BlackBox;**
> **Mate;**
> **Cinnamon.**

Características de um Sistema Operacional

Os sistemas operacionais podem ser classificados de acordo com suas características comportamentais.

→ **Multitarefa**

Um sistema operacional é dito multitarefa quando consegue executar mais de uma tarefa simultânea, como: tocar uma música enquanto o usuário navega na Internet e escreve um texto no Word.

Contudo, há duas formas de multitarefa empregadas pelos SO modernos: Multitarefa Preemptiva e Multitarefa Real.

» **Ex.:** Windows, Linux e Mac OS.

→ **Monotarefa**

Sistema Monotarefa é o sistema que, para executar uma tarefa, deve aguardar a que está em execução terminar ou mesmo forçar o seu término para que possa executar. Trabalha com um item de cada vez.

» **Ex.:** DOS e algumas versões UNIX.

→ **Multiusuário**

É quando o Sistema Operacional permite mais de uma **sessão** de usuário ativa simultaneamente.

Se dois ou mais usuários estiverem com sessões iniciadas, elas são de certa maneira tratadas independentemente, ou seja, um usuário não vê o que o outro estava fazendo, como também, em um uso normal, não interfere nas atividades que estavam sendo executadas pelo outro usuário.

O sistema multiusuário geralmente possui a opção trocar de usuário, que permite bloquear a sessão ativa e iniciar outra sessão simultânea.

6 Distribuição Linux: uma cópia do Linux desenvolvida, geralmente, com base em outra cópia, mas com algumas adaptações.

→ **Monousuário**

Em um sistema monousuário, para que outro usuário inicie sessão, é necessário finalizar a do usuário ativo, também conhecido como efetuar Logoff.

Softwares de Escritório

São aplicativos com utilização mais genérica, de forma a possibilitarem as diversas demandas de um escritório como também suprirem muitas necessidades acadêmicas em relação à criação de trabalhos.

Nesta seção apenas é apresentado um comparativo entre as suítes de escritório que são cobradas na prova.

Editor	Microsoft Office	BrOffice
Texto	Word	Writer
Planilha	Excel	Calc
Apresentação de Slides	PowerPoint	Impress
Desenho	Publisher	Draw
Banco de Dados	Access	Base
Fórmula	Equation	Math

Os editores de Texto, Planilha e Apresentação são os mais cobrados em provas de concursos. Sobre esses programas podem aparecer perguntas a respeito do seu funcionamento, ainda que sobre editores de apresentação sejam bem menos frequentes.

Outro ponto importante a se ressaltar é que o **Microsoft Outlook** é componente da suíte de aplicativos Microsoft Office. Não foi destacado na tabela acima por não existir programa equivalente no BrOffice.

Por vezes o concursando pode se deparar na prova com o nome **LibreOffice**, o que está correto, pois o BrOffice é utilizado no Brasil apenas, mas ele é baseado no Libre Office. Até a versão 3.2, o BrOffice era fundamentado no OpenOffice e, após a compra da Sun pela Oracle a comunidade decidiu mudar para o Libre por questões burocráticas.

Softwares Utilitários

Alguns programas ganharam tamanho espaço no dia a dia do usuário que, sem eles, podemos por vezes ficar sem acesso às informações contidas em arquivo, por exemplo.

São classificados como utilitários os programas compactadores de arquivos e leitores de PDF. Esses programas assumiram tal patamar por consolidarem seus formatos de arquivos. Entre os compactadores temos os responsáveis pelo formato de arquivos ZIP, apesar de que, desde sua versão XP, o Windows já dispunha de recurso nativo para compactar e descompactar arquivos nesse formato, muitos aplicativos se destacavam por oferecer o serviço de forma mais eficiente ou prática. Os compactadores mais conhecidos são: WinZip, BraZip e 7-Zip. Outro compactador que ganhou espaço no mercado foi o WinRar com o formato .RAR, que permite uma maior compactação do que o ZIP.

Softwares de Entretenimento

Nesta categoria, entram os aplicativos multimídias como players de áudio e vídeo, como o Windows Media Player, o Winamp, o iTunes, VLC player e BS player, dentre inúmeros outros, assim como também os jogos como Campo Minado, Paciência, Pinball e outros tantos de mais alto nível.

Malwares (Malicious Softwares)

Os malwares são programas que têm finalidade mal intencionada, na maioria das vezes ilícita. Grande parte das bancas cita-os como pragas cibernéticas que infectam o computador do usuário e trazem algum prejuízo; por outro lado, há bancas que especulam sobre os diferentes tipos de malwares. A seguir são destacados os principais tipos de malwares.

Fique Ligado

Para ser um malware tem que ser um software, do contrário pode ser uma prática maliciosa, mas não um malware.

Vírus

O vírus é apenas um dos tipos de malware, ou seja, ao contrário do que a maioria das pessoas fala, nem tudo que ataca o computador é um vírus. As questões que tangem ao que é um vírus, em geral, são cobradas em prova como forma de saber se o concursando conhece as diferenças entre os malwares.

Um vírus tem por características:

> **Infectar** os arquivos do computador do usuário, principalmente arquivos do sistema.

> **Depender de ação do usuário,** como executar o arquivo ou programa que está contaminado com o vírus.

> Ter finalidades diversas, dentre as quais **danificar** tanto arquivos e o sistema operacional, como também as peças.

Vírus mutante

É um vírus mais evoluído, que tem a capacidade de alterar algumas de suas características a fim de burlar o antivírus.

Vírus de Macro [7]

O Vírus de Macro explora falhas de segurança das suítes de escritório, principalmente da Microsoft. Uma macro, ao ser criada de certa forma, anexa ao documento uma programação (comandos geralmente em Visual Basic[8]), ele pode inserir seu código dentro deste código em VB.

O vírus de macro geralmente danifica a suíte de escritório, inutilizando-a, além de poder apagar documentos do computador.

Para que seja executado esse vírus, é necessário que o usuário execute o arquivo contaminado.

Worm

O Worm é por vezes citado nas provas em português, "verme", como forma de confundir o concursando. Ao contrário do vírus, ele **não depende de ação do usuário** para executar; ele executa automaticamente: no momento em que um pendrive é conectado a um computador, ele é contaminado ou contamina este.

Um Worm tem como finalidade se replicar, porém, não infecta outros arquivos, apenas **cria cópias de si** em vários locais, o que pode encher o HD do usuário. Outra forma utilizada de se replicar é através da exploração de falhas dos programas, principalmente os clientes de e-mail, enviando por correio eletrônico cópias de si para os contatos do usuário armazenados no cliente de e-mail.

Um Worm, muitas vezes, instala no computador do usuário um **bot**, transformando aquele em um robô controlado à distância. Os indivíduos que criam um Worm fazem-no com a finalidade de infectar o maior número possível de computadores, para que possam utilizá-los em um ataque de **DDoS**[9], ou como forma de elevar a estatística de acessos a determinados sites. Também pode ser utilizado para realizar um ataque a algum computador ou servidor na Internet a partir do computador infectado.

Trojan Horse (Cavalo de Troia)

O Cavalo de Troia foi batizado com esse nome, pois suas características se assemelham muito às da guerra da Grécia com Troia. Na História, os gregos deram aos troianos um grande cavalo feito de madeira e coberto de palha para disfarçar que era oco, dentro do cavalo foram colocados vários soldados gregos que deveriam abrir os gigantes e fortes portões da cidade de Troia para que o exército grego pudesse invadir a fortaleza.

Um Cavalo de Troia é recebido pelo usuário como um **presente**, "presente de grego", de forma a levar o usuário a abri-lo, ou seja, ele **depende de ação do usuário**. Os "presentes" geralmente podem parecer um cartão virtual, uma mensagem, álbuns de fotos, e-mails com indicações de prêmios, falsas respostas de orçamentos, folhas de pagamento, sempre alguma forma de chamar a atenção do usuário para que ele abra o Trojan.

Podemos tratá-lo em essência como um **meio** para que outro malware seja instalado no computador. Da mesma forma como o cavalo da história serviu como meio para infiltrar soldados e como os soldados abriram os portões da cidade, o malware também pode abrir as portas do computador para que outros malwares o infectem, o que acontece na maioria dos casos, portanto, pode trazer em seu interior qualquer tipo de malware.

Esse malware executa as ações para as quais, aparentemente, fora criado; como exibir uma mensagem, ou crackear[10] um programa. Essa tarefa é realizada com o intuito de distrair o usuário enquanto que os malwares são instalados.

Spyware

Também conhecido como **software espião,** o spyware tem por finalidade capturar dados do usuário e enviá-los para terceiros: nº de cartões de crédito, CPF, RG, nomes, data de nascimento e tudo mais que for pertinente para que transações eletrônicas possam ser feitas utilizando seus dados.

Existem dois tipos de spywares: os **KeyLoggers** e os **ScreenLoggers**.

→ **KeyLogger**

> Key = chave, Log = registro de ações.

O KeyLogger é um spyware cuja característica é capturar os dados digitados pelo usuário. Na maioria das situações o KeyLogger não captura o que é digitado a todo instante, mas o que é teclado após alguma ação prévia do usuário, como por exemplo abrir uma página de um banco ou de uma mídia social - alguns keyloggers são desenvolvidos para capturar conversas em programas de *messenger*.

7 Macro: é um conjunto de regras criadas para automatizar tarefas repetitivas

8 Visual Basic (VB): é uma linguagem de programação criada pela Microsoft.

9 DDoS: Ataque de negação de serviço distribuído, veja mais no tópico segurança desse material.

10 Crackear: é uma quebra de licença de um software para que não seja necessário adquirir a licença de uso, caracterizando pirataria.

→ **ScreenLogger**

> Screen = Tela

O ScreenLogger é uma evolução do KeyLogger na tentativa de capturar, principalmente, as senhas de bancos, pois o ScreenLogger captura fotos avançadas da tela do computador a cada clique do mouse. Essa foto avançada, na verdade, é uma foto de uma pequena área que circunda o mouse, mas grande o suficiente para que seja possível ver em que número o usuário clicou.

Muitos serviços de Internet Banking[11] utilizam um **teclado virtual,** no qual o usuário clica nos dígitos de sua senha ao invés de digitar. Assim, ao forçar que o usuário não utilize o teclado, essa ferramenta de segurança ajuda a evitar roubos de senhas por KeyLoggers. Por outro lado, foi criado o ScreenLogger, que captura imagens; então, como forma de oferecer segurança maior, alguns bancos utilizam um dispositivo chamado de **Token**.

O Token é um dispositivo que gera uma chave de segurança aleatória, a qual uma vez utilizada para acessar a conta, se torna inválida para novos acessos. Assim, mesmo sendo capturada, ela se torna inútil ao invasor.

Fique Ligado

Cuidado para não confundir: Teclado Virtual em uma página de Internet Banking é um recurso de segurança, enquanto o teclado virtual que faz parte do Windows é um recurso de acessibilidade.

Hijacker

O Hijacker é um malware que tem por finalidade **capturar** o **navegador** do usuário, principalmente o Internet Explorer. Esse programa **fixa uma página inicial** no navegador, que pode ser uma página de propaganda ou um site de venda de produtos, ou mesmo um site de pornografia, como os mais perigosos que fixam páginas falsas de bancos (veja mais na seção Segurança no tópico ataques).

As alterações realizadas por ele no navegador dificilmente são reversíveis. Na maioria dos casos, é necessário reinstalar o navegador várias vezes até formatar o computador. Existem, no mercado, alguns programas que tentam restaurar as configurações padrões dos navegadores, são conhecidos por Hijacker This, porém, esses programas não são ferramentas de segurança, mas apenas uma tentativa de consertar o estrago feito.

Adware

Adware (Advertising Software) é um software especializado em apresentar propagandas.

O Adware é tratado como malware, quando apresenta algumas características de spywares, além de, na maioria dos casos, se instalar no computador explorando falhas do usuário, por exemplo, durante a instalação de um programa em que o indivíduo não nota que em uma das etapas estava instalando outro programa diferente do desejado.

Um exemplo clássico é o Nero gratuito, que é patrocinado pelo ASK[12]. Durante a instalação, uma das telas apresenta algumas opções: deseja instalar a barra de ferramenta do ASK; deseja tornar o motor de busca do ASK como seu buscador padrão; deseja tornar a página do ASK como sua página inicial, que, por padrão, aparecem marcadas esperando que o usuário clique indiscriminadamente na opção "avançar".

Muitos Adwares monitoram o comportamento do usuário durante a navegação na Internet e vendem essas informações para as empresas interessadas.

Backdoors

Backdoor, basicamente, é uma **porta dos fundos** para um ataque futuro ao computador do usuário.

Um Backdoor pode ser inserido no computador por meio de Trojan Horse, como também pode ser um programa adulterado recebido de fonte pouco confiável. Por exemplo, um usuário baixa em um site qualquer, diferente do oficial, o BrOffice, nada impede que o programa tenha sido ligeiramente alterado com a inserção de brechas para ataques futuros.

Rootkits

RootKit vem de Root = administrador do ambiente Linux. Kit = conjunto de ferramentas e ações.

Um Rootkit altera aplicativos do Sistema, como gerenciadores de arquivos, com o intuito de **esconder arquivos maliciosos** que estejam presentes no computador. Por meio dele também o invasor pode criar Backdoors no computador, para que possa voltar a atacar o micro sem se preocupar em ter de contaminá-lo novamente.

Vamos Praticar

Com relação à instalação, à configuração e ao suporte de aplicativos, julgue o item a seguir.

01. O BrOffice.org possui código fechado, assim como o Microsoft Office, embora seja considerado software livre.

Certo ( ) Errado ( )

02. (FCC) De acordo com a Free Software Foundation, um programa de computador que se qualifica como software livre NÃO fornece a liberdade para:

a) revogar ou adicionar restrições retroativas às regras de uso do programa.

b) executar o programa para qualquer propósito.

c) estudar como o programa funciona e adaptá-lo às suas necessidades.

d) redistribuir cópias do programa.

e) distribuir cópias de versões modificadas do programa.

03. (FCC) Para que um programa de computador seja considerado software livre, esse programa:

a) pode ser utilizado para fins lucrativos, mas não pode ser, ele próprio, comercializado.

b) deve ter seu código fonte colocado em domínio público.

c) não pode ser utilizado para fins lucrativos.

d) deve ter seu código fonte disponível para seus usuários.

e) não pode ter seu código fonte modificado.

04. (CONSULPLAN) Em relação ao Linux, pode-se afirmar que ele é um software livre:

I. Somente por ele ser um software gratuito.

II. Porque seu código fonte está disponível para qualquer usuário e pode-se alterá-lo para adequá-lo às suas necessidades específicas, sem ter de pagar.

11 Internet Banking: acesso à conta bancária pela Internet, para realizar algumas movimentações e consultas.

12 Ask: Motor de buscas na Internet.

III. Porque ele é freeware, embora seu código fonte não esteja disponível para alterações.

Assinale a alternativa correta:

a) Somente a afirmativa I está correta.
b) Somente a afirmativa II está correta.
c) Somente a afirmativa III está correta.
d) Todas as afirmativas estão incorretas.
e) Todas as afirmativas estão corretas.

05. (FGV) A respeito das características do software livre, analise as afirmativas a seguir.

I. É disponibilizado com a permissão para qualquer um usá-lo, copiá-lo e distribuí-lo, seja na sua forma original ou com modificações, seja gratuitamente ou com custo.

II. É gratuito com a permissão para qualquer um usá-lo ou copiá-lo, exclusivamente na sua forma original, não podendo ser modificado.

III. É freeware disponível com a permissão para qualquer pessoa usá-lo e modificá-lo, não podendo ser copiado ou distribuído.

Assinale:

a) se somente a afirmativa I estiver correta.
b) se somente as afirmativas I e II estiverem corretas.
c) se somente as afirmativas I e III estiverem corretas.
d) se somente as afirmativas II e III estiverem corretas.
e) se todas as afirmativas estiverem corretas.

06. (CESGRANRIO) Os sistemas operacionais Linux, com suas interfaces gráficas cada vez mais estáveis e amigáveis para os usuários, utilizam, entre outros, a suíte de aplicativos para escritório:

a) Borland Office.
b) SecurityOffice.
c) LibreOffice.
d) Avira Premium for Office.
e) Labo Solutions for Office.

07. (CESGRANRIO) O Math é um aplicativo que pode ser usado como um(a):

a) apresentador de objetos multimídia em 3D.
b) digital reader de textos e imagens gráficas.
c) editor de equações para documentos de texto.
d) manipulador de bancos de dados descomplicados.
e) ferramenta de comunicação por meio de gráficos e diagramas.

Considere que um computador já está em sua operação diária e que já tem instalados os programas e periféricos necessários à execução dessas tarefas. Julgue o item subsequente, a respeito do uso dos periféricos e dos programas necessários ao bom uso do computador.

08. (CESPE) O sistema operacional do computador estará em funcionamento mesmo quando se estiver editando uma planilha eletrônica.

Certo ( )   Errado ( )

09. (FCC) O Sistema Operacional:

a) é o software responsável pelo gerenciamento, funcionamento e execução de todos os programas.
b) é um software da categoria dos aplicativos, utilizado para a criação de textos, planilhas de cálculo, desenhos, etc.
c) apesar de gerenciar a leitura e a gravação de arquivos, delega a função de localização de programas nas unidades de discos a softwares utilitários de terceiros.
d) Linux é um software proprietário, já o Windows é o software livre mais utilizado nos computadores pessoais atualmente.
e) não está relacionado à evolução das CPUs, pois independem de componentes de hardware, já que são executados em um computador virtual (virtual machine).

10. (FCC) O sistema operacional de um computador consiste em um:

a) conjunto de procedimentos programados, armazenados na CMOS, que é ativado tão logo o computador seja ligado.
b) conjunto de procedimentos programados, armazenados na BIOS, que é ativado tão logo o computador seja ligado.
c) conjunto de dispositivos de hardware para prover gerenciamento e controle de uso dos componentes de hardware, software e firmware.
d) hardware de gerenciamento que serve de interface entre os recursos disponíveis para uso do computador e o usuário, sem que este tenha que se preocupar com aspectos técnicos do software.
e) software de gerenciamento, que serve de interface entre os recursos disponíveis para uso do computador e o usuário, sem que este tenha que se preocupar com aspectos técnicos do hardware.

11. (FCC) Sobre sistemas operacionais é INCORRETO afirmar:

a) O sistema operacional é uma camada de hardware que separa as aplicações do software que elas acessam e fornece serviços que permitem que cada aplicação seja executada com segurança e efetividade.
b) Na maioria dos sistemas operacionais, um usuário requisita ao computador que execute uma ação (por exemplo, imprimir um documento); o sistema operacional gerencia o software e o hardware para produzir o resultado esperado.
c) Um usuário interage com o sistema operacional via uma ou mais aplicações de usuário e, muitas vezes, por meio de uma aplicação especial denominada shell ou interpretador de comandos.
d) Primordialmente, são gerenciadores de recursos – gerenciam hardware como processadores, memória, dispositivos de entrada/saída e dispositivos de comunicação.
e) O software que contém os componentes centrais do sistema operacional chama-se núcleo (kernel).

12. (AOCP) O sistema operacional é uma interface entre a máquina e o usuário que proporciona uma forma amigável de comunicação entre eles. Assinale a alternativa INCORRETA sobre sistema operacional.

a) Uma das funções do sistema operacional é controlar os dispositivos de entrada e saída.
b) Fornece recursos de comunicação, conexão e controle a redes de computadores.
c) Monitora o estado de cada parte da memória.
d) Controla todos os recursos de hardware, porém, recursos de software, como o gerenciamento do processo de um programa, não é de sua responsabilidade.

e) O sistema operacional tem a função de manipulação de arquivos e também faz o gerenciamento do tempo gasto da CPU pelos usuários

Para proteger o computador conectado à Internet de ataques, invasões, intrusões infeções e mantê-lo automaticamente atualizado com as novas versões (Windows Update). Deve-se ativar todos os Dados Básicos de Segurança na Central de Segurança (Windows XP).

13. (FCC) A recomendação feita é para ativar:

a) firewall e Proteção contra vírus, apenas.

b) backup automático, Proteção contra vírus e Firewall, apenas.

c) atualizações automáticas, Proteção contra vírus e Firewall, apenas.

d) atualizações automáticas, Proteção contra vírus, Firewall e Backup automático, apenas.

e) proteção contra vírus, Firewall, Backup automático e Opções da Internet.

14. Com relação aos Vírus de computadores, é correto afirmar que:

a) é um programa ou parte de um programa de computador, normalmente malicioso, que se propaga infectando, isto é, inserindo cópias de si mesmo e se tornando parte de outros programas e arquivos de um computador.

b) é um tipo de software especificamente projetado para apresentar propagandas através do browser ou algum outro programa instalado em um computador.

c) é o termo utilizado para se referir a uma grande categoria de software que tem o objetivo de monitorar atividades de um sistema e enviar as informações coletadas para terceiros.

d) são programas que permitem o retorno de um invasor a um computador comprometido, utilizando serviços criados ou modificados para esse fim.

e) normalmente, consistem em um único arquivo que precisa ser explicitamente executado, não infectam outros arquivos, nem propagam cópias de si mesmo automaticamente.

15. (FCC) Existem vários tipos de vírus de computadores, dentre eles, um dos mais comuns são vírus de macros, que:

a) são programas binários executáveis que são baixados de sites infectados na Internet.

b) podem infectar qualquer programa executável do computador, permitindo que eles possam apagar arquivos e outras ações nocivas.

c) são programas interpretados embutidos em documentos do MS Office que podem infectar outros documentos, apagar arquivos e outras ações nocivas.

d) são propagados apenas pela Internet, normalmente em sites com software pirata.

e) podem ser evitados pelo uso exclusivo de software legal, em um computador com acesso apenas a sites da Internet com boa reputação.

16. (CESPE) A fim de se proteger do ataque de um spyware — um tipo de vírus (malware) que se multiplica de forma independente nos programas instalados em um computador infectado e recolhe informações pessoais dos usuários —, o usuário deve instalar softwares antivírus e antispywares mais eficientes que os firewalls no combate a esse tipo de ataque.

Certo ( ) Errado ( )

17. (UEG) Sobre fundamentos de segurança da informação e programas maliciosos, é CORRETO afirmar:

a) Deve-se dar preferência ao uso de programas de troca de mensagens como o MSN para substituir o e-mail, dado que o risco de contaminação nesses programas é praticamente nulo.

b) Mesmo um inocente e-mail de uma fonte conhecida e contendo apenas uma imagem ou uma proteção de tela pode se tornar fonte de contaminação.

c) Programas maliciosos denominados trojans não podem ser detectados por antivírus, necessitando, portanto, de programas específicos.

d) Spywares são programas que têm como finalidade vigiar o computador para evitar contaminação por adwares.

18. (FCC) Quando o cliente de um banco acessa sua conta corrente através da internet, é comum que tenha que digitar a senha em um teclado virtual, cujas teclas mudam de lugar a cada caractere fornecido. Esse procedimento de segurança visa evitar ataques de:

a) spywares e adwares.

b) keyloggers e adwares.

c) screenloggers e adwares.

d) phishing e pharming.

e) keyloggers e screenloggers.

19. (FUMARC) Analise as seguintes afirmativas sobre os tipos conhecidos de vírus.

I. Vírus de script: infectam documentos com macros instaladas. O pacote Office da Microsoft é uma das principais vítimas desse tipo de vírus.

II. Vírus de boot: infectam a área de boot dos discos rígidos dos computadores.

III. Vírus de arquivo: infectam arquivos executáveis

Assinale a alternativa CORRETA:

a) A afirmativa III está errada e as afirmativas I, II estão corretas.

b) A afirmativa II está errada e as afirmativas I, III estão corretas.

c) A afirmativa I está errada e as afirmativas II, III estão corretas.

d) As afirmativas I, II e III estão corretas.

20. No âmbito da segurança da informação, é um programa capaz de se propagar automaticamente enviando cópias de si mesmo para outros computadores da rede. Estamos falando de:

a) Hiperlink

b) Antivírus

c) Worm

d) Engenharia Social

e) Phishing scan

Gabarito

01	ERRADO	11	A
02	A	12	D
03	D	13	C
04	B	14	A
05	A	15	C
06	C	16	ERRADO
07	C	17	B
08	CERTO	18	E
09	A	19	C
10	E	20	C

Anotações

CAPÍTULO 02

Windows

O Windows é o sistema operacional mais cobrado sobre ações e tarefas executadas pelo usuário. Nesta seção, serão abordadas algumas de suas ferramentas e características.

Componentes

Neste tópico, são apresentadas as principais opções do Windows que são cobradas nas provas dos concursos.

Área de Trabalho

A área de trabalho do Windows é composta pela Barra de Tarefas, Menu ou Botão Iniciar, ícones e papel de parede. A figura acima ilustra a área de trabalho do Windows 7.

Meu Computador

Na janela Computador são disponibilizadas informações sobre as unidades de disco e armazenamento que estão conectadas ao computador. Por meio dessa janela podemos obter a informação do tamanho das unidades e o quanto estão ocupadas.

A cada novo dispositivo que conectamos, observamos que uma nova letra é usada, por exemplo, a figura a seguir ilustrando a janela Computador do Windows 7. Ela indica a presença do HD primário C: e de uma unidade de CD no D:; se um pendrive for conectado a esse computador, então será atribuída a ele a letra E:.

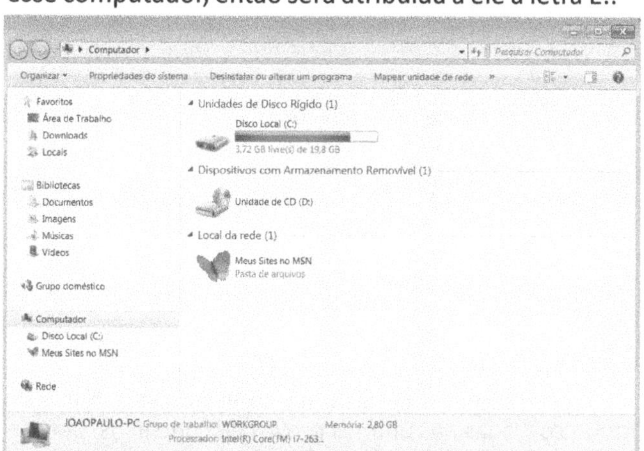

A opção Computador ou Meu Computador usa a janela do Windows Explorer.

Mapear unidade de Rede

O recurso mapear unidade de rede auxilia o acesso a uma pasta compartilhada na rede, criando uma espécie de atalho para ela na janela Computador, como se fosse mais uma unidade.

Para realizar esse procedimento, basta clicar com o botão direito do mouse sobre a opção Computador ou sobre a opção Rede e escolher a opção Mapear Unidade de Rede, como ilustra a figura a seguir:

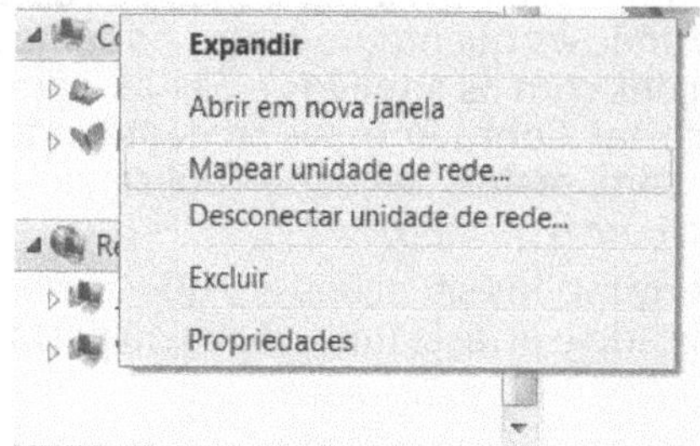

Após realizado esse passo, uma janela será aberta como a ilustrada a seguir, na qual o usuário pode navegar pela rede e escolher a pasta que deseja mapear e a letra que quer atribuir a esta unidade que será criada. Letras em uso não podem ser usadas, como o C:.

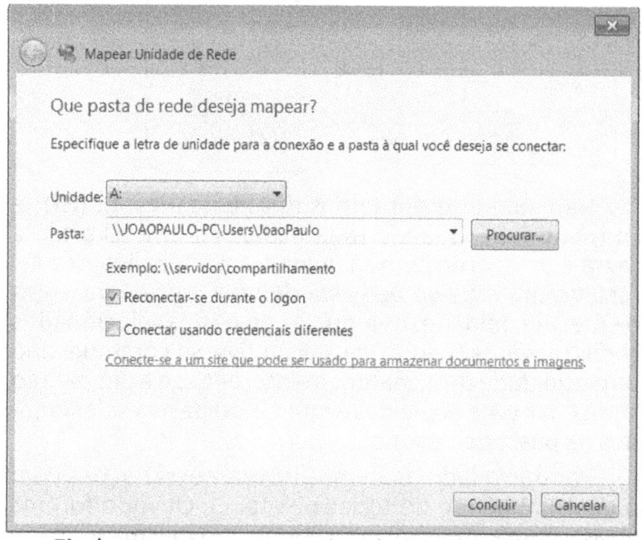

Findos esses passos, na janela Computador encontrar-se-á a pasta da rede mapeada para um acesso mais rápido a ela.

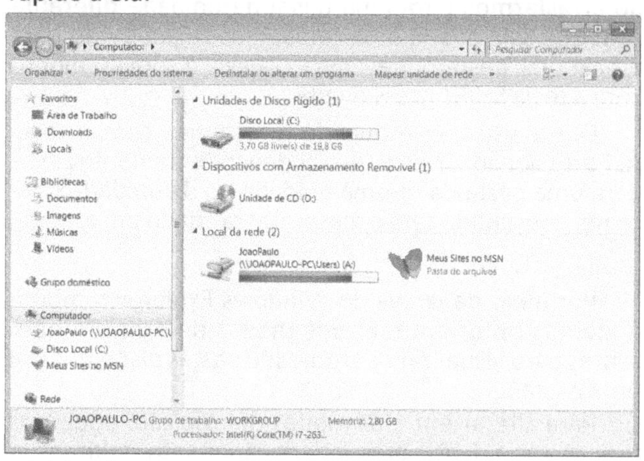

Windows Explorer

O Windows Explorer é um programa responsável por possibilitar a navegação entre as pastas e arquivos armazenados no computador. Por definição, ele é um Gerenciador de arquivos, mas por meio dele é possível acessar páginas na Internet, basta digitar o endereço desejado na barra de endereços do programa. Ao detectar que é o endereço de um site, ele abre o navegador com o site digitado.

Para abrir a janela Windows Explorer, podemos ir por meio do botão iniciar - Todos os Programas - Acessórios - e, por fim, Windows Explorer, ou podemos lançar mão do conjunto de teclas de atalho Windows + E.

Operação com Arquivos e Pastas

Quando estamos em um gerenciador de arquivos, tanto no Windows quanto no Linux, podemos realizar algumas ações com os arquivos e pastas, como Copiar, Colar e Recortar. Contudo, esses procedimentos podem ser feitos com maior agilidade, utilizando o mouse combinado com o teclado.

Vamos tratar das situações em que o usuário clica, mantém clicado e arrasta um arquivo ou pasta.

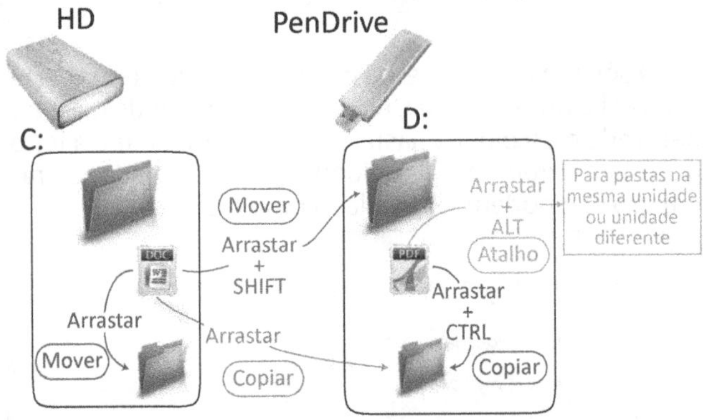

Na figura anterior temos duas unidades: **C: (HD) e D: (pendrive)**. Quando tratamos de clicar e arrastar, a regra é de acordo com as unidades. Se for clicado e arrastado um arquivo ou pasta de uma pasta para outra da mesma unidade, os arquivos ou pastas selecionados serão movidos. Porém, se a ação tivesse como destino outra unidade de armazenamento, então a ação padrão seria criar uma cópia dos arquivos ou pastas selecionados na pasta de destino.

Por outro lado, podemos inverter essas ações com o uso simultâneo de teclas de atalho. Quando formos arrastar um arquivo ou pasta dentro da mesma unidade com o intuito de criar apenas uma cópia, em vez de mover, devemos segurar pressionada a tecla CTRL. Já ao arrastarmos para uma pasta de unidade diferente sem que seja criada uma cópia, mas seja movido para a pasta de destino, devemos realizar o procedimento com a tecla SHIFT pressionada.

Outra situação é quando arrastamos com a tecla ALT pressionada. Neste caso, independentemente se for para uma pasta da mesma unidade ou de unidade diferente, o resultado será o mesmo: será criado um atalho.

Modos de Exibição

Por meio da janela do Windows Explorer também podemos optar entre alguns modos de exibição diferentes para visualizar os arquivos e pastas dispostos em uma pasta.

Para alterar entre os modos de exibição, podemos usar a tecla CTRL pressionada enquanto rolamos o Scrool do mouse (rodinha); e a barra à esquerda da figura abaixo é alterada de acordo com o zoom.

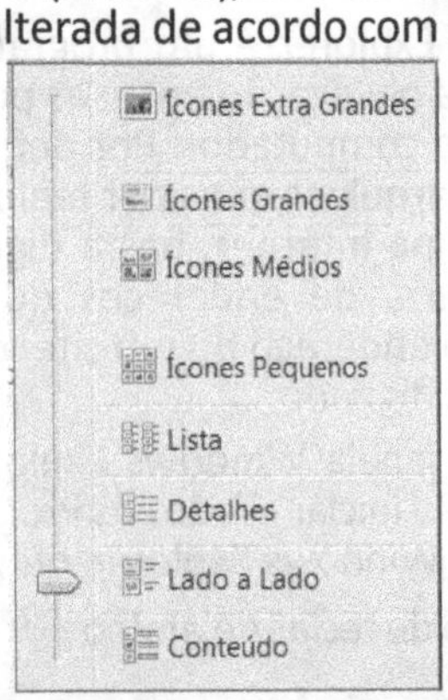

Ou podemos clicar no botão "modos de exibição", que pode assumir a forma de qualquer um dos botões ilustrados nesta seção de acordo com o modo que estiver em exibição.

No Windows 7, está disponível o modo de exibição Conteúdo, que não existia no Windows XP.

O modo de exibição mais importante é o modo Detalhes, pois, por meio dele, podemos visualizar diversas informações sobre um arquivo sem abri-lo, além de permitir a organização dos dados por diversos critérios.

Lixeira

Por padrão, a lixeira no Windows pode ocupar até 10% da capacidade da unidade, mas é possível alterar esse tamanho por meio das propriedades dela.

Nem todo arquivo que é deletado é enviado para a lixeira. Por exemplo, um arquivo apagado de um disquete ou pendrive não são enviados para a lixeira do computador, no caso dos pendrives é criado uma espécie de lixeira dentro do próprio pendrive, mas isto depende do driver do dispositivo.

Por outro lado, toda forma de remoção de um arquivo, quando combinada com a tecla SHIFT pressionada, remove o arquivo ou pasta sem enviar para a lixeira, ou seja, é uma remoção permanente.

Painel de Controle

O Painel de controle é o local onde são concentradas as opções de configuração do sistema Windows.

Acessórios

O Windows conta com um conjunto de acessórios que são programas de uso geral que auxiliam tarefas do usuário. São os acessórios do Windows:

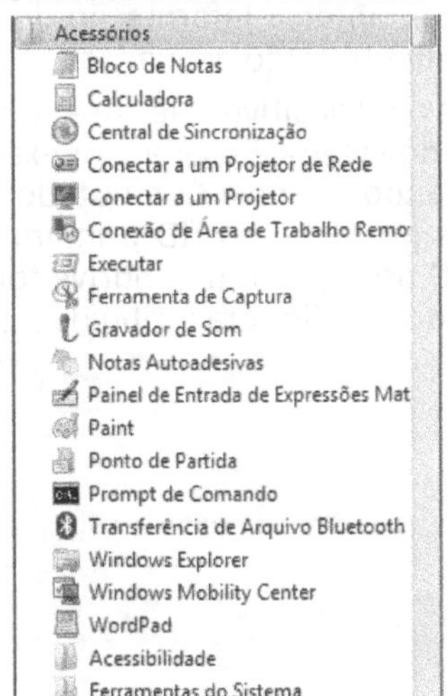

Ferramentas de Sistema

As ferramentas de Sistema do Windows 7 têm sido muito cobradas nas últimas provas de concursos, por fornecerem um conjunto de opções e conceitos diferentes.

Nesta seção, faremos breves comentários sobre essas ferramentas e suas finalidades.

Monitor de Recursos

O monitor de recursos é uma ferramenta que nos permite verificar o desempenho do computador, visualizando o uso da memória e do processador, a banda de rede e o espaço em disco. A figura a seguir ilustra a visão do consumo do processador do meu computador no momento em que estava escrevendo este material.

Na imagem são ilustrados até o CPU7, porque se trata de um processador i7 com 8 núcleos.

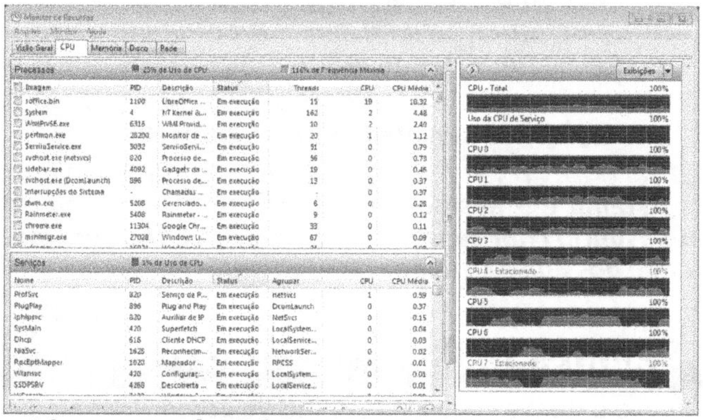

Limpeza de Disco

A Limpeza de disco é uma ferramenta que permite limpar (apagar) os arquivos temporários do computador como forma de obter mais espaço livre. A figura a seguir ilustra a janela da Limpeza de Disco.

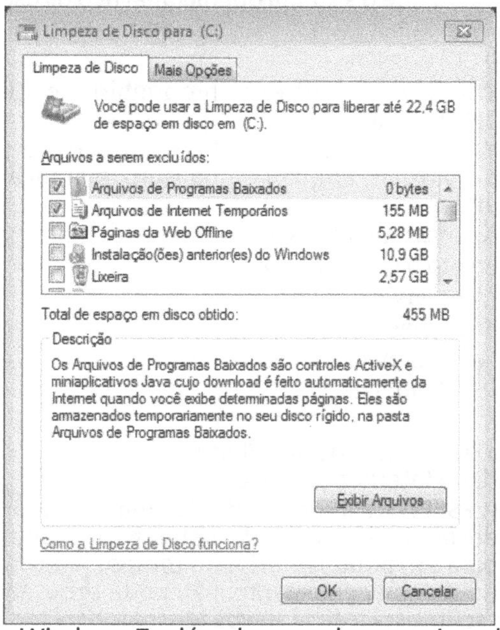

No Windows 7, além de se poder esvaziar a lixeira e apagar os arquivos temporários de navegação da Internet, existe a opção de apagar as miniaturas criadas quando arquivos de imagem são visualizados no Windows Explorer no modo de miniaturas (ícones grandes).

Desfragmentador

O Desfragmentador de Disco é a ferramenta de Sistema responsável por organizar os arquivos no disco, pois, com o tempo, usando o computador, copiamos, colamos, recortamos e movemos muitos arquivos criando fragmentos no HD. Um HD muito fragmentado se torna mais lento para ser lido.

O processo de Desfragmentação, por realizar uma leitura e escrita intensa no disco, torna-se um processo lento, portanto não se recomenda seu uso muito frequentemente. Deve-se obedecer a uma regularidade, mas nada exagerado.

Para que o desfragmentador seja executado, é necessário possuir espaço em disco. Caso não haja, será sugerido ao usuário que realize uma Limpeza de Disco a fim de liberar mais espaço.

Ao final do processo, os dados estarão organizados, a maioria, de maneira contígua para serem acessados mais rapidamente, bem como será organizado o espaço livre em disco de forma que fique contínuo também para minimizar futuras fragmentações.

Fique Ligado

O Desfragmentador não corrige falhas de disco muito menos a Limpeza de Disco, essa tarefa é responsabilidade do ScanDisk.

Informações do Sistema

O recurso Informações do Sistema também pode ser acessado por meio das teclas de atalho (Windows) + Pause.

A janela de Informações do Sistema exibe dados sobre o usuário e sobre a chave de ativação do Windows. No caso do Windows 7, também é exibida uma avaliação do hardware por parte do sistema, além de informação do tamanho da memória RAM e do nome do processador. A figura a seguir mostra a janela das Informações sobre o Sistema.

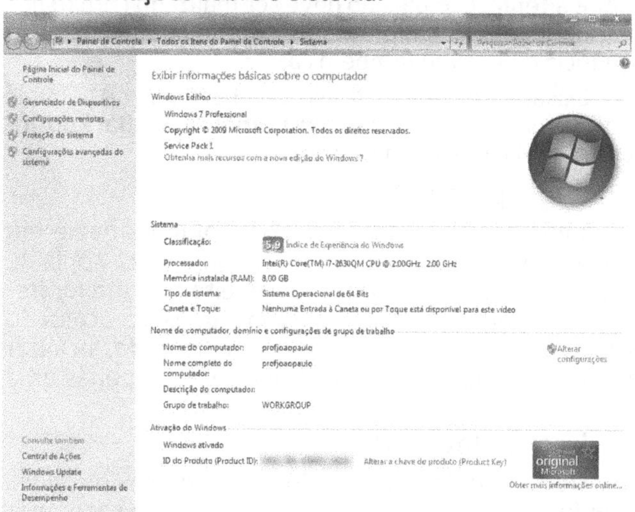

Agendador de Tarefas

O agendador de Tarefas permite que você agende tarefas automatizadas para que realizem ações em um horário específico ou quando um determinado evento ocorrer.

Transferência Fácil do Windows

O recurso de transferência fácil do Windows é uma ferramenta criada para copiar as configurações e preferências de um usuário em um computador e passá-las para outro, não necessitando ao usuário reconfigurar todas suas preferências novamente quando trocar de computador.

Restauração do Sistema

A restauração do Sistema permite retornar o estado do sistema a um ponto anterior no tempo, chamado de ponto de restauração, que é criado automaticamente pelo Windows quando um novo programa é instalado no sistema. Ele também pode ser criado manualmente pelo usuário.

A ferramenta restaura somente o sistema e a instalação dos programas. Os arquivos criados, alterados ou excluídos entre os pontos de restauração não são afetados, ou seja, a restauração do Sistema não recupera arquivos.

Tipos de Backup

Um backup, algumas vezes descrito como becape, nada mais é do que uma **cópia de segurança** dos dados. Essa cópia tem por finalidade manter os dados mais atuais salvos, de maneira que se porventura os dados originais sejam perdidos por falha ou exclusão, a perda não tenha um grande impacto, pois é possível restaurar a partir das versões salvas, minimizando assim a perda. Um backup não impede que os dados sejam acessados por terceiros.

Em um backup devem ser salvos os **dados do usuário**, ou seja, não é necessário, muito menos indicado, salvar os arquivos dos sistemas, como os que ficam na pasta Arquivos de Programas. Os dados devem ser salvos, preferencialmente, em outras unidades de armazenamento, diferentes de onde estão os dados originais como CD, DVD, BluRay, Pendrive, outro HD, disquetes e até mesmo fitas magnéticas.

A **frequência** de realização de uma cópia de segurança depende da importância dos dados, bem como da sua alteração, ou melhor, se os dados sofrem constante alteração, o backup deve ser realizado com maior regularidade. Já, se raramente sofrem alteração, a frequência de backup também cai.

Existem diversos tipos de backup, dos quais podemos destacar o **Backup Completo, o Backup Incremental e o Backup Diferencial.**

Backup Completo

Também chamado de Backup Total, é aquele em que todos os dados são salvos em uma única cópia de segurança. Ele é indicado para ser feito com menor frequência, pois é o mais demorado para ser processado como também para ser recuperado. Contudo, localizar um arquivo fica mais fácil, já que se tem apenas uma cópia dos dados.

Backup Incremental

Neste tipo de backup, são salvos apenas os dados que foram alterados após a última cópia de segurança realizada. Esse procedimento é mais rápido de ser processado, porém, leva mais tempo para ser restaurado, pois envolve restaurar todos os backups anteriores. Os arquivos criados são menores do que os gerados pelo backup diferencial.

Backup Diferencial

Este procedimento de backup grava os dados alterados desde o último backup completo; assim, no próximo backup diferencial, somente são salvos os dados modificados desde o último backup completo. No entanto, esse becape é mais lento de ser processado do que o incremental, porém é mais rápido de ser restaurado, pois é necessário apenas restaurar o último backup completo e o último backup diferencial.

Exercício Comentado

01. ***(FCC) Em caso de instalação de software duvidoso, devem ser adotados, no Windows XP, procedimentos para garantir a recuperação do sistema, se necessário. Para atender à recomendação, deve-se optar pelo modo de exibição do Painel de controle por categoria; escolher Desempenho e manutenção e, após:***

a) ***restauração do sistema, procedendo à opção Criar backup.***
b) ***restauração do sistema, procedendo à opção Criar um ponto de restauração.***
c) ***reestruturação do sistema, procedendo à opção Reparar o sistema.***
d) ***reestruturação do sistema, procedendo à opção Reinstalar o Windows.***
e) ***recuperação em caso de perda, procedendo à opção Criar um ponto de manutenção.***

RESPOSTA. ***"B". A ferramenta que permite recuperar o sistema é a Restauração do Sistema, que propicia ao usuário criar seus próprios pontos de restauração, além dos que o sistema cria automaticamente.***

Vamos Praticar

Julgue o item a seguir, a respeito de gerenciamento de informações, arquivos, pastas e programas.

01. (CESPE) A ferramenta Scandisk permite a formatação do disco rígido, por meio da leitura dos dados de setores defeituosos, transferindo-os para setores bons e marcando os defeituosos, de modo que o sistema operacional não os use mais.

Certo ( ) Errado ( )

02. (FCC) Considere:

I. Windows é software proprietário e Linux é software livre.
II. Windows é alvo de milhares de vírus e parasitas virtuais, enquanto que Linux é praticamente imune a vírus.
III. Apenas o Windows possui interface gráfica intuitiva.

Está correto o que consta em:

a) I, apenas.
b) II, apenas.
c) I e II, apenas.
d) II e III, apenas.
e) I, II e III.

Acerca dos conceitos do Windows 7 e das tecnologias aplicadas à Internet, julgue o item a seguir.

03. (CESPE) A restauração do sistema é uma forma de desfazer alterações do sistema do computador para um ponto anterior no tempo. A restauração do sistema, entretanto, não pode ser usada para recuperação de arquivos pessoais.

Certo ( ) Errado ( )

Acerca de conceitos básicos de Informática e sistemas operacionais, julgue o item a seguir.

04. (CESPE) No ambiente Windows, a opção de Mapear unidade de rede permite associar um atalho a uma unidade remota.

Certo ( ) Errado ( )

05. (CESPE) Acerca dos sistemas operacionais Windows e Linux, assinale a opção correta.

a) Arquivos criados no Linux podem ser lidos no Windows por meio da ferramenta Restauração do sistema, existente no menu Iniciar do Windows.
b) No Linux, o programa PlanCalc permite a elaboração de planilhas eletrônicas, de forma equivalente ao Excel no Windows.
c) No sistema Windows, o aplicativo Windows Explorer tem a função exclusiva de facilitar o gerenciamento das informações em um computador, permitindo criar, excluir e renomear arquivos e pastas; enquanto o Internet Explorer é um browser que permite a navegação na Internet.
d) Por ser software livre, o usuário tem a liberdade de copiar e modificar uma distribuição do Linux, sem solicitar qualquer tipo de permissão.
e) Por meio da opção Windows UpDate, é possível ajustar data, hora e fuso horário do computador.

A respeito dos ambientes Windows XP e Linux, julgue os itens a seguir.

06. (CESPE) O Windows 7 possui, por padrão, uma interface gráfica, enquanto o Linux tem disponíveis várias interfaces gráficas, que podem ser instaladas e customizadas segundo a necessidade do usuário.

Certo ( ) Errado ( )

07. (CESPE) Os sistemas Windows 7 e Linux têm kernel comum, aberto, que pode ser facilmente customizado pelo usuário.

Certo ( ) Errado ( )

Acerca de conceitos de informática e de segurança da informação, julgue o item a seguir.

08. (CESPE) Diferentemente do que ocorre no sistema Windows 7, no Linux, para se obter maior velocidade de acesso, os dados são armazenados diretamente em pastas, e não em subpastas.

Certo ( ) Errado ( )

Com relação aos ambientes Windows, Internet e Intranet, julgue o item a seguir.

09. (CESPE) O Windows Explorer é utilizado tanto para acesso aos diretórios e arquivos armazenados na máquina do usuário como para acesso a áreas de armazenamento na rede, caso o computador esteja conectado a um ambiente de rede ou à Internet.

Certo ( ) Errado ( )

10. (FCC) Em relação aos recursos comuns, tanto no Windows, quanto no Linux, é INCORRETO afirmar que possuem:

a) sistema operacional de código aberto.
b) sistema operacional multiusuário e multitarefa.
c) suporte a vários sistemas de arquivos.
d) restrição de acesso a usuários, arquivos e pastas (diretórios).
e) administração e assistência remotas.

Gabarito

01	*ERRADO*	*06*	*CERTO*
02	*C*	*07*	*ERRADO*
03	*CERTO*	*08*	*ERRADO*
04	*CERTO*	*09*	*CERTO*
05	*D*	*10*	*A*

Anotações

CAPÍTULO 03

Redes de Computadores

Dois computadores conectados entre si já caracterizam uma rede. Contudo, ela normalmente é composta por diversificados dispositivos como: celulares, smartphones, tablets, computadores, servidores, impressoras, roteadores, switches, hubs, modens, etc. Devido a essa grande variedade de dispositivos, o nome genérico HOST é atribuído aos dispositivos conectados na rede.

Todo Host possui um endereço que o identifica na rede, o qual é o endereço IP. Mas também cada peça possui um número único de fábrica que o identifica, o MAC Address.

Paradigma de Comunicação

Paradigma é um padrão a ser seguido e, no caso das redes, é o modelo Cliente/Servidor. Nesse modelo, o usuário é o cliente que envia uma solicitação ao servidor; ao receber a solicitação, o servidor a analisa e, se é de sua competência, provê a informação/dado solicitada.

Dispositivos de Rede

Os dispositivos de rede são citados até mesmo em provas cujo conteúdo programático não cita a matéria de Hardware. E na maioria das vezes em que aparecem questões sobre o assunto, se questiona em relação à finalidade de cada dispositivo na rede, portanto, nesta seção são descritos alguns dos principais dispositivos de rede:

Dispositivo	Descrição
Modem	Modulador/Demulador Responsável por converter o sinal analógico da linha telefônica em um sinal digital para o computador e vice-versa.
Hub	Conecta vários dispositivos em rede, mas não oferece muita segurança, pois envia as informações para todos na rede.
Switch	É um dispositivo que permite interligar vários dispositivos de forma mais inteligente que o Hub, pois no switch os dados são direcionados aos destinos corretos.
Roteador	Um roteador já trabalha no nível de rede; em um mesmo roteador podemos definir várias redes diferentes. Ele também cria uma rota para os dados.
Access Point	Um Ponto de Acesso opera de forma similar a um Switch, só que em redes sem fio.
Backbone	É a estrutura principal dentro de uma rede, na Internet é a espinha dorsal que a suporta, ou seja, as principais ligações internacionais.

Topologia de Rede

Topologia diz respeito à estrutura de organização dos dispositivos em uma rede.

Barramento

Na topologia de barramento, todos os dispositivos estão conectados no mesmo canal de comunicação, o que torna o tráfego de dados mais lento e, se o barramento se rompe, pode isolar parte da rede.

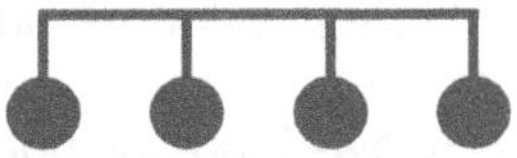

Anel

A estrutura em anel conecta um dispositivo no outro; para que todos os computadores estejam conectados, é necessário que estejam ligados. Se o anel for simples, ou seja, de única via de dados, um computador desligado já é suficiente para tornar a rede inoperante para algum outro computador; o problema pode ser resolvido em partes, utilizando o anel duplo, trafegando dados em duas direções da rede, porém, se dois pontos forem desconectados, pode-se chegar à situação de duas redes isoladas.

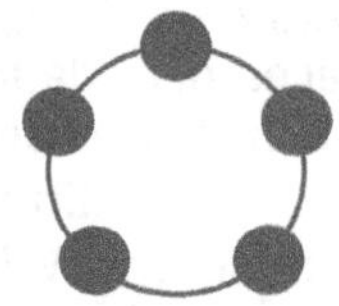

Estrela

Uma rede organizada em forma de estrela possui um nó centralizador. Esse modelo é um dos mais utilizados, pois um nó pode estar desconectado sem interferir no resto da rede, porém, o centro é o ponto crítico.

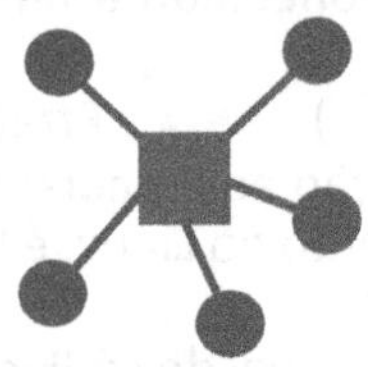

Estrela Estendida

A estrela estendida é utilizada em situações como, por exemplo, em uma universidade multicampi, em que um nó central é a conexão principal, a partir da qual se conecta com a internet, enquanto que os outros campi possuem centrais secundárias como conexão entre seus computadores. A estrutura entre o nó principal e as centrais secundárias é o que chamamos de Backbone dessa rede.

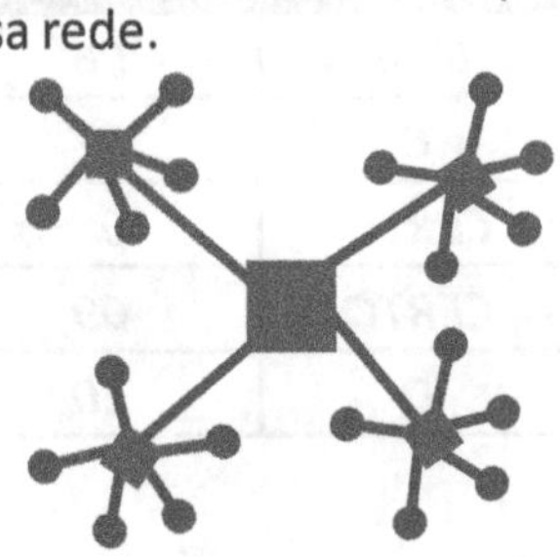

Malha

A conexão em malha é o modelo da Internet, onde encontramos vários nós principais, mas também várias ligações entre diversos nós.

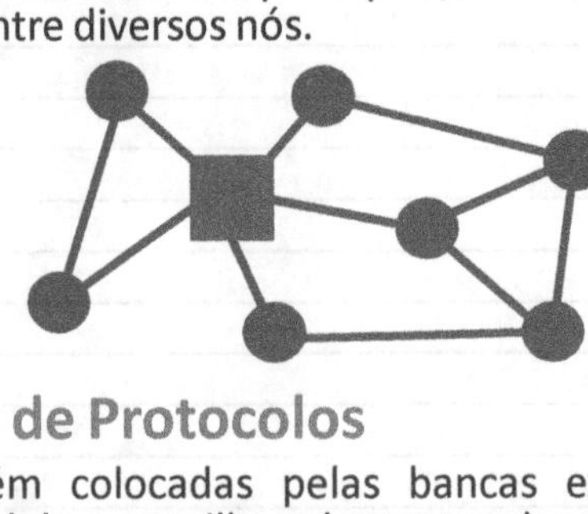

Pilhas de Protocolos

Também colocadas pelas bancas examinadoras como modelos, as pilhas de protocolos definem um conjunto de protocolos e em quais camadas de rede devem operar.

Neste tópico temos dois tipos de questões que podem ser associados na prova. Questões que fazem relação com os tipos de redes e questões que tratam da finalidade dos principais protocolos utilizados em uma navegação na Internet.

→ **As pilhas de protocolos são:**

TCP/IP	OSI

O modelo TCP/IP é o **padrão utilizado nas redes.** Mas, em redes privadas, mesmo o TCP/IP sendo padrão, pode ser implantado o modelo OSI.

Como o modelo TCP/IP é o padrão na seção seguinte são destacados os principais protocolos de navegação.

Principais Protocolos

Um protocolo é uma regra de comunicação em redes, portanto, a transferência de arquivos, mesmo entre computadores de uma mesma rede, utiliza um protocolo como forma de padronizar o entendimento entre os dois.

HTTP

HTTP: (Hyper Text Transport Protocol) é o protocolo de transferência de hipertexto. É o mais utilizado pelo usuário em uma navegação pela Internet. Hipertexto **consiste em um arquivo no formato HTML -** (HyperText Markup Language) Linguagem de Marcação de Hipertexto.

HTML é um arquivo que pode ser gerado por qualquer editor de texto, pois, quando é aberto no bloco de notas ou wordpad, ele apresenta apenas informações de texto. No entanto, quando é aberto pelo navegador, este interpreta o código em HTML e monta o conteúdo **Multimídia** na página. Entende-se por conteúdo multimídia: textos, áudio, vídeos e imagens.

HTTPS

HTTPS (Hyper Text Transport Protocol Secure), também conhecido como HTTP Seguro. Esse protocolo tem como diferença entre o HTTP apenas a segurança que oferece, pois, assim como o HTTP, serve para visualizar o conteúdo multimídia.

O que se questiona em relação a sua segurança é como ela é feita. O protocolo HTTPS utiliza o processo de **Criptografia** para manter sigilo sobre os dados transferidos entre o usuário e o servidor, para isso, são utilizados os protocolos **TLS** ou **SSL**.

Um detalhe muito importante é o de saber identificar se a navegação está sendo realizada por meio do protocolo HTTP ou pelo protocolo HTTPS. A forma mais confiável é observar a barra de endereços do navegador:

→ **Firefox 10.02**

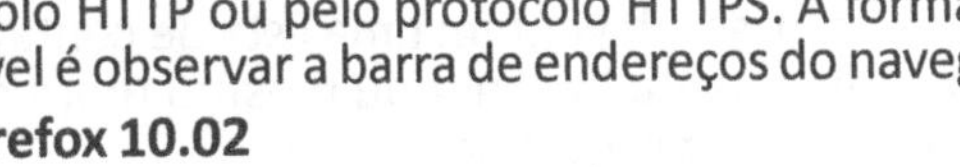

→ **IE 9**

→ **Google Chrome**

Logo no início da barra, observamos a indicação do protocolo HTTPS, que, sempre que estiver em uso, deverá aparecer. Porém, devemos tomar muito cuidado, pois, quando é utilizado o HTTP, alguns navegadores atuais têm omitido a informação no começo da barra de endereços.

Outra informação que nos ajuda a verificar se o acesso é por meio de uma conexão segura é o símbolo do cadeado fechado.

FTP

FTP (File Transport Protocol), o protocolo de transferência de arquivos utilizado quando um usuário realiza download ou upload de um arquivo na rede.

O protocolo FTP tem como diferencial o fato de operar sobre duas portas: uma para tráfego dos dados e outra para autenticação e controle.

Firewall

O Firewall pode ser Software, Hardware, ou ambos. Ele é o responsável por **monitorar as portas da rede/computador,** permitindo ou negando a passagem dos dados na rede, seja na entrada ou saída.

O Firewall é o monitor que fica na porta olhando para uma lista na qual contém as regras que um dado tem de cumprir para passar por ela. Essa lista são os protocolos, por exemplo, o Firewall monitorando a porta 80, relativa ao protocolo HTTP, o qual só trabalha com conteúdo multimídia. Então, se um arquivo .EXE tentar passar pela porta 80, ele deve ser barrado; essa é a função do Firewall.

Tipos de Redes

Podemos classificar as redes de acordo com sua finalidade; neste tópico expõe-se a diferença entre as redes: Internet vs Intranet vs Extranet.

Internet

É a rede das redes, também conhecida como rede mundial de computadores.

Muitas provas citam o sinônimo WWW (World Wide Web) para internet, ou por vezes apenas Web. Ela é definida como uma rede **Pública** a qual todos com computador e servidor de acesso podem acessar.

Intranet

É uma rede empresarial, também chamada de rede corporativa. Tem como principal característica ser uma rede **Privada**, portanto, possui controle de acesso, o qual é restrito somente a pessoas autorizadas.

Uma Intranet geralmente é constituída com o intuito de compartilhar recursos entre os funcionários de uma empresa, de maneira que pessoas externas não tenham acesso a eles. Os recursos compartilhados podem ser: impressoras, arquivos, sistemas, entre outros.

Extranet

É quando parte de uma Intranet é disponibilizada por meio da Internet.

Também dizemos que, quando duas empresas com suas distintas Intranets possuem um sistema comum que acessa apenas parte de cada uma das Intranets, é uma Extranet.

VPN

VPN é uma forma de criar uma Intranet entre localizações geograficamente distantes, com um custo mais baixo do que ligar cabos entre os pontos. Para isso, emprega-se o processo de criptografia nos dados antes de enviá-los por meio da Internet e, quando o dado chega na outra sede, passa pelo processo de descriptografia. Dessa maneira, quem está navegando na Internet não tem acesso às informações da empresa, que continuam restritas; esse processo também é chamado de tunelamento.

Padrões de Infraestrutura

São padrões que definem como deve ser organizada e quais critérios a seguidos para montar uma estrutura de rede de acordo com os padrões estabelecidos pelo IEEE (Instituto de Engenheiros Eletricistas e Eletrônicos).

O padrão Ethernet define as regras para uma infraestrutura cabeada, como tipos de cabos que devem ser utilizados, distância máxima, tipos e quantidade de dispositivos, entre outras. Já o padrão 802.11 define as regras para uma estrutura Wi-Fi, ou seja, para a rede sem fio.

Correio Eletrônico

O serviço de e-mail é outro ponto bastante cobrado nos concursos públicos. Em essência, o que se pede é se o concursando sabe sobre as diferentes formas de se trabalhar com ele.

O e-mail é uma forma de comunicação assíncrona, ou seja, no momento do envio apenas o emissor precisa estar conectado.

Formas de Acesso

Podemos ler e escrever e-mail utilizando duas formas diferentes. Na última década, o webmail ganhou mais espaço no mercado e se tornou majoritário no ramo de e-mails, mas muitas empresas utilizam ainda os clientes de e-mail:

Webmail

O webmail é uma interface de acesso para o e-mail via Browser (navegador de Internet), ou seja, uma forma de visualizar o e-mail via uma página web. Diante disso, é possível destacar que usamos os protocolos HTTP ou HTTPS para visualizar páginas da Internet, assim, ao acessar sites como Gmail.com, Hotmail.com, Yahoo.com.br e Outlook.com para usar o e-mail, fazemos uso dos protocolos HTTP ou HTTPS, sendo o segundo mais usado atualmente pelos grandes serviços de e-mail, pois confere ao usuário maior segurança no acesso.

Dizemos que o webmail é uma forma de ler e escrever e-mails, dificilmente é citado como forma de enviar e receber, uma vez que quem realmente envia é o servidor e não o computador do usuário.

Quando um e-mail é enviado, ele parte diretamente do servidor no qual o remetente possui conta para o servidor do serviço de e-mail do destinatário.

Cliente de e-mail

Um cliente de e-mail é um programa específico para enviar e receber mensagens de e-mail e que é, necessariamente, instalado no computador do usuário.

→ **Exemplos:**

> Outlook;
> Mozilla Thunderbird;
> Eudora;
> IncredMail;
> Outlook Express;
> Windows Live Mail.

Os programas clientes de e-mail usam protocolos específicos para envio e recebimento das mensagens de e-mail.

Protocolos utilizados pelos clientes de e-mail

Para o envio, um cliente de e-mail utiliza o protocolo SMTP (Simple Mail Transport Protocol – Protocolo de transporte de mensagens simples). Como todo protocolo, o SMTP também opera sobre uma porta específica, que pode ser citada como sendo a porta 25, correspondente ao padrão, mas atualmente ela foi bloqueada para uso dos usuários, vindo a ser substituída pela 587.

Com isso, em questões de Certo e Errado, apenas a 587 é a correta, quando abordado sobre o usuário, pois entre servidores a 25 ainda é utilizada. Já nas questões de múltipla escolha, vale o princípio da menos errada, ou seja, se não tiver a 587, a 25 responde a questão.

Mesmo que a mensagem de e-mail possua arquivos anexos à ela, envia-se por SMTP; assim o protocolo FTP não é utilizado.

Já para o recebimento, o usuário pode optar em utilizar o protocolo POP ou o protocolo IMAP, contudo, deve ser observada a diferença entre os dois, pois essa diferença é ponto para muitas questões.

O protocolo POP tem por característica baixar as mensagens de e-mail para o computador do usuário, mas por padrão, ao baixá-las, elas são apagadas do servidor. Portanto, as mensagens que um usuário está lendo estão, necessariamente, em seu computador.

Por outro lado, se o usuário desejar, ele pode configurar o protocolo de forma que sejam mantidas cópias das mensagens no servidor, no entanto, a que o usuário está lendo, efetivamente, está em seu computador. Sobre essa característica são citadas questões relacionando à configuração a uma espécie de backup das mensagens de e-mail.

Atualmente o protocolo POP encontra-se na versão 3; dessa forma ele pode aparecer nos textos de questão como POP3, não afetando a compreensão da mesma. Uma vez que o usuário necessita conectar na internet apenas para baixar as mensagens, é possível que ele desconecte-se da internet e mesmo assim leia seus e-mails. E, uma vez configurado o SMTP, também é possível redigir as respostas off-line, sendo necessário, no entanto, conectar-se novamente para que as mensagens possam ser enviadas.

Ao invés de utilizar o POP, o usuário pode optar em fazer uso do protocolo IMAP, que é para acesso a mensagens de e-mail, as quais, por sua vez, residem no servidor de e-mails. Portanto, se faz necessário estar conectado à internet para poder ler o e-mail por meio do protocolo IMAP.

Spam

Spam é uma prática que tem como finalidade divulgar propagandas por e-mail, ou mesmo utilizar-se de e-mails que chamem a atenção do usuário e o incentivem a encaminhar para inúmeros outros contatos, para que, com isso, levantem uma lista de contatos que pode ser vendida na Internet ou mesmo utilizada para encaminhar mais propagandas.

Geralmente um spammer utiliza-se de e-mail com temas como: filantropia, hoax (boatos), lendas urbanas, ou mesmo assuntos polêmicos.

Exercício Comentado

Julgue o próximo item, relativo aos modos de utilização de tecnologias, ferramentas, aplicativos e procedimentos associados à Internet.

01. (CESPE) O email, tal como o serviço de correio convencional, é uma forma de comunicação síncrona.

ERRADO. O serviço de e-mail, assim como os fóruns, é um serviço que funciona de maneira Assíncrona, ou seja, não há a necessidade de ambos os interlocutores estarem online simultaneamente.

URL (Uniform Resource Locator)

É um endereço que identifica um site, um serviço, ou mesmo um endereço de e-mail. Abaixo temos um exemplo de URL; observe que podemos dividi-la em várias partes.

http://www.site.com.br

↑ Protocolo ↑ Pasta ↑ Domínio

Domínio

É o nome registrado de um site para que possa ser acessado por meio da Internet. Assim como a URL, um Domínio também pode ser dividido em três partes, como ilustra a figura abaixo.

site.com.br

O .br indica que esse site está registrado no conjunto de domínios do Brasil, que é administrado e regulamentado pelo Registro.Br, componente do CGI (Comitê Gestor de Internet no Brasil).

O Registro.Br define várias normas em relação à criação de um domínio, como por exemplo o tamanho máximo de 26 caracteres, a limitação para apenas letras e números e recentemente a opção de criar domínios com letras acentuadas e o caractere **ç**.

Também compete ao Registro.Br a normatização da segunda parte do domínio, representado na figura pelo **.com**. Essa informação diz respeito ao ramo de atividade a que se destina o domínio, mas não nos garante qual a real finalidade do site. A última parte, por fim, é o próprio nome do site que se deseja registrar.

Protocolo IP

Cada equipamento na rede ganha o nome genérico de Host, o qual deve possuir um endereço para que seja localizado na rede. Esse é o endereço IP.

O protocolo IP é o responsável por trabalhar com essa informação, para tanto, um endereço IP possui versões: IPv4 e IPv6.

Um IP também é um endereço, portanto, pode ser inserido diretamente na barra de endereços de um navegador.

O IPv4 é composto por até 4 grupos de 3 dígitos que atingem valor máximo de 255 cada grupo, suportando, no máximo, cerca de 4 mil milhões de endereços.

→ **Exemplo:**

> 200.201.88.30 endereço IP da Unioeste[1].

O IPv6 é uma proposta que está gradativamente substituindo o IPv4, justamente pela pouca quantidade de endereço que ele oferece. O IPv6 é organizado em 8 grupos de 4 dígitos hexadecimais, suportando cerca de 3,4x1038 endereços IP.

→ **Exemplo:**

> 0123:4567:89AB:CDEF:1011:1314:5B6C:88CC[2]

DNS (Domain Name System)

O Sistema de Nomes de Domínios é o responsável por traduzir (resolver por meio de consultas aos servidores Raiz da Internet) um Domínio para o endereço IP do servidor que hospeda (armazena) o site desejado. Esse processo ocorre em questão de segundos e obedece uma estrutura hierárquica.

1 Universidade Estadual do Oeste do Paraná

2 IP fictício.

Navegadores

Navegadores são programas que permitem acesso às páginas da Internet, são muitas vezes citados em provas pelo termo em inglês Browser.

→ **Exemplos de navegadores:**

> Internet Explorer
> Mozilla Firefox
> Opera
> Google Chrome
> Safari

Também são cobrados os conceitos dos tipos de dados de navegação que estão relacionados aos navegadores.

Cache

É um armazenamento temporário. No caso dos navegadores, trata-se de uma pasta onde são armazenados os conteúdos multimídias como imagens, vídeos, áudio e inclusive textos, para que, no segundo momento em que o mesmo conteúdo seja acessado, ele possa ser mostrado ao usuário mais rapidamente.

Cookies

São pequenas informações que alguns sites armazenam no computador do usuário. Exemplos de informações armazenadas nos Cookies: Senhas, obviamente que são armazenadas criptografadas; também são muito utilizados em sites de compras, para armazenar o carrinho de compras.

Dados de Formulários

Quando preenchemos um formulário, os navegadores oferecem opção para armazenar os dados digitados em cada campo, assim, quando necessário preencher o mesmo formulário ou ainda outro formulário com campos de mesmo nome, o navegador sugere os dados já usados a fim de autocompletar o preenchimento do campo.

Conceitos Relacionados à Internet

Nesta seção são apresentados alguns conceitos, tecnologias e ferramentas relacionadas à Internet que são cobrados nas provas dos concursos.

Motores de Busca

Os motores de busca são normalmente conhecidos por buscadores e têm como representante mor o Google. Dentre os principais estão:

> Google;
> Yahoo;
> Cadê? - O primeiro buscador nacional (comprado pelo Yahoo), pode ser chamado de Yahoo! Cadê?;
> Aonde;
> Altavista;
> MSN transformado em Bing.

Fique Ligado

É importante observar que, nos navegadores atuais, os motores de busca são integrados, com isso podemos definir qual se deseja utilizar, por exemplo: o Google Chrome e o Mozilla Firefox utilizam como motor de busca padrão o Google, já o Internet Explorer utiliza o Bing. Essa informação é relevante, pois é possível nesses navegadores digitar os termos buscados diretamente na barra de endereços, ao invés de acessar previamente o site do motor de busca.

Busca Avançada

Os motores de busca oferecem alguns recursos para otimizar a busca, como operadores lógicos, também conhecidos como operadores booleanos[3]. Dentre eles podemos destacar a negação (-): ao realizar uma busca na qual se deseja encontrar resultados que sejam relacionados a determinado assunto, porém os termos usados são comuns a outro, podemos utilizar o sinal de menos precedendo o termo do assunto irrelevante, como o exemplo de uma questão que já caiu em prova: realizar a busca por leite e cão, contudo, se for inserido apenas estes termos na busca, muitos resultados serão relacionados a gatos e leite. Para que as páginas que contenham a palavra gato não sejam exibidas na lista de páginas encontradas, basta digitar o sinal de menos (-) antes da palavra gato (sem espaço entre o sinal e a palavra), assim a pesquisa a ser inserida no buscador fica **Cão Leite -Gato**.

Também é possível realizar a busca por uma frase exata, assim, somente serão listados os sites que contenham exatamente a mesma expressão. Para isso, basta digitar a frase desejada entre aspas duplas.

Busca por/em Domínio Específico: para buscar sites que possuam determinado termo em seu nome de domínio, basta inserir o texto: site: seguido da palavra desejada, lembrando que não deve haver espaço entre site: e o termo desejado. De forma similar, também pode-se utilizar: **inurl: termo** para buscar sites que possuam o termo na URL.

Quando o domínio já é conhecido, é possível realizar a busca por determinado termo apenas nas páginas do domínio. Para tanto, deve-se digitar **site: Dominiodosite termo.**

Calculadora: é possível, ainda, utilizar o Google como uma calculadora, bastando digitar a expressão algébrica que se deseja resolver como 2+2 e, como resultado da "pesquisa", é apresentado o resultado da operação.

Operador: quando não se sabe exatamente qual é a palavra para completar uma expressão, pode-se completar a lacuna com um asterisco, assim o motor de busca irá entender que naquele espaço pode ser qualquer palavra.

Busca por tipo de arquivo: podemos refinar as buscas a resultados que consistam apenas em determinado formato de arquivo. Para tanto, podemos utilizar o operador filetype: assim, para buscar determinado tema, mas que seja em PDF, por exemplo, pode-se digitar **filetype: pdf tema.**

Tipos de Busca

Os principais motores de busca permitem realizar as buscas de forma orientada a conteúdos gerais da web, como refinar a busca para exibir apenas imagens, vídeos ou mapas relacionados aos termos digitados.

Chat

Um chat é normalmente citado como um bate-papo em tempo real; é a forma de comunicação em que ambos os interlocutores estão conectados (online) simultaneamente. Muitos chats operam com salas de bate papo. Um chat pode ser em um site específico como o chat do Uol. Conversas pelo MSN ou Facebook podem ser consideradas como Chat, desde que ambos interlocutores estejam conectados.

3 Em referência à lógica de Boole, ou seja, a lógica que você estuda para o concurso.

Fórum

Também conhecidos como Listas de Discussão, os fóruns funcionam como debates sobre determinados assuntos. Em um fórum não é necessário que os envolvidos estejam conectados para receberem os comentários, pois estes ficam disponíveis para acesso futuro pelo usuário ou mesmo por pessoas que não estejam cadastradas no fórum, contudo, existem muitos fóruns fechados, nos quais só se entra por convite ou mediante aquisição. A maioria deles vincula o e-mail dos envolvidos a uma discussão, alertando-os assim, caso um novo comentário seja acrescentado.

Moodle

O Moodle é uma ferramenta fortemente utilizada pelo setor público, e também privado, para dar suporte ao Ensino à Distância (EAD).

Exercícios Comentados

Acerca das tecnologias e ferramentas utilizadas em ambientes de intranet e Internet, julgue.

01. (CESPE) O protocolo HTTP permite o acesso a páginas em uma intranet com o uso de um navegador.

CERTO. ***Os protocolos são regras de comunicação usadas tanto na Internet como em Intranets. O protocolo HTTP é o responsável pelo tráfego do conteúdo multimídia, logo, a questão está correta.***

02. (FCC) Em relação à Internet, é INCORRETO afirmar:

a) Download é o processo de transferência de arquivos de um computador remoto para o computador do usuário.

b) URL é a página de abertura de um site, pela qual se chega às demais.

c) Html é a linguagem padrão de criação das páginas da Web.

d) Chat é um fórum eletrônico no qual os internautas conversam em tempo real.

e) Upload é o processo de transferência de arquivos do computador do usuário para um computador remoto.

RESPOSTA. ***"B". As operações de Download e Upload estão relacionadas à transferência de arquivos, normalmente utilizando, para isso, o protocolo FTP. HTML ou HTM são as linguagens de marcação de hipertexto, ou seja, formatos de arquivos padrões para páginas web. Chat é o serviço de bate-papo em tempo real. Uma URL é um endereço que pode ser um domínio, ou mesmo um IP dentre os demais conceitos vistos, assim, a alternativa incorreta é a B, pois aponta uma URL como sendo a página principal de um site, no entanto, uma URL é o caminho completo de algum arquivo ou serviço.***

Vamos Praticar

01. (CESPE) Existem diversos dispositivos que protegem tanto o acesso a um computador quanto a toda uma rede. Caso um usuário pretenda impedir que o tráfego com origem na Internet faça conexão com seu computador pessoal, a tecnologia adequada a ser utilizada nessa situação será o

a) multicast.

b) instant message.

c) miniDim.

d) firewall.
e) IPv6.

02. (FCC) Uma barreira protetora que monitora e restringe as informações passadas entre o seu computador e uma rede ou a Internet, e fornece uma defesa por software contra pessoas que podem tentar acessar seu computador de fora sem a sua permissão é chamada de

a) ActiveX.
b) roteador.
c) chaves públicas.
d) criptografia.
e) firewall.

03. (CESGRANRIO) O objetivo do firewall é:

a) possibilitar a conexão com a Internet.
b) configurar uma rede privada.
c) visualizar diversos tipos de arquivos.
d) permitir a edição de imagens.
e) realizar a segurança de redes privadas.

04. (CESPE) Um firewall pessoal instalado no computador do usuário impede que sua máquina seja infectada por qualquer tipo de vírus de computador.

Certo ( ) Errado ( )

05. (UNIRIO) Firewall é o nome dado ao dispositivo de uma rede de computadores que tem por objetivo:

a) atender requisições de outros computadores, obtendo recursos de servidores.
b) detectar programas maliciosos (malware) e oferecer alternativas de eliminação dos problemas causados por eles.
c) receber e distribuir as requisições provindas de fora da rede, encaminhando-as para os servidores da rede.
d) controlar e autorizar o tráfego de informações, estabelecendo filtros por meio de políticas de segurança.
e) gerenciar os recursos da rede, catalogando-os e disponibilizando-os para os usuários internos e externos autorizados.

Considerando o acesso a uma intranet por meio de uma estação Windows 7 para navegação e uso de correio eletrônico do tipo webmail, julgue os itens que seguem.

06. (CESPE) Na utilização de uma interface webmail para envio e recebimento de correio eletrônico, é boa prática de segurança por parte do usuário verificar o certificado digital para conexão https do webmail em questão.

Certo ( ) Errado ( )

07. (CESPE) Por meio do software Microsoft Outlook pode-se acessar o serviço de correio eletrônico, mediante o uso de certificado digital, para abrir a caixa postal do usuário de um servidor remoto.

Certo ( ) Errado ( )

08. (FCC) É oferecida a um usuário de correio eletrônico a opção de acessar as suas mensagens por meio de um servidor POP3 ou um servidor IMAP. Ele deve configurar o seu programa leitor de correio para usar o servidor:

a) POP3, se precisar buscar mensagens de acordo com um critério de busca.
b) IMAP, caso esse programa suporte apenas o post office protocol.
c) POP3, se quiser acessar suas mensagens em vários servidores sem risco de perder ou duplicar mensagens.
d) POP3, se precisar criar e manter pastas de mensagens no servidor.
e) IMAP, se precisar criar e manter pastas de mensagens no servidor.

09. (FMP-RS) Num programa de Correio eletrônico, como MS-Outlook e similares, pode-se escolher mandar mensagens para um ou mais destinatários. Para tanto, usam-se os campos conhecidos como To(Para), Cc e Bcc. Com relação ao funcionamento do destino da mensagem, assinale a opção correta.

a) Destinatários do campo Cc veem todos os demais destinatários desse campo, mas não veem os do campo To.
b) Destinatários do campo Cc veem todos os demais destinatários desse campo, mas não veem os do campo Bcc.
c) Destinatários do campo To veem todos os demais destinatários desse campo e também os do campo Bcc.
d) Destinatários do campo Bcc veem todos os demais destinatários desse campo, mas não veem os do campo To.
e) Destinatários do campo To veem todos os demais destinatários desse campo, mas não veem os do campo Cc.

A respeito de navegadores de Internet e aplicativos de correio eletrônico, julgue o próximo item.

10. (CESPE) O programa Thunderbird não permite o envio de arquivos anexados às mensagens de e-mail.

Certo ( ) Errado ( )

11. (CESPE) Com relação a conceitos, tecnologias e serviços associados à Internet, assinale a opção correta.

a) O Mozilla Firefox é um navegador web que permite o acesso a conteúdo disponibilizado em páginas e sítios da Internet.
b) O Microsoft Office Access é um tipo de firewall que impede que redes de computadores que façam parte da Internet sejam invadidas.
c) Serviços de webmail consistem no uso compartilhado de software de grupo de discussão instalado em computador pertencente a uma rede local (LAN) para uso exclusivo, e em segurança, dos computadores pertencentes a essa LAN.
d) Na conexão denominada banda larga, para que usuários residenciais tenham acesso a recursos da Internet, exige-se o uso de cabos ópticos entre as residências dos usuários e seus provedores de Internet.
e) O protocolo TCP/IP é utilizado na Internet para operações de transferência de arquivos quando se deseja garantir segurança sem o uso de software antivírus.

12. (FCC) Em relação à Internet e correio eletrônico, é correto afirmar:

a) No Internet Explorer 7 é possível navegar entre sites, por meio de separadores conhecidos por abas, não necessitando, portanto, a abertura de várias janelas.
b) Redes wireless, embora permitam conexão à Internet, não são configuráveis no ambiente de Intranet.

c) Correios eletrônicos possuem recursos nativos que impedem a propagação de vírus enviados por e-mail.

d) Em Intranet não é permitido operações de download, dadas as facilidades oferecidas pela rede local.

e) Uma das vantagens do webmail é que as mensagens, ao chegarem, são imediatamente baixadas para o computador do usuário.

13. (FCC) A disponibilização de arquivos para a Intranet ou Internet é possível por meio de servidores especiais que implementam protocolos desenvolvidos para essa finalidade. Tais servidores possibilitam tanto o download (recebimento) quanto o upload (envio) de arquivos, que podem ser efetuados de forma anônima ou controlados por senha, que determinam, por exemplo, quais os diretórios o usuário pode acessar. Esses servidores, nomeados de forma homônima ao protocolo utilizado, são chamados de servidores

a) DNS
b) TCP/IP
c) FTP
d) Web Service
e) Proxy

14. (FCC) Para a devida conexão à internet ou intranet, é necessário que o computador possua certos pré-requisitos que possibilitem tal acesso. São requisitos possivelmente necessários para que o computador se conecte à internet, EXCETO:

a) modem
b) firewall
c) provedor
d) placa de rede
e) protocolo TCP/IP

Julgue os itens subsequentes, a respeito de segurança para acesso à Internet e a intranets.

15. (CESPE) No acesso a uma página na Internet com o protocolo HTTP, esse protocolo protege o endereço IP de origem e de destino na comunicação, garantindo ao usuário privacidade no acesso.

Certo ( ) Errado ( )

16. (CESPE) Quando se usa o protocolo HTTPS para acessar página em uma intranet, o certificado apresentado é, normalmente, do tipo autoassinado com prazo de expiração ilimitado.

Certo ( ) Errado ( )

17. (CESGRANRIO) O envio e o recebimento de um arquivo de textos ou de imagens na internet, entre um servidor e um cliente, constituem, em relação ao cliente, respectivamente, um:

a) download e um upload.
b) downgrade e um upgrade.
c) downfile e um upfile.
d) upgrade e um downgrade.
e) upload e um download.

Julgue os itens seguintes, relativos a sistemas operacionais, redes sociais e organização de arquivos.

18. (CESPE) Twitter, Orkut, Google+ e Facebook são exemplos de redes sociais que utilizam o recurso scraps para propiciar o compartilhamento de arquivos entre seus usuários.

Certo ( ) Errado ( )

19. (FCC) A conexão entre computadores por meio de internet ou intranet é feita pela utilização de endereços conhecidos como endereços IP. Para que os usuários não precisem utilizar números e sim nomes, como por exemplo www.seuendereco.com.br, servidores especiais são estrategicamente distribuídos e convertem os nomes nos respectivos endereços IP cadastrados. Tais servidores são chamados de servidores

a) FTP.
b) DDOS.
c) TCP/IP.
d) HTTP.
e) DNS.

20. (FCC) Em relação à tecnologia e aplicativos associados à internet, é correto afirmar.

a) Navegação por abas, find as you type (mecanismo de busca interna na página) e motor de busca são recursos existentes tanto no Mozilla Firefox, quanto no Internet Explorer 8.

b) A opção de bloqueio a pop-ups, um recurso presente no Mozilla Firefox, inexiste no Internet Explorer 8.

c) No ambiente Web, o uso de teclado virtual em aplicativos tem como objetivo facilitar a inserção dos dados das senhas apenas com o uso do mouse.

d) Em ambiente Wi-Fi, os elementos de rede que fazem a comunicação entre os computadores dos usuários utilizam fibras óticas conectadas a um hub.

e) No Thunderbird 2, o acionamento do botão Encaminhar exibirá uma janela de opções, entre as quais a Lixeira de mensagens.

Gabarito

01	D	11	A
02	E	12	A
03	E	13	C
04	ERRADO	14	B
05	D	15	ERRADO
06	CERTO	16	ERRADO
07	CERTO	17	E
08	E	18	ERRADO
09	B	19	E
10	ERRADO	20	A

Anotações

CAPÍTULO 04

Segurança da Informação

A segurança da informação é um ponto crucial para o concurso público para muitas bancas examinadoras e também de interesse da instituição que irá receber os aprovados. Afinal, você, ao ser aprovado, estará compondo o quadro de uma instituição pública que possui uma Intranet e sistemas sobre os quais há necessidade de se manter uma boa política de segurança.

Segundo o CGI[1], para um sistema ser classificado como seguro, ele deve atentar a três requisitos básicos: confidencialidade, integridade e disponibilidade. Esses conceitos são abordados neste material no tópico de princípios básicos da segurança da informação.

Faz-se necessário que sejam atendidos alguns requisitos mínimos para uma segurança do microcomputador, que dependem tanto de recursos tecnológicos como de bom senso e discernimento por parte dos usuários.

Para manter um computador com o mínimo de segurança deve-se:

> Manter o **Sistema Operacional sempre atualizado**, pois a maioria dos malwares exploram as vulnerabilidades do SO.

> Possuir um sistema **Antivírus** e manter tanto o aplicativo quanto as assinaturas[2] de vírus atualizadas.

> Manter o Firewall sempre ativo.

> Para se proteger contra os spywares também é indicada a instalação de um antispyware. Atualmente a maioria dos antivírus já possuem esse recurso integrado a eles.

Princípios Básicos da Segurança da Informação

Os Princípios Básicos de Segurança em TI[3] incluem os processos que devem ser garantidos para manter um sistema de informações seguro. Podemos destacar quatro conceitos como principais:

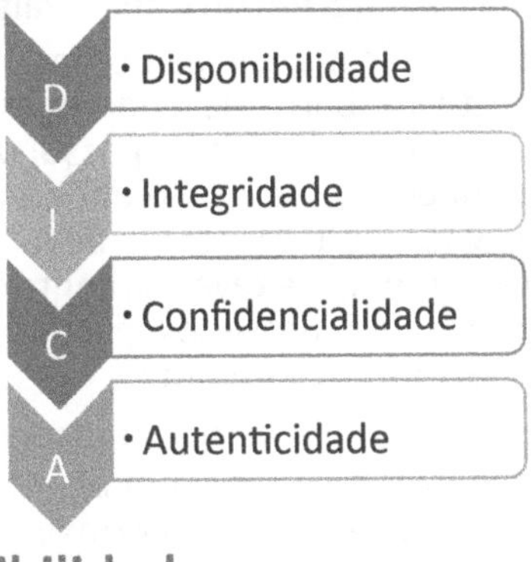

Disponibilidade

O princípio da disponibilidade deve garantir que os serviços ou recursos que forem necessários para uma tarefa, principalmente relacionados ao próprio processo de segurança, estejam sempre disponíveis.

Podemos estreitar esse princípio sobre a garantia de que as chaves públicas do processo de Certificação Digital (estes conceitos são abordados na seção sobre Certificados Digitais) estejam sempre disponíveis para quem precisar delas.

Também é aplicado, por exemplo, na situação de entrega da declaração de imposto de renda, em que o serviço deve suportar a alta demanda que possa surgir sem afetar o usuário.

Integridade

A Integridade garante a **não alteração** de uma informação/dado tanto no armazenamento quanto durante a troca dessas informações por algum meio. Por meio da integridade, verificamos se, durante o tráfego de uma informação, ela não foi alterada por alguém ou mesmo por falhas do processo de transmissão. No armazenamento ela garante que o dado não foi corrompido.

O processo que protege a integridade consiste na geração de um código de cerca de 20 caracteres, o **código HASH,** também conhecido como **resumo** de um dado; um exemplo é o MD5. O processo é realizado em uma via única, em que, a partir de um dado, gera-se o resumo dele. Porém, a partir do resumo, não é possível gerar o dado novamente. Para verificar se houve alteração em um arquivo, deve-se comparar dois códigos HASH, um gerado por quem disponibiliza o dado e outro por quem o recebe. Se uma vírgula for diferente, os códigos gerados ficam completamente diferentes, é possível que dois dados diferentes gerem o mesmo HASH, mas é uma possibilidade ínfima.

Confidencialidade

O princípio da confidencialidade é a garantia de que há sigilo sobre uma informação, de forma que o processo deve garantir que um dado não seja acessado por pessoas diferentes daquelas às quais ele se destina.

Para garantir a confidencialidade, utilizamos algum processo de criptografia de informações.

Autenticidade

A autenticidade garante o autor de uma informação, ou seja, por meio dela podemos confirmar se uma mensagem é de autoria de quem diz.

Assim como a confidencialidade, a autenticidade é garantida por meio de criptografia.

Criptografia

A criptografia é a arte ou ciência de escrever em códigos, quer dizer, transformar um texto em algo ilegível de forma que este possa ser armazenado ou enviado por um canal de comunicação; sendo assim, se alguém interceptá-lo, não conseguirá entender o que está escrito e o destinatário, ao receber a informação, deve fazer o processo inverso: decifrar o dado, para que consiga lê-lo.

Temos dois principais métodos de criptografia: a de chave simétrica e a de chaves assimétricas.

Criptografia de Chave Simétrica

Uma chave de criptografia é uma informação a partir da qual seja possível transcrever uma mensagem criptografada.

A de chave simétrica é também conhecida como criptografia de chave única, em que a mesma chave é usada tanto para codificar uma mensagem quanto para decifrá-la. Um bom exemplo desse modelo é a criptografia maçônica.

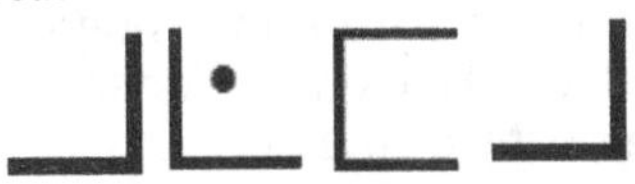

1 Comitê Gestor de Internet no Brasil.

2 Assinatura de vírus: é uma sequência de caracteres que identifica a presença do vírus em um arquivo.

3 TI: Tecnologia da Informação.

A informação acima está criptografada. Para decifrar o que ela diz, precisamos da chave de criptografia que, na simétrica, é a mesma usada para gerar a mensagem. A seguir temos a chave que abre a mensagem.

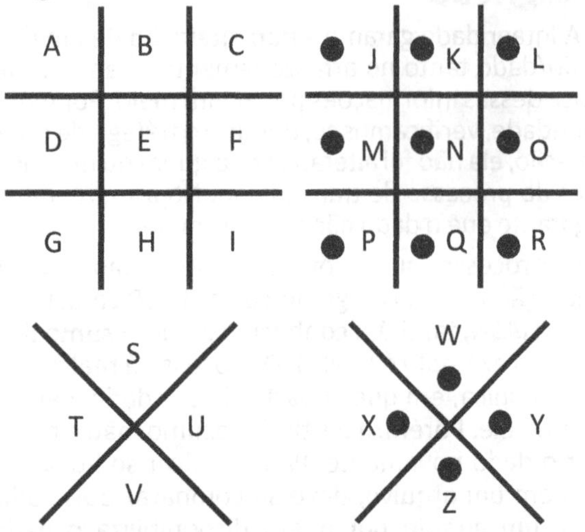

Ao substituirmos os símbolos pelas letras correspondentes, obtemos a palavra ALFA.

Criptografia de Chaves Assimétricas

Na criptografia de chaves assimétricas, ao invés de uma chave como na simétrica, são usadas duas chaves que são diferentes entre si. Elas são chamadas de **Chave Pública** e a outra de **Chave Privada,** por conta da característica de cada uma.

A Chave Pública é uma informação (código) que fica disponível em um servidor de Chaves Públicas na Internet, para quem precisar dela; enquanto que a Chave Privada é um código que somente o dono deve conhecer.

O par de Chaves é único e correspondente, ou seja, uma mensagem/dado cifrada pela chave pública de um usuário só pode ser aberta pela chave privada do mesmo usuário. E o inverso também, uma mensagem cifrada com a chave privada de um usuário só pode ser descriptografada pela chave pública dele próprio.

Certificado Digital

Um certificado digital é um documento eletrônico assinado digitalmente e cumpre o papel de associar um usuário a uma chave pública, pode ser comparado ao CPF ou CNPJ para empresas.

Ele também apresenta junto com a chave pública algumas informações essenciais como:

> Nome do dono da chave pública;
> Prazo de validade do certificado, que varia de 1 a 3 anos dependendo da classe contratada;
> Um número de série, critério de correspondência para identificar o usuário;
> E, juntamente, o certificado possui a assinatura da entidade de certificação, para comprovar sua validade.

Para adquirir um certificado digital, o usuário ou entidade deve procurar uma Autoridade Certificadora (AC) ou uma Autoridade de Registro (AR). Aquela é a responsável por criar o par de Chaves de um usuário, enquanto que esta é um intermediário entre o usuário e uma AC. Cabe a AR a responsabilidade de verificar os dados do usuário e encaminhar o pedido do certificado para a AC, entretanto, o usuário também pode se dirigir direto à AC. A Caixa Econômica Federal é a única instituição financeira que é uma AC.

Assinatura Digital

Uma assinatura digital é um procedimento similar a uma assinatura de um documento impresso. Quando assinamos um contrato, normalmente ele possui mais de uma página, rubricamos[4] todas elas exceto a última, pois nela assina-se com a assinatura completa. Mas qual o intuito da rubrica em todas as páginas? Ter rubricado não prova que você leu o documento, mas serve para que aquela folha não possa ser substituída, ou seja, alterada. E ainda você recorre a um cartório para reconhecer e certificar a sua assinatura na última página.

Esse procedimento realizado no papel, juntamente com as garantias, foi adaptado para o mundo digital, afinal, papel ocupa espaço.

Quando falamos sobre a rubrica garantir a não alteração de um documento, citamos o princípio da Integridade. Portando, uma assinatura digital deve garantir também esse princípio, enquanto que a certificação de quem assinou é o princípio da Autenticidade, que também deve ser garantido pela assinatura digital.

Assim temos que a assinatura digital garante os princípios da Autenticidade e da Integridade.

Fique Ligado

Na Assinatura Digital somente o resumo é criptografado; a mensagem enviada é a original, que não é cifrada.

Ataques

Nem todos os ataques são realizados por malwares, atualmente existem duas práticas muito comuns utilizadas pelos criminosos cibernéticos para obter dados do usuário e realizar invasões.

Phishing

Phishing é uma expressão derivada do termo "pescar" em inglês, pois o que esse tipo de ataque faz é induzir o usuário a informar seus dados pessoais por meio de páginas da Internet ou e-mails falsos.

Podemos identificar a página do tipo Phishing pelo endereço do site na barra de endereços do navegador, porque a página de phishing possui um endereço parecido, mas diferente do que o endereço desejado. Por exemplo, você certamente já deve ter visto ou ouvido falar de alguém que teve sua conta do facebook[5] hackeada[6]; esse ataque procede a partir de um recado que o usuário recebe em sua conta.

Imagine o seguinte cenário: um usuário está navegando no site www.facebook.com.br, conectado em sua conta e clica no recado que normalmente traz um anúncio chamativo como "veja as fotos/vídeos do fim de semana passado", "cara, olha o que vc aprontou no fds", entre outros tantos. Quando clicado, uma nova aba ou janela é carregada no navegador, apenas como uma distração para o usuário, pois, enquanto ele fica vendo a nova aba carregar, a anterior muda, ligeiramente, para um endereço do gênero www.facebooks.com.br ou www.facebooki.com.br e mostra uma página idêntica à página de login de usuário do Facebook. Sem perceber,

4 Rubrica: assinatura abreviada.

5 facebook: Mídia Social, definida erroneamente como rede social, assim como as demais.

6 Hackear: termo utilizado como sinônimo para invasão ou roubo.

pensa que, ao clicar no recado, acabou saindo de sua conta e redigita seu usuário e senha novamente e é redirecionado novamente para sua conta, porém, o usuário em nenhum momento havia saído. A página de login que lhe foi mostrada era uma página falsa que capturou o seu usuário e senha; cerca de dois dias depois o perfil dele começa a enviar propagandas para os amigos e o mesmo recado e logo mais, em uma ou duas semanas, o usuário já não consegue mais entrar em sua conta.

Pharming

O Pharming é uma evolução do Phishing, uma forma de deixar este mais difícil de ser identificado. O Pharming, na maioria das questões, é cobrado com relação ao seus sinônimos: DNS Poisoning, Cache Poisoning, sequestro de DNS, sequestro de Cache, Envenenamento de DNS e Envenenamento de Cache.

Negação de Serviço (DoS e DDoS)

Um ataque de negação de serviço se dá quando um servidor ou serviço recebe mais solicitações do que é capaz de suprir.

DoS (Denial of Service) é um ataque individual, geralmente com o intuito de tornar um serviço inoperante para o usuário.

DDoS (Distributed Denial of Service) é um ataque realizado em massa; utiliza-se de vários computadores contaminados com um malware que dispara solicitações de acesso a determinados serviços ou sites, derrubando o serviço. Muitas vezes, enquanto o servidor tenta suprir a demanda, ele se torna vulnerável a inserções de códigos maliciosos. Um grupo intitulado Anonymous realizou vários ataques de DDoS em sites de governos em protesto às suas ações como, por exemplo, em retaliação à censura do portal WikiLeaks e também do WikiLeaks[7] e The Pirate Bay[8].

Exercício Comentado

01. ***(FCC)Uma assinatura digital é um recurso de segurança cujo objetivo é:***

a) ***identificar um usuário apenas por meio de uma senha.***

b) ***identificar um usuário por meio de uma senha, associada a um token.***

c) ***garantir a autenticidade de um documento.***

d) ***criptografar um documento assinado eletronicamente.***

e) ***ser a versão eletrônica de uma cédula de identidade.***

RESPOSTA. ***"C". Por princípio, a assinatura digital é utilizada para garantir a Autenticidade e a Integridade de um documento, vale lembrar que durante o processo de assinatura apenas o resumo é cifrado, ou seja, o documento em si não é cifrado. A alternativa E, que talvez o tenha levado à confusão, pode ser assimilada ao Certificado Digital em si. Embora a assinatura use o certificado, seu objetivo é verificar tal identidade.***

7 WikiLeaks: portal com postagens de fontes anônimas com documentos, fotos e informações confidenciais, vazadas de governos ou empresas, sobre assuntos sensíveis.

8 The Pirate Bay: um dos maiores portais de compartilhamento Peer to peer.

Vamos Praticar

01. (FCC) O Mozilla Thunderbird 2 indica quando uma mensagem pode ser uma possível tentativa de golpe que tenta enganar o usuário para induzi-lo a fornecer dados pessoais por meio do recurso de segurança denominado proteção:

a) anti-cookies.

b) anti-spam inteligente.

c) anti-phishing.

d) de imagens remotas.

e) de privacidade.

02. (CESGRANRIO) Firewall é um software ou hardware que verifica informações vindas da Internet ou de uma outra rede. Dentre os ataques que NÃO são neutralizados por um firewall, inclui-se o ataque de:

a) golpe de phishing.

b) ping of death.

c) rootkits.

d) hackers.

e) worms.

Julgue os itens subsequentes, acerca de segurança da informação.

03. (CESPE) As senhas, para serem seguras ou fortes, devem ser compostas de, pelo menos, oito caracteres e conter letras maiúsculas, minúsculas, números e sinais de pontuação. Além disso, recomenda-se não utilizar como senha nomes, sobrenomes, números de documentos, placas de carros, números de telefones e datas especiais.

Certo ( ) Errado ( )

Evitar a abertura de mensagens eletrônicas não solicitadas, provenientes de instituições bancárias ou empresas, que possam induzir o acesso a páginas fraudulentas na Internet, com vistas a roubar senhas e outras informações pessoais valiosas registradas no computador.

04. (FCC) A recomendação acima é para evitar um tipo de fraude conhecida por:

a) chat.

b) cracker.

c) spam.

d) hacker.

e) phishing scan.

Ao enviar informações sigilosas via mensagem eletrônica, deve-se utilizar um sistema que faça a codificação (chave, cifra), de modo que somente as máquinas que conhecem o código consigam decifrá-lo.

05. (FCC) O cuidado solicitado aplica o conceito de:

a) criptografia.

b) assinatura digital.

c) digitalização.

d) desfragmentação.

e) modulação/demodulação.

06. (CESGRANRIO) Qual dos itens abaixo NÃO representa um mecanismo de segurança?

a) Assinatura digital.

b) Software anti-spyware.

c) Sistema biométrico.

d) Firewall.

e) Worm.

07. (FUNCAB) Para criar uma senha forte no seu aplicativo de correio eletrônico, algumas recomendações devem ser adotadas na composição da senha, EXCETO:

a) utilizar pelo menos oito caracteres.

b) não usar seu nome de usuário, nome verdadeiro ou o nome da sua empresa.

c) não usar palavras completas.

d) usar uma senha muito diferente das senhas anteriores e não usar a mesma senha para todas as suas contas.

e) evitar combinação de letras maiúsculas e minúsculas, números e símbolos como, por exemplo, !, #, *.

08. (FCC) Para evitar invasão aos sistemas de uma empresa, é recomendado que se use em cada máquina uma senha para o login, a qual para maior segurança, deve conter:

a) palavras estrangeiras e, de preferência, as que pertençam a algum dicionário.

b) variações do nome do usuário, como, por exemplo, a escrita do nome em ordem inversa.

c) sequência apenas de números ou formada apenas por letras repetidas.

d) letras, números e variações de letras maiúsculas e minúsculas.

e) palavras e números de fácil memorização, como placas de automóveis e datas de nascimento de familiares.

09. (CESGRANRIO) Entre os grandes problemas da atualidade relacionados à confidencialidade das informações, um refere-se à prevenção da invasão dos computadores por pessoas mal-intencionadas. A principal forma de evitar danos causados por softwares espiões dos quais essas pessoas se utilizam para alcançarem seus objetivos é:

a) utilizar apenas webmail para leitura das correspondências eletrônicas.

b) efetuar rotinas de backup semanais no disco rígido do computador.

c) compartilhar os principais documentos com pessoas idôneas.

d) possuir software antivírus e mantê-lo sempre atualizado.

e) navegar na internet sempre sob um pseudônimo.

10. (TJ-SC) Assinale a alternativa que contém somente recursos de segurança que são verificados pela Central de Segurança do Windows XP:

a) E-mail, internet e processadores de texto.

b) Planilhas eletrônicas, firewall e bloqueador de pop-ups.

c) Antivírus, internet e Google.

d) Firewall, antivírus e atualizações automáticas.

e) Phishing scan, cookies e backup.

11. (CESPE) A assinatura digital consiste na criação de um código, de modo que a pessoa ou entidade que receber uma mensagem contendo esse código possa verificar se o remetente é mesmo quem diz ser e identificar qualquer mensagem que possa ter sido modificada.

Certo ( ) Errado ( )

12. (FCC) Mensagem não solicitada e mascarada sob comunicação de alguma instituição conhecida e que pode induzir o internauta ao acesso a páginas fraudulentas, projetadas para o furto de dados pessoais ou financeiros do usuário. Trata-se especificamente de:

a) keylogger.

b) scanning.

c) botnet.

d) phishing.

e) rootkit.

13. (CESPE) A confidencialidade, a integridade e a disponibilidade da informação, conceitos básicos de segurança da informação, orientam a elaboração de políticas de segurança, determinando regras e tecnologias utilizadas para a salvaguarda da informação armazenada e acessada em ambientes de tecnologia da informação.

Certo ( ) Errado ( )

Julgue o item abaixo, a respeito de mecanismos de segurança da informação, considerando que uma mensagem tenha sido criptografada com a chave pública de determinado destino e enviada por meio de um canal de comunicação.

14. (CESPE) A mensagem criptografada com a chave pública do destinatário garante que somente quem gerou a informação criptografada e o destinatário sejam capazes de abri-la.

Certo ( ) Errado ( )

15. (CESPE) O conceito de confidencialidade refere-se a disponibilizar informações em ambientes digitais apenas a pessoas para as quais elas foram destinadas, garantindo-se, assim, o sigilo da comunicação ou a exclusividade de sua divulgação apenas aos usuários autorizados.

Certo ( ) Errado ( )

16. (CESPE) A confidencialidade, um dos princípios básicos da segurança da informação em ambiente eletrônico, está relacionada à necessidade de não alteração do conteúdo de uma mensagem ou arquivo, o qual deve ser garantido por meio de uma política de cópia de segurança e redundância de dados.

Certo ( ) Errado ( )

17. (CESPE) De acordo com o princípio da disponibilidade, a informação só pode estar disponível para os usuários aos quais ela é destinada, ou seja, não pode haver acesso ou alteração dos dados por parte de outros usuários que não sejam os destinatários da informação.

Certo ( ) Errado ( )

18. (CESPE) Por princípio, considera-se que qualquer documento assinado digitalmente está criptografado.

Certo ( ) Errado ( )

Gabarito

01	C	10	D
02	A	11	CERTO
03	CERTO	12	D
04	E	13	CERTO
05	A	14	ERRADO
06	E	15	CERTO
07	E	16	ERRADO
08	D	17	ERRADO
09	D	18	ERRADO

CAPÍTULO 05

Editores de Texto

Questões sobre os editores, principalmente o editor de textos Word, são a respeito de funcionalidades do programa, mais especificamente sobre os passos para executar determinadas tarefas.

Editores de Texto Contidos no Windows

Um equívoco muito comum entre os que iniciam o estudo da informática para concursos é confundir o Microsoft Office com o Windows. Devemos deixar claro que se trata de dois produtos diferentes: o Windows é um Sistema Operacional, enquanto o Microsoft Office é uma suíte de escritório.

Também é importante ressaltar que o Windows possui nativamente dois editores de texto mais simples: o Bloco de Notas (Notepad) e o Wordpad.

Formatos de Arquivos

Um ponto bastante relevante para resolver inúmeras questões é conhecer o formato padrão em que um arquivo do Word pode ser salvo. No Word 2010, o formato padrão para arquivos é o .DOCX, assim como no Word 2007. Entretanto, no Word 2003, o formato padrão é o .DOC.

Também devemos considerar os formatos de Modelo de arquivos, que, por sua vez, são arquivos para serem utilizados como base de formatação para criar documentos. Um modelo pode ser criado pelo usuário, para tanto, deve ser salvo no formato .DOTX no Word 2010 e 2007, ou .DOT no Word 2003.

Formatos Comuns

Existem ainda os formatos comuns aos editores de texto que são associados, por vezes, a eles.

TXT – formato de texto puro. Aceita formatações básicas de fonte como Tipo, Estilo de Fonte e Tamanho, porém, elas são aplicadas ao documento inteiro. Logo, não é possível atribuir configurações diferentes para diferentes parágrafos.

O formato TXT é o formato padrão do bloco de notas, e o Wordpad também trabalha com esse formato.

RTF (Rich Text Format) – formato desenvolvido pela Microsoft com a finalidade de ser multiplataforma, ou seja, foi criado para poder ser utilizado pela maioria dos editores de texto.

O Wordpad trabalha, por padrão, com o RTF, mas vale lembrar que tanto o RTF quanto o TXT são formatos comuns aos outros editores já citados.

HTML (Hypertext Markup Language) – a Linguagem de Marcação de Hipertexto é bastante relacionada nas provas também aos editores de texto, pois, analisando pela propriedade da transitividade, podemos salvar arquivos nos editores no formato HTML e esse é o formato padrão de páginas da Internet; portanto, por meio do editor de texto Word podemos criar páginas para a Internet.

O formato HTM é o mesmo HTML, só tem o nome reduzido porque antigamente as regras de nomenclatura limitavam a apenas 3 caracteres para a extensão.

XML (Extensible Markup Language) – é um formato no qual normalmente são armazenadas informações extras como características de um sistema ou outro arquivo. É também chamado de MetaFile e arquivo de MetaDados.

Word 2010

Nesta seção é apresentado o editor de texto do Microsoft Office 2010 e suas ferramentas, pois são frequentes as questões de provas nas quais são cobrados tais assuntos.

A Janela do Word 2010

É muito importante que se conheçam as principais partes da janela do programa, pois elas são citadas nas provas para indicar o local de uma opção ou passos de uma ação.

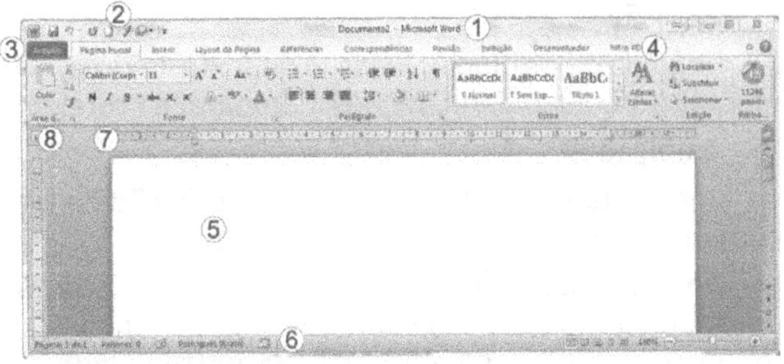

Barra de Título - 1

Nessa barra são apresentadas as informações sobre o nome do documento em edição e seu formato, bem como o nome do programa que, no caso da figura, indica Microsoft Word. Também se observa na imagem que não há a indicação do formato do arquivo, isso significa que o documento em questão ainda não foi salvo em disco.

Barra de Ferramentas de Acesso Rápido - 2

Apresenta as opções mais frequentemente usadas, principalmente por meio das teclas de atalho. Por padrão, mostra as opções Salvar, Desfazer e a opção que se alterna entre Repetir e Refazer. A opção Repetir repete a última ação executada, corresponde a utilizar a tecla de atalho: F4 e também **CTRL + R,** quando esta opção está exibida na barra. Cuidado, no Word 2007 a tecla de atalho é **CTRL+Y**. Já a opção Refazer é como um desfazer para a ação **desfazer**.

Menu Arquivo - 3

Diante do desastre da opção do botão office implantado na versão 2007, a Microsoft voltou a utilizar a opção Arquivo, na qual estão disponíveis opções relacionadas aos arquivos, como documentos a serem salvos, impressos, abertos, recentes, bem como acesso às opções do programa.

Faixa de Opções - 4

A faixa de opções foi outra inovação para substituir a barra de menus. Ofereceu-se maior produtividade ao usuário, dispondo as opções mais utilizadas de maneira mais direta e prática. É possível aumentar a área útil da tela, fazendo com que as opções só sejam exibidas quando clicado na opção na Faixa de opções; basta utilizar o clique duplo do mouse sobre uma das Guias. As opções da Faixa de opções são:

→ **Página Inicial**

Composta pelos blocos: Área de Transferência, Fonte, Parágrafo, Estilo e Edição.

→ **Inserir**

Constituída pelos blocos: Páginas, Tabelas, Ilustrações, Links, Cabeçalho e Rodapé, Texto e Símbolos.

→ **Layout de Página**

Contém os blocos: Temas, Configurar Página, Plano de Fundo da Página, Parágrafo e Organizar.

→ **Referências**

Composta pelos blocos: Sumário, Notas de Rodapé, Citações e Bibliografia, Legendas, Índice e Índice de Autoridades.

→ **Correspondências**

Organizada pelos blocos: Criar, Iniciar Mala Direta, Gravar e Inserir Campos, Visualizar Resultados e Concluir.

→ **Revisão**

Definida pelos blocos: Revisão de Texto, Idioma, Comentários, Controle, Alterações, Comparar e Proteger.

→ **Exibição**

Composta pelos blocos: Modos de Exibição de Documento, Mostrar, Zoom, Janela e Macros.

Obs.: na figura, há mais alternativas na faixa de opção, contudo, não são cobradas em específico. Elas foram representadas para ilustrar a possibilidade de uso de complementos no programa. O símbolo à direita na guia Página Inicial, logo abaixo da opção ajuda, corresponde a um "jogo" disponibilizado pela Microsoft como forma de conhecer melhor as opções do programa.

Página do Documento em Edição - 5

Consiste no próprio documento que está em edição.

Barra de Status - 6

Nela são apresentadas algumas informações como número da página atual e total, total de palavras selecionadas e no documento inteiro, modos de exibição e controle de zoom.

Régua - 7

A Régua possui finalidade de orientação e também, por meio dela, podemos configurar diversas informações como as margens de um documento sem ter que necessariamente abrir a opção nas opções do programa.

Alinhamentos de Tabulação - 8

L Uma tabulação ESQUERDA define a posição de início do texto, que correrá para a direita conforme você digita.

⊥ Uma tabulação CENTRALIZADA define a posição do meio do texto. O texto é centralizado nessa posição, conforme você digita.

┘ Uma tabulação DIREITA define a extremidade do texto à direita. Conforme você digita, o texto é movido para a esquerda.

⊥. Uma tabulação DECIMAL alinha números com base em um ponto decimal. Independentemente do número de dígitos, o ponto decimal ficará na mesma posição.

I Uma tabulação BARRA não posiciona o texto. Ela insere uma barra vertical na posição de tabulação.

Menu Arquivo

No menu arquivo encontram-se as opções que se relacionam à estrutura de um documento. No Word 2010, essa opção foi a que mais apresentou mudanças em relação à versão anterior.

Opção Informações

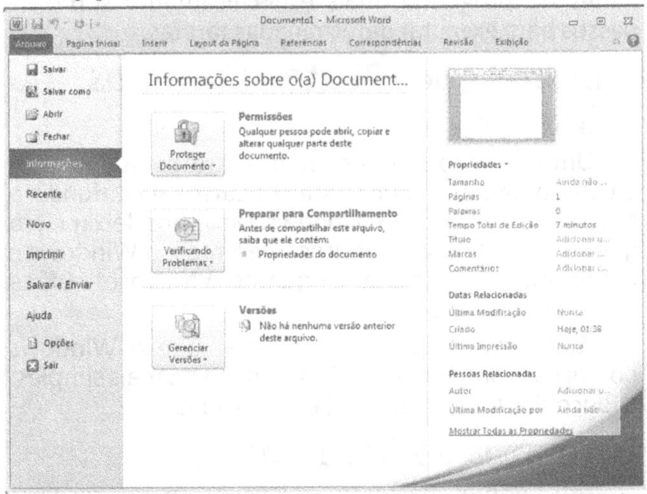

Quando acionado, ele ocupa toda a janela do programa, sendo que, por padrão, ele exibe a guia Informações aberta. Dentro do menu Arquivo agora existem guias. Observe na figura acima que, à direita da tela, são exibidas algumas propriedades do documento em edição.

Como pode ser observado, mais ao centro da figura existem três botões grandes: Proteger Documento, Verificando Problemas e Gerenciar Versões, dos quais destacam-se dois. Na figura a seguir é ilustrada a opção Proteger Documento com suas possíveis ações.

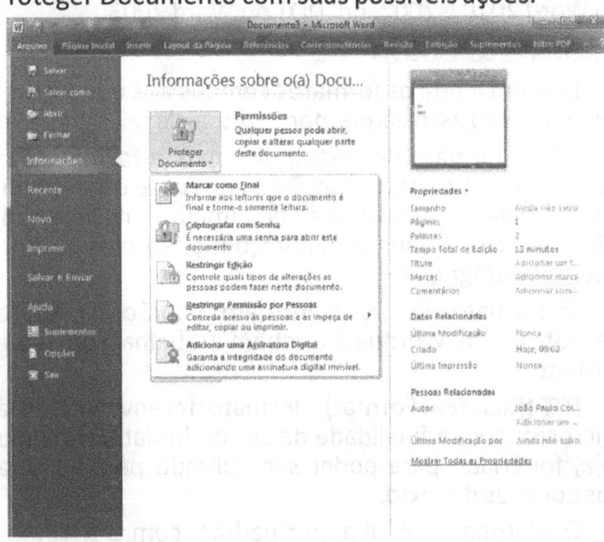

→ **Marcar como Final**

A opção serve para salvar o arquivo como somente leitura, assim ajuda a evitar que sejam feitas alterações no arquivo, ou seja, desabilita ou desativa a inserção de texto, a edição e as marcas de controle; além de definir o "Status" do documento como Final. Contudo, o comando Marcar como Final não é um recurso de segurança, pois basta que o usuário remova o Status Marcar como Final para que possa editar novamente o arquivo.

O Recurso Marcar como Final só tem efeito se o documento for aberto pela mesma versão do Ms Office; se for aberto por versões anteriores, como 2003, irá abrir normalmente, permitindo ao usuário alterar o arquivo.

→ **Criptografar com Senha**

Por meio dessa opção é possível definir uma senha para que o documento possa ser acessado. Contudo, vale ressaltar que a criptografia realizada pela opção Criptografar com Senha **não tem** relação com Certificação Digital.

→ **Restringir Edição**

Por meio da opção Restringir Edição é possível escolher dentre três opções de ação:

> **Restrições de formatação:** pela qual é possível limitar as opções de formatação, permitindo apenas que seja escolhido dentre um conjunto de estilos selecionados no momento da ativação do recurso.

> **Restrições de edição:** essa opção está relacionada às ferramentas de controle de edição, como controle de alterações e comentários, até mesmo preenchimento de formulários. Com ela, o usuário pode limitar que opções outro usuário que acessar o documento poderá realizar. Ainda é possível determinar apenas partes do documento para que possam ser editadas, protegendo assim o resto das alterações.

> **Aplicar proteção:** depois de configuradas as opções de um ou ambos os itens acima, a opção **Sim, Aplicar Proteção** fica habilitada. Com isso será aberta uma janela para determinar uma senha ou para que seja utilizado um ID (e-mail) de usuários.

→ **Restringir Permissão por Pessoas**

Essa opção permite limitar o acesso ao documento, utilizando como critério contas do Windows Live ID ou uma conta do Microsoft Windows.

→ **Adicionar uma Assinatura Digital**

Por meio dessa opção é possível assinar digitalmente o documento em edição, a fim de garantir a Integridade e a Autenticidade do mesmo, por consequência, também o Não Repúdio. Contudo é necessário possuir Certificado Digital para realizar esse procedimento.

Na sequência são ilustradas as opções relacionadas à opção Verificando Problemas.

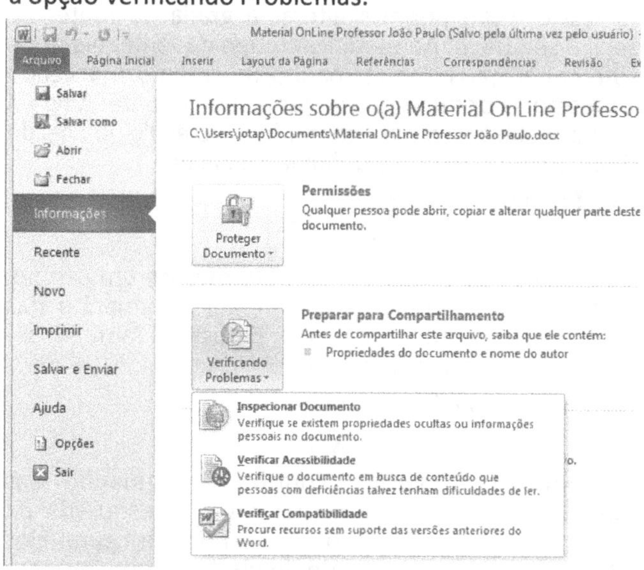

→ **Inspecionar Documento**

Essa opção também pode ser citada como Inspetor do documento e possibilita diversas opções, com a finalidade de buscar no documento dados pessoais, informações ocultas, marcas, comentários, estruturas de controle, dentre outras, para que possam ser facilmente removidas.

→ **Verificar Acessibilidade**

Permite verificar se a estrutura do elemento possui recursos ou formatações que dificultem a leitura por pessoas com deficiência, por exemplo, documentos que serão lidos por leitores de telas, utilizados por pessoas com baixa visão ou ausência de visão.

→ **Verificar Compatibilidade**

Essa opção permite verificar se o documento possui estruturas que não existem nas versões anteriores do Word, assim, quando o documento for salvo em .DOC, não apresentará problemas de compatibilidade.

Opção Recentes

No Word 2010, a forma de apresentação dos documentos recentes também mudou. Nessa versão, além dos documentos recentemente abertos no Word, também são listadas as pastas recentemente acessadas, ou seja, as que contêm os arquivos que foram abertos, conforme ilustra a figura a seguir.

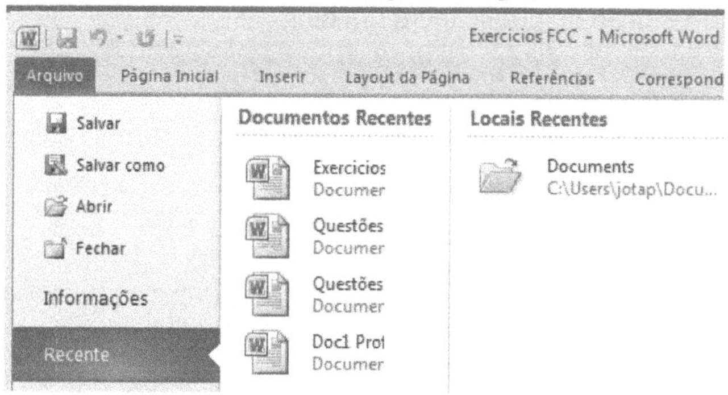

Opção Novo

A opção **Novo,** presente no menu Arquivo permite criar um novo documento com base em modelos, como também escolher o tipo de arquivo que se pretende salvar posteriormente, como o arquivo para postagem em blog.

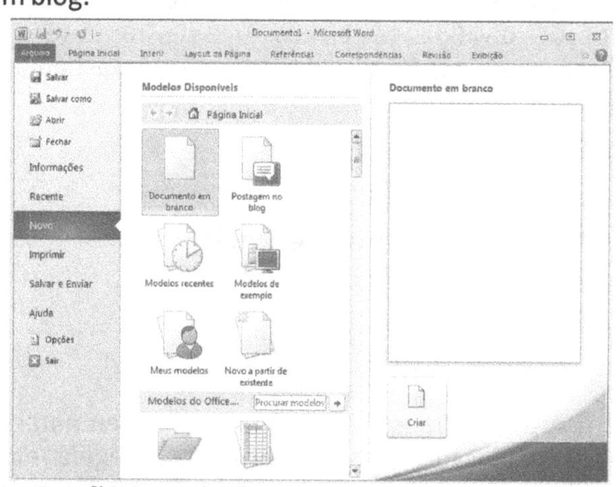

Opção Imprimir

Ao contrário das versões anteriores, nas quais era aberta uma janela à parte do programa para se configurar a impressão, na versão 2010 as opções de configuração de impressão foram agregadas ao menu Arquivo, a fim de se tornarem mais práticas e acessíveis ao usuário. Juntamente com as configurações, observa-se a pré-visualização do documento a ser impresso, ou seja, não há a outra opção Visualizar Impressão a não ser essa; a figura a seguir ilustra as características descritas.

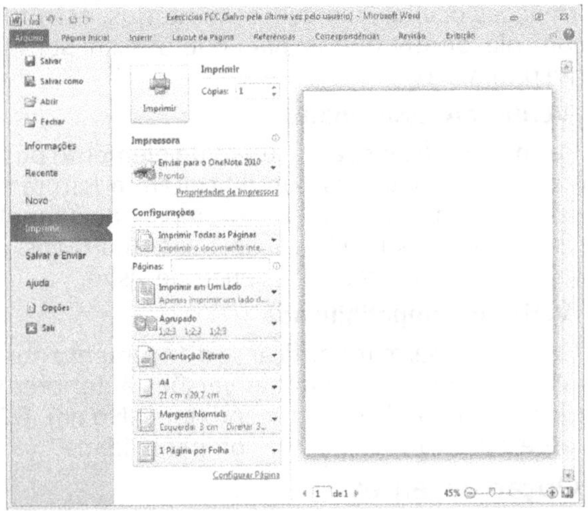

Opção Salvar e Enviar

Cuidado com essa opção, pois ela também é uma guia, conforme ilustra a figura a seguir. Por meio dela é possível visualizar várias opções de integração que o Office 2010 oferece, como enviar por e-mail o arquivo em edição ou publicar em um blog.

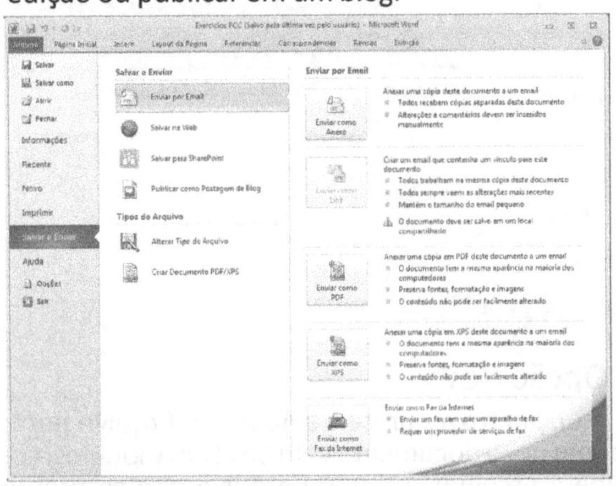

Aba Página Inicial

Na Aba Página Inicial do Word 2010, encontramos as opções divididas nos blocos: Área de Transferência; Fonte; Parágrafo; Estilo; Edição, conforme a figura a seguir.

Bloco Área de Transferência

A Área de Transferência é uma área temporária, onde são colocadas as estruturas (textos, imagens, etc.) que são copiadas de algum lugar, seja um documento, página da Internet, ou mesmo do Sistema Operacional, para que possam ser coladas.

A Área de Transferência do Word possui 24 posições, conforme figura a seguir. Ela armazena não apenas a última informação copiada, mas as 24 últimas; com isso é possível colar trechos copiados ou recortados em momentos anteriores. Vale lembrar que a área de transferência fica em memória RAM, portanto, quando o computador é desligado, ela é perdida.

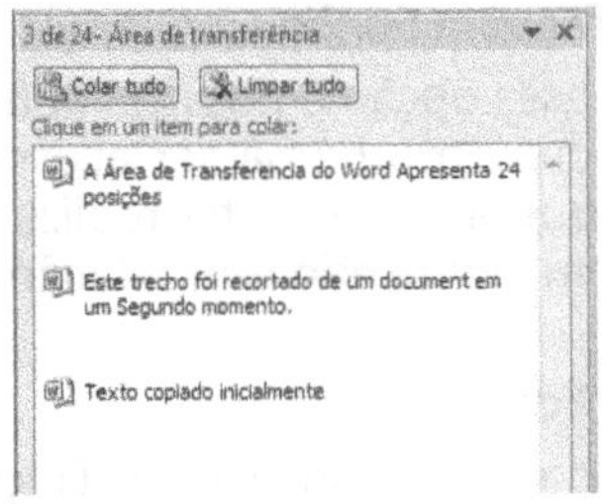

→ **Opção Colar**

No bloco Transferência, encontra-se a opção Colar. Deve-se atentar ao detalhe do botão, que, quando sobreposto pelo mouse, apresenta uma divisão, ou seja, executa duas ações diferentes: clicar na parte superior, é colado o dado que foi colocado por último na área de transferência de forma equivalente a utilizar as teclas de atalho CTRL + V; clicar na parte inferior, o Word exibe uma lista de opções de colagem, bem como dá acesso à opção colar especial.

→ **Pincel de Formatação**

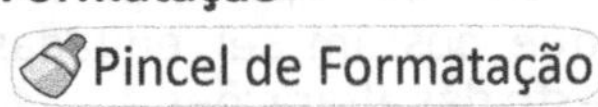

O Pincel de Formatação, aqui ilustrado, permite realizar a cópia de formatação de um trecho de texto previamente selecionado e aplicar em outro trecho de texto a ser selecionado em posterior clique no botão pincel.

Bloco Fonte

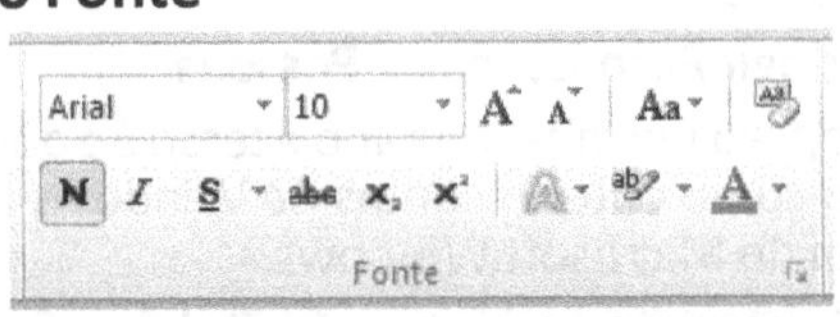

Nesse bloco são encontradas as ferramentas mais usadas durante a edição de um documento e as opções relacionadas à formatação de Fonte. A figura acima ilustra as opções existentes no bloco que discutiremos na sequência.

→ **Tipo/Nome da Fonte**

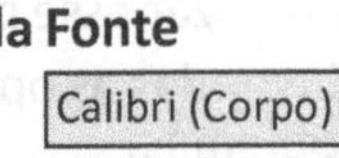

Essa opção permite alterar a grafia da fonte, ou seja, o seu traço. Ao modificar o tipo da fonte, ela pode sofrer alteração no seu tamanho, no entanto, mantendo o mesmo valor numérico de tamanho de fonte. A figura acima destaca o campo, por padrão, no estilo normal do Word 2010; a fonte pré-definida é a Calibri.

→ **Tamanho da Fonte**

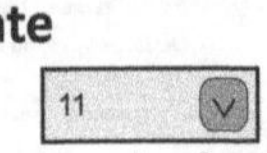

A opção de tamanho de fonte oferece um campo, ilustrado na sequência, para definir o tamanho das letras de um texto selecionado. É possível também selecionar o tamanho pela alça.

→ **Aumentar e Diminuir Fonte**

Também é possível controlar o tamanho das fontes pelos botões aumentar fonte, à esquerda da figura acima, e diminuir fonte, à direita da figura. Eles alteram o tamanho da fonte de um texto previamente selecionado, de acordo com os valores da lista disponibilizada na alça tamanho da fonte. Também se pode acionar essas opções por meio das teclas de atalho CTRL + SHIFT + >, para aumentar o tamanho da fonte;

CTRL + SHIFT + <, para diminuir o tamanho dela.

→ **Maiúsculas e Minúsculas**

A opção permite alterar o trecho selecionado entre letras maiúsculas e minúsculas, de acordo com as opções abaixo ilustradas.

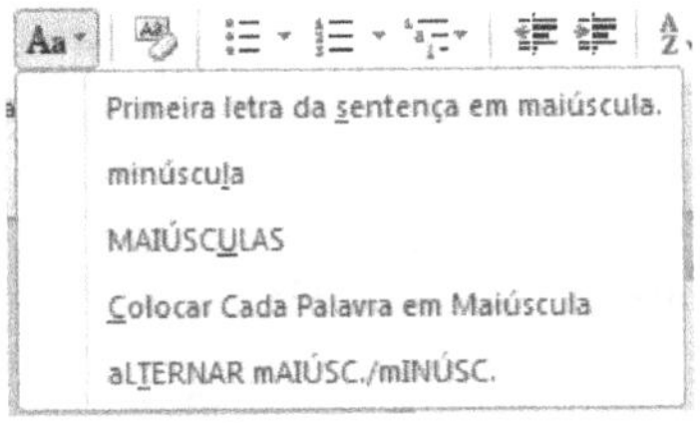

→ **Limpar Formatação**

A opção é útil quando se deseja limpar a formatação de um texto de forma rápida e prática, como um texto extraído da Internet que possui fontes grandes, fundo e letras coloridas. Basta que o usuário selecione o trecho do qual deseja limpar a formatação e em seguida clicar o botão.

→ **Estilos de Fonte**

Cuidado para não confundir o efeito de texto com o estilo de fonte, ou ainda com os estilos de formatação. As opções de efeito de fonte são a opção **Negrito**, *Itálico* e <u>Sublinhado</u>, conforme ilustrado na figura acima. As teclas de atalho para tais funções são, respectivamente, CTRL + N, CTRL + I, CTRL + S.

Observe que o sublinhado, no, Word 2010, apresenta uma seta para baixo, indicando mais opções de formatação do traço do sublinhado. Permite escolher entre o traço simples (padrão) e outros como: duplo, espesso, pontilhado, tracejado, traço ponto, traço ponto ponto, dentre outros; a figura a seguir ilustra o resultado de se acionar a alça do sublinhado. Também é possível alterar a cor do traço do sublinhado.

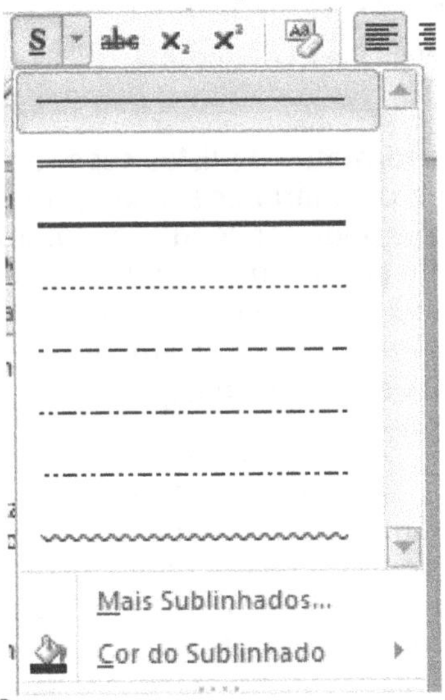

→ **Tachado**

A propriedade **tachado** é comumente utilizada em textos de lei e resoluções, cujos itens foram revogados, contudo, permanecem no corpo da lei. Para acionar essa opção, basta selecionar o texto desejado e clicar o botão tachado ilustrado acima.

O efeito proporcionado pela opção é a de um traço a meia altura da linha sobrepondo as palavras, como o ~~exemplo~~. Também é possível utilizar o tachado duplo por meio da janela Propriedades de Fonte.

→ **Subscrito e Sobrescrito**

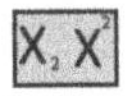

Por vezes, desejamos escrever texto com estruturas diferenciadas, ou mesmo indicar numerais ordinais de forma reduzida, como primeiros = 1os. Para colocar as letras "os" com fonte reduzida na parte superior da linha, basta clicar o botão sobrescrito, que o cursor de texto será posicionado no topo, digitar o texto desejado e clicar novamente no sobrescrito. O botão fica à direita do botão subscrito, conforme figura acima. Este permite escrever um texto com fonte reduzida na parte inferior da linha, como utilizado em algumas equações químicas, exemplo: texto normal $_{\text{texto subscrito}}$.

→ **Efeitos de Texto**

O Office 2007 inovou nos recursos de efeitos de texto; estas propriedades e ferramentas foram mantidas e melhoradas no Office 2010. Os efeitos de texto permitem formatar os caracteres de texto de maneira mais chamativa visualmente, a de fim empregar destaque a um texto, como **EXEMPLO**.

Para utilizar esse recurso, basta selecionar o texto desejado e clicar no botão efeitos de texto no bloco fonte, indicado por um A com efeito de brilho azul ao redor, ilustrado no canto superior esquerdo da figura a seguir.

Esse recurso ainda permite trabalhar as características de formatação de maneira separada, como a sombra, o reflexo e o brilho do caractere dado à cor escolhida.

→ **Realce**

A ferramenta Realce é uma opção que aplica um resultado similar ao obtido por uma caneta marca textos. Inclusive, o conjunto de cores disponibilizado é bem limitado, apenas algumas cores estão disponíveis, como ilustra a figura acima.

→ **Cor da Fonte**

Já quando falamos nas cores que podem ser aplicadas ao caractere (fonte), por exemplo, abrange-se um conjunto maior, também citado nas provas como paleta de cores do MS Office.

O botão que corresponde à opção é a letra **A** com uma barra abaixo que indica a última cor utilizada, como ilustrado no canto superior esquerdo da figura.

Observe que o botão cor da fonte apresenta uma ligeira divisão da seta a sua direita; isso deve ser levado em conta na resolução das questões, pois, se apenas o A for indicado como clicado, significa que será aplicado diretamente sobre o texto selecionado a última cor utilizada. Se for indicada a seta para baixo também, significa que foi clicado sobre ela, assim a alça exibe mais opções de cores e gradientes.

Bloco Parágrafo

Na Aba Página Inicial encontram-se também as opções de formatação de parágrafo mais utilizadas, como ilustrado a seguir. Algumas opções menos frequentemente usadas estão no bloco parágrafo da Aba Layout de Página.

→ **Marcadores**

A opção marcadores permite acrescentar símbolos, caracteres ou mesmo imagens, como uma foto do usuário, como itens de marcação de tópicos para cada parágrafo.

A figura acima ilustra o botão marcadores, que, como pode ser observado, apresenta uma sutil divisão. Desse modo, se a imagem apresentada nas questões de prova for igual a ela, significa que o clique foi dado na seta à direta do botão, o que remete a mais opções, como escolher o símbolo que se deseja utilizar. Mas, caso seja apresentado sem a seta, o resultado é a inserção do último marcador utilizado.

→ **Numeração**

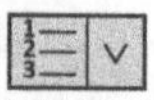

Cuidado com a diferença entre os marcadores e a numeração; a finalidade de ambos é similar, porém, a Numeração segue uma sequência que pode ser numérica, utilizando números romanos maiúsculos ou minúsculos; letras maiúsculas ou minúsculas; ou ainda números arábicos. A figura ilustra o botão Numeração que, de forma equivalente ao Marcadores, apresenta seta à direita apontando para baixo.

→ **Lista de Vários Níveis**

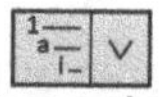

Uma novidade apresentada no Office 2007 e mantida no 2010 é a opção Lista de vários níveis, que permite gerenciar e atribuir marcadores diferentes para níveis diferentes, mas de forma a manter a relação entre eles como de título, subtítulo e tópico. A figura acima ilustra o botão Lista de Vários Níveis.

Quando clicado na seta à direita, um menu dropdown é aberto como ilustrado a seguir.

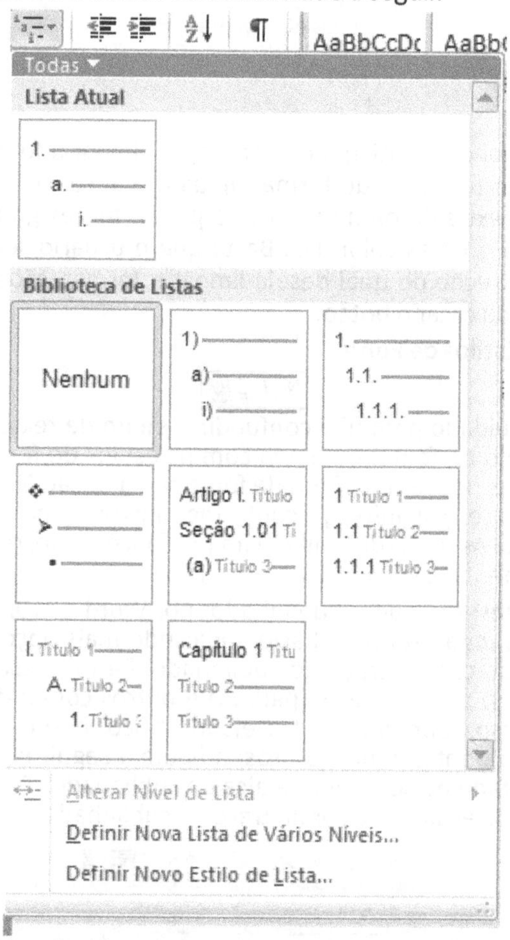

Além dos formatos de listas sugeridos pelo Word, é possível que o usuário crie a sua própria configuração de lista, que pode ser criada para utilizar apenas no documento em edição como também pode ser atribuída ao programa de forma que fique disponível para a criação e edição de outros documentos.

→ **Diminuir e Aumentar Recuo**

As opções de Diminuir e Aumentar o Recuo estão relacionadas ao recuo esquerdo do parágrafo selecionado. Ao aumentar o recuo, botão da direita na figura acima, é aumentado inclusive o recuo da primeira linha na mesma proporção. O espaço acrescido é o mesmo de uma tabulação, ou seja, o mesmo de quando pressionada a tecla TAB (1,25 cm por padrão).

→ **Classificar**

Essa opção pode parecer estranha ao se pensar nela no grupo de opções do bloco parágrafo, contudo, demonstra-se que é possível ordenar os textos de parágrafos e não apenas dados em tabelas.

Uma vez clicado o botão classificar ilustrado anteriormente, é aberta uma janela, ilustrada a seguir, pela qual é possível parametrizar as regras de classificação, que pode ser por colunas em caso de tabelas. Os tipos de dados que podem ser selecionados, de maneira que o programa possa classificá-los em ordem crescente ou decrescente, são: Texto, Número e Data.

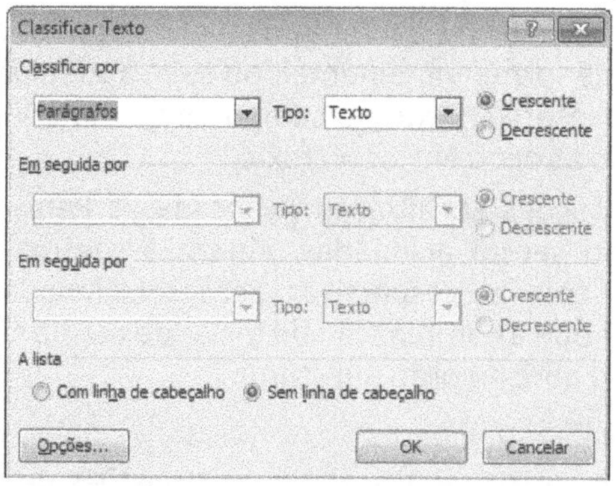

→ **Mostrar Tudo**

A opção Mostrar Tudo, ilustrada acima, é responsável por exibir os caracteres não imprimíveis, que auxiliam na edição de um documento ao exibir marcas de edição, espaços e marcações de Parágrafos. Ela é muito importante para que se possa definir onde inicia e onde termina um parágrafo no texto.

O trecho a seguir ilustra o que é apresentado quando tal opção é selecionada.

Exemplo·de·texto·para·a·vídeo·aula·do·professor·João·Paulo·de·Informática·com·o·botão·Mostrar·Tudo·habilitado.¶

Segundo·parágrafo...¶

.............Quebra de página.............¶

Muitas pessoas entram em pânico quando, sem querer, ativam a opção e cometem o equívoco de utilizar o desfazer, com a esperança de remover tais símbolos e acabam perdendo informações ou formatações executadas. No entanto, para remover tais marcas, basta desabilitar a opção clicando novamente o botão.

→ **Alinhamentos de Parágrafo**

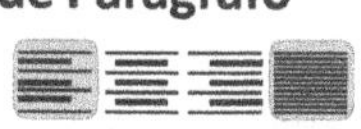

Muito cuidado com as opções de alinhamento, pois existe também o alinhamento de Tabulação que oferece opções diferentes das do alinhamento de parágrafo, porém, para fins similares.

A figura anterior apresenta os quatro únicos alinhamentos de parágrafo: Esquerdo, Centralizado, Direito e Justificado. Também é possível acionar tais opções por meio das respectivas teclas de atalho: CTRL+Q, CTRL+E, CTRL+G, CTRL+J.

→ **Espaçamento Entre Linhas**

A opção espaçamento entre Linhas, disponível no bloco parágrafo, apresenta alguns valores que não são ilustrados diretamente na janela propriedades de parágrafo, como 1,15. Contudo, é possível chegar a ela de maneira manual, como selecionar a opção "múltiplos" e em seguida digitar o valor 1,15.

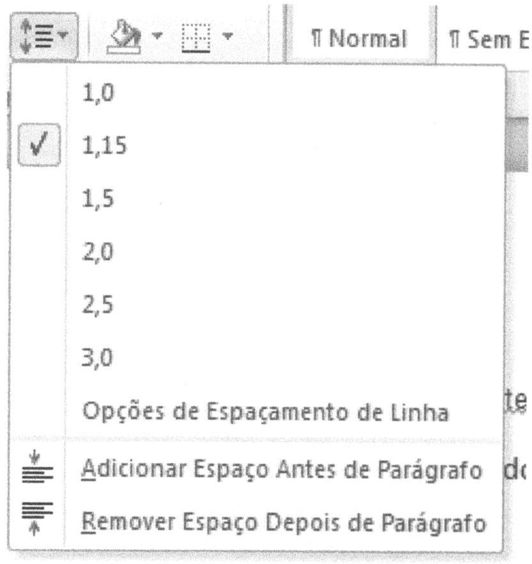

A figura anterior ilustra o botão Espaçamento entre linhas aberto; ele é apresentado no canto superior esquerdo da figura. Perceba que, por meio dele, é possível também se alterar o espaçamento antes e depois do parágrafo.

→ **Sombreamento**

A opção sombreamento permite atribuir uma cor ao plano de fundo de um parágrafo, como o exemplo.

Mesmo o parágrafo sendo menor que a linha toda, ela (espaço de margem a margem) é preenchida com a cor selecionada.

A imagem abaixo mostra o botão sombreamento, balde de tinta, selecionado pela alça, assim ilustrando a paleta de cores do Word para que seja determinada a cor desejada.

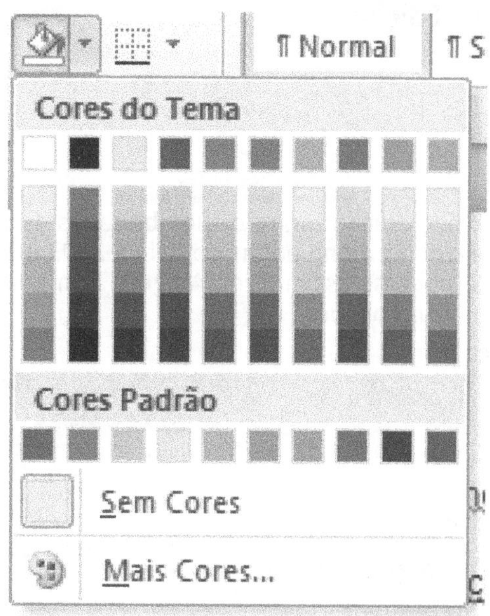

→ **Bordas**

Também é possível atribuir uma borda a um parágrafo, como também à página do documento. A opção bordas apresentada a seguir pode ser utilizada tanto para aplicar uma borda a um parágrafo como a uma tabela, caso esteja selecionada.

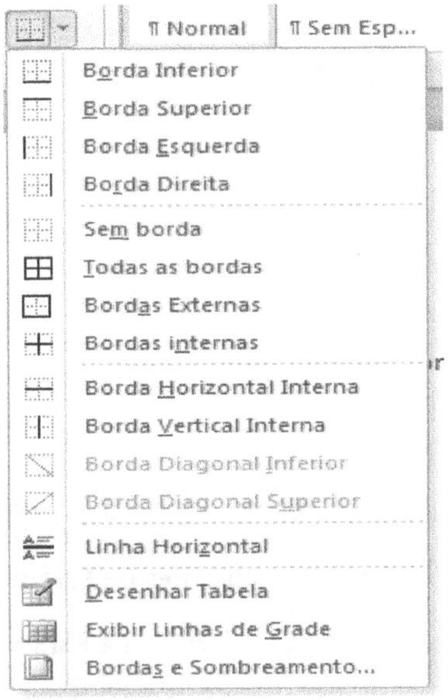

Bloco Estilos

Os estilos de formatação são uma importante ferramenta que auxiliam e otimizam o processo de edição de documentos que devam obedecer a padrões de formatação, além de serem necessários para a inserção de sumário automático.

O Office 2007 inovou muitos deles, como também melhorou alguns; estes foram mantidos no Office 2010. O estilo padrão apresentado é o estilo Normal, que define, por exemplo, a fonte como Calibri tamanho 11, espaçamento entre linhas múltiplo de 1,15 e espaço após o parágrafo de 10pt.

A figura a seguir ilustra o bloco estilo com vários dos estilos de formatação; para sumário deve-se utilizar os estilos de título.

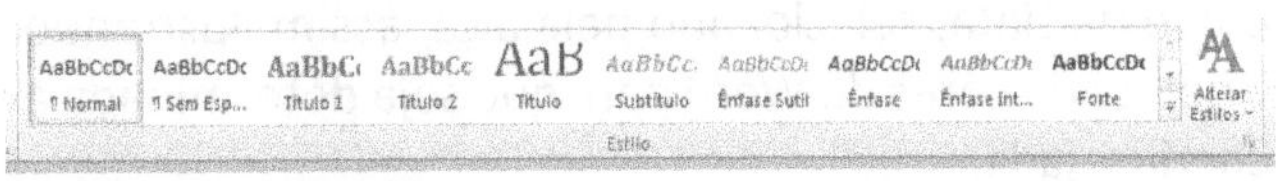

Bloco Edição

No bloco edição foram disponibilizadas as opções que estavam no menu editar do Office 2003 e ficaram perdidas, pode-se assim dizer. A figura acima ilustra o Bloco com suas opções.

→ **Localizar**

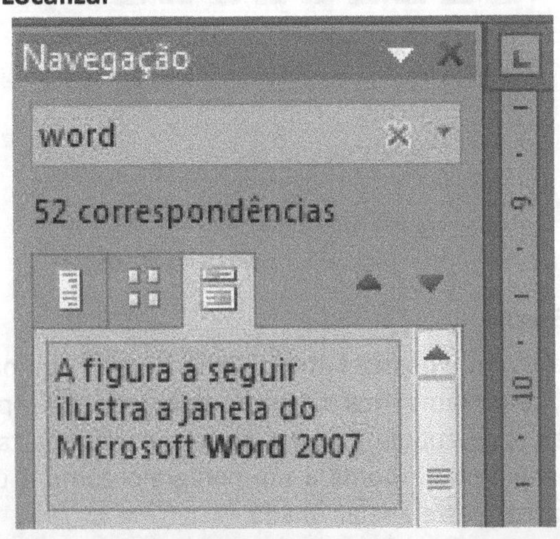

A opção Localizar oferece três opções quando clicada na seta: Localizar, Localização Avançada e Ir Para.

Clicar direto no botão Localizar é o mesmo que clicar na opção que ele oferece como Localizar; o Word abre um painel à esquerda da janela do programa, ilustrada na sequência. O mesmo painel pode ser acionado por opção encontrada na aba Exibir.

Por meio desse painel é possível realizar uma busca rápida de forma incremental, ou seja, à medida que o usuário insere o texto no campo de busca, o Word vai filtrando as ocorrências no texto.

As opções Localização Avançada, Ir Para e Substituir, ao serem acionadas, abrem a mesma janela, porém, com as respectivas abas selecionadas. Vale lembrar que a combinação de teclas de atalho CTRL + U no Word abre a opção Substituir.

Aba Inserir

A aba Inserir é alvo de várias questões de pegadinha, então, muito cuidado com as suas opções. A figura a seguir ilustra as opções da Guia.

Bloco Páginas

No Bloco Páginas, apresentado abaixo, é onde se encontra uma das Quebras possíveis de se inserir em um documento e justamente a que pode ser alvo de pegadinhas, pois na Aba Inserir é encontrada apenas a opção Quebra de Página; as demais ficam na aba Layout de Página.

A opção Folha de Rosto é uma opção para inserir uma página no documento em edição com mais recursos gráficos, a fim de dar ênfase ao documento.

A opção Página em Branco permite inserir uma página em branco no documento a partir da posição do cursor de texto.

Bloco Tabelas

No bloco tabelas é disponibilizada apenas a opção Tabela, ilustrada a seguir, por meio da qual podemos tanto inserir uma Tabela no documento em edição como uma Planilha.

→ **Opção Tabela**

Ao clicar na opção Tabela, é aberto o menu Dropdown ilustrado a seguir, no qual se pode observar a opção Planilha, que permite inserir uma planilha no documento. Mas, cuidado, a estrutura de planilhas é diferente de uma tabela.

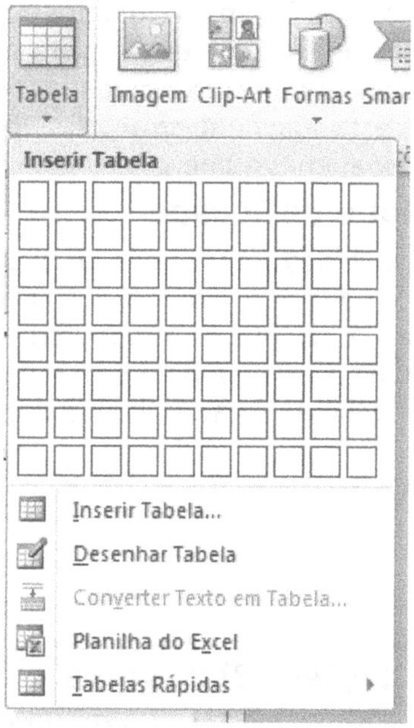

Bloco Ilustrações

A novidade do bloco Ilustrações é a opção Instantâneo, que permite inserir uma imagem de uma janela de programa aberto, ou ainda, inserir recorte da tela do computador. A figura abaixo ilustra o bloco Ilustrações e, como as demais deste material, foi obtida por meio da ferramenta Instantâneo.

Bloco Links

No bloco Links são disponibilizadas três opções: Hiperlink, Indicador e Referência Cruzada. A opção hiperlink tem como tecla de atalho a combinação CTRL+K.

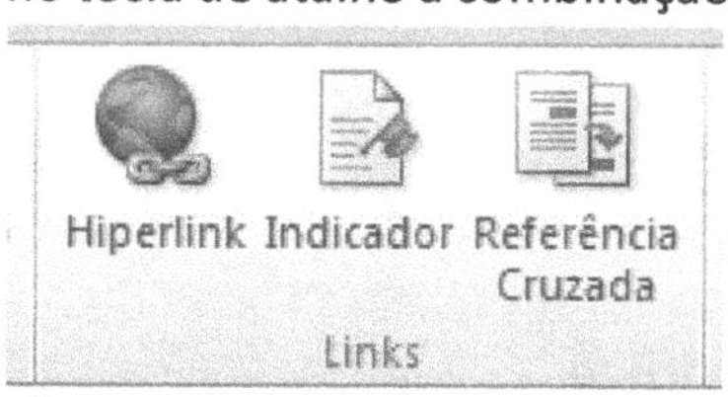

→ **Hiperlink**

A respeito da opção Hiperlink, é importante ressaltar que é possível linkar tanto um site da Internet, como arquivos, quanto arquivos do computador do usuário.

→ **Indicador**

A opção Indicador cria um link para um ponto do documento em edição, assim é possível fazer um link por meio da opção Hiperlink para esse ponto.

→ **Referência Cruzada**

Essa opção permite criar referências para citações como figuras, tabelas, quadros, entre outros.

Bloco Cabeçalho e Rodapé

A estrutura de cabeçalho e rodapé é utilizada principalmente quando se deseja inserir uma informação em várias páginas de um documento, como numeração de páginas ou uma figura. Mas, cuidado, em um mesmo documento é possível utilizar cabeçalhos e rodapés diferentes, pois essas estruturas são as mesmas para todas as páginas da mesma seção.

Bloco Texto

No bloco Texto devemos destacar a opção WordArt e Linha de Assinatura.

A opção WordArt, desde o Office 2007, mudou sua forma de formatação e estrutura. Ela gera agora resultado similar ao obtido pela opção Efeitos de Texto da Aba Página Inicial.

Já a opção Linha de Assinatura permite inserir uma assinatura digital no documento em edição, contudo, é necessário possuir um Certificado Digital. Essa opção também pode ser utilizada para inserir as linhas normalmente usadas para posterior assinatura manual.

Bloco Símbolos

O bloco Símbolos oferece as opções Equação e Símbolo, conforme figura a seguir. A opção Equação auxilia a escrever em um documento de texto funções complexas, entretanto, ela não resolve as equações apenas desenha. Por exemplo, inserir um somatório:

$$\sum_{i=0}^{5} i!$$

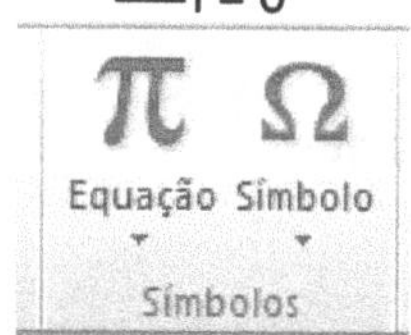

Já a opção Símbolo permite que sejam inseridos símbolos como caracteres especiais em meio ao texto.

Aba Layout de Página

A aba Layout de Página é muito importante durante a edição de um documento. Nela são disponibilizados os blocos: Temas, Configurar Página, Plano de Fundo da Página, Parágrafo e Organizar, conforme ilustrado na figura a seguir.

Muito cuidado com as provas, que podem descrever como Leiaute de Página, e isso não está errado.

Bloco Temas

Por meio dessa opção é possível alterar o conjunto de cores e fontes que serão utilizados durante a edição de um documento; a figura a seguir ilustra este bloco.

Bloco Configurar Página

O bloco configurar página é um dos principais da Aba Layout de Página, por meio dele podemos alterar as configurações de: Margens, Orientação, Tamanho, Colunas, Quebras, Números de Linhas e Hifenização. A figura a seguir ilustra essas opções.

Vale ressaltar que as configurações de página podem ser diferentes em um mesmo documento, pois a configuração é aplicada à seção, assim é possível em um mesmo documento trabalhar com páginas nas orientações retrato e paisagem intercaladas.

Bloco Plano de Fundo da Página

Bloco Parágrafo

O bloco Parágrafo, presente na Aba Layout de Página, apresenta as opções de recuo, além de espaçamento antes e depois do parágrafo, como ilustra a figura a seguir.

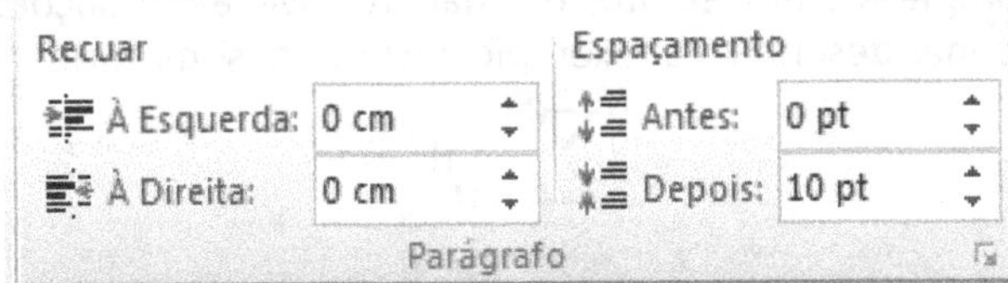

Bloco Organizar

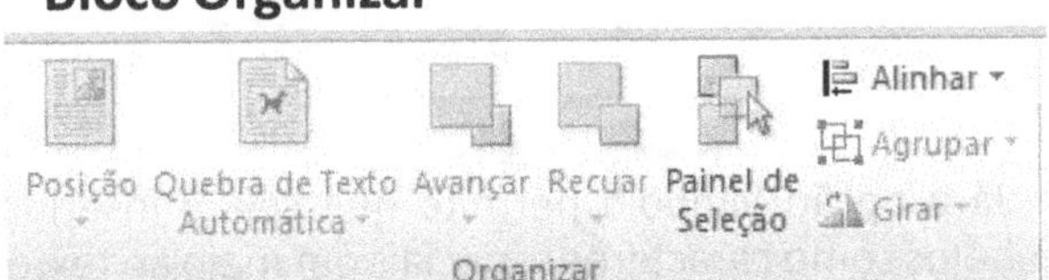

Por meio do Bloco Organizar é possível determinar a posição de elementos, como figuras, em relação ao texto em edição.

Aba Referências

A guia Referências dispõe os blocos: Sumário, Notas de Rodapé, Citações e Bibliografia, Legendas, Índice e Índice de Autoridades, conforme ilustrado a seguir.

Bloco Sumário

Por meio do Bloco Sumário, pode-se ter acesso à opção Sumário para a inserção do Sumário Automático no documento em edição. Lembrando que o sumário depende da utilização dos estilos de formatação de título ao longo do documento, para poder listar tais títulos e as referidas páginas em que aparecem.

Se novos títulos forem adicionados no documento após a inserção do sumário, este deverá ser atualizado por inteiro. Caso apenas sejam mudadas as páginas em que os títulos estavam, pode-se atualizá-lo por meio da opção atualizar apenas números de páginas.

Bloco Notas de Rodapé

Por meio do bloco notas de rodapé é possível inserir tanto notas de Rodapé como Notas de Fim. A diferença é que aquelas são exibidas no rodapé das páginas em que são citadas, já estas podem ser configuradas para aparecerem no fim da Seção ou no fim do documento.

Bloco Citações e Bibliografia

O Word oferece opções de criar um cadastro de fontes bibliográficas para uso facilitado, assim, quando desejar citar alguma referência, basta utilizar a opção Inserir Citação disponível no Bloco Citações e Bibliografia ilustrado a seguir.

Bloco Legendas

O bloco Legendas permite inserir legendas acima ou abaixo das figuras, tabelas, quadros e outras estruturas inseridas no documento em edição, de maneira que, quando necessário, é possível inserir um índice automático que indique cada figura e a página em que é citada.

Bloco Índice

O Bloco Índice oferece a opção Marcar Entrada e Inserir Índice, que funcionam de forma similar ao sumário, mas com a finalidade de criar um índice remissivo.

Bloco Índice de Autoridades

Os Índices de Autoridades são novidade no Word 2010. Por meio dessas opções podem-se criar listas de leis, artigos, resoluções, dentre outras estruturas da legislação que sejam citadas em meio ao documento.

Aba Correspondências

A aba correspondências é bastante utilizada por escritórios, pois é nela que se encontram as opções de trabalhar com Mala Direta para a geração de envelopes e etiquetas, de forma facilitada e dinâmica. Mas, atenção, é comum se questionar sobre como montar a lista de "contatos" para se trabalhar com a mala direta; para isso, é possível criar a lista utilizando o Excel ou o Access.

Aba Revisão

A Aba revisão oferece opções de correção e controle do conteúdo do documento, por meio dos blocos: Revisão de Texto, Idioma, Comentários, Controle, Alterações, Comparar e Proteger, conforme ilustrado a seguir.

Bloco Revisão de Texto

Neste Bloco é que se encontra a ferramenta Ortografia e Gramática, que pode ser acionada por meio da tecla de atalho F7, bem como a ferramenta Pesquisar. Mas, cuidado, esta ferramenta é para pesquisar na Internet e não no documento em edição.

Outra opção interessante é o Dicionário de Sinônimos, que se torna muito útil quando é preciso encontrar aquela palavra diferente para se referir a algo de forma a fugir de ter de repetir algum termo.

A ferramenta Contar Palavras, ao ser acionada, abre a janela ilustrada a seguir, na qual é informada a quantidade de palavras em várias situações. O que conta mais para a prova é saber que, se um trecho do texto foi selecionado previamente à seleção da opção, os dados apresentados serão apenas referentes à seleção, porém, se nada estiver selecionado, os dados serão referentes ao documento inteiro.

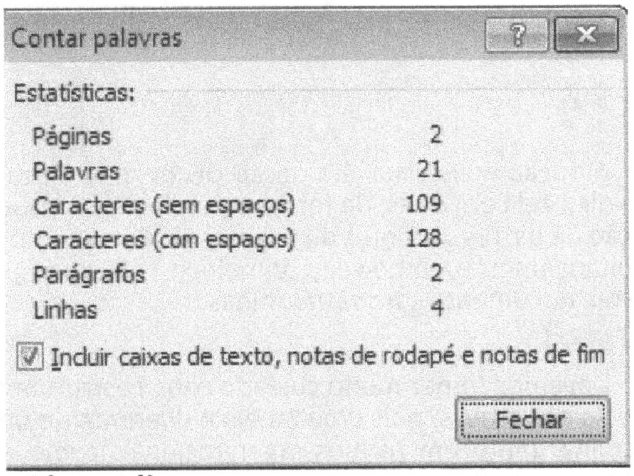

Bloco Idioma

Uma novidade também no Word 2010 é a opção Traduzir, disponível no bloco Idioma, que permite traduzir um texto selecionado utilizando a ferramenta de tradução online da Microsoft. Obviamente, observa-se a necessidade de estar conectado à Internet.

Muitas vezes, precisamos digitar trecho ou textos inteiros em outro idioma e ficamos em dúvida se as palavras estão corretas, pois aparecem sublinhadas em vermelho indicando erro. Porém, o Word 2010 é mais inteligente, pois ele busca detectar o idioma automaticamente de forma a se auto ajustar. Contudo, às vezes, precisamos definir manualmente o idioma de algumas palavras, para isso podemos utilizar a opção Idioma do Bloco Idioma.

Bloco Comentários

É possível inserir comentários no documento em edição principalmente com a finalidade de explicar alguma alteração realizada.

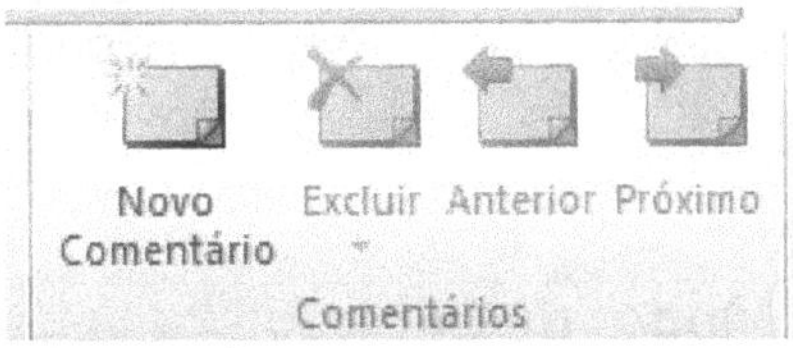

Bloco Controle

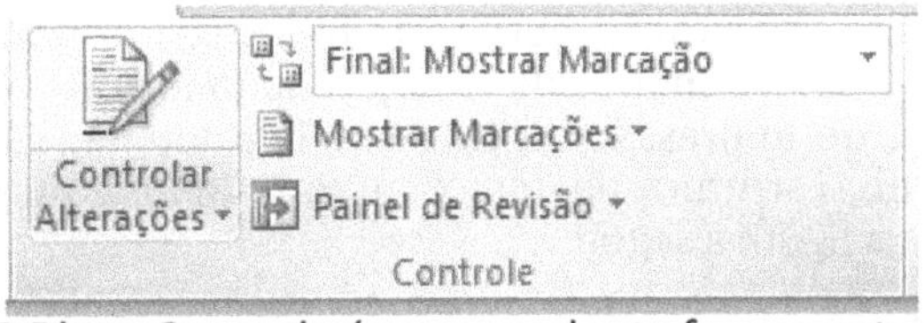

O Bloco Controle é uma excelente ferramenta para correção de documentos, de forma que o escritor, ao terminar sua parte, ativa a opção Controlar Alterações e salva o documento. Envia-o, então, para um corretor, que simplesmente apaga trechos do texto e insere novas estruturas, porém, essas ações apenas são marcadas no documento, como ilustrado na sequência. O corretor, ao terminar, salva novamente o documento e envia ao escritor para que aceite ou não as alterações realizadas.

Bloco Alterações

Ao receber o documento com as sugestões de alteração, o escritor apenas tem o trabalho de aceitar ou rejeitar as sugestões realizadas.

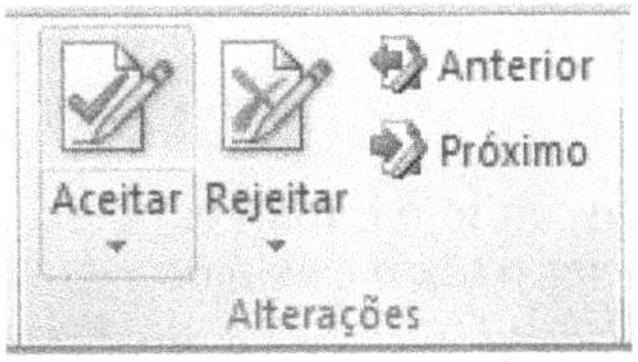

Bloco Comparar

O bloco Comparar oferece a opção Comparar, na qual é possível escolher dentre as opções: Comparar ou Combinar.

A opção Comparar permite comparar versões diferentes de um mesmo documento, a fim de destacar as diferenças. Já a opção Combinar serve para combinar as diferentes sugestões de alteração que várias pessoas fizeram com base no mesmo documento.

Bloco Proteger

A opção Restringir Edição, disponível no Bloco Proteger, é a mesma apresentada no menu Arquivo.

Aba Exibição

As opções encontradas nesta guia estão relacionadas a itens que remetem à forma de apresentação da janela, do zoom, entre outas visões. A figura a seguir ilustra a aba que é composta pelos blocos: Modos de Exibição de Documento, Mostrar, Zoom, Janela e Macros.

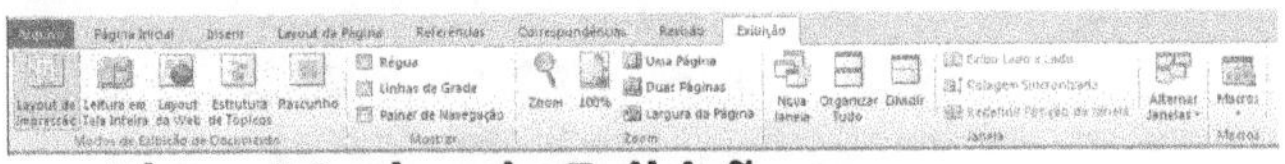

Bloco Modos de Exibição

Um dos principais da Aba Exibição em relação à cobrança nas provas, pois neste bloco são disponibilizados os cinco modos de exibição da janela do Word: Layout de Impressão, Leitura em Tela Inteira, Layout da Web, Estrutura de Tópicos e Rascunho, conforme ilustra a figura a seguir.

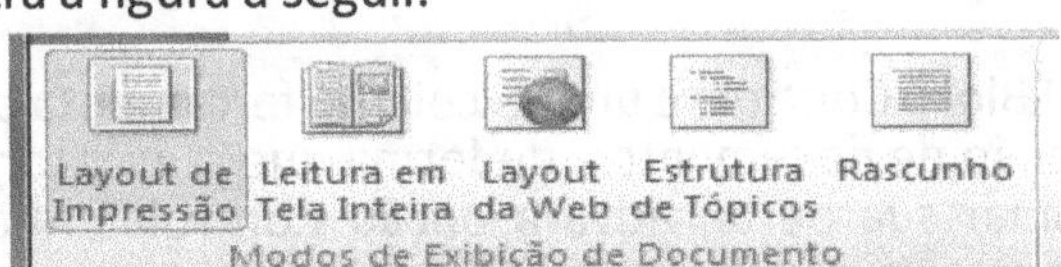

O modo Layout de impressão é o padrão; quando ele está ativado, é possível visualizar os limites das páginas e as réguas são exibidas tanto da horizontal como da vertical.

O modo Leitura em Tela Inteira oferece uma visualização na qual o tamanho da fonte e os espaçamentos são aumentados, proporcionando assim melhor visualização do texto.

No Layout da Web não há a divisão em páginas e apenas aparece a régua da horizontal.

Estrutura de Tópicos exibe o texto com um marcador para cada parágrafo, como ilustrado a seguir.

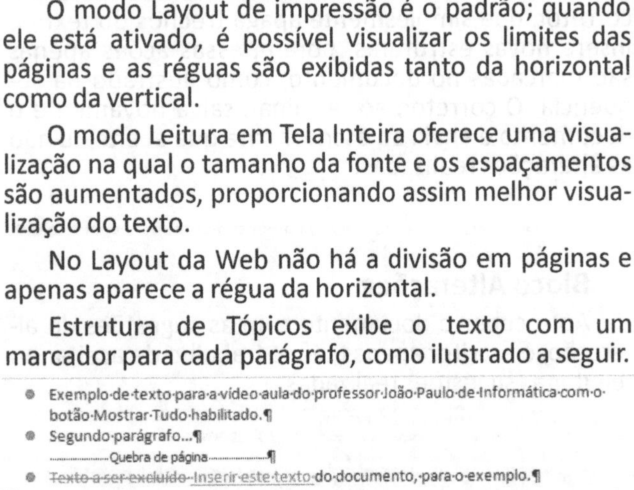

O modo Rascunho é o mais simples: as figuras são omitidas e apenas o texto é exibido.

Bloco Mostrar

Por meio deste bloco é possível exibir ou ocultar algumas estruturas do Word, como a Régua, as Linhas de Grade e o Painel de Navegação, conforme a figura a seguir.

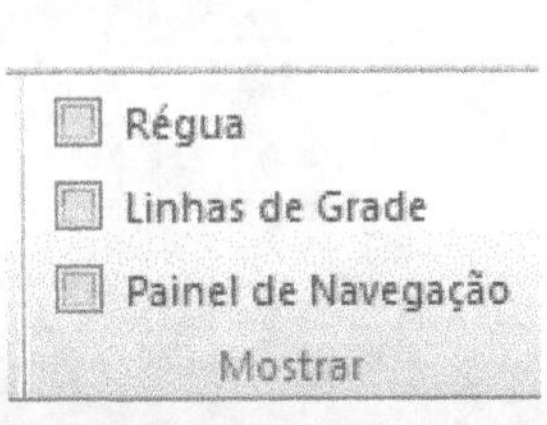

A opção régua, por padrão, é habilitada, mas ao desativá-la apenas são ocultadas as réguas da janela.

Já a opção Linhas de grade exibe o reticulado, a fim de auxiliar na edição do documento, como ilustrado a seguir.

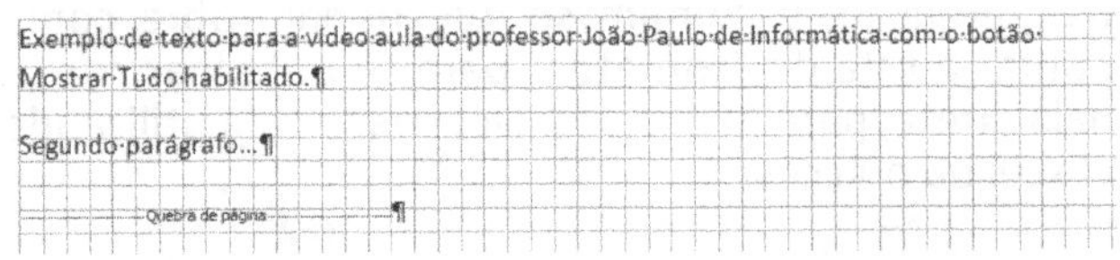

A opção Painel de Navegação habilita, do lado esquerdo da janela do Word, a exibição de um painel no qual são exibidos os títulos do documento, como representado a seguir. Ao clicar em um título, o cursor de texto é posicionado na posição do título clicado; também é possível reorganizar o documento clicando, e mantendo clicado, e arrastar o arquivo para o local desejado.

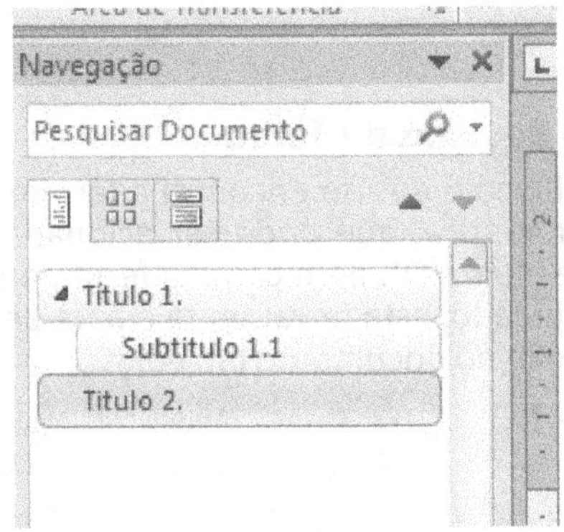

Bloco Zoom

Por meio deste bloco, ilustrado a seguir, é possível se alternar entre os diversos níveis de zoom do documento.

Bloco Janela

As opções deste bloco estão associadas à visualização da janela do programa.

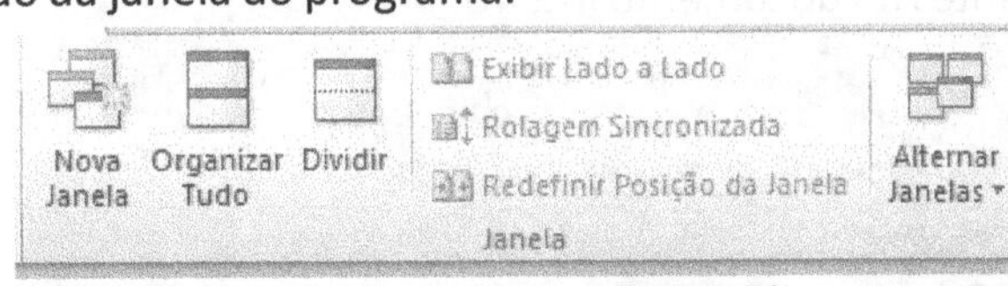

A opção mais usual é a opção Dividir, que permite dividir a tela em duas, de forma a possibilitar a visualização de partes distantes de um mesmo documento simultaneamente, como ver a primeira e a última página de um documento com várias folhas.

Tabela

Devemos tomar muito cuidado com a estrutura de tabela nas provas, pois uma tabela é diferente de uma planilha, tanto em termos organizacionais como em comportamentos.

Contudo, em uma tabela também é possível realizar cálculos por intermédio de fórmulas, porém, as fórmulas disponíveis para operar em tabelas são muito inferiores em número e opções do que as de um editor de planilha.

Operações com Tabelas

Em uma tabela, ao teclar Enter dentro de uma célula, é inserido nesta um novo parágrafo em uma nova linha de texto. Outro detalhe diferenciado é que, ao teclar TAB quando o cursor estiver em uma célula da tabela, a célula da direita é selecionada, à exceção da última célula da última linha da tabela, nesse caso, teclar TAB insere uma nova linha na tabela com o número de colunas da última linha.

É importante observar também que a opção para inserir uma planilha está disponível dentro da opção inserir Tabela; o motivo de estar ali é simples: foi o lugar que sobrou, que mais se aproximava da categoria.

Formatar Fonte

Uma das opções mais utilizadas em um editor de texto são as formatações de fonte, que permitem alterar como o caractere de texto será apresentado no documento.

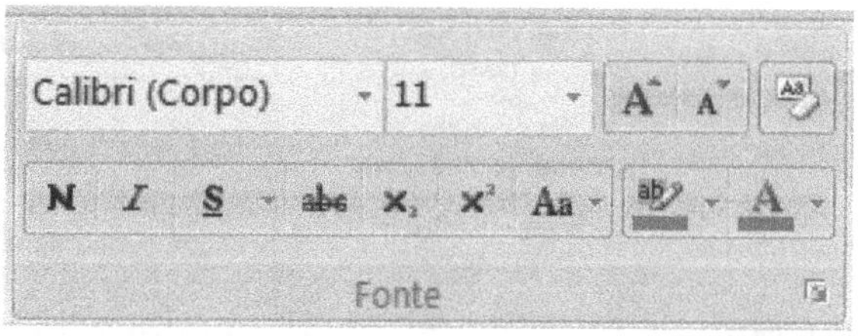

Repare que, no Word 2010, a opção Maiúsculas e Minúsculas Aa é disponibilizada junto ao bloco Fonte.

E os botões A A servem respectivamente para aumentar e diminuir o tamanho do texto selecionado.

Dentre as propriedades de fonte, ilustradas na figura a cima temos na sequência:

→ Tipo/Nome da Fonte;

→ Estilo da Fonte;

→ Tamanho da Fonte;

→ Cor da Fonte;

→ Efeitos da Fonte: os efeitos da fonte são citados em várias provas, por isso é importante destacarmos suas características.

> Tachado: usado comumente em textos de leis revogados.

» ~~Exemplo de texto Tachado~~

> Tachado Duplo:

» ~~Exemplo de texto Tachado duplo~~

> Versalete:

» Exemplo de texto em VERSALETE

> Todas em Maiúsculas:

» EXEMPLO DE TEXTO TODAS EM MAIÚSCULAS

> Sobrescrito:

» Texto normal $^{\text{texto sobrescrito}}$

> Subscrito:

» Texto normal $_{\text{texto subscrito}}$

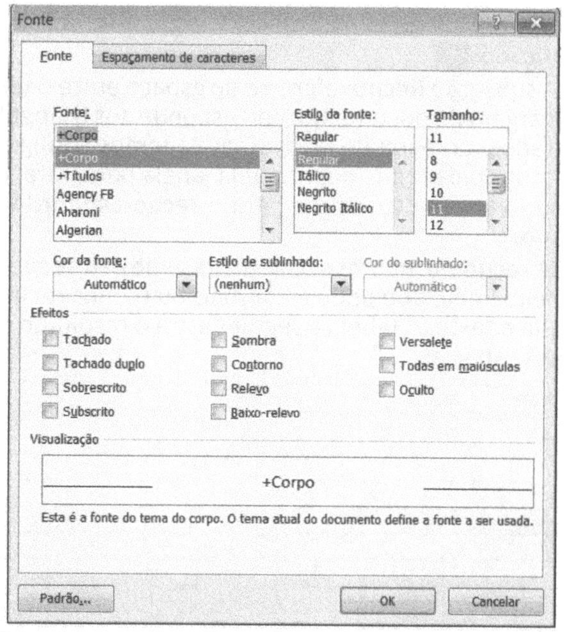

Formatar Parágrafo

As propriedades de parágrafo são alvo frequente de questões de concursos, que em geral envolvem alguma pegadinha, principalmente em relação aos alinhamentos de parágrafo e tabulação.

Podemos acessar as opões de propriedades de parágrafo por meio do bloco Parágrafo da Guia Página Inicial, clicando sobre a opção presente no canto inferior direito do bloco, como mostra a figura a seguir, ou clicando com o botão direito do mouse sobre o parágrafo selecionado e escolhendo a opção parágrafo. Em ambos os casos, o resultado será a abertura da mesma janela.

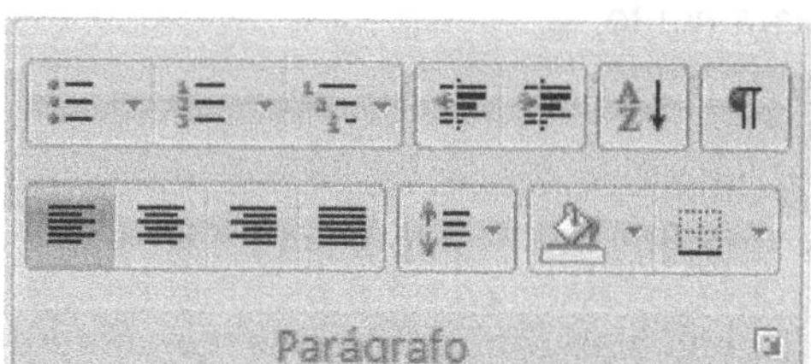

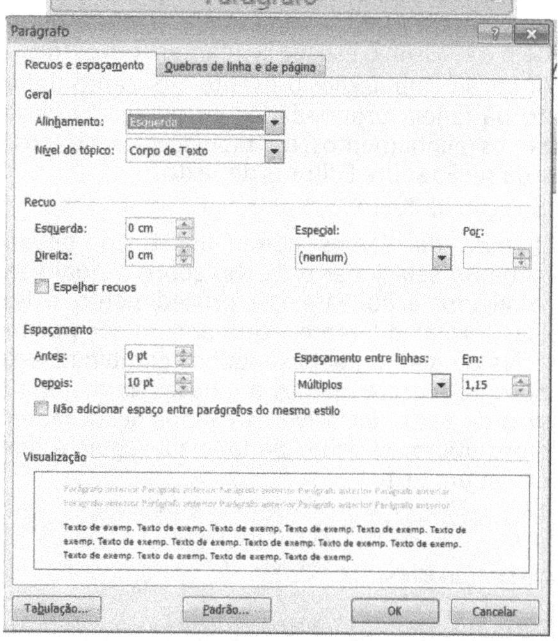

Na guia Recuos e Espaçamento, encontramos a opção Alinhamento na subseção geral, o qual diz respeito ao alinhamento do parágrafo, que pode ser do tipo: **esquerdo** , **centralizado** , **direito** ou **justificado** .

A subseção **Recuo** refere-se ao espaço entre o texto e a margem do documento; corresponde aos triângulos ilustrados na régua do programa. Podemos configurá-los tanto pela régua quanto pela janela parágrafo, definindo valores específicos para o **recuo Esquerdo** ou **Direito**.

O **recuo** do tipo **especial** diz respeito ao recuo da primeira linha, que pode estar mais ou menos recuada do que o texto. A tabela a seguir ilustra o resultado dos recuos especiais.

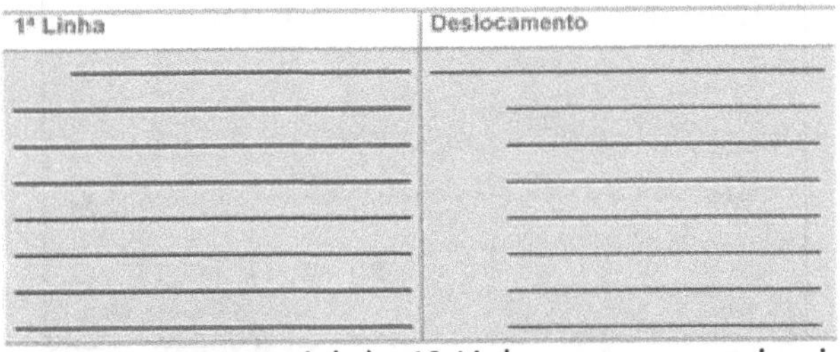

No recuo especial de 1ª Linha, apenas a primeira linha do parágrafo é recuada, enquanto que, no deslocamento, todas as linhas são recuadas, exceto a primeira.

A subseção Espaçamento refere-se ao espaçamento antes e depois do parágrafo. Por padrão no Word 2010, o espaçamento Depois é definido em 10pt.

O espaçamento entre Linhas é o espaço entre as linhas do parágrafo selecionado, que pode tomar a linha como base ou um valor exato em pontos (pt). Os espaçamentos entre linhas disponíveis são:

> Simples;
> Múltiplo;
> Exatamente;
> Pelo menos;
> Duplo;
> 1,5 Linha.

Um espaçamento Múltiplo em 2 é igual a um espaçamento duplo, assim como o múltiplo de 1,5 é igual ao 1,5 Linha; eles tomam a linha como referência. Portanto, se a fonte for aumentada, a altura da linha também o é, assim o espaço se mantém em escala.

A opção Tabulação presente no canto inferior direito da janela propriedades de parágrafo permite utilizar os alinhamentos de tabulação já citados no início da seção sobre Editores de Texto.

→ Seleção de Texto

Quando desejamos editar um texto, devemos previamente selecionar o trecho sobre o qual vamos aplicar alguma ação. Para esse procedimento, existem diversas formas diferentes, que podem ser por meio de teclas de atalho apenas, atalhos combinados com o mouse ou mesmo apenas o mouse. Na maioria dos editores de texto, inclusive os citados neste material, podemos utilizar as ações da tabela a seguir, a fim de selecionar um texto.

Atalho	Resultado
SHIFT + Seta para direita	Seleciona o caractere à direita do cursor de texto.
SHIFT + Seta para esquerda	Seleciona o caractere à esquerda do cursor de texto.
SHIFT + Home	Seleciona o trecho entre o cursor de texto até o primeiro caractere da linha.
SHIFT + End	Seleciona o trecho entre o cursor de texto até o último caractere da linha.
CTRL + SHIFT +Home	Seleciona o trecho entre o cursor de texto até o primeiro caractere do documento.
CTRL + SHIFT + End	Seleciona o trecho entre o cursor de texto até o último caractere do documento.
CTRL + SHIFT + Seta para a direita	Seleciona a palavra à direita do cursor de texto, caso o cursor esteja posicionado à esquerda da palavra sem espaço entre o cursor e a palavra.
CTRL + SHIFT + Seta para a esquerda	Seleciona a palavra à esquerda do cursor de texto, caso o cursor esteja posicionado à direita da palavra sem espeço entre o cursor e a palavra

No Word, para selecionar todo o documento em edição, podemos utilizar a tecla de atalho CTRL + T. ou utilizar as ações descritas na tabela a seguir.

Ação	Local	Para
Clique Simples	Sobre uma palavra	Posicionar o cursor de texto
Duplo Clique	Em qualquer lugar do texto	Selecionar a palavra
Triplo Clique	Em qualquer lugar do texto	Selecionar o parágrafo
Clique Simples	Na margem à esquerda da página	Selecionar a linha
Duplo Clique	Na margem esquerda da página	Selecionar o parágrafo
Triplo Clique	Na margem esquerda da página	Selecionar todo o texto

Writer

O Writer é o editor de texto do BrOffice. Nesta seção, são apresentadas as suas ferramentas e opções para a edição de documentos de texto.

A Janela do Programa

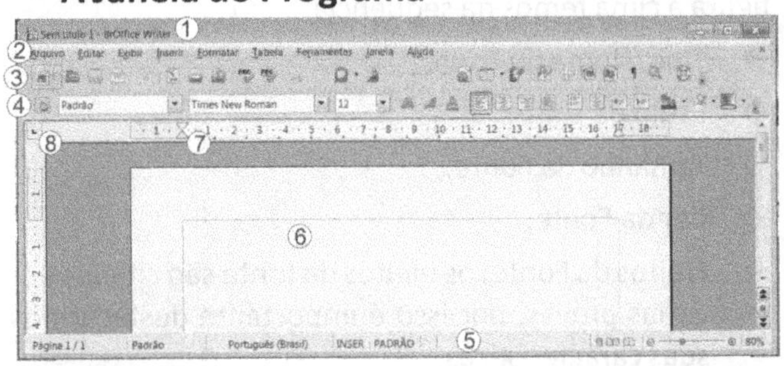

Barra de Título - 1

Nessa barra são apresentadas as informações sobre o nome do documento em edição e seu formato, bem como o nome do programa que, no caso da figura, indica BrOffice Writer. Também se observa na imagem que não há a indicação do formato do arquivo, isso significa que o documento em questão ainda não foi salvo em disco.

Barra de Menus - 2

Os Menus são estruturas com finalidade de organizar os recursos do programa que possuam certa similaridade. Podemos utilizar teclas de atalho para acessar as opções da barra de menus: teclar a tecla ALT, soltar e pressionar na sequência a letra que estiver sublinhada no menu desejado.

Barra de Ferramentas Padrão – 3

Nela estão disponíveis as opções mais comuns entre os programas de computador, como:

> **Novo Documento em Branco**: que cria um

novo documento direto, sem questionar ao usuário. Sua tecla de atalho correspondente é: CTRL + N. Clicando-se na seta, podemos escolher até mesmo para criar uma nova Planilha, contudo, ela será criada no Calc, ou seja, essa opção é apenas uma espécie de atalho, que expressa a integração do BrOffice.

> **Abrir**: permite abrir um arquivo salvo. Tecla de atalho: CTRL + O.

> **Salvar**: a opção Salvar permite salvar as últimas modificações realizadas em um documento já existente em disco, porém, há uma exceção para o seu comportamento, que ocorre quando o documento nunca foi salvo, ou seja, trata-se de um documento recém criado. Nessa circunstância a opção equivale à opção **Salvar Como**, encontrada no menu Arquivo. A tecla de atalho correspondente à opção Salvar, no Word 2003, é: CTRL + S. No BrOffice ainda esse botão também indica se um documento já foi salvo ou não; quando habilitado, indica que existem alterações para serem salvas, do contrário, significa que o documento em questão já foi salvo.

> **Exportar Diretamente como PDF**: opção existente apenas no BrOffice e que permite gerar um arquivo PDF.

> **Imprimir Arquivo Diretamente**: essa opção executa uma ação diferente da opção Imprimir, encontrada no Menu Arquivo. Ela manda diretamente o documento em edição para ser impresso na impressora definida como padrão, utilizando as configurações padrões da Impressora, não permitindo, portanto, que o usuário altere as configurações antes de realizar a impressão. Para definir qual é a impressora padrão no Windows, podemos configurar por meio da opção Impressoras e Aparelhos de Fax do Painel de Controle.

> **Visualizar Página**: permite Visualizar como o documento será impresso. Essa opção corresponde à opção Visualizar Página do Menu Arquivo.

> **Verificação de Ortografia e Gramática**: abre uma janela por meio da qual é possível verificar as palavras do documento que não constam no dicionário do programa; também é possível adicionar a palavra ao dicionário por meio dessa opção. Atalho: F7.

> **Autoverificação Ortográfica**: outra opção existente apenas no BrOffice que serve simplesmente para habilitar a exibição do sublinhado vermelho sobre as palavras não conhecidas pelo dicionário do programa.

> **Pincel**: muito cobrado nas provas, o pincel é a ferramenta utilizada para copiar o estilo de formatação de um texto selecionado para outro local do documento. Para usá-lo, basta selecionar o parágrafo que possui a formatação que se deseja copiar, clicar o botão pincel e selecionar o texto ao qual se deseja aplicar a formatação, mas, se é de interesse utilizar a mesma formatação do texto selecionado em mais de uma parte do documento, deve-se utilizar um clique duplo sobre o botão do pincel. Para finalizar o uso do pincel, caso usado o clique duplo, basta clicar novamente sobre a opção ou teclar ESC.

> **Inserir HiperLink**: opção que permite criar um Link para um Arquivo ou site da Internet, bem como um arquivo do próprio computador.

> **Inserir Tabela**: essa opção, quando acionada, permite inserir uma tabela de até 10 linhas por 15 colunas no documento em edição, além de oferecer a opção MAIS, que abre a janela inserir Tabela.

> ¶ **Caracteres Não Imprimíveis**: botão de caráter muito importante para o entendimento de algumas estruturas de um documento, como parágrafos e quebras. Ao ser pressionado, exibe os caracteres não imprimíveis, ou seja, caracteres que não irão aparecer na impressão, pois ele tem por objetivo apenas identificar as marcas de edição, como por exemplo: ao final de cada parágrafo é ilustrado o sinal de fim de parágrafo (¶). Atalho: CTRL + F10.

Barra de Ferramentas de Formatação - 4

A finalidade de um editor de texto é trabalhar com a estrutura de documentos que, por sua vez, devem ser editados com aparência diferente para títulos, subtítulos, parágrafos, citações, notas, dentre inúmeras outras opções. A maioria das opções necessárias para se formatar um documento com uma aparência aceitável são encontradas na barra de ferramentas de Formatação.

> Estilo Padrão **Estilos de Formatação**: essa opção torna a formatação de um documento extremamente simples, pois, por meio dela, é possível reutilizar uma formatação já utilizada em um documento de forma mais rápida. Também é muito útil quando desejamos trabalhar com sumário, pois basta atribuir o estilo de formatação de título a um texto que, quando o sumário for inserido no documento, os títulos e suas respectivas páginas serão preenchidos automaticamente.

> Times New Roman **Tipo/Nome da Fonte**: por meio dessa opção, podemos mudar a grafia de um texto. Os principais nomes usados nesse campo nas figuras das provas são: **Times New Roman, Arial, Tahoma, Calibri e Georgia**; como podemos observar, para um mesmo tamanho nominal de fonte, as diferentes caligrafias apresentam diferenças de tamanho.

> 12 **Tamanho da Fonte**: permite alterar o tamanho da fonte do texto selecionado.

> A A A **Estilos de Fonte**: negrito (CTRL + B), Itálico (CTRL + I), Sublinhado (CTRL + U).

> **Alinhamentos de Parágrafo**: Esquerdo, Centralizado, Direito e Justificado.

> **Numeração**: essa opção permite acrescentar um índice sequencial para cada parágrafo selecionado. Uma numeração pode ser um número arábico, um número romano maiúsculo ou minúsculo, ou mesmo uma letra maiúscula ou minúscula.

> **Marcadores**: os marcadores são estruturas utilizadas para criar tópicos para cada parágrafo selecionado. Um marcador pode ser um símbolo do mapa de caracteres ou mesmo uma imagem do computador do usuário.

> **Aumentar e Diminuir Recuo**: aumentam e diminuem o recuo esquerdo de um texto.

> **Realçar**: equivalente a uma caneta marcadora de texto e serve para preencher um "fundo" de um texto com o intuito de destacá-lo.

> **Cor da Fonte**: opção que permite alterar a cor de um texto selecionado de acordo com a paleta de cores do Windows.

Barra de Status - 5

Nela são apresentadas algumas informações como número da página atual, modo de edição (Inserir ou Sobrescrever), se existem alterações para serem salvas por meio do ícone ( ) e o controle de zoom.

Página do Documento em Edição – 6

Podemos observar que o Writer, ao contrário do Word, exibe uma linha cinza no interior da página, que é o limite do texto. Ela não é impressa, ou seja, serve apenas para orientação; indica exatamente as margens do documento.

Régua – 7

A Régua possui finalidade de orientação e, por meio dela, podemos configurar diversas informações, como as margens de um documento, sem ter que necessariamente abrir a opção nas opções do programa.

Alinhamentos de Tabulação:

> Uma tabulação ESQUERDA define a posição de início do texto, que correrá para a direita, conforme você digita.

> Uma tabulação CENTRALIZADA define a posição do meio do texto, que é centralizado nessa posição, conforme você digita.

> Uma tabulação DIREITA define a extremidade do texto à direita. Conforme você digita, o texto é movido para a esquerda.

> Uma tabulação DECIMAL alinha o texto centralizado com base em um caractere que pode ser definido. Independentemente do número de dígitos, o caractere escolhido ficará na mesma posição.

Opção Novo

Esta opção apresenta comportamentos diferentes de outros programas ou mesmo entre as versões do mesmo programa.

No Writer, a opção Novo está disponível no Menu Arquivo, contudo, mostra ao lado da opção uma seta para a direita. Todo programa que possuir uma opção com seta para direita indica que existem mais opções, que são mostradas em um Menu Suspenso.

Embora no menu suspenso apareça a opção Planilha, Base de Dados, Apresentação, entre outras, não significa que o Writer é capaz de criar esse tipo de arquivo, mas que a suíte de aplicativos do BrOffice é uma suíte integrada, em que é possível, por meio do Writer, criar uma nova Planilha em branco no Calc, por exemplo. Assim, observa-se que, quando executamos essa ação, o Calc abre mais rapidamente do que se o Writer não estivesse aberto.

Opção Configurar Página

Podemos dizer que, ao invés de configurar as páginas, nós as formatamos, tanto que a opção equivalente à configuração de páginas é encontrada no Menu Formatar opção **Páginas** por meio da qual é possível configurar:

> As margens da página: superior, esquerda, inferior e direita;
> O tamanho do papel: A4, ofício, Carta, etc.;
> A orientação: Retrato ou Paisagem;
> Posição do Cabeçalho;
> Posição do Rodapé.

No Writer, a opção **Numeração de Linhas** está disponível no Menu Ferramentas. A Numeração de Linhas tem por finalidade apresentar um número sequencial, que indica o número da linha em que aparece; o intervalo pode ser configurado pelo usuário, conforme ilustra a figura a seguir.

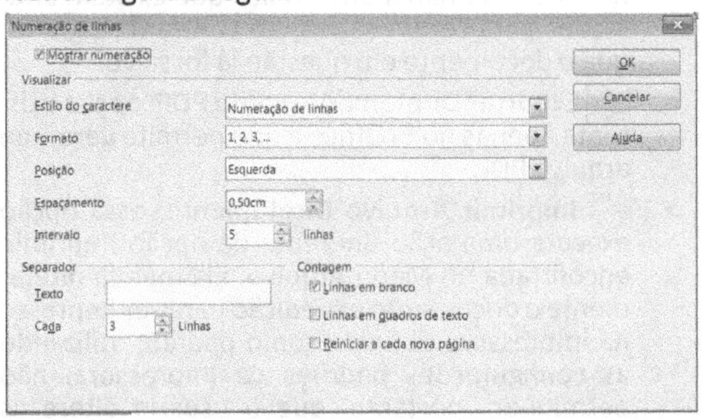

Modos de Exibição

Questões sobre modos de exibição podem ser de duas formas: pedindo sobre quais e quantos são em cada programa ou sobre a forma como é apresentada a janela para cada um deles.

O Writer 3.3 disponibiliza apenas dois modos de Exibição, conforme ilustra a figura a seguir.

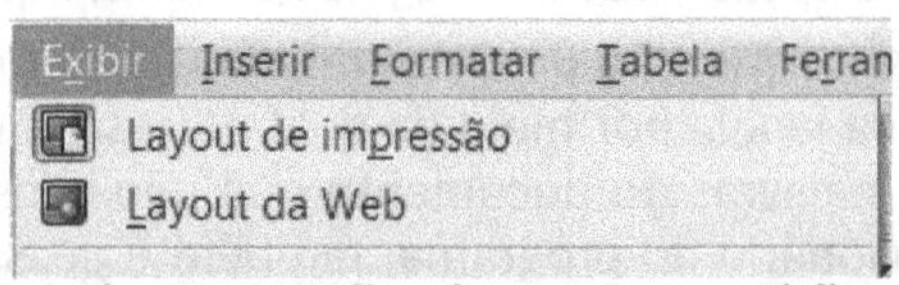

Layout de Impressão: é o Layout padrão utilizado pelo programa, cuja finalidade é criar documentos para serem impressos. Ele apresenta o documento separado em páginas, dando noção ao usuário de como está distribuído o conteúdo do documento.

Layout da Web: como já citado, os editores de texto podem ser utilizados para criar páginas da Internet, portanto, em uma página web não temos limites como os limites de uma folha; ao contrário do Word, no Writer é exibida tanto a régua da vertical como da horizontal.

Tabela

Devemos tomar muito cuidado com a estrutura de tabela nas provas, pois ela é diferente de uma planilha, tanto em termos organizacionais como em comportamentos.

Contudo, em uma tabela também é possível realizar cálculos por intermédio de fórmulas, porém, as fórmulas disponíveis para operar em tabelas são muito inferiores em número e opções do que as de um editor de planilha.

Operações com tabelas

Em uma tabela, ao teclar **Enter** dentro de uma célula, é inserido um novo parágrafo em uma nova linha de texto nesta. Outro detalhe diferenciado é que teclar TAB quando o cursor estiver em uma célula da tabela selecionará a célula da direita, a exceção da última célula da última linha da tabela. Nesse caso, teclar TAB insere uma nova linha na tabela com o número de colunas da última linha.

Ao contrário do Word, o Writer oferece mais recursos para trabalhar com fórmulas dentro de uma tabela, como utilizar endereços para as células, ao invés de realizar as operações apenas em um sentido.

O Writer possibilita dois caminhos diferentes para ação de inserir uma tabela no documento em edição: por meio do menu Inserir e por meio do menu Tabela, como ilustram as figuras a seguir.

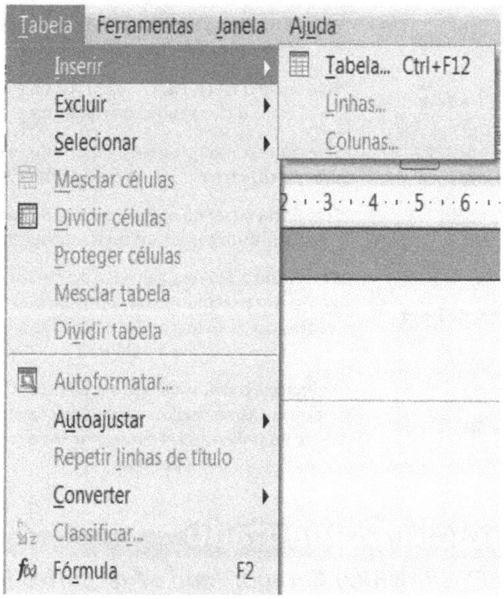

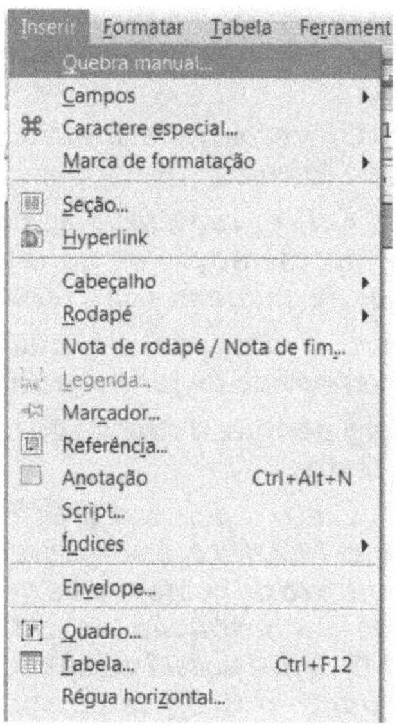

Para inserir uma fórmula na tabela em edição, utilizamos a opção Fórmula do Menu Tabela.

Formatar Fonte

Uma das opções mais utilizadas em um editor de texto são as formatações de fonte, que permitem alterar como o caractere de texto será apresentado no documento.

A opção no Writer equivalente à opção Formatar → Fonte, no Word 2003 e 2007 é a opção Formatar → Caractere.

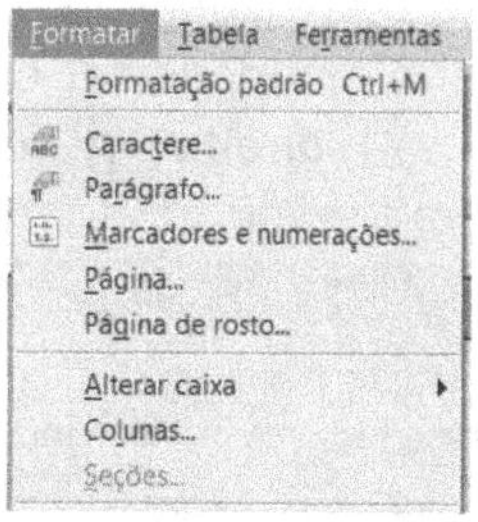

Dentre as propriedades de fonte, ilustradas na figura abaixo, temos:

> Tipo/Nome da Fonte;
> Tamanho da Fonte;
> Estilo da fonte (Negrito, Itálico e Sublinhado).

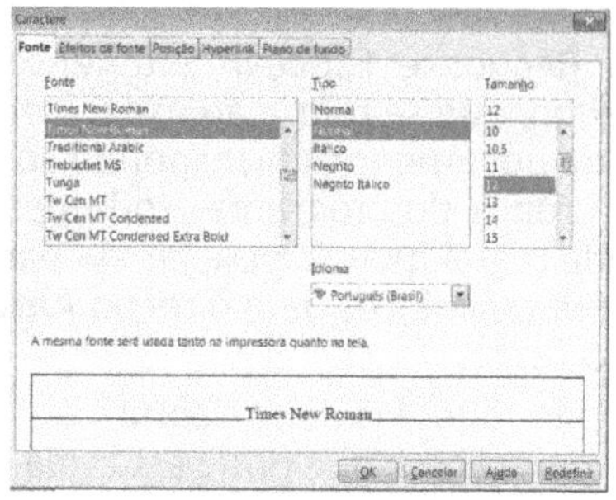

No Writer, as opções de Efeito de texto são disponibilizadas na Aba efeitos de Fonte da janela propriedades do caractere, conforme a figura a seguir.

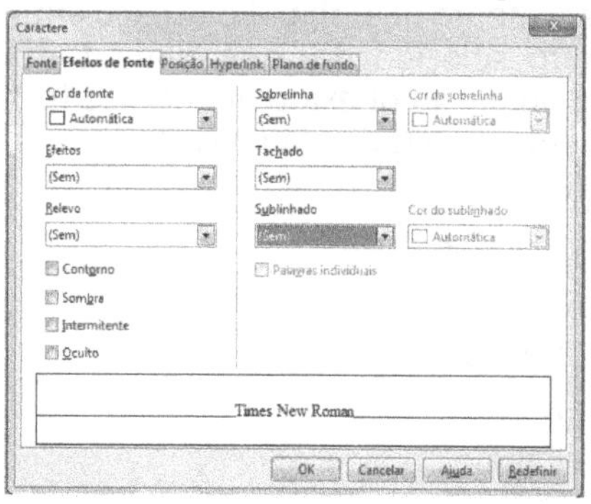

Formatar Parágrafo

As propriedades de parágrafo são alvo frequente de questões de concursos, que em geral envolvem alguma pegadinha, principalmente em relação aos alinhamentos de parágrafo e tabulação.

No Writer podemos acessar as opões de propriedades de parágrafo por meio da opção Parágrafo do menu Formatar, como mostra a figura a seguir, ou clicando com o botão direito do mouse sobre o parágrafo selecionado e escolhendo a opção parágrafo. Em ambos os casos, o resultado será a abertura da mesma janela.

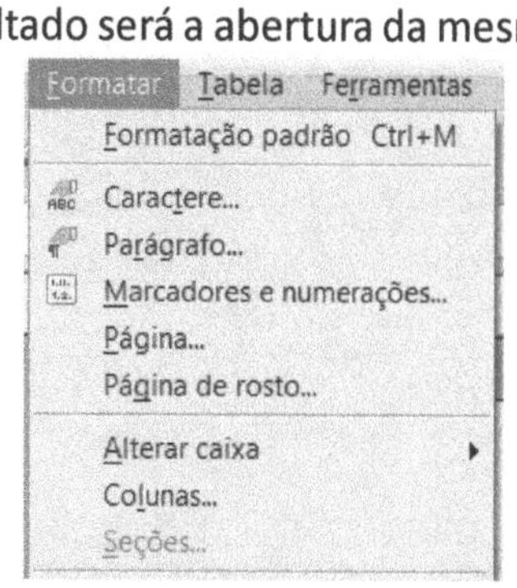

Na guia Alinhamento encontramos a opção Alinhamento na subseção geral, o qual diz respeito ao alinhamento do parágrafo, que pode ser do tipo: **esquerda**, **centralizada**, **direita** ou **justificado**, como ilustra a figura a seguir.

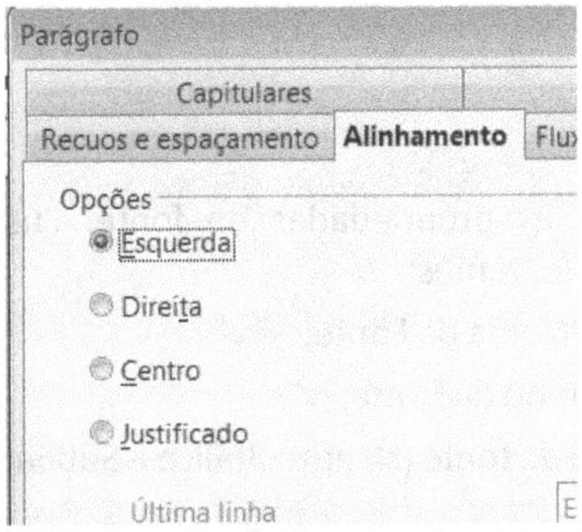

Na guia **Recuos** e Espaçamento encontramos a subseção Recuo, que se refere ao espaço entre o texto e a margem do documento; corresponde aos triângulos ilustrados na régua do programa. Podemos configurá-los tanto pela régua quanto pela janela parágrafo, definindo valores específicos para o recuo **Antes do texto** ou **Depois do Texto**.

O recuo do tipo **Primeira Linha** diz respeito ao recuo da primeira linha, que pode estar mais ou menos recuada do que o texto.

A subseção Espaçamento refere-se ao espaçamento Acima e Abaixo do parágrafo.

O espaçamento de Linhas é o espaço entre as linhas do parágrafo selecionado, que pode tomar a linha como base ou um valor exato em pontos (pt). Os espaçamentos entre linhas disponíveis são:

> Simples;
> Proporcional;
> Fixo;
> Pelo menos;
> Duplo;
> Entrelinha;
> 1,5 Linha.

Um espaçamento Proporcional em 200% é igual a um espaçamento duplo, assim como o Proporcional de 150% é igual ao 1,5 Linha; eles tomam a linha como referência. Portanto, se a fonte for aumentada, a altura da linha também o é, assim o espaço se mantém em escala.

A Aba Tabulações permite utilizar os alinhamentos de tabulação já citados no início da seção sobre Editores de Texto.

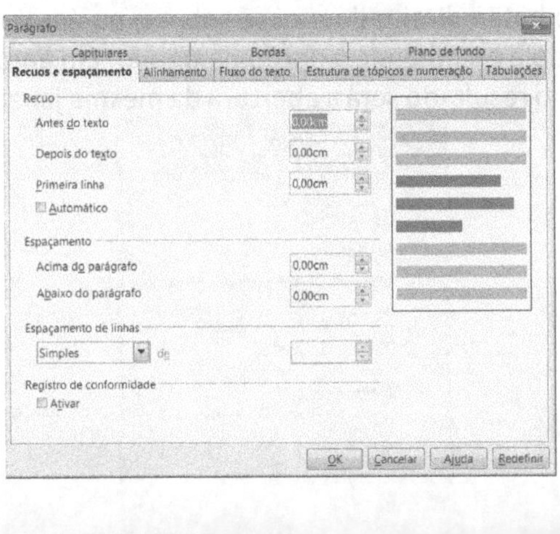

Seleção de Texto

Quando desejamos editar um texto, devemos previamente selecionar o trecho sobre o qual vamos aplicar alguma ação. Para esse procedimento, existem diversas formas diferentes, que podem ser por meio de teclas de atalho apenas, atalhos combinados com o mouse ou mesmo apenas o mouse. Na maioria dos editores de texto, inclusive os citados neste material, podemos utilizar as ações da tabela a seguir, a fim de selecionar um texto.

Atalho	Resultado
SHIFT + →	Seleciona o caractere à direita do cursor.
SHIFT + ←	Seleciona o caractere à esquerda do cursor.
SHIFT + Home	Seleciona o trecho entre o cursor de texto até o primeiro caractere da linha.
SHIFT + End	Seleciona o trecho entre o cursor de texto até o último caractere da linha.
CTRL + SHIFT + Home	Seleciona o trecho entre o cursor de texto até o primeiro caractere do documento.
CTRL + SHIFT + End	Seleciona o trecho entre o cursor de texto até o último caractere do documento.
CTRL + SHIFT + →	Seleciona a palavra à direita do cursor de texto, caso o cursor esteja posicionado à esquerda da palavra sem espaço entre o cursor e a palavra.
CTRL + SHIFT + ←	Seleciona a palavra à esquerda do cursor de texto, caso o cursor esteja posicionado à direita da palavra sem espaço entre o cursor e a palavra.

Exercício Comentado

01. ***(CESGRANRIO) Comparando-se as suítes Microsoft Office e BrOffice.org, conclui-se que apenas a suíte:***

a) ***Microsoft Office pode ser instalada em plataformas Linux.***

b) ***Microsoft Office permite inserir hiperlinks em planilhas de cálculos.***

c) ***Microsoft Office contém um aplicativo que auxilia na apresentação de palestras fornecendo recursos de imagens, sons, textos e vídeos.***

d) ***BrOffice.org é baseada em padrões abertos, podendo ser obtida de forma gratuita.***

e) ***BrOffice.org permite a criação de tabelas em seu editor de textos.***

RESPOSTA. ***"D": Exato, apenas o BrOffice é software livre, enquanto o MSOffice é software proprietário. Letra "A": No contexto do comando de questão apenas o BrOffice pode ser instalado no Linux. Mas vale lembrar que o MS Office possui versões para Windows e Mac OS, enquanto o BrOffice possui versões para Windows, Linux e Mac OS, logo, está errada. Letra "B": Cuidado ao ler a alternativa esquecendo-se do comando, pois a alternativa em si está correta, é possível inserir hiperlinks em planilhas do Excel, no entanto, o comando da questão leva ao entendimento de que a opção hiperlink é possível apenas no MS Office, portanto, não existe no BrOffice. Letra "C": O mesmo caso da alternativa anterior, em que o comando da questão torna a alternativa errada, uma vez que no BrOffice existe o Impress, que realiza tal função. Alternativa "E": O BrOfice permite a edição de tabelas, mas o MS Office também possui tal recurso, logo, está errada.***

Vamos Praticar

01. (FCC) No BrOffice Writer, para apagar de uma só vez a palavra à esquerda do cursor utiliza-se:

a) Shift + Seta para esquerda.
b) BackSpace.
c) Del
d) Ctrl + Del
e) Ctrl + BackSpace

02. (FUNCAB) No Microsoft Office Word 2003, o ícone exibido na imagem abaixo:

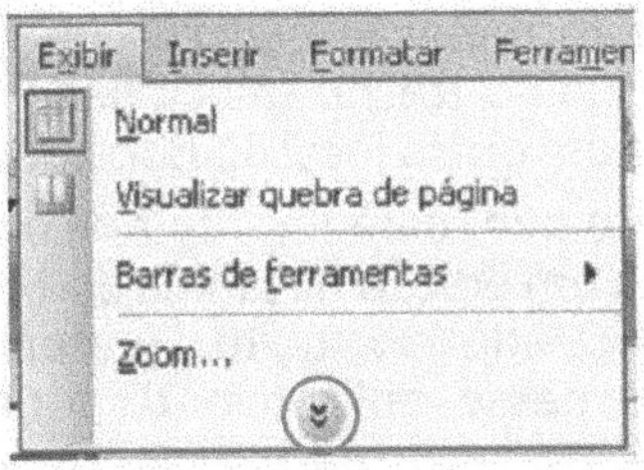

a) recolhe o menu, escondendo suas opções.
b) expande o menu, exibindo os comandos do menu utilizados com menor frequência.
c) exibe as opções de zoom da tela.
d) exibe tela de ajuda referente às opções do menu.
e) ativa as funções de acessibilidade.

03. (FUNCAB) No Microsoft Office Word 2003, o ícone que representa uma função de formatação de fonte é:

a) 

b) 
c) 
d) 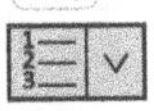
e) 

04. (FCC) Para que um arquivo criado pelo Writer, do pacote BrOffice, possa ser aberto em versões de Microsoft Word que não suportem o seu formato padrão, o usuário deverá selecionar a opção:

a) 'Salvar como' do menu Arquivo e, no diálogo para a gravação do arquivo, escolher o tipo de arquivo desejado.
b) exportar do menu Ferramentas e escolher o formato desejado para exportação.
c) propriedades do menu Editar e, na caixa de seleção de tipo de arquivo, escolher o tipo desejado.
d) compatibilidade do menu Formatar e, na aba de formatos, escolher o modelo desejado.
e) filtros do menu Ferramentas e criar um filtro para o formato desejado.

05. (TJ-SC) Considere os itens a seguir e assinale a alternativa correta:

I. Tabela
II. Imagem
III. Texto
IV. Hiperlink

Podem ser inseridos em um documento do Word:

a) Somente os itens I, II e III.
b) Somente os itens III e IV.
c) Somente os itens I, III e IV.
d) Somente os itens I e II.
e) Todos os itens.

06. (TJ-SC) No Word 2007, um documento utilizando apenas o estilo "normal" possui espaçamento padrão de:.

a) 1,0 entre linhas e 12 pontos após cada parágrafo.
b) 1,15 entre linhas e 10 pontos após cada parágrafo.
c) 1,5 entre linhas e 1 ponto após cada parágrafo.
d) 2,0 entre linhas e 6 pontos após cada parágrafo.
e) 1,15 entre linhas e 12 pontos após cada parágrafo.

07. (TJ-SC) Com relação aos recursos do Word, assinale a alternativa correta:

a) Para abrir o Word, é obrigatório que exista uma impressora conectada ao computador.
b) O número de figuras que podem ser inseridas em um documento é limitado a 8.
c) É possível aplicar as formatações negrito, itálico e sublinhado a uma mesma palavra.
d) É possível inserir no máximo 1 hiperlink em cada página de um documento.
e) É permitido manter apenas 1 documento aberto de cada vez. Para abrir outro documento, é obrigatório fechar o atual.

08. (FCC) Considere a figura abaixo. A ferramenta do Word, disponível no pacote Microsoft Office 2007, que possibilita a criação de fluxogramas, esquemas, listas, entre outros elementos gráficos, pode ser utilizada a partir da seguinte ação:

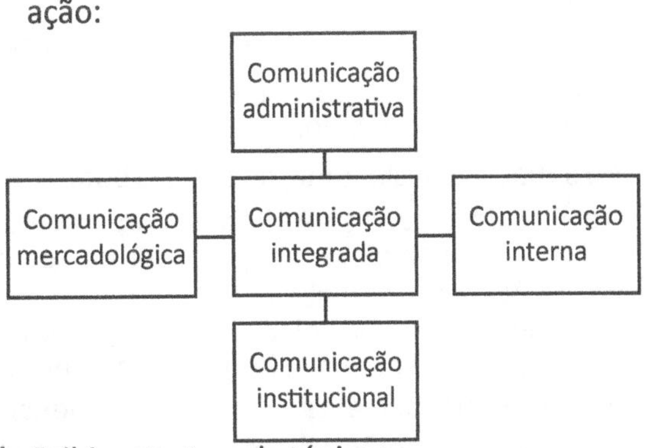

a) Exibir estrutura de tópicos.
b) Início alterar estilos.
c) Exibir imagem.
d) Inserir formas.
e) Inserir SmartArt.

09. (CESGRANRIO) O tipo de alinhamento, no Microsoft Office Word 2007, representado pelo ícone  é utilizado para:

a) alinhar o texto à direita da tabulação.
b) alinhar o texto à esquerda da tabulação.
c) alinhar números ao longo de uma posição decimal comum.
d) centralizar o texto em cada lado da tabulação.
e) inserir uma barra vertical na marca de tabulação.

10. (CESGRANRIO) O objetivo do pincel  no Microsoft Word é:

a) copiar a formatação de um local e aplicá-la em outro.
b) copiar os textos de um local e os colar em outro.

c) copiar a fonte e o tamanho dela no texto do WordArt.

d) modificar o layout da página.

e) ordenar alfabeticamente um conjunto de sentenças.

A figura abaixo mostra uma janela do Microsoft Word 2007 em execução, em um computador com sistema operacional Windows XP. Essa janela contém um documento em processo de edição, no qual o trecho "Serviço internacional" está selecionado.

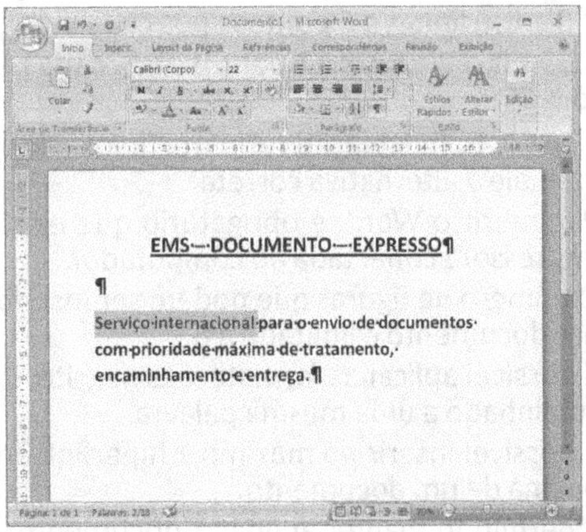

11. (CESPE) Com base na janela do Microsoft Word 2007 ilustrada no texto, assinale a opção correta.

a) Para numerar as linhas do parágrafo do documento em edição que contém o trecho selecionado, é suficiente pressionar simultaneamente e manter pressionadas as teclas Ctrl e A, clicar o botão e liberar finalmente as teclas pressionadas.

b) Na situação considerada, ao clicar o botão , o trecho selecionado ficará com a cor do texto alterada para vermelho.

c) Na situação considerada, ao clicar o botão N, o trecho selecionado será alterado e aparecerá em itálico e sublinhado, ou seja, ficará na seguinte forma: *Serviço internacional.*

d) Para mover o trecho selecionado de sua posição atual para uma nova posição no documento em edição, é correto realizar a seguinte sequência de ações: clicar o botão , para recortar o trecho selecionado; posicionar o ponto de inserção no local para onde se deseja mover o trecho selecionado; clicar o botão Colar, em sua parte superior - -, para colar o texto na nova posição.

e) Na situação mostrada, ao clicar o botão , o parágrafo do documento em edição que contém o trecho selecionado ficará alinhado tanto à direita quanto à esquerda.

12. Na janela do Microsoft Word 2007 ilustrada no texto, o campo 22 informa:

a) a intensidade da cor da fonte utilizada nas palavras que compõem o trecho selecionado.

b) o tamanho da fonte utilizada no trecho selecionado.

c) o espaçamento entre as linhas do parágrafo em que se encontra o trecho selecionado.

d) a largura da coluna do parágrafo em que se encontra o trecho selecionado.

e) o tamanho da margem direita do parágrafo em que se encontra o trecho selecionado.

13. Na situação da janela do Microsoft Word 2007 mostrada no texto, o uso do botão permite:

a) aplicar realce no trecho selecionado, utilizando a cor predefinida no conjunto de botões A˄ A˅.

b) aplicar realce no trecho selecionado, utilizando a cor predefinida no conjunto de botões .

c) colorir o plano de fundo do trecho selecionado com a cor previamente definida por meio do conjunto de botões .

d) aplicar aos caracteres do trecho selecionado a cor definida pelo conjunto de botões N I S.

e) copiar a formatação utilizada no local do documento onde o trecho selecionado se encontra e aplicá-la em outro local do documento.

14. Considere que, para imprimir o conteúdo do documento em edição na janela do Microsoft Word 2007 ilustrada no texto, pretenda-se utilizar recursos desse aplicativo disponibilizados por meio do conjunto de botões Imprimir. Nesse caso, para o acesso a esse conjunto de botões, visualizando-o na janela do Word, é suficiente, na referida janela do aplicativo, clicar

a) o botão .

b) o botão .

c) o menu Exibição.

d) o campo Área de Transferência.

e) o menu Início.

15. (CEPERJ) Um funcionário está digitando um texto no Word 2003 BR e, em certo momento, pressionou simultaneamente as teclas CTRL + T, que no contexto do processador de textos possui o seguinte significado:

a) Salvar o texto digitado

b) Selecionar todo o texto

c) Mostrar barra de ferramentas para mala direta

d) Abrir uma janela de diálogo para procura de uma palavra no texto

16. (FCC) No Microsoft Word e no BrOffice Writer, alinhar, centralizar e justificar são opções de:

a) organização de desenhos.

b) ajustamento de células em planilhas.

c) formatação de texto.

d) ajustamento de slides para exibição.

e) aumento e diminuição de recuo.

17. (CESPE) A criação de tabelas no Word 2007 necessita que seja definida, inicialmente, a cor de fundo da tabela, caso contrário, elas serão criadas com fundo preto e linhas transparentes.

Certo ( ) Errado ( )

18. (CESPE) O Layout de Impressão, um dos modos de exibição de arquivos no Microsoft Word, permite que se visualize o documento aberto para posterior impressão em papel, sem que seja possível, no entanto, fazer qualquer alteração do processo de edição e impressão.

Certo ( ) Errado ( )

19. (FCC) Nos processadores de texto Word e BrOffice.org Writer, são comandos com funções e nomes idênticos:

a) Copiar, Controlar alterações e Mapa do documento.

b) Pesquisar arquivo, Salvar como e Visualizar página da Web.

c) Ir para, Recortar e Diminuir recuo.

d) Layout de impressão, Hyperlink e Copiar.

e) Centralizar, Colar e Limites da tabela.

20. (CESPE) Com os recursos do Microsoft Word 2003, é possível manipular estruturas em forma de tabelas, com linhas e colunas. Todavia, as linhas de grade não podem ser ocultadas.

Certo ( ) Errado ( )

Gabarito

01	*E*	*11*	*D*
02	*B*	*12*	*B*
03	*A*	*13*	*E*
04	*A*	*14*	*B*
05	*E*	*15*	*B*
06	*B*	*16*	*C*
07	*C*	*17*	*ERRADO*
08	*E*	*18*	*ERRADO*
09	*D*	*19*	*D*
10	*A*	*20*	*ERRADO*

Anotações

CAPÍTULO 06

Editores de Planilha

Os editores de planilha são poderosas ferramentas que auxiliam nas mais diversas tarefas do dia a dia, desde um simples controle financeiro pessoal a complexos controles de estoque e caixa, dentre inúmeros outros projetos que podem ser trabalhados.

De forma geral, nos concursos, os Editores de Texto referidos são genéricos, não citando versão. Nesse caso devemos analisar as diferenças entre as versões do Microsoft Office além do BrOffice.

Por outro lado, as questões relacionadas aos editores de planilha não têm como foco o programa, mas o processo de utilização e regras, que na maioria dos casos soam similares. Dessa maneira, adotando um caráter prático e objetivo, este capítulo aborda como trabalhar com planilhas e, quando houver, serão apontadas as diferenças em relação às versões.

Formato de Arquivo dos Editores de Planilha

Quando observamos a janela do Excel, independente de versão, podemos notar que na barra de títulos do programa consta o termo Pasta2, conforme ilustra a figura a seguir.

A indicação Pasta faz alusão ao formato de arquivo padrão do editor de planilhas Excel, que é chamado de Pasta de Trabalho. Esta pode ser composta por uma ou mais planilhas.

Estrutura de uma Planilha

Uma planilha é composta por linhas e colunas. Por padrão, em ambos os editores utilizam-se letras para representar as colunas e números para as linhas, mas é possível utilizar números para colunas também.

	Excel 2003	Excel 2007 e 2010	Calc
Linhas	65.536	1.048,576	1.048,576
Colunas	256	16384	1.024

O número de Linhas e colunas é fixo, ou seja, será sempre o mesmo.

Por padrão, uma pasta de trabalho é composta por 3 planilhas, mas, como citado antes, ela pode conter uma ou mais planilhas, sendo assim, os editores de planilha possuem as opções de Inserir e Excluir Planilhas.

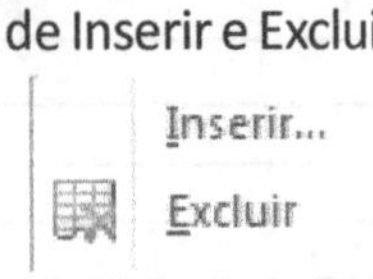

Também podemos renomear uma planilha, copiá-la e movê-la para outra ordem; para isso, basta clicar com o botão direito do mouse sobre a guia da planilha e escolher a opção desejada no menu suspenso que se abre.

Célula

Uma célula é definida no encontro de uma linha com uma coluna; existem 3 modos de endereçamento que podem ser utilizados.

→ Endereçamento de células

Podemos endereçar uma célula de três maneiras diferentes, por meio dos modos de endereçamento: Relativo, Misto e Absoluto. Para efeitos de cálculos, os modos de endereçamento não influenciam, mas sim para encontrar a fórmula, resultado da ação de copiar e colar uma célula com fórmula, ou quando arrastamos pela alça de preenchimento.

Quando a célula de destino está à direita ou abaixo da célula de origem, o deslocamento é positivo; enquanto que, quando a célula de destino for à esquerda ou acima da célula de origem, o deslocamento é negativo.

> **Relativo**

No modo de endereçamento relativo, apenas precisamos indicar a coluna e a linha de uma célula, como o exemplo A3, ou seja, a célula que se encontra na junção da linha 3 com a coluna A.

A figura a seguir ilustra parte de uma planilha em que fora inserido na célula C1 a fórmula =A1+B1 e em seguida foi selecionada essa célula e copiada para a C2. Observe que o editor de planilha automaticamente reconheceu que a linha mudou, e alterou os endereços de linhas na fórmula colada.

Para obter a fórmula destino, o programa analisou qual foi o deslocamento, quer dizer, a diferença entre a célula em que estava até a célula destino e incrementou-a na fórmula em que indicava linha 1 + 1 linha = 2.

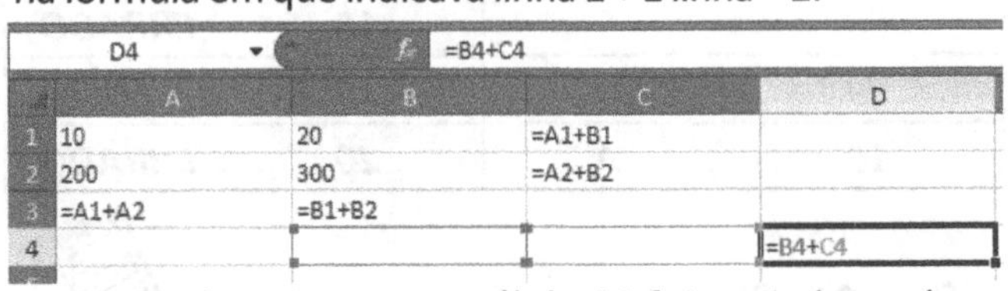

Agora imagine que a célula C1 foi copiada; após, a célula D4 foi selecionada e colada a fórmula nela. Para essa situação, temos que a célula destino está a uma coluna à direita e 3 linhas abaixo da original, portanto, devemos aplicar esse aumento na fórmula, obtendo assim =B4+C4.

> **Misto**

No modo de endereçamento misto é utilizado o símbolo **$** para indicar que o dado que estiver imediatamente a sua direita será sempre o mesmo, ou seja, não poderá ser alterado.

Existem duas formas de endereçamento misto: em uma bloqueamos a coluna, enquanto que na outra a linha é que é bloqueada.

Quando desejamos travar a coluna, escrevemos o endereço da célula, como exemplo a seguir: **=$A3**. Assim, a linha pode ser alterada quando houver deslocamento, porém, a coluna será sempre a coluna A.

Por outro lado, quando desejamos fixar uma linha, devemos escrever o $ antes da linha, exemplo **=A$3**. Dessa forma, a coluna pode ser alterada quando houver deslocamento em relação à coluna, contudo, a linha será sempre a linha 3.

Na figura a seguir foi inserida na célula C1 a fórmula: **=$A1+B$1**; após, foi selecionada a célula C1, copiada e colada na célula C2. Observe que na fórmula destino, a primeira parcela, o endereço da linha foi incrementado de acordo com o deslocamento, porém, a linha da segunda parcela continuou sendo a linha 1, pois ela foi fixada por intermédio do **$**.

	A	B	C	D
1	10	20	=$A1+B$1	
2	200	300	=$A2+B$1	
3				
4				=$A4+C$1
5				

Outro exemplo que podemos observar é o de quando a célula C1 é copiada e colada na célula D4, novamente o deslocamento é de uma coluna e 3 linhas, porém, na primeira parcela a coluna se manteve mudando apenas a linha, enquanto que na segunda parcela a coluna foi alterada de acordo com o deslocamento e a linha manteve-se.

> **Absoluto**

No endereçamento absoluto, tanto a coluna quanto a linha são fixadas, assim podemos dizer que a célula será sempre a mesma.

→ **Formatações de células**

Podemos formatar as células de forma individual. Mas devemos tomar cuidado, pois as provas adoram colocar pegadinhas sobre essa parte; de forma geral, formatação de células não altera os valores, somente muda a forma como os vemos.

A figura a seguir ilustra algumas das opções do Excel relacionadas à formatação de células.

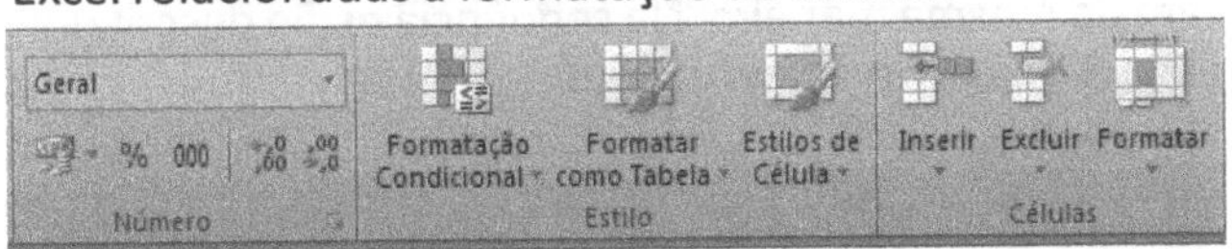

O primeiro Bloco oferece as opções relacionadas ao formato do dado em uma célula; o segundo diz respeito aos estilos como cores de fundo, fonte e borda da célula; enquanto que no Bloco Células encontramos a opção Formatar, que nos dá acesso à opção formatar células, a qual também pode ser acessada clicando com o botão direito do mouse sobre a célula selecionada.

Analisemos agora os botões do bloco número:

O primeiro botão a conhecermos é o Formato de Número de Contabilização, que formata a célula com o formato contábil, conforme ilustra a figura acima. O R$ fica alinhado à esquerda enquanto que o valor fica alinhado à direita.

Observe que formato Contábil é diferente do formato Moeda e também que no Excel possuímos ambos os formatos, enquanto que no Calc encontramos apenas o formato Moeda. Este pode ser obtido simplesmente digitando direto na célula com o R$ ou por meio da formatação de célula.

% O botão de formatação de percentagem é uma ótima pegadinha em provas. Acima de tudo, devemos reforçar que formatar não muda o valor, mas apenas como vemos, pois o símbolo de % equivale a uma divisão por 100. Dessa maneira, para manter o mesmo valor na célula, ele é multiplicado por 100 e acrescido o símbolo a sua direita, como o exemplo a seguir:

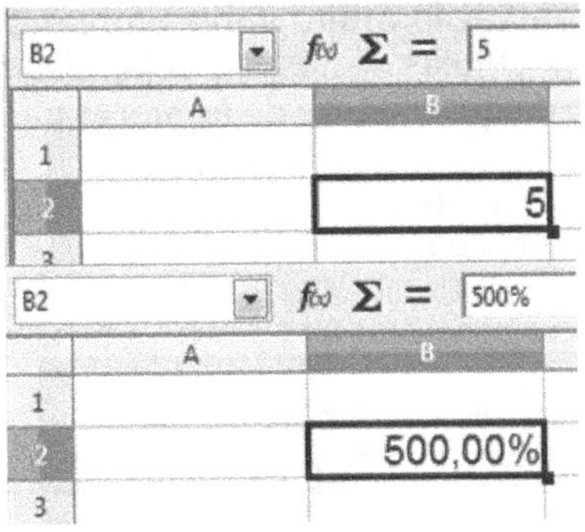

A figura representa uma célula no Calc preenchida com o número 5; em seguida essa célula foi selecionada e foi clicado no botão percentagem. Observe que o valor, ilustrado é 500,00, mas o símbolo de percentagem esta presente, ou seja, o valor é divido por 100, o que nos remete novamente ao número 5. A única diferença entre o Calc e o Excel é que no Calc são exibidas duas casas decimais, por padrão, já no Excel não.

000 O botão separador de milhares é uma opção disponível apenas no Excel e, ao contrário do que a maioria das pessoas imagina, ele não acrescenta 3 zeros, mas formata a célula com o formato de número, exibindo duas casas decimais e também os separadores de milhares. Veja o exemplo a seguir.

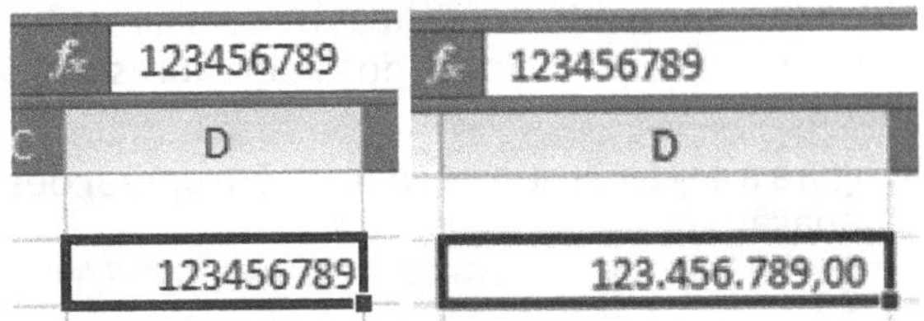

Botões Adicionar e Remover casas decimais, mais uma ótima pegadinha a se cobrar na prova, pois, ao adicionar casas em um número que esteja exibindo todas as casas decimais, apenas irá adicionar zeros à direita. Por outro lado, ao se usar o diminuir casas, devemos lembrar que ocorre o arredondamento dos valores, mas novamente o número não é alterado, apenas estamos formatando-o. Então, significa que o valor ainda será o número presente na célula sem arredondamento.

Fórmulas e Funções

As fórmulas e funções são a especialidade dos editores de planilhas, a diferença entre elas é que uma fórmula é uma estrutura que o usuário monta a fim de obter um resultado, enquanto que uma função já é uma estrutura pronta em que resta ao usuário apenas informar os parâmetros quando necessário.

Para obter o resultado de algum cálculo por fórmulas ou funções, devemos indicar ao programa que na célula foi inserido algo a ser calculado.

Células de Absorção

São as células em que inserimos fórmulas ou funções. Também podem ser chamadas de células de resultado, para tanto, utilizamos por padrão o símbolo = no inicio da expressão.

Mas esse não é o único e as provas perguntam, na maioria das vezes, de forma direta quais outros símbolos podem ser utilizados. Tanto no Calc como no Excel, pode ser utilizado, ao invés do igual, os símbolos + e – no início de uma célula; já o caractere @ só funciona como indicador de célula de absorção no Excel, o Calc interpreta esse símbolo como texto.

Operadores Aritméticos

Sobre operadores aritméticos assim como sobre células de absorção, a maioria das perguntas é direta, mas as pegadinhas são colocadas na matemática desses operadores, ou seja, as regras de prioridade de operadores devem ser observadas para que não seja realizado um cálculo errado.

Operador	Símbolo	Exemplo de uso	Resultado
Adição	+	=5+5	10
Subtração	-	=5-5	0

Multiplicação	·	=5·5	25
Divisão	/	=5/5	1
Potenciação	^	=5^2	25
Percentagem	%	=200·10%	20

Fique Ligado

O símbolo de % deve ser substituído por uma divisão por 100 na hora do cálculo, para não calcular errado.

→ **Operador de Texto**

Os editores também contam com um operador que permite operar com texto; o operador de concatenação **&** junta o conteúdo das células na célula resultado. Cuidado, nesse caso, a ordem dos operadores altera o resultado.

A figura a seguir ilustra as células com operações de concatenação.

D6

	A	B	C
1	10	30	=A1&B1
2	ab	cd	=B2&A2
3	=A2&A1	=B1&B2	

A figura abaixo mostra os resultados obtidos pelas fórmulas inseridas; atente aos resultados e perceba que a ordem dos fatores muda o resultado. Também observe que, por ter sido utilizado um operador de texto, o resultado, por padrão, fica alinhado à esquerda.

C2 fx =B2&A2

	A	B	C
1	10	30	1030
2	ab	cd	cdab
3	ab10	30cd	

→ **Operadores de Comparação**

Os operadores de comparação retornam como resultado a expressão (valor lógico) VERDADEIRO ou FALSO.

Operador	Símbolo	Exemplo de uso	Resultado
Menor que	<	=7<10	VERDADEIRO
Maior que	>	=7>10	FALSO
Igual a	=	=7=10	FALSO
Maior ou igual a	>=	=7>=10	FALSO
Menor ou igual a	<=	=7<=10	VERDADEIRO
Diferente de	<>	=7<>10	VERDADEIRO

Quando for utilizá-los, lembre-se de que alguns operadores são complementares, como o "diferente de" é o complementar do "igual a", ou seja, contempla o conjunto de dados que o outro operador não comtempla.

→ **Operadores de Referência**

Os operadores de referência são aqueles utilizados para definir o intervalo de dados que uma função deve usar.

Por exemplo, na função soma, **=soma(A1:A4;B2);** os dois pontos indicam que devem ser somados os valores das células A1, A2, A3 e A4, enquanto que o ponto e vírgula indica que deve ser acrescido ainda o valor da célula B2. De forma equivalente, poderíamos ter escrito a função como se segue: **=soma(A1;A2;A3;A4;B2)**.

Principais Funções

As funções são organizadas em categorias, de acordo com suas finalidades de uso. As categorias se dividem em: Financeira, Lógica, Texto, Data e Hora, Pesquisa e Referência, Matemática e Trigonométrica, Estatística, Engenharia, Cubo, Informações e Compatibilidade.

Quando falamos em funções, elas devem ser escritas segundo uma estrutura definida, ao que vamos chamar de sintaxe, ou seja, cada função possui uma sintaxe de escrita; caso essa sintaxe esteja diferente da que define a função, então a célula irá apresentar um erro.

O Calc e o Excel possuem algumas pequenas diferenças, mas, de forma geral, consideramos os dois como utilizadores de mesma sintaxe para as fórmulas e funções; a única restrição é que as funções que possuem acento devem ser escritas com os acentos no Calc, senão ele acusará um erro. Já com relação a maiúsculas e minúsculas não há restrição, tanto Calc quanto Excel interpretam da mesma maneira. Na sequência estão descritas as sintaxes das principais funções.

→ **Soma**

A função soma apresenta como resultado a soma dos valores passados por parâmetro. Por exemplo: para obter a soma dos valores contidos nas células A1 até A5, podemos escrever a função soma da seguinte maneira **=SOMA(A1:A5)** ou poderíamos escrever de outra forma e obter o mesmo resultado: **=SOMA(A1;A2;A3;A4;A5)**. Também é possível que escrevamos usando uma mescla dos operadores de referência, **=SOMA(A1:A3;A4;A5)**.

Outro exemplo que pode ser usado como pegadinha é a soma de várias linhas e várias colunas: para obter a soma dos valores contidos nas células A1 até A5 e B1 até B5, podemos escrever a função soma, **=SOMA(A1:A5;B1:B5),** ou, de forma similar, fazer uma referência direta ao bloco contínuo de dados, **=SOMA(A1:B5)**. Observe que nesse exemplo são somados os valores de A1, A2, A3, A4, A5, B1, B2, B3, B4 e B5, ou seja, a menor coluna e menor linha até o valor da maior coluna e maior linha.

→ **Média**

A média é a soma de N elementos dividida pela quantidade de elementos (N).

A função média é muito cobrada em provas, pois é possível que obtenhamos o mesmo resultado por diversas formas, assim, as questões colocadas, na maioria das vezes, possuem caráter comparativo.

Uma observação muito importante é que a função média ignora células vazias, ou seja, elas não entram no computo da quantidade de números para divisão da soma.

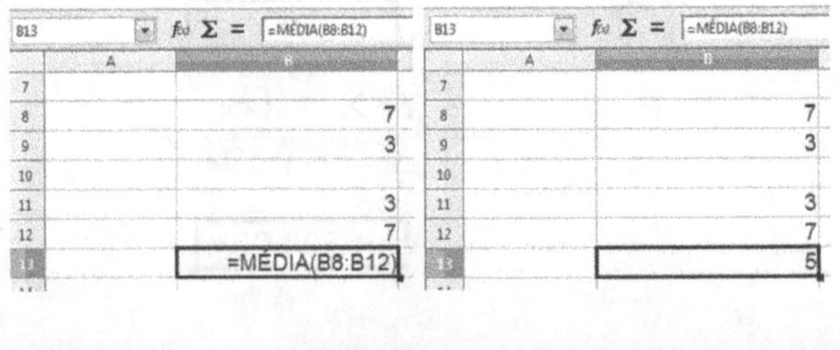

Observe na figura anterior que, à esquerda, é ilustrada a fórmula inserida e, à direita, o seu resultado. Podemos observar que a divisão foi por 4 mesmo havendo 5 células no intervalo.

→ **Modo**

A função modo calcula a Moda de um conjunto de elementos, ou seja, retorna o valor do elemento que mais se repete. Na matemática, quando em um conjunto existem números com a mesma frequência, então o programa exibirá somente o primeiro que ele encontrar na lista. Sintaxe da função **=MODO**(endereços).

C	D
3	7
7	3
3	5
7	3
5	2
2	7
=MODO(C1:C6)	=MODO(D1:D6)

C	D
3	7
7	3
3	5
7	3
5	2
2	7
3	7

A figura à esquerda ilustra as fórmulas inseridas, enquanto que a figura à direita ilustra os resultados obtidos.

→ **Med**

	A	B
1	7	7
2	6	6
3	3	3
4	2	2
5	5	5
6	=MED(A1:A5)	7
7		=MED(B1:B6)

	A	B
1	7	7
2	6	6
3	3	3
4	2	2
5	5	5
6	5	7
7		5,5

A função MED() calcula a mediana de um conjunto de elementos. Devemos atentar ao detalhe que, para o cálculo da mediana, os dados são considerados em ordem, porém, os valores nas células não são alterados, são apenas "pensados" em ordem pelo editor de planilha.

	A	B
1	7	7
2	6	6
3	3	3
4	2	2
5	5	5
6	=MED(A1:A5)	7
7		=MED(B1:B6)

	A	B
1	7	7
2	6	6
3	3	3
4	2	2
5	5	5
6	5	7
7		5,5

A figura apresenta o conjunto de dados em coluna e a função MED(), enquanto que a coluna da direita apresenta os resultados para essas fórmulas.

Fique Ligado

Vale lembrar que, para encontrar a mediana de um conjunto de elementos ímpar, basta encontrar o elemento que se encontra no meio do conjunto ordenado, porém, quando o grupo de elementos possuir um número par, a mediana é média dos dois elementos centrais do conjunto ordenado.

→ **Máx**

Retorna o maior valor de um conjunto de elementos, porém, sua sintaxe se escreve **=MÁXIMO**(endereços das células).

→ **Mín**

Essa função retorna o menor valor dado a um conjunto de números; sua sintaxe é **=MÍNIMO**(endereços das células).

→ **Arred**

A função **=ARRED**(número ; número_de_dígitos) apresenta como resultado o arredondamento de um número, de acordo com o número de dígitos especificados. Se no espaço para números de dígitos for inserido o valor 0, o número será arredondado para o valor inteiro mais próximo.

→ **E**

A função Lógica E() corresponde ao comportamento do raciocínio lógico, retornando VERDADEIRO ou FALSO. A sintaxe da função escreve-se **=E**(teste lógico 1; Teste lógico 2).

→ **OU**

A função Lógica **=OU(),** assim como a Função E, retorna resultado VERDADEIRO ou FALSO. A função é escrita **=OU**(teste logico 1 ; teste lógico 2).

→ **SE**

A função lógica SE é um das mais cobradas em provas, a sua estrutura é composta por três parâmetros que devem ser informados. Sua sintaxe é a seguinte: **=SE**(Teste Lógico ; Ação caso o teste seja verdadeiro ; Ação caso o teste obtenha resultado Falso)

Fique Ligado

A função SE escreve um resultado na célula, ou seja, ela não a formata, a opção responsável por isso é a opção formatação condicional.

→ **Não**

A função **=NÃO()** apenas inverte um resultado de um teste lógico, é a negação do raciocínio lógico.

→ **HOJE**

A função Hoje exibe na célula um carimbo com a Data do Sistema.

→ **AGORA**

A função agora exibe um carimbo com a Data e a Hora do Sistema naquele instante.

AutoSoma (∑)

A ferramenta AutoSoma deve ser observada com atenção, pois ela apresenta resultados diferentes dependendo da situação em que for utilizada. Vejamos alguns casos principais:

A4

	A
1	10
2	20
3	30
4	
5	

Quando um conjunto de células na coluna apresenta dados numéricos e a célula em branco na sequência é selecionada, ao clicar no botão AutoSoma (∑) na célula selecionada, será exibida a função soma com os seguintes parâmetros: **=SOMA(A1:A3),** aguardando que o usuário confirme se era com esse conjunto de dados que ele desejava realizar a soma.

Outra situação é quando o usuário seleciona previamente as células apenas com dados e em seguida clica na opção autosoma. Após essa sequência de ações, o editor de planilhas apresentará o resultado da soma das células selecionadas na primeira célula vazia que encontrar após a sequência de dados selecionados.

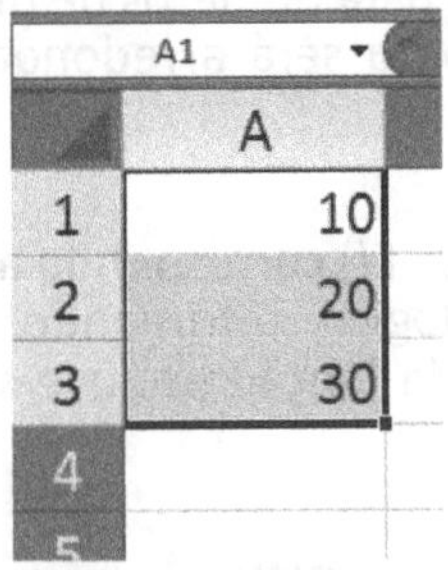

A situação ilustrada na figura tem resultado similar, quando a célula A4 também estiver selecionada.

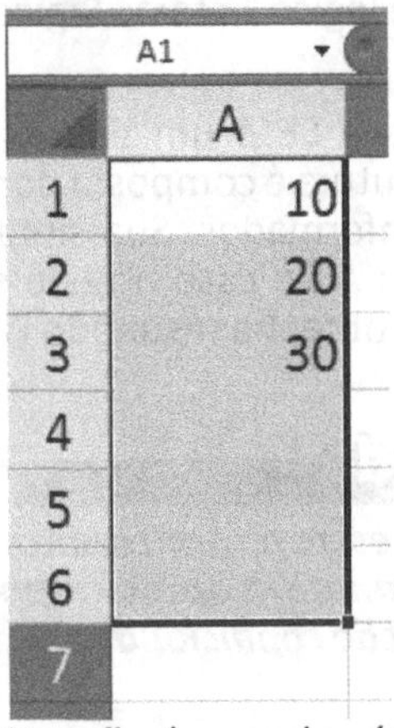

Ainda outra situação é quando várias células vazias são selecionadas. O programa apresentará o resultado da soma na última célula vazia selecionada, levando em consideração as demais vazias no meio do caminho, por exemplo: na situação da figura, já sabemos que o resultado que será apresentado é 60 na célula A6, mas ele foi obtido por meio da inserção da função **=SOMA(A1:A5).**

Alinhamentos

Quando digitamos alguma informação em uma célula, ela fica apenas em uma única linha dentro da célula. Quando o texto inserido é maior do que a coluna, uma solução é aumentar a largura dela, porém, há situações em que isso não é possível; então, resta utilizar o recurso **quebrar texto automaticamente.** Para tanto, podemos encontrar essa opção na Aba Alinhamento da janela Formatar Células.

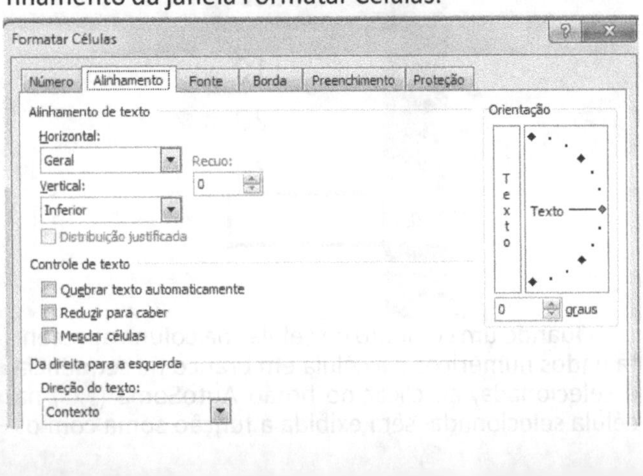

Ao selecionar a opção na janela ilustrada acima, o texto será autoajustado em várias linhas dentro da célula em que foi inserido de acordo com a largura da coluna.

Outra opção comum de ser cobrada em provas é a opção **mesclar células,** que pode ser aplicada por meio da janela ilustrada, mas tanto Calc como Excel também disponibilizam opção para mesclar e centralizar por meio da janela principal do programa.

A opção Mesclar e Centralizar ( ), no Excel, ao ser utilizada em um conjunto de células selecionadas com conteúdo, mantém apenas o conteúdo da célula Superior Esquerda; enquanto que, no Calc, é fornecido ao usuário opção de mover o conteúdo das células ocultas para a célula superior esquerda ou não. Ao optar por não, no Calc, ele exibe apenas o conteúdo da célula superior esquerda.

Formatação Condicional

É possível criar uma formatação automática para as células, de acordo com o conteúdo que for inserido nelas. Para isso, utilizamos o recurso formatação condicional por meio da opção encontrada no Bloco Estilos de Formatação.

Alça de Preenchimento

A alça de preenchimento é um dos recursos que mais possui possibilidades de uso e, por consequência, respostas diferentes.

Antes de entendê-la, vamos ver quem é ela. Veja a figura a seguir.

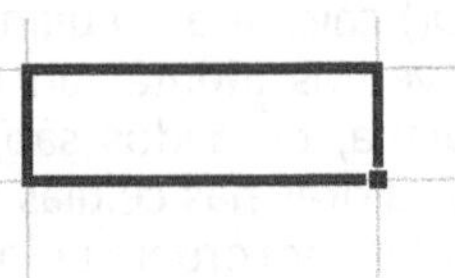

Observe que, quando uma (ou mais) células está selecionada, sempre no canto direito inferior é ilustrado um quadrado um pouco mais destacado, essa é a alça de preenchimento.

Ela possui esse nome porque é utilizada para facilitar o preenchimento de dados que obedeçam a uma regra ou padrão.

O Excel possui uma situação cujo comportamento é diferente do Calc, quando uma única célula está selecionada e o seu conteúdo é um valor numérico. Ao clicar sobre a alça de preenchimento e arrastar na horizontal ou vertical em qualquer sentido, exceto diagonal, no Excel, o valor presente na célula é copiado para as demais sobre as quais foi arrastada a alça. Já no Calc, ao arrastar para a direita ou para baixo, será preenchida com uma Progressão Aritmética (PA) de razão 1, caso seja arrastada para esquerda ou para cima, a razão é -1. A figura a seguir ilustra o comportamento no Excel.

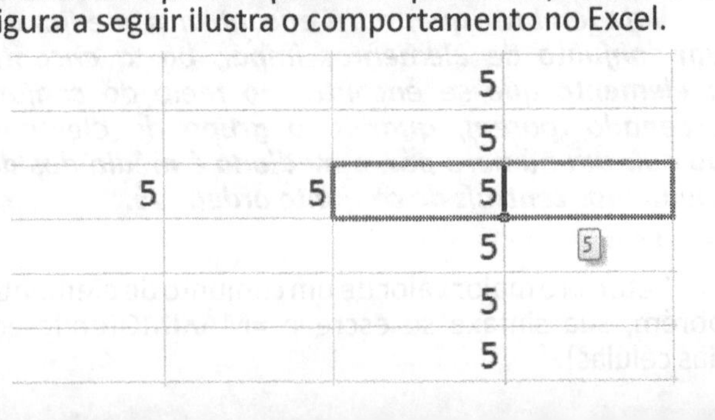

A imagem abaixo mostra o resultado no Calc.

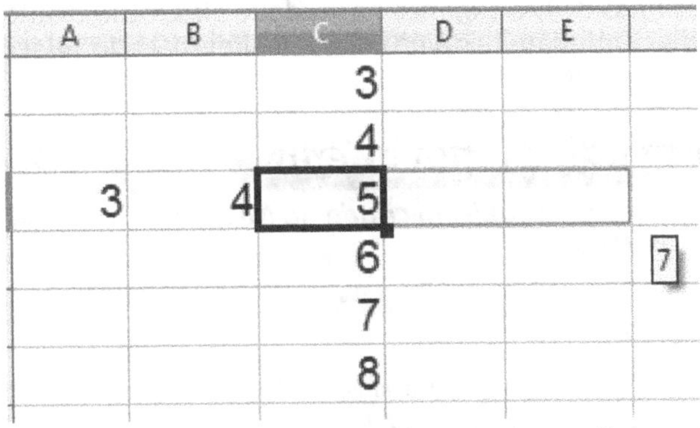

Em uma situação em que existem duas células adjacentes selecionadas contendo valores numéricos diferentes entre si, tanto no Calc quanto no Excel, ao arrastar pela alça de preenchimento, as células serão preenchidas com uma PA, cuja razão é a diferença entre os dois valores selecionados. A figura a seguir ilustra esse comportamento.

Podemos observar que o valor a ser exibido na célula B6 será o número 30, com isso, observamos que a célula B4 receberá o valor 20, enquanto que B5 receberá 25.

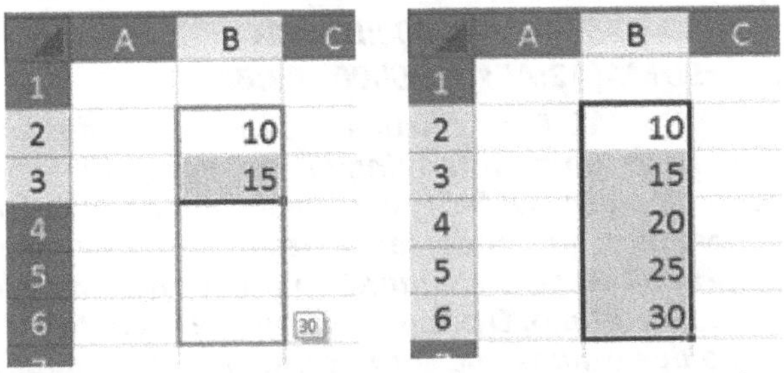

Mas devemos lembrar-nos da exceção do Excel, em que, se forem duas células selecionadas uma abaixo da outra, ao arrastar na horizontal, as células são preenchidas com o mesmo valor; caso sejam duas células uma ao lado da outra as selecionadas, ao arrastar na vertical também apenas será copiado o valor das células selecionadas. Veja a figura a seguir ilustrando esse comportamento.

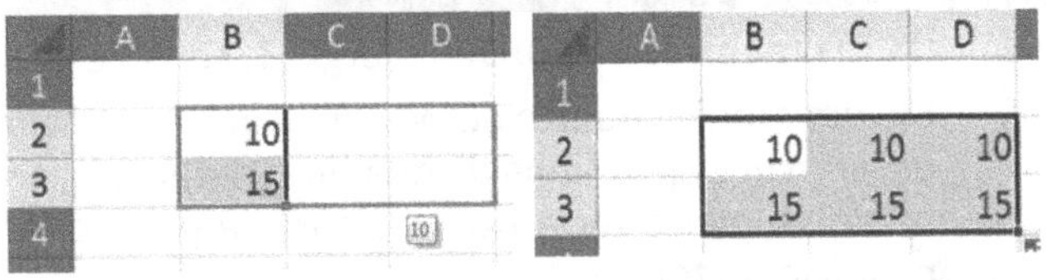

Quando o conteúdo de uma única célula selecionada for um texto, esse será copiado para as demais, tanto no Calc como no Excel. Mas se o conteúdo, mesmo sendo um texto, fizer parte de uma série conhecida pelo programa, as células serão preenchidas com o próximo valor da série. Por exemplo, se **Janeiro** for o conteúdo inserido na célula, então, ao arrastar pela alça de preenchimento para a direita ou para baixo, a célula adjacente será preenchida com **Fevereiro**. Por outro lado, se for arrastado para cima ou para a esquerda, a célula adjacente será preenchida com **Dezembro**.

O mesmo vale para as sequências **Jan**, **Seg** e **Segunda-feira**. Atenção: A, B, C não são conhecidos como série nos programas, mas o usuário pode criá-las.

Já na situação em que haja duas células selecionadas que contenham textos diferentes, ao arrastar será preenchido com o padrão encontrado. Veja o exemplo a seguir.

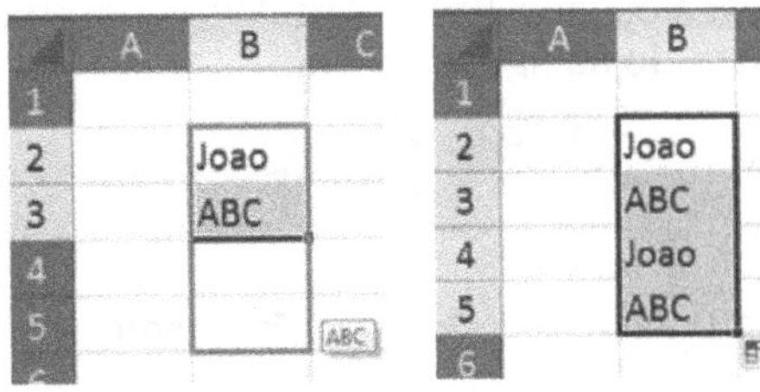

Classificar e Filtrar

Quando trabalhamos com grandes quantidades de dados em uma planilha, é de interesse poder organizar ou localizar as informações de forma mais facilitada. Para isso, podemos utilizar tanto o recurso filtro como o recurso Classificar.

O recurso Classificar permite organizar em ordem crescente ou decrescente um conjunto de dados selecionados, utilizando as colunas como critérios de organização.

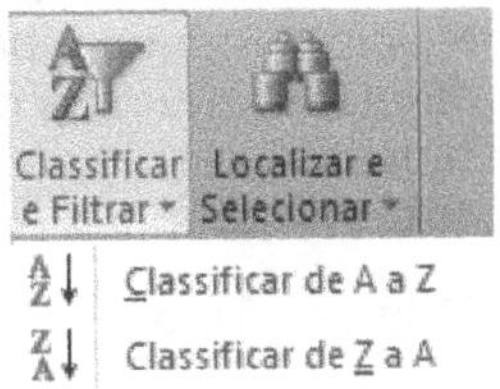

Para classificar um conjunto de dados, devemos selecionar o conjunto, porém, dependendo de quais células sejam selecionadas, temos comportamentos diferentes.

Caso todas as adjacentes que serão organizadas tenham sido selecionadas ou apenas uma, resta clicar em qual ordem se deseja classificar (crescente ou decrescente), ou seja, em qual botão clicar:

Porém, caso apenas parte dos dados a serem organizados tenham sido selecionados, o programa apresenta a seguinte mensagem:

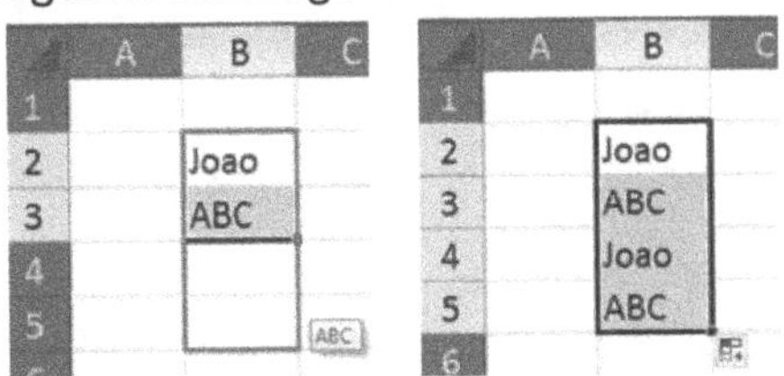

Por padrão, a opção expandir seleção é a ação recomendada, assim, ao clicar em classificar, o programa automaticamente selecionará as células adjacentes.

No entanto, caso seja escolhida a opção continuar com a seleção atual, somente os dados selecionados terão suas ordens alteradas, o que, na maioria das vezes, pode ocasionar um problema em relação à associação dos dados, os quais podem ser trocados por resultado da ação de classificar.

O recurso Filtro → AutoFiltro permite ocultar dados de uma planilha que não interessem no momento, simplificando a localização de uma informação. Para tanto devemos selecionar os títulos dos dados sobre os quais serão utilizados os filtros. Veja o exemplo a seguir.

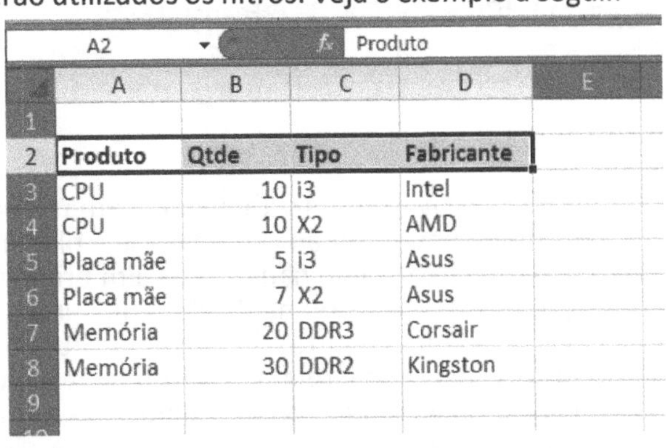

Ao ativar a opção Filtro → AutoFiltro, obtemos o resultado ilustrado na figura a seguir.

	A	B	C	D	E
1					
2	Produto	Qtde	Tipo	Fabricante	
3	CPU	10	i3	Intel	
4	CPU	10	X2	AMD	
5	Placa mãe	5	i3	Asus	
6	Placa mãe	7	X2	Asus	
7	Memória	20	DDR3	Corsair	
8	Memória	30	DDR2	Kingston	
9					

Em seguida, selecionamos um filtro para exibir apenas as placas-mães. Para selecionar um determinado dado de determinada coluna, basta clicar sobre a seta que fica à direita do título da coluna desejada. A figura a seguir ilustra o resultado obtido, quando clicado na seta do título Produto.

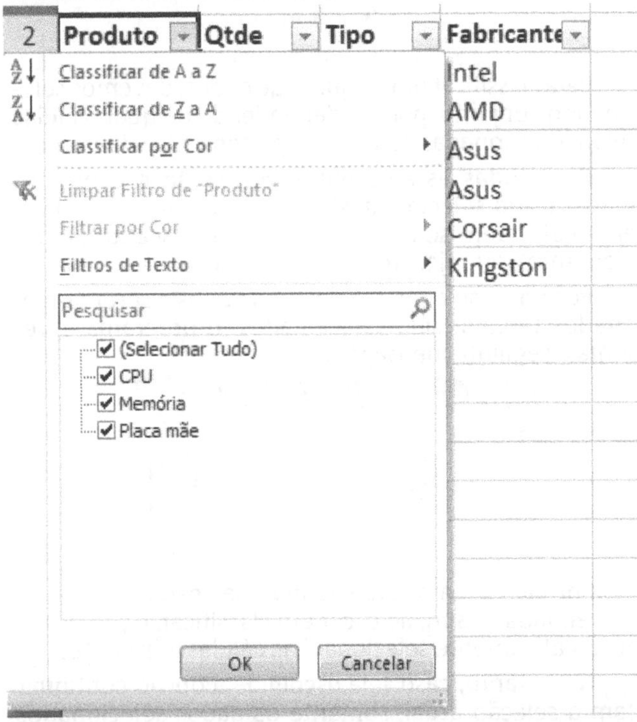

Por padrão, na opção Filtro, todos os dados estão marcados, mas, para que possamos visualizar apenas placas-mães, devemos desmarcar os outros tipos de componentes. Assim, obtemos o resultado ilustrado a seguir, após desmarcar o item CPU e o item memória.

	A	B	C	D	E
1					
2	Produto	Qtde	Tipo	Fabricante	
5	Placa mãe	5	i3	Asus	
6	Placa mãe	7	X2	Asus	
9					
10					

Em geral, as provas podem apresentar uma figura como a anterior e perguntar ao candidato se a planilha ilustrada no conjunto está ou não filtrada. Em primeiro momento, vemos que, na coluna Produto, justamente na que foram alterados os filtros, ilustra uma figura um pouco diferente, mas isso é relativo. A forma mais fácil de identificar é observando os cabeçalhos das linhas que constam como 1, 2, 5, 6, 9 e 10, ou seja, "faltam" as linhas 3, 4, 7 e 8, mas na verdade elas estão ocultas, pois continham texto na coluna A diferentes do selecionado no filtro.

Exercício Comentado

A planilha a seguir foi criada no Microsoft Excel 2007, em português.

	A	B
1	Valor do bem	Comissão
2	R$ 120.000,00	R$ 2.800,00
3	R$ 900.000,00	R$ 45.000,00
4	R$ 280.000,00	R$ 7.500,00
5	R$ 200.000,00	R$ 5.000,00
6	Total de Comissão	R$ 52.500,00

01. ***(FCC) A função digitada na célula B6 para somar as comissões para valores de bens acima de R$ 200.000,00 é:***

a) ***=SOMASE(A2:A5;">200000";B2:B5)***

b) ***=SE(A2:A5;">200000";B2:B5)***

c) ***=SE(A2:A5>200000;B2+B5)***

d) ***=SOMASE(A2>200000;B2=B2+)***

e) ***=SOMA(A2:A5;">200000";B2:B5)***

RESPOSTA. ***"A". Para calcular a soma de dados que atendam a uma determinada condição, devemos utilizar a função SOMASE, que possui, por padrão, três campos, mas que pode ser utilizada com apenas os dois primeiros, se o conjunto do primeiro campo for igual ao do último. O primeiro campo deve conter o intervalo das células que serão comparadas, enquanto o segundo deve ser preenchido com o critério que, na maioria dos casos, é descrito entre aspas duplas; já o terceiro campo possui o intervalo de dados que será somado, caso o critério seja atendido.***

Vamos Praticar

01. (FCC) Em relação ao BrOffice.org 3.1, considere:

I. Em um arquivo aberto no Writer, quando o cursor está em qualquer linha de qualquer parágrafo, ao se pressionar a tecla Home ele irá se posicionar no início do texto.

II. Em uma planilha do Calc, se a célula E8, que contém a fórmula =($D$2+SOMA(C3:C7))/$D$1, for copiada para a célula F9 por meio de Ctrl+C e Ctrl+V, a célula F9 conterá a fórmula =($D$2+SOMA(D4:D8))/$D$1.

III. No Writer as ações das teclas F7, Ctrl+F12 e Ctrl+F4 correspondem, respectivamente, a verificar ortografia, inserir tabela e fechar documento.

IV. No Calc, a fórmula =SOMA(A1:B2;B4) irá executar a soma de A1, B2 e B4.

Está correto o que se afirma, SOMENTE, em:

a) I e II

b) I, II e IV

c) I, III e IV

d) II e III

e) II, III e IV

02. (CESPE) No programa Calc, do BrOffice.org, as linhas selecionadas de uma planilha podem ser classificadas em ordem alfabética, numérica ou por data.

Certo ( ) Errado ( )

03. (CESGRANRIO) A geração de gráficos é uma funcionalidade muito utilizada dentro da ferramenta Microsoft Excel 2007, sobre o qual afirma-se que:

a) um gráfico, após gerado, pode ser editado em diversos aspectos de sua construção, exceto o seu tipo.

b) um tipo de gráfico disponibilizado é o de pizza, que permite a adição de linhas de grade.

c) o software não é o único capaz de incluir gráficos, o que pode ser feito tanto no Microsoft Word quanto no Microsoft PowerPoint.

d) o software só permite gerar gráficos em 2D.

e) a cor padrão utilizada no fundo de um gráfico é a cor cinza, que não pode ser alterada.

04. (CESPE) Em uma planilha eletrônica, preenchendo-se qualquer valor numérico nas células B3 e B4, o resultado da fórmula =SE(B3>SOMA(B3:B4), OK, NC) será sempre NC.

Certo ( ) Errado ( )

05. Indique a funcionalidade da figura  no **Microsoft Office Excel 2007**.

a) Remover duplicados.

b) Habilita a filtragem das células selecionadas.

c) Permite classificar os itens de uma coluna em ordem ascendente ou descendente.

d) Impede que dados inválidos sejam digitados em uma célula.

e) Torna todo o conteúdo visível em uma célula.

Em relação ao Excel, considere:

	A	B	C	D	E
1	Nível	Qtde	Id	Valor	Total
2	Superior	8	A		
3	Superior	8	B		
4	Médio	5	B		

Se as células D2, D3, D4 e E2 contiverem as fórmulas conforme exibidas abaixo:

D2: =SE($A2="Superior";($B2*10);($B2*5))

D3: =SE($A3="Superior";($B3*10);($B3*5))

D4: =SE($A4="Superior";($B4*10);($B4*5))

E2: =(SOMASE($C2:$C4;"=B";$D2:$D4))

06. (FCC) Os valores que serão exibidos em D2, D3, D4 e E2 são, respectivamente,

a) 60, 70, 80 e 150

b) 70, 75, 75 e 145

c) 75, 25, 50 e 150

d) 80, 80, 25 e 105

e) 60, 80, 20 e 100

07. (FCC) No Microsoft Excel 2007, o conteúdo de uma célula aparece, por padrão, com orientação horizontal. Para mudar o conteúdo dessa célula para orientação vertical, ou seja, para fazer com que o conteúdo da célula apareça no sentido vertical, pode-se clicar com o botão direito do mouse sobre ela e selecionar a opção:

a) alinhamento. Em seguida, clica-se na opção Definir Como e, na caixa de diálogo que aparece, seleciona-se a opção alinhamento vertical.

b) rotação. Em seguida, seleciona-se o sentido vertical ou digita-se o grau de rotação do texto.

c) formatar células. Em seguida clica-se na guia Alinhamento e, na divisão Orientação, seleciona-se o sentido vertical ou digita-se o grau de rotação do texto.

d) texto vertical. Em seguida, seleciona-se o grau de rotação do texto e clica-se no botão Aplicar ao texto selecionado.

e) formatar alinhamento. Em seguida, clica-se na opção Alinhamento do texto e, na janela que se abre, seleciona-se a opção Alinhamento Vertical.

A planilha a seguir foi criada no Microsoft Excel 2007, em português.

	A	B	C	D
1	Nome	Usuário	Servidor	E-Mail
2	Ana	anapaula	ig.com.br	anapaula@ig.com.br
3	Pedro	pepiro	uol.com.br	pepiro@uol.com.br
4	João	jjunior	globo.com	jjunior@globo.com

08. (FCC) Na célula D2 foi utilizada uma operação para agrupar o conteúdo da célula B2 com o caractere @ (arroba) e com o conteúdo da célula C2. Em seguida, a operação foi arrastada até a célula D4. A operação digitada foi:

a) =CONC(B2&"@"&C2)

b) =B2&"@"&C2

c) =B2$"@"$C2

d) =SOMA(B2+"@"+C2)

e) =B2+"@"+C2

Uma planilha do MS Excel possui os seguintes valores:

	A	B	C
1	Vendedor	Vendas	
2	Ana	10000	
3	Roberto	20000	
4	Carlos	3000	Bônus
5			

09. (FCC) Se for digitada na célula C5, a fórmula =SE(MÉDIA(B2:B4) > 10000; MÉDIA(B2:B4); 0) será exibido, nessa célula, o valor:

a) 0

b) 3000

c) 10000

d) 11000

e) 33000

10. (NCE-UFRJ) Considere o uso do aplicativo Microsoft Excel e que o conteúdo da célula A1 é 20, da célula A2 é 30 e da célula A3 é 40. Para criar, na célula A4, uma fórmula capaz de realizar o somatório desses valores, deve-se entrar com:

a) =+1+2+3

b) A1(20) + A2(30) + A3(40)

c) =CONT (A1+A2+A3)

d) A4=A1:3

e) =SOMA(A1;A2;A3)

Considere o seguinte trecho de uma planilha no Excel:

	A	B	C	D	E
1					
2		Semana			
3	Descrição	1	2	3	4
4	Diversão	R$ 100,00	R$ 32		
5	Feira	R$ 50,00	R$ 50,00	R$ 50,00	R$ 50,00
6	Transporte	R$ 40,00	R$ 40,00	R$ 40,00	R$ 40,00
7	Combustível	R$ 91,39	R$ 89,00	R$ 110,00	R$ 50,00
8					
9	TOTAL				

11. (UPENET) Se usarmos a fórmula =SOMA(B4:B8) na célula B9 e, usando o mouse, propagarmos a fórmula dessa célula até a célula E9, para, em seguida, usarmos os comandos Ctrl + X na célula B9 e Ctrl + V na célula C9, quais serão os valores resultantes nas células B9 a D9, respectivamente?

a) Vazia; R$ 281,39; R$ 200,00; R$ 140,00
b) R$ 0,00; R$ 211,00; R$ 200,00; R$ 140,00
c) R$ 211,39; R$ 281,00; R$ 200,00; R$ 140,00
d) R$ 0,00; R$ 281,00; R$ 200,00; R$ 140,00
e) Vazia; R$ 211,00; R$ 200,00; R$ 140,00

12. (FCC) Sobre as operações disponíveis no Microsoft Excel 2007, é correto afirmar:

a) A filtragem de informações em uma planilha possibilita encontrar valores rapidamente. Somente é possível filtrar uma coluna de dados em toda a planilha.
b) Para mudar o local onde o gráfico será posicionado, basta clicar com o botão direito na área do gráfico e selecionar a opção Formatar Eixo.
c) Dados que estejam organizados somente em uma coluna ou linha em uma planilha podem ser representados em um gráfico de pizza. Esses gráficos mostram o tamanho de itens em uma série de dados, proporcional à soma dos itens.
d) A fim de aplicar a formatação condicional que usa uma escala de cores para diferenciar valores altos, médios e baixos, na guia Página Inicial, no grupo Estilos, clica-se na seta abaixo de Formatar e, em seguida, em Realçar Regras das Células.
e) Para salvar uma planilha com senha, na caixa de diálogo Salvar Como, seleciona-se a opção Ferramentas e, em seguida, a opção Criptografia.

Gabarito

01	D	07	C
02	CERTO	08	B
03	C	09	D
04	ERRADO	10	E
05	B	11	A
06	D	12	C

Anotações

CAPÍTULO 07

Editores de Apresentação

Neste capítulo, fala-se sobre os editores de apresentação de slides, que são comumente citados como editores de apresentação nas provas dos concursos, no entanto, também são mencionados como editores de **eslaides**.

Por padrão, os editores de Apresentação, ao contrário dos outros editores (texto e planilha), exibem a barra de ferramentas de desenho, por meio da qual podemos inserir figuras em um slide, assim como autoformas, textos decorados, entre outros.

Formatos de Arquivos

O formato de arquivo salvo por padrão no BrOffice (LibreOffice) Impress é o ODP (Open Document Presentation), contudo, é possível salvar uma apresentação no formato PTT do PowerPoint (2003) ou PTTX do PowerPoint 2007 e 2010.

Existe também um formato de arquivo PPS (2003) e PPSX (2007 e 2010), é um formato de autoplay, ou seja, ao ser acionado o arquivo com esse formato, ele automaticamente é exibido no modo de exibição de slides.

PowerPoint

O PowerPoint é o editor de Apresentações de Slides da Microsoft.

Aba Página Inicial

Ao comparar a Página Inicial do Word com o PowerPoint, é possível notar algumas diferenças, como o bloco Slides e o Bloco Desenho, como também algumas diferentes opções nos Blocos Fonte e Parágrafo. A figura a seguir ilustra essa aba.

Bloco Slides

É um dos bloco mais utilizados. Atente à opção **novo slide,** na figura a seguir. Ela apresenta uma seta para baixo, o que significa que um menu Dropdown será aberto, conforme ilustra a figura da sequência, permitindo que seja selecionado o layout do slide a ser inserido.

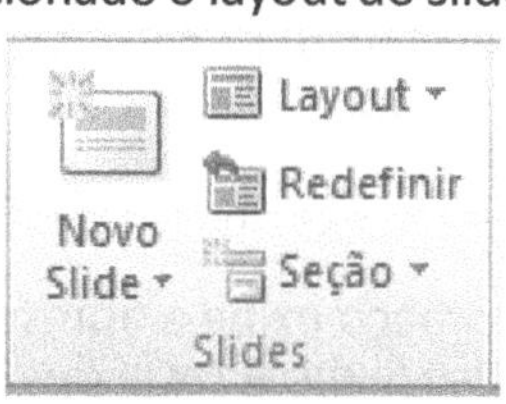

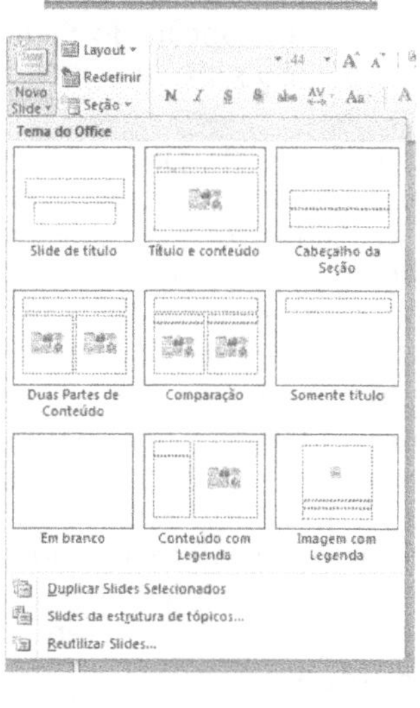

Contudo, é possível mudar o Layout (organização) de um slide mesmo após sua inserção, bastando, para tanto, selecionar o slide desejado e alterar seu layout pela opção Layout.

Já a opção **redefinir** possibilita reestabelecer as configurações padrões de posicionamento, tamanho e formatação dos espaços reservados de um slide.

Também se deve observar a opção Seção, pela qual é possível inserir novas seções em uma apresentação de slides.

Bloco Fonte

O bloco **fonte** apresenta a opção sombra de texto e espaçamento entre caracteres que não aparecem no Word, como ilustra a figura a seguir.

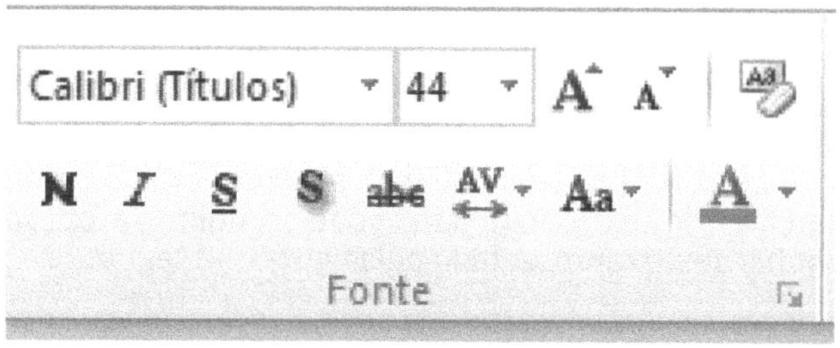

A opção sombra indicada pela letra S mais espessa, conforme ilustrado a seguir, permite aplicar um efeito de sombra que dá um destaque ao texto, passando a impressão de volume.

No PowerPoint também é possível alterar o espaço entre os caracteres, a fim de distribuir melhor um texto em um slide. Para isso, basta selecionar o texto e a opção desejada junto à alça da opção Espaçamento Entre Caracteres, ilustrada a seguir.

Bloco Parágrafo

Neste bloco, há novas funcionalidades, como: colunas, Direção do Texto, Alinhar Texto e Converter em SmartArt. Observe a figura a seguir.

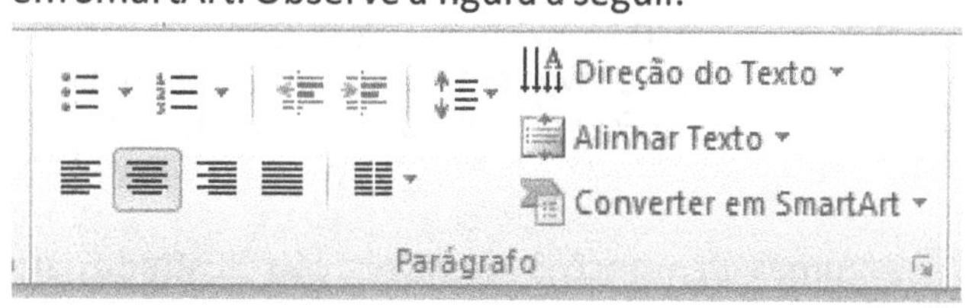

A opção **Colunas** permite formatar uma caixa de texto selecionada para que exiba seu texto em diversas colunas; para isso pode-se utilizar a opção ilustrada a seguir.

A opção Direção do Texto permite alterar a forma como um texto é exibido no PowerPoint, a fim de causar um efeito mais chamativo. A opção direção do texto é apresentada abaixo.

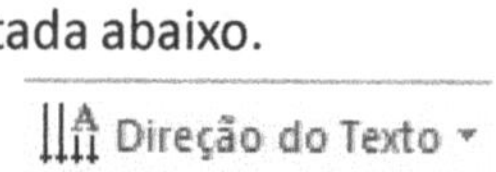

As opções encontradas ao clicar na opção Direção do Texto são Horizontal; girar em 90°; girar em 270°; e Empilhado, conforme ilustrado na sequência.

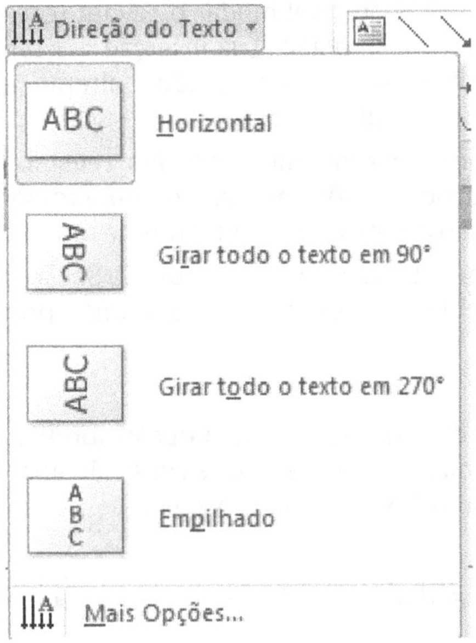

Também é possível alinhar o texto verticalmente na caixa de texto. Para isso, pode-se utilizar a opção Alinhar Texto representada pela figura que segue.

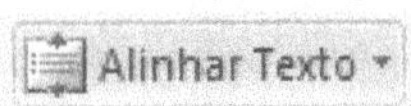

As opções são Em Cima, No Meio e Embaixo.

O recurso SmartArt existe no Word, contudo, no PowerPoint é possível converter uma estrutura de um texto em parágrafo ou tópicos em um esquema do SmartArt.

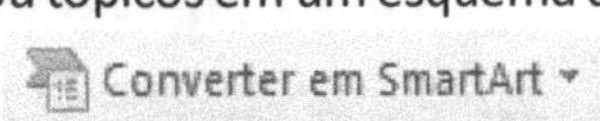

Algumas das opções possíveis são ilustradas na figura a seguir.

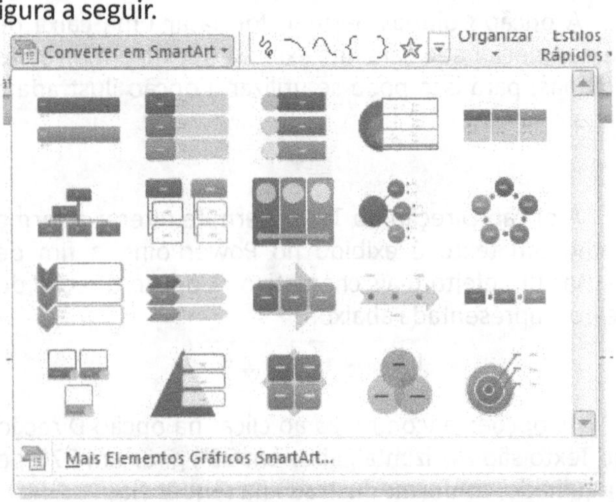

Aba Inserir

Na aba Inserir são disponibilizadas inúmeras opções de estruturas que podem ser inseridas na apresentação em edição, conforme ilustrado abaixo.

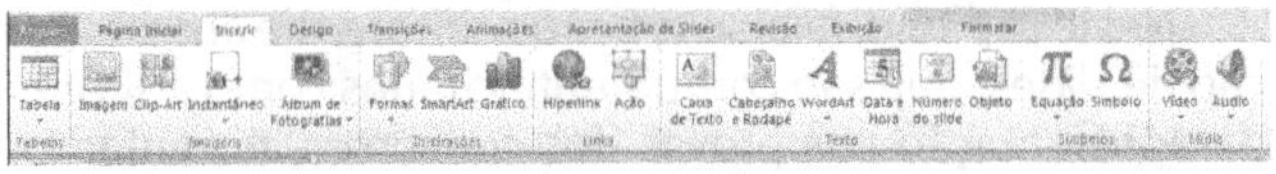

Pode-se enfatizar a opção Álbum de Fotografias, a qual permite criar rapidamente por meio da seleção de uma pasta contendo as imagens um álbum de fotos, colocando apenas uma foto por slide ou mais.

Aba Design

Por meio desta aba, é possível mudar a configuração de um slide, colocando-o com orientação diferente da padrão, paisagem, ou mesmo mudar suas dimensões. Também é possível alterar o conjunto de cores de fundo e fontes por meio dos temas.

Aba Transições

Na aba **Transições**, encontram-se as opções referentes à troca dos slides durante a apresentação; no Office 2010 existem diversos novos efeitos que proporcionam melhor qualidade visual à apresentação. Também é possível configurar tempos para cada slide e para o efeito de transição, por meio das opções disponibilizadas no bloco Intervalo.

Aba Animações

Na aba **animações** são encontradas opções que podem ser aplicadas a elementos em um slide, como figuras e textos. Da mesma maneira que é possível configurar o tempo de uma troca de slides, é possível configurar a duração de uma animação.

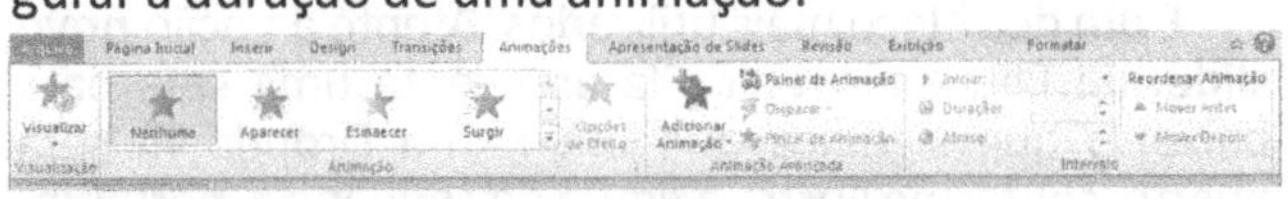

Aba Apresentação de Slides

Na aba **apresentação,** podemos configurar a apresentação como um todo.

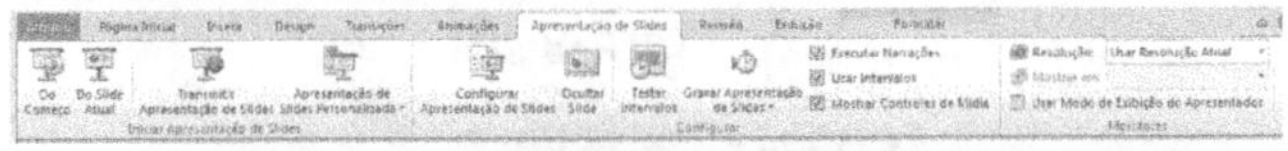

A opção do começo exibe a apresentação de slides a partir do primeiro Slide; a tecla de atalho correspondente é a tecla F5. Já a opção do Slide atual exibe a apresentação a partir do slide selecionado; sua tecla de atalho é SHIFT + F5.

Uma das novidades do Office 2010 é a sua integração com recursos Online, como a opção Transmitir Apresentação de Slides, que possibilita disponibilizar uma apresentação de slides para que possa ser visualizada via Internet enquanto é exibida. Para tanto, é necessário utilizar uma Windows Live ID.

Outra opção Interessante é a opção **modo de exibição de apresentador,** a qual permite, quando há um monitor e um projetor ou mesmo dois monitores conectados ao computador, exibir a apresentação em um (normalmente no projetor) e no outro monitor uma tela de acompanhamento que exibe as anotações de cada slide, a sua miniatura e o tempo decorrido do início da apresentação.

Editor de Apresentação Impress

É o editor de apresentação de slides do BrOffice.

Janela do Programa

Devemos compreender algumas partes da janela do editor para melhor entender seus recursos.

A primeira barra ao topo, onde encontramos os botões Fechar, Maximizar/Restaurar e Minimizar, é a chamada Barra de Título, pois expressa o nome do arquivo e o programa no qual está sendo trabalhado.

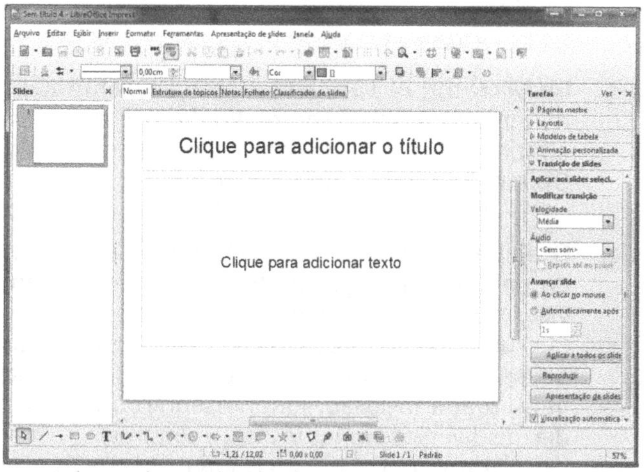

A barra logo abaixo é a de **menu**, onde se encontram as ferramentas do programa. Observe, à direita do menu Ferramentas, a existência de um menu diferente dos encontrados no Writer e Calc, o menu Apresentação de Slides; nele são encontradas as opções específicas das operações com slides, como Cronometrar, Transição e Apresentação de slides.

Na sequência são exibidas as duas barras de ferramentas (Padrão e de Formatação). Atente às divisões da janela: na lateral esquerda está o painel Slides; nele são exibidas as miniaturas dos slides, a fim de navegação na apresentação bem como de organização. Uma vez que, para trocar slides de lugar, basta clicar e, mantendo-se o mouse pressionado sobre o slide que se deseja mover, arrastá-lo; ele será disposto na posição desejada.

A última barra é a barra de status, por meio dela podemos visualizar em qual slide estamos, além de poder alterar o zoom do slide em edição.

Acima da barra de status está sendo exibida a barra de desenhos, ilustrada abaixo. Essa barra é comum aos demais editores (Calc e Writer), porém, ela só aparece, por padrão no Impress. Para ocultá-la ou exibi-la, basta selecioná-la no menu Exibir → Barras de Ferramentas → Desenho.

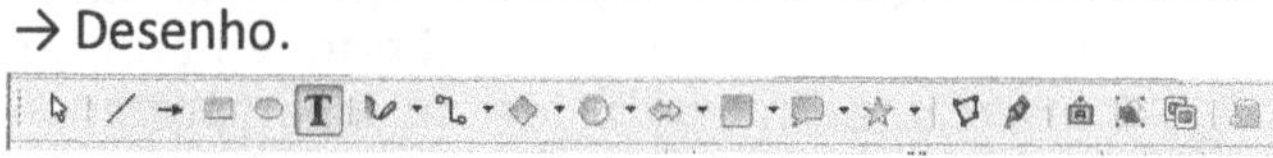

A área central da tela é onde fica o Slide em edição, também conhecida como Palco; quem sabe uma associação ao espaço onde o artista expõe a sua obra.

Já à direita, é exibido o Painel de tarefas; estrutura que oferece diversas opções, conforme ilustrado a seguir.

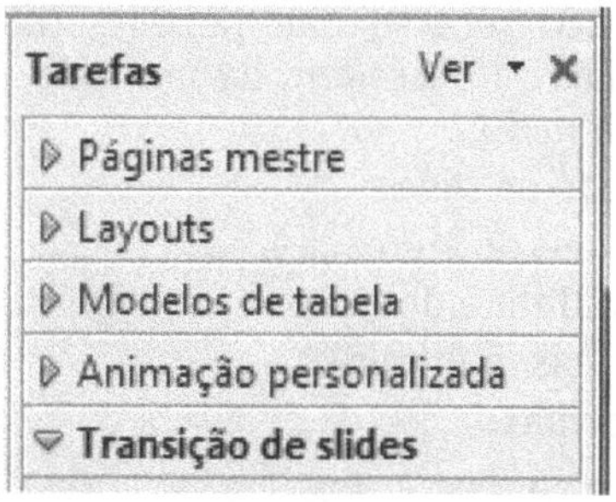

Acima do slide em edição, podem-se encontrar cinco opções, elas são, na verdade, modos de exibição que podem ser alternados.

Mestre

Um mestre é aquele que deve ser seguido, ou seja, uma estrutura base para a criação de um conjunto de slides. Por meio dele, podemos criar um modelo no qual se definem estilos de título, parágrafo, tópicos, planos de fundo e os campos de data/hora, rodapé e número do slide, conforme pode ser visualizado na imagem abaixo.

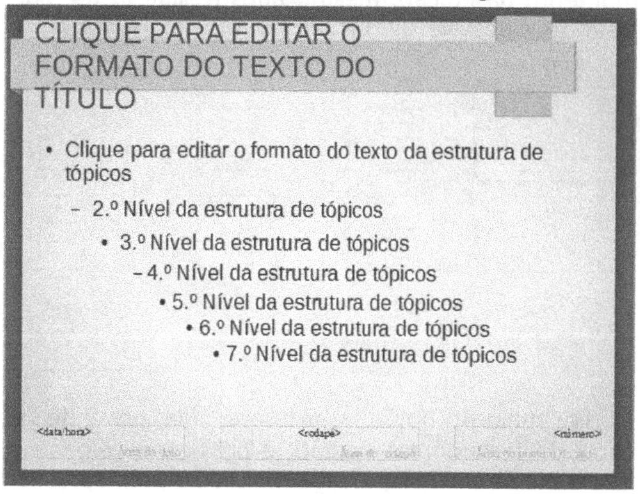

Para acionar o modo acima exibido, basta clicar no menu Exibir → Mestre → Slide Mestre.

Já a opção **Notas Mestre** serve para formatar as características das anotações (notas) que podem ser associadas a cada slide, conforme ilustrado a seguir.

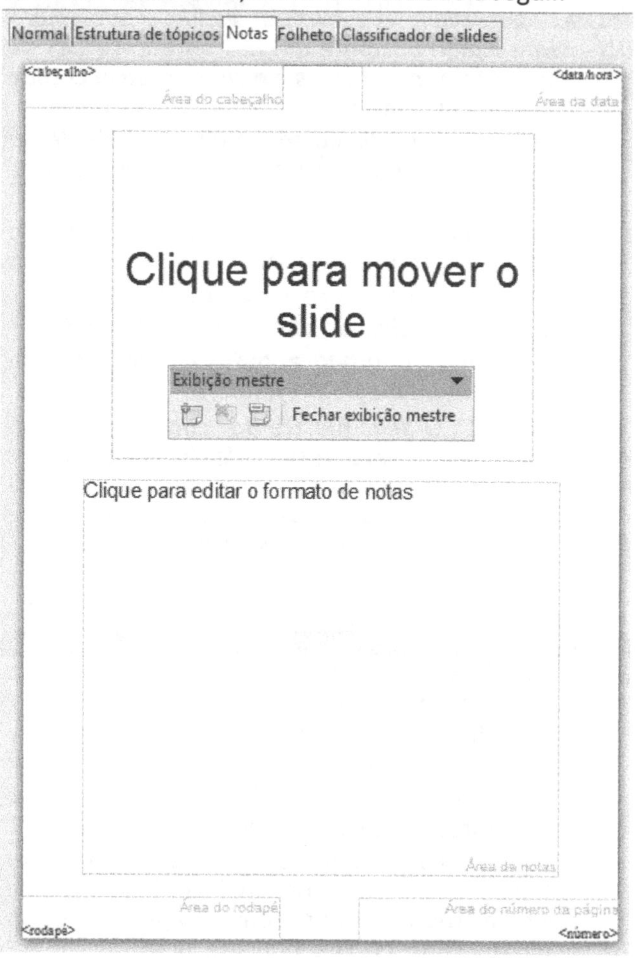

Já o item Elementos do Slide Mestre serve para indicar quais elementos deseja que apareça nos slide ou notas.

No painel de tarefas, a opção Páginas Mestre apresenta alguns modelos de Slides Mestres, que podem ser utilizados pelo usuário.

Layouts

Também podendo ser citado como **Leiaute**, são as estruturas que um slide pode possuir, como slides de título, título e subtítulo, slide em branco, entre outros.

A figura a seguir ilustra os diversos layouts disponíveis no Impress. Esses podem ser definidos a qualquer momento da edição; mesmo após o slide já ter sido inserido, é possível alterar seu layout.

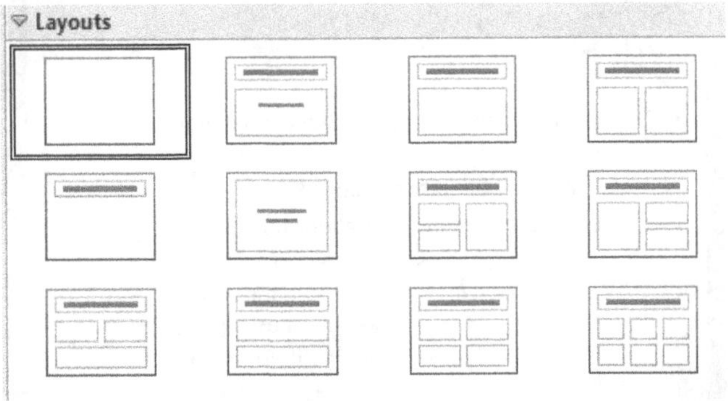

Por meio do botão inserir slide, presente na barra de ferramentas padrão, é possível escolher, no momento da inserção, o layout do slide. Após este já ter sido inserido, basta selecioná-lo no painel de slides, à esquerda, e escolher o novo layout desejado pelo botão de **Layout do Slide**, ou pelo painel de tarefas.

Exercício Comentado

01. ***Um recurso bastante útil nas apresentações de PowerPoint ou Impress é o slide mestre. O slide mestre serve para:***

a) ***exibir a apresentação sem a necessidade de ter o PowerPoint ou Impress instalado em seu computador.***

b) ***definir uma formatação padrão para todos os slides que forem criados com base nele.***

c) ***resumir os tópicos da apresentação.***

d) ***controlar a ordem de apresentação dos slides.***

e) ***controlar, por software, todas as funcionalidades do equipamento projetor.***

RESPOSTA. ***"B". O Slide mestre dos editores de apresentação é similar aos estilos de formatação dos editores de texto, por meio dele podemos alterar as características de um slide, como formatação de fonte, títulos, tópicos, cores, layout, entre outras.***

Vamos Praticar

01. Assinale a alternativa correta em relação à suíte de programas de escritório BrOffice.

a) O BrOffice Impress é utilizado para criar e gerenciar bancos de dados.

b) O aplicativo Presentation da suíte BrOffice cria e edita apresentações em slides para reuniões.

c) Arquivos com extensão .ppt não podem ser abertos diretamente do BrOffice. Para ler esse tipo de arquivo, deve-se usar um aplicativo específico de conversão de .ppt para .odp.

d) O BrOffice Impress pode, a partir de um documento, gerar arquivos no formato PDF.

e) Uma das diferenças entre o BrOffice Impress e outros aplicativos comerciais é que o impress ainda não possui a funcionalidade de criar e executar macros.

02. O eslaide mestre é um elemento do modelo de design que armazena informações sobre o modelo, inclusive estilos de fontes, tamanhos e posições de espaços reservados, design do plano de fundo e esquemas de cores.

Certo ( ) Errado ( )

03. No Microsoft PowerPoint, a inserção de fórmulas matemáticas pode ser realizada por meio do editor de equações, disponível por meio da opção Objeto, encontrada no menu Inserir.

Certo ( ) Errado ( )

04. O aplicativo PowerPoint 2003 pode ser utilizado para a preparação da referida apresentação, visto que esse software possui funcionalidades que auxiliam na preparação e na apresentação de palestras, além de ter funcionalidades que permitem a inclusão, na apresentação multimídia, de diversos efeitos visuais e sonoros.

Certo ( ) Errado ( )

05. Com relação ao PowerPoint, assinale a opção correta.

a) No PowerPoint, é possível alterar o esquema de cores do slide, mas não alterar o slide mestre.

b) A cada alteração feita em um slide no PowerPoint, deve-se imediatamente aplicar a opção Salvar, para que não sejam definitivamente perdidas as mudanças de edição das apresentações.

c) O assistente de apresentações permite que sejam editados diferentes modelos de design aos slides. Cada arquivo .ppt deve possuir apenas um modelo de design de slides.

d) A visualização dos slides em forma de tópicos permite a leitura dos títulos e tópicos, o que facilita a revisão do texto, sem características de edição de leiaute e design.

e) No PowerPoint, é possível incluir somente uma figura em cada slide.

06. O PowerPoint é um aplicativo utilizado para a criação de apresentações de slides para palestras, cursos, organização de conteúdos, entre outras finalidades. Uma vez aberto um arquivo, a inserção de novos slides em uma apresentação pode ser feita a partir da opção Novo slide, encontrada no menu Inserir, ou acionando-se as teclas Ctrl + M .

Certo ( ) Errado ( )

07. No Microsoft PowerPoint 2010, versão em português, o recurso que permite colocar efeitos especiais na passagem de um slide para outro é denominado:

a) transição de slides.

b) esquemas de animação.

c) personalizar animação.

d) esquemas multimídia.

e) autoformas.

08. O BrOffice Impress é um programa utilizado para a criação de apresentações em slides que, ao contrário de outros software da suíte BrOffice, não possui um assistente para auxiliar o usuário na criação do documento.

Certo ( ) Errado ( )

09. Ao clicar o botão , o PowerPoint passará a ser executado no modo de Apresentação de slides. A forma como as informações contidas nesses slides serão apresentadas dependerá, entre outros fatores, do esquema de animação selecionado. Cada um dos slides de uma apresentação PowerPoint pode ter um esquema de animação diferente.

Certo ( ) Errado ( )

10. Os aplicativos Impress da BROffice e PaintBrush da Microsoft são concebidos para se fazer impressão de imagens e textos. Uma das principais funcionalidades desses programas é a configuração de impressoras especiais, que permitem o ajuste das cores que se pretende utilizar.

Certo ( ) Errado ( )

Gabarito

01	D	06	CERTO
02	CERTO	07	A
03	CERTO	08	ERRADO
04	CERTO	09	CERTO
05	D	10	ERRADO

Anotações

CAPÍTULO 08
Glossário

A

Adware

Adwares são programas feitos para mostrar anúncios e propagandas de vários produtos. Geralmente são instalados no computador de uma forma injusta.

Android

É o sistema operacional do google para celulares, smartphones e tablets.

B

Backdoor (porta dos fundos)

Qualquer malware que possua um backdoor permite que o computador infectado seja controlado totalmente ou parcialmente via conexão com uma porta.

Bluetooth

Bluetooth é uma forma de conexão que constitui uma rede do tipo PAN (rede pessoal), utilizado para conexões de dispositivos como mouses, teclados, celulares, smartphones, entre outros dispositivos.

Bug

O termo bug ("inseto") é usado para definir defeitos inexplicáveis em engenharia e também em informática. Softwares bugados costumam travar mais. Outros bugs podem fazer com que worms se propaguem pela Internet.

Existe uma história verídica que conta que, em 1947, o computador Mark II estava com problemas no funcionamento e era por causa de um inseto que estava dentro das placas do computador. É considerado um caso "real" de um "computador que não funcionava por um bug", mas não é o primeiro registro histórico do uso do termo.

BIOS

Sigla para "Basic Input/Output System", que pode ser traduzido para "Sistema Básico de Entrada/Saída". A BIOS é um pequeno software armazenado em um componente da placa-mãe que é responsável pelo boot do computador.

Boot

Chama-se boot o processo que seu computador executa quando você o liga.

C

Cache

É uma memória de armazenamento temporário, com finalidade de fornecer um acesso mais rápido às informações.

Atualmente encontramos a cache em navegadores de internet, nos processadores, bem como nos HDs.

Cracker

Pessoas que usam seus conhecimentos de informática para destruir computadores ou ganhar dinheiro, roubando e burlando sistemas bancários e de cartão de crédito.

A maioria das pessoas chama, erroneamente, os crackers de hackers.

Cookie

Um cookie é uma informação que pode ser armazenada pelo navegador se um website requisitar. A informação não pode ter um tamanho muito grande. Cookies possuem uma validade e, ao expirarem, são automaticamente deletados pelo navegador.

D

Domínio

Um domínio é um endereço na internet. Por exemplo, example.com, assim como superdownloads.com.br ou globo.com; todos são domínios. No Brasil, o Registro.br gerencia os domínios, qualquer fora dos definidos por essa organização é considerado inválido. Os nomes dos domínios são transformados para endereços IP através do DNS.

DNS

Domain Name System, ou Sistema de Nomes de Domínio. O DNS é o processo que resolve o domínio de um site, de forma que, quando você acessar www.site.com, o seu computador possa transformar isso no endereço IP do servidor de destino.

Driver

São informações sobre o funcionamento das peças de Hardware. Um driver é usado para que o sistema operacional se comunique com o hardware. Existem também drivers de software para software, por exemplo, sua placa de vídeo precisa de um driver, assim como a placa de som e alguns monitores.

F

Firewall

O Firewall monitora as conexões feitas pelo seu computador para garantir que nenhum recurso dele esteja sendo usado indevidamente. São úteis na prevenção de worms, trojans e outros malwares que tentem explorar comunicações de rede.

G

Gateway

É um ponto de junção, composto de hardware e software, que funciona como um "portão de entrada" ou acesso intermediário entre duas redes de formatos diferentes.

H

Hash

Um hash é uma sequência de letras/números gerada por um algoritmo de hashing, que busca identificar um arquivo ou informação unicamente. Hashs podem ser usados para saber se os arquivos que você baixa através da Internet são idênticos aos distribuídos pelo desenvolvedor.

A sequência do hash é limitada (dificilmente passa dos 512 bytes).

Hijack

Chama-se hijack (sequestro) quando o navegador web do computador tem sua página inicial alterada ou pop-ups aparecem enquanto navega um site que, normalmente, estaria limpo.

HTTP

O HyperText Transfer Protocol foi criado para que os navegadores e servidores web pudessem se comunicar de uma forma padronizada. É um dos protocolos mais comuns da web.

I

IRC

O Internet Relay Chat é um sistema para bate-papo muito conhecido na internet.

K

Kernel

O kernel é o coração do Sistema Operacional, pois faz a comunicação mais básica entre o software e o hardware.

Um erro no kernel pode causar uma falha grave no sistema operacional. Muitas vezes, erros diretos no boot do sistema são causados por falhas no kernel.

Keylogger

[Key = chave; log = registro de ações] Software que captura as teclas digitas no computador. Atualmente, o termo foi expandido para incluir vários softwares de monitoração completa do sistema, tais como o Perfect Keylogger (BPK).

L

Log

Um Log (to log - registrar) é um arquivo que guarda informações passadas (registros). Existem registros/logs de erros, páginas visitadas ("Histórico"), entre outros, que podem ajudar na identificação e solução de problemas.

M

Malware

Malware é software que tem objetivos maliciosos, nele, se incluem todos os trojans, vírus e spywares.

Na maioria das vezes, "malware" será apenas tratado como um grupo que engloba spywares e adware.

MS-DOS

Sistema operacional base do Windows. Atualmente ele não é mais usado como sistema operacional, mas é possível encontrá-lo no Windows; é o prompt de comando.

P

Phishing

É uma página ou mesmo um e-mail falso que tentam induzir o usuário a informar seus dados pessoais e confidenciais como senhas.

POP3

O Post Office Protocol é um protocolo que trabalha no ciclo das mensagens eletrônicas. Serve para que os usuários possam facilmente baixar as suas mensagens de e-mail do servidor.

Porta de Conexão

O protocolo TCP/IP define 65535 "portas" lógicas para a conexão. As portas são apenas um recurso criado pelo protocolo para facilitar a conexão entre dois computadores que ainda não possuem uma conexão ativa.

Várias portas possuem tarefas padrão. A porta 80, por exemplo, é responsável por conexões do HTTP, que é o protocolo utilizado pela maioria dos sites na web.

Protocolo

Protocolos são regras que definem o modo pelo qual diferentes sistemas se comunicam. Seu navegador e servidor web precisam entender um ao outro, por isso os dois se utilizam do HTTP para interpretar as informações que recebem e formular as mensagens que irão mandar.

S

Scam

Fraudes que buscam estritamente ganhos financeiros. Nas fraudes do tipo scam, diferente do phishing, o usuário contrata um serviço, mas nunca o recebe. Existem outros scams em que o usuário é induzido a realizar um pagamento para a transferência de valores, mas a transação nunca é efetuada, fazendo com que o usuário perca o dinheiro. Podemos assimilar esse tipo de ataque ao golpe do bilhete premiado.

Script

Scripts são "roteiros" utilizados principalmente para automatizar tarefas administrativas. São também conhecidos como arquivos de lotes.

Servidor

A Internet funciona com uma base de Servidor-Cliente.

Os servidores geralmente esperam para atender um cliente, como um caixa no banco (servidor) que atende as pessoas (clientes) que usam os serviços do banco. Invasões só ocorrem quando o computador da vítima tiver um servidor para que o cliente (o atacante) possa se conectar.

SMTP

O Simple Mail Transfer Protocol é um protocolo de envio de mensagens de correio eletrônico associado aos clientes de e-mail, é também para a troca de mensagens entre os servidores de e-mail.

Smartphone

São os telefones Inteligentes.

Software

Software é a parte lógica do computador, aquela que você não pode ver nem tocar, mas opera constantemente.

Spam

E-mail não solicitado. Geralmente contém propagandas absurdas com fórmulas mágicas para ganhar dinheiro e produtos farmacêuticos.

Spoofing

Referente ao que é forjado/falsificado. Um ataque de "IP Spoof" é aquele no qual o endereço IP do remetente é forjado. Um e-mail "spoofed" é um e-mail em que o cabeçalho da mensagem ("De:" ou "From:") foi falsificado.

Spyware

Spywares são programas que capturam os dados do usuário ao fazer uso de algum serviço específico, como acessar determinado site ou programa; eles podem vir acompanhados de hijackers. Cuidado, spywares são diferentes de Phishings.

Sistema Operacional

Um Sistema Operacional é um Software especial que faz um trabalho muito importante: gerencia o hardware. Ele também tem uma interface para que os programadores possam desenvolver programas que serão úteis, como editores de texto, calculadoras ou navegadores web. O sistema operacional não é útil por si só, mas os programas que rodam nele são.

T

TCP/IP

Sigla para Transmission Control Protocol/Internet Protocol, ou simplesmente Protocolo de Controle de Transmissão/Protocolo de Internet. O TCP/IP é uma suíte que inclui vários protocolos como o IP, TCP e UDP. Ele é apenas chamado de TCP/IP, pois o TCP e o IP são os dois protocolos mais importantes incluídos nessa suíte.

TI

TI é uma abreviação para Tecnologia da Informação. Refere-se a ela tudo que tenha um processador e consiga processar informação.

Trojan Horse (Cavalo-de-Troia)

É um meio utilizado para infiltrar outros malwares ao computador do usuário.

U

UDP

UDP (User Datagram Protocol) é um protocolo mais simples que o TCP e não possui muitos recursos. Ele também não tem a garantia de que os pacotes chegam ao destino. É utilizado por alguns serviços muito importantes como o DNS.

Por ser mais simples, ele pode algumas vezes ser mais rápido.

V

Vírus

Vírus (na definição clássica) é todo programa de computador que funciona como parasita, infectando os arquivos que existem em um computador.

Por esse motivo, Trojans não são vírus, mas apenas "malware". Worms também não são vírus, pois só usam a rede para se espalhar e não infectam arquivos no disco rígido.

W

Worms

Worm é um tipo de malware que usa a rede para se espalhar. São muito famosos por infectar um grande número de computadores em pouco tempo, usando anexos de e-mail e forjando e-mails aparentemente legítimos.

Outros worms usam a rede local para serem instalados em diferentes computadores.

Anotações

RACIOCÍNIO LÓGICO

ÍNDICE

CAPÍTULO 01

Proposições

A matéria é fácil e, com um pouco de concentração, consegue-se aprendê-la e principalmente dominar a matéria e garantir sua aprovação.

Definições

Proposição é uma **declaração** (sentença declarativa, com sujeito "definido", verbo e sentido completo) que pode ser **classificada** em valores como verdadeiro e falso.

São exemplos de proposições:

> **p:** Daniel é enfermeiro.
> **Q:** Leo foi à Argentina.
> **a:** Luiza adora brincar.
> **B:** Rosário comprou um carro.

Fique Ligado

Essas letras "p", "Q", "a", "B", servem para representar (simbolizar) as proposições.

Valores Lógicos das Proposições

Uma proposição só pode ser classificada em dois valores lógicos, que são o **Verdadeiro (V)** ou o **Falso (F)**, não admitindo outro valor.

As proposições têm três princípios básicos, sendo um deles o princípio fundamental que é:

→ **Princípio da não-contradição:** diz que uma proposição não pode ser verdadeira e falsa ao mesmo tempo.

Os outros dois são:

→ **Princípio da identidade:** diz que uma proposição verdadeira sempre será verdadeira e uma falsa sempre será falsa.

→ **Princípio do terceiro excluído:** diz que uma proposição só pode ter dois valores lógicos, ou o de verdadeiro ou o de falso, **não existindo** um terceiro valor.

Fique Ligado

Perguntas, exclamações e ordens não são proposições. Exemplos:

> *Que dia é hoje?*
> *Que maravilha!*
> *Estudem muito.*

Sentenças Abertas e Quantificadores Lógicos

Existem algumas "sentenças abertas" que aparecem com incógnitas (termo desconhecido), como por exemplo: "x + 2 = 5", não sendo consideradas proposições, já que não se pode classificá-las sem saber o valor de "x", porém, com o uso dos **quantificadores lógicos,** elas tornam-se proposições, uma vez que esses quantificadores passam a dar valor ao "x".

Acompanhe-me

Os quantificadores lógicos são:

> $\forall$*: para todo; qualquer que seja; todo;*
> $\exists$*: existe; existe pelo menos um; algum;*
> $\nexists$*: não existe; nenhum.*

Veja agora como fica no exemplo:

> x + 2 = 5 (sentença aberta - não é proposição)
> p: $\exists$ x, x + 2 = 5 (Lê-se: existe x tal que, x + 2 =5). Agora é proposição, uma vez que agora é possível classificar a proposição como verdadeira, já que sabemos que tem um valor de "x" que somado a dois é igual a cinco.

Exercício Comentado

01. Entre as frases apresentadas a seguir, identificadas por letras de A a E, apenas duas são proposições.

A. Pedro é marceneiro e Francisco, pedreiro.
B. Adriana, você vai para o exterior nessas férias?
C. Que jogador fenomenal!
D. Todos os presidentes foram homens honrados.
E. Não deixe de resolver a prova com a devida atenção.

CERTO. Nessa questão temos as frases B (pergunta), C (exclamação) e E (ordem) que não são proposições, já as frases A e D são, uma vez que tem sujeito, verbo e sentido e podem ser classificadas.

Negação de Proposição - Modificador Lógico

Negar uma proposição significa modificar o seu valor lógico, ou seja, se uma proposição é verdadeira, a sua negação será falsa, e se uma proposição for falsa, a sua negação será verdadeira.

Fique Ligado

Os símbolos da negação são (~) ou (¬) antes da letra que representa a proposição.

Exemplo:

> **p:** 3 é ímpar;
> **~p:** 3 **não** é ímpar;
> **¬p:** 3 é **par** (outra forma de negar a proposição).

→ **Lei da dupla negação:**

~(~p) = p, negar uma proposição duas vezes significa voltar para própria proposição; vejamos:

> **q:** 2 é par;
> **~q:** 2 não é par;
> **~(~q):** 2 **não** é **ímpar**; portanto;
> **q:** 2 é par.

Tipos de Proposição

As proposições são de apenas dois tipos, **simples** ou **compostas**.

A principal diferença entre as proposições simples e as compostas é a presença do **conectivo lógico** nas proposições compostas; além disso, tem-se também que as proposições compostas podem ser divididas, enquanto as proposições simples não. Outro detalhe é que as proposições simples têm apenas 1 verbo enquanto as compostas têm mais de 1 verbo. Observe o quadro para diferenciar mais fácil os dois tipos de proposição.

Simples (atômicas)	Compostas (moleculares)
Não têm conectivo lógico	Têm conectivo lógico
Não podem ser divididas	Podem ser divididas
1 verbo	+ de 1 verbo

→ **Conectivo lógico:**

Serve para unir as proposições simples, formando proposições compostas. São eles:

> **e**: conjunção (^)
> **ou**: disjunção (v)
> **ou..., ou:** disjunção exclusiva (v̲)
> **se..., então:** condicional (→)
> **se..., e somente se**: bicondicional (↔)

Fique Ligado

Alguns autores consideram a negação (~) como um conectivo, porém aqui não faremos isso, pois os conectivos servem para formar proposição composta, e a negação faz apenas a mudança do valor das proposições.

O "e" possui alguns sinônimos, que são: "mas", "porém", "nem" (nem = e não) e a própria vírgula. O condicional também tem alguns sinônimos que são: "portanto", "quando", "como" e "pois" (pois = condicional invertido. Ex.: A, pois B = B → A).

Vejamos alguns exemplos para melhor entender:

> **a:** Danilo foi à praia (simples).
> **b:** Giovanna está brincando (simples).
> **p:** Danilo foi a praia **se, e somente se** Giovanna estava brincando (composta).
> **q: se** 2 é par, **então** 3 é ímpar (composta).

Exercício Comentado

01. (CESPE) Se P e Q representam as proposições "Eu estudo bastante" e "Eu serei aprovado", respectivamente, então, a proposição P → Q representa a afirmação "Se eu estudar bastante, então serei aprovado".

CERTO. A questão está pedindo se a proposição representada está escrita corretamente. Simboliza "→" condicional (se, então).

Tabela-Verdade e Conectivos Lógicos

A tabela-verdade nada mais é do que um mecanismo usado para dar valor às proposições compostas (que também serão ou verdadeiras ou falsas), por meio de seus respectivos conectivos.

A primeira coisa que precisamos saber numa tabela-verdade é o seu número de linhas, e que esse depende do número de proposições simples que compõem a proposição composta.

Número de linhas = 2^n, em que "n" é o número de proposições simples que compõem a proposição composta. Portanto se houver 3 proposições simples formando a proposição composta então a tabela dessa proposição terá 8 linhas ($2^3 = 8$). Esse número de linhas da tabela serve para que tenhamos todas as relações possíveis entre "V" e "F" das proposições simples. Veja:

P	Q	R
V	V	V
V	V	F
V	F	V
V	F	F
F	V	V
F	V	F
F	F	V
F	F	F

Observe que temos todas as relações entre os valores lógicos das proposições, que sejam: as 3 verdadeiras (1ª linha), as 3 falsas (última linha), duas verdadeiras e uma falsa (2ª, 3ª e 5ª linhas), e duas falsas e uma verdadeira (4ª, 6ª e 7ª linhas). Nessa demonstração, temos uma forma prática de como se pode organizar a tabela, sem se preocupar se foram feitas todas relações entres as proposições.

Para o correto preenchimento da tabela, devemos seguir algumas regras, que são:

I. Comece sempre pelas proposições simples e suas negações, se houver;
II. Resolva os parênteses, colchetes e chaves, respectivamente (igual à expressão numérica), se houver;
III. Faça primeiro as conjunções e disjunções, depois os condicionais e por último os bicondicionais;
IV. A última coluna da tabela deverá ser sempre a da proposição toda, conforme as demonstrações adiante.

Fique Ligado

O valor lógico de uma proposição composta depende dos valores lógicos das proposições simples que a compõem assim como do conectivo utilizado, e é o que veremos a partir de agora.

→ **Valor lógico de uma proposição composta por conjunção (e) = tabela-verdade da conjunção (^).**

Uma proposição composta por conjunção só será verdadeira se todas as suas proposições simples que a compõem forem verdadeiras, caso contrário, a conjunção será falsa.

» **Ex.:** P ^ Q

P	Q	P ^ Q
V	V	V
V	F	F
F	V	F
F	F	F

Representando por meio de conjuntos, temos: P ^ Q

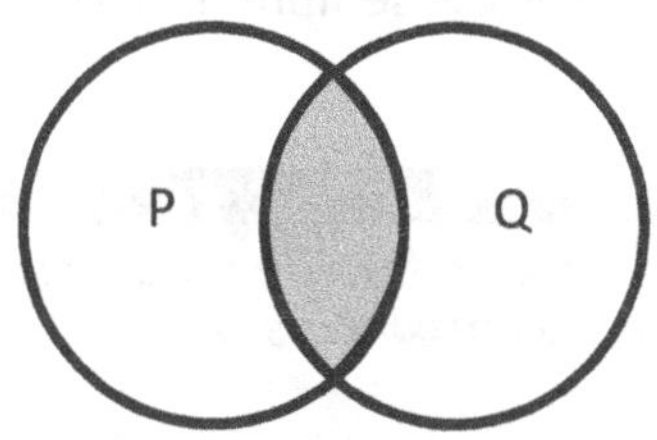

→ **Valor lógico de uma proposição composta por disjunção (ou) = tabela-verdade da disjunção (v).**

Uma proposição composta por disjunção só será falsa se todas as suas proposições simples que a compõem forem falsas, caso contrário, a disjunção será verdadeira.

» **Ex.:** P v Q

P	Q	P v Q
V	V	V
V	F	V
F	V	V
F	F	F

Representando por meio de conjuntos, temos: P v Q

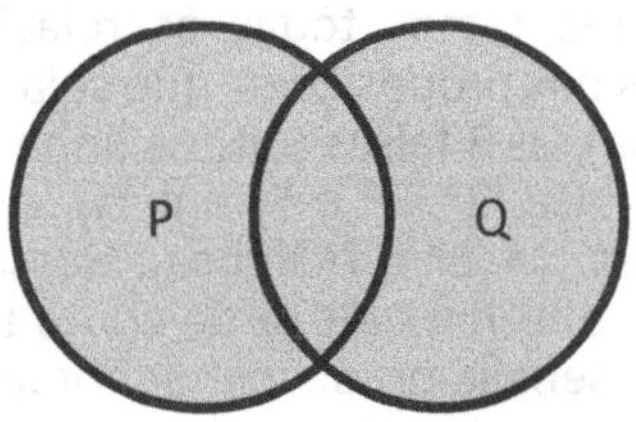

→ **Valor lógico de uma proposição composta por disjunção exclusiva (ou, ou) = tabela-verdade da disjunção exclusiva (v̲).**

Uma proposição composta por disjunção exclusiva só será verdadeira se as suas proposições simples que a compõem tiverem valores diferentes, caso contrário, a disjunção exclusiva será falsa.

» **Ex.:** P v̲ Q

P	Q	P v̲ Q
V	V	F
V	F	V
F	V	V
F	F	F

Representando por meio de conjuntos, temos: P v̲ Q

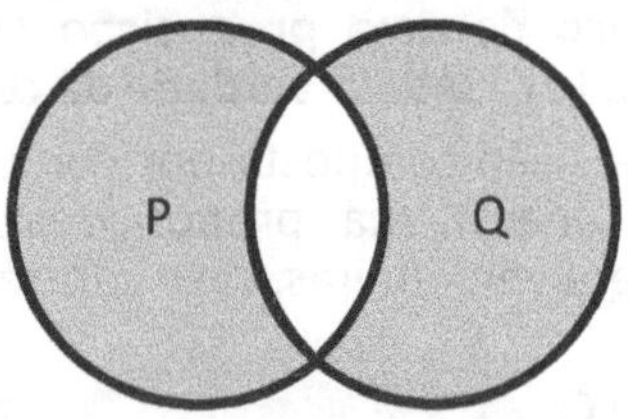

→ **Valor lógico de uma proposição composta por condicional (se, então) = tabela-verdade do condicional (→).**

Uma proposição composta por condicional só será falsa se a primeira proposição (também conhecida como antecedente ou condição suficiente) for verdadeira e a segunda proposição (também conhecida como consequente ou condição necessária) for falsa; nos demais casos, o condicional será sempre verdadeiro.

Fique Ligado

Atente bem para esse tipo de proposição, pois é um dos mais cobrados em concursos.

Dicas:

> *P é antecedente e Q é consequente = P → Q*
> *P é consequente e Q é antecedente = Q → P*
> *P é suficiente e Q é necessário = P → Q*
> *P é necessário e Q é suficiente = Q → P*

» **Ex.:** P → Q

P	Q	P → Q
V	V	V
V	F	F
F	V	V
F	F	V

Representando por meio de conjuntos, temos: P → Q

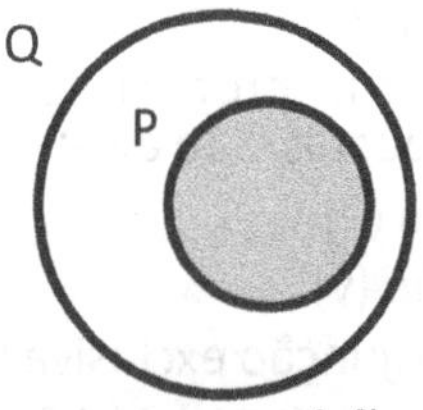

→ **Valor lógico de uma proposição composta por bicondicional (se e somente se) = tabela-verdade do bicondicional (↔).**

Uma proposição composta por bicondicional é verdadeira sempre que suas proposições simples que a compõem têm valores iguais, caso contrário, ela será falsa.

No bicondicional, "P" e "Q" são ambos suficientes e necessários ao mesmo tempo.

» **Ex.:** P ↔ Q

P	Q	P ↔ Q
V	V	V
V	F	F
F	V	F
F	F	V

Representando por meio de conjuntos, temos: P ↔ Q

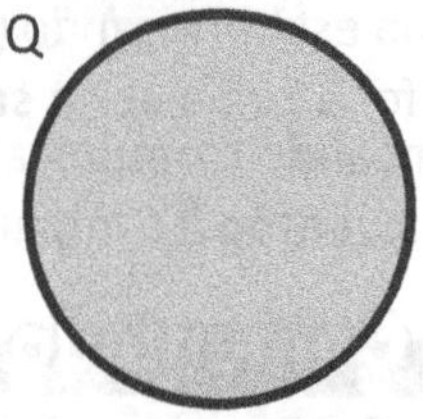

Em Resumo:

Proposição composta	Verdadeira quando...	Falsa quando...
P ^ Q	P e Q são verdadeiras	Pelo menos uma falsa
P v Q	Pelo menos uma verdadeira	P e Q são falsas
P v̲ Q	P e Q têm valores diferentes	P e Q têm valores iguais
P → Q	P = verdadeiro, q = verdadeiro ou P = falso	P = verdadeiro e Q = falso
P ↔ Q	P e Q têm valores iguais	P e Q têm valores diferentes

Exercício Comentado

Considerando que os símbolos "v, ~, →, ↔, ^" representem as operações lógicas "ou", "não", "condicional", "bicondicional" e "e", respectivamente, julgue o item a seguir

01. (CESPE) Acerca da proposição composta P: (p v ~q)↔(~p ^ r), em que p, q e r são proposições distintas. O número de linhas da tabela-verdade de P é igual a 16.

ERRADO. Para o cálculo do número de linhas de uma proposição composta, utilizamos a fórmula 2^n, em que "n" representa o número de proposições simples que compõem a proposição composta. Como na questão n = 3, então 2^3 = 8. Portanto, o número de linhas da tabela é 8.

Equivalências Lógicas

Duas ou mais proposições compostas são ditas equivalentes quando são formadas pelas mesmas proposições simples e suas tabelas-verdades (resultado) são iguais.

Seguem algumas demonstrações das mais importantes:

Fique Ligado

Atente-se para o princípio da equivalência. A tabela-verdade está aí só para demonstrar a igualdade.

I. **P ^ Q = Q ^ P** (Basta trocar as proposições simples de lugar - também chamada de **recíproca**).

P	Q	P ^ Q	Q ^ P
V	V	V	V
V	F	F	F
F	V	F	F
F	F	F	F

II. **P v Q = Q v P** (Basta trocar as proposições simples de lugar - também chamada de **recíproca**).

P	Q	P v Q	Q v P
V	V	V	V
V	F	V	V
F	V	V	V
F	F	F	F

III. **P v̲ Q = Q v̲ P** (Basta trocar as proposições simples de lugar - também chamada de **recíproca**).

IV. **P v̲ Q = ~P v̲ ~Q** (Basta negar as proposições simples - também chamada de **contrária**).

V. **P v̲ Q = ~Q v̲ ~P** (Troca as proposições simples de lugar e negam-se - também chamada de **contra – positiva**).

VI. **P v̲ Q = (P ^ ~Q) v (~P ^ Q)** (observe aqui a exclusividade dessa disjunção).

P	Q	~P	~Q	P ^ ~Q	~P ^ Q	P v̲ Q	Q v̲ P	~P v̲ ~Q	~Q v̲ ~P	(P ^ ~Q) v (~P ^ Q)
V	V	F	F	F	F	F	F	F	F	F
V	F	F	V	V	F	V	V	V	V	V
F	V	V	F	F	V	V	V	V	V	V
F	F	V	V	F	F	F	F	F	F	F

VII. **P ↔ Q = Q ↔ P** (Basta trocar as proposições simples de lugar - também chamada de **recíproca**).

VIII. **P ↔ Q = ~P ↔ ~Q** (Basta negar as proposições simples - também chamada de **contrária**).

IX. **P ↔ Q = ~Q ↔ ~P** (Troca as proposições simples de lugar e negam-se - também chamada de **contra-positiva**).

X. **P ↔ Q = (P → Q) ^ (Q → P)** (observe que é condicional para os dois lados, por isso bicondicional).

P	Q	~P	~Q	P→Q	Q→P	P↔Q	Q↔P	~P↔~Q	~Q↔~P	(P→Q) ^ (Q→P)
V	V	F	F	V	V	V	V	V	V	V
V	F	F	V	F	V	F	F	F	F	F
F	V	V	F	V	F	F	F	F	F	F
F	F	V	V	V	V	V	V	V	V	V

Fique Ligado

A disjunção exclusiva e o bicondicional são as proposições com o maior número de equivalências.

XI. **P → Q = ~Q → ~P** (Troca as proposições simples de lugar e nega-se - também chamada de **contra-positiva**).

XII. **P → Q = ~P v Q** (Negam-se o antecedente ou mantém o consequente).

P	Q	~P	~Q	P→Q	~Q→~P	~P v Q
V	V	F	F	V	V	V
V	F	F	V	F	F	F
F	V	V	F	V	V	V
F	F	V	V	V	V	V

Fique Ligado

Equivalências mais importantes e mais cobradas em concursos.

Negação de Proposição Composta

São também equivalências lógicas; vejamos algumas delas:

1) **~(P ^ Q) = ~P v ~Q** (Leis de Morgan).

Para negar a conjunção, troca-se o conectivo **e (^)** por **ou (v)** e negam-se as proposições simples que a compõem.

P	Q	~P	~Q	P ^ Q	~(P ^ Q)	~P v ~Q
V	V	F	F	V	F	F
V	F	F	V	F	V	V
F	V	V	F	F	V	V
F	F	V	V	F	V	V

2) **~(P v Q) = ~P ^ ~Q** (Leis de Morgan).

Para negar a disjunção, troca-se o conectivo **ou (v)** por **e (^)** e negam-se as proposições simples que a compõem.

P	Q	~P	~Q	P v Q	~(P v Q)	~P ^ ~Q
V	V	F	F	V	F	F
V	F	F	V	V	F	F
F	V	V	F	V	F	F
F	F	V	V	F	V	V

3) **~(P → Q) = P ^ ~Q** (Leis de Morgan).

Para negar o condicional, mantém-se o antecedente e nega-se o consequente.

P	Q	~Q	P→Q	~(P→Q)	P ^ ~Q
V	V	F	V	F	F
V	F	V	F	V	V
F	V	F	V	F	F
F	F	V	V	F	F

4) **~(P v̲ Q) = P ↔ Q.**

Para negar a disjunção exclusiva, faz-se o bicondicional.

P	Q	P v̲ Q	~(P v̲ Q)	P ↔ Q
V	V	F	V	V
V	F	V	F	F
F	V	V	F	F
F	F	F	V	V

5) **~(P ↔ Q) = (P v̲ Q).**

Para negar a bicondicional, faz-se a disjunção exclusiva.

P	Q	P ↔ Q	~(P ↔ Q)	P v̲ Q
V	V	V	F	F
V	F	F	V	V
F	V	F	V	V
F	F	V	F	F

Exercício Comentado

01. (CESGRANRIO) A negação da proposição "Alberto é alto e Bruna é baixa" é:

a) Alberto é baixo e Bruna é alta.
b) Alberto é baixo e Bruna não é alta.
c) Alberto é alto ou Bruna é baixa.
d) Alberto não é alto e Bruna não é baixa.
e) Alberto não é alto ou Bruna não é baixa.

RESPOSTA. "E". A negação de (P ^ Q) é (~P v ~Q). Considerando: P = Alberto é alto; e Q = Bruna é baixa; temos: ~P = Alberto não é alto, e ~Q = Bruna não é baixa.

Tautologias, Contradições e Contingências

→ **Tautologia:** proposição composta que é sempre verdadeira independente dos valores lógicos das proposições simples que a compõem. Vejamos: **(P ^ Q) → (P v Q)**

P	Q	P ^ Q	P v Q	(P ^ Q) → (P v Q)
V	V	V	V	V
V	F	F	V	V
F	V	F	V	V
F	F	F	F	V

→ **Contradição:** proposição composta que é sempre falsa, independente dos valores lógicos das proposições simples que a compõem. Vejamos: **~(P v Q) ^ P**

P	Q	P v Q	~(P v Q)	~(P v Q) ^ P
V	V	V	F	F
V	F	V	F	F
F	V	V	F	F
F	F	F	V	F

→ **Contingência:** ocorre quando não é tautologia nem contradição. Vejamos: **~(P v Q) ↔ P**

P	Q	P v̲ Q	~(P v̲ Q)	~(P v̲ Q) ↔ P
V	V	F	V	V
V	F	V	F	F
F	V	V	F	V
F	F	F	V	F

Exercício Comentado

01. (CESPE) A proposição (A v B) ^ [(~A) ^ (~B)] é sempre falsa.

CERTO. A questão está pedindo, em outras palavras, se a proposição é uma contradição. Para saber isso basta desenhar a tabela-verdade dessa proposição e ver se isso acontece.

A	B	~A	~B	A v B	~A ^ ~B	(AvB) ^ [(~A) ^ (~B)]
V	V	F	F	V	F	F
V	F	F	V	V	F	F
F	V	V	F	V	F	F
F	F	V	V	F	V	F

Observe que a proposição realmente é toda falsa (veja a última coluna da tabela).

Relação entre Todo, Algum e Nenhum

Também conhecidos como quantificadores universais (**quantificadores lógicos**), eles têm entre si algumas relações que devemos saber, são elas:

I. **"Todo A é B"** equivale a **"nenhum A não é B"**, e vice-versa.
   » **Ex.:** todo amigo é bom = nenhum amigo não é bom.

II. **"Nenhum A é B"** equivale a **"todo A não é B"**, e vice-versa.
   » **Ex.:** nenhum aluno é burro = todo aluno não é burro.

Acompanhe-me

Essas são as duas relações de equivalência mais comuns, porém há uma em que utilizamos o ALGUM.

> *"Todo A é B" equivale a "algum B é A".*
> » *Ex.: todo professor é aluno = algum aluno é professor.*

III. **"Todo A é B"** tem como negação **"algum A não é B"** e vice-versa.
   » **Ex.**: ~(todo estudante tem insônia) = algum estudante não tem insônia.

IV. **"Algum A é B"** tem como negação **"nenhum A é B"** e vice-versa.
   » **Ex.**: ~(algum sonho é impossível) = nenhum sonho é impossível.

Temos também a representação em forma de conjuntos, que é:

> **TODO A é B:**

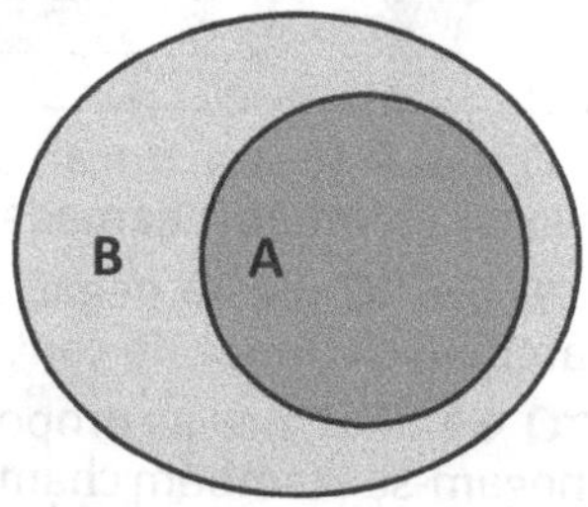

> **ALGUM A é B:**

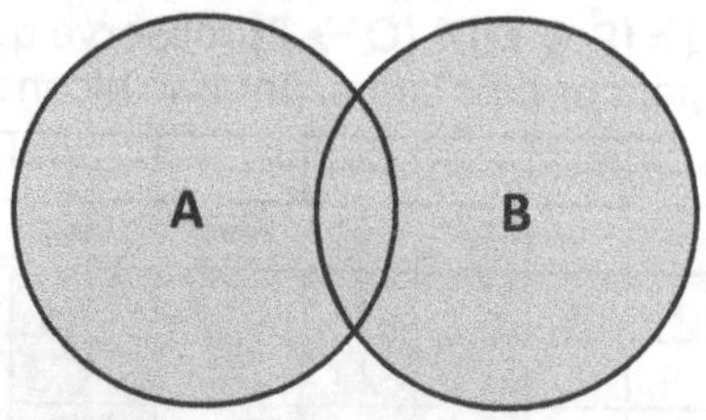

> **NENHUM A é B:**

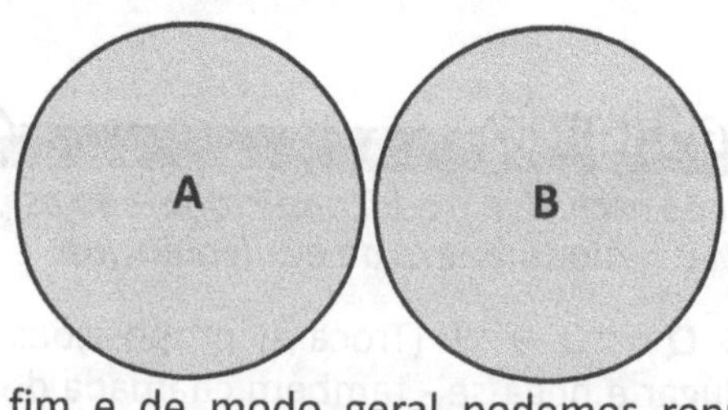

Por fim e de modo geral podemos representar (resumir) as relações da seguinte forma:

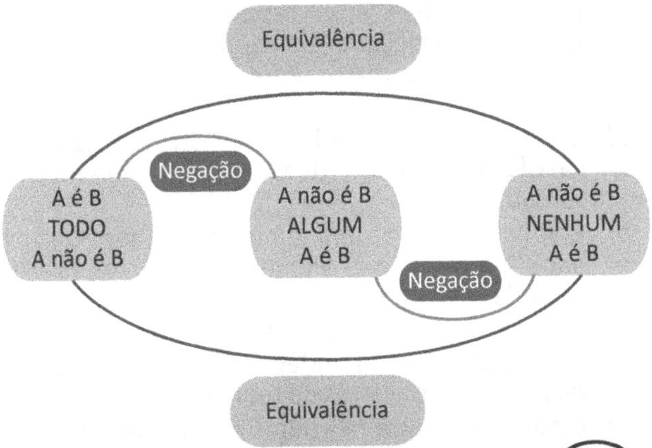

Exercício Comentado

01. ***(FUMARC) Considere a seguinte proposição: Todos os alunos assistiram ao filme. A negação da proposição é:***

a) ***Nenhum aluno assistiu ao filme.***
b) ***Algum aluno não assistiu ao filme.***
c) ***Alguns alunos assistiram ao filme.***
d) ***Todos os alunos não assistiram ao filme.***

RESPOSTA. "B". A negação de "todo A é B" é "algum A não é B".

Vamos Praticar

01. (CONSULPLAN) Qual das proposições abaixo é verdadeira?

a) O ar é necessário à vida e a água do mar é doce.
b) O avião é um meio de transporte ou o aço é mole.
c) 6 é ímpar ou $2 + 3 \neq 5$.
d) O Brasil é um país e Sergipe é uma cidade.
e) O papagaio fala e o porco voa.

02. (CESGRANRIO) Analise as afirmativas abaixo.

I. A parte sempre cabe no todo;
II. O inimigo do meu inimigo é meu amigo;
III. Um professor de matemática afirma que todos os professores de matemática são mentirosos.

Do ponto de vista da lógica, é(são) sempre verdadeira(s) somente a(s) afirmativa(s):

a) I.
b) I e II.
c) I e III.
d) II.
e) III.

03. (CESPE) A sentença "Maria é mais bonita que Sílvia, pois Maria é Miss Universo e Sílvia é Miss Brasil" é representada corretamente pela expressão simbólica $(P \wedge Q) \rightarrow R$.

Certo ( ) Errado ( )

04. (ESAF) Assinale a opção verdadeira.

a) $3 = 4$ ou $3 + 4 = 9$
b) Se $3 = 3$, então $3 + 4 = 9$
c) $3 = 4$ e $3 + 4 = 9$
d) Se $3 = 4$, então $3 + 4 = 9$
e) $3 = 3$ se e somente se $3 + 4 = 9$

05. (CESPE) Para todos os possíveis valores lógicos atribuídos às proposições simples A e B, a proposição composta $\{[A \wedge (\sim B)] \vee B\}$ tem exatamente 3 valores lógicos V e um F.

Certo ( ) Errado ( )

06. (CESPE) A negação da proposição "O presidente é o membro mais antigo do tribunal e o corregedor é o vice-presidente" é "O presidente é o membro mais novo do tribunal e o corregedor não é o vice-presidente".

Certo ( ) Errado ( )

07. (CESPE) A negação da proposição "estes papéis são rascunhos ou não têm mais serventia para o desenvolvimento dos trabalhos" é equivalente a "estes papéis não são rascunhos e têm serventia para o desenvolvimento dos trabalhos".

Certo ( ) Errado ( )

08. (FEPESE) A afirmação condicional equivalente a "Todos os cangurus usam bolsa" é:

a) Se algo usa bolsa, então é um canguru.
b) Se algo não usa bolsa então não é um canguru.
c) Se algo é uma bolsa, então é usada por um canguru.
d) Se algo não é um canguru, então não usa bolsa.
e) Se algo não é um canguru, também não é uma bolsa.

09. (FGV) A negação da sentença "Se tenho dinheiro, então sou feliz" é:

a) Se não tenho dinheiro, então não sou feliz.
b) Se não sou feliz, então não tenho dinheiro.
c) Não tenho dinheiro e sou feliz.
d) Não tenho dinheiro ou sou feliz.
e) Tenho dinheiro, e não sou feliz.

10. (CESPE) A negação da proposição "se Paulo está entre os 40% dos homens com mais de 30 anos, então Luísa tem mais de 30 anos" é "se Paulo não está entre os 40% dos homens com mais de 30 anos, então Luísa não tem mais de 30 anos".

Certo ( ) Errado ( )

11. (FCC) Considere a seguinte proposição: "Se uma pessoa não faz cursos de aperfeiçoamento na sua área de trabalho, então ela não melhora o seu desempenho profissional." Uma proposição logicamente equivalente à proposição dada é:

a) É falso que, uma pessoa não melhora o seu desempenho profissional ou faz cursos de aperfeiçoamento na sua área de trabalho.
b) Não é verdade que, uma pessoa não faz cursos de aperfeiçoamento profissional e não melhora o seu desempenho profissional.
c) Se uma pessoa não melhora seu desempenho profissional, então ela não faz cursos de aperfeiçoamento na sua área de trabalho.
d) Uma pessoa melhora o seu desempenho profissional ou não faz cursos de aperfeiçoamento na sua área de trabalho.
e) Uma pessoa não melhora seu desempenho profissional ou faz cursos de aperfeiçoamento na sua área de trabalho.

12. (CESPE) Caso a proposição "Se a EMBASA promover ações de educação ambiental, então a população colaborará para a redução da poluição das águas" seja V, a proposição "Se a EMBASA não promover ações de educação ambiental, então a população não colaborará para a redução da poluição das águas" também será V.

Certo ( ) Errado ( )

13. (CESGRANRIO) Considere a proposição composta "Se o mês tem 31 dias, então não é setembro". A proposição composta equivalente é

a) "O mês tem 31 dias e não é setembro".
b) "O mês tem 30 dias e é setembro".
c) "Se é setembro, então o mês não tem 31 dias".
d) "Se o mês não tem 31 dias, então é setembro".
e) "Se o mês não tem 31 dias, então não é setembro".

14. Considere como verdadeira a declaração: "Ontem, nas cidades litorâneas do Brasil, as temperaturas aumentaram em até 10º C". É correto concluir que ontem:

a) As temperaturas nas cidades do interior do Brasil não aumentaram.
b) As temperaturas nas cidades do interior do Brasil aumentaram mais do que 10º C.
c) Em alguma cidade litorânea brasileira, a temperatura aumentou atingindo a temperatura de 10º C.
d) Em alguma cidade litorânea brasileira, o aumento da temperatura não foi suficiente para atingir os 10º C.
e) Em algumas cidades litorâneas brasileiras, a variação da temperatura foi menor do que 10º C.

15. (CESPE) Proposições são sentenças que podem ser julgadas somente como verdadeiras ou falsas. A esse respeito, considere que p represente a proposição simples "É dever do servidor promover o atendimento cordial a clientes internos e externos", que q represente a proposição simples "O servidor deverá instruir procedimentos administrativos de suporte gerencial" e que r represente a proposição simples "É tarefa do servidor propor alternativas e promover ações para o alcance dos objetivos da organização". Acerca dessas proposições p, q e r e das regras inerentes ao raciocínio lógico, assinale a opção correta.

a) $\sim(p \vee q \vee r)$ é equivalente a $\sim p \wedge \sim q \wedge \sim r$.
b) $p \rightarrow q$ é equivalente a $\sim p \rightarrow \sim q$.
c) $p \wedge (q \vee r)$ é equivalente a $p \wedge q \wedge r$.
d) $\sim(\sim(\sim r)) \leftrightarrow r$.
e) A tabela-verdade completa das proposições simples p, q e r tem 24 linhas.

16. (FCC) Uma empresa mantém a seguinte regra em relação a seus funcionários: Se um funcionário tem mais de 45 anos de idade, então ele deverá, todo ano, realizar pelo menos um exame médico e tomar a vacina contra a gripe.

Considerando que essa regra seja sempre cumprida, é correto concluir que, necessariamente, se um funcionário dessa empresa:

a) Anualmente realiza um exame médico e toma a vacina contra a gripe, então ele tem mais de 45 anos de idade.
b) Tem 40 anos de idade, então ele não realiza exames médicos anualmente ou não toma a vacina contra a gripe.
c) Não realizou nenhum exame médico nos últimos dois anos, então ele não tem 50 ou mais anos de idade.
d) Tem entre 55 e 60 anos de idade, então ele realiza um único exame médico por ano, além de tomar a vacina contra a gripe.
e) Tomou a vacina contra a gripe ou realizou exames médicos nos últimos dois anos, então ele tem pelo menos 47 anos de idade.

17. (FCC) Considere a afirmação: Pelo menos um ministro participará da reunião ou nenhuma decisão será tomada. Para que essa afirmação seja FALSA:

a) É suficiente que nenhum ministro tenha participado da reunião e duas decisões tenham sido tomadas.
b) É suficiente que dois ministros tenham participado da reunião e alguma decisão tenha sido tomada.
c) É necessário e suficiente que alguma decisão tenha sido tomada, independentemente da participação de ministros na reunião.
d) É necessário que nenhum ministro tenha participado da reunião e duas decisões tenham sido tomadas.
e) É necessário que dois ministros tenham participado da reunião e nenhuma decisão tenha sido tomada.

18. (CESPE) A proposição Se x é um número par, então y é um número primo é equivalente à proposição Se y não é um número primo, então x não é um número par.

Certo ( ) Errado ( )

19. (CESPE) A negação da proposição "O juiz determinou a libertação de um estelionatário e de um ladrão" é expressa na forma "O juiz não determinou a libertação de um estelionatário nem de um ladrão".

Certo ( ) Errado ( )

20. (ESAF) X e Y são números tais que: Se $X \leq 4$, então $Y > 7$. Sendo assim:

a) Se $Y \leq 7$, então $X > 4$.
b) Se $Y > 7$, então $X \geq 4$.
c) Se $X \geq 4$, então $Y < 7$.
d) Se $Y < 7$, então $X \geq 4$.
e) Se $X < 4$, então $Y \geq 7$.

Gabarito

01	B	11	E
02	A	12	ERRADO
03	CERTO	13	C
04	D	14	E
05	CERTO	15	A
06	ERRADO	16	C
07	CERTO	17	A
08	B	18	CERTO
09	E	19	ERRADO
10	ERRADO	20	A

Anotações

CAPÍTULO 02

Argumentos

Os argumentos são uma extensão das proposições, mas com algumas características e regras próprias. Vejamos isso a partir de agora.

Definições

Argumento é um conjunto de proposições, divididas/separadas em premissas (proposições iniciais - hipóteses) e conclusões (proposições finais - teses).

São exemplos de argumento:

» **Ex.:**

p_1: Toda mulher é bonita.

p_2: Toda bonita é charmosa.

p_3: Maria é bonita.

c: Portanto, Maria é charmosa.

» **Ex.:**

p_1: Se é homem, então gosta de futebol.

p_2: Mano gosta de futebol.

c: Logo, Mano é homem.

Fique Ligado

p_1, p_2, p_3, p_n, correspondem às premissas, e "c" à conclusão.

Representação dos Argumentos

Os argumentos podem ser representados das seguintes formas:

$$\begin{array}{c} P_1 \\ P_2 \\ P_3 \\ \vdots \\ \underline{P_n} \\ c \end{array}$$

ou

$$P_1 \wedge P_2 \wedge P_3 \wedge \cdots \wedge P_n \rightarrow C$$

ou

$$P_1, P_2, P_3, \cdots, P_n \vdash C$$

Tipos de Argumentos

Existem vários tipos de argumento. Vejamos alguns:

→ **Dedução:**

O argumento dedutivo parte de situações gerais para chegar a conclusões particulares. Esta forma de argumento é válida quando suas premissas, sendo verdadeiras, fornecem uma conclusão também verdadeira.

» **Ex.:**

p_1: Todo professor é aluno.

p_2: Daniel é professor.

c: Logo, Daniel é aluno.

→ **Indução:**

O argumento indutivo é o contrário do argumento dedutivo, pois parte de informações particulares para chegar a uma conclusão geral. Quanto mais informações nas premissas, maiores as chances da conclusão estar correta.

» **Ex.:**

p_1: Cerveja embriaga.

p_2: Uísque embriaga.

p_3: Vodca embriaga.

c: Portanto, toda bebida alcoólica embriaga.

→ **Analogia:**

As analogias são comparações (nem sempre verdadeiras). Neste caso, partindo de uma situação já conhecida verificamos outras desconhecidas, mas semelhantes. Nas analogias, não temos certeza.

» **Ex.:**

p_1: No Piauí faz calor.

p_2: No Ceará faz calor.

p_3: No Paraná faz calor.

c: Sendo assim, no Brasil faz calor.

→ **Falácia:**

As falácias são falsos argumentos, logicamente inconsistentes, inválidos ou que não provam o que dizem.

» **Ex.:**

p_1: Eu passei num concurso público.

p_2: Você passou num concurso público.

c: Logo, todos vão passar num concurso público.

→ **Silogismos:**

Tipo de argumento formado por três proposições, sendo duas premissas e uma conclusão. São em sua maioria dedutivos.

» **Ex.:**

p_1: Todo estudioso passará no concurso.

p_2: Beatriz é estudiosa.

c: Portanto, Beatriz passará no concurso.

Classificação dos argumentos

Os argumentos só podem ser classificados em, ou válidos, ou inválidos, vejamos a diferença:

→ **Válidos ou bem construídos:**

Os argumentos são válidos sempre que as premissas garantirem a conclusão, ou seja, sempre que a conclusão for uma consequência obrigatória do seu conjunto de premissas.

» **Ex.:**

p_1: Toda mulher é bonita.

p_2: Toda bonita é charmosa.

p_3: Maria é mulher.

c: Portanto, Maria é bonita e charmosa.

Veja que, se Maria é mulher, e toda mulher é bonita, e toda bonita é charmosa, então Maria só pode ser bonita e charmosa.

→ **Inválidos ou mal construídos:**

Os argumentos são inválidos sempre que as premissas **não** garantirem a conclusão, ou seja, sempre que a conclusão **não** for uma consequência obrigatória do seu conjunto de premissas.

» **Ex.:**

p_1: Todo professor é aluno.

p_2: Daniel é aluno.

c: Logo, Daniel é professor.

Note que, se Daniel é aluno, nada garante que ele seja professor, pois o que sabemos é que todo professor é aluno, não o contrário.

Fique Ligado

Alguns argumentos serão classificados apenas por meio desse conceito. Fique atento para não perder tempo.

Exercício Comentado

O sustentáculo da democracia é que todos têm o direito de votar e de apresentar a sua candidatura. Mas, enganoso é o coração do homem. Falhas administrativas e maior tempo no poder andam de mãos dadas. Por isso, todos precisam ser fiscalizados. E a alternância no poder é imprescindível.

Considerando o argumento citado, julgue o item.

01. (CESPE) Esse é um argumento válido.

ERRADO. Observe que não existe nenhuma garantia de que essas conclusões decorrem dessas premissas. Sem garantias, não há como dizer que o argumento é valido.

Métodos para Classificar os Argumentos

Os argumentos nem sempre podem ser classificados da mesma forma, por isso existem os métodos para sua classificação, uma vez que dependendo do argumento, um método ou outro, sempre será mais fácil e principalmente mais rápido.

Falaremos dos métodos por ordem de facilidade:

→ **1º método**: diagramas lógicos (ou método dos conjuntos)

Utilizado sempre que no argumento houver as expressões: **todo**, **algum** ou **nenhum**, e seus respectivos sinônimos.

Representaremos o que for dito em forma de desenhos (conjuntos) e verificaremos se está correto ou não ou não.

Fique Ligado

Esse método é muito utilizado por diversas bancas de concursos e tende a confundir o concurseiro, principalmente nas questões em que temos mais de uma opção de desenho para o mesmo enunciado. Lembrando: quando isso ocorrer (mais de um desenho para o mesmo argumento), a questão só estará certa se todos os desenhos corresponderem à mesma condição.

As representações genéricas são:

> **TODO A é B:**

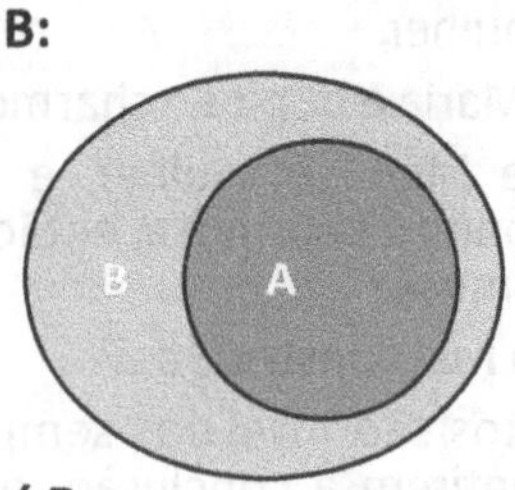

> **ALGUM A é B:**

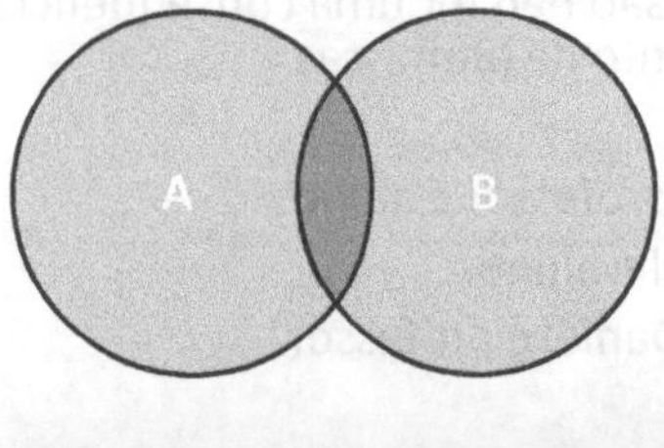

> **NENHUM A é B:**

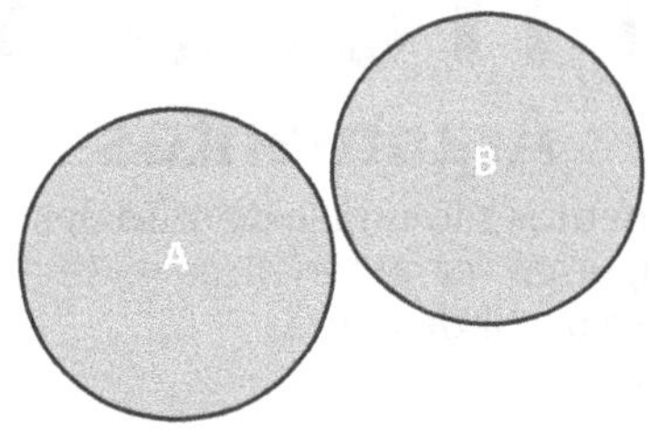

Exercício Comentado

01. (CESPE) Suponha que um argumento tenha como premissas as seguintes proposições.

> *Alguns participantes da PREVIC são servidores da União.*

> *Alguns professores universitários são servidores da União.*

Nesse caso, se a conclusão for "Alguns participantes da PREVIC são professores universitários", então essas três proposições constituirão um argumento válido.

ERRADO. Basta representar as premissas e verificar se a conclusão estará garantida por essas premissas.

Alguns participantes da PREVIC são servidores da União.

Alguns professores universitários são servidores da União.

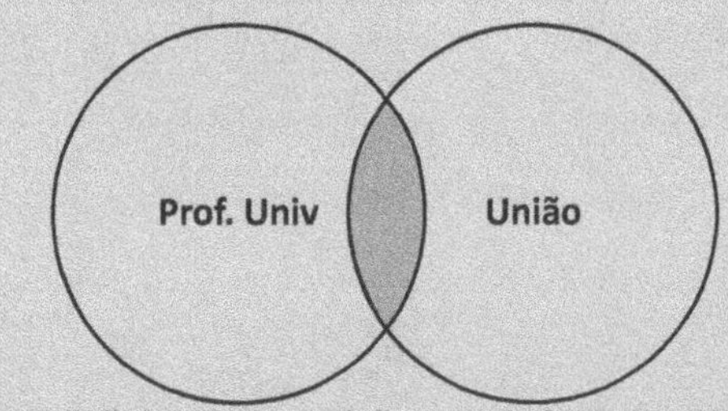

Conclusão: "alguns participantes da PREVIC são professores universitários"

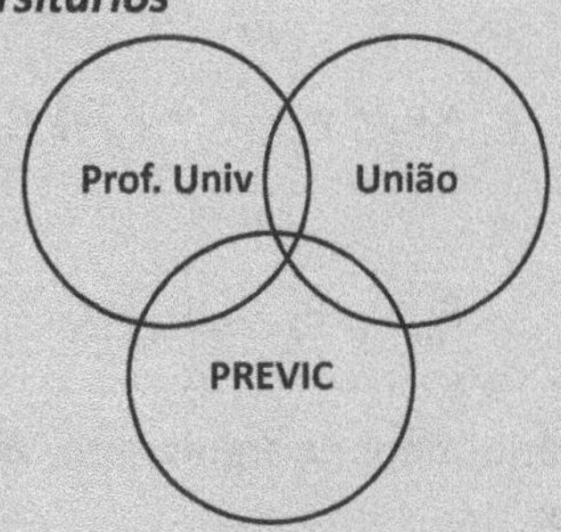

OU

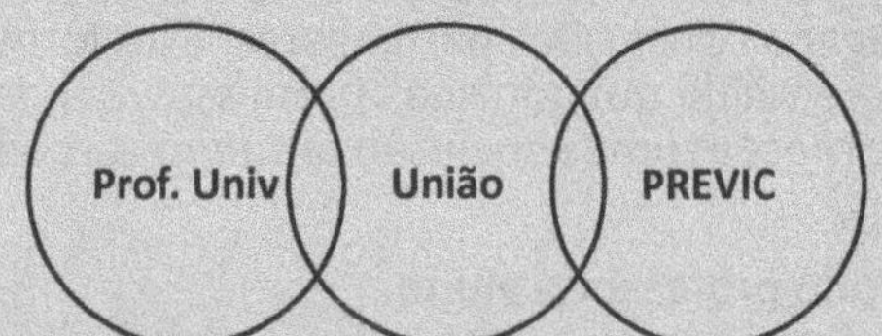

Veja, pelos desenhos que representam a conclusão, que ela não está garantida, uma vez que podem ou não, os participantes da PREVIC serem professores universitários.

→ **2º método**: premissas verdadeiras (proposição simples ou conjunção).

Utilizado sempre que não for possível os diagramas lógicos e quando nas premissas houver uma proposição simples ou uma conjunção.

A proposição simples ou a conjunção serão os pontos de partida da resolução, já que teremos que considerar todas as premissas verdadeiras e elas – proposição simples ou conjunção – só admitem um jeito de serem verdadeiras.

O método consiste em, considerar todas as premissas como verdadeiras e , dar valores às proposições simples que a compõem e no final avaliar a conclusão; se a conclusão também for verdadeira o argumento é válido, porém se a conclusão for falsa o argumento é inválido.

Fique Ligado

Premissas verdadeiras e conclusão verdadeiras = argumento válido.

Premissas verdadeiras e conclusão falsa = argumento inválido.

Exercício Comentado

01. (CESPE) É correto o raciocínio lógico dado pela sequência de proposições seguintes:

> ***Se Célia tiver um bom currículo, então ela conseguirá um emprego.***

> ***Ela conseguiu um emprego.***

> ***Portanto, Célia tem um bom currículo.***

ERRADO. Simbolizando o argumento, considerando: A = Célia tem um bom currículo, e B = Célia conseguirá um bom emprego; temos:

$P_1: A \rightarrow B$

$P_2: B$

c: A

Como nas premissas temos uma proposição simples, podemos trabalhar com o método das premissas verdadeiras; e considerando B = V, não podemos garantir que A seja verdadeiro, nem falso.

$P_1: A^* \rightarrow B^v$

$P_2: B = V$

c: A*

Portanto, o argumento é inválido.

Fique Ligado

Esses dois métodos (1º e 2º) são os mais utilizados para a resolução das questões de argumento. Cerca de 70% a 80% das questões serão resolvidas por um desses dois métodos.

→ **3º método**: conclusão falsa (proposição simples, disjunção ou condicional).

Utilizado sempre que não for possível um dos "dois" métodos citados anteriormente e quando na conclusão houver uma proposição simples, uma disjunção ou um condicional.

Pelo mesmo motivo do método anterior, a proposição simples, a disjunção ou o condicional serão os pontos de partida da resolução, já que teremos que considerar a conclusão como sendo falsa e elas – proposição simples, disjunção e condicional – só admitem um jeito de serem falsas.

O método consiste em: considerar a conclusão como falsa, dar valores às proposições simples, que a compõem, e **supor** as premissas como verdadeiras, a partir dos valores das proposições simples da conclusão. No final, se assim ficar – a conclusão falsa e as premissas verdadeiras – o argumento será inválido; porém se uma das premissas mudar de valor, então o argumento passa a ser válido.

Acompanhe-me

Conclusão falsa e premissas verdadeiras = argumento inválido.

Conclusão falsa e pelo menos 1 (uma) premissa falsa = argumento válido.

Exercício Comentado

01. (CESPE) Suponha que as proposições "Edu tem um laptop ou ele tem um celular" e "Edu ter um celular é condição necessária para Edu ter um laptop" sejam verdadeiras. Nesse caso, considerando essas proposições como premissas e a proposição "Edu tem um laptop" como conclusão de um argumento, então esse argumento é válido.

ERRADO. Simbolizando o argumento, considerando: P = Edu tem um laptop, e Q = Edu tem um celular; temos:

$P_1: P \vee Q$

$P_2: P \rightarrow Q$

c: P

Veja que não dá para trabalhar com o método das premissas verdadeiras, pois não temos nas premissas nem proposição simples, nem conjunção. Na conclusão, porém, temos uma proposição simples, o que possibilita trabalhar como método da conclusão falsa. Partindo da conclusão falsa e supondo as premissas verdadeiras, temos P = F e Q = V (de P_1), então as premissas ficaram verdadeiras e a conclusão falsa. Quando isso acontece, temos um argumento inválido.

$P_1: P^f \vee Q^v$

$P_2: P^f \rightarrow Q^v$

c: P = F

Para esses dois métodos (2º método e 3º método), podemos definir a validade dos argumentos da seguinte forma:

PREMISSAS	CONCLUSÃO	ARGUMENTO
Verdadeiras	Verdadeira	Válido
Verdadeiras	Falsa	Inválido
Pelo menos 1 (uma) falsa	Falsa	Válido

→ **4º método:** tabela-verdade.

Método utilizado em último caso, quando não for possível usar qualquer um dos anteriores.

Dependendo da quantidade de proposições simples que tiver o argumento, esse método fica inviável, pois temos que desenhar a tabela-verdade. No entanto, esse método é um dos mais garantidos nas resoluções das questões de argumentos.

Consiste em desenhar a tabela-verdade do argumento em questão e avaliar se as linhas em que as premissas forem todas verdadeiras – ao mesmo tempo – a conclusão também será toda verdadeira. Caso isso ocorra, o argumento será válido, porém se em uma das linhas em que as premissas forem todas verdadeiras e a conclusão for falsa, o argumento será inválido.

Fique Ligado

Linhas da tabela - verdade em que as premissas são todas verdadeiras e conclusão, nessas linhas, também todas verdadeiras = argumento válido.

Linhas da tabela - verdade em que as premissas são todas verdadeiras e pelo menos uma conclusão falsa, nessas linhas = argumento inválido.

Exercício Comentado

Um entrevistador obteve de um suspeito a seguinte declaração: "Ora, se eu fosse um espião, então eu não amaria o meu país, pois eu amo o meu país, ou sou um traidor da pátria, já que não é possível acontecer as duas coisas ao mesmo tempo. Agora, se eu não fosse um traidor da pátria, então eu amaria o meu país. Logo, eu não sou um espião e amo o meu país." Considerando a lógica sentencial apresentada, julgue o item subsequente.

01. (CESPE) O argumento do suspeito é um argumento válido.

ERRADO. Simbolizando o argumento, considerando: P = Eu sou um espião, Q = Eu amo meu país, e R = Eu sou um traidor da pátria; temos:

P_1: $(Q \underline{\vee} R) \rightarrow (P \rightarrow \sim Q)$

P_2: $\sim R \rightarrow Q$

c: $\sim P \wedge Q$

Observe que não é possível trabalhar com as premissas verdadeiras nem com a conclusão falsa. Só nos resta fazer o método da tabela-verdade. Desenhando a tabela:

P	Q	R	~P	~Q	~R	$Q \underline{\vee} R$	P→~Q	(Q v R)→(P→~Q)	~R → Q	~P ^ Q
V	V	V	F	F	F	F	F	V	V	F
V	V	F	F	F	V	V	F	F	V	F
V	F	V	F	V	F	V	V	V	V	F
V	F	F	F	V	V	F	V	V	F	F
F	V	V	V	F	F	F	V	V	V	V
F	V	F	V	F	V	V	V	V	V	V
F	F	V	V	V	F	V	V	V	V	F
F	F	F	V	V	V	F	V	V	F	F

Na 1ª, 3ª, 5ª, 6ª e 7ª linha temos todas as premissas como verdadeiras, observando a conclusão nessas mesmas linhas vemos que nem todas são verdadeiras.

Algumas questões de argumento não poderão ser feitas por nenhum desses métodos apresentados anteriormente, porém a questão não ficará sem resposta uma vez que conhecemos os princípios das proposições. Atribuiremos valor para as proposições simples contidas nas premissas (considerando todas as premissas como verdadeiras). Veja o exemplo:

Exercício Comentado

01. (ESAF) X, Y e Z são números inteiros. Um deles é par, outro é ímpar, e o outro é negativo. Sabe-se que: ou X é par, ou Z é par; ou X é ímpar, ou Y é negativo; ou Z é negativo, ou Y é negativo; ou Y é ímpar, ou Z é ímpar. Assim:

a) X é par, Y é ímpar e Z é negativo.
b) X é par, Y é negativo e Z é ímpar.
c) X é ímpar, Y é negativo e Z é par.
d) X é negativo, Y é par e Z é ímpar.
e) X é ímpar, Y é par e Z é negativo.

RESPOSTA. "B". Simbolizando as afirmações (premissas), considerando: A = X é par, B = Z é par, C = Y é negativo, D = Z é negativo, e E = Y é impar; temos:

P_1: $A \underline{\vee} B$

P_2: $\sim A \underline{\vee} C$

P_3: $D \underline{\vee} C$

P_4: $E \underline{\vee} \sim B$

Perceba que aqui não temos conclusão e a questão quer saber apenas quem é par, quem é impar e quem é negativo. Considerando todas as afirmações (premissas) como verdadeiras, vamos atribuir valores para as proposições simples a partir do nosso conhecimento dos conectivos.

Começando do que é mais comum podemos considerar C = verdadeiro, ~A = falso e D = falso, sendo assim A = verdadeiro e B = falso, logo ~B = verdadeiro e E = falso. Veja que todas as premissas são verdadeiras, todas as proposições têm valor e não existem contradições. Agora é só ver que Y é negativo, X é par e Z é ímpar.

Vamos Praticar

01. (FCC) Um argumento é composto pelas seguintes premissas:

> Se as metas de inflação não são reais, então a crise econômica não demorará a ser superada.
> Se as metas de inflação são reais, então os superávits primários não serão fantasiosos.
> Os superávits serão fantasiosos.

Para que o argumento seja válido, a conclusão deve ser:

a) A crise econômica não demorará a ser superada.
b) As metas de inflação são irreais ou os superávits são fantasiosos.
c) As metas de inflação são irreais e os superávits são fantasiosos.
d) Os superávits econômicos serão fantasiosos.
e) As metas de inflação não são irreais e a crise econômica não demorará a ser superada.

02. (FCC) No Japão, muitas empresas dispõem de lugares para que seus funcionários se exercitem durante os intervalos de sua jornada de trabalho. No Brasil, poucas empresas têm esse tipo de programa. Estudos têm revelado que os trabalhadores japoneses são mais produtivos que os brasileiros. Logo, deve-se concluir que a produtividade dos empregados brasileiros será menor que a dos japoneses enquanto as empresas brasileiras não aderirem a programas que obriguem seus funcionários à prática de exercícios. A conclusão dos argumentos é válida se assumirmos que:

a) A produtividade de todos os trabalhadores pode ser aumentada com exercícios.

b) A prática de exercícios é um fator essencial na maior produtividade dos trabalhadores japoneses.

c) As empresas brasileiras não dispõem de recursos para a construção de ginásios de esporte para seus funcionários.

d) Ainda que os programas de exercícios não aumentem a produtividade dos trabalhadores brasileiros, estes programas melhorarão a saúde deles.

e) Os trabalhadores brasileiros têm uma jornada de trabalho maior que a dos japoneses.

03. (CESPE) Considere verdadeiras as duas premissas abaixo:

> O raciocínio de Pedro está correto, ou o julgamento de Paulo foi injusto.

> O raciocínio de Pedro não está correto. Portanto, se a conclusão for a proposição.

O julgamento de Paulo foi injusto, tem-se uma dedução lógica correta.

Certo ( ) Errado ( )

04. (CESPE) Considere a seguinte sequência de proposições:

1. Se o crime foi perfeito, então o criminoso não foi preso.
2. O criminoso não foi preso.
3. Portanto, o crime foi perfeito.

Se (1) e (2) são premissas verdadeiras, então a proposição (3), a conclusão, é verdadeira, e a sequência é uma dedução lógica correta.

Certo ( ) Errado ( )

05. (FCC) Certo dia, cinco Agentes de um mesmo setor do Tribunal de Contas do Estado de São Paulo - Amarilis, Benivaldo, Corifeu, Divino e Esmeralda - foram convocados para uma reunião em que se discutiria a implantação de um novo serviço de telefonia. Após a realização dessa reunião, alguns funcionários do setor fizeram os seguintes comentários:

> "Se Divino participou da reunião, então Esmeralda também participou";

> "Se Divino não participou da reunião, então Corifeu participou";

> "Se Benivaldo ou Corifeu participaram, então Amarilis não participou";

> "Esmeralda não participou da reunião".

Considerando que as afirmações contidas nos quatro comentários eram verdadeiras, pode-se concluir com certeza que, além de Esmeralda, não participaram de tal reunião

a) Amarilis e Benivaldo.

b) Amarilis e Divino.

c) Benivaldo e Corifeu.

d) Benivaldo e Divino.

e) Corifeu e Divino.

06. (CESGRANRIO) Considere verdadeiras as proposições a seguir.

> Se Roberto casar, seu irmão Humberto será convidado.

> Humberto não fala com seu primo Gilberto. Por isso, se Gilberto for convidado para o casamento de Roberto, Humberto não irá.

> Gilberto é orgulhoso e, por isso, só comparece em casamentos quando é convidado.

Sabendo que Humberto compareceu ao casamento de Roberto, conclui-se que:

a) Gilberto foi convidado para o casamento. Por isso, compareceu.

b) Gilberto não foi convidado para o casamento. Por isso, não compareceu.

c) Gilberto não foi convidado para o casamento, mas, mesmo assim, compareceu.

d) Gilberto não compareceu, ainda que tenha sido convidado.

e) Humberto não foi convidado, ainda que tenha comparecido.

07. (IADES) Considere os argumentos a seguir.

I. Se nevar então vai congelar. Não está nevando. Logo, não vai congelar.

II. Se nevar então vai congelar. Não está congelando. Logo, não vai nevar.

Assim, é correto concluir que:

a) Ambos são falácias.

b) Ambos são tautologias .

c) O Argumento I é uma falácia e o Argumento II é uma tautologia.

d) O Argumento I é uma tautologia e o Argumento II é uma falácia.

08. (FCC) Considere as seguintes afirmações:

> Todo escriturário deve ter noções de Matemática.

> Alguns funcionários do Tribunal de Contas do Estado de São Paulo são escriturários.

Se as duas afirmações são verdadeiras, então é correto afirmar que:

a) Todo funcionário do Tribunal de Contas do Estado de São Paulo deve ter noções de Matemática.

b) Se Joaquim tem noções de Matemática, então ele é escriturário.

c) Se Joaquim é funcionário do Tribunal de Contas do Estado de São Paulo, então ele é escriturário.

d) Se Joaquim é escriturário, então ele é funcionário do Tribunal de Contas do Estado de São Paulo.

e) Alguns funcionários do Tribunal de Contas do Estado de São Paulo podem não ter noções de Matemática.

09. (CONSULPLAN) Num restaurante são servidos pratos diferentes diariamente respeitando-se as seguintes condições: "Somente nos finais de semana não é servido carne de porco com salpicão. Se é servido peixe com batata frita, então não é servido frango com palmito. Ou servem frango com palmito, ou macarrão com almôndegas. Se bife de boi não é servido com purê de batata, então peixe é servido com batata frita. Somente nas segundas-feiras é servido macarrão com almôndegas." Jean almoçou neste restaurante num sábado, logo ele pode ter comido:

a) Macarrão com almôndegas e peixe com batata frita.

b) Frango com palmito e carne de porco com salpicão.

c) Bife de boi com purê de batata e frango com palmito.

d) Peixe com batata frita e bife de boi com purê de batata.

e) Frango com palmito e peixe com batata frita.

10. (FCC) Partindo das premissas:

1. Todo advogado é sagaz.

2. Todo advogado é formado em Direito.

3. Roberval é sagaz.

4. Sulamita é juíza.

Pode-se concluir que:

a) Há pessoas formadas em Direito que são sagazes.

b) Roberval é advogado.

c) Sulamita é sagaz.

d) Roberval é promotor.

e) Sulamita e Roberval são casados.

11. (FCC) Todos os macerontes são torminodoros. Alguns macerontes são momorrengos. Logo,

a) Todos os momorrengos são torminodoros.

b) Alguns torminodoros são momorrengos.

c) Todos os torminodoros são macerontes.

d) Alguns momorrengos são pássaros.

e) Todos os momorrengos são macerontes.

12. (FCC) Em certo planeta, todos os Aleves são Bleves, todos os Cleves são Bleves, todos os Dleves são Aleves, e todos os Cleves são Dleves. Sobre os habitantes desse planeta, é correto afirmar que:

a) Todos os Dleves são Bleves e são Cleves.

b) Todos os Bleves são Cleves e são Dleves.

c) Todos os Aleves são Cleves e são Dleves.

d) Todos os Cleves são Aleves e são Bleves.

e) Todos os Aleves são Dleves e alguns Aleves podem não ser Cleves.

O sustentáculo da democracia é que todos têm o direito de votar e de apresentar a sua candidatura. Mas, enganoso é o coração do homem. Falhas administrativas e maior tempo no poder andam de mãos dadas. Por isso, todos precisam ser fiscalizados. E a alternância no poder é imprescindível. Considerando o argumento citado, julgue o item subsequente.

13. (CESPE) A afirmação "E a alternância no poder é imprescindível" é uma premissa desse argumento.

Certo ( ) Errado ( )

14. (FCC) Considere um argumento composto pelas seguintes premissas:

> Se a inflação não é controlada, então não há projetos de desenvolvimento.

> Se a inflação é controlada, então o povo vive melhor.

> O povo não vive melhor.

Considerando que todas as três premissas são verdadeiras, então, uma conclusão que tornaria o argumento válido é:

a) A inflação é controlada.

b) Não há projetos de desenvolvimento.

c) A inflação é controlada ou há projetos de desenvolvimento.

d) O povo vive melhor e a inflação não é controlada.

e) Se a inflação não é controlada e não há projetos de desenvolvimento, então o povo vive melhor.

15. (FUNCAB) Todos que dirigem o carro A e o carro B gostam do carro B. Alguns que dirigem o carro B não gostam dele. Logo:

a) Todos que dirigem o carro B gostam dele.

b) Ninguém gosta do carro B .

c) Alguns que dirigem B não dirigem A.

d) Quem dirige A gosta de B.

e) Só quem dirige A e B dirige B.

16. (FCC) Paloma fez as seguintes declarações:

> "Sou inteligente e não trabalho."

> "Se não tiro férias, então trabalho."

Supondo que as duas declarações sejam verdadeiras, é FALSO concluir que Paloma:

a) É inteligente.

b) Tira férias.

c) Trabalha.

d) Não trabalha e tira férias.

e) Trabalha ou é inteligente.

17. (FEPESE) Assinale a conclusão que torna válido o argumento: Todos os cronópios são ferozes. Todos os coelhos são cronópios. Logo.

a) Todos os coelhos são ferozes.

b) Todos os cronópios são coelhos.

c) Todos os animais ferozes são coelhos.

d) Existe um coelho que não é cronópio.

e) Nenhum cronópio é coelho e feroz.

18. (CESGRANRIO) Toda afirmação de que várias proposições p (p_1,p_2,...,p_n) têm por consequência uma outra proposição q constitui um argumento. Um argumento é válido quando

a) Para todas as linhas da tabela verdade em que as premissas forem verdadeiras a conclusão também for verdadeira.

b) Para todas as premissas falsas existir uma negação que gere uma conclusão verdadeira.

c) Para todas as conclusões falsas da tabela as premissas forem consideradas como verdadeiras.

d) Existirem apenas conclusões falsas, se e somente se as premissas forem verdadeiras.

e) Existirem apenas conclusões verdadeiras, independente do valor atribuído às premissas.

19. (ESAF) Há três suspeitos para um crime e pelo menos um deles é culpado. Se o primeiro é culpado, então o segundo é inocente. Se o terceiro é inocente, então o segundo é culpado. Se o terceiro é inocente, então ele não é o único a sê-lo. Se o segundo é culpado, então ele não é o único a sê-lo. Assim, uma situação possível é:

a) Os três são culpados.

b) Apenas o primeiro e o segundo são culpados.

c) Apenas o primeiro e o terceiro são culpados.

d) Apenas o segundo é culpado.

e) Apenas o primeiro é culpado.

Considerando que uma argumentação é correta quando, partindo-se de proposições presumidamente verdadeiras, se chega a conclusões também verdadeiras, julgue o próximo item.

20. (CESPE) Suponha-se que as seguintes proposições sejam verdadeiras.

I. Todo brasileiro é artista.

II. Joaquim é um artista.

Nessa situação, se a conclusão for "Joaquim é brasileiro", então a argumentação é correta.

Certo ( ) Errado ( )

Gabarito

01	A	11	B
02	B	12	D
03	CERTO	13	ERRADO
04	ERRADO	14	B
05	B	15	C
06	B	16	C
07	C	17	A
08	E	18	A
09	C	19	C
10	A	20	ERRADO

Anotações

CAPÍTULO 03

Psicotécnicos

Questões psicotécnicas são todas as questões em que não precisamos de conhecimento adicional para resolvê-las. As questões podem ser de associações lógicas, verdades e mentiras, sequências lógicas, problemas com datas – calendários, sudoku, entre outras.

Neste capítulo, abordaremos inicialmente as questões mais simples do raciocínio lógico para uma melhor familiarização com a matéria.

Não existe teoria, somente prática e é com ela que vamos trabalhar e aprender.

Exercícios Comentados

01. (FCC) Considere que os dois primeiros pares de palavras foram escritos segundo determinado critério.

Temperamento → totem

Traficante → tetra

Massificar → ?

De acordo com esse mesmo critério, uma palavra que substituiria o ponto de interrogação é:

a) ramas.
b) maras.
c) armas.
d) samar.
e) asmar.

RESPOSTA. "C". Analisando os dois primeiros pares de palavras, vemos que a segunda palavra de cada par é formada pela última sílaba + a primeira sílaba da primeira palavra do par, logo, seguindo esse raciocínio, teremos AR + MAS = armas.

02. (FCC) Observe atentamente a disposição das cartas em cada linha do esquema seguinte. A carta que está oculta é:

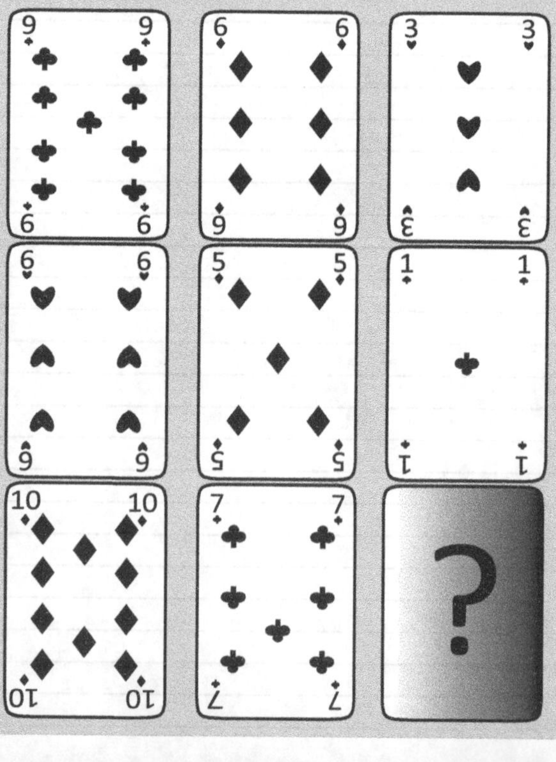

a) 

b) 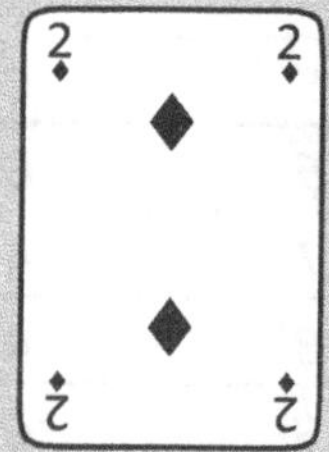

c) 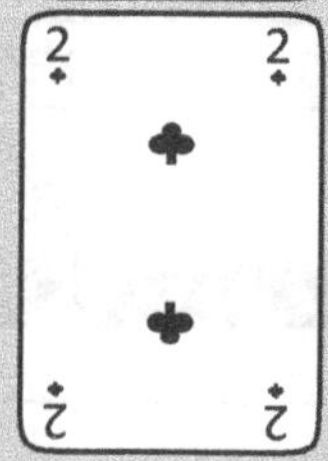

d) 

e) 

RESPOSTA. "A". Observando cada linha (horizontal), temos nas duas primeiras os três mesmos naipes (copas, paus e ouros, só mudando a ordem) e a terceira carta é o resultado da subtração da primeira pela segunda; portanto, a carta que está oculta tem que ser o "3 de copas", pois 10 – 7 = 3 e o naipe que não apareceu na terceira linha foi o de copas.

03. (FCC) Considere a sequência de figuras abaixo. A figura que substitui corretamente a interrogação é:

a) 

b) 

c) 

d) 

e) 

RESPOSTA. "A". Veja que em cada fila (linha ou coluna) temos sempre um círculo, um triângulo e um quadrado fazendo o contorno da careta; os olhos são círculos, quadrados ou tiras; o nariz é reto, para direita ou para esquerda; sendo assim, no ponto de interrogação o que está faltando é a careta redonda com o olhos em tiras e o nariz para a esquerda.

04. (ESAF) Mauro, José e Lauro são três irmãos. Cada um deles nasceu em um estado diferente: um é mineiro, outro é carioca, e outro é paulista (não necessariamente nessa ordem). Os três têm, também, profissões diferentes: um é engenheiro, outro é veterinário, e outro é psicólogo (não necessariamente nessa ordem). Sabendo que José é mineiro, que o engenheiro é paulista, e que Lauro é veterinário, conclui-se corretamente que:

a) Lauro é paulista e José é psicólogo.
b) Mauro é carioca e José é psicólogo.
c) Lauro é carioca e Mauro é psicólogo.
d) Mauro é paulista e José é psicólogo.
e) Lauro é carioca e Mauro não é engenheiro.

RESPOSTA. "D". É a única resposta possível após o preenchimento da tabela e análise das alternativas.

Vamos construir uma tabela para facilitar a resolução da questão:

Nome	Estado	Profissão
José	Mineiro	Psicólogo
Mauro	Paulista	Engenheiro
Lauro	Carioca	Veterinário

De acordo com as informações:

> *José é mineiro;*
> *O engenheiro é paulista;*
> *Lauro é veterinário, note que Lauro não pode ser paulista, pois o paulista é engenheiro.*

05. (FGV) Certo dia, três amigos fizeram, cada um deles, uma afirmação:

> *Aluísio: Hoje não é terça-feira.*
> *Benedito: Ontem foi domingo.*
> *Camilo: Amanhã será quarta-feira.*

Sabe-se que um deles mentiu e que os outros dois falaram a verdade. Assinale a alternativa que indique corretamente o dia em que eles fizeram essas afirmações.

a) Sábado.
b) Domingo.
c) Segunda-feira.
d) Terça-feira.
e) Quarta-feira.

RESPOSTA. "C". Baseado no que foi dito na questão, Benedito e Camilo não podem, os dois, estarem falando a verdade, pois teríamos dois dias diferentes. Então, conclui-se que Aluísio falou a verdade; com isso, o que Camilo esta dizendo é mentira e, portanto Benedito também está falando a verdade. Logo, o dia em que foi feita a afirmação é uma segunda-feira.

06. (FUMARC) Heloísa, Bernardo e Antônio são três crianças. Uma delas tem 12 anos a outra tem 10 anos e a outra 8 anos. Sabe-se que apenas uma das seguintes afirmações é verdadeira:

I. Bernardo tem 10 anos.
II. Heloísa não tem 10 anos.
III. Antônio não tem 12 anos.

Considerando estas informações é correto afirmar que:

a) Heloísa tem 12 anos, Bernardo tem 10 anos e Antônio tem 8 anos.
b) Heloísa tem 12 anos, Bernardo tem 8 anos e Antônio tem 10 anos.
c) Heloísa tem 10 anos, Bernardo tem 8 anos e Antônio tem 12 anos.
d) Heloísa tem 10 anos, Bernardo tem 12 anos e Antônio tem 8 anos.

RESPOSTA. "D". Como a questão informa que só uma afirmação é verdadeira, vejamos qual pode ser esta afirmação: se "I" for a verdadeira, teremos Bernardo e Heloísa, os dois, com 10 anos, o que pelo enunciado da questão não é possível; se "II" for a verdadeira, teremos, mais uma vez, Bernardo e Heloísa, agora ambos com 8 anos, o que também não é possível; se "III" for a verdadeira, teremos Heloísa com 10 anos, Bernardo com 12 anos e Antônio com 8 anos.

07. *(FCC) Na sentença seguinte falta a última palavra. Você deve escolher a alternativa que apresenta a palavra que MELHOR completa a sentença.*

Devemos saber empregar nosso tempo vago; podemos, assim, desenvolver hábitos agradáveis e evitar os perigos da...

a) Desdita.
b) Pobreza.
c) Ociosidade.
d) Bebida.
e) Doença.

RESPOSTA. "C". Qual dessas alternativas tem a palavra que mais se relaciona com tempo vago? Agora ficou claro! Assim a palavra é OCIOSIDADE.

08. ***(ESAF) Três meninos, Zezé, Zozó e Zuzu, todos vizinhos, moram na mesma rua em três casas contíguas. Todos os três meninos possuem animais de estimação de raças diferentes e de cores também diferentes. Sabe-se que o cão mora em uma casa contígua à casa de Zozó; a calopsita é amarela; Zezé tem um animal de duas cores - branco e laranja; a cobra vive na casa do meio. Assim, os animais de estimação de Zezé, Zozó e Zuzu são respectivamente:***

a) Cão, cobra, calopsita.
b) Cão, calopsita, cobra.
c) Calopsita, cão, cobra.
d) Calopsita, cobra, cão.
e) Cobra, cão, calopsita.

RESPOSTA. "A". De acordo com as informações:

> *A cobra vive na casa do meio;*
> *O cão mora em uma casa contígua à casa de Zozó; contígua quer dizer vizinha, e para isso Zozó só pode morar na casa do meio;*
> *A calopsita é amarela e Zezé tem um animal de duas cores - branco e laranja; com isso o cão só pode ser de Zezé;*

Vamos construir uma tabela para ficar melhor a resolução da questão:

	Casa	*Casa*	*Casa*
Nome	*Zezé*	*Zozó*	*Zuzu*
Animal	*Cão*	*Cobra*	*Calopsita*

No livro Alice no País dos Enigmas, o professor de matemática e lógica Raymond Smullyan apresenta vários desafios ao raciocínio lógico que têm como objetivo distinguir-se entre verdadeiro e falso. Considere o seguinte desafio inspirado nos enigmas de Smullyan.

Duas pessoas carregam fichas nas cores branca e preta. Quando a primeira pessoa carrega a ficha branca, ela fala somente a verdade, mas, quando carrega a ficha preta, ela fala somente mentiras. Por outro lado, quando a segunda pessoa carrega a ficha branca, ela fala somente mentira, mas, quando carrega a ficha preta, fala somente verdades.

Com base no texto acima, julgue o item a seguir.

09. ***(CESPE) Se a primeira pessoa diz "Nossas fichas não são da mesma cor" e a segunda pessoa diz "Nossas fichas são da mesma cor", então, pode-se concluir que a segunda pessoa está dizendo a verdade.***

CERTO. Analisando linha por linha da tabela, encontramos contradições nas três primeiras linhas, ficando somente a quarta linha como certa, o que garante que a segunda pessoa está falando a verdade.

1ª pessoa: "Nossas fichas não são da mesma cor"	*2ª pessoa: "Nossas fichas são da mesma cor"*
Ficha branca (verdade)	*Ficha branca (mentira)*
Ficha branca (verdade)	*Ficha preta (verdade)*
Ficha preta (mentira)	*Ficha branca (mentira)*
Ficha preta (mentira)	*Ficha preta (verdade)*

10. ***(CESPE) O quadro abaixo pode ser completamente preenchido com algarismos de 1 a 6, de modo que cada linha e cada coluna tenham sempre algarismos diferentes.***

1				3	2
		5	6		1
	1	6		5	
5	4			2	
	3	2	4		
4			2		3

CERTO. Vamos preencher o quadro, de acordo com o que foi pedido:

1	6	4	5	3	2
3	2	5	6	4	1
2	1	6	3	5	4
5	4	3	1	2	6
6	3	2	4	1	5
4	5	1	2	6	3

Vamos Praticar

01. (FCC) Certo mês, três Técnicos Judiciários - Ivanildo, Lindolfo e Otimar fizeram 10 viagens transportando equipamentos destinados a diferentes unidades do Tribunal Regional do Trabalho. Sabe-se que:

> Os três fizeram quantidades diferentes de viagens e cada um deles fez pelo menos duas;
> Ivanildo fez o maior número de viagens e Lindolfo o menor.

Sobre o número de viagens que Otimar fez a serviço do Tribunal nesse mês,

a) Nada se pode concluir.
b) Foram 4.
c) Foram 3.
d) Excedeu em 2 unidades a quantidade de viagens feitas por Lindolfo.
e) Era igual a 30% da quantidade de viagens feitas por Ivanildo.

02. (FGV) Em cada uma de cinco portas A, B, C, D e E, está escrita uma sentença, conforme a seguir:

Porta A: "Eu sou a porta de saída."
Porta B: "A porta de saída é a porta C."
Porta C: "A sentença escrita na porta A é verdadeira."
Porta D: "Se eu sou a porta de saída, então a porta de saída não é a porta E."
Porta E: "Eu não sou a porta de saída."

Sabe-se que dessas cinco sentenças há uma única verdadeira e que há somente uma porta de saída. A porta de saída é a porta:

a) D
b) A
c) B
d) C
e) E

03. (FGV) Abel, Gabriel e Daniel são amigos. Um deles mora em uma casa branca, o outro, em uma casa azul e o terceiro, em uma casa amarela. Entre eles, um é pintor, o outro, escultor e o terceiro, professor. Abel não mora na casa azul. Gabriel é escultor e não mora na casa branca. O professor mora na casa azul.

A esse respeito, é correto afirmar que:

a) Abel mora na casa amarela.

b) Abel é pintor.

c) Daniel não é professor.

d) Daniel mora na casa branca.

e) Gabriel mora na casa azul.

04. (FCC) Ricardo, Mateus e Lucas são três amigos que cursam faculdades de medicina, engenharia e direito. Cada um dos três usa um meio diferente de transporte para chegar à faculdade: ônibus, automóvel e bicicleta. Para descobrir o que cada um cursa e o meio de transporte que utilizam, temos o seguinte:

> Mateus anda de bicicleta;

> Quem anda de ônibus não faz medicina;

> Ricardo não cursa engenharia e Lucas estuda direito.

Considerando as conclusões:

I. Lucas vai de ônibus para a faculdade de direito.

II. Mateus estuda medicina.

III. Ricardo vai de automóvel para a faculdade.

Está correto o que consta em:

a) I, apenas.

b) III, apenas.

c) II e III, apenas.

d) I e III, apenas.

e) I, II e III.

A sentença seguinte é seguida de um número entre parênteses, que corresponde ao número de letras de uma palavra que se aplica à definição dada.

"Tudo aquilo que não é cópia ou imitação." (8)

05. (FCC) A alternativa onde se encontra a letra inicial de tal palavra é

a) A

b) O

c) P

d) Q

e) R

06. (CESGRANRIO) Como o ano de 2009 não é bissexto, ou seja, tem 365 dias, houve um dia que caiu exatamente no "meio" do ano. Assim, as quantidades de dias do ano de 2009 antes e depois dessa data são iguais. Esse data foi

a) 30 de junho.

b) 1 de julho.

c) 2 de julho.

d) 3 de julho.

e) 4 de julho.

07. (FGV) Daqui a 15 dias, Márcia fará aniversário. Paula fez aniversário há 8 dias. Júlia fará aniversário 6 dias antes de Márcia. Se Paula faz aniversário no dia 25 de abril, é correto concluir que:

a) Hoje é dia 02 de maio.

b) Hoje é dia 05 de maio.

c) Júlia fará aniversário no dia 09 de maio.

d) Júlia fará aniversário no dia 12 de maio.

e) Márcia fará aniversário no dia 15 de maio.

08. (FUNRIO) O próximo termo da sequência 0, 3, 8, 15, 24, 35, 48, ... é:

a) 60.

b) 68

c) 75.

d) 57.

e) 63.

A seguinte sequência de palavras foi escrita obedecendo a um padrão lógico:

PATA - REALIDADE - TUCUPI - VOTO - ?

09. (FCC) Considerando que o alfabeto é o oficial, a palavra que, de acordo com o padrão estabelecido, poderia substituir o ponto de interrogação é

a) QUALIDADE

b) SADIA

c) WAFFLE

d) XAMPU

e) YESTERDAY

10. (FCC) Na sentença abaixo falta a última palavra. Procure nas alternativas a palavra que melhor completa essa sentença.

Estava no portão de entrada do quartel, em frente à guarita; se estivesse fardado, seria tomado por ...

a) Comandante.

b) Ordenança.

c) Guardião.

d) Porteiro.

e) Sentinela.

Para as questões 11 e 12

Em um tribunal, tramitam três diferentes processos, respectivamente, em nome de Clóvis, Sílvia e Laerte. Em dias distintos da semana, cada uma dessas pessoas procurou, no tribunal, informações acerca do andamento do processo que lhe diz respeito. Na tabela a seguir estão marcadas com V células cujas informações da linha e da coluna correspondentes e referentes a esses três processos sejam verdadeiras. Por exemplo, Sílvia foi procurar informação a respeito do processo de sua licença, e a informação sobre o processo de demissão foi solicitada na quinta-feira. Uma célula é marcada com F quando a informação da linha e da coluna correspondente é falsa, isto é, quando o fato correspondente não ocorreu. Observe que o processo em nome de Laerte não se refere a contratação e que Sílvia não procurou o tribunal na quarta-feira.

	Demissão	Contratação	Licença	Terça-feira	Quarta-feira	Quinta-Feira
Clóvis			F			
Silva	F	F	V		F	
Laerte		F	F			
Terça-feira	F					
Quarta-feira	F					
Quinta-Feira	V	F	F			

Com base nessas instruções e nas células já preenchidas, é possível preencher logicamente toda a tabela. Após esse procedimento, julgue os itens a seguir.

11. (CESPE) O processo em nome de Laerte refere-se a demissão e ele foi ao tribunal na quinta-feira.

Certo ( ) Errado ( )

12. (CESPE) É verdadeira a proposição "Se Sílvia não tem processo de contratação, então o processo de licença foi procurado na quarta-feira".

Certo ( ) Errado ( )

13. (FUNIVERSA) Quatro músicos, ao término de uma apresentação, sentaram- se ao redor de uma mesa de bar. Alexandre é pianista. Os instrumentos que os outros três tocam são: flauta, violino e violoncelo. Breno está sentado à direita de Alexandre. Viana sentou-se à direita do flautista. Por sua vez, Hugo, que não é violinista, encontra-se à frente de Breno. Sabe-se que cada um desses músicos toca um único desses instrumentos. Assim, pode-se concluir corretamente que

a) Breno é flautista, e Hugo é violoncelista.
b) Viana é violoncelista, e Hugo é flautista.
c) Viana é violinista, e Hugo é flautista.
d) Breno é violoncelista, e Hugo é flautista.
e) Breno é violinista, e Hugo é violoncelista.

14. (ESAF) Ana, Bia, Clô, Déa e Ema estão sentadas, nessa ordem e em sentido horário, em torno de uma mesa redonda. Elas estão reunidas para eleger aquela que, entre elas, passará a ser a representante do grupo. Feita a votação, verificou-se que nenhuma fôra eleita, pois cada uma delas havia recebido exatamente um voto. Após conversarem sobre tão inusitado resultado, concluíram que cada uma havia votado naquela que votou na sua vizinha da esquerda (isto é, Ana votou naquela que votou na vizinha da esquerda de Ana, Bia votou naquela que votou na vizinha da esquerda de Bia, e assim por diante). Os votos de Ana, Bia, Clô, Déa e Ema foram, respectivamente, para:

a) Ema, Ana, Bia, Clô, Déa.
b) Déa, Ema, Ana, Bia, Clô.
c) Clô, Bia, Ana, Ema, Déa.
d) Déa, Ana, Bia, Ema, Clô.
e) Clô, Déa, Ema, Ana, Bia.

15. (FCC) Trocando a ordem das letras OEMTSIO obtém-se um adjetivo que é um sinônimo da palavra OBSTINADO. A letra central desse adjetivo é:

a) E
b) O
c) M
d) I
e) S

Para as questões 16 a 20

Na última corrida do campeonato anual de motocicleta, participaram 8 pilotos, numerados de 1 a 8. As cores dos capacetes dos pilotos são todas diferentes. De acordo com a acumulação de pontos nas corridas anteriores, se o piloto 8 terminasse essa corrida em pelo menos duas posições à frente do piloto 3, o piloto 8 seria o campeão do ano. Encerrada a corrida, observou-se que:

I. O piloto 1 chegou imediatamente depois do piloto de capacete prata e a seguir chegou o de capacete vermelho;
II. O piloto 4 venceu a corrida;
III. O piloto 3 terminou a corrida duas posições atrás do piloto 1 e uma posição à frente do piloto de capacete azul;
IV. O piloto de capacete prata cruzou a linha de chegada imediatamente após o piloto 2;
V. O piloto de capacete preto terminou a corrida em segundo lugar;
VI. O piloto de capacete verde, penúltimo colocado na corrida, chegou imediatamente após o piloto 6;
VII. O piloto de capacete amarelo chegou imediatamente depois do piloto de capacete preto;
VIII. O último piloto a terminar a corrida foi o de número 5;
IX. O piloto 2 terminou a corrida duas posições à frente do piloto de capacete branco e duas depois do piloto de capacete laranja;
X. O piloto 7 terminou a corrida duas posições atrás do piloto 8.

Com base nessas informações é correto afirmar que:

16. (CESPE) O piloto 1 ficou em sétimo lugar nessa corrida.

Certo ( ) Errado ( )

17. (CESPE) O piloto de capacete laranja venceu a corrida.

Certo ( ) Errado ( )

18. (CESPE) O último colocado nessa corrida foi o piloto de capacete azul.

Certo ( ) Errado ( )

19. (CESPE) O piloto 7 é o de capacete preto.

Certo ( ) Errado ( )

20. (CESPE) O piloto 8 venceu o campeonato.

Certo ( ) Errado ( )

Gabarito

A B C

01	C	11	CERTO
02	E	12	ERRADO
03	B	13	A
04	D	14	B
05	B	15	C
06	C	16	ERRADO
07	D	17	CERTO
08	E	18	CERTO
09	D	19	ERRADO
10	E	20	CERTO

Anotações

ÍNDICE

CAPÍTULO 01

Porcentagem e Juros

O presente capítulo trata de uma pequena parte da matemática financeira, e também o uso das porcentagens, assuntos presentes no dia a dia de todos.

Porcentagem

É a aplicação da taxa percentual a determinado valor.

Taxa percentual: é o valor que vem acompanhado do símbolo %.

Para fins de cálculo, usa-se a taxa percentual em forma de fração ou em números decimais.

Exemplo:

- » $3\% = 3/100 = 0,03$
- » $15\% = 15/100 = 0,15$
- » 34% de $1200 = 34/100 \cdot 1200 = 40800/100 = 408$
- » 65% de $140 = 0,65 \cdot 140 = 91$

Lucro e Prejuízo

Lucro e prejuízo são resultados de movimentações financeiras.

- > **Custo** (C): "Gasto".
- > **Venda** (V): "Ganho".
- > **Lucro** (L): Quando se ganha mais do que se gasta.

$$L = V - C$$

- > **Prejuízo** (P): Quando se gasta mais do que se ganha.

$$P = C - V$$

Acompanhe-me

Basta substituir no lucro ou no prejuízo o valor da porcentagem, no custo ou na venda.

Exemplo:

Um computador foi comprado por R$ 3.000,00 e revendido com lucro de 25% sobre a venda. Qual o preço de venda?

Como o lucro foi na venda, então $L = 0,25V$:

$$L = V - C$$
$$0,25V = V - 3.000$$
$$0,25V - V = -3.000$$
$$-0.75V = -3.000\ (-1)$$
$$0,75V = 3.000$$
$$V = \frac{3000}{0,75} = \frac{300000}{75} = 4.000$$

Logo, a venda se deu por R$ 4.000,00 reais.

Juros Simples

Juros: atributos (ganhos) de uma operação financeira.

Juros Simples: os valores são somados ao capital apenas no final da aplicação. Somente o capital rende juros.

Para o cálculo de juros simples, usa-se a seguinte fórmula:

$$J = C \cdot i \cdot t$$

Cujo:

- > **J** = juros;
- > **C** = capital;
- > **i** = taxa de juros;
- > **t** = tempo da aplicação.

Fique Ligado

Nas questões de juros, as taxas de juros e os tempos devem estar expressos pela mesma unidade.

Exemplo:

Um capital de R$ 2.500,00 foi aplicado a juros de 2% ao trimestre durante um ano. Quais os juros produzidos?

Em 1 ano há exatamente 4 trimestres, como a taxa está em trimestre, agora é só calcular:

$$J = C \cdot i \cdot t$$
$$J = 2.500 \cdot 0,02 \cdot 4$$
$$J = 200$$

Juros Compostos

Juros Compostos: os valores são somados ao capital no final de cada período de aplicação, formando um novo capital, para incidência dos juros novamente. É o famoso caso de juros sobre juros.

Para o cálculo de juros compostos, usa-se a seguinte fórmula:

$$M = C \cdot (1 + i)^t$$

Cujo:

- > **M** = montante;
- > **C** = capital;
- > **i** = taxa de juros;
- > **t** = tempo da aplicação.

Exemplo:

Um investidor aplicou a quantia de R$ 10.000,00 à taxa de juros de 2% a.m. durante 4 meses. Qual o montante desse investimento?

Aplicando a fórmula, já que a taxa e o tempo estão na mesma unidade:

$$M = C \cdot (1 + i)^t$$
$$M = 10.000 \cdot (1 + 0,02)^4$$
$$M = 10.000 \cdot (1,02)^4$$
$$M = 10.000 \cdot 1,08243216$$
$$M = 10.824,32$$

Capitalização

Capitalização: acúmulo de capitais (capital + juros).

Nos **juros simples**, calcula-se por: $M = C + J$.

Nos **juros compostos**, calcula-se por: $J = M - C$.

Em algumas questões terão que ser calculados os montantes do juro simples ou os juros do juro composto.

Exercício Comentado

01. Calcule os juros simples, em R$, produzidos por um capital de R$ 5.000,00 empregado à taxa de 90% ao ano, durante 2 anos.

a) 900,00
b) 1.800,00
c) 9.000,00
d) 9.900,00
e) 18.000,00

RESPOSTA. ***"C" Aplicando a fórmula do juro simples (lembrando que taxa e tempo já estão na mesma unidade):***

$$J = C \cdot i \cdot t$$
$$J = 5.000 \cdot 0{,}9 \cdot 2$$
$$J = 9.000{,}00$$

Vamos Praticar

01. Um par de coturnos custa na loja "Só Fardas" R$ 21,00 mais barato que na loja "Selva Brasil". O gerente da loja "Selva Brasil", observando essa diferença, oferece um desconto de 15% para que o seu preço se iguale ao de seu concorrente. O preço do par de coturnos, em reais, na loja "Só Fardas" é um número cuja soma dos algarismos é:

a) 9.
b) 11.
c) 10.
d) 13.
e) 12.

02. Um agricultor colheu dez mil sacas de soja durante uma safra. Naquele momento a soja era vendida a R$ 40,00 a saca. Como a expectativa do mercado era do aumento de preços, ele decidiu guardar a produção e tomar um empréstimo no mesmo valor que obteria se vendesse toda a sua produção, a juros compostos de 10% ao ano. Dois anos depois, ele vendeu a soja a R$ 50,00 a saca e quitou a dívida. Com essa operação ele obteve:

a) Prejuízo de R$ 20.000,00.
b) Lucro de R$ 20.000,00.
c) Prejuízo de R$ 16.000,00.
d) Lucro de R$ 16.000,00.
e) Lucro de R$ 60.000,00.

03. Um capital de R$ 1.000,00 foi aplicado a juros compostos a uma taxa de 44% a.a.. Se o prazo de capitalização foi de 180 dias, o montante gerado será de:

a) R$ 1.440,00.
b) R$ 1.240,00.
c) R$ 1.680,00.
d) R$ 1.200,00.
e) R$ 1.480,00.

04. O capital de R$ 360,00 foi dividido em duas partes, A e B. A quantia A rendeu em 6 meses o mesmo que a quantia B rendeu em 3 meses, ambos aplicados à mesma taxa no regime de juros simples. Nessas condições, pode-se afirmar que:

a) A = B
b) A = 2B
c) B = 2A
d) A = 3B
e) B = 3ª

05. Uma loja de eletrodomésticos paga, pela aquisição de certo produto, o correspondente ao preço x (em reais) de fabricação, mais 5 % de imposto e 3 % de frete, ambos os percentuais calculados sobre o preço x. Vende esse produto ao consumidor por R$ 54,00, com lucro de 25 %. Então, o valor de x é:

a) R$ 36,00
b) R$ 38,00
c) R$ 40,00
d) R$ 41,80
e) R$ 42,40

06. Em um grupo de 20 pessoas, 40% são homens e 75% das mulheres são solteiras. O número de mulheres casadas é:

a) 3
b) 6
c) 7
d) 8
e) 9

07. Uma liga é composta por 70% de cobre, 20% de alumínio e 10% de zinco. Qual a quantidade, respectivamente, de cobre, alumínio e zinco em 800 g dessa liga?

a) 100 g, 250 g, 450 g
b) 400 g, 260 g, 140 g
c) 450 g, 250 g, 100 g
d) 560 g, 160 g, 80 g
e) 650 g, 100 g, 50 g

08. Qual das afirmativas é verdadeira?

a) Dois descontos sucessivos de 10% correspondem a um desconto de 20%.
b) Dois aumentos sucessivos de 15% correspondem a um aumento de 30%.
c) Um desconto de 10% e depois um aumento de 20% correspondem a um aumento de 8%.
d) Um aumento de 20% e depois um desconto de 10% correspondem a um aumento de 10%.
e) Um aumento de 15% e depois um desconto de 25% correspondem a um desconto de 5%.

09. Lucas e Mateus ganharam de presente de aniversário as quantias x e y reais, respectivamente, e aplicaram, a juros simples, todo o dinheiro que ganharam, da seguinte forma:

> Mateus aplicou a quantia y durante um tempo que foi metade do que esteve aplicado a quantia x de Lucas.

> Mateus aplicou seu dinheiro a uma taxa igual ao triplo da taxa da quantia aplicada por Lucas.

> No resgate de cada quantia aplicada, Lucas e Mateus receberam o mesmo valor de juros.

Se juntos os dois ganharam de presente 516 reais, então x – y é igual a:

a) R$ 103,20
b) R$106,40
c) R$108,30
d) R$109,60

10. Um terreno que possui 2,5ha de área é totalmente aproveitado para o plantio de arroz. Cada m^2 produz 5 litros de arroz que será vendido por 75 reais o saco de 50 kg. Sabe-se que o agricultor teve um total de despesas de 60000 reais, que houve uma perda de 10% na colheita e que vendeu todo o arroz colhido. Se cada litro de arroz corresponde a 800 g de arroz, é correto afirmar que 20% do lucro, em milhares de reais, é um número compreendido entre:

a) 1 e 10
b) 10 e 16
c) 16 e 22
d) 22 e 30

Gabarito

01	B	06	A
02	D	07	D
03	D	08	C
04	C	09	A
05	C	10	B

Anotações

CAPÍTULO 02

Razões e Proporções

Neste capítulo, estão presentes alguns assuntos muito incidentes em provas: razões e proporções. É preciso que haja atenção no estudo desse conteúdo.

Grandeza

É tudo aquilo que pode ser contado, medido ou enumerado.

» **Ex.:** comprimento (distância), tempo, quantidade de pessoas e/ou coisas etc.

Grandezas diretamente proporcionais: são aquelas em que o aumento de uma implica o aumento da outra.

» **Ex.:** quantidade e preço.

Grandezas inversamente proporcionais: são aquelas em que o aumento de uma implica a diminuição da outra.

» **Ex.:** velocidade e tempo.

Razão

É a comparação de duas grandezas. Essas grandezas podem ser de mesma espécie (com a mesma unidade) ou de espécies diferentes (unidades diferentes). Nada mais é do que uma fração do tipo $\frac{a}{b}$, com $b \neq 0$.

Nas razões, os numeradores são também chamados de antecedentes e os denominadores de consequentes.

Exemplos:

» **Escala**: comprimento no desenho comparado ao tamanho real.

» **Velocidade**: distância comparada ao tempo.

Proporção

Pode ser definida como a igualdade de razões.

$$\frac{a}{b} = \frac{c}{d}$$

Dessa igualdade, tiramos a propriedade fundamental das proporções: "o produto dos meios igual ao produto dos extremos" (a chamada "multiplicação cruzada").

$$b \cdot c = a \cdot d$$

É basicamente essa propriedade que ajuda resolver a maioria das questões desse assunto.

Fique Ligado

Dados três números racionais a, b e c, não nulos, denomina-se quarta proporcional desses números um número x tal que:

$$\frac{a}{b} = \frac{c}{x}$$

Proporção contínua é toda proporção que apresenta os meios iguais.

De um modo geral, uma proporção contínua pode ser representada por:

$$\frac{a}{b} = \frac{b}{c}$$

Dados dois números naturais a e b, não nulos, denomina-se terceira proporcional desses números o número x tal que:

$$\frac{a}{b} = \frac{b}{x}$$

As outras propriedades das proporções são:

Numa proporção, a soma dos dois primeiros termos está para o 2º (ou 1º) termo, assim como a soma dos dois últimos está para o 4º (ou 3º).

$$\frac{a+b}{b} = \frac{c+d}{d} \text{ ou } \frac{a+b}{a} = \frac{c+d}{c}$$

Numa proporção, a diferença dos dois primeiros termos está para o 2º (ou 1º) termo, assim como a diferença dos dois últimos está para o 4º (ou 3º).

$$\frac{a-b}{b} = \frac{c-d}{d} \text{ ou } \frac{a-b}{a} = \frac{c-d}{c}$$

Numa proporção, a soma dos antecedentes está para a soma dos consequentes, assim como cada antecedente está para o seu consequente.

$$\frac{a+c}{b+d} = \frac{c}{d} = \frac{a}{b}$$

Numa proporção, a diferença dos antecedentes está para a diferença dos consequentes, assim como cada antecedente está para o seu consequente.

$$\frac{a-c}{b-d} = \frac{c}{d} = \frac{a}{b}$$

Numa proporção, o produto dos antecedentes está para o produto dos consequentes, assim como o quadrado de cada antecedente está para quadrado do seu consequente.

$$\frac{a \cdot c}{b \cdot d} = \frac{a^2}{b^2} = \frac{c^2}{d^2}$$

Acompanhe-me

A última propriedade pode ser estendida para qualquer número de razões.
Exemplo:

$$\frac{a \cdot c \cdot e}{b \cdot d \cdot f} = \frac{a^3}{b^3} = \frac{c^3}{d^3} = \frac{e^3}{f^3}$$

Divisão em Partes Proporcionais

Para dividir um número em partes direta ou inversamente proporcionais, basta seguir algumas regras:

→ **Divisão em partes diretamente proporcionais.**

Exemplo:

Divida o número 50 em partes diretamente proporcionais a 4 e a 6.

$4x + 6x = 50$
$10x = 50$
$X = \frac{50}{10}$
$X = 5$
X = constante proporcional
Então, $4x = 4 \cdot 5 = 20$ e $6x = 6 \cdot 5 = 30$

Logo, a parte proporcional a 4 é o 20 e a parte proporcional ao 6 é o 30.

→ **Divisão em partes inversamente proporcionais.**

Exemplo:

Divida o número 60 em partes inversamente proporcionais a 2 e a 3.

$$\frac{x}{2}+\frac{x}{3}=60$$

$$\frac{3x}{6}+\frac{2x}{6}=60$$

$$5x = 60 \cdot 6$$

$$5x = 360$$

$$X=\frac{360}{5}$$

$$X = 72$$

X = constante proporcional

Então, $\frac{x}{2}=\frac{72}{2}=36$ e $\frac{x}{3}=\frac{72}{3}=24$

Logo, a parte proporcional a 2 é o 36 e a parte proporcional ao 3 é o 24.

Fique Ligado

Perceba que na divisão diretamente proporcional que quem tiver a maior parte ficará com o maior valor, já, na divisão inversamente proporcional, quem tiver a maior parte ficará com o menor valor.

Regra das Torneiras

Sempre que uma questão envolver uma "situação" que pode ser feita de um jeito em determinado tempo (ou por uma pessoa) e, em outro tempo, de outro jeito (ou por outra pessoa), e quiser saber em quanto tempo seria se fosse feito tudo ao mesmo tempo, usa-se a regra da torneira, que consiste na aplicação da seguinte fórmula:

$$t_T=\frac{t_1 \cdot t_2}{t_1+t_2}$$

> **Cujo** "t" é o tempo.

Quando houver mais de duas "situações", é melhor usar a fórmula:

$$\frac{1}{t_T}=\frac{1}{t_1}+\frac{1}{t_2}+...+\frac{1}{t_n}$$

> **Cujo** "n" é a quantidade de situações.

Exemplo:

Uma torneira enche um tanque em 6h. Uma segunda torneira enche o mesmo tanque em 8h. Se as duas torneiras forem abertas juntas quanto tempo vão levar para encher o mesmo tanque?

Aplicando a fórmula:

$$t_T=\frac{t_1 \cdot t_2}{t_1+t_2}$$

$$t_T=\frac{6 \cdot 8}{6+8}=\frac{48}{14}=3h25min43seg$$

Regra de Três

Mecanismo prático e/ou método utilizado para resolver questões que envolvem razão e proporção (grandezas).

Regra de Três Simples

Aquela que só envolve duas grandezas.

Exemplo:

Durante uma viagem um carro consome 20 litros de combustível para percorrer 240km, quantos litros são necessários para percorrer 450km?

Primeiro, verifique se as grandezas envolvidas na questão são direta ou inversamente proporcionais, e monte uma estrutura para visualizar melhor a questão.

Distância	Litro
240	20
450	x

Ao aumentar a distância, a quantidade de litros de combustível necessária para percorrer essa distância também vai aumentar, então, as grandezas são diretamente proporcionais.

$$\frac{20}{x}=\frac{240}{450}$$

Aplicando a propriedade fundamental das proporções:

$$240x = 9000$$

$$X=\frac{9000}{240}=37{,}5 \text{ litros}$$

Regra de Três Composta

Aquela que envolve mais de duas grandezas.

Exemplo:

Dois pedreiros levam 9 dias para construir um muro com 2m de altura. Trabalhando 3 pedreiros e aumentando a altura para 4m, qual será o tempo necessário para completar esse muro?

Neste caso, deve-se comparar uma grandeza de cada vez com a variável.

Dias	Pedreiros	Altura
9	2	2
x	3	4

Note que, ao aumentar a quantidade de pedreiros, o número de dias necessários para construir um muro diminui, então as grandezas *pedreiros e dias* são inversamente proporcionais. No entanto, se aumentar a altura do muro, será necessário mais dias para construí-lo dessa forma as grandezas *muro* e *dias* são diretamente proporcionais. Para finalizar, basta montar a proporção e resolver, lembrando que quando uma grandeza for inversamente proporcional à variável sua fração será invertida.

$$\frac{9}{x}=\frac{3}{2}\cdot\frac{2}{4}$$

$$\frac{9}{x}=\frac{6}{8}$$

Aplicando a propriedade fundamental das proporções:

$$6x = 72$$

$$X=\frac{72}{6}=12 \text{ dias}$$

Exercício Comentado

***01.** Em um quartel, 7/9 dos militares são praças e existem 10 oficiais. Como o efetivo do quartel é composto de oficiais e praças, qual o número total de militares no quartel?*

a) 45
b) 44
c) 36
d) 28
e) 21

RESPOSTA. "A". Se 7/9 dos militares são praças, então 2/9 (1 – 7/9 = 2/9) são oficiais. Como 2/9 corresponde à fração dos oficiais e esse valor é igual a 10 oficiais:

$$2x/9 = 10$$
$$2x = 90$$
$$X = 90/2$$
$$X = 45$$

Portanto o número de militares no quartel é igual a 45

Vamos Praticar

01. A proporção entre as medalhas de ouro, prata e bronze conquistadas por um atleta é 1:2:4, respectivamente. Se ele disputar 77 competições e ganhar medalhas em todas elas, quantas medalhas de bronze ele ganhará?

a) 55
b) 33
c) 44
d) 22
e) 11

02. Devido à diferença de gravidade entre a Terra e a Lua, um astronauta de 150 Kg pesa na Lua apenas 25 Kg. Quanto pesa na Lua um homem que na Terra pesa 90 Kg?

a) 10 Kg
b) 15 Kg
c) 20 Kg
d) 25 Kg
e) 28 Kg

03. Uma torneira enche um tanque, sozinha, em 2 horas enquanto outra torneira demora 4 horas. Em quanto tempo as duas torneiras juntas encherão esse mesmo tanque?

a) 1h 10 min
b) 1h 20 min
c) 1h 30 min
d) 1h 50 min
e) 2h

04. Um site da internet que auxilia os usuários a calcularem a quantidade de carne que deve ser comprada para um churrasco considera que quatro homens consomem a mesma quantidade de carne que cinco mulheres. Se esse site aconselha que, para 11 homens, devem ser comprados 4.400 gramas de carnes, a quantidade de carne, em gramas, que ele deve indicar para um churrasco realizado para apenas sete mulheres é igual a:

a) 2.100.
b) 2.240.
c) 2.800.
d) 2.520.
e) 2.450.

05. Para a reforma do Ginásio de Esportes da EPCAR foram contratados 24 operários. Eles iniciaram a reforma no dia 19 de abril de 2010 (2ª feira) e executaram 40% do trabalho em 10 dias, trabalhando 7 horas por dia. No final do 10º dia, 4 operários foram dispensados. No dia seguinte, os operários restantes retomaram o trabalho, trabalhando 6 horas por dia e concluíram a reforma. Sabendo-se que o trabalho foi executado nos dois momentos sem folga em nenhum dia, o dia da semana correspondente ao último dia do término de todo o trabalho é:

a) Domingo.
b) Segunda-feira.
c) Terça-feira.
d) Quarta-feira.

06. Um reservatório possui 4 torneiras. A primeira torneira gasta 15 horas para encher todo o reservatório; a segunda, 20 horas; a terceira, 30 horas e a quarta, 60 horas. Abrem-se as 4 torneiras, simultaneamente, e elas ficam abertas despejando água por 5 horas. Após esse período fecham-se, ao mesmo tempo, a primeira e a segunda torneiras. Considerando que o fluxo de cada torneira permaneceu constante enquanto esteve aberta, é correto afirmar que o tempo gasto pelas demais torneiras, em minutos, para completarem com água o reservatório, é um número cuja soma dos algarismos é:

a) Par maior que 4 e menor que 10
b) Par menor ou igual a 4
c) Ímpar maior que 4 e menor que 12
d) Ímpar menor que 5

07. Trinta operários trabalhando 8 horas por dia, constroem 36 casas em 6 meses. O número de dias que deverão ser trabalhados no último mês para que 2/3 dos operários, trabalhando 2 horas a mais por dia, construam 0,75 das casas, considerando um mês igual a 30 dias, é:

a) 10
b) 12
c) 15
d) 16

08. A taxa cobrada por uma empresa de logística para entregar uma encomenda até determinado lugar é proporcional à raiz quadrada do peso da encomenda. Ana, que utiliza, em muito, os serviços dessa empresa, pagou para enviar uma encomenda de 25kg uma taxa de R$ 54,00. Desse modo, se Ana enviar a mesma encomenda de 25kg dividida em dois pacotes de 16kg e 9kg, ela pagará o valor total de:

a) 54,32.
b) 54,86.
c) 76,40.
d) 54.
e) 75,60.

09. Dois trabalhadores, fazendo a jornada de 8 horas por dia cada um, colhem juntos 60 sacos de arroz. Três outros trabalhadores, fazendo a jornada de 10 horas por dia cada um, colhem juntos 75 sacods de arroz em 10 dias. Quanto tempo um trabalhador do primeiro grupo é mais ou menos produtivo que um trabalhador do segundo grupo?

a) O trabalhador do primeiro grupo é 10% menos produtivo.
b) O trabalhador do primeiro grupo é 10% mais produtivo.
c) O trabalhador do primeiro grupo é 25% mais produtivo.
d) As produtividades dos trabalhadores dos dois grupos é a mesma.
e) O trabalhador do primeiro grupo é 25% menos produtivo.

10. Uma pesquisa realizada pelo Diretório Acadêmico de uma faculdade mostrou que 65% dos alunos são a favor da construção de uma nova quadra poliesportiva. Dentre os alunos homens, 11 em cada 16 manifestaram-se a favor da nova quadra e, dentre as mulheres, 3 em cada 5. Nessa faculdade, a razão entre o número de alunos homens e mulheres, nessa ordem, é igual a:
a) 4/3
b) 6/5
c) 7/4
d) 7/5
e) 9/7

11. Carlos recebeu 2/3 de uma barra de chocolate. Porém, Carlos deu 3/5 dos 2/3 que havia recebido para seu irmão. Considerando a informação acima é **CORRETO** afirmar que Carlos ficou com:
a) 1/5 da barra de chocolate.
b) 2/5 da barra de chocolate.
c) 4/15 da barra de chocolate.
d) 2/15 da barra de chocolate.

12. Uma herança no valor de R$ 168.000,00 foi dividida entre quatro irmãos em partes diretamente proporcionais às suas respectivas idades. Se as idades, em número de anos, são 32, 30, 27 e 23, a parte que coube ao mais novo dos irmãos é, em reais, igual a:
a) 23.000
b) 27.600
c) 28.750
d) 32.200
e) 34.500

13. Ao serem contabilizados os dias de certo mês, em que três Técnicos Judiciários de uma Unidade do Tribunal Regional do Trabalho prestaram atendimento ao público, constatou-se o seguinte:
> a razão entre os números de pessoas atendidas por Jasão e Moisés, nesta ordem, era 3/5;
> o número de pessoas atendidas por Tadeu era 120% do número das atendidas por Jasão;
> o total de pessoas atendidas pelos três era 348.

Nessas condições, é correto afirmar que, nesse mês:
a) Tadeu atendeu a menor quantidade de pessoas.
b) Moisés atendeu 50 pessoas a mais que Jasão.
c) Jasão atendeu 8 pessoas a mais que Tadeu.
d) Moisés atendeu 40 pessoas a menos que Tadeu.
e) Tadeu atendeu menos que 110 pessoas.

14. Suponha que certo medicamento seja obtido adicionando-se uma substância "A" a uma mistura homogênea Ω, composta de apenas duas substâncias X e Y. Sabe-se que:
> O teor de X em Ω é de 60%;
> Se pode obter tal medicamento retirando-se 15 de 50 litros de Ω e substituindo-os por 5 litros de A e 10 litros de Y, resultando em nova mistura homogênea.

Nessas condições, o teor de Y no medicamento assim obtido é de:
a) 52%.
b) 48%.
c) 45%
d) 44%.
e) 42%.

15. Do total de pessoas que visitaram uma Unidade do Tribunal Regional do Trabalho de segunda a sexta-feira de certa semana, sabe-se que: 1/5 o fizeram na terça-feira e 1/6 na sexta-feira. Considerando que o número de visitantes da segunda-feira correspondia a 3/4 do de terça-feira e que a quarta-feira e a quinta-feira receberam, cada uma, 58 pessoas, então o total de visitantes recebidos nessa Unidade ao longo de tal semana é um número:
a) menor que 150.
b) múltiplo de 7.
c) quadrado perfeito.
d) divisível por 48.
e) maior que 250.

16. Se dois números na razão 5:3 são representados por 5x e 3x, assinale a alternativa que apresenta o item que expressa o seguinte: "duas vezes o maior somado ao triplo do menor é 57".
a) 10x = 9x + 57; x = 57; números: 285 e 171
b) 10x - 57 = 9x; x = 3; números: 15 e 6
c) 57 - 9x = 10x; x = 5; números: 15 e 9
d) 5x + 3x = 57; x = 7,125; números: 35,62 e 21,375
e) 10x + 9x = 57; x = 3; números: 15 e 9

17. Sabe-se que 4 máquinas iguais, trabalhando o dia inteiro durante 4 dias, produzem 40 toneladas de fertilizante. Assim, a quantidade de fertilizante que 6 dessas máquinas, trabalhando o dia inteiro durante 6 dias, produzirão é de:
a) 60 toneladas
b) 75 toneladas
c) 90 toneladas
d) 120 toneladas
e) 150 toneladas

18. O encarregado dos varredores de rua de uma determinada cidade começou um dia de serviço com novidade: quem tem menos que 25 anos vai varrer uma certa quantidade de metros de rua hoje; quem tem de 25 até 45 anos varre três quartos do que varrem esses mais jovens; aqueles com mais de 45 anos varrem dois quintos do que varrem aqueles que têm de 25 a 45 anos; e, para terminar, os que têm de 25 até 45 anos varrerão hoje, cada um, 210 metros. O grupo dos varredores era formado por dois rapazes de 22 anos, 3 homens de 30 e um senhor de 48 anos. Todos trabalharam segundo o plano estabelecido pelo encarregado. E, dessa maneira, o total em metros varrido nesse dia, por esses varredores, foi:
a) 952.
b) 1.029.
c) 1.132.
d) 1.274.
e) 1.584.

19. Em fevereiro de 2012, quatro irmãos, todos nascidos em janeiro, respectivamente nos anos de 1999, 1995, 1993 e 1989, se reuniram para abrir o testamento do pai que havia morrido pouco antes. Estavam ansiosos para repartir a herança de R$ 85.215,00. O texto do testamento dizia que a herança seria destinada apenas para os filhos cuja idade, em anos completos e na data da leitura do testamento, fosse um número divisor do valor da herança. Os filhos que satisfizessem essa condição deveriam dividir igualmente o valor herdado. O que cada filho herdeiro recebeu foi:

a) R$ 85.215,00.
b) R$ 28.405,00.
c) R$ 42.607,50.
d) R$ 21.303,75.
e) R$ 0,00.

20. Um casal de idosos determinou, em testamento, que a quantia de R$ 4.950,00 fosse doada aos três filhos de seu sobrinho que os ajudara nos últimos anos. O casal determinou, também, que a quantia fosse distribuída em razão inversamente proporcional à idade de cada filho por ocasião da doação. Sabendo que as idades dos filhos eram 2, 5 e x anos respectivamente, e que o filho de x anos recebeu R$ 750,00, a idade desconhecida é, em anos:

a) 4
b) 6
c) 7
d) 9
e) 8

Gabarito

01	C	11	C
02	B	12	E
03	B	13	E
04	B	14	B
05	D	15	D
06	B	16	E
07	B	17	C
08	E	18	D
09	D	19	B
10	A	20	E

Anotações

CAPÍTULO 03

Descontos

Descontos Simples

O desconto pode ser definido como abatimento em operações financeiras.

O valor do desconto sempre será a diferença entre o valor nominal (valor inicial) e o valor atual.

$$D = N - A$$

Os descontos simples podem ser de dois tipos: por fora (comercial) ou por dentro (racional).

No **desconto simples por fora ou comercial,** o valor do desconto será calculado sobre o valor nominal do produto; já no **desconto simples por dentro ou racional,** o desconto é calculado sobre o valor atual do produto.

Para os cálculos usamos as seguintes fórmulas:

> Simples por Fora (COMERCIAL → sobre o valor nominal):

$$D_c = N \cdot i \cdot t$$
$$A = N \cdot (1 - i \cdot t)$$

> Simples por Dentro (RACIONAL → sobre o valor atual):

$$D_r = A \cdot i \cdot t$$
$$A = \frac{N}{(1 + i \cdot t)}$$

Cujo:

> **D** = desconto;
> **A** = valor atual;
> **N** = valor nominal;
> **i** = taxa de juros;
> **t** = tempo.

Exercício Comentado

01. Um título foi descontado em R$ 252,00, por ter sido pago com 180 dias de antecipação. Se a taxa mensal do desconto comercial simples foi de 3,5%, o valor nominal do título era:

a) R$ 1.100,00
b) R$ 1.150,00
c) R$ 1.200,00
d) R$ 1.250,00
e) R$ 1.300,00

RESPOSTA. ***"C". O valor do desconto foi de R$ 252,00, o período de antecipação foi de 180 dias ou 6 meses, a taxa mensal de desconto foi de 3,5% COMERCIAL, aplicando na fórmula fica:***

$$D_c = N \cdot i \cdot t$$

$$252 = N \cdot 0{,}035 \cdot 6$$

$$0{,}21N = 252$$

$$N = \frac{252}{0{,}21}$$

$$N = 1.200{,}00$$

Descontos Compostos

Acontece semelhante aos juros compostos, porém na modalidade desconto.

Para os cálculos, usamos as seguintes fórmulas:

> **Comercial:**

$$A = N \cdot (1 - i)^n$$

> **Racional:**

$$A = \frac{N}{(1 + i)^t}$$

Cujo:

> **A** = valor atual;
> **N** = valor nominal;
> **i** = taxa de juros;
> **t** = tempo.

Exercício Comentado

01. O valor presente de um título descontado 2 (dois) anos antes de seu vencimento é igual a R$ 25.000,00. Utilizou-se o critério do desconto composto racional a uma taxa de 8% ao ano. O valor do desconto correspondente é de

a) R$ 3.120,00
b) R$ 3.160,00
c) R$ 3.200,00
d) R$ 4.000,00
e) R$ 4.160,00

RESPOSTA. ***"E". O valor do título é R$ 25.000,00, o período de antecipação foi de 2 anos, a taxa de desconto de 8% ao ano na modalidade composta, agora calculando o que a questão está pedindo:***

$$A = \frac{N}{(1 + i)^t}$$

$$25.000 = \frac{N}{(1 + 0{,}08)^2}$$

$$25.000 = \frac{N}{(1{,}08)^2}$$

$$25.000 = \frac{N}{1{,}1664}$$

$$N = 25.000 \cdot 1{,}1664$$

$$N = 29.160$$

Como:

$$D = N - A$$
$$D = 29.160 - 25.000$$
$$D = 4.160{,}00$$

Taxas

Taxas de Juros

São índices utilizados para os cálculos de juros e descontos.

Em matemática financeira, temos taxas que efetivamente servem; como também temos taxas que não servem para calcular os juros, pois não estão na unidade da capitalização.

Taxa Nominal

É uma taxa que efetivamente não vale, só está na situação problema para dar valor. Esta taxa é proporcional à taxa efetiva.

No sistema de juros compostos, é costume indicar uma taxa para um período com capitalização em período distinto. Convencionou-se, então, que, quando o período mencionado na taxa não corresponde ao período de capitalização, prevalece este último, devendo-se tomar a taxa proporcional correspondente como taxa efetiva e considerar a taxa dada como nominal.

» **Ex.:** Um capital é aplicado à taxa de 24% ao ano com capitalização mensal.

O 24% é uma taxa nominal, pois a que efetivamente vale é de 2% ao mês, devido ao fato de a capitalização ser mensal.

Taxa Efetiva

É aquela que, como o próprio nome já diz, efetivamente é verificada uma operação financeira.

Taxas Equivalentes

Duas (ou mais) taxas de juros são ditas equivalentes quando, aplicadas a um mesmo capital, por tempos iguais, produzirem o mesmo montante. No sistema de capitalização composta, ao contrário do que acontece no sistema de capitalização simples, duas taxas equivalentes não são necessariamente proporcionais entre si.

Fique Ligado

> *ia - a taxa anual de juros compostos*
> *im - a taxa mensal de juros compostos*
> *id - a taxa diária*
> *it - a taxa trimestral*
> *is - a taxa semestral*

Vamos obter uma relação que nos permita calcular a taxa equivalente, num certo período de tempo, com uma taxa de juros composta.

As relações para a obtenção de taxas equivalentes são:

$$(1+i_d)^{360} = (1+i_m)^{12} = (1+i_t)^4 = (1+i_s)^2 = (1+i_a)^1$$

Exemplos:

1) A Caderneta de Poupança, além da atualização monetária, paga juros de 36% a.a. capitalizados mensalmente.

a) Qual a taxa nominal de juros pagos pela Caderneta de Poupança?

b) Qual a taxa efetiva mensal?

c) Qual a taxa efetiva trimestral?

Resolução:

a) Como a capitalização é mensal a taxa de 36% ao ano é a taxa nominal.

b) A taxa efetiva mensal é proporcional à taxa nominal, pois a capitalização é mensal logo:

$$i_m = \frac{36}{12}$$

$$i_m = 3\% \text{ ao mês}$$

c) A taxa efetiva trimestral é equivalente à taxa efetiva mensal logo:

$$(1+i_m)^3 = (1+i_t)$$
$$(1+0{,}03)^3 = (1+i_t)$$
$$1{,}092727 = 1+i_t$$
$$1{,}092727 - 1 = i_t$$
$$i_t = 0{,}0922727$$

Logo, a taxa efetiva trimestral é de 9,27%.

2) Qual a taxa efetiva semestral, no sistema de capitalização de juros compostos, equivalente a uma taxa nominal de 40% ao quadrimestre, capitalizados bimestralmente.

a) 75,00%

b) 67,50%

c) 60,00%

d) 72,80%

e) 64,40%

Resolução:

> 40% não é a taxa efetiva, é uma taxa nominal;

> $\frac{40\%}{2} = 20\%$ taxa real.

$$(1+i_b)^3 = (1+i_s)^1$$
$$(1+0{,}2)^3 = (1+i_s)$$
$$(1{,}2)^3 = 1+i_s$$
$$1{,}728 = 1+i_s$$
$$1{,}728 - 1 = i_s$$
$$i_s = 0{,}728$$

Logo, a taxa efetiva semestral é de 72,8%.

3) Calcular o montante gerado por um capital de R$ 2.000,00, quando aplicado a taxa de 60% ao ano com capitalização mensal durante um ano. (Dado 1,0512 = 1,79586)

Resolução:

> Taxa nominal: 60% a.a.

> Taxa efetiva: 5% a.m.

$$M = C \cdot (1+i)^t$$
$$M = 2000 \cdot (1+0{,}05)^{12}$$
$$M = 2000 \cdot (1{,}05)^{12}$$
$$M = 2000 \cdot 1{,}79586$$
$$M = 3591{,}72$$

Taxa Aparente e Taxa Real

Taxa aparente

Quando temos uma aplicação em que no período da mesma tivermos também taxa de inflação a taxa que está escrita nos contratos passa a ser uma taxa aparente, pois não corresponde a uma rentabilidade real.

Taxa real

Depende de haver ou não inflação.

Quando não haver inflação, a taxa real e a taxa aparente serão iguais.

Quando temos inflação, usamos a representação:

> Taxa real = r
> Taxa aparente = i
> Taxa de inflação = j

$$(1 + r) = \frac{(1 + i)}{(1 + j)}$$

Exemplos:

1) Determine a taxa de rendimento real a partir de uma taxa aparente de 7% a.a. e uma inflação projetada de 3% a.a.

Resolução:

i = 7% = 0,07

j = 3% = 0,03

r = ?

$$(1 + r) = \frac{(1 + 0{,}07)}{(1 + 0{,}03)}$$

$$(1 + r) = \frac{1{,}07}{1{,}03} = 1{,}038835$$

$$r = 1{,}038835 - 1$$

$$r = 0{,}038835$$

$$r = 3{,}8835\%$$

A taxa real de juros é de 3,8835%.

2) Em um investimento é desejado um rendimento real de 12%. Sabe-se que a inflação projetada para o período é de 6%. Qual deve ser a taxa aparente desse investimento?

Resolução:

i = ?

j = 6% = 0,06

r = 12% = 0,12

$$(1 + r) = \frac{(1 + i)}{(1 + j)}$$

$$(1 + i) = (1 + r) \cdot (1 + j)$$

$$(1 + i) = (1{,}12) \cdot (1{,}06)$$

$$i = 0{,}1872$$

$$i = 18{,}72\%$$

Vamos Praticar

Para a compra de um imóvel avaliado em R$ 300.000,00, o comprador dispõe das seguintes opções de pagamento:

I. à vista com desconto;

II. em 2 prestações mensais, iguais e consecutivas; sem desconto; com a primeira prestação vencendo um mês após a compra;

III. em 3 prestações mensais, iguais e consecutivas; sem desconto; com a primeira prestação vencendo no ato da compra.

No ato da compra, o comprador possui R$ 500.000,00, que estão investidos em uma aplicação que lhe rende juros compostos mensais de 1%, e todo esse dinheiro pode ser utilizado para efetuar a compra.

Considerando as informações acima, e assumindo 0,99 e 0,98 como os valores aproximados para $1{,}01^{-1}$ e $1{,}01^{-2}$, respectivamente, julgue o item a seguir.

01. Se o desconto for superior a 1,5%, então a opção I será a mais vantajosa para o comprador.

Certo ( ) Errado ( )

02. Com relação aos diferentes tipos de desconto simples analise as afirmativas a seguir:

I. O desconto racional (por dentro), no regime de capitalização simples, é dado pela diferença entre o valor futuro e o valor presente.

II. O desconto comercial (por fora), no regime de capitalização simples, é dado pela relação D = VF · d · n, no qual VF é o valor futuro, d é a taxa de desconto por período e n é o número de períodos de desconto.

III. O desconto bancário é o contrato pelo qual o banco (descontador) antecipa ao cliente (descontário) o valor de um crédito.

Assinale:

a) se somente as afirmativas I e II estiverem corretas.
b) se somente as afirmativas I e III estiverem corretas.
c) se somente a afirmativa III estiver correta.
d) se somente as afirmativas II e III estiverem corretas.
e) se todas as afirmativas estiverem corretas.

03. Nas operações de empréstimo, uma financeira cobra taxa efetiva de juros, no regime de capitalização composta, de 10,25% ao ano. Isso equivale a cobrar juros com taxa anual e capitalização semestral de:

a) 5%
b) 5,51%
c) 10%
d) 10,25%
e) 10,51%

04. Um título de R$ 20.000,00 foi descontado 4 meses antes do seu vencimento, a uma taxa de desconto comercial simples de 5% ao mês. A taxa efetiva mensal de juros simples dessa operação é igual a:

a) 6,50%.
b) 5,50%.
c) 5,25%.
d) 6,00%.
e) 6,25%.

05. Certo capital foi aplicado por um ano à taxa de juros de 6,59% a.a. Se no mesmo período a inflação foi de 4,5%, a taxa real de juros ao ano dessa aplicação foi, em %, de:

a) 2,2.
b) 1,9.
c) 2,0.
d) 2,1.
e) 1,8.

06. Um título sofre um desconto racional composto dois meses antes do seu vencimento a uma taxa de 5% ao mês. Dado que o valor do desconto é R$ 10 000,00, qual o valor mais próximo do valor nominal do título?

a) R$ 100.000,00.

b) R$ 107.561,00.

c) R$ 102.564,00.

d) R$ 97.561,00.

e) R$ 110.000,00.

07. No sistema de juros compostos, o Banco X oferece uma linha de crédito ao custo de 80 % ao ano com capitalização trimestral. Também no sistema de juros compostos, o Banco Y oferece a mesma linha de crédito ao custo dado pela taxa semestral equivalente à taxa cobrada pelo Banco X. Maria obteve 100 unidades monetárias junto ao Banco X, para serem pagas ao final de um ano. Mário, por sua vez, obteve 100 unidades monetárias junto ao Banco Y para serem pagas ao final de um semestre. Sabendo-se que Maria e Mário honraram seus compromissos nos respectivos períodos contratados, então os custos percentuais efetivos pagos por Maria e Mário, foram, respectivamente, iguais a:

a) 320 % ao ano e 160 % ao semestre.

b) 120 % ao ano e 60 % ao semestre.

c) 72,80 % ao ano e 145,60 % ao semestre.

d) 240 % ao ano e 88 % ao ano.

e) 107,36 % ao ano e 44 % ao semestre.

08. Um título sofre um desconto simples por dentro de R$ 10.000,00 cinco meses antes do seu vencimento a uma taxa de desconto de 4% ao mês. Qual o valor mais próximo do valor nominal do título?

a) R$ 60.000,00.

b) R$ 46.157,00.

c) R$ 56.157,00.

d) R$ 50.000,00.

e) R$ 55.000,00.

O batalhão de polícia militar de uma cidade constituída dos bairros B_1, B_2 e B_3 será dividido em três pelotões distintos de modo que cada um fique responsável pelo policiamento ostensivo de um desses bairros. As populações dos bairros B_1, B_2 e B_3 são, respectivamente, iguais a 60.000, 66.000 e 74.000 pessoas; o batalhão possui um efetivo de 4.000 militares dos quais 300 trabalham exclusivamente em uma central única de comunicação e inteligência, não caracterizando atividade policial ostensiva; e todos os militares do batalhão residem na cidade.

Com base nessa situação hipotética, julgue o item a seguir.

09. Considere que uma viatura policial adquirida por R$ 80.000,00 se desvalorize à taxa composta de 5% ao ano. Nesse caso, considerando-se 0,6 como valor aproximado para $0,95^{10}$, é correto afirmar que, 10 anos após a compra, a viatura valerá menos de R$ 45.000,00.

Certo ( ) Errado ( )

10. A Empresa Comercial Parton Ltda, obteve um empréstimo no Banco Novidade S/A com as seguintes condições:

- Valor do empréstimo = R$ 30.000,00
- Taxa de abertura de crédito = R$ 500,00
- Período do empréstimo = 3 meses
- Inflação do período = 3%
- Valor fixo para pagamento no final do contrato = R$ 35.000,00

Considerando-se exclusivamente os dados acima, as taxas efetiva e real da operação para a Comercial Parton, foram, respectivamente, de:

a) 16,67% e 14,65%

b) 16,33% e 13,65%

c) 15,35% e 12,15%

d) 14,75% e 11,41%

e) 14,25% e 11,35%

Gabarito

01	CERTO	06	B
02	E	07	E
03	C	08	A
04	E	09	ERRADO
05	C	10	D

Anotações

ÍNDICE

CAPÍTULO 01

Noções de Gestão de Pessoas

Escola das Relações Humanas

A Escola das Relações Humanas surgiu como oposição à Teoria Clássica da Administração, surgida na década de 1920. Essa escola, desde sua origem, apresentou como principal objetivo estabelecer uma relação de humanização nas empresas, pois o elemento humano tem sua importância nas relações de produção. Tal pensamento era inovador, visto que em propostas anteriores, como o Taylorismo e o Fordismo, a figura humana era controlada como máquina.

Taylorismo - A Racionalização da Produção

Também conhecido como Administração Científica, o Taylorismo é um sistema de organização industrial criado pelo engenheiro mecânico e economista norte-americano, Frederick Winslow Taylor, no final do século XIX. A principal característica desse sistema é a organização e divisão de tarefas dentro de uma empresa com o objetivo de obter o máximo de rendimento e eficiência com o mínimo de tempo e atividade, ou seja, Taylor tenta otimizar resultados respondendo à seguinte pergunta: como aumentar o consumo e o lucro diminuindo o tempo de produção e o custo?

→ **As respostas são:**

> Divisão das tarefas de trabalho dentro de uma empresa;

> Especialização do trabalhador;

> Treinamento e preparação dos trabalhadores de acordo com as aptidões apresentadas;

> Análise dos processos produtivos dentro de uma empresa com o objetivo de otimização do trabalho;

> Adoção de métodos para diminuir a fadiga e os problemas de saúde dos trabalhadores;

> Implantação de melhorias nas condições e nos ambientes de trabalho;

> Uso de métodos padronizados para reduzir custos e aumentar a produtividade;

> Criação de sistemas de incentivos e recompensas salariais para motivar os trabalhadores e aumentar a produtividade;

> Uso de supervisão humana especializada para controlar o processo produtivo;

> Disciplina na distribuição de atribuições e responsabilidades;

> Uso de métodos de trabalho que já foram testados e planejados para eliminar o improviso.

Fordismo

A melhor maneira de definir o Fordismo é entender que ele foi uma aplicação prática do Taylorismo. Funciona assim: Taylor pensa, mas é Ford que aplica. Isso mesmo, Ford ganhou dinheiro com a ideia de Taylor.

A principal característica do Fordismo é a **fabricação em massa**, baseada numa linha de montagem. Assim, temos uma redução significativa dos custos de produção, o que barateia o produto e possibilita a venda para o maior número possível de consumidores. Dentro desse sistema de produção, uma esteira rolante conduzia ao produto, no caso da Ford, os automóveis. Cada funcionário executava uma pequena etapa. Assim, os funcionários não precisavam sair do seu local de trabalho, o que resultava em uma maior velocidade de produção. Também não era necessária a utilização de mão de obra muito capacitada, pois cada trabalhador executava apenas uma pequena tarefa, todo dia, dentro de uma etapa de produção. Isso gerava um barateamento no processo produtivo.

O declínio do Fordismo pode ser observado a partir dos anos 70, quando foi substituído pelo Toyotismo.

Daí a necessidade daquilo que chamamos de humanização. O homem, a partir de então, passa a ser visto como um todo. O homem apresenta necessidades físicas, psicológicas e sociais. Tais necessidades passaram a interessar à organização, já que se compreendeu que o elemento humano é o capital mais precioso dentro de uma organização empresarial. Satisfação no trabalho, interação entre as pessoas, relações pessoais, interpessoais e sociais, aspectos relacionados à motivação, entre outros, acabam traçando os rumos das pesquisas na área de relações humanas.

Pirâmide de Maslow x Necessidades do Trabalhador

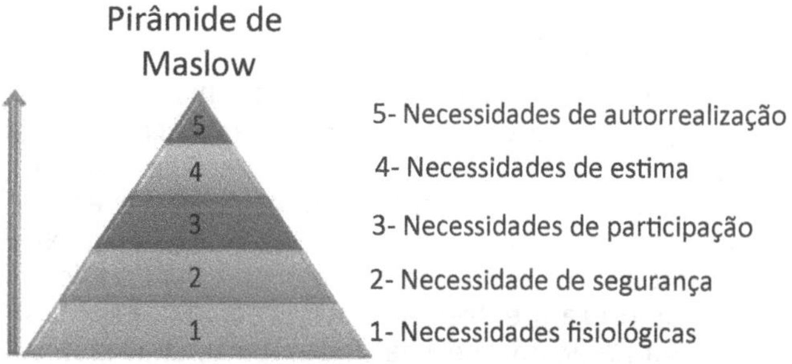

Alguns estudos também relacionaram a Maslow, as necessidades do indivíduo dentro das organizações:

Necessidades Biológicas e Fisiológicas

As empresas devem oferecer salários justos, horários adequados e intervalos de descanso;

Necessidades de Segurança

As empresas devem deixar claro para seus funcionários que estão dentro das normas de segurança e de trabalho; e oferecer benefícios, como seguro de vida, planos de saúde e de aposentadoria;

Necessidades Sociais

Mostrar aos colaboradores, por meio de projetos e palestras em grupo, a necessidade do trabalho em equipe e a importância das relações interpessoais;

Necessidades do Ego

Reconhecer o trabalho e o esforço dos colaboradores por meio de elogios, promoções e premiações, não propriamente financeiras;

Necessidades de Autorrealização

Viabilizar ideias dos funcionários, fazer com que estes participem das tomadas de decisões relacionadas ao seu trabalho; promover cursos de atualização e oferecer oportunidades dentro da empresa.

Fique Ligado

O autor Antônio Carlos Gil em sua obra Gestão de Pessoas: um enfoque profissional apresenta a seguinte definição:

"É o ramo especializado da Ciência da Administração que envolve todas as ações que têm por objetivo a integração do colaborador no contexto da organização e no aumento de sua produtividade".

Para o autor Chivenato, gestão de pessoas: "É o conjunto de decisões integradas sobre as relações de emprego que influenciam a eficácia dos funcionários e das organizações".

Segundo Merras: "É o conjunto de políticas e práticas necessárias para conduzir os aspectos da posição gerencial relacionados com as pessoas, incluindo recrutamento, seleção, treinamento, recompensas e avaliação de desempenho".

Histórico da Gestão de Pessoas-GEP

A evolução da GEP está atrelada à história da Administração, conforme já mencionamos. Usando como base fundamental as Escolas Administrativas, podemos observar o enfoque dado, em cada período, aos recursos humanos dentro da visão organizacional, assim distribuída:

Até 1930 - Fase Contábil

Período constituído por contexto histórico conturbado, marcado pela ênfase na alternância política entre São Paulo e Minas Gerais, no período conhecido como República do café-com-leite. Nessa época, a questão social era considerada caso de polícia. Não havia ainda uma legislação trabalhista e as condições do trabalho eram extremamente precárias. Essa fase é pioneira na gestão pessoal e, também, chamada de "pré-histórica" por alguns autores. Caracterizava-se pela preocupação existente com os custos da organização. Os trabalhadores eram vistos exclusivamente sob o enfoque contábil: comprava-se a mão de obra e, portanto, as entradas e saídas provenientes dessa conta deveriam ser registradas contabilmente, sem o estabelecimento direto da relação humana.

De 1930 a 1950 - Fase Legal

Com as transformações políticas a partir da Revolução de 1930 e da Era Vargas, também observamos mudanças no setor de gestão pessoal. Registramos o aparecimento da função de chefe de pessoal, profissional cuja preocupação estava centrada no acompanhamento e na manutenção das recém criadas leis trabalhistas da era getulista. As leis trabalhistas já estavam presentes na Constituição de 1934 e incluíam, entre outras coisas; descanso semanal remunerado, jornada de trabalho, férias, salário mínimo, etc. O poder até então, unicamente, centrado na figura dos feitores (chefes de produção) sobre os empregados, passou para as mãos do chefe de pessoal pelo domínio exercido sobre as regras e normas jurídicas, impostas pela CLT de 01 de maio de 1943.

De 1950 a 1965 - Fase Tecnicista

Período marcado pelo populismo político e pelo desenvolvimentismo econômico. A abertura da economia brasileira ao capital estrangeiro foi significativa nesse período. Uma industrialização intensa ampliou a mão de obra e as necessidades de emprego. Na Fase Tecnicista foi implantado no Brasil o modelo americano de gestão de recursos humanos e isso alavancou a função de RH ao status orgânico de gerência. Os empresários incluíram nos organogramas a figura do gerente de relações industriais. Isso representou, para as organizações e para os trabalhadores, um grande avanço na qualidade das relações entre capital e trabalho. Foi nessa fase que a área de RH passou a operacionalizar serviços como os de treinamento, recrutamento e seleção, cargos e salários, higiene e segurança, entre outros.

De 1965 a 1985 - Fase Administrativa ou Sindicalista

Enfrentamos nesse contexto a fase da República Militar, em que ações populares eram vistas como uma "ameaça à ordem nacional". A Fase Administrativa criou um marco histórico nas relações entre capital e trabalho, uma vez que parte das conquistas é produto das lutas empreendidas pelos próprios trabalhadores. Implementou-se o movimento sindical denominado 'novo sindicalismo'. Nessa fase, registrou-se nova mudança significativa na denominação e na responsabilidade do até aqui gerente de relações industriais. O cargo passou a ser chamado como gerente de recursos humanos. Pretendia-se, com essa mudança, transferir a ênfase em procedimentos burocráticos e puramente operacionais para responsabilidades de ordem mais humanísticas, voltadas para os indivíduos e suas relações com os sindicatos, a sociedade, etc.

Posterior a 1985 - Fase Estratégica

A redemocratização do Brasil e as mudanças oriundas da Constituição de 1988 foram o fundamento dessa fase, demarcada operacionalmente pela introdução dos primeiros programas de planejamento estratégico de RH, atrelado ao planejamento central das organizações. Nessa fase é que se registraram as primeiras preocupações de longo prazo, por parte da direção das empresas, em relação aos trabalhadores. Iniciou-se uma nova alavancagem organizacional do cargo de gerente de recursos humanos, que, de posição gerencial, de terceiro escalão, em nível ainda tático, passou a ser reconhecido como diretoria, em nível estratégico nas organizações.

As etapas evolutivas da área de RH, podem ser sintetizadas em quatro, a saber:

> Administração de Pessoal;
> Relações Industriais;
> Administração de Recursos Humanos;
> Gestão de Pessoas.

Podemos concluir que a Gestão de Pessoas surge da necessidade de conciliar os elementos humanos e operacionais dentro de uma visão estratégica do setor empresarial que se divide em:

> Provisão de recursos humanos;
> Aplicação de Recursos Humanos;
> Desenvolvimento de Recursos Humanos;
> Manutenção de Recursos Humanos;
> Monitoração de Recursos Humanos;

- **Processo de Provisão**

Consiste em abastecer a empresa com uma mão de obra que seja qualificada. É uma referência ao **recrutamento e seleção pessoal.**

- **Planejamento de Recursos Humanos**

Processo que diz respeito à decisão relativa aos recursos humanos, necessários para alcançar os objetivos organizacionais dentro de um tempo determinado. É uma visão sobre a necessidade da força de trabalho e dos talentos humanos para realizar a ação organizacional futura. O Planejamento Estratégico do RH é parte integrante do Planejamento Estratégico da Organização e deve ter como objetivo o alcance das metas e a inclusão das necessidades individuais.

- **Recrutamento**

É o conjunto de técnicas e procedimentos que visa a atrair candidatos potencialmente qualificados e capazes de ocupar cargos dentro da organização. O recrutamento é feito a partir das necessidades presentes e futuras de Recursos Humanos da organização.

- **Seleção de Pessoal**

É a escolha dos candidatos recrutados que melhor se ajustam ao cargo em aberto. O objetivo essencial da seleção de pessoal é **escolher** e **classificar** os candidatos adequados às necessidades da organização.

- **Processo de Aplicação**

Consiste na análise e na descrição de cargos e na avaliação de desempenho.

- **Clima Organizacional**

É o modo como se desenvolve a conciliação entre a expectativa e a realidade dentro do ambiente de trabalho. Há um impacto do clima organizacional sobre a motivação, o desempenho e a satisfação no trabalho, pois é ele que cria certos tipos de expectativas, cujas consequências são decorrentes de diferentes ações. As pessoas esperam certas recompensas e satisfações. Assim, o clima organizacional é o conjunto de fatores que interferem na satisfação ou no descontentamento no trabalho. É o conjunto de variáveis que busca identificar os aspectos que precisam ser melhorados, em busca da satisfação e do bem-estar dos colaboradores.

- **Educação Corporativa**

É a prática coordenada de gestão de pessoas e de gestão do conhecimento, tendo como orientação a estratégia de longo prazo de uma organização.

- **Tecnologia em RH**

É a otimização da gestão e dos custos de serviço por empregado; diminui a relação de dependência entre o empregado e os Recursos Humanos; dá mais autonomia aos empregados, que se tornam responsáveis pelo uso e benefício que obtêm dos sistemas e reduz os custos das tarefas administrativas.

Objetivos Organizacionais	*Objetivos Individuais*
Crescimento sustentado	*Melhores salários*
Lucratividade	*Melhores benefícios*
Produtividade	*Estabilidade/segurança no emprego*
Qualidade dos produtos/serviços	*Qualidade de vida*
Novos mercados	*Oportunidades de crescimento*
Novos clientes	*Liberdade de atuação*
Competitividade	*Lazer*
Imagem no mercado	*Reconhecimento e valorização*

As organizações necessitam de pessoas para realizarem suas funções. Assim, com o crescimento da empresa, aumenta também a necessidade de recursos humanos que possam gerir os recursos materiais, financeiros e tecnológicos, com eficiência e eficácia.

Com isso, as pessoas passam a ser um diferencial na empresa, ou seja, constroem a competência básica da empresa em um cenário empresarial instável, globalizado e fortemente concorrencial.

As Pessoas como Parceiras da Organização

Dentro das organizações, todo processo produtivo de uma participação conjunta de diversos parceiros, que contribuam com algum recurso.

Fique Ligado

Os fornecedores contribuem com matérias-primas, insumos básicos, serviços e tecnologias. Os acionistas e investidores contribuem com capital e investimentos que permitem o aporte financeiro para a aquisição de recursos. Os empregados contribuem com seus conhecimentos, capacidades e habilidades, proporcionando decisões e ações que dinamizam a organização. Os clientes e consumidores contribuem, adquirindo seus bens ou serviços colocados no mercado.

Mas, a relação não consiste numa unilateralidade, pois cada um dos parceiros tem alguma expectativa de retorno que sirva como estímulo para continuar seu investimento.

As pessoas devem ser visualizadas como parceiras das organizações, pois constituem parte integrante do capital intelectual. As organizações bem sucedidas se deram conta disso e tratam seus funcionários como parceiros do negócio e fornecedores de competências, e não mais como simples empregados contratados.

Nesse sentido, a gestão de pessoas é um ramo muito sensível e instável, pois vários fatores influenciam para que alcancem seus objetivos. Entre esses fatores, podemos destacar:

> Políticas organizacionais;
> Contexto ambiental;
> Tecnologia empregada;
> Formas de gestão.

No cenário do mundo globalizado, as instituições estão atuando de forma estratégica. Assim, um processo produtivo é realizado com o auxílio de vários colaboradores, os quais auxiliam com algum recurso. Nesse cenário, são os principais parceiros das empresas os ***stakeholders***.

Stakeholders

São as pessoas que afetam ou são afetadas de alguma forma pelas políticas das empresas. Também são considerados como públicos estratégicos, já que, de modo indireto ou direto, influenciam fortemente nos resultados das organizações. Podem estar divididos em dois grandes grupos: Diretos e Indiretos.

Diretos

São as pessoas que possuem uma relação direta com a organização, como: acionistas, clientes, fornecedores e funcionários.

Stakeholders Diretos	Relação de Troca com a Organização	
	Entregam	Esperam
Acionistas	Recursos financeiros (em forma de ações, empréstimos ou financiamentos)	Lucros para a Organização Que a organização obtenha lucros
Fornecedores	Matéria - prima para a organização	Retorno financeiro e possibilidade de novos negócios
Empregados	Força de trabalho, esforço, conhecimento	Incentivos como remuneração e benefícios
Clientes	Dinheiro	Produtos de qualidade por um preço justo

Indiretos

Possuem significância mais indireta na empresa, como o governo a mídia e a sociedade.

Stakeholders Indiretos	Relação de troca com a organização	
	Entregam	Esperam receber
Governo	Incentivos para que a organização se instale na cidade ou país (incentivos fiscais, doação de terrenos).	Os impostos pagos pelas organizações e o desenvolvimento da cidade ou país, já que as organizações geram emprego e desenvolvimento nos locais onde se instalam.
Mídia	Propaganda, que ajuda a organização a ser bem vista pelos seus clientes.	Pagamento por serviço prestado.
Sociedade	Os clientes, os empregados e os fornecedores.	Não apenas a obtenção de lucros, mas o desenvolvimento da sociedade.

Há três fatores que indicam a importância dos *Stakeholders* para a organização:

> **Urgência**: quando se necessita atenção imediata, pois sua necessidade é sensível ao tempo.

> **Poder:** quando, pela força ou poder coercitivo, se impõe em relação à organização.

> **Legitimidade:** quando o relacionamento é pautado ou protegido por leis ou normas legítimas.

Aspectos Fundamentais

Alguns aspectos são fundamentais para a gestão de pessoas:

Pessoas como Seres Humanos

Reconhecer que as pessoas não são meramente recursos da empresa, mas são seres dotados de inteligência, personalidade, histórias particulares diferenciadas e possuidores de conhecimento e de capacidade adequada para a gestão dos demais recursos da organização. Isso implica no rompimento com a visão taylorista/fordista na qual as pessoas devem apenas reproduzir aquilo que lhes é ordenado. É perceptível a capacidade das pessoas em auxiliar, constantemente no processo de desenvolvimento da empresa.

Pessoas como Elementos Impulsionadores

Num cenário globalizado de constantes transformações, as pessoas geram a competitividade, já que dinamizam a organização, não sendo apenas agentes passivos e estáticos, mas agentes envolvidos no processo.

Pessoas como Parceiros da Organização

As pessoas movimentam e levam a empresa ao sucesso, pois são parceiras das organizações. Investindo nelas, há sempre um retorno.

Pessoas como Talento

As pessoas são seres repletos de talentos e competências e, com isso, levam a organização ao sucesso. Visto que uma organização não pode ser formada apenas de máquinas e tecnologia, há sempre necessidade de alguém que as opere.

Pessoas como Capital

As pessoas são o principal ativo organizacional, já que agregam conhecimento e inteligência à organização.

Objetivos

Os objetivos da Gestão de Pessoas são amplos, mas devem contribuir sempre para a eficácia organizacional por meio das seguintes ações:

> Corroborar para que a organização alcance sua missão e seus objetivos;

> Proporcionar maior competitividade à organização, otimizando a capacidade produtiva das pessoas para melhorar o atendimento aos parceiros;

> Propiciar pessoas bem treinadas e motivadas à organização, começando por manter um projeto de capacitação contínuo e o reconhecimento dos esforços depreendidos. Recompensar quem desempenha bem seu papel, não apenas com remuneração;

> Propiciar a satisfação e aumentar a autoavaliação, pois hoje as pessoas satisfeitas no trabalho são necessariamente mais produtivas, pois, com pessoas felizes, a organização ruma para o sucesso;

> Desenvolver a qualidade de vida no trabalho, já que a confiança nas organizações é fundamental para que a produtividade das pessoas seja maximizada. Devido a isso, as empresas estão investindo em programas para melhorar a qualidade e o ambiente de trabalho, visando à satisfação das necessidades individuais e proporcionando um local atraente e satisfatório para os trabalhadores;

> Ficar atendo às mudanças e adaptar-se a elas, contribuindo para o sucesso da organização;

> Trabalhar com princípios e valores éticos e responsabilidade social;

> Desenvolver uma equipe e uma empresa. Para isso, não basta cuidar das pessoas, é necessário levar em consideração a organização do trabalho e o estilo de gestão.

Processos Organizacionais

A Gestão de Pessoas utiliza seis processos básicos:

01. **Processos de agregar pessoas:** são os processos utilizados para incluir novas pessoas na empresa. Podem ser também denominados de processos de provisão ou suprimento de pessoas. Incluem as funções de recrutamento e seleção de pessoas.

02. **Processos de aplicar pessoas:** são os processos utilizados para desenhar as atividades que as pessoas irão realizar na empresa, assim como, de orientar e acompanhar seu desempenho. Incluem as funções de desenho de cargos e de avaliação de desempenho.

03. Processos de recompensar pessoas: são os processos utilizados para incentivar as pessoas e satisfazer suas necessidades individuais. Incluem as funções de remuneração e benefícios.

04. Processos de desenvolver pessoas: são os processos utilizados para capacitar e incrementar o desenvolvimento profissional e pessoal. Incluem as funções de treinamento e de desenvolvimento.

05. Processos de manter pessoas: são os processos utilizados para criar condições ambientais e psicológicas satisfatórias para as atividades das pessoas. Incluem as funções de higiene e segurança no trabalho, assim como de relações trabalhistas.

06. Processos de monitorar pessoas: são os processos utilizados para acompanhar e controlar as atividades das pessoas e verificar os resultados. Incluem as funções de banco de dados e sistemas de informações gerenciais.

Vamos Praticar

Roberto Padilha é proprietário da empresa Max Pinturas em Jaboatão dos Guararapes, na região metropolitana de Recife/PE. Em 2010, 12 dos 98 pintores deixaram a Max em busca de salários maiores na concorrência. Cada vez que um deles saía, era preciso recrutar e treinar do zero novos profissionais. Padilha começou a reagir para evitar que a falta de gente interrompesse a trajetória de crescimento da empresa. Ele solicitou aos seus gerentes uma avaliação da produtividade de cada funcionário e utilizou-a como base para esboçar um plano de carreiras para seu pessoal. No caso dos pintores, ele criou três níveis hierárquicos, concedendo aumentos de até 25% aos mais produtivos.

(Falta gente na sua empresa? Revista PME Exame. Abril/2011,adaptado)

01. (CONSULPLAN) Padilha, ao solicitar aos gerentes uma avaliação da produtividade dos funcionários, definiu a função de gestão de pessoas da empresa Max Pinturas como:

a) Responsabilidade de linha.
b) Função de staff.

02. (CONSULPLAN) Recrutar e treinar faz parte dos seguintes processos da área de gestão de pessoas, respectivamente:

a) Provisão de pessoas e desenvolvimento de pessoas.
b) Aplicação de pessoas e manutenção de pessoas.

03. (CONSULPLAN) Uma política de gestão de pessoas utilizada por Padilha para reter talentos na empresa Max Pinturas, é a melhoria da remuneração dos funcionários baseada na produtividade.

Com tal política, Padilha pretende reter funcionários e garantir:

a) O atendimento da demanda em crescimento com qualidade dos serviços prestados.
b) Uma gestão de recursos humanos que atenda às exigências dos sindicatos e atenda à demanda em crescimento.

04. (CONSULPLAN) Não é uma atribuição da gestão de pessoas:

a) Analisar e descrever cargos.
b) Desenhar cargos.
c) Avaliar desempenho de funcionários.
d) Realizar planejamento de produção.

05. (CESPE) Considerando os principais processos de gestão de pessoas, assinale a opção correta:

a) A avaliação do impacto de treinamento em profundidade diz respeito a outras competências desenvolvidas que não são objetos das ações de treinamento e de desenvolvimento de pessoas nas organizações.
b) A avaliação de desempenho por comparação binária é desenvolvida com base em entrevistas feitas por especialistas às chefias imediatas para identificar as causas de desempenhos deficientes.
c) O recrutamento misto é caracterizado por ações de divulgação de oportunidades de trabalho direcionadas tanto para profissionais de nível técnico quanto de nível superior.
d) O uso de diferentes técnicas de seleção, tais como análise de currículo, testes escritos, testes práticos, testes psicológicos, entrevistas, entre outras, aumenta o grau de fidedignidade e qualidade dos processos seletivos das organizações.
e) Ao planejar ações de treinamento e desenvolvimento, deve-se atentar para a relação entre os objetivos instrucionais, as necessidades de treinamento e os critérios de avaliação de desempenho.

06. (TJ-SC) A área de "Gestão de Pessoas" ou de "Recursos Humanos" (RH) de uma organização deve ser interdisciplinar e envolver uma multiplicidade enorme de campos de conhecimento. Identifique se são Certas (C) ou Erradas (E) as afirmativas abaixo.

( ) Não há leis, normas, regras ou princípios universais para a administração das pessoas.
( ) Existem técnicas rígidas, imutáveis e inflexíveis para gerir pessoas.
( ) A área de RH é contingencial, situacional e multivariada porque tanto as pessoas como as organizações são diferentes.
( ) A área de RH não deve levar em consideração as mudanças constantes que ocorrem nas organizações e em seus ambientes.
( ) Prover, aplicar, manter, desenvolver e monitorar as pessoas são processos básicos da área de RH.

Assinale a alternativa que apresenta a sequência correta, de cima para baixo.

a) C - E - C - C- E
b) C - E - C - E - C
c) C - C - C - E - E
d) E- C - E - E - C
e) E - C - C - E - C

07. (TJ-SC) Existe uma velha piada na área da "gestão de pessoas" que diz: "A empresa do futuro estará tão avançada tecnologicamente que será dirigida apenas por uma pessoa e por um cachorro. A pessoa estará lá para alimentar o cachorro, e o cachorro estará lá para garantir que a pessoa não toque em nada". Assinale a alternativa incorreta:

a) Para trabalhar efetivamente com as pessoas, temos de entender o comportamento humano e precisamos conhecer os vários sistemas e práticas disponíveis para nos ajudar a construir uma força de trabalho qualificada e motivada.

b) Embora as pessoas tenham sido sempre fundamentais no ambiente empresarial, hoje elas desempenham um papel ainda mais central para a obtenção da vantagem competitiva de uma empresa.

c) Principalmente nos setores baseados em conhecimento, como os de software e serviços de informação, o sucesso de uma empresa depende cada vez mais das "competências das pessoas".

d) Atualmente as pessoas não são mais a força competitiva de uma empresa. Todos os resultados de eficiência são exclusivamente devidos à tecnologia e às máquinas. Cada vez mais as pessoas serão dispensáveis e inúteis.

e) Os especialistas em gestão de pessoas afirmam que a chave do sucesso de uma empresa está no estabelecimento de um conjunto de "competências essenciais" - conhecimentos integrados dentro de uma empresa - que a distinguem de suas concorrentes e agregam valor para os clientes e acionistas.

08. (COPEVE) São objetivos da gestão de pessoas, exceto:

a) Ajudar a organização a alcançar seus objetivos e realizar a sua missão.

b) Proporcionar competitividade à organização (fazer com que as forças das pessoas sejam mais produtivas).

c) Aumentar a auto atualização e a satisfação dos empregados no trabalho: desenvolver a qualidade de vida no trabalho.

d) Administrar as contingências estruturais.

e) Manter políticas éticas e comportamento socialmente responsável.

No que concerne às atribuições da área de gestão de pessoas, julgue o item a seguir.

09. (CESPE) A gestão de pessoas abrange amplo conjunto de sistemas que englobam atividades como recrutamento e seleção, análise e descrição de cargos, relações com sindicatos, treinamento e auditoria de recursos humanos.

Certo ( ) Errado ( )

10. (CESPE) Com base no enfoque sistêmico, a gestão de pessoas concebe que os fenômenos relativos aos indivíduos e grupos são causados por um único fator.

Certo ( ) Errado ( )

Gabarito

01	A	06	B
02	A	07	D
03	A	08	D
04	D	09	CERTO
05	D	10	ERRADO

Anotações

CAPÍTULO 02

Liderança

A força de trabalho e o seu poder é o principal efeito da liderança, já que esta dá ritmo e energia ao trabalho desenvolvido que move uma organização.

→ **Liderar**

> É conectar os empregados ao seu negócio.

> É obter e manter empregados que ajam e trabalhem como proprietários.

→ **Liderança**

> É a arte de fazer com que os outros tenham vontade de fazer algo que você está convencido de que deve ser feito.

> É a arte de mobilizar os outros a batalhar por aspirações compartilhadas.

> É a arte de obter resultados desejados, acordados e esperados por meio de empregados engajados.

→ **Líder**

> É o portador da autoridade legitimada, ou seja, aquele em quem se reconhecem motivos para ser ouvido, acatado e seguido. *(Benedito Milioni)*

As empresas vêm buscando líderes e não apenas gerentes. Assim, uma característica marcante entre os líderes é a naturalidade de trabalhar em equipe, já que eles não podem agir sozinhos. Existem quatro competência comuns aos lideres:

01. Atenção: o líder desperta a atenção e consegue o comprometimento de sua equipe, pois seus membros passam a querer participar dessa visão e alcançar os objetivos propostos pela liderança.

02. Significado: os líderes possuem grande habilidade para a comunicação. Assim, conseguem passar de forma clara e concisa as informações para a sua equipe.

03. Confiança: o líder inspira confiança, pois tem objetivos e propósitos consistentes.

04. Conhecimento pessoal: os líderes sabem explorar seus pontos fortes e, ao mesmo tempo, buscam melhorar seus pontos fracos.

Em quaisquer definições de liderança, sempre haverá uma ou duas palavras, no máximo, que, se retiradas, mudam o significado de liderança para gerência ou chefia. Vejamos:

→ **Gerenciar**

> É colocar para trabalhar os empregados no seu negócio.

> É obter e manter empregados que ajam e trabalhem como empregados.

→ **Gerência**

> É a arte de fazer com que os outros façam algo que você está convencido de que deva ser feito.

> É a arte de mobilizar os outros a batalhar.

> É a arte de obter resultados desejados, acordados e esperados por meio de empregados.

Diferenças entre líder e gerente:	
Gerente	**Líder**
Administra	Inova
Prioriza as tarefas	Prioriza as pessoas
Prevê curto prazo	Estabelece longo prazo
Exerce o controle	Inspira a confiança
É eficiente	É eficaz

Tipos de Liderança

→ **Liderança Formal**

Quando é conferida por alguém da organização, ou seja, a organização designa alguém para liderar, o que os torna gestores. Assim, nem todo gestor é um líder.

→ **Liderança Informal**

São pessoas que não possuem o poder formal para liderar, porém lideram. Elas surgem normalmente dentro de um grupo sem serem designadas pela organização

Gestor	Líder
Liderança baseada em leis impostas pela organização, fixa poder de comando.	Liderança baseada na confiança que os liderados têm nas qualidades de líder.
Os subordinados obedecem a autoridade imposta pela empresa, e não o gestor.	Os seguidores concordam com as ideias e visões que o líder possui.
Utiliza-se do poder coercitivo das regras da organização para forçar a obediência.	O poder vem da massa que o segue.

→ **Liderança autocrática**

Baseia-se numa relação de submissão, já que o líder tem uma postura dominadora e agressiva, não dando liberdade alguma a seus subordinados.

→ **Liderança democrática**

Consiste em uma liderança participativa, ou seja, o líder consegue motivar os liderados a participarem das decisões, pois possui caráter comunicativo. Esse tipo de liderança pode ser subdividido em duas subcategorias:

> **Consultivo:** ele pede a opinião dos liderados, porém, toma a decisão final sozinho.

> **Participativo:** ouve a opinião dos liderados, fazendo com que as decisões sejam tomadas pelo grupo, sendo orientadas pelo líder, mas decididas em coletivo.

→ **Liderança Liberal**

Esse tipo de liderança é caracterizada, basicamente, pela ausência de líderes, já que o próprio grupo é quem toma as decisões.

→ **Liderança orientada pelas tarefas**

A preocupação central desse tipo de liderança é com a tarefa e não com a equipe que a executa. Assim, acaba se tornando uma liderança preocupada demasiadamente com tarefas, metas e objetivos a serem cumpridos.

→ **Liderança orientada para as pessoas**

O foco está na equipe de trabalho, O processo administrativo deve tornar o ambiente de trabalho confortável para as pessoas.

→ **Liderança diretiva**

Esse tipo de liderança esclarece as atividades e o que ele espera de seus subordinados, além de organizar as diretrizes, metas e objetivos de maneira clara.

→ **Liderança apoiadora**

É o líder que se mostra sensível às necessidades e expectativas das pessoas que compõem a sua equipe.

→ **Liderança orientada para a conquista**

Esse tipo de liderança impõe metas e objetivos desafiadores e espera de seus liderados que demonstrem desempenho máximo.

→ **Liderança carismática:**

É exercida pelo líder consegue obter a confiança de seus liderados, atribuindo a ele características de herói. Um líder carismático deve:

> Possuir visão;
> Dispor-se a correr riscos para alcançar essa visão;
> Ser sensível às necessidades de seus liderados;
> Ter comportamento diferente do comum.

Um líder não necessita nascer carismático; ele pode desenvolver um carisma se seguir três etapas, a saber:

> Visão otimista consiste em desenvolver uma aura de carisma, tendo sempre uma visão otimista e demonstrando isso com linguagem corporal. É aquela que utiliza paixão em tudo o que faz.
> Criação de confiança em seus liderados para segui-lo.
> Potencial - consegue extrair potencial de seus liderados.

→ **Liderança Visionária:**

Segundo Robbins, "a liderança visionária é a habilidade para criar e articular uma visão do futuro, realista, digna de crédito e atraente, que cresce a partir do presente e o aperfeiçoa".

Exercício Comentado

01. ***(FGV) Certo tipo de liderança cria entre os membros do grupo mais hostilidade e rivalidade, maior identificação com o líder do que com o grupo, ansiedade em relação ao futuro, agressões aos outros, criação de bodes expiatórios, superdependência e submissão ao líder e inflexibilidade de comportamento. Essa liderança é do tipo:***

a) ***Liberal.***
b) ***Situacional.***
c) ***Autocrática.***
d) ***Carismática.***
e) ***Democrática.***

RESPOSTA. ***"C". O autocrático não estimula o desenvolvimento de novas lideranças, pois concentra em si as decisões e os rumos da equipe. Ele não inspira harmonia, pois sua própria postura é contraditória e divergente.***

Vamos Praticar

01. (CONSULPLAN) Acerca da liderança e da relação entre líderes e liderados, analise.

I. A liderança é uma habilidade que pode ser aprendida com a observação dos padrões de comportamento humano.

II. A liderança ser bem-sucedida guarda relação com a maturidade psicológica dos liderados.

III. O fenômeno da liderança guarda relação com aspectos físicos e intelectuais.

Assinale:

a) Se apenas as afirmativas I e II estiverem corretas.
b) Se apenas as afirmativas I e III estiverem corretas.
c) Se apenas as afirmativas II e III estiverem corretas.
d) Se todas as afirmativas estiverem corretas.

02. (CONSULPLAN) Em relação à Teoria de Estilos de Liderança, é correto afirmar que:

a) O líder democrático se preocupa com o relacionamento entre as pessoas, fornece alguma estrutura, compartilha responsabilidade com os liderados, envolvendo-os no planejamento e execução das tarefas.
b) O líder autocrático dá o mínimo de direção e o máximo de liberdade aos liderados.
c) A estrutura permissiva (laissez-faire) tem como principal preocupação a realização das tarefas e a centralização do poder.
d) A liderança carismática se caracteriza pelo reduzido fascínio exercido pelo líder em relação aos seus liderados.

03. (CONSULPLAN) Num ambiente em constante mutação e de elevado grau de competição, as empresas precisam de líderes eficazes. Em relação à eficácia da liderança, pode-se citar como características desse processo:

I. O líder deve ser hábil no relacionamento humano, harmonizando a equipe para a execução das tarefas.

II. Quanto maior a rigidez comportamental do líder, maior sucesso apresentará no atingimento das metas.

III. A liderança eficaz é focada na criatividade e inovação, não apenas em relação a novos produtos e serviços, mas também a novas formas de atuar, nova cultura e novos desafios.

IV. O líder deve levar em conta tanto os objetivos organizacionais como os individuais.

Assinale:

a) Se apenas a afirmativa I estiver correta.
b) Se apenas as afirmativas I e II estiverem corretas.
c) Se apenas as afirmativas I, III e IV estiverem corretas.
d) Se todas as afirmativas estiverem corretas.

04. (FCC) O modelo de liderança situacional proposto por Hersey e Blanchard considera não só o estilo do líder, mas inclui o conceito de maturidade do colaborador que é avaliada em termos do grau de

a) Desenvolvimento emocional e competências técnicas para fazer um bom trabalho.
b) Conhecimento e experiência para fazer um bom trabalho.
c) Capacidade e interesse para fazer um bom trabalho.
d) Relacionamento com pares e superiores e competências técnicas para fazer um bom trabalho.
e) Maturidade emocional e experiência para fazer um bom trabalho.

05. (IADES) As melhores práticas de educação corporativa evidenciam a importância de os líderes e gestores assumirem seu papel de educadores. Assinale a alternativa incorreta em relação ao tema.

a) Os bons líderes criam um ambiente em que os membros da equipe se sintam motivados a utilizar toda a sua potencialidade e a buscar padrões elevados de desempenho.

b) Os líderes são agentes de disseminação, consolidação e transformação da cultura organizacional.

c) Como educação é prática, é experiência e realidade vivida, ações organizacionais são necessárias para estimular os líderes organizacionais sobre comportamentos e ações positivas com suas equipes no cotidiano do trabalho.

d) A liderança educadora é modelo de comportamento que deve ser seguido e buscado pelos demais colaboradores da organização.

e) O líder que cria um ambiente de trabalho onde a equipe tem condições de questionar opiniões constrói uma atmosfera profissional polêmica e prejudica o desempenho organizacional, que perde o foco no resultado.

A administração de recursos humanos está relacionada a todas as funções do processo administrativo, referindo-se a políticas e práticas necessárias para se administrar o trabalho das pessoas. A esse respeito, julgue os itens a seguir.

06. (CESPE) Liderança é a habilidade de influenciar pessoas, dirigir seu comportamento em direção ao alcance de objetivos e metas, podendo ser orientada para pessoas e também para tarefas.

Certo ( ) Errado ( )

A administração de recursos humanos está relacionada a todas as funções do processo administrativo, referindo-se a políticas e práticas necessárias para se administrar o trabalho das pessoas. A esse respeito, julgue os itens a seguir.

07. (CESPE) Em uma organização, existem, basicamente, três estilos de liderança: o autocrático, voltado para o líder; o democrático, voltado para o líder e o subordinado; e o liberal, voltado para o subordinado.

Certo ( ) Errado ( )

08. (CESPE) Ao contrário de um cargo hierárquico, arbitrado pela burocracia, a liderança emerge de forma espontânea no grupo social. Enquanto um gerente ou supervisor toma posse pela autoridade burocrática, o líder é eleito pela coletividade. É líder aquele que desperta a cooperação espontânea nas pessoas pelo exercício do compartilhamento de valores. Considerando os conceitos de liderança expostos no texto acima,julgue os itens que se seguem. O líder deve despertar virtudes pessoais em cada indivíduo e apontar um norte para a direção dos esforços do grupo.

Certo ( ) Errado ( )

09. (CESPE) O compartilhamento de valores interfere negativamente na cooperação espontânea em apoio ao líder.

Certo ( ) Errado ( )

10. (CESPE) Liderança não é uma qualidade intrínseca da organização formal, surgindo de forma natural nos agrupamentos humanos.

Certo ( ) Errado ( )

11. (CESPE) Em qualquer situação, o estilo de liderança positiva, participativa e cordial é o mais apropriado.

Certo ( ) Errado ( )

12. (COPEVE) Verifica-se na atualidade a valorização da liderança democrática como elemento capaz de ampliar as possibilidades de crescimento profissional dos diferentes colaboradores da organização. Um dos elementos destacados nesse tipo de ambiência é o do fornecimento de feedback como processo de ajuda para mudança de comportamento. Implica em comunicar a uma pessoa ou grupo, no sentido de fornecer-lhes informações sobre como sua atuação está afetando outras pessoas. Para que esse feedback seja efetivo ele precisa ser conduzido de forma coerente. Assinale a opção que apresenta uma exceção ao que se espera desse instrumento gerencial.

a) Específico ao invés de geral.

b) Imposto ao invés de solicitado.

c) Oportuno.

d) Claro.

e) Descritivo ao invés de avaliativo.

No contexto das organizações, pesquisadores ligados ao estudo da liderança situacional têm apresentado diversas propostas de modelos para serem aplicados em instituições. Um desses modelos baseia-se em três aspectos inter-relacionados: o comportamento de tarefa, o comportamento de relacionamento e a maturidade dos subordinados. Com base nessas informações, julgue os itens que se seguem, referentes à liderança situacional.

13. (CESPE) A maturidade de um grupo ou de um liderado deve ser considerada globalmente, e não somente em relação à tarefa específica a ser realizada.

Certo ( ) Errado ( )

14. (CESPE) Consideram-se comportamento de tarefa o apoio socioemocional e o encorajamento dado pelo líder.

Certo ( ) Errado ( )

15. (CESPE) O gestor, utilizando um processo decisório mais participativo, tende a liderar com mais eficiência e a aumentar a motivação de seus colaboradores.

Certo ( ) Errado ( )

Em cada um dos itens que se seguem, é apresentada uma situação hipotética acerca do trabalho em equipe e do comportamento profissional, seguida de uma assertiva a ser julgada.

16. (CESPE) Ênio, gestor de qualidade de uma organização pública, tem empatia com seus colaboradores no trabalho. Nessa situação, Ênio é capaz de escutar ativamente, reconhecer as opiniões e influenciar o comportamento de seus colaboradores.

Certo ( ) Errado ( )

17. (CESPE) Vítor, diretor administrativo de uma empresa pública, tem 3 gerências sob seu comando direto. Vítor adota uma conduta de congruência entre seus objetivos e os dos gerentes, exercendo uma influência descendente sobre eles. Vítor incentiva seus gerentes a ter relação de independência em relação às decisões setoriais. Nessa situação, a conduta de Vítor, perante os gerentes, caracteriza uma relação de poder.

Certo ( ) Errado ( )

18. (CESPE) Pedro, analista judiciário de um tribunal do trabalho, está em exercício há 5 anos. Recentemente, Pedro foi convidado a assumir a gerência de seu setor devido a sua competência técnica e interpessoal. Em situações de conflito, Pedro busca identificar o problema e resolvê-lo por meio de discussão aberta, evitando o enfrentamento dos envolvidos, minimizando as diferenças entre as partes conflitantes, enfatizando os interesses comuns e propondo, quando necessário, a participação em treinamento de relações humanas. Nessa situação, é correto afirmar que Pedro é habilidoso na administração de conflitos interpessoais.

Certo ( ) Errado ( )

19. (FUNIVERSA) Segundo Likert, assinale a alternativa que apresenta uma característica de um gerente com estilo de liderança autoritário coercitivo.

a) Criação de ambiente de completa confiança, em que os subordinados sentem-se livres para agir, com ideias de uso construtivo.

b) Criação de ambiente de desconfiança dos subordinados, com decisões centralizadas no topo da organização, pouca comunicação e ênfase nas punições.

c) Criação de clima de confiança condescendente, com poucas comunicações, algumas decisões descentralizadas, pouca interação pessoal e presença de castigos potenciais.

d) Estímulo ao envolvimento grupal e à responsabilidade pessoal em todos os níveis.

e) Estímulo a recompensas sociais e poucas punições aplicadas.

20. (CESPE) Os líderes informais influenciam o ambiente de trabalho em menor grau do que os líderes formalmente designados.

Certo ( ) Errado ( )

Gabarito

01	A	11	ERRADO
02	A	12	B
03	C	13	ERRADO
04	C	14	ERRADO
05	E	15	CERTO
06	CERTO	16	CERTO
07	CERTO	17	ERRADO
08	CERTO	18	CERTO
09	ERRADO	19	B
10	CERTO	20	ERRADO

Anotações

CAPÍTULO 03

Recrutamento de Pessoas

Recrutamento de pessoas é a forma como a empresa divulga o seu processo seletivo, tendo como objetivo comunicar oportunidades de emprego e atrair candidatos. Há uma relação estreita entre as metas e objetivos da organização e as pessoas que são necessárias para isso, tanto quantitativamente, ou seja, número de pessoas, como qualitativamente, ou seja, profissionais adequados para a execução dos objetivos.

Assim, podemos dizer que o planejamento de um recrutamento se divide em três fases:

> Diagnóstico das necessidades internas;
> Diagnóstico das alternativas disponíveis no mercado;
> Análise e definição de técnicas a serem aplicadas.

Conforme sua aplicação, podemos dividir o recrutamento em interno e externo.

Interno

Tem como objetivo preencher as vagas com os colaboradores que já trabalham para a empresa, promovendo oferta de emprego dentro da mesma área ou transferindo-os, oferta de emprego em área distinta, o que envolve outras habilidades. Assim, o recrutamento interno busca aproveitar melhor as competências e talentos que a empresa já possui, dando oportunidades melhores dentro da organização.

Vantagens	Desvantagens
Aproveita melhor o potencial humano da organização.	Pode bloquear a entrada de novas ideias, experiências e expectativas.
Motiva e encoraja o desenvolvimento profissional dos atuais funcionários.	Pode bloquear a entrada de novas ideias, experiências e expectativas.
Incentiva a permanência e a fidelidade dos funcionários na organização.	Mantém quase inalterado o atual patrimônio humano da organização.
Ideal para situações de estabilidade e pouca mudança ambiental.	Ideal para empresas burocráticas e mecanicistas.
Não requer socialização organizacional de novos membros.	Mantém e conserva a cultura organizacional existente.
Probabilidade de melhor seleção, pois os candidatos são bem conhecidos.	

Fique Ligado

Princípio de Peter: significa que chegará um momento em que a pessoa promovida não terá mais capacidade de responder de forma satisfatória às exigências impostas pelo novo cargo, ou seja, elevação ao máximo da incompetência.

Externo

Visa a alcançar pessoas de fora da organização e submetê-las a um processo de seleção, buscando aquisição de habilidades e competências externas. Dessa forma, a empresa gera um banco de talentos atualizado e disponível para futuros recrutamentos.

Esse processo inicia-se com o preenchimento da proposta de emprego pelo candidato, ou seja, um formulário fornecido pela empresa em que o candidato anota seus dados pessoais, experiências profissionais, escolaridade, endereço e telefone.

Vantagens	Desvantagens
Introduz sangue novo na organização: talentos, habilidades e expectativas.	Afeta negativamente a motivação dos atuais funcionários da organização.
Enriquece o patrimônio humano, pelo aporte de novos talentos e habilidades.	Reduz a fidelidade dos funcionários ao oferecer oportunidade a estranhos.
Aumenta o capital intelectual ao incluir novos conhecimentos e destrezas.	Requer aplicação de técnicas seletivas para escolha dos candidatos externos. Isso significa custos operacionais.
Renova a cultura organizacional e a enriquece com novas aspirações.	Exige esquemas de socialização organizacional para os novos funcionários.
Indicado para enriquecer mais intensa e rapidamente o capital intelectual.	É mais custoso, oneroso, demorado e inseguro que o recrutamento interno.

→ **Algumas técnicas de recrutamento externo:**

> **Anúncios em revistas e jornais:** a escolha do jornal/revista dependerá do cargo a ser oferecido pela empresa, sendo desde jornais locais até revistas especializadas;
> **Agências de recrutamentos:** elas servem de intermediárias entre as organizações e os candidatos. Existem três tipos de agências: as operadas pelo governo, as associações sem fins lucrativos e as particulares ou privadas;
> **Contatos com universidades e escolas;**
> **Cartazes em locais visíveis;**
> **Recrutamento virtual;**
> **Indicação de um funcionário da organização;**
> **Consulta ao banco de talentos da empresa.**

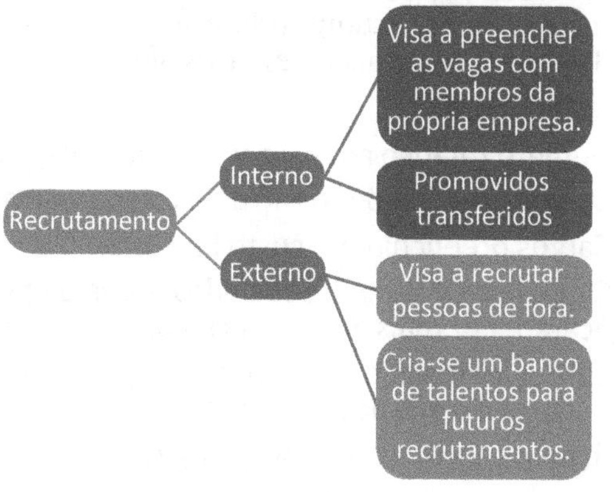

Segundo Robert Wong, "o profissional tem como necessidade participar do desenvolvimento das estratégias da empresa, recrutar e selecionar pessoal, implantar e difundir a cultura da empresa e acompanhar as tendências mundiais da área de RH[1]".

De um lado, temos a análise e as especificações do cargo a ser preenchido, informando os requisitos indispensáveis ao ocupante e, dos outros candidatos profundamente diferentes entre si, disputando o emprego. A seleção passa a ser configurada como um processo basicamente de comparação e decisão.

Um recrutamento adequado é aquele que atinge os objetivos empresarias levando em consideração as vantagens e desvantagens citadas no item anterior. Porém,

1 Wong, Robert. Diponível em: <http://www.revista.inf.br/adm13/pages/artigos/ADM-edic13-anovii-art04.pdf>. Adaptado.

como alguns cuidados devem ser tomados, o acompanhamento dos processos de recrutamento deve ser feito da forma mais criteriosa possível. A economia com custos e rapidez pode desenvolver problemas futuros com o colaborador recrutado. Uma outra possibilidade é que, não tendo certeza se a pessoa escolhida internamente atende às necessidades da organização, pode-se abrir um processo externo em paralelo e, posteriormente, escolher a melhor opção.

Recrutamento Misto

Utiliza-se dos dois tipos de recrutamento anteriores, mas vale ressaltar que são utilizadas as duas formas (interna e externa) para prover uma mesma vaga. Pode variar conforme a ordem utilizada:

→ **Externo + Interno:** nesse caso, a prioridade é o recrutamento externo, ou seja, trazer novas pessoas para a organização. Porém, quando esse não consegue cumprir de forma eficiente seu papel, utiliza-se o recrutamento interno para completá-lo.

→ **Interno + Externo:** nesse caso, a organização opta, primeiro, pelo recrutamento interno, ou seja, a prioridade é utilizar os recursos já existentes na organização e valorizar os seus funcionários. Porém, se no final da seleção ainda restarem vagas a serem preenchidas, utiliza-se o recrutamento externo para completar.

→ **Interno e Externo:** quando a necessidade é urgente, visando a maximizar as possibilidades, empregam-se as duas técnicas simultaneamente.

Avaliação dos Resultados do Recrutamento

Como o principal desafio do recrutamento é agregar valor à organização e às pessoas, ele não pode ser avaliado de forma isolada, sem levar em consideração a estratégia empregada pela organização. A avaliação dos resultados do recrutamento tem por objetivo verificar se este está cumprindo a sua função e a que custo. Isso deve ser avaliado em três níveis:

Nível Global

- Número relativo aos cargos preenchidos;
- Cargos preenchidos dentro do tempo normal;
- Cargos preenchidos a custo baixo;
- Cargos que foram preenchidos e que as pessoas ficaram por mais de um ano na organização;
- Cargos preenchidos por pessoas que estão satisfeitas com seus novos cargos.

Critérios Orientadores para o Recrutador

- Número de entrevistas realizadas;
- Qualidade dos entrevistados;
- Porcentagem de candidatos recomendados que são admitidos;
- Custo por entrevista;
- Porcentagem dos candidatos recomendados que são contratados e que desempenham bem a sua função.

Critério para o Método de Recrutamento

- Número de candidatos apresentados;
- Número de candidatos qualificados apresentados;
- Custo por candidato;
- Custo por admissão;
- Qualidade dos candidatos;
- Tempo depreendido.

Fique Ligado

"O recrutamento influencia diretamente os resultados obtidos e deve ser realizado buscando os ideais da empresa. Pessoas afinadas com os mesmos ideais, em sintonia com a metodologia de trabalho, podem garantir a diferença e o sucesso com a concorrência de mercado. O custo de contratação de um colaborador que esteja afinado com a empresa torna-se muito alto, não só em termos financeiros, mas também com a mudança de gestão em relação ao que já está dando certo. Uma pessoa que não esteja comprometida pode influenciar o ambiente e reduzir significativamente os resultados em qualquer gestão."

MICHEL, Murilo. Disponível em:<http://faef.revista.inf.br/imagens_arquivos/arquivos_destaque/dBGH58nixEbJRER_2013-4-30-10-37-37.pdf.Adaptado.

Seleção de Pessoas

Começaremos esse item de uma maneira diferente, com a análise de uma questão.

Exercício Comentado

01. (FGV) Ao que se refere ao conceito de Seleção de Pessoas é tem-se, Exceto:

a) Busca entre os candidatos, aqueles mais adequados aos cargos existentes na empresa.

b) Visa manter ou aumentar a eficiência e o desempenho do pessoal.

c) Procura divulgar, incrementar, chamar a atenção como atividade convidativa de candidatos para a empresa.

d) Procura garantir a eficácia da organização.

e) Busca solucionar o problema da adequação do homem ao cargo.

RESPOSTA. ***"C". Pois diz respeito ao processo de Recrutamento: procura divulgar, incrementar, chamar a atenção como atividade convidativa de candidatos para a empresa.***

RESPOSTA. ***"A". Diz respeito ao processo de seleção: a busca de candidatos mais adequados ao cargo.***

RESPOSTA. ***"B". Diz respeito ao processo de seleção: manter ou aumentar a eficiência e o desempenho do pessoal.***

RESPOSTA. ***"D". Diz respeito ao processo de seleção: procura garantir a eficácia da organização, através da alocação das pessoas mais adequadas.***

RESPOSTA. ***"E". Diz respeito ao processo de seleção: solucionar o problema da adequação do homem ao cargo, que consiste em identificar a melhor pessoa para um cargo.***

Fique Ligado

A partir dessa questão, podemos observar que Seleção é diferente de Recrutamento, já estudado no item anterior. Não é raro os concursos causarem uma pequena confusão de ideias ao misturar os dois termos.

A seleção é realizada após o recrutamento, pois, dentre os vários candidatos recrutados, visa a selecionar os mais adequados para ocupar os cargos disponíveis na empresa e que esses relacionados sejam compatíveis com as políticas dela. Parafraseando Mateus, 22:14, "muitos serão chamados, mas poucos serão escolhidos".

Recrutamento		Seleção
O recrutamento é uma atitude de atração, divulgação e comunicação, portanto, uma atividade tipicamente positiva e convidativa.	X	A seleção é, ao contrário do recrutamento, uma atividade de escolha, de classificação e de decisão e, portanto, restrita e abstrativa.

A seleção de pessoas pode ser vista como um processo de comparação entre os requisitos do cargo a ser preenchido e o perfil dos candidatos que se apresentam para preenchê-lo, uma vez que o **Total de Recrutados é sempre superior ao Total de Selecionados.** A seleção de pessoas também pode ser vista como um processo de decisão e de escolha, pois, se vários candidatos preenchem as características do cargo, a área requisitante precisará tomar uma decisão acerca do candidato mais adequado. Isso implica em dizer que a seleção é responsabilidade de linha (de cada chefe ou gerente da área que requisitou) e função de staff (prestação de serviço pelo RH, recomendando candidatos).

Nesse processo de decisão, a seleção comporta quatro modelos, segundo Chiavenato:

01. **Modelo de Colocação:** há um só candidato e uma só vaga a ser preenchida. O candidato apresentado deve ser admitido;
02. **Modelo de Seleção:** há vários candidatos e apenas uma vaga a ser preenchida. Como há inúmeras alternativas, a organização tem liberdade de escolha do mais adequado;
03. **Modelo de Classificação:** existem vários candidatos para cada vaga e várias vagas para cada candidato. É um processo que consiste em comparar um mesmo candidato para vários cargos: se é recusado em um, passa a ser considerado para outro;
04. **Modelo de Agregação de valor:** esse modelo foge da mera comparação entre cargo e candidato e foca na avaliação das competências que cada candidato pode agregar à organização. Se as competências individuais do candidato interessam à organização, ele é admitido.

Já, como etapas da seleção, podemos ressaltar:

> **Triagem:** consiste em selecionar entre os que foram recrutados aqueles que apresentam os requisitos mínimos para o preenchimento da vaga. Pode ser realizada de duas maneiras: análise de currículo e entrevista;

> **Testes de seleção:** podem ser de conhecimento, desempenho ou psicológico;

> **Entrevista.**

> **Referências do candidato.**

> **Exame Médico.**

Como o ser humano é complexo, em um processo seletivo, não há como dissociar a história de vida e a carga emocional da sua ficha técnica. Assim, a empresa busca colaboradores que se adequem melhor a seu estilo e forma de trabalho, levando sempre em consideração as variáveis.

Exercício Comentado

01. (FCC) Num processo de seleção, o número de tratamentos e indivíduos pode variar de uma decisão para outra. O modelo em que há um só candidato e uma só vaga a ser preenchida por aquele candidato é denominado modelo de:

a) aceitação.

b) colocação.

c) indução.

d) classificação.

e) seleção.

RESPOSTA. ***"B". Como acabamos de ver, no Modelo de Colocação há um só candidato e uma só vaga a ser preenchida.***

→ **Há várias técnicas utilizadas para a seleção dos candidatos em um processo seletivo, como:**

Entrevista e seleção	Entrevista dirigida (com roteiro preestabelecido) Entrevista livre (sem roteiro definido)
Provas de conhecimento ou de capacidade	Gerais (cultura geral, línguas) Específicas (conhecimentos técnicos, cultura profissional)
Teste Psicológico	Teste de aptidão (gerais, específicos)
Técnica de simulação	Psicodrama Dramatização (*Role Playing*)

→ **Entrevistas:** podem ter um roteiro predefinido ou não. A entrevista pode ser de triagem (mais superficial), técnica (realizada pelo gerente de linha) e entrevista de seleção (mais complexa e detalhada).

→ **Dentro da entrevista de seleção, podemos destacar:**

Tipos de Entrevista	Característica
Coletiva	Vários candidatos respondem algumas perguntas diante de todos.
Diretiva	Utiliza-se de um roteiro com várias perguntas que vão gradativamente aumentando a sua complexidade.
Não-diretiva	São realizadas questões para o candidato, mas não há um roteiro predefinido.
Por competência	Não há um roteiro, mas as questões são direcionadas para as competências exigidas para desempenhar o cargo.
Com o gestor	Diretamente com o chefe visa a avaliar o conhecimento específico do candidato.

→ ***Provas de Capacidade e Conhecimentos:*** o teste de conhecimento engloba tanto conhecimentos gerais como conhecimentos inerentes ao cargo pretendido. Já o teste de capacidade consiste na realização de uma tarefa inerente ao cargo, utilizada para verificar o desempenho.

Eles podem ser classificados de acordo com:

- **Aplicação:** podem ser Orais (perguntas sobre um conteúdo específico) ou Escritos (semelhante a um vestibular);
- **Abrangência:** podem ser Específicos (sobre conhecimentos técnicos) ou Gerais (noções gerais);
- **Forma:** podem ser tradicionais (dissertação e exposição) ou objetivas (provas de múltipla escolha).

→ ***Testes Psicológicos:*** fazem parte os testes de aptidão gerais e específicos.

Diferenças	
Gerais	Específicas
Predisposição natural.	**Habilidade adquirida.**
Existe sem exercício prévio.	**Surge com o treinamento.**
Permite a verificação do futuro do candidato.	**Diagnostica o presente.**
Permite o encaminhamento futuro para outros cargos.	**Possibilita a colocação imediata em um cargo.**

- ***Testes de Personalidade:*** visam a avaliar e a analisar os traços adquiridos (determinados pelo caráter) e os traços inatos (determinados pelo temperamento). Os testes de personalidade são genéricos quando revelam traços gerais de personalidade em uma síntese global e recebem o nome de psicodiagnósticos.

Nessa categoria, estão os chamados testes expressivos (expressão corporal), como **PMK - Psicodiagnósticos Miocinético de Mira y Lopez**-e os chamados testes projetivos (projeção da personalidade), como o **Psicodiagnósticos de Rorchac**, o teste de **Percepção Temática** e o teste da **Árvore de Koch**.

Os testes de personalidade são chamados específicos quando pesquisam determinados traços ou aspectos de personalidade, como equilíbrio emocional, frustrações, interesses, motivação, etc. Nessa categoria, estão os inventários de interesse, de motivação e de frustração. Tanto a aplicação como a interpretação dos testes de personalidade exigem, necessariamente, a participação de um psicólogo.

- **Técnicas de simulação:** consistem em simular situações com as quais a pessoa irá lidar quando estiver trabalhando.

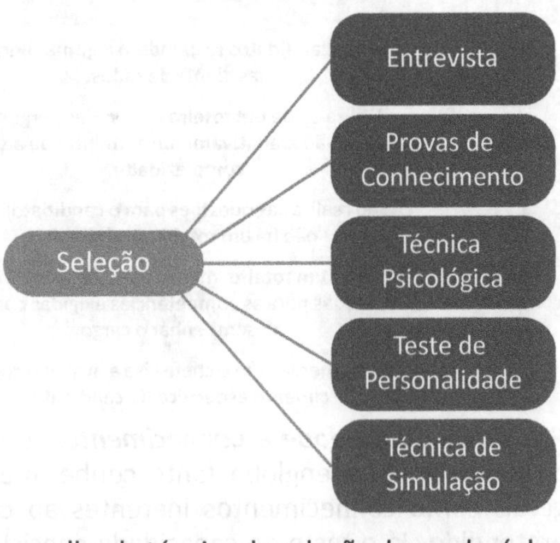

A escolha da técnica de seleção dependerá do perfil da vaga. Os testes psicológicos utilizados nos processos seletivos focalizam, principalmente, as aptidões. Há duas abordagens utilizadas para esta finalidade:

a) **Teoria Multifatorial de Thurstone:**

- **Fator V - Aptidão verbal:** redação e expressão escrita, precisão das palavras;
- **Fator W - Fluência verbal:** oratória, escrita, facilidade de falar e de escrever, argumentação;
- **Fator N - Aptidão numérica:** capacidade de lidar com números, cálculos e matemática;
- **Fator S - Aptidão espacial:** capacidade de lidar com espaços, geometria, pintura, escultura e arquitetura;
- **Fator M – Memória associativa:** facilidade em memorizar eventos, pessoas, locais, coisas ou situações;
- **Fator P - Aptidão perceptiva:** atenção concentrada, facilidade com detalhes, capricho e atenção;
- **Fator R – Raciocínio abstrato:** raciocínio lógico, abstração, conceitualização e visão global.

b) **Inteligências de Gardner:**

- Inteligência lógico-matemática (matemático, estatístico, físico, engenheiro, médico, filósofo);
- Inteligência verbal (escritor, intérprete, comunicador, poeta, ator, advogado, professor, jornalista, vendedor);
- Inteligência musical (músico, compositor, cantor);
- Inteligência espacial (arquiteto, astrônomo, escultor, pintor, geógrafo, meteorologista, decorador, desenhista);
- Inteligência corporal-cinestésica – capacidade de lidar com o próprio corpo (ator, dançarino, atleta, mímico);
- Inteligência interpessoal (professor, líder, chefe, psicólogo, médico e sociólogo);
- Inteligência intrapessoal (filosofo, poeta, romancista).

Exercícios Comentados

01. (FCC) As entrevistas de seleção podem ser classificadas em função do formato das questões e das respostas requeridas. A entrevista padronizada apenas nas perguntas é uma entrevista com perguntas previamente elaboradas, que permitem ao candidato respondê-las de forma:

a) livre.
b) fechada.
c) estruturada.
d) otimizada.
e) diretiva.

RESPOSTA. "A". Como vimos, a entrevista padronizada apenas nas perguntas ou questões permite que o candidato se expresse livremente.

02. (FCC) A entrevista não-diretiva caracteriza-se por ser uma entrevista:

a) que apresenta um roteiro no qual o entrevistador faz perguntas abertas e previamente elaboradas no sentido de obter respostas definidas e fechadas.

b) cuja sequência e orientação fica a critério de cada entrevistador, que caminha dentro da linha de menor resistência ou da extensão de assuntos, sem se preocupar com sequência ou roteiro, mas com nível e profundidade que a entrevista pode alcançar.

c) que busca conhecer certos conceitos pessoais dos candidatos e que demandam certa liberdade para que o entrevistador possa captá-los adequadamente.

d) com perguntas previamente elaboradas, mas que permitem respostas abertas, ou seja, resposta livre por parte do candidato.

e) que obtém somente respostas fechadas por parte dos candidatos.

RESPOSTA. "B". A entrevista não-diretiva não possui roteiro, as questões são construídas de forma livre pelo entrevistador.

Avaliação dos Resultados da Seleção

Há vários processos de seleção que podem ser aplicados individualmente ou combinados entre si. Para que o processo de seleção seja eficiente e eficaz, as organizações devem determinar os processos e etapas que apresentam melhores resultados.

→ **Eficiência:** consiste em aplicar técnicas de seleção adequadas para os objetivos que pretendem ser alcançados pela organização.

→ **Eficácia:** consiste em alcançar os resultados, ou seja, trazer os melhores talentos para a empresa.

A seleção de pessoal comporta três modelos de tratamento: o modelo de colocação, o modelo de seleção e o modelo de classificação. No modelo de colocação, há:

a) Vários candidatos para um cargo;

b) Vários candidatos e apenas uma vaga a ser preenchida;

c) Dois candidatos e uma vaga a ser preenchida;

d) Várias vagas para vários candidatos;

e) Um só candidato e uma só vaga a ser preenchida por aquele candidato.

Avaliação de Desempenho Humano

Esse procedimento é utilizado para mensurar ou estimar o valor e a competência de um colaborador, descobrindo assim, a sua importância e contribuição para o sucesso da organização.

Essa avaliação tem como objetivo gerar benefícios às organizações e às pessoas. Para isso, necessita atender alguns princípios básicos:

> Os objetivos e os metas a serem cumpridas devem ser avaliados juntamente com o desempenho nas atividades atuais;

> A avaliação deve ter caráter objetivo, ou seja, não deve se deixar influenciar por avaliações subjetivas, como o empenho que o colaborador tem depreendido. O relevante deve se avaliar se a atividade tem sido desempenhada corretamente e se as metas estipuladas foram alcançadas;

> Essa avaliação deve ser feita por ambas as partes: empresa e colaborador, pois deve haver benefícios para ambos;

> Deve promover o aumento da produtividade do colaborador junto com sua eficiência e eficácia.

Pontos Fracos

Os pontos fracos observados nesse processo de avaliação são:

> Quando as pessoas que desenvolvem a avaliação veem uma oportunidade para punir ou recompensar o colaborador, por desempenhos passados;

> Quando a importância recai sobre os formulários, em detrimento dos objetivos e da avaliação crítica;

> Quando o colaborador se sente injustiçado pela avaliação;

> Quando o colaborador não aceita as críticas feitas pelo avaliador;

> Quando a avaliação é mal elaborada, ou seja, pautada em fatores que não contribuem para o sucesso da organização.

Realização da Avaliação

Como a avaliação visa a redução das incertezas dos colaboradores e a potencialização do sucesso da organização, pode ser realizada das seguintes formas:

> **O próprio colaborador:** cada pessoa deve avaliar seu desempenho na organização. Isso, em algumas empresas, ocorre com a ajuda de um supervisor, que elabora critérios para que os colaboradores realizem suas próprias avaliações, visando a eliminação da subjetividade. Essa avaliação possibilita, por parte do colaborador, identificar suas qualidades e também seus pontos fortes, cooperando para o aumento da eficiência e eficácia;

> **Gerente:** nesse contexto, o gerente faz a avaliação de seus subordinados, pautado em critérios e meios estabelecidos pelo RH da empresa. Assim, o gerente se torna um efetivo gestor do seu pessoal;

> **Indivíduo e gerente:** nessa hipótese, o gerente desenvolve a função de orientador enquanto o colaborador é quem faz a sua avaliação. Dessa forma, o gerente fornece os recursos e meios, e o colaborador, os resultados e informações;

> **Equipe de trabalho:** nessa hipótese, a equipe de trabalho é responsável pela sua avaliação em grupo e pela avaliação individual de cada um de seus membros;

> **360°:** nesse contexto, a avaliação é feita pelo círculo de pessoas que mantém contato com o avaliado, incluindo: gerentes, subordinados, fornecedores, clientes e colegas de trabalho. Assim, há um abrangência maior com opiniões vindas de todas as perspectivas;

> **Para cima:** esta é uma variante da avaliação pelo gerente, porém, nesse caso, a avaliação é feita pela equipe a respeito de seu gerente. Algumas organizações utilizam-se dessa técnica para que a organização seja avaliada pelos seus colaboradores;

> **Comissão:** a avaliação, nesse caso, é realizada por uma equipe constituída, especialmente, para isso, por pessoas de várias unidades que tenham interesse direto ou indireto no bom desempenho dos colaboradores. Assim, essa comissão pode ser formada por membros efetivos (presidente da organização) e membros temporários (os gerentes de cada avaliado);

> **RH:** uma técnica que está em desuso, pois centraliza e torna o processo de avaliação muito burocrático. Consiste, então, em responsabilizar apenas o órgão de RH pela execução da todas as avaliações dos colaboradores da organização.

Métodos de Avaliação - Modelo Tradicional

Há vários métodos para a avaliação, pode-se dizer que todos visam a especificar critérios de equidade e justiça, estimulando as pessoas. As organizações procuram estabelecer métodos próprios de avaliação que se adequem a sua realidade.

Há alguns métodos tradicionais que são amplamente utilizados,como:

→ **Escalas gráficas:** é baseado em um tabela na qual as linhas são os fatores de avaliação e as colunas são os graus de avaliação. Esse método avalia por meio de fatores previamente definidos e valorizados pela organização. Esses fatores são utilizados para todos os cargos e funções, tendo o mínimo de 5 e o máximo de 10 aspectos. Os aspectos que caracterizam este método são subjetividade, generalização e superficialidade.

Vantagens	Desvantagens
Fácil planejamento	Muito genérico
Simples utilização e compreensão	Não leva em consideração as características individuais.
Comparam-se os funcionários com facilidade.	Os fatores de avaliação são limitados
Facilidade em apresentar os resultados.	Não há participação dos colaboradores.

→ **Escolha forçada:** esse método consiste na aplicação de um questionário em que constam blocos de frases descritivas. Cada bloco possui no mínimo duas frases, das quais o examinador deve forçadamente escolher apenas uma, para avaliar o desempenho do funcionário.

Vantagens	Desvantagens
Menos genérico	Difícil planejamento e compreensão.
Impede a subjetividade do examinador.	Não permite comparações e dificulta a apresentação dos resultados para os colaboradores.
Os avaliadores não precisam ser treinados.	Difícil de tirar conclusão dos resultados.
	Não há participação dos colaboradores.

→ **Pesquisa de campo:** é considerado um dos métodos mais completos, já que é realizado em conjunto pelos especialistas em avaliação e os gerentes do avaliado, ou seja, a partir da entrevista com cada gerente, o especialista preenche um formulário para cada colaborador que foi avaliado.

Vantagens	Desvantagens
Integração entre especialistas e gerentes	Custo elevado
Permite o planejamento a longo prazo com treinamentos e orientações.	Processo demorado
Dá ênfase no alcance e desempenho de resultados.	Pouca participação dos colaboradores
Produz uma avaliação profunda.	

→ **Incidentes Críticos:** é um método simples que se baseia em características extremas: desempenhos elevadamente positivos ou elevadamente negativos. Não se preocupa com o desempenho normal, visa a avaliar os colaboradores.

Vantagens	Desvantagens
Foca no desempenho extremo (bom ou ruim).	Exclui os aspectos de desempenho normal.
Pontos positivos devem ser incentivados enquanto pontos negativos devem ser eliminados.	Tendenciosidade
Fácil utilização e montagem	Parcialidade

→ **Listas de verificação:** consiste em uma lista de fatores que são considerados a respeito de cada funcionário. Esse método é considerado uma simplificação do método de escalas gráficas.

→ **Avaliação de desempenho Módulo AD360**

> **Avaliação de Desempenho**

» Competências (com pesos)

» (Avaliação por Entregas - menor subjetividade)

» Resultados (Metas com pesos)

> **Relatórios Gerenciais**

Avaliações individuais por gestor.

Distribuição por área da empresa.

Comparativo por área da empresa.

Análise de desempenho, resultados e potencial em função de:

» Nível de escolaridade.

» Tempo de empresa.

» Faixa etária.

» Tempo de cargo.

Análise das avaliações de competências para planejamento em T&D:

> **Relatório Individual de Avaliação**

» Avaliação de competências (90º/360º)

» Avaliação de resultados (por metas)

» Avaliação de potencial.

» Quadrante de desempenho.

» Quadrante de desenvolvimento.

> **Relatório Analítico**

» Pesquisa por quadrante de desempenho.

» Pesquisa por quadrante de desenvolvimento.

» Pesquisa por área de interesse para Movimentação interna.

Vamos Praticar

01. (CONSULPLAN) Comparando o processo de recrutamento e seleção de pessoal, analise.

I. O recrutamento é a busca de candidatos qualificados, enquanto a seleção é a escolha de candidatos mais aptos.

II. O recrutamento e a seleção de pessoal são processos que têm a mesma finalidade.

III. A função do recrutamento é suprir a seleção de matéria- prima básica, ou seja, candidatos.

a) Se apenas a afirmativa I estiver correta.

b) Se apenas a afirmativa II estiver correta.

c) Se apenas as afirmativas I e III estiverem corretas.

d) Se apenas as afirmativas I e II estiverem corretas.

02. (CONSULPLAN) A respeito do recrutamento, analise.

I. O recrutamento tem a sua origem na área militar.

II. Na vida empresarial, o recrutamento é também uma convocação, um convite.

III. O recrutamento é um sistema de informação das empresas que constituem o mercado de trabalho e é destinado aos candidatos que povoam o mercado de recursos humanos para divulgar ofertas de emprego.

a) Se todas as afirmativas estiverem corretas.

b) Se apenas as afirmativas I e II estiverem corretas.

c) Se apenas as afirmativas I e III estiverem corretas.

d) Se apenas as afirmativas II e III estiverem corretas.

03. (CONSULPLAN) As técnicas de recrutamento são os métodos pelos quais a organização aborda a existência de uma oportunidade de trabalho. Qual das técnicas citadas a seguir se enquadra nessa afirmativa:

a) Aplicação de testes psicométricos.

b) Anúncios em jornais.

c) Dinâmicas de grupo.

d) Aplicação de testes projetivos de personalidade.

04. (CONSULPLAN) É correto afirmar que o recrutamento externo é vantajoso por ser um processo:

a) Rápido e econômico para a empresa.

b) Que traz funcionários com outras experiências para a empresa.

c) Que exige potencial de crescimento dos colaboradores que já fazem parte do quadro da empresa.

d) Que provoca competição sadia entre os colaboradores da empresa.

05. (CONSULPLAN) O recrutamento interno visa ao preenchimento das vagas da empresa por meio de promoção ou transferência dos próprios funcionários. Qual a desvantagem decorrente da escolha desse processo pela empresa?

a) É um processo que induz os colaboradores a padrões de comportamento exclusivos de uma mesma cultura organizacional.

b) É um processo oneroso para a empresa.

c) É um processo longo e demorado.

d) É um processo que não aumenta o nível motivacional dos colaboradores da empresa.

06. (CONSULPLAN) Dentro de um ambiente altamente competitivo, no que se refere aos recursos humanos, o processo de seleção tende a ser menos exigentes quando há:

a) Abundância de recursos humanos.

b) Escassez de recursos humanos.

07. A dificuldade em encontrar pessoal qualificado pode servir de estímulo para profissionalizar a gestão de pessoas (...). Desde 2010, a formação de pessoal qualificado tornou-se a principal preocupação de um empresário dono de uma rede de hotéis. Até 2014, esse empresário deve investir pouco mais de 1 milhão de reais para treinar o pessoal necessário para manter seus planos de expansão. O dinheiro será usado num programa de treinamento interno de funcionários que ocupam cargos como de governantas e chefes de recepção.

"Selecionei quem tem mais potencial para liderar equipes", diz o empresário. "Esses funcionários terão aulas de finanças e marketing, entre outras disciplinas". Esse empresário está recorrendo às próprias fileiras devido à dificuldade em encontrar gente preparada (...). "Em alguns casos levei três meses para encontrar o profissional que eu procurava (...).Não posso correr o risco de parar de crescer por falta de gente", disse ele. (Falta gente na sua empresa? Revista PME Exame. Abril/2011, adaptado).

Em alguns setores, como o hoteleiro, pela falta de pessoal qualificado, os empreendedores estão investindo na qualificação de seus funcionários. Essa ação é considerada uma estratégia de:

a) Recrutamento interno e seleção de pessoas.

b) Retenção e valorização de pessoas.

08. (CONSULPLAN) Diante da escassez de profissionais qualificados, o processo de seleção é visto como um processo de comparação entre duas variáveis que correspondem a:

a) O que o cargo requer e o que o candidato oferece.

b) A eficiência do candidato e os objetivos estabelecidos.

09. (FCC) São desvantagens do recrutamento interno:

a) Afetar negativamente a motivação dos colaboradores que não forem aproveitados e ser mais custoso.

b) Manter quase inalterado o atual patrimônio humano da organização e facilitar o conservantismo.

c) Reduzir a fidelidade dos colaboradores que não forem aproveitados e ser mais custoso.

d) Possuir custo operacional elevado e reduzir os índices de favorabilidade nas pesquisas de clima.

e) Possuir baixa aceitação dos colaboradores da empresa para com o colega que pode assumir um trabalho que ainda não domina completamente e ter custo elevado.

10. (CONSULPLAN) "Alberico Silveira Gomes é gerente de Recursos Humanos de uma empresa produtora de chapas de alumínio para a indústria automobilística. Foi solicitado a ele, pelo gerente do departamento de produção, que elaborasse um processo de recrutamento e seleção para o preenchimento de duas vagas de supervisor de produção. Alberico sugeriu ao gerente de produção que pudesse ser utilizado o recrutamento interno como ferramenta para o recrutamento."

Para convencer o gerente de produção a aderir ao recrutamento interno, Alberico alegou, como vantagem do recrutamento interno:

a) O aproveitamento dos investimentos em treinamento e desenvolvimento realizados por outras empresas ou pelos próprios candidatos ao cargo.

b) A revisão da forma como os assuntos são conduzidos dentro da empresa, devido às novas experiências para a organização trazidas pelos candidatos.

c) Fonte importante de motivação para os colaboradores da empresa.

d) A renovação e o enriquecimento dos recursos humanos da organização.

e) Extremamente caro, pois necessita desenvolver mecanismos que permitam conhecer os candidatos previamente.

11. (TJ-SC) processo de recrutar e selecionar pessoas em uma organização começa com a definição e a compreensão do cargo a ser preenchido. Sobre o recrutamento de pessoas pode-se afirmar:

I. Entendem-se por recrutamento todos os esforços de uma organização em trazer para si novos colaboradores.

II. O recrutamento é um esforço que varia conforme a organização.

III. É uma ação convidativa e aliciadora no sentido de atrair as pessoas e estimulá-las a ingressar na organização.

IV. As fontes do recrutamento são as áreas de mercado dos recursos humanos, ou seja, o recrutamento interno e o recrutamento externo.

V. O recrutamento é uma ação da organização para servir-se do mercado de trabalho e dele obter os candidatos de que necessita para suprir as suas lacunas.

Assinale a alternativa correta.

a) Somente as proposições I, II e V estão corretas.

b) Somente as proposições II, III e IV estão corretas.

c) Somente as proposições I, IV e V estão corretas.

d) Somente as proposições I, III e IV estão corretas.

e) Todas as proposições estão corretas.

Acerca de administração de desempenho, de treinamento e desempenho e de mecanismos de recrutamento e seleção de pessoal,julgue o item subsequente.

12. (CESPE) Diferentemente do processo de seleção, que está associado à área estratégica de gestão de pessoas, o recrutamento, cujo objetivo é atrair os candidatos para o processo de seleção, constitui tarefa da área operacional.

Certo ( ) Errado ( )

Acerca do recrutamento e da seleção, julgue o próximo item.

13. (CESPE) Para evitar a ocorrência do "princípio de Peter", o gerente de RH deve utilizar o recrutamento interno.

Certo ( ) Errado ( )

14. (COPEVE) Para contratar novos funcionários, uma organização necessita que seu setor de recursos humanos utilize técnicas e instrumentos que auxiliem as gerências imediatas a identificar profissionais adequados para cada uma das funções requeridas. Em tal contexto, pode ser utilizada uma técnica específica que envolve fazer as mesmas perguntas a todos os candidatos ao cargo e comparar as respostas a partir de um padrão estabelecido. Essa técnica é conhecida como:

a) Recrutamento.

b) Avaliação em grupo.

c) Entrevista estruturada.

d) Seleção.

e) Dinâmica de grupo.

15. (FMP) No que tange ao recrutamento e à seleção de pessoas no serviço público, pode-se afirmar que, exceto:

a) A Administração Pública pode optar pela incorporação de mais uma fase em seus concursos – como, por exemplo, a realização de um curso de formação –, com o intuito de viabilizar a identificação das competências interpessoais, estratégicas e gerenciais cuja observação não seria possível pela aplicação de instrumentos, como provas escritas e comprovação de titulação.

b) O prazo de validade do concurso público será de até dois anos, prorrogável uma vez, por igual período.

c) Durante o prazo improrrogável previsto no edital de convocação, o aprovado em concurso público será convocado com prioridade sobre novos concursados para assumir cargo ou emprego, na carreira.

d) Enquanto, na iniciativa privada, o recrutamento pode ser dirigido para uma parcela específica da população, privilegiando inclusive as diferenças entre as pessoas, no setor público o recrutamento é regido pelo princípio da isonomia.

e) O concurso público não é exigível para as pessoas jurídicas da Administração Indireta que exploram atividade econômica.

16. (CESPE) Considere que, em determinado tribunal, se pretenda recrutar internamente um servidor para assumir cargo comissionado. Nessa situação, um possível problema para a realização desse recrutamento é a ocorrência do princípio de Peter.

Certo ( ) Errado ( )

17. (CESGRANRIO) Em uma empresa, uma tarefa típica da atividade de recrutamento de pessoal, com vistas à contratação de novos funcionários, é a:

a) Realização de contatos com escolas e universidades.

b) Realização de entrevista preliminar.

c) Realização de entrevista técnica.

d) Aplicação de testes de seleção.

e) Aplicação de técnicas de simulação.

18. (CESPE) O selecionador que quiser obter informações de um candidato por intermédio de perguntas e respostas padronizadas deverá adotar uma entrevista diretiva.

Certo ( ) Errado ( )

Gabarito

01	C	10	C
02	A	11	E
03	B	12	ERRADO
04	B	13	ERRADO
05	A	14	C
06	B	15	E
07	B	16	CERTO
08	A	17	A
09	B	18	ERRADO

Anotações

CAPÍTULO 04

Treinamento

Visa ao desenvolvimento de qualidades dos colaboradores a fim de torná-los mais produtivos e capazes de contribuir de forma mais adequada para o alcance dos objetivos organizacionais.

Processos de Treinamento

O treinamento é um processo cíclico e contínuo composto de quatro etapas. Para Chiavenato, muito parecido com a perspectiva de Rosemberg, citado por Abbad, que apresenta:

01. Diagnóstico: é o levantamento das necessidades de treinamento a serem satisfeitas. Essas necessidades podem ser passadas, presentes ou futuras;

02. Desenho : é a elaboração de um programa de treinamento para atender às necessidades diagnosticadas;

03. Implementação: é a aplicação e a condução do programa de treinamento;

04. Avaliação : é a verificação dos resultados do treinamento.

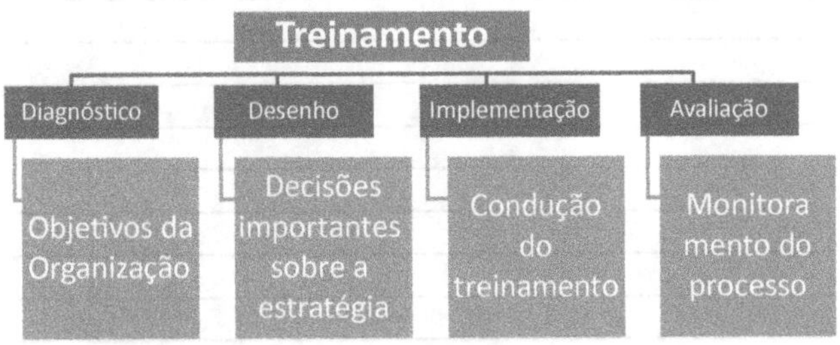

Diagnóstico

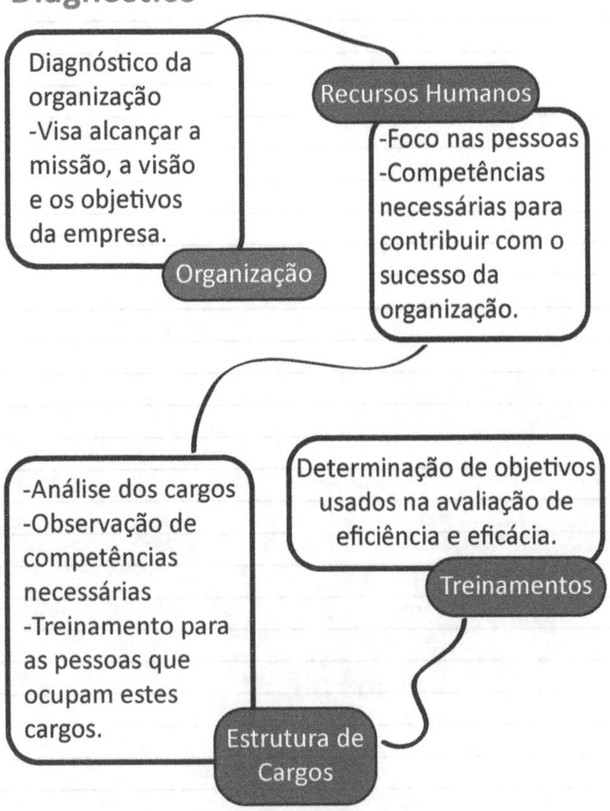

Tem por função identificar as necessidades de treinamentos a serem realizados, podendo essa necessidade ser passada, presente ou futura. As necessidades nem sempre são claras e, para serem apuradas, há quatro níveis de análise:

a) **Organizacional:** analisa a organização como um todo, determinando os treinamentos necessários para que a missão, a visão e os objetivos da empresa sejam alcançados.

b) **Recursos Humanos:** tem seu foco nos treinamentos necessários para que as pessoas possam contribuir para que os objetivos organizacionais sejam alcançados.

c) **Estrutura de cargos**: analisa os quadros de cargos e determina quais são os treinamentos necessários para que as pessoas possam desenvolver adequadamente os cargos ou funções que ocupam.

d) **Treinamento**: designa os objetivos que servirão de parâmetro para a avaliação da eficácia e da eficiência do programa de treinamento.

Exercícios Comentados

01. (FCC) O levantamento de necessidades de treinamento representa:

a) a maneira de mensurar se o desempenho dos colaboradores está dentro daquilo que foi definido nas descrições de cargo, assim como da possibilidade de se alinhar o desejo dos colaboradores às possibilidades de desenvolvimento que a empresa possa oferecer.

b) uma avaliação das condições das estruturas organizacionais e dos recursos presentes na empresa, que podem impactar o desempenho das pessoas, bem como do ambiente de trabalho.

c) uma avaliação das condições emocionais de cada colaborador, dos recursos de trabalho oferecidos pelo mercado e do clima organizacional.

d) uma avaliação das condições de produção e de produtividade da empresa, bem como dos aspectos de comportamento humano e relacionamento interpessoal.

e) a etapa primordial para o estabelecimento dos objetivos de aprendizagem a serem alcançados com a implantação dos processos de avaliação de desempenho.

RESPOSTA. ***"A". Afirmação relativa à adequação à descrição de cargos está ok, porém, o treinamento não deve ser realizado em função das necessidades individuais dos funcionários, e sim da organização.***

RESPOSTA. ***"B". Evidentemente, as necessidades de treinamento não guardam relação com as estruturas organizacionais e seus recursos.***

RESPOSTA. ***"C". Necessidades de treinamento relacionam-se a competências necessárias à organização para cumprir seus objetivos.***

RESPOSTA. ***"D". São as condições sobre as quais o treinamento deve agir para proporcionar ganhos de performance.***

RESPOSTA. ***"E". Os objetivos de aprendizagem devem ser estabelecidos após a definição de quais treinamentos precisam ser realizados.***

Desenho

Tem por função elaborar os projetos de treinamentos para as necessidades encontradas no diagnóstico. Esse treinamento deve ser coeso e integrado. Para isso, deve conter seis itens básicos: quem deve ser treinado, como treiná-lo, em que treinar, por que treinar, onde treinar, quando treinar e para que treinar.

Assim, os treinamentos devem estar intimamente ligados às necessidades da empresa. Nem sempre a compra de pacotes de treinamento dará resultados, já que eles não são pautados na organização e sim em um contexto genérico.

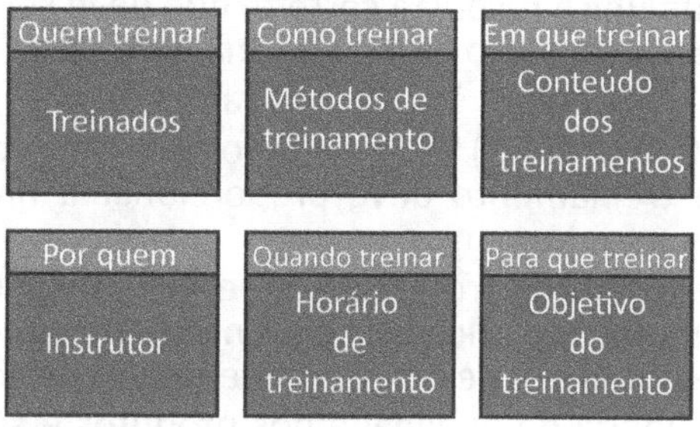

Implementação

Trata-se da efetiva execução e condução dos projetos de treinamento. Existem várias técnicas de treinamento, destacando-se:

a) **Leitura:** é um dos métodos mais utilizados. O instrutor apresentar verbalmente o treinamento e os treinados apenas ouvirem. A vantagem é que o instrutor pode passar uma vasta gama de conhecimento em um curto espaço de tempo; contudo, há pouco esclarecimento de dúvidas e, basicamente, nenhuma prática, o que acaba por não gerar, significativas mudanças na organização.

b) **Instrução programada:** é uma técnica que utiliza-se de programas para que as informações sejam transmitidas. Assim, não necessita de instrutor e é realizada aos poucos, dividida em blocos nos quais constam questões para o treinado responder e avaliar seu aprendizado.

c) **Treinamento em classe:** é o mais utilizado, este é realizado em sala de aula, com o auxílio de um instrutor ou gerente que ministra o conteúdo.

d) ***Computer-based training* (CTB):** é realizado a partir da utilização de tecnologias da informação, como a ajuda de CD's, DVD's ou ajudas gráficas. O treinamento fica restrito à entrega de instruções aos participantes.

e) ***E-learning*:** utiliza-se a integração de diversas soluções propiciadas com o uso de tecnologias da internet, baseando-se em 3 princípios:

01. Criação de uma rede, também chamada de *network*, em que a atualização das instruções é feita instantaneamente.
02. Facilidade na entrega do treinamento aos participantes, pois são utilizados ferramentas padrão da internet.
03. Possibilita um aprendizado amplo, pois não se limita à simples entrega de instruções.

→ **Vantagens do *E-Learning***

> Custo baixo;
> Fácil adaptação: pode ser regido ou adaptado às pessoas a quem será ministrado o conteúdo;
> Atualização instantânea;
> Pode ser acessado de qualquer lugar pela internet;
> Motiva a aprendizagem organizacional;
> Não tem limite de treinados, pode ser feito para 10 ou 1000 pessoas sem custo adicional.

Avaliação

É a análise dos resultados obtidos com a implementação do treinamento, a fim de saber se o treinamento alcançou o seu objetivo. É a etapa final do treinamento, utilizada para medir a eficácia do trabalho desenvolvido.

Dessa forma, é necessário que algumas medidas sejam levadas em consideração para a realização da avaliação do treinamento, sendo elas: custo, qualidade, serviço, rapidez e resultado.

CUSTO
- que foi investido no projeto de treinamento.

QUALIDADE
- se as expectativas foram obtidas.

SERVIÇO
- se as necessidades dos participantes foram cumpridas.

RAPIDEZ
- se os desafios oferecidos foram cumpridos.

RESULTADOS
- quais foram os resultados apresentados pelo programa.

A avaliação ajuda a determinar fatores importantes, como se os objetivos propostos para a realização de treinamento estão sendo alcançados. Para isso, há 5 níveis diferentes de resultados: reação,aprendizado,desempenho, resultado e avaliação do investimento.

a) **Reação:** quando o treinamento modifica apenas a primeira reação do funcionário, mas sem grandes colaborações para o futuro.

b) **Aprendizado:** o funcionário realmente absorve o que o treinamento lhe passou e transforma esse conhecimento em aprendizado.

c) **Desempenho:** o treinamento foi recepcionado de forma positiva pelo funcionário, já que surtiu efeitos concretos em relação ao seu desempenho.

d) **Resultado:** se, após o treinamento foram observardas mudanças consideráveis nos resultados obtidos pelos funcionários, minimizando os pontos fracos da organização.

e) **Avaliação de investimento:** o treinamento será considerado satisfatório se o resultado alcançado justificar o investimento depreendido pela organização.

Anotações

Exercícios Comentados

01. ***(FCC) Para desenvolver um programa de treinamento com foco na competência – influência e persuasão, foi sugerido por um dos profissionais da área de recursos humanos que fosse utilizada uma técnica que fizesse com que os participantes pudessem, de alguma maneira, vivenciar de modo teatralizado situações reais do trabalho no tocante à prática da competência mencionada. A técnica de treinamento para atender esta solicitação é o:***

a) ***Role-playing.***

b) ***Seminário.***

c) ***Brainstorming.***

d) ***E-learning.***

e) ***Painel simples.***

RESPOSTA. "A". As técnicas de dramatização que envolvem simulações de situações cotidianas são chamadas role-playing.

Vamos Praticar

01. (CONSULPLAN) A programação de treinamento requer um planejamento que envolve alguns procedimentos, tais como:

I. Uma abordagem ampla que envolva todas as necessidades diagnosticadas.

II. A divisão do trabalho em módulos ou ciclos.

III. A definição dos objetivos gerais da empresa.

É correto apenas o que se afirma em:

a) I.

b) II.

c) III.

d) I e II.

De acordo com Peter Senge, no atual contexto de mudanças, as organizações que se sobressairão no futuro serão as que conseguirem extrair, de todas as suas pessoas, o compromisso e a capacidade de aprender. No que concerne à aprendizagem organizacional, ao treinamento e desenvolvimento, julgue os item subsequente.

02. (CESPE) Pessoas que usam conhecimentos, habilidades e inteligência no desempenho de suas atividades laborais compõem parte do capital tangível de uma organização.

Certo ( ) Errado ( )

Julgue os itens a seguir, acerca de gestão por competências e avaliação de desempenho.

03. (CESPE) O planejamento estratégico e o sistema de gestão do desempenho organizacional fornecem insumos relevantes ao processo de avaliação de necessidades de treinamento.

Certo ( ) Errado ( )

04. (CONSULPLAN) No que se refere à análise organizacional para levantamento das necessidades de treinar pessoas, assinale a alternativa correta.

a) Analisa-se o conjunto de habilidades, capacidades, competências e atitudes dos recursos humanos.

b) Analisam-se os objetivos da empresa, a filosofia de treinamento e o que se pretende com o treinamento.

05. (CESPE) Em treinamentos realizados por meio de método de estudo de caso, enfatiza-se a busca de uma única resposta correta, que deve ser objeto de consenso no grupo que analisa o caso.

Certo ( ) Errado ( )

06. (CONSULPLAN) São resultados que um programa de treinamento deve proporcionar a nível dos recursos humanos:

a) Redução da rotatividade e do absenteísmo, aumento da eficiência do funcionário e mudança de atitudes e de comportamento do funcionário.

b) Melhoria da qualidade dos produtos e serviços, aumento da produtividade, melhoria do clima organizacional e melhoria da imagem da empresa.

07. (CONSULPLAN) De acordo com o texto, constitui-se em uma competência básica, para que o funcionário seja selecionado para participar do treinamento interno o:

a) Autogerenciamento da carreira.

b) Desenvolvimento da liderança.

08. (CONSULPLAN) O processo de treinamento de funcionários é diferente do processo de desenvolvimento. O treinamento constitui-se em um processo educacional de

a) Curto prazo, que envolve a transmissão de conhecimentos específicos relativos ao trabalho.

b) Longo prazo, orientado no sentido de melhorar os processos de resolução de problemas e de renovação de uma organização.

09. (CONSULPLAN) O treinamento possibilita mudanças no comportamento dos funcionários. Em relação ao texto, o treinamento propiciará qual mudança no comportamento dos funcionários da rede de hotéis?

a) Desenvolvimento de habilidades.

b) Desenvolvimento de conceitos.

10. (CESPE) As informações obtidas por meio de desempenho em cargo não são indicadas, em geral, para fornecer dados para o levantamento de necessidades de treinamento de cargos relativos ao nível hierárquico mais alto da organização.

Certo ( ) Errado ( )

11. (CONSULPLAN) Na gestão de pessoas, o treinamento está relacionado ao processo de:

a) Desenvolver pessoas.

b) Agregar pessoas.

c) Recompensar pessoas.

d) Manter pessoas.

12. (CONSULPLAN) Com relação ao treinamento nas organizações, analise.

I. É o processo de ensinar aos novos colaboradores as habilidades básicas para desempenho em seus cargos.

II. É o processo educacional de curto prazo aplicado de maneira sistemática.

III. Está relacionado com as habilidades futuras exigidas pelo cargo.

Assinale:

a) Se apenas as afirmativas I e II estiverem corretas.

b) Se apenas as afirmativas I e III estiverem corretas.

c) Se apenas as afirmativas II e III estiverem corretas.

d) Se todas as afirmativas estiverem corretas.

13. (CONSULPLAN) Nos processos de treinamento, é primordial desenvolver o ciclo de treinamento que é composto por quatro etapas, a saber: diagnóstico, desenho, implementação e avaliação. A atividade relacionada à elaboração do programa de treinamento para atender às necessidades identificadas em um cargo, dá-se o nome de:

a) Diagnóstico.
b) Desenho.
c) Implementação.
d) Avaliação.

14. (FCC) Em termos de treinamento e desenvolvimento, é natural que os gestores de pessoas se utilizem do crescimento exponencial da tecnologia da informação e de novas tecnologias que estão surgindo no mundo dos negócios. Entre elas encontramos a prática do Workshop que é uma reunião de pessoas que possuem objetivos:

a) Diferentes e que aproveitam este encontro para resolver situações de conflito presentes.
b) Semelhantes, na maioria das vezes referentes a um assunto específico.
c) Iguais e direcionados ao desenvolvimento de uma competência técnica.
d) Específicos e direcionados ao desenvolvimento de uma competência interpessoal.
e) Divergentes e que aproveitam para reunir pessoas de outras áreas para mediarem a situação de conflito presente.

15. (FCC) A programação de um treinamento deve levar em consideração: quem, como, em que, onde e quando treinar. No processo de treinamento, a decisão quanto à estratégia a ser adotada deve ser trabalhada na etapa de:

a) Aplicação do treinamento.
b) Levantamento de necessidades de treinamento.
c) Diagnóstico de treinamento.
d) Avaliação do treinamento.
e) Desenho do programa de treinamento.

Acerca de administração de desempenho, de treinamento e desempenho e de mecanismos de recrutamento e seleção de pessoal, julgue os itens subsequentes.

16. (CESPE) Ao utilizar a técnica de alargamento horizontal de tarefas para o desenvolvimento de pessoas, o gestor de recursos humanos atribui tarefas com grau progressivamente maior de complexidade aos colaboradores.

Certo ( ) Errado ( )

No que concerne às atribuições da área de gestão de pessoas, julgue os itens subsecutivos.

17. (CESPE) A avaliação de treinamento pode envolver quatro critérios - reação, aprendizado, comportamento e resultados - e cada um deles é indicador do sucesso no treinamento, havendo grande correlação entre eles.

Certo ( ) Errado ( )

18. (FCC) Os programas de treinamento devem ser avaliados em quatro níveis:

a) Assimilação, percepção, repetição e aplicação.
b) Compreensão, percepção, atitude e aplicação.
c) Aplicação, percepção, repetição e atitude.
d) Compreensão, percepção, aplicação e repetição.
e) Reação, aprendizagem, comportamento e resultados.

19. (FCC) O treinamento de instruções no cargo utiliza quatro passos designados:

a) Instruir, observar, retornar e liberar.
b) Experimentar, ajustar, supervisionar e avaliar.
c) Explorar, executar, refazer e testar.
d) Dizer, mostrar, fazer e rever.
e) Sistematizar, opinar, desempenhar e generalizar.

Acerca de treinamento e desenvolvimento, julgue os itens a seguir.

20. (CESPE) Os resultados passíveis de serem mensurados que podem ser atingidos na implementação de treinamento em uma organização são a reação e o aprendizado.

Certo ( ) Errado ( )

Gabarito

01	B	11	A
02	ERRADO	12	A
03	CERTO	13	B
04	B	14	B
05	ERRADO	15	E
06	A	16	ERRADO
07	B	17	ERRADO
08	A	18	E
09	B	19	D
10	CERTO	20	CERTO

Anotações

CAPÍTULO 05

Desenvolvimento de Pessoas

O desenvolvimento de pessoas está mais relacionado com a educação e com a orientação para o futuro do que com o treinamento. Afirmamos ser ele um projeto a longo prazo que visa à manutenção pessoal na organização. **Educação é o processo de desenvolvimento relacionado com a formação da personalidade e da melhoria da capacidade para compreender e interpretar o conhecimento.** O desenvolvimento está voltado para o crescimento do empregado numa progressão geométrica, que leva em consideração o interesse pessoal no crescimento organizacional, visando à carreira futura, mais do que ao cargo atual.

Vejamos como Chiavenato diferencia treinamento, educação e desenvolvimento:

→ **Desenvolvimento de RH:** é o conjunto de experiências organizadas de aprendizagem (intencionais e propositais) proporcionadas pela organização, dentro de um específico período de tempo, para oferecer a oportunidade de melhoria no desempenho e/ou crescimento humano. Inclui três áreas de atividades: treinamento, educação e desenvolvimento.

→ **Desenvolvimento Pessoal:** são as experiências não necessariamente relacionadas com o cargo atual, mas que proporcionam oportunidades para o desenvolvimento e o crescimento profissional.

→ **Treinamento:** são experiências organizadas de aprendizagem centradas na posição atual da organização. O treinamento deve aumentar a possibilidade de o funcionário desempenhar melhor suas atuais responsabilidades.

→ **Educação:** são as experiências de aprendizagem que preparam a pessoa para enfrentar futuros deveres na organização.

Podemos apontar alguns métodos de desenvolvimento de pessoas no cargo atual:

01. Rotação de cargos: entende-se como a movimentação das pessoas em vários cargos na organização com o objetivo de expandir suas habilidades, conhecimentos e capacidades. Permite expor as pessoas a um grau de complexidade crescente, estimulando novas ideias e aumentando experiências. Característica comum dos modelos de produção pós década de 70 do século XX, quando foi introduzido o sistema toyotista de produção.

02. Posições de assessoria: alocar, por exemplo, uma pessoa com alto potencial para trabalhar como assessor de um gerente de alto desempenho, para que o empregado possa realizar diferentes tarefas sob a supervisão de um gerente apoiador que estimule a manutenção das aptidões funcionais e o desenvolvimento de novas habilidades dentro do ambiente de trabalho, proporcionando o crescimento do empregado.

03. Aprendizagem prática: o treinando é designado para realizar um trabalho de tempo integral para analisar e resolver problemas em certos projetos ou outros departamentos. Em alguns casos podem ser criadas equipes que colaborem mutuamente.

04. Atribuição de comissões: dar oportunidades para que o empregado participe de comissões especiais de trabalho, observando discussões, posturas, capacidade gerencial e compartilhando a tomada de decisão.

05. Participação em cursos e seminários externos: é uma forma tradicional de desenvolvimento, na qual o empregado pode adquirir novas habilidades e conhecimentos. Pode ser realizado presencialmente ou à distância, variando conforme a intenção e a disponibilidade do grupo.

06. Exercícios de simulação: exercícios de simulação incluem dramatizações (*role playing*), jogos de empresas, estudos de caso, etc.

07. Treinamento fora da empresa (*outdoor*): são treinamentos realizados por consultoria especializada, cujo foco primário é ressaltar a importância do trabalho em equipe e a força que esse tipo de trabalho tem no mundo globalizado contemporâneo.

08. Centros de desenvolvimento interno: são centros localizados na empresa, destinados a expor os gerentes e empregados a exercícios realísticos para desenvolver e melhorar as habilidades pessoais. É o caso das universidades corporativas.

Ainda no quesito Desenvolvimento de Pessoas, podemos citar os métodos de desenvolvimento de pessoas fora do cargo. São dois: **Tutoria e Aconselhamento.**

> **Tutoria:** é assistência dada aos empregados escolhidos para ascender dentro da empresa. Dá-se o nome a este processo de *mentoring/ coaching*. Um gerente da organização exerce um papel ativo na condução do empregado aspirante a um posto mais elevado. Ele guia, aconselha, faz críticas e sugestões, dá suporte profissional e político.

Mentoring	*Coaching*
Relação entre o protetor e o protegido	Relação entre o líder e o subordinado
Foco no longo prazo e no futuro	Foco no curto prazo e no cotidiano
Estilo de desenvolvimento na carreira	Estilo de liderança e supervisão
Orientação profissional por alguma pessoa da organização	Condução ativa da pessoa pelo supervisor imediato
Impulso na carreira futura	Impulso no trabalho atual

As Quatro Etapas do Processo de *Coaching*

01. Primeira Etapa: sem dúvida é a mais crítica, afinal, consiste na construção de uma parceria sólida e consciente, que garanta alto nível de confiança e maturidade entre o *coach* e o cliente, em que ambas as partes possam assumir e cumprir todas as responsabilidades acordadas. Precisa de uma avaliação coerente e racional para o estabelecimento de laços sólidos.

02. Segunda Etapa: diz respeito ao que o cliente **deseja** realizar: a sua visão de futuro. O *coach* deve estimular o cliente a sonhar e, ao "vender" esses sonhos, deixar sempre clara a possibilidade viável de realizá-los.

03. Terceira Etapa: consiste na análise da "bagagem de mão", ou seja, a trajetória de realização de ambos. É o estabelecimento de uma reciprocidade baseada na quebra da barreira de resistência, estabelecida naturalmente pelos seres humanos. É muito importante que *coach* e cliente se conheçam bem, para que explorem com competência os talentos um do outro. **Envolve realização da síntese da história**

de vida de ambos - valores, atitudes, padrões de comportamento, pontos fortes e fracos (competências), resultados (sucessos e fracassos). Deve ser feita tomando como referência o projeto que o cliente quer realizar e não deve ser uma sessão de avaliação do cliente. O objetivo é avaliar o que será usado e o que será descartado.

04. Quarta Etapa ou Plano de Ação: conhecendo melhor o cliente, o *coach* pode ajudá-lo a identificar os gaps (GAPS é um termo em inglês que significa um distanciamento, afastamento, separação, uma lacuna ou um vácuo) entre sua visão, situação e competências atuais. O *coach* deverá observar se essa distância não está muito além do que se pode cumprir, pois isso só causaria ansiedade.

Princípios do *Coaching*

01. Todos os seres humanos sonham com a possibilidade de se satisfazerem e merecem a oportunidade de o fazer da melhor forma possível.

02. As pessoas criam a sua própria experiência de vida e um *coach* pode ajudá-las a criar a que realmente querem.

03. A compreensão intelectual não é suficiente. Uma mudança requer uma ação.

04. O fracasso é algo que não existe. Se a pessoa não consegue o que quer, ela encontra outra maneira. Fracasso é apenas uma maneira, a curto prazo, de dizer que não se conseguiu alcançar o que queria ainda.

05. Todas as pessoas têm todos os recursos necessários ou então pode criá-los. Não existe ninguém que não tenha esses recursos. O cliente tem as respostas; o *coach*, as perguntas.

06. Um *coach* trabalha para aumentar a quantidade de escolhas na vida do cliente.

07. O *coaching* é uma parceria sinérgica e equitativa.

Exercícios Comentados

01. ***(FCC) Um processo de coaching pode apresentar 4 etapas: estabelecendo uma relação sólida entre o coach e seu orientando; montando o futuro do orientando; revisando a bagagem de mão e traçando o plano de ação. Na etapa bagagem de mão, que representa valores, atitudes, padrões de comportamento, experiências serão revistas:***

a) ***A fim de se alcançar o futuro planejado, de forma a saber o que é imprescindível e o que deve ser deixado de lado.***

b) ***Para que objetivos de curto prazo sejam estabelecidos como metas alvos a serem atingidos no processo de coaching.***

c) ***A fim de levar o orientando a vivenciar novas situações em sua vida pessoal e profissional, para que possa desenvolver novas competências.***

d) ***Para que se abra espaço para o desenvolvimento de novos repertórios de comportamentos e atitudes.***

e) ***Para uma avaliação clara do nível de interesse do orientando em desenvolver novas competências.***

CERTO. "A". Como já observamos, na etapa bagagem de mão, coach e cliente avaliam o que será utilizado, o que é extremamente imprescindível e aquilo que, por sua vez, será descartado, desprezado e, por hora deixado de lado.

Aconselhamento: é um método semelhante ao da abordagem da tutoria. Mas, no aconselhamento, o gerente responsável atua no eventual surgimento de problemas. **Quando o empregado apresenta um comportamento e desempenho inconsistentes, o gerente deve intervir e identificar o problema.** O papel de conselheiro exige grande capacidade auditiva (de ouvir) e persuasiva (de persuadir).

No entanto, alguns teóricos discordam da abordagem de Chiavenato e indicam que o aconselhamento (*counseling*) é, essencialmente, exercido por um psicólogo qualificado para atividades terapêuticas.

Vejamos abaixo, as diferenças no conceito entre *mentoring, coaching* e *counseling* (aconselhamento): [1]

Modelos de Apoio

→ ***Coaching***

> O que é:

» Processo para avaliar e orientar o desenvolvimento contínuo das competências de uma pessoa ou equipe, que serão utilizadas na realização de metas e objetivos.

> Quem oferece?

» Profissional especializado e credenciado, de fora ou de dentro da empresa.

> Quem utiliza?

» Pessoa ou equipe que precise desenvolver suas habilidades e competências para a realização de suas metas e objetivos.

> Para que serve?

» Promover mudanças de comportamento para atingir novo objetivo, auxiliando o desenvolvimento das próprias competências, para a realização de metas/ objetivos.

> Quanto dura? Como é aplicado?

» Em reuniões semanais, em média de 10 semanas. Pode ser aplicado individualmente ou em grupo.

→ ***Coaching* de *Skills* & Competências**

> O que é?

» Focado em um projeto atual de *coachee* ou equipe. Pode ser um método, estratégia ou comportamento relacionado ao sucesso de um projeto.

> Quem oferece?

» Profissional especializado e credenciado, de fora ou de dentro da empresa.

> Quem utiliza?

» Pessoa ou equipe que busque desenvolver competência na qual sente carência de desempenho e/ou para alcançar uma meta específica.

> Para que serve?

» Promover mudanças de comportamento e desenvolver competências para atingir um objetivo.

> Quanto dura? Como é aplicado?

» Curta duração, vinculada ao alcance do propósito preestabelecido.

1 Extraído de http://drh-talent.com/site/coaching-2/

→ ***Coaching* de Performance**

> O que é?
  » Foco na efetividade do *coachee* ou equipe no cargo ou papel atual.
> Quem oferece?
  » Profissional especializado e credenciado, de fora ou de dentro da empresa.
> Quem utiliza?
  » Pessoa ou equipe que busque melhorar no contexto profissional ou pessoal
> Para que serve?
  » Melhoria de desempenho profissional ou pessoal.
> Quanto dura? Como é aplicado?
  » Duração pode ser de alguns meses.

→ ***Coaching* de Desenvolvimento**

> O que é?
  » Foco em desafios de cargo futuro ou no futuro da carreira.
> Quem oferece?
  » Profissional especializado e credenciado, de fora ou de dentro da empresa.
> Quem utiliza?
  » Pessoa que busque chances de promoção ou oportunidade de carreira.
> Para que serve?
  » Desenvolver e/ou adquirir competência para alcançar objetivo de carreira
> Quanto dura? Como é aplicado?
  » Duração vinculada ao alcance do propósito pré-estabelecido. Pode ser de vários meses a 1 ano

→ ***Coaching* para Negócios (*Sounding Board*)**

> O que é?
  » Foco em competências que gerem melhores resultados de negócios e em macro-situações diretivas e estratégicas. Não é focado em habilidades específicas e relaciona-se mais à administração.
> Quem oferece?
  » Necessariamente um profissional de fora, especializado, credenciado e experiente na gestão de empresas.
> Quem utiliza?
  » Dirigente líder de empresa ou de instituição.
> Para que serve?
  » Oportunidade do líder discutir situações e competências que não seriam possíveis discutir com alguém de seu meio.
> Quanto dura? Como é aplicado?
  » A duração pode ser de vários anos, de formatos mais flexíveis e encontros mais esporádicos.

→ ***Coaching* de Vida ou de Carreira**

> O que é?
  » Motivar o *coachee* a ser o melhor que pode como ser humano, indo além dos limites que se impôs, com foco no equilíbrio, no bem-estar e na qualidade de vida.
> Quem oferece?
  » Preferencialmente um profissional especializado e credenciado, de fora da empresa, mais vivido e experiente.
> Quem utiliza?
  » Pessoa que se encontre em fase de transição de vida e/ou carreira.
  » Pessoa que sinta que pode/deve ter uma vida melhor, mas não sabe o que fazer.
> Para que serve?
  » Motivar o *coachee* a ir além dos seus limites e ser o melhor que pode como ser humano, para realizar o seu potencial total na vida.
> Quanto dura? Como é aplicado?
  » Duração vinculada ao alcance do propósito pré-estabelecido.

→ ***Consulting***

> O que é?
  » Apoio especializado para diagnóstico e solução de problemas empresariais.
> Quem oferece?
  » Consultor especializado, geralmente de fora da empresa.
> Quem utiliza?
  » Empresa e/ou departamento da empresa.
> Para que serve?
  » Diagnosticar problemas e oferecer soluções.
> Quanto dura? Como é aplicado?
  » Pontual. Em forma de projeto, com prazo predeterminado, correspondente ao cronograma acordado.

→ ***Mentoring***

> O que é?
  » Orientação de caráter amplo, que aguça a visão aponta caminhos e cria diretrizes para o assessorado.
> Quem oferece?
  » Normalmente uma pessoa mais experiente, que pode ser de dentro ou fora da empresa e que conhece o ambiente em que ele e/ou o assessorado atuam.
> Quem utiliza?
  » Profissional em fase inicial de transformação ou de desenvolvimento de carreira.
> Para que serve?
  » O mentor, passando suas experiências e conhecimentos, facilita, apoia e direciona o crescimento profissional do assessorado.
> Quanto dura? Como é aplicado?
  » Em reuniões pré-programadas ou quando o mentor e /ou assessorado sentirem necessidade, durante a fase de desenvolvimento profissional.

→ ***Counseling***

> O que é?
  » Aconselhamento para ajudar a resolver evento pontual, de carreira ou emocional que o assessorado não tenha condições de definir ou necessite de apoio.

> Quem oferece?
   » Profissional especializado, geralmente de fora da empresa. Usualmente são praticados por psicólogo ou assistente social.
> Quem utiliza?
   » Pessoa, em geral do topo da empresa, que necessitar, tomar decisões importantes de vida ou de trabalho.
> Para que serve?
   » Mapear a situação e sugerir rotas, em aconselhamento de carreira ou para problemas emocionais de executivos.
> Quanto dura? Como é aplicado?
   » De forma pontual e com duração enquanto a decisão está sendo tomada.

A Gestão de Pessoas com Base em Competências

A forma de gerir pessoas sofreu grandes transformações ao longo dos últimos anos. Dentre as principais, citam-se:

> **Alteração no perfil das pessoas exigido pelas empresas.** Ao perfil obediente e disciplinado, prefere-se um perfil autônomo e empreendedor. A mudança no padrão de exigência gerou a necessidade de uma cultura organizacional que estimulasse e apoiasse a iniciativa individual, a criatividade e a busca autônoma de resultados para a empresa ou o negócio.

> **Deslocamento do foco da gestão de pessoas por meio do controle para o foco por meio do desenvolvimento.** A marca dos sistemas tradicionais de gestão de pessoas, inspirada no paradigma fordista e taylorista de administração, é o controle das pessoas. Segundo esse paradigma, os indivíduos são controláveis, portanto, espera-se deles uma postura passiva. Hoje, há uma grande pressão para que a gestão de pessoas seja orientada para a ideia de desenvolvimento mútuo. A empresa, ao se desenvolver, desenvolve as pessoas, e estas, ao se desenvolverem, fazem o mesmo com a organização. A pessoa é vista como a gestora de sua relação com a empresa, bem como do seu desenvolvimento profissional.

> **Maior participação das pessoas no sucesso do negócio ou da empresa.** O comprometimento integral dos indivíduos com a organização ou negócio mobiliza não somente os músculos e parte da inteligência, mas todo o seu potencial criador, sua intuição, sua capacidade de interpretar o contexto e de agir sobre ele, gerando vantagens competitivas únicas. As pessoas são depositárias do patrimônio intelectual da empresa, bem como da capacidade e da agilidade de resposta da organização aos estímulos do ambiente e, ainda, da capacidade de visualização e exploração de oportunidades de negócios.

Conceitos de Competências

O entendimento do que faz a diferença entre funcionário com desempenho padrão e o com desempenho excepcional é a base do conceito de Competências. Segundo o dicionário Aurélio da Língua Portuguesa competência é:

"Qualidade de quem é capaz de apreciar e resolver certo assunto, fazer determinada coisa; capacidade, habilidade, aptidão, idoneidade".

"Conhecimento aplicado e orientado para melhorar o desempenho do indivíduo, da equipe e da organização. Deve ser certificável, isto é, medida segundo certos padrões."

"Um agrupamento de conhecimentos, habilidades e atitudes correlacionados, que afeta parte considerável da atividade de alguém, que se relaciona com o desempenho, que pode ser medido segundo padrões preestabelecidos, e que pode ser melhorado por meio de treinamento e desenvolvimento" (Scott B. Parry – The quest for competences. Training, July 1996).

Para Maria Tereza Fleury (2000), Competência significa "Saber agir de maneira responsável (...) implica mobilizar, integrar, transferir conhecimentos, recursos, habilidades, que agreguem valor econômico à organização e valor social ao indivíduo."

Há uma relação íntima entre as competências organizacionais e as individuais, de modo que, o estabelecimento das competências individuais deve estar vinculado à reflexão sobre as competências organizacionais, uma vez que há uma influência mútua entre elas.

Após a publicação do Artigo "*The Core Competences of the Corporation*" (As Competências Essenciais das Organizações), por C. K. Prahalad e Gary Hamel, na década de 90, a Competência passou a ser compreendida por muitas pessoas e por alguns teóricos da Administração como um conjunto de **C**onhecimentos, **H**abilidades e **A**titudes, necessários para que a pessoa desenvolva suas atribuições e responsabilidades.

Classificação das Competências

→ **Alguns autores as classificam como:**

> **Competências Genéricas:** competências que são necessárias/desejáveis em qualquer área ou processo em que o profissional atua. Exemplo: interrelacionamento pessoal, conhecimentos em informática, comprometimento com a qualidade, trabalho em equipe, autodesenvolvimento, planejamento, comunicação etc.

> **Competências Específicas:** competências que estão diretamente relacionadas a determinada área ou processo. Exemplo: negociações sindicais, atendimento ao cliente, idiomas, administração de projetos, seleção, desenvolvimento de sistemas, análise de fluxo de caixa etc.

→ **Outros as denominam como:**

> **Competências Técnicas:** conhecimentos necessários para a execução do processo, diretamente relacionadas à formação profissional. Exemplo: conhecimentos de informática, gerenciamento de qualidade, pesquisa, sistema de telecomunicações.

> **Competências de Gestão:** competências de natureza administrativa, vinculadas à prestação de serviços ou ao fornecimento de produtos. Exemplo: planejamento, gerenciamento de contratos, organização, cumprimento de metas etc.

> **Competências Interpessoais:** competências que envolvem o relacionamento entre pessoas no ambiente de trabalho. Exemplo: liderança, comunicação, senso de equipe, delegação etc.

> **Competências Intelectuais:** Competências que abrangem as características pessoais, os processos cognitivos e emocionais, necessários à tomada de decisões e solução de problemas. Exemplo: raciocínio lógico, criatividade, objetividade, capacidade de síntese, capacidade analítica etc.

Desenvolvimento Organizacional

Segundo Chiavenato, Desenvolvimento Organizacional "é um esforço de longo prazo, apoiado pela alta direção, no sentido de melhorar os processos de resolução de problemas e de renovação organizacional, particularmente através de um eficaz e colaborativo diagnóstico e administração da cultura organizacional - com ênfase especial nas equipes formais de trabalho, equipes temporárias e cultura intergrupal - com a assistência de um consultor-facilitador e a utilização da teoria e tecnologia das ciências do comportamento, incluindo ação e pesquisa".

→ **Outras definições:**

> DO é a aplicação dos conhecimentos das ciências comportamentais num esforço a longo prazo para melhorar a capacidade da organização, de modo que permite confrontar-se com as mudanças no ambiente externo aumentando suas habilidades para solução de problemas.

> DO é um conjunto de intervenções planejadas de mudança, construído a partir de valores humanísticos e democráticos que procuram incrementar a eficácia organizacional e o bem-estar dos funcionários.

→ **Pressupostos do DO**

01. A constante e rápida mutação do ambiente.
02. A necessidade contínua de adaptação.
03. A interação entre a organização e o ambiente.
04. Uma organização sensível e flexível, tendo capacidade e versatilidade de redistribuir rapidamente seus recursos, de maneira a maximizar a sua aplicação.
05. A interação entre indivíduo e organização. O DO parte de uma filosofia acerca do homem: o ser humano tem aptidões para a produtividade, que podem permanecer inativas se o ambiente em que ele vive e trabalha é hostil.
06. Os objetivos individuais e os objetivos organizacionais. É plenamente possível o esforço no sentido de se conseguir que as metas dos indivíduos se integrem com os objetivos da organização, num plano em que o significado do trabalho seja realmente estimulante e gratificante.
07. Há mudança organizacional deve ser planejada.
08. A necessidade de participação e comprometimento.
09. O incremento da eficácia organizacional e do bem-estar da organização dependem de uma correta compreensão e aplicação dos conhecimentos acerca da natureza humana.
10. Um objetivo essencial das organizações é o de melhorar a qualidade de vida. Não basta as meras alterações estruturais ou funcionais (alterações de rotinas e procedimentos). É preciso considerar que os métodos científicos que visam a melhorar a eficiência organizacional.

→ **O DO utiliza um processo dinâmico composto de três fases distintas:**

01. **Diagnóstico**. A partir da pesquisa sobre a situação atual. Geralmente, o diagnóstico é uma percepção a respeito da necessidade de mudança na organização ou em parte dela. O diagnóstico deve ser obtido por meio de entrevistas com as pessoas ou grupos envolvidos.
02. **Intervenção**. Uma ação para alterar a situação atual. Geralmente, a intervenção é definida e planejada por meio de *workshops* e discussões entre as pessoas e os grupos envolvidos para determinar as ações e os rumos adequados para a mudança.
03. **Reforço**. Um esforço para estabilizar e manter a nova situação, por meio de retroação. Geralmente, o reforço é obtido em reuniões e avaliações periódicas que servem de retroinformação a respeito da mudança alcançada.

Técnicas de DO

→ **Segundo Chiavenato, as principais técnicas de DO são:**

01. **Treinamento da sensitividade ou treinamento da sensibilidade -** constitui a técnica mais antiga e ampla de DO. Consiste em reunir grupos chamados ***T-groups*** (grupos de treinamento) e que são orientados por um líder treinado para aumentar a sensibilidade quanto às suas habilidades e dificuldades de relacionamento interpessoal. O resultado consiste em maior criatividade (menos temor dos outros e menos posição de defesa), menor hostilidade quanto aos outros (devido à melhor compreensão dos outros) e maior sensitividade às influências sociais e psicológicas sobre o comportamento em trabalho. Isso favorece a flexibilidade do comportamento das pessoas em relação aos outros. Em geral, é aplicada de cima para baixo, começando na cúpula da organização e descendo até os níveis mais baixos.
02. **Análise transacional (AT) -** é uma técnica que visa ao autodiagnóstico das relações interpessoais. As relações interpessoais ocorrem por meio de transações. Uma transação significa qualquer forma de comunicação, mensagem ou de relação com os demais. A AT é uma técnica destinada a indivíduos e não a grupos, pois se concentra nos estilos e conteúdos das comunicações entre as pessoas. Ela ensina as pessoas a enviar mensagens que sejam claras e ágeis e a dar respostas que sejam naturais e razoáveis. O objetivo é reduzir os hábitos destrutivos de comunicação – os chamados "jogos" – nos quais a intenção ou o significado das comunicações fica obscuro ou distorcido. A AT assemelha-se a uma terapia psicológica para melhorar o relacionamento interpessoal, permitindo a cada indivíduo autodiagnosticar sua inter-relação com os outros para modificá-la e melhorá-la gradativamente.
03. **Desenvolvimento de equipes -** é uma técnica de alteração comportamental na qual várias pessoas, de vários níveis e áreas da organização, se reúnem sob a coordenação de um consultor ou líder e criticam-se mutuamente, procurando um ponto de encontro em que a colaboração seja mais frutífera, eliminando-se as barreiras interpessoais de comunicação pelo esclarecimento e compreensão de suas causas. Ao final, a equipe autoavalia o seu comportamento a partir de determinadas variáveis. A ideia básica é construir equipes por meio da abertura de mentalidade e de ação das pessoas.

No trabalho em equipe são eliminadas as diferenças hierárquicas e os interesses específicos de cada departamento ou especialidade, proporcionando uma predisposição sadia para a interação e, consequentemente, para a criatividade e inovação.

04. Consultoria de procedimentos: é uma técnica em que cada equipe é coordenada por um consultor, cuja atuação varia enormemente. A coordenação permite certas intervenções para tornar a equipe mais sensível aos seus processos internos de estabelecer metas e objetivos, de participação, sentimentos, liderança, tomada de decisões, confiança e criatividade. O consultor trabalha com os membros da equipe para ajudá-los a compreender a dinâmica de suas relações de trabalho em situações de grupo e auxiliá-los a desenvolver o diagnóstico de barreiras e as habilidades de solução de problemas para fortalecer o senso de unidade entre seus membros, incrementar as relações interpessoais, melhorar o cumprimento das tarefas e aumentar a sua eficácia.

05. Reunião de confrontação. É uma técnica de alteração comportamental com a ajuda de um consultor interno ou externo (denominado terceira parte). Dois grupos antagônicos em conflito (desconfiança recíproca, discordância, antagonismo, hostilidade etc.) podem ser tratados por meio de uma reunião de confrontação que dura um dia, na qual cada grupo se autoavalia, bem como avalia o comportamento do outro, como se fosse colocado diante de um espelho. Nessa reunião, cada grupo apresenta ao outro os resultados das avaliações e é interrogado no que se refere a suas percepções. Segue-se uma discussão, inicialmente acalorada, tendendo a uma posição de compreensão e de entendimento recíprocos quanto ao comportamento das partes envolvidas. O consultor facilita a confrontação, com total isenção de ânimo, ponderando as críticas, moderando os trabalhos, orientando a discussão para a solução construtiva do conflito e eliminando as barreiras intergrupais. A reunião de confrontação é uma técnica de enfoque socioterapêutico para melhorar a saúde da organização, incrementando as comunicações e as relações entre diferentes departamentos ou equipes, além de planejar ações corretivas ou profiláticas.

06. Retroação de dados (feedback de dados). É uma técnica de mudança de comportamento que parte do princípio de que, quanto mais dados cognitivos o indivíduo recebe, tanto maior será a sua possibilidade de organizar os dados e agir criativamente. A retroação de dados proporciona aprendizagem de novos dados a respeito de si mesmo, dos outros, dos processos grupais ou da dinâmica de toda a organização – dados que nem sempre são levados em consideração. A retroação refere-se às atividades e processos que refletem e espelham a maneira pela qual uma pessoa é percebida ou visualizada pelas demais pessoas. Requer intensa comunicação e um fluxo adequado de informação dentro da organização para atualizar os membros e permitir que eles próprios possam conscientizar-se das mudanças e explorar as oportunidades que geralmente se encontram encobertas dentro da organização. As técnicas de DO são geralmente aplicadas em uma sequência. O ponto de partida é a melhora inicial da sensibilidade intrapessoal das pessoas para posteriormente melhorar e incentivar os seus relacionamentos interpessoais. A seguir, inicia-se a formação e o desenvolvimento de equipes com técnicas intragrupais, às quais se seguem as técnicas intergrupais necessárias para integrar equipes entre si e, mais adiante, as técnicas intraorganizacionais para definir os objetivos organizacionais a serem alcançados, mediante o trabalho conjunto e coordenado das diferentes equipes envolvidas.

Motivação

Primeiramente, quando falamos em motivação, temos que desvincular do conceito coloquial, já que estamos falando de uma área da gestão de pessoas. Motivação é a vontade de dispor de um grande esforço em prol das metas da organização. Dessa forma, deve-se levar em consideração que se trata de pessoas que possuem vontades internas ou externas, que precisam ser estimuladas para que alcancem o sucesso desejado.

Comprometimento

As pessoas, quando entram em uma organização para trabalharem, trazem consigo anseios e objetivos individuais e esperam que a organização atenda. Quando essa expectativa é correspondida, aumenta a possibilidade do funcionário se comprometer com a tarefa que lhe foi atribuída pela organização.

Dessa forma, quanto ao comprometimento psicológico que os funcionários possuem com a organização, podemos subdividir em três espécies:

→ **Comprometimento afetivo:** é caracterizado pela identificação que o colaborador tem com a organização, já que o mesmo internalizou os valores e os objetivos organizacionais. Dessa forma, os comportamentos são orientados visando à permanência na instituição e baseiam-se na percepção de coerência entre as posturas adotadas pela organização e as suas particulares.

→ **Comprometimento instrumental:** essa forma de comprometimento está baseada na troca estabelecida entre a organização (recompensas financeiras) e o trabalhador (força de trabalho).

→ **Comprometimento normativo:** baseia-se na percepção por parte do funcionário de uma obrigação em permanecer na organização, decorrente de um reconhecimento que já tenha recebido e da obrigação legal/moral.

Quadro Resumo	
Forma de Comprometimento	Característica
Afetivo	**Funcionários permanecem na organização porque querem.**
Instrumental	**Os colaboradores continuam na organização porque precisam (visam à remuneração).**
Normativo	**Os funcionários permanecem na organização porque se sentem, de alguma maneira, obrigados.**

Teorias da Motivação

Há muito tempo, são realizadas pesquisas sobre a motivação. Assim, as teorias foram agrupadas conforme a época em que foram produzidas, divididas então em:

> Teorias de motivação de conteúdo estático;
> Teorias do processo de motivação;
> Teorias baseadas no ambiente.

Motivação de Conteúdo Estático

Teoria das Necessidades de Maslow

Nessa teoria, Abraham Maslow pesquisou a relação entre as necessidades dos seres humanos e as suas motivações para realizarem alguns feitos. Assim, ele constatou que a motivação seria uma forma de buscarmos a satisfação das necessidade que se mostram dominantes em dado momento.

Dessa forma, foram agrupadas as necessidades humanas em cinco categorias:

01. **Necessidades fisiológicas:** têm uma força maior, já que representam as necessidades básicas humanas para a sobrevivência, como: alimento, vestuário e moradia.
02. **Necessidades de segurança:** englobam as necessidades de evitar o perigo físico, como a conservação do emprego ou da propriedade.
03. **Necessidades de participação:** como o ser humano é um ser social, existe a necessidade de participar de um grupo e por ele ser aceito.
04. **Necessidades de estima:** refletem o desejo que temos de não apenas participarmos de um grupo, mas também sermos reconhecidos e respeitados pelos outros.
05. **Necessidades de autorrealização:** é o desejo de desenvolver suas potencialidades, tonar-se aquilo que é capaz de ser.

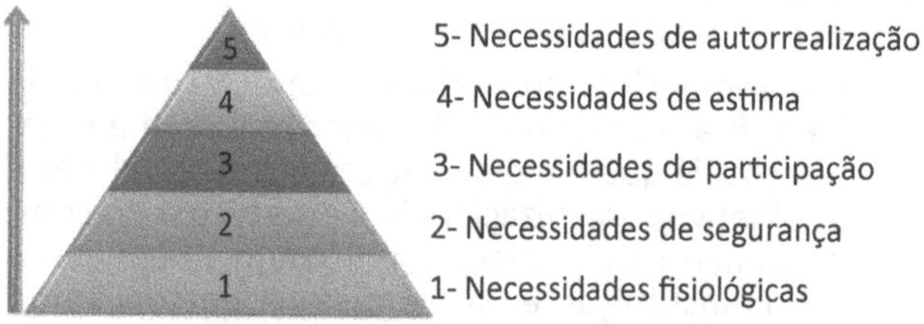

Fique Ligado

Maslow considera que: necessidades satisfeitas não motivam; as pessoas podem ser afetadas por vários níveis de necessidades ao mesmo tempo; os níveis mais baixos são prioridades, pois as pessoas buscam a sua satisfação primeiro.

Necessidades primárias: são a base da pirâmide e constituem necessidades fisiológicas e de segurança.

Necessidades Secundárias: é o topo da pirâmide, são as necessidades de estima, participação e autorrealização.

Exercícios Comentados

01. (FGV) A teoria motivacional mais conhecida é a de Abraham Harold Maslow. Ela se baseia na hierarquia de necessidades humanas. Entre essas, segundo o autor, há as necessidades:

a) patrimoniais.
b) financeiras.
c) fisiológicas.
d) psicológicas.
e) morais.

RESPOSTA. ***"C". Maslow classifica as necessidades humanas em fisiológicas, de segurança, sociais, estima e autorrealização.***

02. (FGV) Com relação às necessidades das pessoas, segundo a Teoria das Motivações de Maslow, intervalos de descanso, conforto físico e horário de trabalho razoável são exemplos de:

a) Necessidades fisiológicas.
b) Necessidades de segurança.
c) Necessidades sociais.
d) Necessidades de estima.
e) Necessidades de autorrealização.

RESPOSTA. ***"A". São as necessidades fisiológicas que, em conjunto com as necessidades de segurança, formam as necessidades primárias, segundo Maslow.***

Teoria de Erc de Clayton Alderfer

Essa teoria foi desenvolvida a partir da teoria de Maslow, porém Alderfer reduziu as categorias de necessidades humanas em:

→ **Existência:** corresponde aos dois primeiros níveis, isto é, as necessidades fisiológicas e as de segurança;

→ **Relacionamento:** correspondente ao terceiro e ao quarto níveis, isto é, necessidade de participação e estima;

→ **Crescimento:** corresponde à necessidade de autorrealização.

Teoria das Necessidades Aprendidas

Essa teoria foi desenvolvida por McCelland. Ele acreditava que as necessidades são aprendidas e estão diretamente ligadas à cultura. Assim, ele subdividiu as necessidades em três graus diferentes:

→ **Necessidade de afiliação**: é o desejo de participar da sociedade e de ter uma interação social;

→ **Necessidade de poder**: as pessoas têm a necessidade de ter autoridade ou poder, o que pode ser:

> **Positivo:** efeito de persuasão, inspirador;

> **Negativo**: efeito de submissão, dominação;

→ **Necessidade de realização:** é o desejo de ter responsabilidades para resolver problemas, realizar-se correndo riscos e alcançando metas.

Teoria dos Dois Fatores de Herzberg

Herzberg conclui em suas pesquisas que as necessidades humanas se dividem em duas categorias, independentes entre si:

> **Aspectos Higiênicos** (também conhecidos como extrínsecos): fazem parte do ambiente em que estamos inseridos. Pode-se destacar: modelo de gestão, condições de trabalho, relações interpessoais e remuneração.

> **Aspectos Motivadores** (também conhecidos como intrínsecos): estão relacionados ao trabalho. Pode-se destacar: realização, reconhecimento, trabalhos desafiadores, crescimento, responsabilidade e o próprio trabalho.

Teorias do Processo de Motivação

Teoria da Expectativa de Victor Vroom

Victor Vroom foi um psicólogo que observou a motivação como decorrente dos objetivos e das expectativas em relação a esses objetivos. Assim, ele criou uma fórmula para a motivação:

> **Valência:** é a importância que o resultado alcançado tem para a pessoa.

> **Instrumentalidade:** esta relacionada ao esforço que a pessoa está disposta a empreender para alcançar esse objetivo.

> **Expectativa:** é a probabilidade que o desprendimento do esforço tem de realmente alcançar o objetivo.

Teoria do Estabelecimento de Metas de Edwin Locke

Essa teoria sugere que a motivação do funcionário advém da definição, pelos gestores, de metas e objetivos claros a serem perseguidos pelos colaboradores. Assim, o conhecimento da meta a ser alcançada ajuda a manter o foco no objetivo e a canaliza as energias para que esse objetivo seja alcançado de maneira satisfatória.

Teoria da Avaliação Cognitiva de Deci

Como a motivação é um motorzinho que move as pessoas em prol de um determinado objetivo, o autor observou que a motivação provém de fontes intrínsecas, extrínsecas ou mesmo, da falta de motivação.

a) **Intrínsecas:** relacionada à satisfação e ao prazer;

b) **Extrínsecas:** relacionada à pela inserção e ao reconhecimento social, podendo ser de:

> **Aspecto controlador:** quando se sente pressionado a obter os resultados preestabelecidos, sentindo-se ameaçado e, consequentemente, diminuindo a sua motivação intrínseca.

> **Aspectos informais**: provêm de informações que permitem a própria pessoa avaliar seu desempenho naquilo que está realizando.

Motivação Baseada no Ambiente

Teoria do Condicionamento e Reforço Operantes de Skinner

Skinner baseou a sua teoria em experiências realizadas com ratos em laboratório, nas quais, para cada objetivo alcançado, os animais recebiam uma recompensa e o êxito aumentava quanto mais reforçado era o esforço. Ele afirma que a recompensa tem o poder de estimular e de aumentar as chances de alcançar os objetivos.

Skinner dividiu esse comportamento em:

> **Reforço positivo:** quando há um benefício pela manutenção do comportamento por parte do funcionário. Por exemplo: bater as metas.

> **Reforço negativo:** quando se recompensa o funcionário pela realização de um malefício.

> **Punição:** quando se pune um funcionário pelo cometimento de um comportamento considerado como sendo um malefício. Por exemplo: chegar assiduamente atrasado, então, desconta-se uma porcentagem de sua remuneração.

> **Extinção:** retirada de um benefício.

Teoria da Comparação Social de Festinger

Esta teoria defende que as pessoas buscam constantemente, melhorar a imagem que têm de si mesmas e dos grupos dos quais participam. Assim, o foco está em ser diferente, mas socialmente aceito.

Teoria da Equidade de Adams

Esta teoria deriva da teoria da comparação social, porém aqui o psicólogo Stacy Adams constata que as pessoas avaliam a relação esforço-recompensa que conseguem obter e comparam com aquela alcançada por outros trabalhadores.

Assim, cria-se o sentimento de equidade, ou seja de, igualdade de oportunidades, já que as pessoas esperam receber recompensas iguais para esforços iguais. Quando há uma desigualdade gera-se uma tensão visando a reestabelecer o equilíbrio.

Teoria X e Teoria Y

Fique Ligado

Basicamente, essas teorias tratam de dois perfis de personalidade e de comportamento de funcionários - aspectos que, muitas vezes, os próprios indivíduos não percebem que possuem. Em uma das teorias, o funcionário é relaxado, preguiçoso e gosta pouco de trabalhar. Já na outra, o funcionário gosta e busca as responsabilidades dentro da empresa. Adiante, comentaremos, detalhadamente, cada uma delas.

Douglas McGregor desenvolveu essas duas teorias visando uma análise dos fatores motivacionais relacionados ao trabalho.

Teoria X

Essa teoria possui uma visão negativa do ser humano, já que os gestores tem que ter posturas impositivas e coercitivas com os seus subordinados. Dessa forma, essa teoria visa a demonstrar que é impossível associar prazer e trabalho e que, para que os subordinados produzam, o gerente deve ser autocrático.

Baseia-se nas seguintes concepções sobre a natureza humana:

O ser humano é indolente e preguiçoso por natureza e procura evitar ao máximo o trabalho. Dessa forma, tem como características:

> Não possuir ambição, já que não gosta de assumir responsabilidades e prefere ser dirigido para se sentir mais seguro.

> Ser naturalmente egocêntrico, ou seja, colocar os seus interesses pessoais acima dos objetivos da empresa.

> Ser resistente a mudanças e evitar correr risco, pois procura sempre a forma mais segura.

> Não ser capaz de autodisciplina e autocontrole; por isso, precisa ser controlado e dirigido.

A administração baseada nessa teoria passa a observar:

» Organização dos recursos da empresa.

» Direção dos esforços.

» Punição, recompensa e coação às pessoas.

» Incentivos econômicos.

Baseada nessas concepções, a Teoria X desenvolve um estilo de direção em que o controle da energia humana é direcionado, unicamente, ao alcance dos objetivos empresarias.

Teoria Y

Já a teoria Y procura ver o ser humano de uma maneira mais positiva, ou seja, o gerente pode utilizar modelos participativos de gerência, deixando que os subordinados encontrem seus próprios caminhos para a motivação e encontrem prazer no trabalho.

Baseia-se nas seguintes concepções sobre a natureza humana:

O trabalho pode ser fonte de prazer e de satisfação para o ser humano, quando é realizado de forma voluntária, ou pode ter caráter punitivo, quando é desagradável e evitado pelas pessoas.

As pessoas possuem capacidade de assumir responsabilidades, ter autodireção e autocontrole. Dessa forma, o controle, a punição e a ameaça não se tornam a única forma de obter dedicação e alcançar os objetivos, como é afirmado na Teoria X.

Nessa teoria é amplamente incentivado a imaginação e a criatividade para a resolução de problemas.

Evolução da Forma de Ver as Pessoas nas Organizações

Como o pensamento administrativo e a forma como as organizações se relacionam com seus empregados evoluiu, também evoluiu a forma como as pessoas são vistas perante à organização:

> **Homem econômico racional:** o homem era considerado passivo, um indivíduo sobre o qual a organização deveria exercer o comando total.

> **Homem social:** a necessidade de relacionamento e afiliação (participar e sentir-se parte do grupo) começou a ser percebida pela organização.

> **Homem que se renova com as necessidades:** a organização passou a aceitar que existe auto-motivação e autocontrole por parte de seus colaboradores.

> **Homem complexo:** está inserido em um contexto moderno, onde a organização passou a olhar seus funcionários como pessoas diferentes e individuais, dotadas de características próprias, qualidades e competências, mas também defeitos.

Vamos Praticar

01. (CESPE) Os conhecimentos sobre comportamento organizacional proporcionam uma melhor compreensão dos indivíduos e grupos que integram organizações. A respeito das situações relacionadas ao trabalho, julgue o item que se segue. As intervenções que busquem agregar aspectos motivacionais extrínsecos tendem a ser eficazes para a manutenção da motivação dos indivíduos com forte necessidade de realização.

Certo ( ) Errado ( )

02. (FCC) Pesquisas na área acadêmica apontaram a produtividade como produto de duas variáveis: Tecnologia (20%) e Desempenho humano (80%); e que o desempenho humano, por sua vez, é conseguido por meio das variáveis: Conhecimento (30%) e Motivação (70%). Na área de Gestão de Pessoas, o caminho ideal para atingir índice de ideias de desempenho humano e, por consequência, de produtividade inicia-se pela implementação de:

a) Motivações forçadas e estrutura rígida.
b) Hierarquia flexível e promoções pessoais.
c) Confrontos e punições.
d) Treinamento e meritocracia.
e) Ações e políticas.

03. (CESPE) O valor que um indivíduo atribui ao alcance de um resultado - por exemplo, uma promoção - é fator determinante do seu nível de motivação em relação à determinada atividade.

Certo ( ) Errado ( )

04. (CONSULPLAN) Segundo a Teoria da Pirâmide de Maslow, é correto afirmar que:

a) As necessidades de segurança dizem respeito ao amor e ao afeto.
b) A necessidade de auto estima diz respeito à pertinência e inclusão nos grupos.
c) As necessidades de autorrealização surgem quando as demais necessidades tiverem sido atendidas.
d) As necessidades afetivo-sociais levam o indivíduo a desenvolver as qualidades de liderança, prestígio e "status".

05. (TJ-SC) A Teoria de "Motivação de Maslow" afirma que as necessidades humanas não satisfeitas influenciam o comportamento das pessoas. Segundo Maslow, as necessidades humanas são classificadas em:

a) Fisiológicas, de segurança, sociais, de estima e de autorrealização.
b) Fisiológicas, de segurança, políticas, ambientais e de autorrealização.
c) Fisiológicas, sociais, ambientais, políticas e financeiras.
d) Fisiológicas, sociais, ambientais, políticas e organizacionais.
e) Nenhuma das alternativas acima.

A administração de recursos humanos está relacionada a todas as funções do processo administrativo, referindo-se a políticas e práticas necessárias para se administrar o trabalho das pessoas. A esse respeito, julgue o item a seguir.

06. (CESPE) A Teoria dos Dois Fatores, de Herzberg, pode ser representada por meio de uma pirâmide constituída de dois tipos de necessidades das pessoas: uma básica, a necessidade de segurança; e outra, mais complexa e difícil de ser atingida, a necessidade de autorrealização.

Certo ( ) Errado ( )

07. (IADES) Segundo a teoria de Maslow, o comportamento do ser humano pode ser explicado pelas suas necessidades e pelos seus desejos, tornando-se, assim, fonte de motivação. Quanto à Pirâmide de Maslow, assinale a alternativa incorreta.

a) Necessidades humanas podem ser dispostas em níveis, numa hierarquia de importância e de influência, formando uma pirâmide onde a base são as necessidades fisiológicas.
b) O nível básico da pirâmide é o atendimento das necessidades básicas.
c) À medida que necessidades de níveis menores vão sendo satisfeitas, outras de nível mais elevados guiam o comportamento do indivíduo.
d) Mesmo que uma necessidade seja atendida, ela continua sendo motivadora do comportamento.
e) O nível mais elevado da pirâmide é a auto realização, o sucesso pessoal.

08. No modelo piramidal, criado por Maslow, para explicar a motivação, constam as seguintes necessidades humanas, dispostas em ordem hierárquica: fisiológicas, segurança, social, estima e autorrealização.

Certo ( ) Errado ( )

09. No trabalho de motivação dos funcionários, pesquisas recentes recomendam que os profissionais de gestão de pessoas adotem, sem restrições, a teoria de Maslow.

Certo ( ) Errado ( )

Uma empresa de seguros resolveu empregar, como agentes de venda, funcionários temporários, oriundos de abrigos de pessoas que sofreram violência. Na interpretação dos gestores dessa organização, esses indivíduos têm uma motivação especial para o trabalho por necessitar satisfazer o nível mais baixo na pirâmide de necessidades. Essa iniciativa remunerava os vendedores em 10% do valor do seguro colocado. Os funcionários já anteriormente contratados, ao perceberem a ameaça dessa ação para seus empregos, dobraram o faturamento médio esperado por colaborador.

10. (UFBA) Diante desse exemplo, é correto afirmar que o fator motivacional que originou a reação dos trabalhadores dessa empresa é condizente com a teoria X de McGregor.

Certo ( ) Errado ( )

11. (UFBA) Diante desse exemplo, é correto afirmar que nos estudos motivacionais, a teoria do reforço é uma abordagem comportamental que condiciona a atitude do indivíduo a estímulos externos, tais como um aumento salarial ou um elogio.

Certo ( ) Errado ( )

12. (UFBA) A maioria das teorias sobre motivação se baseia em padrões americanos que privilegiam a qualidade de vida e as necessidades sociais como as mais elevadas na hierarquia de valores.

Certo ( ) Errado ( )

13. (CESPE) Necessidades são razões para que o ser humano se ponha em movimento para buscar determinados fins.

Certo ( ) Errado ( )

14. (FCC) A satisfação dos funcionários e as práticas das empresas são classificadas em quatro categorias principais: organizacional, social, psicológica e biológica. Cada categoria divide-se em diferentes indicadores específicos. Os indicadores da categoria organizacional são:

a) Resultado em pesquisas de clima organizacional; investimento em educação formal e benefícios familiares.
b) Atividades culturais; atividades esportivas e benefícios familiares.
c) Ginástica laboral; controle de doenças e controle do estresse.
d) Valorização do funcionário; apoio psicológico e desafio no trabalho.
e) Tratamento ético dos funcionários; planos de carreira igualitários e clareza das políticas e procedimentos.

15. (FUNIVERSA) Acerca da Teoria de McGregor, assinale a alternativa que apresenta uma pressuposição da teoria X.

a) Os indivíduos comuns gostam de trabalhar desde que as condições sejam favoráveis.
b) Os indivíduos procuram pela responsabilidade para realizar os objetivos da organização.
c) A motivação dos indivíduos ocorre nos níveis de necessidades sociais, de estima e de autorrealização, bem como nos níveis fisiológicos e de segurança das necessidades.
d) As pessoas podem ser criativas no trabalho, desde que adequadamente estimuladas.
e) Os indivíduos comuns são preguiçosos e indolentes, não gostam de trabalhar.

16. É possível afirmar que quanto maior for a motivação de um funcionário para o trabalho, tanto melhor será o seu desempenho em determinado contexto laboral.

Certo ( ) Errado ( )

17. (CESPE) Prover a empresa com pessoal qualificado, elevar a satisfação e a autorrealização dos empregados e ajudar a organização a alcançar suas metas, constituem objetivos da gestão de recursos humanos.

Certo ( ) Errado ( )

Uma diretora executiva de uma multinacional brasileira trabalha mais de 12 horas diárias. Constantemente, visita as subsidiárias em diversos países para acompanhar o desenvolvimento das estratégias. A alta direção está desenvolvendo um plano de reestruturação da sua diretoria para que ela possa viajar menos, trabalhar um número inferior de horas e se dedicar mais a seus projetos pessoais e familiares. A executiva não aceitou a proposta, sugerindo que outras pessoas não conseguiriam realizar suas funções executivas adequadamente. Adicionalmente, afirmou que não poderia abrir mão de sua posição para, em troca, se dedicar aos seus projetos pessoais e familiares.

18. (CESGRANRIO) Conclui-se que sua motivação está na satisfação de necessidades:

a) Básicas.
b) De segurança.
c) De participação.
d) Estima.
e) De autorrealização.

Uma boa funcionária ocupa um mesmo cargo há três anos e realiza uma atividade técnica extremamente especializada. Ela conversou com seu supervisor sobre sua desmotivação e desinteresse.

Seu supervisor começou a avaliar alguns sistemas motivacionais disponíveis e decidiu incentivá-la a permanecer e melhorar seu desempenho no trabalho, associando- o à sua realização pessoal. Para tal, propôs aumentar seu escopo de trabalho, inserir novos desafios e responsabilidades, delegar certa autonomia decisória e possibilitar futuras progressões salariais.

19. (CESGRANRIO) Nessa situação, o supervisor buscou um sistema motivacional, conhecido como:

a) Enriquecimento do trabalho.
b) Grupos autônomos de trabalho.
c) Reconhecimento do trabalho.
d) Profecia autorrealizadora.
e) Incentivos monetários.

No que se refere ao comportamento organizacional, julgue o item a seguir.

20. (CESPE) Dado o conceito multidimensional de satisfação no trabalho, uma pessoa pode estar satisfeita com um aspecto do seu trabalho, mas insatisfeita com outro.

Certo ( ) Errado ( )

Gabarito

01	ERRADO	11	CERTO
02	E	12	ERRADO
03	CERTO	13	CERTO
04	C	14	E
05	A	15	E
06	ERRADO	16	ERRADO
07	D	17	CERTO
08	CERTO	18	D
09	ERRADO	19	A
10	ERRADO	20	CERTO

Anotações

CAPÍTULO 06

Conflitos nas Organizações

As organizações são formadas por seres humanos diferentes, dotados de capacidades, competências e individualidades. Porém, quando esses pontos são ignorados pela organização, os conflitos são gerados, principalmente quando, de alguma maneira, um dos funcionários sente seus interesses ameaçados.

Os conflitos devem ser vistos como algo inevitável dentro de uma organização. O importante é saber que existem diferentes níveis da abrangência de conflitos:

> **Pessoal:** conflitos dentro do próprio indivíduo;
> **Interpessoal:** conflito entre os indivíduos;
> **Intragrupal:** conflito entre as pessoas de um mesmo grupo;
> **Intergrupal:** conflito entre pessoas de diferentes grupos, defendendo o interesse de seu respectivo grupo;
> **Interorganizacional:** conflito entre organizações diferentes.

Robbins (2002), que possui uma visão interacionista, diz que os conflitos não são sempre bons, já que existem os conflitos funcionais, ou seja, que atuam de forma construtiva, apoiando os objetivos do grupo e melhorando o desempenho, e existem os conflitos disfuncionais, que atrapalham o desempenho do grupo. Assim, Robbins faz uma classificação quanto ao motivo do conflito e apresenta as seguintes classificações:

→ **Conflito de tarefa:**
> Quando envolve o objetivo da tarefa;

→ **Conflito de relacionamento:**
> Quando envolve os relacionamentos interpessoais;

→ **Conflito de processos:**
> Quando envolve a forma de realizar determinada tarefa.

O significado da palavra conflito, segundo o **Dicionário Aurélio, é**: "1. Luta, combate; 2. Guerra; 3. Enfrentamento; 4. Oposição entre duas ou mais partes; 5. Desavença entre pessoas, grupos; 6. Divergência, discordância de ideais, de opiniões".

→ **Os conflitos são negativos quando:**
> Geram competição entre os departamentos e setores da organização;
> Diminuem a visão das pessoas, provocando a impossibilidade de identificação de novas alternativas;
> Provocam esquecimento de metas traçadas e de objetivos particulares;

→ **Os conflitos têm efeitos positivos quando trazem benefícios para a organização, tais como:**
> Melhoria no nível de coesão: no caso de conflitos intergrupais, as pessoas passam a defender os interesses coletivos do grupo, como uma família que se encontra ameaçada;
> Aumento no nível de empenho e comprometimento: estar em uma situação de conflito faz com que as pessoas queiram superar os seus próprios limites;
> Aperfeiçoamento do processo de integração: por tomarem parte em um conflito, as pessoas tendem a se sentir envolvidas, aumentando o seu comprometimento.

Como pode ser visto, as causas dos conflitos podem ter origens diversas, e a maneira como as identificamos e tratamos poderá acentuar o problema ou resolvê-lo sem maiores danos.

A Terceira Lei de Newton, também denominada de princípio da ação e reação, diz: **"Se um corpo A aplicar uma força sobre um corpo B receberá deste uma força de mesma intensidade, mesma direção e de sentido contrário"**. A lei defende que, para cada ação produzida, há uma reação em sentido oposto, de mesma intensidade. No relacionamento interpessoal, precisamos entender que a forma como nos comunicamos e nos posicionamos frente às situações, faz toda a diferença.

O princípio 90/10 de Stephen Covey diz que **"os 10% da vida estão relacionados com o que se passa com você e os 90% restantes, estão relacionados com a forma como você reage ao que se passa com você"**. Tomando por base a afirmação de Stephen Covey, a maior parte da nossa vida está relacionada com o comportamento que adotamos frente às circunstâncias impostas pela vida. A maneira de agir e reagir faz toda a diferença. Se eu desisto facilmente ou se luto bravamente diante das circunstâncias impostas pela vida, isso determina vitória/derrota e sucesso/fracasso.

Em muitos casos, a falta de conhecimento e experiência em lidar com situações de adversidades, lutas ou discordâncias entre pessoas ou grupos, gera baixo desempenho na execução das atividades operacionais, pois se perde a capacidade de interação e de relacionamento funcional; assim, metas e objetivos são comprometidos. Por isso, empresários, diretores, gerentes, supervisores e outras pessoas que ocupam cargos de confiança precisam aprender a lidar com situações de conflito, pois a maneira de gerenciá-las pode causar desmotivação, absenteísmo, *turn over* (rotatividade), insubordinação, etc. Agora, quando o líder sabe gerir essas situações de maneira eficiente, pode até acontecer conflitos, mas haverá satisfação, confiança, compromisso, empenho, busca de soluções, crescimento e, sobretudo, melhoria nos resultados organizacionais.

O conflito pode ser um problema sério em uma organização. Ele é capaz de gerar condições caóticas que tornam praticamente impossível que os funcionários trabalharem em conjunto. Por outro lado, o conflito também tem o seu lado positivo, menos conhecido.

Cultura Organizacional

A palavra cultura pode ter vários significados. Em seu conceito original, encontrado no dicionário, cultura significa:

"Ação ou maneira de cultivar a terra ou as plantas; cultivo: a cultura das flores. Desenvolvimento de certas espécies microbianas: caldo de cultura. Terreno cultivado: a extensão das culturas. Categoria de vegetais cultivados: culturas forrageiras. Arte de utilizar certas produções naturais: a cultura do algodão. Criação de certos animais: a cultura de abelhas. Fig. Conjunto dos conhecimentos adquiridos; a instrução, o saber: uma sólida cultura. Sociologia Conjunto das estruturas sociais, religiosas etc. Das manifestações intelectuais, artísticas etc., que caracteriza uma sociedade: a cultura inca; a cultura helenística. Aplicação do espírito a uma coisa: a cultura das ciências. Desenvolvimento das faculdades naturais: a cultura do espírito. Apuro, elegância: a cultura do estilo. Cultura de massa, conjunto dos fatos ideológicos comuns a um grupo de pessoas consideradas fora das distinções de estrutura social, e difundidos em seu seio por meio de técnicas industriais. Cultura física, desenvolvimento racional do corpo por exercícios apropriados. Ato, modo ou efeito de cultivar: a cultura dos campos. Estado de quem tem desenvolvimento intelectual. Utilização industrial de certos produtos naturais. Estudo. Elegância, esmero. (Ant.) O mesmo que culteranismo".

(Cf. Jac. Freire, D. João de Castro, p. VIII).

Porém, quando esse conceito é abordado referindo-se ao ser humano, cultura significa a forma como o ser humano encara as coisas, como observa o mundo e o sentido da vida. Assim, o termo cultura organizacional é definido como:

"Cultura Organizacional é o modelo de pressupostos básicos que um grupo assimilou na medida em que resolveu os seus problemas de adaptação externa e integração interna e que, por ter sido suficientemente eficaz, foi considerado válido e repassado (ensinado) aos demais (novos) membros como a maneira correta de perceber, pensar e sentir em relação àqueles problemas[1]"

A cultura organizacional se apresenta em três diferentes níveis:

01. Artefatos: são as coisas concretas que cada um vê, ouve e sente quando se depara com uma organização. Incluem produtos, serviços, e padrões de comportamento dos membros de uma organização. Podem ser observados na forma como as pessoas se vestem, falam, sobre o que conversam, como se comportam. Os símbolos, as histórias, os heróis, os lemas e as cerimônias anuais são exemplos de artefatos.

02. Valores compartilhados: são os valores relevantes que se tornam importantes para as pessoas e que definem as razões pelas quais elas fazem o que fazem; funcionam como justificativas aceitas por todos.

03. Pressuposições básicas: constituem o nível mais profundo da cultura organizacional. São as crenças inconscientes, percepções, sentimentos e pressuposições dominantes em que as pessoas acreditam.

Mudanças na Cultura Organizacional

A cultura organizacional pode ser um fator de sucesso ou de fracasso das organizações. Ela pode ser flexível e impulsionar a organização, como também pode ser rígida e travar o seu desenvolvimento. A parte mais visível da cultura – a ponta do iceberg– em que estão os padrões e estilos de comportamento dos funcionários, é a mais fácil de mudar. Contudo, no nível invisível, estão os valores compartilhados e as pressuposições desenvolvidas ao longo da história da organização. Esse segundo nível é mais difícil de mudar. As mudanças no primeiro nível – padrões e estilos comportamentais – ao longo do tempo provocam mudanças nas crenças mais profundas.

Há vários tipos de culturas, podemos identificar algumas:

> **Cultura do tipo "equipe de futebol":** valoriza o talento, a ação empreendedora e o desempenho pelo comprometimento; oferece grandes recompensas financeiras e reconhecimento individual.

> **Cultura do tipo "clube":** enfatiza a lealdade, o trabalho para o bem do grupo e o prestigio ao direito das pessoas - valoriza os generalistas e o processo degrau por degrau na carreira profissional.

> **Cultura do tipo "fortaleza":** oferece pouca segurança no emprego; opera com uma mentalidade de sobrevivência, que enfatiza cada indivíduo a fazer uma diferença e que focaliza a atenção nas oportunidades de fazer reviravoltas;

> **Cultura do tipo "academia":** valoriza as relações a longo prazo; enfatiza o desenvolvimento sistemático da carreira, o treinamento regular e o avanço profissional, baseado no ganho de experiência e de habilidade de conhecimentos funcionais.

O seu futuro na carreira dependerá da sua escolha em trabalhar para uma organização que permita uma adequação entre suas características pessoais de personalidade e as características da cultura corporativa.

→ **Como mudar uma cultura organizacional?**

> Uma crise dramática;

> Modificações de lideranças (de topo);

> Organização pequena e jovem;

> Cultura fraca.

A cultura organizacional é aprendida de diversas formas, mais notadamente de quatro:

01. Histórias: contos e passagens sobre o fundador da empresa, lembranças sobre dificuldades ou eventos especiais, regras de conduta, etc.;

02. Rituais e Cerimônias: são sequências repetitivas de atividades que expressam e reforçam os valores principais da organização. As cerimônias de fim de ano e as comemorações de aniversário da organização são exemplos.

03. Símbolos materiais: a arquitetura do edifício, os móveis, o tamanho e o arranjo físico dos escritórios constituem símbolos que definem o grau de igualdade ou de diferença entre as pessoas e o tipo de comportamento desejado pela organização.

04. Linguagem: as organizações desenvolvem termos singulares para descrever equipamentos, escritórios, pessoas-chave, fornecedores, clientes ou produtos. Também a maneira como as pessoas se vestem e os documentos utilizados constituem formas de expressar a cultura organizacional.

Cultura nas Organizações

Todas as organizações possuem uma cultura própria, ou seja, um conjunto de costumes, crenças e valores que as identificam. A cultura é responsável por fixar a marca da empresa e orientar o comportamento daqueles que a formam.

Dessa forma, a cultura é composta por:

→ **Valores**

Estão relacionados ao estabelecimento de padrões de comportamento, imagem e avaliação, ou seja, em uma empresa, os valores demonstram quais as prioridades e os caminhos que a organização deseja seguir para alcançar os seus objetivos.

1 [1]SCHEIN, Edgar. Organizational culture and leadership. California: Jossey-Bass Publisher,1997.

→ **Ritos**

Estão correlacionados às ações diárias, já que visam a tornar a cultura organizacional homogênea e a difundir os valores organizacionais. Os ritos podem ser agrupados em várias categorias, os principais são:

» **Ritos de iniciação:** referente à entrada em uma determinada situação. Exemplo: os trotes realizados nas universidades ou a apresentação de um empregado novo nos departamentos da organização;

» **Ritos de passagem:** referentes às celebrações que marcam a mudança de uma situação para outra. Exemplo: casamento ou formatura.

→ **Mitos**

Estão relacionados a figuras imaginárias utilizadas para reforçar crenças organizacionais na tentativa de manter valores considerados históricos. Exemplo "a empresa é uma grande família".

Segundo Schein (1992), a cultura organizacional pode ser analisada sob três camadas:

> **Artefatos:** referem-se às atitudes visíveis das pessoas da organização (padrões de comportamento);

> **Valores compartilhados:** referem-se às essências no quadro funcional da organização, podendo representar um intenso mecanismo de motivação para as pessoas (crenças);

> **Pressuposições básicas:** tratam-se da camada mais profunda da análise cultural (valores); aspecto subjetivo da cultura, formado pela informalidade, a qual é construída com base nas experiências.

Conflito Funcional X Conflito Disfuncional

A visão interacionista não propõe que todos os conflitos sejam bons. Na verdade, alguns conflitos apoiam os objetivos do grupo e melhoram seu desempenho; esses são os conflitos funcionais, formas construtivas de conflito. Por outro lado, existem conflitos que atrapalham o desempenho do grupo; são formas destrutivas ou disfuncionais de conflito.

O que diferencia um conflito funcional de um disfuncional? As evidências indicam que precisamos observar o tipo de conflito. Existem três tipos de conflito: de tarefa, de relacionamento e de processo.

O **Conflito de Tarefa** está relacionado ao conteúdo e aos objetivos do trabalho. O **Conflito de Relacionamento** se refere às relações interpessoais. O **Conflito de Processo** relaciona-se à maneira como o trabalho é realizado.

Os estudos demonstram que os conflitos de relacionamento são quase sempre disfuncionais. Por quê? Aparentemente, o atrito e as hostilidades interpessoais inerentes aos conflitos de relacionamento aumentam os choques de personalidades e reduzem a compreensão mútua, o que impede a realização das tarefas organizacionais. Por outro lado, níveis reduzidos de conflito de processo e níveis de baixos a moderados de conflito de tarefas são funcionais. Para que o conflito de processo seja produtivo, seu nível tem de ser baixo. A discussão intensa sobre quem deve fazer o quê torna-se disfuncional quando gera incertezas sobre os papéis de cada um, aumenta o tempo de realização das tarefas e leva os membros a trabalhar com propósitos difusos. Um nível baixo ou moderado de conflito de tarefa demonstra, consistentemente, um efeito positivo no desempenho do grupo por estimular a discussão de ideias que ajudam o trabalho em equipe.

O Conflito sob a Visão das Relações Humanas

De acordo com a conceituação de relações humanas, o conflito é uma ocorrência natural nos grupos e organizações. Por ser inevitável, essa escola defende a sua aceitação. Seus seguidores racionalizam a existência do conflito: ele não pode ser eliminado e há ocasiões em que pode ser até benéfico para o desempenho do grupo. A visão das Relações Humanas dominou a teoria sobre conflitos do final dos anos 40, até a metade da década de 1970.

O Conflito sob a Visão Interacionista

A abordagem de relações humanas aceita o conflito; a visão interacionista o encoraja, no sentido de que um grupo harmonioso, pacífico, tranquilo e cooperativo está na iminência de tornar-se estático, apático e insensível à necessidade de mudança e inovação. A principal contribuição desta abordagem, portanto, é encorajar os líderes de grupos a manter, constantemente, um nível mínimo de conflito – o suficiente para fazer com que o grupo continue viável, autocrítico e criativo.

Técnicas de Resolução de Conflitos

Para que o gerenciamento dos conflitos seja eficaz, é preciso conhecer as formas de agir numa situação conflituosa. Por isso, conhecer o campo no qual se travará a batalha e saber como atuar durante o embate é importante para não causar feridas irreparáveis ou incendiar ainda mais a situação. A estratégia adotada define o comportamento para a solução das divergências.

A partir do momento em que identificamos os tipos e as causas dos conflitos, temos condições de determinar "as estratégias" que devem ser adotadas para administrá-los. Todavia, a estratégia escolhida deve ser utilizada a partir de uma análise ampla, coerente, sincera e correta da situação. O sucesso da escolha de uma estratégia não é garantia de sucesso em outros momentos de conflitos. Cada situação deve ser estudada e planejada.

Existem muitas definições de Conflito. Apesar dos diferentes sentidos que o termo adquiriu, vários temas comuns estão presentes na maioria das definições. O conflito precisa ser percebido pelas partes envolvidas; a sua existência ou não é uma questão de percepção. Se ninguém tiver noção da existência, há um acordo geral de que não existe. Outros aspectos comuns nas definições são a oposição ou incompatibilidade em algumas formas de interação. Esses aspectos estabelecem as condições que determinam o ponto inicial do processo de conflito.

Podemos definir Conflito, então, também como um processo que tem início quando uma das partes percebe que a outra parte afeta, ou pode afetar negativamente alguma coisa que a primeira considera importante.

Essa definição descreve aquele ponto em qualquer atividade quando a interação "passa dos limites" e se torna um conflito para as partes envolvidas. Engloba um amplo escopo de conflitos experimentados pelas pessoas nas organizações – incompatibilidade de objetivos, diferenças na interpretação dos fatos, desacordos baseados em expectativas de comportamento e assim por diante.

Fique Ligado

Pode-se conceituar Administração de Conflitos como: a arte de identificar, lidar e resolver situações divergentes entre pessoas ou grupos no relacionamento interpessoal ou intrapessoal.

O conflito tem sua principal causa na divergência de interesses, ideologias ou opiniões a respeito de certo assunto, procedimento ou realização. Diferentemente do que a maioria das pessoas imagina, os conflitos bem administrados podem gerar mudanças positivas no comportamento das pessoas, pois motivam a busca de soluções. Por outro lado, os conflitos administrados de maneira errada, causam tensão, levam à agressão e geram ambientes improdutivos.

Papel do Gerente

Como uma das atribuições inerentes ao cargo de gerência é estar formalmente investido de autoridade, o gerente deve trabalhar para que as metas e objetivos organizacionais sejam alcançados de forma satisfatória. Isso inclui utilizar do poder dado a ele pela organização, para influenciar comportamentos e resolver os conflitos internos.

Sintomas dos Conflitos

Os gerentes devem ser capazes de identificar os sintomas de conflitos organizacionais. Por isso, devem observar:

> Problemas de comunicação;
> Hostilidade e inveja;
> Problemas interpessoais;
> Excessivo surgimento de regras e normas.

Tipos de Conflitos

O conflito é necessário. Por mais que se desenvolvam esforços no sentido de eliminá-lo, não poderemos ignorá-lo ou impedi-lo. É importante entender as suas causas, compreender suas origens, perceber a expressão do sentimento do outro, saber qual é a dimensão do problema e se estamos preparados para administrá-los. Isso determina o nosso comportamento frente à situação.

Existem vários tipos de conflito e sua identificação pode auxiliar a detectar a estratégia mais adequada para administrá-lo. No artigo **Administração de Conflitos**, de Eunice Maria Nascimento e Kassem Mohamed El Sayed, publicado pela Revista Capital Humano, são mencionados os seguintes tipos de conflitos:

Conflito latente: não é declarado e não há, mesmo por parte dos elementos envolvidos, uma clara consciência de sua existência. Eventualmente não precisa ser trabalhado. Para lidar com conflitos, é importante conhecê-los, saber qual é sua amplitude e como estamos preparados para trabalhar com eles;

Conflito percebido: os elementos envolvidos percebem, racionalmente, a existência do conflito, embora não haja manifestações abertas do mesmo;

Conflito sentido: é aquele que atinge ambas as partes, e que provoca emoção de forma consciente;

Conflito manifesto: trata-se do conflito que atingiu ambas as partes, é percebido por terceiros e pode interferir na dinâmica da organização.

Causas dos Conflitos

Assim como os sintomas, identificar as causas de um conflito é essencial para que o mesmo possa ser solucionado e não traga prejuízos para a organização. São exemplos de causas:

> Dependência mútua da tarefa;
> Assimetrias relacionadas à tarefa: quando funcionários que desenvolvem a mesma atividade são tratados de maneiras diferentes;
> Critérios de desempenho e recompensa: quando incentiva-se o individualismo em detrimento do trabalho em equipe, já que a organização reconhece e recompensa desempenhos individuais ao invés de dar destaque a objetivos alcançados de forma coletiva;
> Diferenciação organizacional:
» **Horizontal:** refere-se ao nível de fracionamento do trabalho, quanto mais fracionado, maior a probabilidade de ocorrem conflitos;
» **Vertical:** relacionado à quantidade de níveis hierárquicos existentes, podendo gerar conflitos se houver um grande distanciamento entre quem "manda" e quem "faz";
> Obstáculos na comunicação: a comunicação é essencial para alcançar metas e objetivos e evitar conflitos. Nesse caso, a geração de conflitos pode ser potencializada pelo excesso ou pela comunicação falha;
> Habilidades e traços pessoais: devido as pessoas terem características e personalidades diferentes, elas podem ter também opiniões divergente em alguns assuntos, o que pode levar à geração de conflitos organizacionais.

Retirada	**Um lado se retira do problema, fugindo ou adiando a solução.**
Compromisso/ Colaboração	**Criação de uma solução mista, cada um cedendo um pouco. Usada quando os relacionamentos são iguais. Solução perde-perde.**
Força	**A pessoa com o poder toma a decisão.**
Apaziguamento	**Adesão à paz, evitando outras possíveis soluções. É o que na linguagem popular se trata como "colocar panos quentes".**
Negociação	**Busca de uma solução intermediária na qual cada pessoa cede um pouco, chegando a um acordo. Ganha-ganha.**

Fases da Solução de Conflito

a) Identificar a causa do problema;
b) Procurar soluções, não culpados;
c) Analisar e escolher a melhor solução;
d) Manter um clima de respeito durante todo o momento;
e) Aperfeiçoar a habilidade de ouvir e falar, compreendendo o que houve e sendo claro na transmissão da sua mensagem;
f) Colocar-se no lugar do outro;
g) Ser construtivo ao fazer uma crítica;
h) Procurar a solução Ganha-ganha;
i) Agir sempre no sentido de eliminar as causas do conflito;
j) Reconhecer quando estiver errado;
k) Não varrer os problemas para debaixo do tapete;
l) Agir com resiliência.

A Administração de Conflitos como Competência

Dentro das organizações, os conflitos começam por lutas pelo poder, frustrações, choques de interesse, falhas na comunicação, dentre outros motivos. A falta de administração de conflitos causa tensão e faz com que o ambiente se torne improdutivo.

Entretanto, os conflitos têm um lado positivo, pois permitem a análise de pontos de vistas diferentes e motivam a busca de soluções.

A competência na Administração de Conflitos avalia a capacidade de lidar com problemas e obstáculos e a estratégia de posicionamento que o indivíduo tem frente aos conflitos. Mensura a condição do indivíduo enfrentar, encarar e vencer situações de confronto, moderando ou conduzindo demandas de pressão e crise.

Os profissionais com a competência pouco desenvolvida na Administração de Conflitos evitam os conflitos e não se expõem frente aos embates. Atuam de forma cômoda, moderando e conciliando, colocando "panos quentes" e evitando tomar as decisões que a situação requer.

Em contrapartida, o profissional com essa competência desenvolvida de forma equivocada e em excesso expõe o que pensa sem moderação, explicitando os problemas, o que acaba por catalisar a confusão.

Uma Administração de Conflitos eficiente está no profissional que encara facilmente os problemas e mantém uma postura política na hora de solucioná-los. Mantém, ainda, um clima de respeito e é construtivo ao fazer uma crítica.

Para administrar conflitos de forma assertiva, é preciso analisar a situação, desenvolver a habilidade de ouvir e procurar soluções, ao invés de procurar os culpados.

Entre as várias competências do líder moderno, uma se destaca no rol de competências procuradas pelas empresas, a Resiliência. Resiliência é um termo utilizado pela física que demonstra a capacidade de um material voltar ao seu estado original depois de ter sofrido uma pressão. Isso quer dizer - **ter capacidade de reagir com flexibilidade às situações de conflitos ou ter a capacidade de se moldar frente às dificuldades.** Hoje o mundo vive em constante mudança. Cada dia desenvolvem mais tecnologias, surgem as necessidades de redução de custos, de mão de obra disponível, de famílias destruídas, problemas emocionais não resolvidos, maiores exigências dos consumidores, pressão do governo sobre empresas, proliferação de doenças, problemas ambientais, etc. Por tudo isso, os profissionais precisam se moldar frente às dificuldades e reagir com flexibilidade.

Outro aspecto importante é a adoção da imparcialidade quando o conflito envolver a necessidade de julgamento de um terceiro. É preciso lembrar que: o comportamento humano também é determinado pelos hábitos e costumes adquiridos na criação da pessoa, além disso, é claro, das variáveis encontradas no ambiente. Nesse caso, um julgamento mal feito pode destruir a vida ou a carreira de uma pessoa.

A, administração de conflitos faz parte do nosso cotidiano e requer constante aprendizado. Por isso, cuidar da nossa vida espiritual, afetiva, familiar, intelectual, emocional e profissional contribui para um bom desempenho. Administrar empresas implica em gerir conflitos internos e externos resultantes do relacionamento entre as pessoas. Os conflitos não desaparecerão, isso seria um sonho.

Precisamos entender que, das situações de conflitos, podemos extrair experiências de crescimento e de desenvolvimento humano, que, se bem aproveitadas, gerarão mudanças e oportunidades de crescimento mútuo entre os envolvidos.

Postura diante de um Conflito

- **Evitar:** o conflito não têm tanta importância para uma das partes, por isso ela evita que o conflito inicie;
- **Acomodar-se:** quando o assunto não é relevante para uma das partes, ela prefere satisfazer as necessidades da outra;
- **Competir**: quando satisfazer os próprios interesses é a maior preocupação, importa a uma das partes vencer o conflito;
- **Colaborar:** quando o objeto do conflito é importante, e há grande colaboração das partes para resolver o impasse;
- **Negociar**
- **Distributiva:** quando há um lado vencedor e outro perdedor;
- **Integrativa:** quando os dois lados abrem mão de algo e assim os dois saem ganhando.

Participação de Terceiros

- **Conciliador:** alguém de confiança de ambas as partes tenta conciliar e resolver o conflito;
- **Mediador:** utiliza-se da razão para tentar resolver o conflito, age como pacificador;
- **Árbitro:** pessoas que possuem autoridade para resolverem o assunto gerador do conflito.

Vamos Praticar

01. (CESPE) O processo de socialização de novo funcionário é uma das formas de transmissão da cultura organizacional.

Certo ( ) Errado ( )

02. (CESPE) São níveis da cultura organizacional: artefatos observáveis, valores e pressupostos básicos.

Certo ( ) Errado ( )

03. (FCC) Com relação a mudanças da cultura organizacional de uma empresa, considere as afirmativas abaixo.

I. Elas são impossíveis, pois estas dependem de um consenso em todos os setores em relação à necessidade da mudança.

II. Estas dependem essencialmente da transformação radical dos pressupostos cognitivos da cultura da organização.

III. Elas devem focar inicialmente os produtos, as estruturas e os sistemas da empresa que podem ser mais facilmente modificados.

IV. Estas são difíceis, mas não impossíveis, pois implicam em modificar concepções que são arraigadas no pensamento e no comportamento das pessoas.

V. Elas devem, em primeiro lugar, eliminar aqueles que detêm poder na organização, mas não se interessam pela mudança.

Estão corretas somente:

a) I e V.
b) II, IV e V.
c) I, II e III.
d) I, II, III e V.
e) III e IV.

04. (FCC) Com relação ao conceito de cultura organizacional é correto afirmar que ela:

a) É o resultado de um acordo entre líderes e colaboradores que se expressa em normas formais que todos os membros da organização devem cumprir.
b) Expressa-se através de rituais, mitos, hábitos e crenças compartilhadas pelos membros de uma organização.
c) Resulta de um longo processo de adaptação às influências ambientais. As mudanças na cultura da organização dependem de mudanças nos fatores externos.
d) Expressa os valores e o estilo de ação dos seus líderes e são, necessariamente, incorporados pelos subordinados.
e) Refere-se ao conjunto de competências, atribuições e tarefas que se expressam em normas e regulamentos, e definem o tipo de visão, missão e estratégias de uma organização.

05. (FCC) Schein (1992) propõe que a cultura organizacional seja analisada sob três camadas: artefatos, valores compartilhados e pressuposições básicas.

Os valores compartilhados:

a) São pressuposições importantes, as quais devem ser seriamente consideradas pelos gestores de modo geral. Tais contribuições podem modificar positivamente o alcance dos resultados.
b) Indicam as verdades implícitas que o conjunto dos membros da corporação compartilham. Tais verdades surgem em decorrência das experiências compartilhadas.
c) Exercem funções essenciais no quadro funcional da organização. Tal processo pode representar um intenso mecanismo de motivação para as pessoas que se encontram inseridas naquela cultura.
d) São os padrões de comportamento facilmente detectados no trabalho cotidiano das pessoas da organização. Eles é que exercem uma ligação com a ideia de que todos fazemos parte de um grupo de trabalho.
e) Modificam sobremaneira a maneira de pensar dos colaboradores, que passam juntos a desenvolver crenças idênticas e que favorecem a construção de uma identidade corporativa. Esta identidade é que estabelecerá o tipo de cultura que a empresa desenvolverá.

06. (ESAF) Sobre a cultura e o clima organizacional, assinale a única opção falsa.

a) A cultura representa o ambiente de crenças e valores, costumes, tradições, conhecimentos e práticas de convívio social e relacionamento entre as pessoas.
b) O clima pode ser tocado e visualizado. Pode também ser percebido psicologicamente.
c) A cultura organizacional condiciona e determina as normas de comportamento das pessoas dentro de cada empresa.
d) São elementos de avaliação do clima organizacional: processos de liderança, forças motivacionais, comunicações, processos de interação/influência, tomada de decisões, formulação de objetivos e controles.
e) O clima organizacional influencia a motivação, o desempenho humano e a satisfação no trabalho.

07. (CESPE) A cultura da ausência do grupo de trabalho contribui mais para o absenteísmo que as políticas organizacionais de uma empresa.

Certo ( ) Errado ( )

08. (FCC) Com relação à cultura organizacional de uma empresa, considere as afirmativas abaixo:

I. Artefatos são os indícios visíveis, materiais ou simbólicos, da cultura da empresa.
II. O terceiro nível da cultura corporativa são as crenças inconscientes nas quais todos os membros acreditam.
III. Premissas básicas são como os membros se comportam, interagem e trabalham no cotidiano da organização.
IV. Cerimônias e eventos são rituais, de caráter positivo ou negativo, que reforçam as normas e enfatizam o que é importante para a organização.
V. O poder numa organização depende apenas do controle das estruturas formais da organização.

Está correto o que se afirma somente em:

a) I e IV.
b) II e III.
c) I, II, III e V.
d) I, II e IV.
e) III, IV e V.

Com relação a recursos humanos, julgue o item seguinte.

09. (CESPE) Cultura e clima organizacional são conceitos similares que se inter-relacionam, de modo que o clima depende do tipo de cultura estabelecido pela organização e a cultura é refletida pelas percepções que os indivíduos têm em relação ao clima.

Certo ( ) Errado ( )

O novo diretor de determinado órgão público, objetivando apagar da memória dos servidores a máxima "manda quem quer, obedece quem tem juízo", instituída na cultura da organização pelo antigo diretor, que permanecera no cargo durante trinta anos, anunciou a realização de certame para a escolha de uma canção comemorativa dos quarenta anos de existência do órgão, por meio da qual seriam enaltecidos valores e princípios positivos que norteam o órgão. O anúncio foi feito durante a tradicional reunião de prestação de contas mensal, em que são comunicadas notícias internas, como promoções, exonerações e apresentação de novos colaboradores. Considerando essas situação hipotética, julgue os próximos itens, a respeito de clima e cultura organizacional.

10. (CESPE) A canção escolhida para representar o órgão constitui um valor da cultura organizacional.

Certo ( ) Errado ( )

11. (FCC) Em ambientes altamente competitivos, em que predominam a mudança e a incerteza, a cultura organizacional

a) Representa aspectos irracionais profundamente enraizados na organização que devem ser removidos.

b) Deve ser tratada como mais um elemento do planejamento estratégico da organização.

c) Terá um impacto significativo sobre o desempenho econômico da organização apenas no curto prazo.

d) Exerce maior influência sobre o desempenho e os resultados da empresa do que os aspectos físicos, estruturais e estratégias organizacionais.

e) Dificulta a sobrevivência de uma organização no longo prazo, quando baseada em valores centrais que transcendem considerações econômicas

A cultura organizacional dispõe de indicadores importantes que o administrador deve sempre acompanhar, visto que o bom convívio interno contribui para que as empresas enfrentem um mercado cada vez mais competitivo. A respeito da gestão de recursos humanos focada na cultura organizacional, julgue o item que se segue.

12. (CESPE) Entre as classificações mecanicista e orgânica, as repartições públicas são enquadradas nesta última.

Certo ( ) Errado ( )

13. (FCC) Valores, ritos, mitos e tabus são componentes

a) Das variáveis estratégicas não controláveis.

b) Dos objetivos e metas.

c) Do planejamento estratégico organizacional.

d) Da gestão por competências.

e) Da cultura organizacional.

14. (FCC) O conflito disfuncional é aquele que:

a) Interfere no desempenho, sendo prejudicial às metas e objetivos da organização.

b) Causa prejuízos à imagem pública da organização.

c) Dificulta a elaboração do planejamento estratégico e a definição de uma visão comum.

d) Incentiva a adoção de comportamentos de resistência à mudança e gera o aumento de reclamatórias trabalhistas.

e) Promove resultados benéficos tanto para a organização como para os indivíduos, pois gera mudanças nos processos de trabalho.

15. (FCC)Três tipos de conflitos ocorrem no ambiente de trabalho: conflito de relacionamento, conflito de tarefas e conflito de processo. O conflito de processo é aquele que surge:

a) Da incapacidade de perceber as intenções e perspectivas das outras pessoas.

b) De diferenças de personalidade e objetivos pessoais.

c) Em função de diferentes conteúdos e objetivos de trabalho.

d) Como consequência da interdependência de papéis e funções profissionais.

e) Em relação à responsabilidade e ao modo como o trabalho deve ser realizado.

16. (FCC) Na resolução de conflitos, a mediação por meio do modelo transformativo tem como objetivo:

a) Entender o interesse das partes envolvidas e propor uma solução para o impasse.

b) Possibilitar que as partes atinjam todos os seus interesses e objetivos.

c) Criar novos níveis de consciência e reconhecimento das partes envolvidas.

d) Evitar que as partes envolvidas cheguem a um impasse que impeça uma solução apaziguadora.

e) Atender na totalidade as necessidades das partes envolvidas sem que haja concessões.

17. (TJ-SC) As diferenças de objetivos e interesses individuais quase sempre produzem alguma espécie de conflito entre as pessoas dentro das organizações. Assinale a alternativa correta:

a) Os conflitos podem trazer somente resultados negativos para as organizações.

b) Os conflitos podem trazer somente resultados construtivos para as organizações.

c) Os conflitos não contribuem em nada para as organizações e não existe maneira ou estilo de administrá-los.

d) Os conflitos podem trazer resultados construtivos ou negativos para as organizações.

e) Nenhuma afirmativa está correta.

18. (FCC) Existem quatro modos distintos de administrar conflitos: acomodação, dominação, compromisso e solução integrativa de problemas. Na solução integrativa de problemas busca-se:

a) Encontrar uma solução que atenda aos interesses de todas as partes envolvidas.

b) Encobrir o conflito, diminuindo sua importância e aguardando que ele se resolva por si só.

c) Impor uma solução considerada a mais adequada para resolver de forma rápida e precisa o conflito.

d) Encontrar uma solução que satisfaça parcialmente aos envolvidos.

e) Rejeitar discussões que não se baseiem em dados e fatos mensuráveis.

No item que se seque, é apresentada uma situação hipotética acerca do trabalho em equipe e do comportamento profissional, seguida de uma assertiva a ser julgada.

19. (CESPE) Pedro, analista judiciário de um tribunal do trabalho, está em exercício há 5 anos. Recentemente, Pedro foi convidado a assumir a gerência de seu setor devido a sua competência técnica e interpessoal. Em situações de conflito, Pedro busca identificar o problema e resolvê-lo por meio de discussão aberta, evitando o enfrentamento dos envolvidos, minimizando as diferenças entre as partes conflitantes, enfatizando os interesses comuns e propondo, quando necessário, a participação em treinamento de relações humanas. Nessa situação, é correto afirmar que Pedro é habilidoso na administração de conflitos interpessoais.

Certo ( ) Errado ( )

20. (CESPE) Em situações de trabalho compartilhadas por duas ou mais pessoas, há atividades a serem executadas, interações e sentimentos envolvidos. Acerca das relações humanas no trabalho, julgue o próximo item.

Os conflitos interpessoais são de natureza disfuncional, traduzida pela intensidade, estágio de evolução, contexto e forma como são tratados e, por tais motivos, esses conflitos devem ser evitados no contexto de trabalho.

Certo ( ) Errado ( )

Gabarito

01	CERTO	11	D
02	CERTO	12	ERRADO
03	E	13	E
04	B	14	A
05	C	15	E
06	B	16	C
07	E	17	D
08	D	18	A
09	ERRADO	19	CERTO
10	ERRADO	20	ERRADO

Anotações

CAPÍTULO 07

Comportamento Organizacional

Conceitos

O comportamento organizacional, tem por significado estudar e analisar o comportamento das pessoas nas organizações, e a maneira como esse comportamento atinge a atuação das pessoas nas empresas.

Comportamento organizacional é o estudo do comportamento humano no local de trabalho, a interação entre as pessoas e a organização em si. As principais metas do comportamento organizacional são a explicação, prevenção e controle do comportamento (DUBRIN, 2003).

O comportamento organizacional são as ações do indivíduo na empresa, sua personalidade, atitude, percepção, aprendizagem e motivação. As pessoas passam a maior parte de seu tempo vivendo ou trabalhando dentro de organizações, isso gera impacto sobre a vida e sobre a qualidade de vida das pessoa, em geral.

Segundo Robbins (1999), o comportamento organizacional é um campo de estudo que investiga o impacto que os indivíduos, os grupos e a estrutura têm sobre o comportamento dentro das organizações com o propósito de aplicar este conhecimento em prol do aprimoramento da eficácia de uma organização.

Para Robbins (2005), o comportamento organizacional ajuda os administradores a entenderem melhor o que se passa em relação ao comportamento de seus funcionários e usar isso de forma a estimular essas pessoas, oferecendo a elas a criação de um ambiente de trabalho melhor e mais saudável, fazendo com que ambas as partes ganhem nesse sentido.

Características do Comportamento

As pessoas fazem parte das organizações como recursos humanos, mas não se deve esquecer que são pessoas, e, como tal, apresentam características predominantes como personalidade, vida particular fora da empresa, objetivos pessoais entre outros. É por esse fato que se determinam seis características comuns do comportamento das pessoas, são elas:

> **O homem é pro-ativo**: os indivíduos têm iniciativas conforme estímulos, objetivos pessoais e aspirações do meio em que vivem, tanto da empresa como da vida pessoal; as pessoas podem colaborar ou não com a organização. Desse modo, observa-se que o comportamento é guiado para os objetivos pessoais. Para que o funcionário colabore com a empresa, é necessário que boas estratégias de liderança sejam adotadas.

> **O homem é social**: ninguém é capaz de viver sozinho, por isso, as pessoas interagem umas com as outras, vivem em grupos como, por exemplo, no trabalho. Essa convivência impacta com informações que o indivíduo busca descobrir de si mesmo, e usa dessas informações para determinar o seu autoconceito.

> **O homem tem diferentes necessidades**: os indivíduos estão cercados de necessidades e estas são supridas através de motivações. Cada pessoa tem necessidades diferentes, o comportamento pode ser motivado de diferentes formas, e o que pode ser motivador para um, pode não ser para o outro.

> **O homem percebe e avalia**: as pessoas associam o ambiente às experiências já vivenciadas e as que estão passando no momento em termos de necessidades e valores, por isso, denomina-se o que é um processo ativo.

> **O homem pensa e escolhe**: o indivíduo tem a capacidade de escolher, desenvolver, executar e alcançar seus objetivos.

> **O homem tem limitada capacidade de resposta**: devido as diferenças dos indivíduos existem várias formas de comportamento; o homem tem sua capacidade de resposta limitada; não consegue se comportar de todas as formas possíveis. Dessa forma, torna-se limitada a capacidade mental e física do indivíduo.

Para atingir os objetivos das organizações, é preciso fazer com que as pessoas façam as coisas. O administrador deve saber o comportamento de seus funcionários e prevê-lo novas ações.

Fatores do Comportamento

Os fatores importantes do comportamento dos indivíduos que influenciam na organização são:

→ **Atitude**: reflete o que o indivíduo sente em relação a algo. Quando o indivíduo expressa o que sente, ele está tomando uma atitude;

> **Personalidade**: é a descrição que usamos para definir traços psicológicos de uma pessoa, como, por exemplo, se ela é calma, nervosa, ansiosa, se tem paciência, entre outros;

> **Percepção**: as pessoas podem ter percepções diferentes sobre uma mesma coisa. A percepção é um processo no qual os indivíduos interpretam o que está diante de seus olhos;

> **Aprendizado**: é qualquer mudança que ocorra no comportamento do indivíduo e aconteça de forma a agregar como experiência para o indivíduo.

Diferenças Pessoais

Uma pessoa nunca será igual a outra, por isso, existem tantas diferenças entre os indivíduos. As diferenças individuais podem ser de forma bastante expressiva em relação à mesma situação frente a dois indivíduos, pois cada um pensa e age de forma diferente; o que para um pode ser bom para o outro pode não ser tão bom assim. Compreender as diferenças entre as pessoas é fundamental e influencia na análise do comportamento entre as pessoas no ambiente organizacional.

O entendimento das diferenças individuais é importante em muitos aspectos da administração das organizações, pois compreender como as pessoas são e como agem ajuda a preparar e a tomar decisões, a trabalhar em grupo, a liderar equipes e a melhorar o clima organizacional.

Cada indivíduo possui características próprias, que são adquiridas ao longo de sua vida, através de experiência, aprendizagem, imitação, entre outros. Pode-se citar várias características que agregam valor ao ser humano, como: percepção, aptidão, inteligência, atitude, personalidade, opinião, valor e variáveis biográficas:

- **Percepção:** é a interpretação dos estímulos que o ambiente oferece; um mesmo estímulo pode causar diversas reações, depende de cada observador;
- **Aptidão:** potencial de cada pessoa para realizar tarefas ou qualquer atividade; algumas pessoas exercem algumas atividades melhores que outras. Isso demonstra que essas pessoas têm maiores habilidades, ou seja, mais aptidões que as demais;
- **Inteligência:** é a capacidade de lidar com algo complexo que exige um grau de inteligência maior;
- **Atitude:** influencia a avaliação dos estímulos; dependendo das atitudes, a avaliação pode ser tanto positiva quanto negativa;
- **Personalidade:** faz parte deste tópico todos os outros que já foram citados, como percepção, atitude, aptidão, entre outros, pois a personalidade é moldada a partir dessas características. Ela representa o desenvolvimento do sistema psicológico do indivíduo;
- **Opinião:** é a forma de expressar conceitos, julgamentos ou hipóteses a respeito de algo ou alguma coisa;
- **Valor:** é a formação de juízo em relação ao comportamento e conduta; o que é certo ou errado. Exemplos de valores são: liberdade, segurança, igualdade, honestidade, entre outros;
- **Variáveis biográficas:** estão relacionadas à idade, sexo, situação conjugal, etc. Este item pode afetar o desempenho humano, a produtividade, a satisfação no trabalho, entre outros.

Fique Ligado

As organizações prestam cada vez mais atenção no comportamento de seus funcionários para tentar, pelo menos, diminuir as diferenças individuais, pois acreditam que isso é fundamental para ter um bom clima organizacional.

Clima Organizacional

Conceitos

- O clima organizacional difere de empresa para empresa, pois cada organização tem sua própria cultura, costumes, valores e lida com diferentes tipos de pessoas. O conceito de clima, muitas vezes, é de difícil compreensão, pois é composto de elementos incompreensíveis, como angústias, excitações, frustrações, tensões que são componentes de difícil medição;
- Algumas situações, como a estrutura da organização, as responsabilidades, o reconhecimento são variáveis da cultura. Se houver alguma alteração nesses níveis de cultura, o clima organizacional será automaticamente afetado;
- Segundo os autores Matos e Almeida, na obra Análise do ambiente Corporativo "o clima organizacional depende das condições econômicas da organização, do estilo de liderança utilizado, das políticas e valores existentes, da estrutura organizacional, das características das pessoas que participam da organização, da natureza (ramo de atividade) e do estágio da vida da organização;
- O clima pode se tornar favorável ou desfavorável. O que diz respeito à parte favorável é caracterizada por oferecer satisfação das necessidades pessoais e elevação do moral dos funcionários da empresa. O desfavorável é caracterizado por implicar em insucesso das necessidades pessoais, por isso, o clima organizacional é caracterizada por influenciar a motivação dos funcionários;
- O estudo do clima organizacional é um canal de comunicação que busca aproximar os níveis mais altos da empresa com os demais níveis, e pode ser percebido facilmente pelos clientes;
- O clima demonstra o grau de satisfação material e emocional das pessoas no trabalho, suas percepções, opiniões e sentimentos. Nota-se que esse clima influencia profundamente o comportamento, a produtividade do indivíduo e, consequentemente, da empresa. Assim sendo, ele deve ser favorável e proporcionar motivação e interesse nos colaboradores, favorecendo uma boa relação entre os funcionários e a empresa.

Características

Para o bom andamento no clima da empresa, é necessário:

- Integrar as metas pessoais e organizacionais;
- Ter uma estrutura organizacional adequada;
- Democratizar a organização e gerar oportunidades de participação a todos os funcionários;
- Apresentar tratamento justo, com políticas e práticas de relações prudentes para as pessoas;
- Confiar mutuamente para que os diferentes níveis da empresa possam se apoiar;
- Evitar conflitos, de maneira que os indivíduos discutam essa questão abertamente;
- Liderar adequadamente conforme a situação de trabalho exigir;
- Consentir o contrato psicológico entre o indivíduo e a empresa;
- Respeitar as diferenças individuais dos funcionários, suas expectativas e necessidades;
- Oferecer sistemas justos de remuneração, levando em conta o caráter do indivíduo;
- Preocupar-se com a qualidade de vida tanto profissional como em relação ao cargo;
- Oferecer chances de desenvolvimento na carreira profissional e pessoal.
- Fazer com que as pessoas se sintam parte da organização, para que se tornem leais e percebam que são valorizadas pela empresa.

Todas as características citadas são primordiais para que o clima da organização prevaleça sempre de forma positiva e favorável. O gerente deve ser o exemplo da empresa, pois ele será imitado pelas outras pessoas da organização e é um dos elementos principais do clima organizacional.

Conforme for o clima organizacional, favorável, mais ou menor ou desfavorável, ele provocará comportamentos diferentes nos seus colaboradores, conforme mostrado no quadro a seguir:

Quadro 1: Clima organizacional e comportamento dos colaboradores

Clima Organizacional		
Desfavorável	Mais Ou Menos	Favorável
Frustração	Indiferença	Satisfação
Desmotivação	Apatia	Motivação
Falta de integração empresa/ funcionários	Baixa integração empresa/ funcionários	Alta integração empresa/ funcionários
Falta de credibilidade mútua, empresa/ funcionários	Baixa credibilidade mútua empresa/ funcionários	Alta credibilidade mútua empresa/ funcionários
Falta de retenção de talentos	Baixa retenção de talentos	Alta retenção de talentos
Improdutividade	Baixa produtividade	Alta produtividade
Pouca adaptação às mudanças	Média adaptação às mudanças	Maior adaptação às mudanças
Alta rotatividade	Média rotatividade	Alta rotatividade
Alta obtenção	Média obtenção	Baixa obtenção
Pouca dedicação	Média dedicação	Alta dedicação
Baixo comprometimento com a qualidade	Médio comprometimento com a qualidade	Alto comprometimento com a qualidade
Clientes insatisfeitos	Clientes indiferentes	Clientes satisfeitos
Pouco aproveitamento nos treinamentos	Médio aproveitamento nos treinamentos	Alto aproveitamento nos treinamentos
Falta de envolvimento com os negócios	Baixo de envolvimento com os negócios	Alto envolvimento com os negócios
Crescimento das doenças psicossomáticas	Algumas doenças psicossomáticas	Raras doenças psicossomáticas
Insucesso nos negócios	Estagnação nos negócios	Sucesso nos negócios

Principais Aspectos

Para obter um bom desempenho e a melhoria da produtividade, é necessário ter um clima organizacional adequado, caso contrário, esses índices irão cair. O clima ainda pode ser descrito em seis aspectos principais: clareza, compromisso, padrão, responsabilidade, reconhecimento e trabalho de equipe.

→ **Clareza, compromisso e padrões**: a organização deve estabelecer objetivos que sejam claros para que possam ser cumpridos; é através desses objetivos que os funcionários desempenharão seu trabalho e seguirão os padrões exigidos.

→ **Responsabilidade**: a empresa deve oferecer maior autonomia aos seus funcionários, e fazer com que eles se sintam mais responsáveis.

→ **Reconhecimento**: é um importante aspecto que a empresa deve notar. O reconhecimento é essencial para que o funcionário continue desempenhando seu papel de maneira correta, o reconhecimento pode ocorrer por meio de um elogio, de incentivos, recompensas, etc.

→ **Trabalho de equipe**: a empresa deve ter um alto grau de confiança com seu funcionário e incentivar para que as atividades sejam desenvolvidas em grupos, para que o resultado seja cada vez melhor.

O clima das empresas pode influenciar na decisão por uma vaga de emprego, e é justamente em função do clima organizacional que algumas empresas atraem mais e outras menos candidatos a um posto de trabalho. Há aquelas que chamam atenção pela sua receptividade, outras pela formalidade, outras, ainda, pelo calor humano ou mesmo apatia. Não existe um clima ideal, mas as pessoas devem identificar-se com a empresa e com o seu ambiente de trabalho para manter um alto nível de motivação. O clima organizacional influencia o desempenho das pessoas e a satisfação com o trabalho.

Dimensões ou Fatores do Clima Organizacional

O clima dentro da organização pode ser influenciado por diversos fatores, pois o clima favorece a interação com as pessoas, os sentimentos, os interesses, entre outros, e influenciando o desenvolvimento da empresa.

O clima da empresa está diretamente relacionado ao nível de motivação dos colaboradores, às políticas de remuneração, à qualidade de vida no trabalho, ao relacionamento interpessoal, à liderança e à comunicação, entre outros fatores ou dimensões que influenciam na satisfação das pessoas, com relação ao ambiente organizacional. A seguir, são elencados alguns dos fatores:

Motivação

A motivação está relacionada ao alto grau de disposição para realizar algo, de qualquer espécie, e está relacionada diretamente com o comportamento dos indivíduos. A motivação é o processo pelo qual as pessoas se interessam pela realização das metas da organização.

Pode-se definir a motivação como a vontade de exercer altos níveis de esforço para alcançar os objetivos organizacionais, condicionado pela capacidade de esforço de satisfazer alguma necessidade individual.

Para os administradores motivarem os seus funcionários, eles podem oferecer algumas situações, como: reconhecer as diferenças individuais, utilizar metas, individualizar as recompensas, ligar as recompensas ao desempenho, melhorar as condições físicas de trabalho, melhorar a comunicação e o relacionamento entre todos, entre outros. Os quais servirão para motivar a equipe para que atinjam resultados e ao mesmo tempo, aumentar a satisfação em relação ao clima da organização.

Remuneração

A remuneração deve ser vista com muita cautela pelos administradores da organização, pois é o principal fator para atrair, manter e motivar os colaboradores, e também é o principal custo da empresa.

Todos os funcionários em troca de seu esforço, desempenho e habilidade, desenvolvidos no seu emprego, buscam receber uma retribuição adequada por esta prestação de serviços. A organização, tende a investir em quem alcança os objetivos da empresa.

Existem três componentes que atuam na remuneração total, nela constam a remuneração básica, os incentivos salariais e os benefícios.

> **Remuneração básica**: toda empresa contém esse tipo de remuneração, que se refere ao pagamento pelo serviço prestado pelo funcionário durante o mês ou pagas por horas de trabalho.

> **Incentivos salariais**: essa remuneração entra como programa de desempenho; os incentivos, como bônus e participação nos resultados, são

concedidos aos funcionários que obtiveram resultados frente à organização.

> **Benefícios**: também pode ser chamada de remuneração indireta, que incluem planos de saúde, plano odontológico, vale alimentação, seguro de vida, etc.

Os três componentes básicos da remuneração são mostrados com maior clareza na figura abaixo:

Os três componentes da remuneração total.

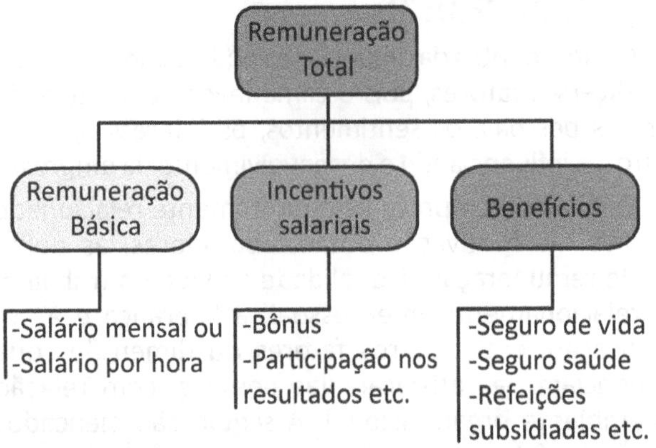

O sistema de remuneração de uma empresa deve estar de acordo com ela; se uma organização funciona de forma transparente, o modelo de remuneração deve seguir o mesmo padrão.

A razão de ter um sistema de recompensas eficaz é atrair e reter indivíduos talentosos e competentes que podem ajudar a organização a cumprir sua missão e seus objetivos. O funcionário recebe igualmente em relação ao papel que ele desenvolve na organização; se o colaborador possui mais responsabilidade, mais experiência, mais habilidade, com certeza seu salário vai ser maior que os demais.

A importância do salário pode ser analisada sob dois prismas distintos: o prisma do empregado e sobre o da organização. Para o empregado significa retribuição, sustento, padrão de vida e reconhecimento. Para a organização representa custo influência no clima organizacional e na produtividade.

A remuneração oferecida aos funcionários depende de vários fatores, como: tamanho da empresa, tempo de casa desempenho do empregado, tipo de trabalho desempenhado, natureza do negócio, sindicalização, intensiva em capital ou trabalho, filosofia da administração, localização geográfica e lucratividade da empresa. Ao levar todos esses fatores em conta, a administração espera estabelecer um sistema de pagamento justo, equitativo e motivador, que permita à organização recrutar e manter uma força de trabalho produtiva.

Qualidade de Vida

As organizações passaram a observar mais um fator importante relacionado ao funcionário: a qualidade de vida. A qualidade de vida envolve todos os aspectos físicos e ambientais, juntamente com os aspectos psicológicos do local de trabalho.

A qualidade de vida no trabalho assimila duas posições antagônicas: de um lado, a reivindicação dos empregados quanto ao bem-estar e a satisfação no trabalho; e, de outro, o interesse das organizações quanto aos seus efeitos potencializados sobre a produtividade e a qualidade.

Qualidade de vida no trabalho pode compreender desde os cuidados médicos até as atividades de lazer, motivação que decorrem, voluntariamente, de empregados ou empregadores. Todos esses fatores levam a condições de bem estar dos funcionários no trabalho.

Pode-se dizer também que a qualidade de vida não é somente determinada pelos fatores individuais como valores, necessidades, expectativa, mas juntamente pelas características organizacionais. Os funcionários, além de suprir suas necessidades individuais, precisam se sentir bem dentro da organização onde trabalham.

Existem três grupos que influenciam na qualidade de vida no trabalho, sendo as condições ambientais, as de tempo e as sociais:

> **Condições ambientais de trabalho**: estão relacionadas ao ambiente físico da empresa que envolve o funcionário, enquanto ele desempenha sua função. Alguns exemplos são: temperatura, umidade, iluminação, ruídos, etc.

> **Condições de tempo**: referem-se ao tempo em relação ao trabalho como: horas extras, períodos de descanso, carga horária do funcionário, entre outros.

> **Condições sociais**: este item refere-se ao status, ao relacionamento interpessoal, entre outros.

A preocupação das empresas em relação à qualidade de vida no trabalho vem de muito pouco tempo; é resultado de uma sociedade cada vez mais complexa e atenta ao ser humano, um dos recursos mais escassos é o de mão de obra em relação à qualificação profissional.

Liderança

É de suma importância para qualquer organização, a presença de um líder, pois ele é capaz de influenciar outras pessoas por meio do poder que dispõe. Lideres defendem valores que representam um objetivos comuns, de vontade coletiva, caso contrário, não exerceria essa função, pois seria incapaz de mobilizar outras pessoas a acompanhá-lo.

O líder é a pessoa que influencia as outras para alcançar objetivos. Na organização, o líder é de maneira geral. Na maioria das vezes, o gerente da empresa, que influencia seus subordinados a realizarem os objetivos propostos pela organização.

Além disso, é importante citar a existência de dois tipos de líder, o líder informal e o líder formal. O líder formal é aquele designado por alguém da administração da empresa, já o líder informal não é um líder oficial, ele desempenha o papel de líder sem nenhuma denominação específica. Mesmo sem ter cargo de liderança lidera os demais funcionários da empresa.

O líder empresarial deve ser capaz de alcançar objetivos por meio dos liderados e, para isso, conforme o tipo de liderado e a ocasião, age de diferentes maneiras: ele ordena, comanda, motiva, persuade, dá exemplos pessoais, compartilha os problemas e ações, ou delega e cobra resultados, alterando a forma de agir de acordo com a necessidade de cada momento e com o tipo de liderado, visando aos objetivos da empresa.

→ **Todo líder deve desenvolver quatro responsabilidades básicas:**

> O líder deve ter desenvolvido uma imagem mental de um estado futuro possível e desejável da organização: ter visão de futuro, enxergar

o que ninguém consegue ver, fazer com que os demais entendam que os objetivos são melhor realizados se houver um propósito comum no objetivo do grupo, e não no seu próprio objetivo.

- O líder deve comunicar a nova visão: ter uma boa comunicação com os funcionários da organização para que, se houver mudança, o líder consiga transmiti-las para os funcionários, de modo que eles entendam, de maneira clara e objetiva, o propósito da empresa a ser alcançado e, ao mesmo tempo, fazer com que se sintam motivados com essa mudança.
- O líder precisa criar confiança por meio do posicionamento: todo líder precisa mostrar honestidade e coragem para que seus subordinados passem a confiar nele. É primordial para os funcionários, saber em que posição o líder se encontra em relação à organização.
- Líderes são aprendizes perpétuos: conhecimento nunca é demais, portanto, o líder deve sempre estar em fase de aprendizado. Assim, ele incentiva os demais funcionários a aprenderem com ele e, dessa forma, novas ideias e desafios podem surgir.

A liderança não é qualidade nata; é possível desenvolver e treinar as pessoas para a liderança, pois, na maioria das vezes, as pessoas são treinadas para serem líderes dentro de seu próprio local de trabalho, já que lá é que o indivíduo passa a maior parte do tempo.

Algumas teorias de liderança dizem que o líder já nasce feito, que a liderança é geneticamente transmitida. Outras dizem que a liderança depende dos traços que são herdados e, com o tempo, o indivíduo precisa aprender a lidar com esses traços, pois, se não, de nada adianta. Consideramos que a liderança deva ser aprendida.

Os líderes são orientados a buscar resultados e a alcançar objetivos. A grande maioria deles são respeitados pelos subordinados. Isso não quer dizer, de forma alguma que os lideres são amados por todos. Porém, com o tempo, o grupo de subordinados pode produzir sentimentos distintos em relação ao seu líder.

Comunicação

As organizações dependem de uma boa comunicação para serem competitivas no mercado. As pessoas transferem informações umas as outras dentro de uma empresa que, se denomina comunicação; as pessoas compartilham, através da comunicação, sentimentos, conhecimentos, experiências, entre outros.

Um importante elemento que está vinculado com o processo de comunicação é a percepção. Ao receber qualquer informação, o indivíduo aciona o procedimento de processamento dela e, a partir deste artifício, ele elege o que é bom ou ruim. Por esse motivo, conclui-se que cada pessoa desenvolve conceitos para interpretar as informações a ela concedidas.

→ **A comunicação interpessoal pode utilizar três principais meios para ocorrer:**

- **Comunicação oral**: meio mais utilizado para comunicar-se; uma das suas principais vantagens é a rapidez e o *feedback*, ou seja, se o receptor da mensagem não entender o que o emissor quis dizer ele, imediatamente, pode pedir para que a pessoa o formule de outra maneira para que possa ser mais clara a sua mensagem. Sua principal desvantagem ocorre quando a mensagem deve ser passada a um grande número de pessoas, pois, os equívocos serão maiores. No caso de uma organização, geram-se grandes problemas em relação à má comunicação oral.
- **Comunicação escrita**: é mais utilizada em caso de mensagem mais extensa, podem ficar armazenadas por longos períodos e, a qualquer dúvida, podem ser acessadas facilmente. Também possui desvantagens como demandar mais tempo e não possuir feedback, pois não teremos a certeza se uma carta enviada, por exemplo, chegará e se será lida pelo seu destinatário certo.
- **Comunicação não-verbal**: enquadra-se, nesse tópico, os gestos como olhar, sorrir, franzir as sobrancelhas, entre outros. Geralmente, essa comunicação está ligada à comunicação verbal para transmitir o real significado da mensagem a ser transmitida.

A comunicação organizacional tem a função de facilitar e coordenar os esforços de indivíduos e grupos e contribuindo para a realização das metas organizacionais.

Apesar das várias formas de comunicação e utilização de vários meios para se expressar o que se pensa e sente, existem também diversas barreiras que podem dificultar a comunicação, como:

- **Filtragem**: baseia-se na manipulação das informações, fazendo com que o emissor distorça, a mensagem e, como consequência, induza o receptor a ouvir somente a parte favorável da história, por exemplo.
- **Percepção seletiva**: o receptor ouve só aquilo que lhe convém, com base nas suas necessidades, desejos, motivações. Através de seus interesses, o indivíduo interpreta s mensagem.
- **Sobrecarga de informação**: são os excessos de informações acumuladas. Esses excessos são chamados de sobrecarga de informação. Quando isso ocorre, acabamos selecionando as informações e, às vezes, deixamos de lado informações importantes.
- **Emoções**: dependendo do estado emocional das pessoas, a comunicação pode ser afetada e tomar outro sentido. Geralmente acontece com casos emocionais extremos, como: depressão e euforia.
- **Linguagem**: podemos falar o mesmo idioma, mas nem sempre a mesma linguagem. Essa é uma das grandes dificuldades das organizações, pois os funcionários podem vir de diversas regiões e, a mesma palavra para ambos, pode ter significado totalmente diferente, interferindo em uma boa comunicação.
- **Medo da comunicação**: problemas com a comunicação oral implicam, principalmente, ao falar em público. Muitas pessoas evitam de se comunicar por medo, deixando, assim, o processo muito lento. Em uma empresa a comunicação é essencial, pois, na maior parte do nosso trabalho, estamos nos comunicando.

Outra parte importante no processo de comunicação e que faz diferença é saber ouvir, ou seja, ouvir o outro pode ser um importante fator para o sucesso dos negócios. Muitas organizações investem quantidades consideráveis de tempo e de energia para entenderem melhor os pensamentos, valores e padrões de comportamento dos clientes.

Relacionamento Interpessoal

O relacionamento e a integração entre os indivíduos e a organização não é um desafio recente. A organização pode destruir a personalidade de cada indivíduo se impuser muitas regras e procedimentos no sentido de não valorizar o relacionamento das pessoas. Aos poucos, a abordagem humana ficou mais centrada e voltada para o homem e o grupo social. A ênfase voltada para a tecnologia cedeu lugar às relações humanas.

As atividades de relações com os funcionários têm como maior objetivo a criação de confiança, respeito e consideração entre colaboradores e colaborados. Com isso, busca-se maior eficácia organizacional, rompendo, assim, barreiras que impedem os funcionários de participarem da organização. Essas barreiras podem ser pessoais ou organizacionais. Havendo comunicação e relação com os subordinados, as barreiras podem ser quebradas, proporcionando assistência mútua e envolvimento. A empresa deve sempre tratar seus empregados com respeito e confiança, oferecendo maneiras de atender suas necessidades tanto pessoais como familiares.

O relacionamento interpessoal está associado, primeiramente, com a própria pessoa, com o seu "eu". O conhecimento dos próprios sentimentos, da formação profunda e verdadeira de si mesmo proporciona um bom nível de autoconhecimento. Como resultado prático desse autoconhecimento, temos:

- » Processo de pensamento consciente;
- » Autorreflexão;
- » Senso ou intuição da realidade externa, ou seja, sair de dentro de si e olhar como um observador que entende a realidade externa.

Ao percebermos a realidade externa, estamos nos conectando com estados de consciência mais expandidos, isto é, estamos nos interessando pelo "outro" de forma consciente e verdadeira. Essa aptidão é bastante valorizada atualmente, pois as pessoas com essa capacidade conseguem estabelecer relacionamentos interpessoais mais produtivos. Dessa forma, o saber trabalhar em equipe origina-se na formação "intrapessoal". Se me conheço, consigo entender qual seria o melhor formato para estabelecer e manter relacionamentos saudáveis, reconhecendo o outro.

Quando a empresa enfrenta problemas de relacionamento, a área de Recursos Humanos junto à gerência tem a missão de sanar a dificuldade o quanto antes para não comprometer o clima de trabalho. É necessário identificar as causas para minimizar o efeito que esse fator pode gerar, assim como sensibilizar os colaboradores para que eles não deixem que essa variável prejudique o desenvolvimento das tarefas, pois os clientes internos e externos poderão não ser atendidos com responsabilidade, resultando em queda na qualidade do atendimento e na produtividade.

As divergências e as "brigas" internas podem ser resolvidas com um bom treinamento e atividades grupais, que valorizem a integração e foquem na importância de se ter um excelente relacionamento com os membros da equipe. O gerente também terá que fazer o seu papel, dando apoio, feedbacks e fazendo *coaching* com seus colaboradores, evitando, assim, qualquer tipo de atrito que possa ocorrer futuramente no time. Contudo, isso não depende somente do gestor: todos tem que estar envolvidos nesse processo. Os funcionários também têm um papel importante para a construção de um ambiente saudável, pois suas condutas e atitudes podem diminuir os problemas de relacionamento.

Para manter um clima agradável e sem manifestações de atritos, é necessário que as pessoas deixem de agir de forma individualizada e passem a interagir como uma equipe, promovendo relações amigáveis e fazendo com que cada um procure cooperar com o outro. Para isso, é preciso que cada um faça a sua parte.

Além desses fatores, existem algumas dimensões propostas por Litwin e Stringer e, sobretudo, na teoria das necessidades de McClelland, produzida no ano de 1971. Essas teorias explicitaram a relação existente entre as dimensões desenvolvidas e os estratos motivacionais, conforme as seguintes dimensões descritas abaixo:

- > **Conformismo**: sentimento de que existem muitas limitações externamente impostas na organização. O grau em que os membros sentem a existência de inúmeras regras, procedimentos, políticas e práticas, as quais, os indivíduos devem se ajustar para serem capazes de fazer seu trabalho como gostariam de fazê-lo;
- > **Responsabilidade**: responsabilidade pessoal aos membros da organização para realizarem sua parte nos objetivos da organização, grau em que os membros sentem que podem tomar decisões e resolver problemas sem terem de verificar com os superiores em cada etapa;
- > **Padrões**: ênfase que a organização coloca na qualidade do desempenho e na produção elevada, incluindo o grau de rendimento que os membros da organização sentem que ela colocando objetivos estimulantes, comunicando-lhes o comprometimento com esses objetivos;
- > **Recompensas**: grau em que os membros sentem que estão sendo reconhecidos e recompensados por um bom trabalho, ao invés de serem ignorados, criticados ou punidos quando algo sai errado;
- > **Clareza organizacional**: sentimento entre os membros, de que as coisas são bem organizadas e os objetivos claramente definidos, ao invés de desordenados, confusos ou caóticos;
- > **Calor e apoio**: sentimento de que a amizade é uma forma valorizada na organização, e que os membros confiam uns nos outros e oferecem apoio mútuo. O sentimento de que boas relações prevalecem no ambiente de trabalho;
- > **Liderança**: disposição dos membros da organização para aceitar a liderança e a direção de outros qualificados. Quando surgem necessidades de liderança, os membros sentem-se livres para assumi-la e são recompensados por uma liderança bem sucedida. A liderança é baseada na perícia. A organização não pode ser dominada por uma ou duas pessoas, como não pode depender delas somente.

Outras dimensões que se assemelham aos demais fatores citados anteriormente, mas que também contribuem para o entendimento sobre o que influencia no clima organizacional, são as dimensões citadas por Luz (2001) conforme a seguir:

- > **Imagem da empresa**: detectar a imagem que o

empregado tem hoje da organização e como percebe a composição da imagem do banco junto aos clientes externos;

> **Sentido de realização**: detectar como o empregado percebe seu grau de satisfação com relação à empresa e ao seu trabalho;
> **Relacionamento interpessoal**: detectar a percepção dos empregados quanto ao relacionamento entre os colegas de trabalho, bem como a colaboração e o trabalho em equipe;
> **Estilo de chefia**: detectar a percepção dos empregados quanto às habilidades técnicas e comportamentais das chefias de sua área;
> **Comunicação**: detectar a percepção dos empregados quanto à eficácia da rede de comunicação vigente na empresa;
> **Desempenho e qualidade**: detectar como o empregado percebe o seu entendimento e comprometimento com relação à questão da qualidade e do desempenho e como essas dimensões estão sendo vivenciadas dentro da empresa;
> **Política de recursos humanos e benefícios**: detectar a percepção dos empregados quanto aos valores que permeiam os posicionamentos da empresa nas suas relações de trabalho;
> **Ambiente e condições de trabalho**: detectar a percepção dos empregados quanto às condições ambientais e técnicas, disponíveis para a execução de seu trabalho;
> **Qualidade de vida e saúde**: detectar a percepção dos empregados quanto aos aspectos bio-psico-sociais que determinam seu estilo de vida.

Vamos Praticar

01. O comportamento organizacional relaciona-se ao conjunto de ações, atitudes e expectativas humanas no ambiente de trabalho e abrange os níveis pessoal, grupal e institucional.

Certo ( ) Errado ( )

02. Pode-se dizer que algumas das dimensões ou fatores que influenciam o clima organizacional são: a imagem da empresa, o estilo de liderança, os programas motivacionais, levando em conta que para a análise do clima é preciso considerar se o colaborador é proativo, dinâmico e social e se está de acordo com o perfil e os requisitos para sua função.

Certo ( ) Errado ( )

03. Ênio, gestor de qualidade de uma organização pública, tem empatia com seus colaboradores no trabalho. Nessa situação, Ênio é capaz de escutar ativamente, reconhecer as opiniões e influenciar o comportamento de seus colaboradores.

Certo ( ) Errado ( )

04. Em relação à gestão de clima organizacional no ambiente corporativo, é INCORRETO afirmar:

a) O clima organizacional refere-se a um conjunto de valores, atitudes e padrões de comportamento, formais e informais, existentes em uma organização.
b) Aplicar o conceito de clima organizacional significa apontar aspectos subjetivos que fazem parte do dia- a-dia da organização e orientam os planos de ação para melhoria do clima e da produtividade da empresa.
c) Aplicar o conceito de clima organizacional significa alinhar a cultura com as ações efetivas da organização, integrar os diversos processos e áreas funcionais, otimizar a comunicação e identificar as satisfações e insatisfações do público interno.
d) A gestão de clima organizacional refere-se ao comprometimento dos funcionários determinarem, com o auxílio de especialistas na área de comportamento, de relacionamento social e de RH, um resultado padrão ideal da satisfação de seus colaboradores, baseado no mapeamento do ambiente externo à empresa.
e) O padrão ideal de satisfação refere-se a aspirações pessoais, motivação, ambições funcionais, adequação da remuneração, horário de trabalho, relacionamento hierárquico e profissional, dentre outros fatores que podem ser acrescidos à pesquisa do clima organizacional.

05. O conjunto de percepções, opiniões e sentimentos que se expressam no comportamento de um grupo ou uma organização, em um determinado momento ou situação, é denominado

a) liderança situacional
b) homem pró-ativo
c) cultura organizacional
d) clima organizacional
e) cultura corporativa

06. Em relação à gestão do clima organizacional.

I. O clima organizacional é resultante dos aspectos conflitantes da cultura das organizações.
II. O clima organizacional é sempre o reflexo dos efeitos de uma cultura na organização como um todo.
III. O clima organizacional sempre influencia e é influenciado pelo comportamento dos indivíduos na organização.
IV. O clima organizacional permite mapear o ambiente interno, que varia segundo a motivação dos agentes.
V. Enquanto mudanças na cultura organizacional levam mais tempo para acontecer, mudanças no clima podem ser administradas tanto a curto quanto a médio prazo.

Marque a alternativa correta:

a) Estão corretas APENAS as afirmativas I e II.
b) Estão corretas APENAS as afirmativas I, II e V.
c) Estão corretas APENAS as afirmativas I, III e V.
d) Estão corretas APENAS as afirmativas II, III e IV.
e) Estão corretas APENAS as afirmativas II, III, IV e V.

07. Sobre o comportamento e o clima organizacional, assinale a única opção falsa.

a) O comportamento organizacional é um campo de estudo que investiga o impacto que indivíduos, grupos e a estrutura têm sobre o comportamento dentro das organizações com o propósito de aplicar este conhecimento em prol do aprimoramento da eficácia de uma organização.

b) O clima pode ser tocado e visualizado. Pode também ser percebido psicologicamente.

c) O comportamento organizacional procurar estudar as ações do indivíduo na empresa, sua personalidade, atitudes, percepção, aprendizagem e motivação dentro do ambiente da empresa.

d) São elementos de avaliação do clima organizacional: processos de liderança, forças motivacionais, comunicações, processos de interação e relacionamento, desempenho e qualidade, entre outros.

e) O clima organizacional influencia a motivação, o desempenho humano e a satisfação no trabalho.

Todos se viraram para ver o que acontecia. No meio da pista de um aeroporto, João gritava com seu gerente de embarque: "Não quero ouvir desculpas. Quero que você ponha esses aviões para voar". Como chefe de operações da VOABEM, João sentia-se constantemente frustrado com o comportamento de seus funcionários. "Eles não escutam o que digo. Acham que está tudo uma beleza e rejeitam todas as modificações que proponho. Não dão a menor importância para o respeito ao cronograma". Se João critica seu pessoal, a recíproca é verdadeira. Todos os seus subordinados o detestam. Em uma pesquisa de clima organizacional, os funcionários disseram: "Ele é totalmente insensível às nossas necessidades". "Ele acha que gritando vai fazer as coisas melhorarem". "Trabalho aqui há 4 anos. Antes da chegada dele, era um bom lugar para se trabalhar. Agora não é mais". "Fico constantemente com medo de ser massacrada".

Com base no texto acima e analisando os resultados da pesquisa de clima, julgue os itens que se seguem:

08. Estudos de clima organizacional têm caráter avaliativo e a percepção que os funcionários têm de João pode ser falsa.

Certo ( ) Errado ( )

09. Se a pesquisa de clima organizacional reflete o universo da empresa e os tipos de pessoas que a organização atrai, João deve ser despedido.

Certo ( ) Errado ( )

10. O clima organizacional não é influenciado pela estrutura de poder dominante e desse modo, embora os funcionários reclamem de João, o clima pode ser positivo.

Certo ( ) Errado ( )

Gabarito

01	*CERTO*	*06*	*D*
02	*ERRADO*	*07*	*E*
03	*CERTO*	*08*	*CERTO*
04	*D*	*09*	*ERRADO*
05	*D*	*10*	*ERRADO*

Anotações

CAPÍTULO 08

Avaliação de Desempenho

A avaliação de desempenho pode ser entendida, principalmente, como um processo que mede o desempenho do colaborador no cargo em que ocupa na organização, o qual pode ser medido de maneira formal, através de modelos estabelecidos e documentados ou, informal, através da simples observação dos supervisores, gerentes e/ou gestores das empresas.

Objetivos

As organizações buscam diversas formas de obter melhores resultados, e uma dessas formas é fazer uma boa avaliação no desempenho de seus colaboradores, pois isso pode contribuir muito para a elaboração de estratégias que levem a melhoria do desempenho dos seus funcionários e, consequentemente, aos resultados esperados. Entretanto é preciso que se tenha completo entendimento de todos os objetivos de uma avaliação. Elenca-se a seguir os principais objetivos da avaliação de desempenho:

→ **Os principais objetivos da avaliação de desempenho são:**

> Favorecer a adequação dos indivíduos aos cargos e à organização.

> Conhecer como está o potencial de desenvolvimento de cada empregado.

> Fornecer informações para a elaboração de programas de treinamento e de desenvolvimento de pessoal.

> Fornecer informações sobre quais empregados deverão ser promovidos.

Existem muitos métodos que podem ser utilizados pelas organizações para propor a realização de uma avaliação de desempenho, porém é necessário que cada organização escolha o método que mais seja adequado ao seu segmento, à suas necessidades e às suas características.

Responsabilidades do Gerenciamento de Desempenho

A avaliação de desempenho é entendida como uma responsabilidade do supervisor (de linha) e uma função do setor de recursos humanos (*staff*), entretanto é preciso considerar que a responsabilidade pelo processamento da avaliação do desempenho pode ser feito:

> **Centralizada**: a avaliação pode ser centralizada quando ela é feita pela área de recursos humanos da organização;

> **Centralização média***:* a avaliação centralizada média é feita com a participação de avaliadores de diversas áreas juntamente com uma comissão.

Em algumas organizações, a avaliação de desempenho é atribuída a uma comissão, e essa comissão de avaliação normalmente é formada por membros de diversos setores da empresa, bem como de líderes e membros da diretoria, os quais podem ser transitórios ou permanentes. Dessa forma, a avaliação acaba sendo coletiva, e cada integrante terá igual participação e responsabilidade no julgamento.

Além disso, existem também os integrantes que são estáveis e permanentes, os quais participam de todo o processo de avaliação. O papel desses integrantes é a manutenção do equilíbrio dos julgamentos, do atendimento aos padrões e da constância ao sistema.

Os integrantes da comissão que irão participar de forma exclusiva das avaliações dos colaboradores, como os membros que são interessados a participar dessas avaliações e estão vinculados a sua área de atuação, têm uma tarefa importante a fazer, pois precisam buscar informações a respeito dos avaliados e proceder ao julgamento e a avaliação de forma imparcial e homogênea.

Pode-se citar alguns exemplos de comissão de avaliação do desempenho, nos quais os membros são estáveis ou permanentes, como:

> Presidente ou diretor;

> Diretor de RH;

> Especialista em avaliação de desempenho;

> Executivo de organização e métodos.

O grande propósito de uma organização, quanto às avaliações, é conseguir uma harmonia em todo o processo de avaliação e, além disso, conseguir que a comissão de avaliação trabalhe de forma consistente e homogênea.

> **Descentralizada:** a avaliação de desempenho pode ser descentralizada, ou seja, ela pode ser feita pelos colaboradores, mas, certamente, com o acompanhamento e controle dos gerentes ou supervisores. Porém, é um tipo de avaliação que não é muito utilizada devido à cultura dos funcionários que, muitas vezes, não estão preparados para saber exatamente como avaliar, pois a avaliação exige treinamento, não pode ser feita de qualquer maneira.

Os métodos de avaliação e suas principais características

Para que seja feita uma avaliação de desempenho adequada, é preciso escolher o método de acordo com a área avaliada, e com o perfil do colaborados, ou seja, se são funcionários da produção, do setor de vendas, se são líderes, horistas, etc., pois é preciso estruturar a avaliação de forma que ela se adapte ao público avaliado.

a) Método
b) Descrição
c) Características
d) Vantagens
e) Desvantagens

Escala Gráfica

→ Utiliza "fatores de avaliação" previamente graduados, através de um formulário de dupla entrada com linhas de fatores e colunas de graus.

→ Parece simples, mas é preciso cuidar com o alto nível da subjetividade e prejulgamento.

→ De fácil entendimento e aplicação simples.

A Visão da Empresa x A Situação do Empregado

→ Um pouco trabalhoso para o avaliador registrar.

→ Não permite muita flexibilidade ao avaliador.

→ Sujeito à generalização dos avaliadores quanto à pontuação dos fatores. Método subjetivo que exige prejulgamento (se o funcionário é bom em um fator, a tendência é avaliá-lo bom em todos os demais).

- → Tende a bitolar os resultados das avaliações.
- → Utiliza de métodos estatísticos para poder corrigir as possíveis distorções ou erros de avaliação.

Escolha Forçada

- → Utiliza blocos de "frases descritivas" (positivas ou positivas e negativas), escolhidas de acordo com os critérios existentes na empresa; a pessoa que vai avaliar precisa escolher somente uma ou duas frases que se apliquem ao desempenho do seu avaliado.
- → Proporciona resultados mais confiáveis e isentos de subjetividade, pois elimina a generalização.
- → Método simples e fácil de aplicar e não precisa treinar os avaliadores.
- → Sua elaboração é complexa, exigindo um planejamento mais demorado.
- → Apresenta resultados globais (discrimina apenas os empregados bons, médios e fracos, pois é fundamentalmente comparativo).
- → É preciso completar as informações, no caso de avaliações usadas para o desenvolvimento dos colaboradores.
- → O avaliador fica sem saber qual seria o resultado da avaliação dos seus subordinados.

Pesquisa de Campo

A pesquisa de campo é feita através de entrevistas com o supervisor imediato, que levanta as causas e possíveis motivos que originaram tal desempenho de seus colaboradores. A avaliação é feitas utilizando-se da análise de fatos e situações.

A entrevista obedece ao seguinte roteiro:

- → **Avaliação inicial:** avaliação como mais que satisfatório (+), satisfatório (+-) ou menos que satisfatório (-).
- → **Análise suplementar:** análise de forma mais profunda, por meio de perguntas do especialista ao chefe.
- → **Planejamento:** Fase importante na qual é desenhado uma planejamento para o colaborador melhorar o seu desempenho (aconselhamento, readaptação, treinamento, desligamento e substituição, promoção ou manutenção no cargo).
  - > É um método mais amplo, pois permite também o planejamento do empregado na função e na empresa.
  - > Necessidade de retroação de dados acerca do desempenho dos empregados.
  - > Possui uma enorme gama de aplicações.
  - > Permite um acompanhamento muito mais dinâmico do empregado.
  - > Comparação aos pares.
  - > A comparação dois a dois, de cada vez, dos empregados, permite que se anote o que pode ser entendido como sendo o melhor desempenho, podendo-se também utilizar fatores de avaliação.
  - > Esse método somente deve ser usado quando for impossível usar outros métodos.
  - > É um processo muito simples.
  - > Pouco eficiente.

Frases Descritivas

Têm as mesmas características da escolha formada, porém, não é obrigatória uma escolha entre blocos de frases. (A pessoa que irá avaliar pode escolher entre vários opções de frases, aquelas que mais se caracterizam e as que não caracterizam o desempenho do subordinado. O avaliador escolherá aquelas frases que mais representam o comportamento dos avaliados).

- **Método**

→ **Escala Gráfica**

- > Descrição
  - » Utiliza "fatores de avaliação" previamente graduados, através de um formulário de dupla entrada com linhas de fatores e colunas de graus.
- > Características
  - » O mais utilizado. É aparentemente simples, mas requer cuidados para a neutralização da subjetividade e prejulgamento.
- > Vantagens
  - » De fácil entendimento e aplicação simples
  - » Permite uma boa visão do que a empresa deseja x a situação do empregado.
  - » Um pouco trabalhoso para o avaliador registrar
- > Desvantagens
  - » Não permite muita flexibilidade ao avaliador.
  - » Sujeito à generalização dos avaliadores quanto à pontuação dos fatores. Método subjetivo que exige prejulgamento (se o funcionário é bom em um fator, a tendência é avaliá-lo bom em todos os demais).
  - » Tende a bitolar os resultados das avaliações.
  - » Necessita de procedimentos matemáticos e estatísticos para correção das distorções e influências pessoais (que tendem a apresentar resultados exigentes ou condescendentes a todos os seus subordinados).

→ **Escolha Forçada**

- > Descrição
  - » Utiliza blocos de "frases descritivas" (positivas ou positivas e negativas), escolhidas de acordo com os critérios existentes na empresa, entre as quais o avaliador deve escolher apenas uma ou duas que mais se aplicam ao desempenho do seu avaliado.
- > Vantagens
  - » Proporciona resultados mais confiáveis e isentos de subjetividade, pois elimina a generalização.
  - » Sua aplicação é simples e não exige preparo dos avaliadores.
- > Desvantagens
  - » Sua elaboração é complexa, exigindo um planejamento mais demorado.
  - » Apresenta resultados globais (discrimina apenas os empregados bons, médios e fracos, pois é fundamentalmente comparativo).
  - » Quando utilizado para o desenvolvimento de pessoal, necessita de complementação de informações.
  - » Deixa o avaliador sem noção de qual será o resultado da avaliação dos seus subordinados.

- **Pesquisa De Campo**
  - Descrição
    - São entrevistas de um especialista em avaliação em cada setor, com o supervisor imediato, que levanta as causas, origens e motivos do desempenho dos seus subordinados, através de análise de fatos e situações.
  - Características: A entrevista obedece ao seguinte roteiro:
    - **1) Avaliação inicial** : O desempenho é avaliado como mais que satisfatório (+), satisfatório (+-) ou menos que satisfatório (-).
    - **2) Análise suplementar:** Uma análise mais aprofundada do desempenho do funcionário, através de perguntas do especialista ao chefe.
    - **3)Planejamento:** Faz-se o plano de ação para o funcionamento (aconselhamento, readaptação, treinamento, desligamento e substituição, promoção ou manutenção no cargo).
  - Vantagens
    - É um método mais amplo, pois permite também o planejamento do empregado na função e na empresa.
  - Desvantagens
    - Necessidade de retroação de dados acerca do desempenho dos empregados.
    - Possui uma enorme gama de aplicações.
    - Permite um acompanhamento muito mais dinâmico do empregado.
- **Comparação aos Pares**
  - Descrição
    - A comparação dois a dois, de cada vez, dos empregados, anotando-se o que é considerado melhor quanto ao desempenho, pode também utilizar fatores de avaliação.
  - Características
    - É recomendado apenas quando os avaliadores não têm condições de utilizar outros métodos.
  - Vantagem
    - É um processo muito simples.
  - Desvantagem
    - Pouco eficiente.
- **Frases Descritivas**
  - Descrição
    - Apenas difere do método da escolha forçada por não exigir obrigatoriedade na escolha entre um bloco de frases (existem várias frases para o avaliador escolher que caracterizam e que não caracterizam o desempenho do subordinado. O avaliador escolherá aquelas frases que mais representam o comportamento dos avaliados).

Além desses métodos, ainda temos:

Método dos Incidentes Críticos

É um método de avaliação de desempenho bastante simples.

Método baseado nas características extremas (incidentes críticos) que representam desempenhos altamente positivos (sucesso) ou altamente negativos (fracasso). Ele afirma também que o método não se preocupa com o desempenho normal, mas com desempenho positivo ou negativo excepcionais. Cada fator de avaliação do desempenho é transformado em incidente critico ou excepcional para avaliar os pontos fortes e os pontos fracos de cada empregado.

Lista de Verificação

Esse método é considerado tradicional na avaliação de desempenho.

É baseado na relação de fatores de avaliação a serem considerados (*check-lists*) a respeito de cada empregado. Cada um desses fatores de desempenho recebe uma avaliação quantitativa.

Avaliação 360 graus e por Objetivos. Esses métodos são considerados diferenciados dos demais, pois são métodos mais modernos e sofisticados.

- **Avaliação por Objetivos**

Esse método está profundamente relacionado ao modelo de administração por objetivos. É um método no qual o superior (o chefe) e o subordinado (o operário) identificam, juntos, os objetivos a serem atingidos pelo funcionário em um determinado período de tempo. Nesse método permite um acompanhamento periódico dos resultados alcançados e os anteriormente fixados e a identificação das providências necessárias para o próximo período.

- **Avaliação 360 Graus**

É um método de avaliação de desempenho que se baseia na ampla participação de todos os integrantes da equipe. As informações sobre o desempenho do avaliado são coletadas de todas as pessoas ao seu redor. É também chamada de "*feedback* 360". Essa avaliação é realizada de modo circular por todos os elementos que mantêm alguma interação com o avaliado.

Elementos do Gerenciamento de Desempenho

- **O Avaliador de desempenho**

A responsabilidade pela avaliação de desempenho das pessoas pode ser atribuída ao responsável do setor de recursos humanos, ao gerente do setor, ao próprio colaborador ou, ainda, de forma conjunta, levando em conta que pode haver uma comissão de avaliação de desempenho.

- **O Avaliado de desempenho**

O papel do avaliado é aproveitar ao máximo esse projeto e beneficiar-se do mesmo, almejando, através dele, uma posição melhor na organização.

Benefícios da Avaliação de Desempenho

Os benefícios de uma avaliação de desempenho são vistos a curto, médio e longo prazo, desde que todo o processo de avaliação tenha sido bem preparado, bem planejado. A seguir, são elencados alguns dos benefícios da avaliação ou gerenciamento do desempenho para o chefe, para o subordinado e para a organização:

a) Benefícios para o chefe

Tem condições de avaliar melhor o comportamento e o desempenho dos colaboradores, desde que use uma avaliação que elimine a subjetividade;

Sugere melhorias para o comportamento de seus subordinados;

Melhora a comunicação e o feedback entre líder e subordinado, deixando a avaliação do desempenho como um sistema objetivo.

b) Benefícios para o subordinado

Tem conhecimento sobre o que precisa melhorar e o que a empresa mais valoriza em seus funcionários.

Sabe quais são as expectativas de seu superior quanto ao seu desempenho e à melhoria do seu ponto fraco, bem como conhece mais sobre os seu ponto forte, de acordo com a avaliação do chefe;

Tem condições de melhorar o seu desempenho através do plano de ação que seu superior traça e que ele toma conhecimento do mesmo, podendo realizar as melhorias.

Consegue avaliar-se e ter opinião crítica sobre o próprio desenvolvimento e controle.

c) Benefícios para a organização

Consegue avaliar melhor o capital humano da organização.

Tem condições de saber exatamente qual é o funcionário que precisa de treinamento e qual pode promover.

Pode oferecer mais oportunidades e de desenvolvimento aos seus colaboradores, além de conseguir motivar a produtividade e melhorar o relacionamento interpessoal da sua equipe.

Falhas na Avaliação de Desempenho

Em qualquer processo de avaliação de desempenho, podem ocorrer vários erros e falhas, devido a vícios na avaliação ou à escolha de métodos errados, os quais prejudicam e comprometem todo o processo.

A seguir, serão apresentadas algumas falhas ou erros do processo de avaliação de desempenho:

> **Padrões obscuros** - apresenta os aspectos e os graus de mérito, abertos à interpretação. Isso poderá causar avaliações injustas.

> **Erro de tendência Central** - a pessoa que avalia tenta evitar as pontuações máximas e mínimas, pontuando todos os empregados em todos os aspectos na média. Essa situação produz avaliações distorcidas e de pouca utilidade.

> **Rigor ou Brandura (complacência)** - consiste no comportamento dos avaliadores que tendem a avaliar todos os empregados ou muito bem ou muito mal.

> **Parcialidade** - permite que as diferenças individuais afetem a avaliação que os empregados recebem.

> **Efeito Halo** - esse é um erro de avaliação que consiste em avaliar de forma positiva ou negativa determinado funcionário, de acordo com uma de suas características, ou seja, se o colaborador é bom em certa tarefa, então, ele será bom em todas, e se é ruim em alguma coisa, ele será ruim em qualquer coisa.

> **Recenticidade** - avaliação feita com os fatos que aconteceram recentemente.

> **Erro de "primeira impressão"** - esse erro ocorre pela avaliação ser feita com base na primeira impressão que se teve do colaborador, não levando em conta a sua evolução e realizações nos últimos meses.

> **Erros de semelhança (auta-identificação)** - avaliação de forma positiva, somente com os colaboradores que possuem características semelhantes ao avaliador.

> **Erro de fadiga / rotina** – erro por estar cansado, devido a muitas avaliações seguidas.

O *Feedback* na Avaliação de Desempenho

O gerenciamento da avaliação de desempenho conta com uma ferramenta muito importante que é o *feedback*, pode ser entendido como retroalimentação. Esse termo é utilizado na eletrônica, mas também é utilizado em outras áreas.

Pode-se dizer que o *feedback* é um sistema que avalia os resultados do sistema, através do processo de retroalimentação.

Vamos Praticar

01. A opção pelo método de escolha forçada para a avaliação do desempenho profissional em uma organização possibilita alta probabilidade de ocorrência do efeito Halo.

Certo ( ) Errado ( )

02. A ocorrência de prejulgamento e subjetividade constitui uma das desvantagens da adoção do método da escala gráfica para a avaliação de desempenho dos profissionais em uma organização.

Certo ( ) Errado ( )

03. Considere que, em determinada organização, o coordenador de uma equipe de trabalho utilize a técnica de frases descritivas para avaliar o desempenho dos membros dessa equipe. Nessa situação, o referido coordenador está livre para escolher e avaliar. Entre as frases disponibilizadas, as que são mais representativas do comportamento dos avaliados.

Certo ( ) Errado ( )

04. A técnica de incidentes críticos constitui um método de avaliação pautado nos fatos excepcionalmente negativos e excepcionalmente positivos, relacionados ao desempenho do avaliado.

Certo ( ) Errado ( )

05. A avaliação de desempenho bem estruturada deve ter como objetivo a apreciação sistemática do desempenho dos colaboradores no exercício do cargo, bem como a do seu potencial de desenvolvimento.

Certo ( ) Errado ( )

06. As características individuais que favorecem o desempenho no trabalho são resultantes da responsabilidade da pessoa no trabalho e independem da atuação da organização.

Certo ( ) Errado ( )

07. Na ausência de métodos apurados para a avaliação de desempenho, a avaliação por comparação entre os pares é uma solução eficiente.

Certo ( ) Errado ( )

08. Podemos afirmar que a pesquisa de campo é feita unicamente por meio de entrevistas com o supervisor imediato. Nesse caso o clima organizacional é o principal elemento avaliado.

Certo ( ) Errado ( )

09. Não é objetivo da Avaliação de Desempenho:

a) Favorecer a adequação dos indivíduos aos cargos e à organização;

b) Conhecer como está o potencial de desenvolvimento de cada empregado;

c) Fornecer informações sobre quais empregados serão promovidos;

d) Permitir o fornecimento de informações para a elaboração de programas de treinamento e desenvolvimento de pessoal;

e) Criar um estímulo motivacional nos colaboradores.

Sobre a pesquisa de campo, julgue o item a seguir:

10. A entrevista obedece a um roteiro compreendido pela avaliação inicial, análise suplementar e planejamento

Certo ( )   Errado ( )

Gabarito

01	ERRADO	06	ERRADO
02	CERTO	07	CERTO
03	CERTO	08	ERRADO
04	CERTO	09	E
05	CERTO	10	CERTO

Anotações

CAPÍTULO 09

A Evolução da Gestão de Pessoas

A evolução da gestão de pessoas está vinculada com a evolução dos conceitos atribuídos à área de Recursos Humanos, uma especialidade que surgiu a partir do crescimento e da complexidade das tarefas organizacionais.

A área de Recursos humanos remonta do século XX, após o forte impacto da revolução industrial, chamada de Relações Industriais, com o objetivo de reduzir os conflitos industriais e individuais; era como se as pessoas vivessem em compartimentos separados, com a ajuda de um interlocutor, o qual recebia o nome de Relações Industriais. Por volta da década de 1950, o conceito de Relações Industriais passou a se chamar de Administração de Pessoal; a preocupação já não eram apenas os conflitos industriais e individuais e sim de fazer uma administração de acordo com a legislação trabalhista vigente. Somente na década de 1970 surgiu o conceito de Recursos Humanos (RH), que parte do princípio de que as pessoas devem ser administradas pela organização ou por um órgão central de RH.

As pessoas podem ser chamadas de recursos, uma vez que são recursos produtivos das organizações, mais conhecido como Recursos Humanos. Os Recursos Humanos são administrados e esta administração envolve planejamento, organização e controle de suas atividades, tudo isso para se obter o máximo de rendimento possível.

A administração de recursos humanos modifica as relações entre as pessoas e as organizações, na maneira de lidar com elas, de buscá-las no mercado, de integrá-las, orientá-las, fazê-las trabalhar, desenvolvê-las, recompensá-las, monitorá-las e controlá-las, são fatores fundamentais para a competitividade organizacional.

Dessa forma, os estudos mostraram que na era da eficácia, a gestão de pessoas era chamada de administração de recursos humanos e controlava somente o departamento de recursos humanos, tinha o conceito de pessoas como recursos da organização. Mas, na era da efetividade, esse conceito e essa visão foram alteradas para a ênfase na gestão de pessoas, a qual tem o foco nas pessoas como parceiras da organização e não como meros recursos.

Sendo assim, hoje as organizações bem-sucedidas já não tratam mais seus colaboradores como "empregados", aquelas pessoas que estão ali para simplesmente trabalharem por ele e sim, como colaboradores parceiros do negócio e fornecedores de competências. Essa nova gestão de pessoas procura o melhor aperfeiçoamento no quadro funcional, tratando-o como solução para a excelência organizacional.

As Pessoas como Parceiras da Organização

Com a evolução da administração de recursos humanos para uma visão mais abrangente e focada mas pessoas, que são vistas como seres humanos, como elementos impulsionadores, como parceiros da organização, como talento e como capital, conforme explicado a seguir:

a) **Pessoas como seres humanos:** reconhece que as pessoas não são meramente recursos da empresa, mas são seres dotados de inteligência, personalidade, histórias particulares diferenciadas, que possuem conhecimento e capacidade adequada para a gestão dos demais recursos da organização; rompe com a visão taylorista/fordista de que as pessoas devem apenas reproduzir aquilo que lhes é ordenado. Percebe-se a capacidade das pessoas em auxiliar constantemente no processo de desenvolvimento dentro da empresa.

b) **Pessoas como elementos impulsionadores:** Num cenário globalizado de constantes mudanças e transformações, as pessoas é quem geram a competitividade, já que dinamizam a organização, não sendo apenas agentes passivos e estáticos, mas agentes envolvidos no processo.

c) **Pessoas como parceiras da organização:** as pessoas movimentam e levam a empresa ao sucesso, pois são parceiras das organizações. Investindo nelas, é possível ter sempre um retorno.

d) **Pessoas como talento:** as pessoas são seres cheios de talentos e competências e, com isso, levam a organização ao sucesso; uma organização não pode ser formada apenas de máquinas e tecnologias, há sempre a necessidade de alguém que as opere.

e) **Pessoas como capital:** as pessoas são o principal ativo organizacional, já que agregam conhecimento e inteligência à organização.

A visão da empresa sobre as pessoas dentro do ambiente organizacional mudou após muitos estudos. Novas teorias humanísticas começam a ser elaboradas e o conceito do papel do indivíduo nas empresas torna-se indispensável. As organizações começam a ver as pessoas como pessoas e não somente como meros recursos de produção, focadas em tarefas, ratificando, dessa forma, a importância da integração social dos indivíduos, lidando com suas emoções e percepções a fim de tornar esses pontos como variáveis para a melhoria do desempenho e do desenvolvimento das pessoas.

As Pessoas como Recursos ou como Parceiras

→ **Pessoas como recursos**

- Empregados isolados no cargo;
- Horário rigidamente estabelecido;
- Preocupação com normas e regras;
- Subordinação ao chefe;
- Fidelidade à organização;
- Dependência da chefia;
- Alienação com relação à organização;
- Ênfase na especialização;
- Executoras de tarefas;
- Ênfase nas destrezas manuais;
- Mão de obra;

→ **Pessoas como parceiros**

- Colaboradores agrupados em equipe;
- Metas negociadas e compartilhadas;
- Preocupação com resultados;
- Atendimento e satisfação do cliente;
- Vinculação à missão e à visão;
- Interdependência entre colegas e equipes;

> Participação e comprometimento;
> Fornecedores de atividade;
> Ênfase no conhecimento;
> Inteligência e talento;

Objetivos

Ao lado dos objetivos organizacionais, a administração de recursos humanos deve considerar os objetivos pessoais dos participantes. Sendo assim, os principais objetivos da ARH (administração de recursos humanos) são:

> Criar, manter e desenvolver um contingente de recursos humanos com habilidade e motivação para realizar os objetivos da organização.
> Criar, manter e desenvolver condições organizacionais de aplicação, desenvolvimento e satisfação plena dos recursos humanos, e bem como alcance dos objetivos individuais.
> Alcançar eficiência e eficácia através dos recursos humanos disponíveis.

Dessa forma, pode-se dizer que os objetivos são focados em ajudar a organização a alcançar seus projetos e a realizar sua missão, proporcionando competitividade à organização, assim como pessoas bem treinadas e bem motivadas, aumentando a satisfação das pessoas no trabalho, desenvolvendo e mantendo qualidade no trabalho, além de manter políticas éticas e comportamentos socialmente responsáveis.

A gestão de pessoas é representada por organizações e pessoas e uma depende da outra para sobreviver, ou seja, as organizações precisam das pessoas para atingir seus objetivos e cumprir suas metas no mercado, e as pessoas precisam da organização para que possam alcançar seus objetivos pessoais, com um custo mínimo de tempo, de esforço e de conflito.

Conceitos de Gestão de Pessoas

Cita-se a seguir alguns conceitos de gestão de pessoas:

É o ramo especializado da Ciência da Administração que envolve todas as ações que têm por objetivo a integração do colaborador no contexto da organização e o aumento de sua produtividade.

É o conjunto de decisões integradas sobre as relações de emprego que influenciam a eficácia dos funcionários e das organizações.

É o conjunto de políticas e práticas necessárias para conduzir os aspectos da posição gerencial relacionadas com as "pessoas", incluindo recrutamento, seleção, treinamento, recompensa e avaliação de desempenho.

A gestão de pessoas abrange um amplo leque de atividades como o recrutamento e a seleção, a descrição de cargos, o treinamento e o desenvolvimento de pessoas, as avaliação de desempenho, entre outros, ou seja, são sistemas de partes inter-relacionadas que integram um todo, que envolvem políticas, normas e procedimentos, capaz de envolver todas as atividades, de modo que nenhuma seja excluída.

A Gestão de Pessoas (GP) é uma área muito sensível à mentalidade que predomina nas organizações. Ela é extremamente contingencial e situacional, pois depende de vários aspectos, como a cultura que existe em cada organização, a estrutura organizacional adotada, as características do contexto ambiental, o negócio a organização, a tecnologia utilizada, os processos internos, o estilo de gestão utilizado e uma infinidade de outras variáveis importantes.

Os Processos de Gestão de Pessoas

Os subsistemas de recursos humanos, conhecidos como subsistemas de provisão, de aplicação, de manutenção, de desenvolvimento e de monitoração, formam um processo através do qual os recursos humanos são captados e atraídos, aplicados, mantidos, desenvolvidos e controlados pela organização. O processo não segue obrigatoriamente uma sequência, pois ela pode variar de acordo com a situação. Sendo assim, segue, abaixo, os seis processos:

> **Processos de agregar pessoas:** são os processos utilizados para incluir novas pessoas na empresa. Podem ser também denominados de processos de provisão ou suprimento de pessoas. Incluem as funções de recrutamento e seleção de pessoas.
> **Processos de aplicar pessoas:** são os processos utilizados para desenhar as atividades que as pessoas irão realizar na empresa, orientar e acompanhar seu desempenho. Incluem as funções de desenho de cargos e de avaliação de desempenho.
> **Processos de recompensar pessoas:** são os processos utilizados para incentivar as pessoas e satisfazer suas necessidades individuais. Incluem as funções de remuneração e benefícios.
> **Processos de desenvolver pessoas:** são os processos utilizados para capacitar e incrementar o desenvolvimento profissional e pessoal. Incluem as funções de treinamento e desenvolvimento.
> **Processos de manter pessoas:** são os processos utilizados para criar condições ambientais e psicológicas satisfatórias para as atividades das pessoas. Incluem as funções de higiene e segurança no trabalho e nas relações trabalhistas.
> **Processos de monitorar pessoas:** são os processos utilizados para acompanhar e controlar as atividades das pessoas e verificar resultados. Incluem as funções de banco de dados e de sistemas de informações gerenciais.

As políticas de Gestão de Pessoas (ou Recursos Humanos)

As políticas situam o código de valores éticos da organização, e governam suas relações com os empregados, acionistas, consumidores e fornecedores. A partir das políticas, pode-se definir os procedimentos a serem implantados, que são cursos de ação predeterminados para orientar o desempenho das operações e atividades, tendo-se em vista os objetivos da organização, servindo, para guiar as pessoas na realização desses objetivos. Visam também à consistência na execução das atividades, garantindo um tratamento equitativo para todos os participantes e um tratamento uniforme para todas as situações. As políticas foram formuladas de acordo com cada um dos processos de gestão de pessoas, conforme a seguir:

> **Políticas de provisão:** são as políticas que envolvem as pesquisas de mercado, recrutamento, seleção e integração do colaborador.

> **Políticas de aplicação**: são as políticas que definem os requisitos e sistemas de avaliação de desempenho; a análise e a descrição de cargos; o planejamento e a alocação dos recursos humanos e plano de carreiras.

> **Políticas de manutenção:** consistem na elaboração de políticas para controlar e administrar o plano de benefícios sociais, de higiene e segurança do trabalho e de relações sindicais.

> **Políticas de desenvolvimento:** nesse tipo de política, são elaborados os levantamentos e planejamentos de treinamento e de desenvolvimento das pessoas e do desenvolvimento organizacional.

> **Políticas de monitoração:** são as políticas desenvolvidas para controlar todo o processo através de um banco de dados, um sistema de informação e da auditoria de recursos humanos.

As políticas de gestão de pessoas constituem um conjunto de orientações baseados em todos os processos e/ou subsistemas de recursos humanos, acompanhando a missão e os valores da empresa para nortear de forma adequada, todas as relações de trabalho, dando sustentação às estratégias da empresa, de forma dinâmica e duradoura. Através de políticas bem desenhadas é possível criar e manter um contingente qualificado de pessoas, com talento, motivação e segurança para desempenhar otimamente todas as atividades da empresa, com o objetivo de agregar valor ao negócio e de alcançar os objetivos organizacionais.

Vamos Praticar

01. Considerando os principais processos de gestão de pessoas, assinale a opção correta.

a) A avaliação do impacto de treinamento em profundidade diz respeito a outras competências desenvolvidas que não são objetos das ações de treinamento e de desenvolvimento de pessoas nas organizações.

b) A avaliação de desempenho por comparação binária é desenvolvida com base em entrevistas feitas por especialistas às chefias imediatas para identificar as causas de desempenhos deficientes.

c) O recrutamento misto é caracterizado por ações de divulgação de oportunidades de trabalho direcionadas tanto para profissionais de nível técnico quanto de nível superior.

d) O uso de diferentes técnicas de seleção, tais como análise de currículo, testes escritos, testes práticos, testes psicológicos, entrevistas, entre outras, aumenta o grau de fidedignidade e qualidade dos processos seletivos das organizações.

e) Ao planejar ações de treinamento e desenvolvimento, deve-se atentar para a relação entre os objetivos instrucionais, as necessidades de treinamento e os critérios de avaliação de desempenho.

02. A área de "Gestão de Pessoas" ou de "Recursos Humanos" (RH) de uma organização deve ser interdisciplinar e envolver uma multiplicidade enorme de campos de conhecimento. Identifique se as afirmações abaixo estão Certas (C) ou Erradas (E):

( ) Não há leis, normas, regras ou princípios universais para a administração das pessoas.

( ) Existem técnicas rígidas, imutáveis e inflexíveis para gerir pessoas.

( ) A área de RH é contingencial, situacional e multivariada porque tanto as pessoas como as organizações são diferentes.

( ) A área de RH não deve levar em consideração as mudanças constantes que ocorrem nas organizações e em seus ambientes.

( ) Prover, aplicar, manter, desenvolver e monitorar as pessoas são processos básicos da área de RH.

( ) Assinale a alternativa que apresenta a sequência correta, de cima para baixo.

a) C – E – C – C – E

b) C – E – C – E – C

c) C – C – C – E – E

d) E – C – E – E – C

e) E – C – C – E – C

03. Existe uma velha piada na área da "gestão de pessoas" que diz: "A empresa do futuro estará tão avançada tecnologicamente que será dirigida apenas por uma pessoa e por um cachorro. A pessoa estará lá para alimentar o cachorro, e o cachorro estará lá para garantir que a pessoa não toque em nada". Assinale a alternativa INCORRETA:

a) Para trabalhar efetivamente com as pessoas, temos de entender o comportamento humano, e precisamos conhecer os vários sistemas e práticas disponíveis para nos ajudar a construir uma força de trabalho qualificada e motivada.

b) Embora as pessoas tenham sido sempre fundamentais no ambiente empresarial, hoje elas desempenham um papel ainda mais central para a obtenção da vantagem competitiva de uma empresa.

c) Principalmente nos setores baseados em conhecimento, como os de software e serviços de informação, o sucesso de uma empresa depende cada vez mais das "competências das pessoas".

d) Atualmente as pessoas não são mais a força competitiva de uma empresa. Todos os resultados de eficiência são exclusivamente devidos à tecnologia e às máquinas. Cada vez mais as pessoas serão dispensáveis e inúteis.

e) Os especialistas em gestão de pessoas afirmam que a chave do sucesso de uma empresa está no estabelecimento de um conjunto de "competências essenciais" - conhecimentos integrados dentro de uma empresa - que a distinguem de suas concorrentes e agregam valor para os clientes e acionistas.

04. São objetivos da gestão de pessoas, exceto:

a) Ajudar a organização a alcançar seus objetivos e realizar a sua missão.

b) Proporcionar competitividade à organização (fazer com que as forças das pessoas sejam mais produtivas).

c) Aumentar a satisfação dos empregados no trabalho: desenvolver a qualidade de vida no trabalho.

d) Administrar as contingências estruturais.
e) Manter políticas éticas e comportamento socialmente responsável.

05. No que concerne às atribuições da área de gestão de pessoas, pode-se dizer que ela abrange amplo conjunto de sistemas que englobam atividades como recrutamento e seleção, análise e descrição de cargos, relações com sindicatos, treinamento e auditoria de recursos humanos.

Certo ( ) Errado ( )

06. Com base no enfoque sistêmico, a gestão de pessoas concebe que os fenômenos relativos aos indivíduos e grupos são causados por um único fator. Essa afirmativa está:

Certo ( ) Errado ( )

07. O principio ativo de uma empresa é o capital humano, sendo assim a área de gestão de pessoas visa o alcance dos objetivos organizacionais por meio dos seus processos de gestão. Referente aos processos de gestão de pessoas, podemos dizer que:

I. Processo de agregar – orientar e acompanhar as pessoas, e avaliar o desempenho.
II. Processo de aplicar – Processo pelo qual a organização atrai candidatos no mercado de trabalho para abastecer seu processo seletivo.
III. Processo de desenvolvimento – Processo de treinamento em longo prazo para aperfeiçoamento de habilidades pessoais e profissionais.
IV. Processo de manter – Processo utilizado para criar condições ambientais satisfatórias para as atividades das pessoas.
V. Processo de monitorar – Processo utilizado para incentivar as pessoas e satisfazer suas necessidades individuais mais elevadas.

Estão corretos apenas os itens:

a) I, II e IV
b) III, IV e V
c) I, II, III e IV
d) III e IV, apenas
e) I, II e III, apenas

08. A Gestão de Pessoas é um conjunto integrado de processos dinâmicos e interativos. Os seis processos básicos de Gestão de Pessoas são os processos de agregar; aplicar; recompensar; desenvolver; manter e monitorar pessoas. O processo de agregar pessoas é utilizado para:

a) Incluir novas pessoas na empresa. Podem ser denominados de processos de provisão ou suprimento de pessoal.
b) Acompanhar e controlar as atividades das novas pessoas que ingressam na corporação e de verificar seus resultados.
c) Capacitar e incrementar a adaptação das novas pessoas às atividades que deverão exercer. Incluem seu treinamento e desenvolvimento, gestão do conhecimento e das competências.
d) Incentivar e satisfazer as necessidades individuais mais elevadas de cada novo membro da empresa, por meio do qual se garante a retenção de talentos.
e) Criar condições psicológicas satisfatórias para as atividades das pessoas. Incluem pesquisas de clima e programas de qualidade de vida.

09. Com relação à política de desenvolvimento de recursos humanos, assinale a opção incorreta.

a) Constitui objetivo de um treinamento a mudança de atitude por parte das pessoas visando um clima mais satisfatório dentro das organizações.
b) Denomina-se levantamento de necessidades de treinamento o diagnóstico das carências dos colaboradores no tocante ao suprimento de mais conhecimentos para a execução de suas atividades.
c) Denomina-se coaching o relacionamento entre os líderes e os liderados dentro de uma organização.
d) Atualmente, o ensino a distância experimenta uma redução expressiva devido à necessidade de as organizações promoverem um contato mais próximo entre seus colaboradores.

10. A importância da gestão de pessoas como uma função organizacional justifica-se pelo fato de proporcionar a conciliação das expectativas entre a organização e as pessoas e, posteriormente, a concretização dessas expectativas. Indique se a afirmação está CERTA ou ERRADA:

Certo ( ) Errado ( )

Gabarito

01	D	06	ERRADO
02	B	07	D
03	D	08	A
04	D	09	D
05	CERTO	10	CERTO

Anotações

CAPÍTULO 10
Administração de Recursos Materiais e Patrimoniais

As Empresas e seus Recursos

É um fato que a produção está vinculada a um conjunto de fatores, os quais podemos denominar **fatores de produção.** Dentre eles, identificamos três fundamentais, a saber: natureza, capital e trabalho, integrados por um quarto fator denominado empresa. Para os economistas, todo processo produtivo se fundamenta na conjunção desses quatro fatores de produção.

→ **Natureza**: responsável pelo fornecimento da matéria-prima.

→ **Capital**: é o fator que fornece o dinheiro necessário para adquirir os insumos e pagar o pessoal. O capital representa o fator de produção que permite meios para comprar, adquirir e utilizar os demais fatores de produção.

→ **Trabalho:** é o fator constituído pela mão de obra, que processa e transforma os insumos, por meio de operações manuais ou de máquinas e ferramentas, em produtos acabados ou serviços prestados. É a energia empregada na transformação da matéria-prima em produto.

→ **Empresa**: é o fator integrador capaz de aglutinar a natureza, o capital e o trabalho em um conjunto harmonioso o qual permite que o resultado alcançado seja muito maior do que a soma dos fatores aplicados no negócio.

Atualmente, esses fatores de produção costumam ser denominados recursos empresariais, sendo estes os principais:

> **Recursos Materiais**: administração da produção.

> **Recursos Financeiros**: administração financeira.

> **Recursos Humanos**: administração pessoal (Gestão de Pessoas).

> **Recursos Mercadológicos**: administração de mercado.

> **Recursos Administrativos**: administração geral ou administração de empresas.

Contexto Histórico da Administração ou Gestão de Materiais

A produção passou por vários sistemas ao longo da história. Em cada período uma complexidade de atividades era necessária para a manutenção da estrutura que se iniciava. A Revolução Industrial, iniciada no século XVIII, marcou a transição da manufatura para a maquinofatura e projetou a produção a uma escala bem maior e mais abrangente. O sistema capitalista desenvolveu mecanismos que relacionavam produção e distribuição num ritmo intenso para a obtenção cada vez maior de capital. Produzir, estocar, trocar objetos e mercadorias é algo tão antigo quanto a existência do ser humano.

No século XIX, com a expansão da Revolução Industrial, a lógica organizacional passou a ser necessária para a manutenção e o aumento da lucratividade. Esse período foi marcado por modificações profundas nos métodos do sistema de fabricação e estocagem em maior escala. O trabalho, até então, totalmente artesanal, foi em parte substituído pelas máquinas, fazendo com que a produção evoluísse para um estágio tecnologicamente mais avançado e os estoques passassem a ser vistos sob outro prisma pelas administrações. E o crescimento não para por aí, afinal, a constante evolução fabril, o consumo, as exigências dos consumidores, o mercado concorrente e as novas tecnologias deram novo impulso à Administração de Materiais, fazendo com que ela fosse vista como uma arte e uma ciência das mais importantes para o alcance dos objetivos de uma organização, seja ela qual fosse.

Acontece a racionalização das questões ligadas a produção, estocagem e distribuição das mercadorias produzidas. Com as novas tecnologias, as fábricas também se organizam para o provimento dos recursos necessários para a continuidade do trabalho produtivo.

No século XX, podemos também apontar as duas guerras mundiais como eventos que comprovaram a necessidade de que materiais devem ser administrados cientificamente. Aliás, a organização sempre foi importante para o histórico de guerras. Em todos os embates ficou comprovado que o fator abastecimento (ou suprimento) se constituiu em elemento de vital importância e determinou o sucesso ou o insucesso dos empreendimentos.

As empresas passam a adotar estratégias cada vez mais específicas para garantir seu espaço num mercado competitivo e extremamente cuidadoso na sua forma de seleção.

Fique Ligado

O objetivo principal de uma organização é obter lucros, sendo possível maximizá-los. Contudo, os recursos normalmente são investidos em equipamentos, financiamentos, reservas de caixas e estoques, o que não gera retorno pelo simples fato de aumentarem ou não, pois isso não reflete diretamente nas vendas.

Sendo assim, as organizações precisam diminuir seus custos em todos os segmentos possíveis, isso inclui o setor de estoque; o que então modificou todas as antigas e clássicas teorias desenvolvidas sobre a área.

Atualmente, com a globalização, a importância da área de materiais passou a ser reconhecida, pois a competitividade está em colocar o produto certo, na hora certa e na quantidade certa para o cliente final.

Responsabilidades e Atribuições da Gestão de Materiais

a) Suprir a empresa, por meio de compras, de todos os materiais necessários ao seu funcionamento.

b) Avaliar outras empresas como possíveis fornecedores.
c) Supervisionar os almoxarifados da empresa.
d) Controlar os estoques.
e) Aplicar um sistema de reaprovisionamento adequado, fixando Estoques Mínimos, Lotes Econômicos e outros índices necessários ao gerenciamento dos estoques, segundo critérios aprovados pela direção da empresa.
f) Manter contato com as Gerências de Produção, Controle de Qualidade, Engenharia de Produto, Financeira etc.
g) Estabelecer sistema de estocagem adequado.
h) Coordenar os inventários rotativos.

Exercícios Comentados

01. ***(CESPE) O inventário, ou levantamento físico para verificação de estoques, deve ser realizado uma única vez ao final do ano fiscal, para fins de declaração do imposto de renda da empresa.***

ERRADO. ***Questão errada, porque o inventário não precisa necessariamente ser realizado no final do exercício fiscal, ele pode ser rotativo ou periódico, de acordo com os objetivos e interesses da empresa. O Estoque rotativo é realizado em intervalos regulares dentro de um período fiscal; para a realização esse método não é necessário parar a empresa, já que ele é feito em grupos de itens, o que se torna mais econômico. No entanto, a contagem do estoque pelo método periódico é realizada de uma só vez em determinados períodos, normalmente ocorre no final do exercício fiscal, para tanto, o processo operacional da empresa deve ser parado.***

Objetivos Principais da Gestão de Materiais e Recursos Patrimoniais

A principal finalidade da Gestão de Materiais é assegurar o abastecimento contínuo de artigos necessários para comercialização direta ou capazes de atender aos serviços que são executados pela empresa, cujo objetivo é diminuir custos operacionais para que os seus produtos ganhem força competitiva no mercado. Em outras palavras, os materiais precisam ser de qualidade produtiva para garantir, no mercado, a aceitação do produto final.

Principais Objetivos da Área de Gestão de Recursos Materiais e Patrimoniais

→ **Preço Baixo** - esse é o objetivo mais óbvio e, certamente, um dos mais importantes. Reduzir o preço de compra implica em aumentar os lucros, se mantida a mesma qualidade.

→ **Alto Giro de Estoques** - implica em melhor utilização do capital, aumentando o retorno sobre os investimentos e reduzindo o valor do capital de giro.

→ **Baixo Custo de Aquisição e Posse** - dependem fundamentalmente da eficácia das áreas de Controle de Estoques, Armazenamento e Compras.

→ **Continuidade de Fornecimento** - é resultado de uma análise criteriosa quando da escolha dos fornecedores. Os custos de produção, expedição e transportes são afetados diretamente por esse item.

→ **Consistência de Qualidade** - a área de materiais é responsável apenas pela qualidade de materiais e serviços provenientes de fornecedores externos. Em algumas empresas, a qualidade dos produtos e/ou serviços constituem-se no único objetivo da Gerência de Materiais.

→ **Despesas com Pessoal** - obtenção de melhores resultados com a mesma despesa ou, mesmo resultado com menor custo - em ambos os casos o objetivo é obter maior lucro final. Às vezes compensa investir mais em pessoal, porque pode-se alcançar com isso outros objetivos, propiciando maior benefício com relação aos custos.

→ **Relações Favoráveis com Fornecedores** - a posição de uma empresa no mundo dos negócios é, em alto grau, determinada pela maneira como negocia com seus fornecedores.

→ **Aperfeiçoamento de Pessoal** - toda unidade deve estar interessada em aumentar a aptidão de seu pessoal.

→ **Bons Registros** - são considerados como o objetivo primário, pois contribuem para o papel da Administração de Material, para a sobrevivência e para os lucros da empresa, de forma indireta.

Terminologias e Conceitos Básicos Usados em Gestão de Materiais

→ **Artigo ou Item** - designa qualquer material, matéria-prima ou produto acabado que faça parte do estoque.

→ **Unidade** - identifica a medida, tipo de acondicionamento, características de apresentação física (caixa, bloco, rolo, folha, litro, galão, resma, vidro, peça, quilograma, metro, etc.).

→ **Pontos de Estocagem** - locais onde os itens em estoque são armazenados e sujeitos ao controle da administração.

→ **Estoque** - conjunto de mercadorias, materiais ou artigos existentes fisicamente no almoxarifado à espera de utilização futura e que permite suprir regularmente os usuários, sem causar interrupções às unidades funcionais da organização.

→ **Estoque Ativo ou Normal** - é o estoque que sofre flutuações quanto à quantidade, volume, peso e custo em consequência de entradas e saídas.

→ **Estoque Morto ou Inativo** - não sofre flutuações, é estático.

→ **Estoque Empenhado ou Reservado** - quantidade de determinado item, com utilização certa, comprometida previamente e que por alguma razão permanece temporariamente em almoxarifado. Está disponível somente para uma aplicação ou unidade funcional específica.

→ **Estoque de Recuperação** - quantidades de itens constituídas por sobras de retiradas de estoque, salvados (retirados de uso por meio de desmontagens), etc. sem condições de uso, mas passíveis de aproveitamento após recuperação, podendo vir a integrar o Estoque Normal ou Estoque de Materiais Recuperados, após a obtenção de sua condições normais.

- → **Estoque de Excedentes, Obsoletos ou Inservíveis** - constitui as quantidades de itens em estoque, novos ou recuperados, obsoletos ou inúteis que devem ser eliminados. Constitui um Estoque Morto.
- → **Estoque Disponível** - é a quantidade de um determinado item existente em estoque, livre para uso.
- → **Estoque Teórico** - é o resultado da soma do disponível com a quantidade pedida, aguardando o fornecimento.
- → **Estoque Mínimo** - é a menor quantidade de um artigo ou item que deverá existir; estoque para prevenir qualquer eventualidade ou emergência (falta) provocada por consumo anormal ou atraso de entrega.
- → **Estoque Médio** - é considerado como sendo a metade da quantidade necessária para um determinado período mais o Estoque de Segurança.
- → **Estoque Máximo** - é a quantidade necessária de um item para suprir a organização em um período estabelecido mais o Estoque de Segurança.
- → **Ponto de Pedido** - Limite de Chamada ou Ponto de ressuprimento - é a quantidade de item de estoque que, ao ser atingida, requer a análise para ressuprimento do item.
- → **Ponto de Chamada de Emergência** - é a quantidade que, quando atingida, requer medidas especiais para que não ocorra ruptura no estoque. Normalmente é igual à metade do Estoque Mínimo.
- → **Ruptura de Estoque** - ocorre quando o estoque de determinado item zera (E =0). A continuação das solicitações e o não atendimento a caracteriza.
- → **Frequência** - é o número de vezes que um item é solicitado ou comprado em um determinado período.
- → **Quantidade a Pedir** - é a quantidade de um item que deverá ser fornecida ou comprada.
- → **Tempo de Tramitação Interna** - é o tempo que um documento leva, desde o momento em que é emitido até o momento em que a compra é formalizada.
- → **Prazo de Entrega** - tempo decorrido da data de formalização do contrato bilateral de compra até a data de recebimento da mercadoria.
- → **Tempo de Reposição, Ressuprimento** - tempo decorrido desde a emissão do documento de compra (requisição) até o recebimento da mercadoria.
- → **Requisição ou Pedido de Compra** - documento interno que desencadeia o processo de compra.
- → **Coleta ou Cotação de Preços** - documento emitido pela Unidade de Compras, solicitando ao fornecedor Proposta de Fornecimento. Essa Coleta deverá conter todas as especificações que identifiquem individualmente cada item.
- → **Proposta de Fornecimento** - documento no qual o fornecedor explicita as condições nas quais se propõe a atender (preço, prazo de entrega, condições de pagamento, etc.).
- → **Mapa Comparativo de Preços** - documento que serve para confrontar condições de fornecimento e decidir sobre a mais viável.
- → **Contato, Ordem ou Autorização de Fornecimento** - documento formal, firmado entre comprador e fornecedor, que juridicamente deve dar garantias a ambos (fornecimento x pagamento).
- → **Custo Fixo** - é o custo que independe das quantidades estocadas ou compradas (mão de obra, despesas administrativas, de manutenção etc.).
- → **Custo Variável** - existe em função das variações de quantidade e de despesas operacionais.
- → **Custo de Manutenção de Estoque, Posse ou Armazenagem** - são os custos decorrentes da existência do item ou artigo no estoque. Varia em função do número de vezes ou da quantidade comprada.
- → **Custo de Obtenção de Estoque, do Pedido ou Aquisição** - é constituído pela somatória de todas as despesas efetivamente realizadas no processamento de uma compra. Varia em função do número de pedidos emitidos ou das quantidades compradas.
- → **Custo Total** - é o resultado da soma do Custo Fixo com o Custo de Posse e o Custo de Aquisição.
- → **Custo Ideal** - é aquele obtido no ponto de encontro ou interseção das curvas dos Custos de Posse e de Aquisição. Representa o menor valor do Custo Total.

Fique Ligado

Os materiais precisam ser adequadamente administrados. As quantidades devem ser planejadas e controladas para que não haja faltas que prejudiquem a produção, nem excessos que elevem os custos desnecessariamente. O volume de dinheiro investido em materiais faz com que as empresas procurem sempre o mínimo possível deles, capazes de garantir a continuidade do processo produtivo e vendas. A gerência de materiais é um conceito vital que pode resultar na redução de custos e no aperfeiçoamento do desempenho de uma organização de Administração de Compras, Suprimentos e Armazenamento de produção, quando é adequadamente entendida e executada. É um conceito que deve estar contido na filosofia da instituição e em sua organização.

Os materiais em geral representam a maior parcela de custo de produtos acabados, mostrando que são responsáveis por aproximadamente 52% do custo do produto em uma média empresa e, em alguns casos, podem chegar a 85%. O investimento em estoque é tipicamente de 1/3 do ativo de uma empresa. Administrar materiais é fazer um exercício de provedor, analista, pesquisador e programador. É, acima de tudo, colocar a instituição como um organismo viável a todos que dela participam

Disponível em:<http://arquivos.unama.br/professores/iuvb/7semestre/ACSA/aula01.pdf)> Adaptado.

A Ciência da Administração Apoia-se no Seguinte Tripé

- > **Finanças**: mola propulsora.
- > **Material**: condição para o processo produtivo.
- > **Pessoal:** responsável por acionar o processo produtivo.

Para que exista uma administração perfeita, é necessária uma harmonia entre essas 3 áreas, ou seja, elas deverão estar de tal forma entrosadas que uma fique dependente da outra, uma vez que se entrelaçam e se confundem dentro do fluxo administrativo. Nada se pode fazer sem capital, bem como sem material. Somente com esses dois, não temos condições de administrar, pois há falta do elemento humano que irá acionar todo o processo produtivo.

Não deverá existir diferença no nível hierárquico entre essas áreas, pois têm a mesma importância para o bom funcionamento da empresa.

Vamos Praticar

01. Os 3 principais fatores de produção são: natureza, capital e estoque.

Certo ( )   Errado ( )

02. O capital de uma empresa é o fator que fornece o dinheiro necessário para adquirir os insumos e pagar o pessoal. O capital representa o fator de produção que permite meios para comprar, adquirir e utilizar os demais fatores.

Certo ( )   Errado ( )

03. Quais são os principais recursos empresariais:

a) Materiais, Financeiros, Empresarial e Mercadológicos

b) Materiais, Trabalhístico, Empresarial e Mercadológicos

c) Materiais, Financeiros, Administrativos e Mercadológicos

d) Materiais, Financeiros, Empresarial e Mercadológicos

e) Materiais, Trabalhístico, Financeiros e Administrativos

04. Uma organização, ao investir em equipamentos, financiamentos e estoques, tem um aumento garantido na sua venda.

Certo ( )   Errado ( )

05. Não são Responsabilidades e Atribuições da Gestão de Materiais:

a) Suprir a empresa, por meio de compras, de todos os materiais necessários ao seu funcionamento.

b) Supervisionar os almoxarifados da empresa.

c) Estabelecer sistema de estocagem adequado.

d) Controlar os estoques.

e) Controlar gastos da empresa.

06. A principal finalidade da Gestão de Materiais é assegurar o abastecimento contínuo de artigos necessários para comercialização direta ou capazes de atender aos serviços que são executados pela empresa.

Certo ( )   Errado ( )

07. Preço Baixo, Alto Giro de Estoque e Consistência de Qualidade fazem parte dos principais objetivos da gestão de matérias e de patrimônio.

Certo ( )   Errado ( )

08. Estoque de recuperação é quantidade de determinado item, com utilização certa, comprometida previamente e que por alguma razão permanece temporariamente em almoxarifado. Está disponível somente para uma aplicação ou unidade funcional específica.

Certo ( )   Errado ( )

09. Estoque Disponível é o resultado da soma do disponível com a quantidade pedida, aguardando o fornecimento.

Certo ( )   Errado ( )

10. Finança, material e pessoas fazem parte do tripé que apoia a ciência da Administração.

Certo ( )   Errado ( )

Gabarito

01	*ERRADO*	*06*	*CERTO*
02	*CERTO*	*07*	*CERTO*
03	*C*	*08*	*ERRADO*
04	*ERRADO*	*09*	*ERRADO*
05	*E*	*10*	*CERTO*

Anotações

CAPÍTULO 11

Setor de Compras

Noções Fundamentais de Compras

Muito embora todos saibam comprar, em função do cotidiano, (afinal exercemos tal prática desde que entramos em contato com algum tipo de capital, e isso ocorre em tenra idade), é necessária a conceituação da atividade, que significa procurar e providenciar a entrega de materiais, na qualidade especificada e no prazo estipulado, a um preço justo, para o funcionamento, a manutenção ou a ampliação da empresa.

Compra: é a função responsável pela obtenção do material no mercado fornecedor, interno ou externo, em termos de fornecedor/requisitante. É, ainda, a unidade organizacional que, agindo em nome das atividades requisitantes, compra o material certo, ao preço certo, na hora certa, na quantidade certa e da fonte certa (LINS, 2005).

→ **O que comprar?**
  > Especificação/Descrição do Material

→ **Quanto e Quando Comprar?**
  > Expectativa de consumo, disponibilidade financeira, capacidade de armazenamento e prazo de entrega.

→ **Onde Comprar?**
  > É a busca da resposta no cadastro de fornecedores

→ **Como comprar?**
  > Levar em consideração as normas ou manual de compras da empresa

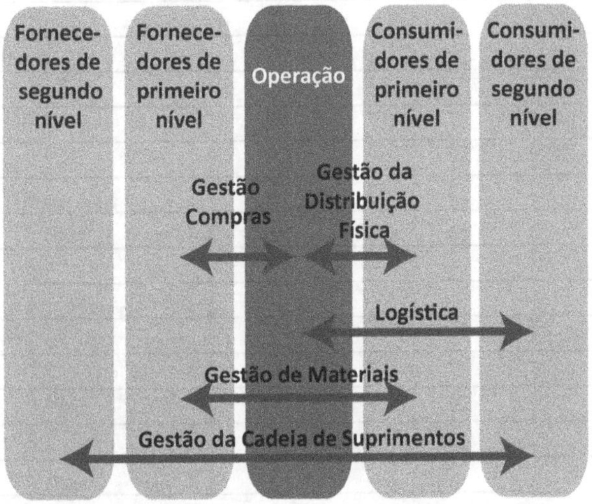

Material Certo

É importante que o comprador esteja em situação de certificar-se se o material comprado de um fornecedor está de acordo com o solicitado. O comprador deve, portanto, desenvolver um sentido técnico a fim de descobrir eventuais discrepâncias entre as cotações de um fornecedor e as especificações da Requisição de Compras. Deve ter condições de reconhecer, em uma eventual alternativa de cotação, uma economia do custo potencial ou a ideia de melhoria do produto. Evidentemente, em tais circunstâncias, a decisão final não será do consumidor, mas ele deve ter habilidade para encaminhar aos setores requisitantes ou técnicos da empresa essas sugestões.

Toda vez que uma requisição não for suficientemente clara, o comprador deverá solicitar esclarecimentos ou, se for o caso, devolvê-la a fim de que seja preenchida corretamente e de maneira que transmita exatamente o que se deseja adquirir. Em hipótese alguma, ele deve dar início a um processo de compras sem ter ideia exata de que produto quer comprar. Objetivando um melhor conhecimento do que se vai comprar, o comprador, sempre que possível, deverá entrar em contato com os setores que utilizam ou que vão utilizar o material ou serviço a ser adquirido, de que maneira, e se inteirar de todos os problemas e dificuldades que poderão ocorrer ou ocorrem quando da utilização do item solicitado. Em resumo: cada vez mais, atualmente, o comprador deve ser um técnico.

Preço Certo

Nas grandes empresas, subordinado a Compras, existe o Setor de Pesquisa e Análise de Compras. Sua função é, entre outras, a de calcular o "preço objetivo" do item (com base em desenhos e especificações). O cálculo desse "preço objetivo" é feito baseando-se no tempo de execução do item, na mão de obra direta, no custo da matéria-prima com mão de obra média no mercado; a esse valor deve-se acrescentar um, pré-calculado, de mão de obra indireta. Ao valor encontrado, soma-se o lucro. Todos esses números podem ser obtidos por meio de valores médios do mercado e do balanço e demonstrações de lucros e perdas dos diversos fornecedores.

O "preço objetivo" é que vai servir de orientação ao comprador quando de uma concorrência. No julgamento desta, duas são as possíveis situações:

a) Preço muito mais alto do que o "preço objetivo": nessas circunstâncias, eventualmente, o comprador poderá chamar o fornecedor e solicitar esclarecimentos ou uma justificativa do preço. Este ou está querendo ter um lucro excessivo, ou possui sistemas onerosos de fabricação, ou um mau sistema de apropriação de custos.

b) Preço muito mais baixo que o "preço objetivo": o menor preço não significa, hoje em dia, o melhor negócio. Se o preço do fornecedor for muito mais baixo, dois podem ser os motivos: 1) O produtor desenvolveu uma técnica de fabricação tal que conseguiu diminuir seus custos; 2) O fornecedor não soube calcular os seus custos e, nessas circunstâncias, dois problemas podem ocorrer: ou ele não descobre os seus erros e fatalmente entrará em dificuldades financeiras com possibilidades de interromper seu fornecimento, ou descobre o erro e então solicita um reajuste de preço que, na maioria das vezes, poderá ser maior que o segundo custo na concorrência original. Portanto, se o preço for muito mais baixo que o preço objetivo, o fornecedor precisa ser chamado, a fim de prestar esclarecimentos. Deve-se sempre partir do princípio fundamental de que toda empresa deve ter lucro, evidentemente, um lucro comedido, e que, portanto, não interessa que qualquer produtor tenha prejuízos. Se a instituição não tiver condições de determinar esse preço objetivo, pelo menos o consumidor deve abrir a concorrência tendo uma ideia do que vai encontrar pela frente. Nessas condições, ele deve tomar como base ou o último preço, ou, se o item for um novo, deverá fazer uma pesquisa preliminar de valores.

Nunca o comprador deve dar início a uma concorrência sem ter uma ideia do que vai receber como propostas.

Hora Certa

O desenvolvimento industrial atual e o aumento cada vez maior do número de empresas de produção em série, tornam o tempo de entrega, ou os prazos de entrega, um dos fatores mais importantes no julgamento de uma concorrência. As diversas flutuações de preços do mercado e o perigo de estoques excessivos fazem com que o comprador necessite coordenar esses dois fatores da melhor maneira possível, a fim de adquirir, na hora certa, o material para a instituição.

Quantidade Certa

A quantidade a ser adquirida é cada vez mais importante por ocasião da compra. Até pouco tempo atrás, aumentava-se a quantidade a ser adquirida objetivando melhorar o preço; entretanto, outros fatores, como custo de armazenagem, capital investido em estoques, etc., fizeram com que maiores cuidados fossem tomados na determinação da quantidade certa ou na mais econômica a ser adquirida. Para isso, foram deduzidas fórmulas matemáticas objetivando facilitar a determinação da porção a ser obtida. Contudo, qualquer que seja a fórmula ou método a ser adotado, não elimina a decisão final da Gerência de Compras com eventuais alterações dessas quantidades, devido às situações peculiares do mercado.

Fonte Certa

De nada adiantará ao comprador saber exatamente o material a adquirir, o preço certo, o prazo certo e a quantidade certa, se não puder encontrar uma fonte de fornecimento que possa agrupar todas as necessidades. A avaliação dos fornecedores e o desenvolvimento de novas fontes de fornecimento são fatores fundamentais para o funcionamento de compras. Devido a essas necessidades, o consumidor, exceto o setor de vendas da empresa, é o elemento que mantém e deve manter o maior número de contatos externos na busca, cada vez mais intensa, de ampliar o mercado de suprimento. Mais adiante será tratado com detalhes como escolher e selecionar novos fornecedores.

Função de Compras

A Função Compras é uma das mais importantes engrenagens do conjunto que denomina-se Sistema Empresa ou Organização, e dentro desse contexto é que ela deve ser considerada. Observa-se um mercado cada vez mais competitivo onde compras a preços satisfatórios podem influenciar nos rendimentos finais da organização.

Para que isso ocorra, deve-se considerar o custo, manutenção de estoques, custo de aquisição, etc. Essas observações básicas são o elemento primordial de toda ciência de compras.

→ **São atribuições da Função de Compras:**

> Cadastramento de Fornecedores;

> Coleta de Preços;

> Definição quanto ao transporte do material;

> Julgamento de Propostas;

> Diligenciamento do preço, do prazo e da qualidade do material;

> Recebimento e Colocação da Compra.

Objetivo de Compras

Certamente, a Função Compras não existe somente no momento da compra propriamente dita. Ela existe numa amplitude maior e envolve as análises e tomada de decisões, levando em consideração uma série de fatores.

Para que esses objetivos sejam atingidos, deve-se buscar alcançar as seguintes metas fundamentais:

1) Atender o cronograma de produção, por meio do fornecimento contínuo de materiais;
2) Estocar ao mínimo, sem comprometer a segurança da produção, desde que represente uma economia para a organização;
3) Evitar multiplicidade de itens similares, o desperdício, deterioração e obsolescência;
4) Manter a qualidade dos materiais conforme especificações;
5) Adquirir os materiais a baixo custo sem demérito na qualidade;
6) Manter atualizado o cadastro de fornecedores.

Tipos de Compras

> **De acordo com Lins, 2005:** "toda e qualquer ação de compra é precedida por um desejo de consumir algo ou investir". Dessa maneira, compreende-se então que existem basicamente dois tipos de compra que podem ser levados em consideração:

> **Compra para investimento:** enquadram-se as compras de bens e equipamentos que compõem o ativo da empresa (recursos patrimoniais).

> **Compras para consumo:** matérias primas e materiais destinados à produção, incluindo-se a parcela de material de escritório. Algumas empresas denominam esse tipo de aquisição como compras de custeio.

As compras para consumo, segundo alguns estudiosos do assunto, subdividem-se em:

> **Materiais produtivos:** aqueles que integram o produto final; portanto, nesse caso, matéria-prima e outros materiais que fazem parte do produto, sendo que esses diferem de indústria - em função do que é produzido.

> **Materiais improdutivos:** aqueles que, sendo consumidos normal e rotineiramente, não integram o produto, o que quer dizer que são apenas materiais de consumo forçado ou de custeio.

Em função do local onde os produtos estão sendo adquiridos, ou de suas origens, a compra pode ser classificada como: compras locais ou compras por importação.

> **Compras Locais**

As atividades de compras locais podem ser exercidas na iniciativa privada e no serviço público. A diferença fundamental entre tais atividades é a formalidade no serviço público e a informalidade na iniciativa privada, muito embora com procedimentos praticamente idênticos, independentemente dessa particularidade. As Leis nº 8.666/93 e 8.883/94, que envolvem as licitações no serviço público, exigem total formalidade. Seus procedimentos e aspectos legais serão detalhados em Compras no Serviço Público.

> **Compras por Importação**

As compras por importação envolvem a participação do administrador com especialidade em comércio exterior. Seus procedimentos encontram-se expostos a contínuas modificações de regulamentos, que compreendem, entre outras, as seguintes etapas:

» Processamento de faturas pró-forma;

» Processamento junto ao Departamento de Comércio Exterior – DECEX – dos documentos necessários à importação;

» Compra de câmbio, para pagamento contra carta de crédito irrevogável;

» Acompanhamento das ordens de compra (*purchase order*) no exterior;

» Solicitação de averbações de seguro de transporte marítimo e/ou aéreo;

» Recebimento da mercadoria em aeroporto ou porto;

» Pagamento de direitos alfandegários;

» Reclamação à seguradora, quando for o caso.

Tem-se que considerar também a formalização das compras. Nesse caso, elas podem ser de dois tipos:

> **Compras Formais:** aquisições de materiais em que é obrigatória a emissão de um documento o qual expresse diretamente a formalização do ato de compra. Existe uma estrutura a ser respeitada, as aquisições são determinadas em função de valores pré-estabelecidos e conforme o custo e a formalidade, não estando necessariamente no mesmo grau.

> **Compras Informais:** compras que, devido ao seu valor irrisório, não justificam o processo burocrático envolvido numa compra Formal, por exemplo.

A Sequência Lógica de Compras

O momento da compra é um momento no qual importantes decisões precisam ser tomadas, e muitas vezes de maneira rápida, devido ao movimento do próprio mercado.

Para que se tenha sucesso é preciso conhecer, e de certa forma antever, a resposta para cinco perguntas básicas que compõe a lógica de qualquer compra.

> O que comprar? Quando fazemos essa pergunta, estamos esperando exatamente a Especificação/Descrição do Material. Normalmente ela será respondida pelo requisitante. Ele pode fazê-la de maneira independente ou estar apoiado por áreas técnicas ou até mesmo pelo setor de compras.

> Quanto e Quando comprar? É função direta da expectativa de consumo, disponibilidade financeira, capacidade de armazenamento e prazo de entrega. A maior parte das variáveis acima deve ser determinada pelo órgão de material ou suprimento no setor denominado Gestão de Estoques. A disponibilidade financeira deve ser determinada pelo orçamento financeiro da Empresa; a capacidade de armazenamento é limitada pela própria condição física da Empresa.

> Onde comprar? A melhor e mais segura alternativa é a busca da resposta no Cadastro de Fornecedores. Aqui entra a responsabilidade do órgão de compras: criar e manter um cadastro seguro (qualitativamente) e numericamente adequado dentro da realidade contextual (quantitativamente). Como suporte alimentador do cadastro de fornecedores, deve figurar o usuário de material ou equipamentos e, logicamente, os próprios compradores.

> Como comprar? A melhor resposta é levar em consideração as Normas ou Manual de Compras da Empresa.

Essas Normas deverão retratar praticamente a política de compras na qual se fundamenta a Instituição. Originadas e definidas pela Cúpula Administrativa, deverão mostrar, entre outras, competência para comprar, contratação de serviços, tipos de compras, fórmulas para reajustes de preços, formulários e rotinas de compras, etc.

Outros Fatores

Além das respostas às perguntas básicas, o comprador com base na sua experiência e conhecimento deve procurar e sentir em cada compra qual fator que a influência mais, a fim de que possa ponderar melhor o seu julgamento. Os fatores de maior influência na compra são: Preço, Prazo, Qualidade, Prazos de Pagamento e Assistência Técnica.

Organização do Serviço de Compras

Quando aborda-se o setor de Compras, deve-se considerar que as compras podem ser centralizadas ou não. O que definirá essa necessidade será o tipo de empreendimento.

Possuir um Comitê de Compras é uma prática muito utilizada; nesse caso, as pessoas de todas as áreas da empresa participam das decisões. As vantagens da centralização dos serviços são sempre postas em dúvida pelos departamentos que necessitam de materiais, mas, modo geral, ela apresenta aspectos realmente positivos, pela redução dos preços médios de aquisição, apesar de, em certos tipos de compras, ser mais aconselhável a aquisição descentralizada.

Centralização das Compras

Mantém-se um departamento separado para compras em quase todas as empresas. Isso acontece em função da padronização e custos. Dessa forma, somente alguns materiais são delegados a aquisição, normalmente os de uso mais insignificante.

A instituição que atua em diversos locais distintos não necessariamente deve centralizar compras em um único local. Sendo assim procede-se a uma análise e, se a mesma for favorável, deve-se regionalizar as compras, visando um atendimento mais rápido e um custo menor de transporte.

→ **O abastecimento centralizado oferece as seguintes vantagens:**

> Melhor aproveitamento das verbas para compras: a concentração das verbas para compras aumenta o poder de barganha;

> Melhor controle por parte da direção;

> Melhor aproveitamento de pessoal;

> Melhoramento das relações com fornecedores.

Há também aqueles que defendem a descentralização, a qual também apresenta pontos positivos:

a) Adequação da compra devido ao conhecimento dos problemas específicos da área onde o comprador exerce sua atividade.

b) Menor estoque e com uma variedade mais adequada, por causa de peculiaridades regionais da qualidade, quantidade e variedade.

c) Coordenação, em virtude do relacionamento direto com o fornecedor, levando a unidade operacional a atuar de acordo com as necessidades regionais.

d) Flexibilidade proporcionada pelo menor tempo de tramitação das ordens, provocando menores faltas.

Seleção de Fornecedores

A escolha de um fornecedor é uma das atividades fundamentais e prerrogativa exclusiva de Compras. Afinal, um bom fornecedor é o responsável por garantir que todas aquelas cláusulas solicitadas, quando de uma compra, sejam cumpridas. O comprador deve procurar, de todas as maneiras, aumentar o número de produtores em potencial a serem consultados, de maneira que se tenha certeza de que o melhor negócio foi executado em benefício da empresa. O processo de seleção das fontes de fornecimento não se restringe a uma única ocasião, ou seja, quando é necessária a aquisição de determinado material.

A atividade deve ser exercida de forma permanente e contínua, por meio de várias etapas, entre as quais destacam-se as seguintes:

Primeira Etapa - Levantamento e Pesquisa de Mercado

→ Estabelecida a necessidade da aquisição para determinado material, é necessário levantar e pesquisar fornecedores em potencial. O levantamento poderá ser realizado por meio dos seguintes instrumentos:

> Cadastro de Fornecedores do Órgão de Compras.

> Edital de Convocação.

> Guias Comerciais e Industriais.

> Catálogos de Fornecedores.

> Revistas Especializadas.

> Catálogos Telefônicos.

> Associações Profissionais e Sindicatos Industriais.

Segunda Etapa: Análise e Classificação

Compreende a análise dos dados cadastrais do fornecedor e a respectiva classificação quanto aos tipos de materiais a fornecer, bem como, a eliminação daqueles que não satisfizerem as exigências da empresa.

Terceira Etapa: Avaliação de Desempenho

Essa etapa é efetuada pós-cadastramento e nela faz-se o acompanhamento do fornecedor quanto ao cumprimento do contratado, servindo, não raras vezes, como elemento de eliminação das empresas fornecedoras.

Compras X Custos Industriais

Atualmente a função de compras tem sido desenvolvida dentro de um novo sistema de maturidade, com técnicas mais sofisticadas.

Um dos aspectos que devem merecer muita atenção são os custos industriais, que representam percentual considerável na composição final do preço de venda.

→ **Custo Industrial: Custo de Aquisição + Custo de Transformação.**

O controle da eficiência dos custos de transformação já são perfeitamente realizados por meio de técnicas consagradas, entretanto, o controle da eficiência de aquisição constitui um problema de difícil equacionamento, principalmente em virtude de a atividade de aquisição estar voltada para fora da empresa e sujeita a um sem-número de fatores ainda não controláveis.

Muitos estudos têm mostrado que os gastos relativos a compras em empresas de manufatura podem alcançar mais de 50% da receita líquida.

Cuidados ao Comprar

O Professor Wendell Léo Castellano cita em "Administração de Materiais e Recursos Patrimoniais":

"O processo de produção inicia-se com planejamento das vendas, estabelecimento de uma política de estoque de produtos acabados e listagem dos itens e quantidades de produtos a serem fabricados, quantidades essas distribuídas ao longo de um cronograma de produção.

Um sistema de planejamento de produção fixa as quantidades a comprar somente na etapa final da elaboração do plano de produção. As quantidades líquidas a comprar serão apuradas pela desagregação das fichas de produção e, em especial, pela listagem de materiais necessários para compor cada unidade de produto a ser produzido. Será necessário comparar as necessidades de materiais com as existências nos estoques de matérias-primas, para se apurar as necessidades líquidas distribuídas no tempo, conforme o cronograma de produção necessária para atender ao planejamento de vendas.

Entretanto, a execução da compra será a primeira etapa executiva do programa de produção. O término da programação e o início das atividades de compra caracterizam-se, portanto, como uma área com muitas facilidades de conflitos, conflitos esses sempre agravados pelos atrasos normais e habituais do planejamento.

As pressões exercidas pelos setores de produção e faturamento reforçam ainda mais a probabilidade de atritos na área de compras. Nesse momento todos se esquecem dos atrasos no planejamento das vendas e na programação da produção.

Outro aspecto interessante do relacionamento dentro da área de compras é a inversão curiosa de atitude que se processa entre o comprador e o vendedor após a emissão do pedido. A posição inicial de vendedor é sempre solicitante e o comprador nessa fase poderá usar seus recursos de pressão para forçar o vendedor a chegar às condições ideais para a empresa.

Uma vez emitido o pedido, o comprador perde sua posição de comando e passa a uma atitude de expectativa. Procurará, de agora em diante, adotar uma atitude de vigilância, procurando cuidar para que os fornecimentos sejam feitos e os prazos cumpridos."

Cotação de Preços

O depto. de Compras, com base nas solicitações de mercadorias, efetua a cotação dos produtos requisitados. Depois de efetuadas, o órgão competente analisa qual a proposta mais vantajosa, levando em consideração os seguintes itens:

» Prazo de pagamento;

» Valor das parcelas.

O Pedido de Compra

Após o término da fase de cotação de preços dos materiais e análise da melhor proposta para fornecimento, o setor de Compras emite o pedido de compras para a empresa escolhida. Esse pedido deverá ter com clareza a descrição do material a ser comprado, bem como as descrições técnicas, para que não ocorram as frequentes dúvidas que comumente acontecem.

Preferencialmente, a requisição deverá ser emitida em 3 vias, sendo as 1ª e 2ª vias enviadas ao fornecedor, o qual colocará "ciente" na 2ª via e a devolverá, o que passará a ter força de contrato, funcionando como um "instrumento particular de compromisso de compra e venda". A 3ª via funciona como *follow up* do pedido.

O Recebimento dos Materiais

→ **No recebimento** dos materiais solicitados, alguns principais aspectos deverão ser considerados:

> **Especificação técnica:** conferência das especificações pedidas com as recebidas;

> **Qualidade dos materiais:** conferência física do material recebido;

> **Quantidade:** executar contagem física dos materiais ou utilizar técnicas de amostragem quando for inviável a contagem um a um.

> **Preço:**

> **Prazo de entrega**: conferência se o prazo está dentro do estabelecido no pedido;

> **Condições de pagamento**: conferência com relação ao pedido.

Ética em Compras

O problema da conduta ética é comum em todas as profissões, porém, em algumas delas, como a dos médicos, engenheiros e compradores, assume uma dimensão mais relevante. A abordagem mais profunda do assunto leva invariavelmente ao estudo do comportamento humano no seu ambiente de trabalho, que está fora do escopo aqui proposto.

Abordando a questão mais na sua forma operacional, entende-se que o assunto deva ser resolvido por meio do estabelecimento de regras de conduta devidamente estabelecidas, divulgadas, conhecidas e praticadas por todos os envolvidos, procurando fixar limites claros entre o "legal" e o "moral".

Assim, esses aspectos são extremamente importantes para aqueles que atuam em Compras, fazendo com que muitas empresas estabeleçam um "código de conduta ética" para todos os seus colaboradores.

No setor de Compras o problema aflora com maior intensidade devido aos altos valores monetários envolvidos, relacionados com critérios muitas vezes subjetivos de decisão. Saber até que ponto uma decisão de comprar seguiu rigorosamente um padrão técnico, em que prevaleça o interesse da empresa, ou se a barreira ética foi quebrada, prevalecendo aí interesses outros, é extremamente difícil. O objetivo de um código de ética é estabelecer os limites de uma forma mais clara possível, e que tais limites sejam também de conhecimento dos fornecedores, pois, dessa forma, poderão reclamar quando se sentirem prejudicados. Outro aspecto importante é que esse código de ética seja válido tanto para vendas quanto para compras.

Não é correto uma empresa comportar-se de uma forma quando compra e de outra quando vende. Os critérios devem ser compatibilizados e de conhecimentos de todos os colaboradores. É comum empresas incluírem, nos documentos que o funcionário assina ao ser admitido, um código de conduta (ou de ética) que deva ser seguido, sob pena de demissão por justa causa.

O problema ético de Compras não se restringe aos compradores, mas também ao pessoal da área técnica, que normalmente especifica o bem a ser comprado. É normal encontrar especificações tão detalhadas, e muitas vezes mandatórias, que praticamente restringem o fornecedor a uma única empresa. Isso é eticamente correto? Mais uma vez o problema aflora. E o comprador, nesse caso, o que pode fazer? Cabe à gerência e à alta direção da empresa ficarem atentas a todos esses aspectos, questionando sempre a validade das especificações e a sua justificativa.

E quanto aos "presentes", "lembranças", "brindes", como agendas, canetas, malas e convites, que normalmente são distribuídos, por exemplo, ao pessoal de Compras, do controle da qualidade e da área técnica?

Como abordar esse assunto? Deve ser permitido que recebam? A melhor forma de abordar o assunto é definir, da forma mais clara possível, um código de conduta, de conhecimento de todos, pois não há dúvida de que aquele que dá presentes tem a expectativa de ser "lembrado". Quando o presente tem maior valor, maior será a obrigação de retribuição.

Deve também ficar claro para os compradores como agir no trato com empresas que, sistematicamente, com política própria, oferecem uma "comissão". Devem tais instituições ser excluídas entre as licitantes? As comissões devem ser incorporadas como forma de desconto nos preços propostos? E os outros fornecedores, como ficam? Enfim, esses aspectos devem ser abordados no código de ética.

Toda essa questão fica mais grave quando a figura do suborno aparece. A intenção premeditada é a essência do suborno, ninguém é subornado por acidente. Nesses casos, uma vez consumado o delito, o assunto já passa para a alçada judicial. Não é raro se ler nos jornais situações em que empresas demitem, de uma só vez, até mesmo todos os componentes de seu setor de Compras. Por exemplo, já foi manchete da Gazeta Mercantil o fato de a Fiat brasileira ter demitido "oito funcionários da área de compras – alguns com cargos de gerência - acusados de estar recebendo propinas e presentes de fornecedores", além de suspeitas de superfaturamentos ou desvio de dinheiro.

No setor público, todo processo de licitação é claramente definido por meio de legislação específica (Lei 8.666/93), cujo fim precípuo é resguardar os interesses do Estado.

Outro aspecto concernente à ética em Compras é o manuseio de informações, como o repasse dos critérios de julgamento e dados contidos nas propostas já entregues a um outro fornecedor que ainda está elaborando a sua. Esse comportamento aético leva a situações em que produtores altamente qualificados se neguem a apresentar propostas a "clientes" não confiáveis. Estabelece-se assim uma relação de desconfiança que prejudica a todos, isto é, todos perdem.

A fim de evitar essas situações, mais uma vez o código de ética entra em cena. A empresa precisa estabelecer políticas claras sobre as informações que devem ser manuseadas.

Pode-se inferir que a área de Compras, outrora restrita à atividade de aquisição, atualmente é parte de um processo complexo que engloba outros setores que executam papel estratégico na organização.

Contudo, apesar da função Compras ser mais relevante em algumas empresas do que em outras, em qualquer organização ela deve receber real atenção, visando que pode significar uma grande minimização dos custos.

Nesse cenário, o exercício da compra deve ser posicionado no processo de suprimentos como uma poderosa ferramenta de melhoria na lucratividade da empresa. Sendo que, para tanto, o profissional deve primar pela qualidade, bem como quantidade almejada, fazendo a melhor opção na escolha dos fornecedores.

Exercícios Comentados

01. ***(CESPE) Cabe ao comprador, além de especificar a qualidade, providenciar os meios apropriados de inspeção e testes de verificação que comprovem a qualidade por ele desejada.***

CERTO. Pois, dentro do ciclo de compras, controlar e receber o material comprado são as ultimas etapas do ciclo. É nesse momento que o setor de compras recebe do fornecedor o material solicitado no pedido. Já no recebimento, o comprador verifica se as quantidades estão corretas e providencia junto ao órgão de controle de qualidade que seja feita a inspeção para comparar as especificações do pedido com o produto recebido; é o que se chama de inspeção de qualidade no recebimento do material.

Vamos Praticar

01. As empresas precisam ter estratégias para aquisição de bens materiais. Partes vitais do produto final eram produzidas, na maioria das vezes, internamente, mas essa concepção está mudando para parcerias estratégicas. Duas estratégias operacionais são empregadas para a decisão das aquisições de bens materiais: a verticalização e a horizontalização. Esta última significa:

a) Independência de terceiros na composição do produto.

b) Compra de terceiros dos itens que compõem o produto final.

c) Domínio da tecnologia do produto final.

d) Maior autonomia da elaboração do produto final.

e) Aumento da estrutura organizacional da empresa.

02. Na administração de material, a função compras não é somente responsável pela quantidade e pelo prazo, mas precisa também ser realizada com preço mais favorável possível.

Certo ( ) Errado ( )

A administração de materiais pode ser entendida como a coordenação das atividades de aquisição e distribuição de materiais. Com relação a esse assunto, julgue os itens a seguir.

03. As decisões de compra podem interferir no nível de competitividade da empresa no mercado.

Certo ( ) Errado ( )

04. Um bom negociador de compras deve desenvolver alternativas criativas que vão ao encontro das necessidades do fornecedor.

Certo ( ) Errado ( )

05. Obter o material certo, nas quantidades certas, com a entrega no tempo e local adequados e no preço certo são funções de compras e responsabilidade exclusivas da administração de materiais.

Certo ( ) Errado ( )

06. A seleção de fornecedores é uma das grandes responsabilidades do departamento de compras, seja para itens rotineiros, seja para compras esporádicas. Embora a seleção inadequada possa gerar problemas em toda a cadeia de produção da empresa, o departamento de compras não pode abrir mão do critério de menor preço para escolha do fornecedor, pois os altos custos podem inviabilizar o valor do produto final.

Certo ( ) Errado ( )

07. No que se refere à seleção do número de fornecedores em determinado processo de aquisições, é correto dizer que uma das principais vantagens em situações de compra de muitos fornecedores é o maior grau de liberdade de opção na escolha dos fornecedores.

Certo ( ) Errado ( )

08. Na compra, o preço está entre os fatores que influenciam a escolha dos fornecedores. Isso significa que se deve escolher o que apresentar o menor preço entre os concorrentes.

Certo ( ) Errado ( )

09. O planejamento inadequado, a falta de controle no consumo e a má administração dos estoques são fatores que, invariavelmente, levam a função compras a praticar atos lesivos à organização.

Certo ( ) Errado ( )

10. Obter um fluxo contínuo de suprimentos necessários ao funcionamento de uma organização, comprar o que for necessário pelos menores preços com base nas quantidades e na qualidade estabelecidos e definir o que comprar e quanto comprar são objetivos da seção de compras.

Certo ( ) Errado ( )

11. A conduta ética na seção de compras é de fundamental importância para a organização. Nesse sentido, esta deve estabelecer regras de conduta a respeito do recebimento de presentes de fornecedores.

Certo ( ) Errado ( )

12. Menores lucros e maior nível de satisfação dos clientes podem ser gerados pela função compras.

Certo ( ) Errado ( )

13. Preço, capacidade técnica e prazo de entrega são fatores que devem ser considerados na relação de compra de uma empresa com seu fornecedor.

Certo ( ) Errado ( )

14. Para se manter competitiva no mercado, a empresa deve minimizar custos e gerar lucros satisfatórios. Assim, a função de compras consiste em um elemento essencial da administração de materiais. Nesse sentido, assinale a opção que não constitui objetivo da área de compras.

a) Obter um fluxo contínuo de suprimentos a fim de atender aos programas de produção da empresa.

b) Coordenar um fluxo de suplementação de maneira que seja aplicado um mínimo possível de investimento.

c) Comprar materiais e insumos aos menores preços, mantendo a qualidade do produto em níveis desejados.

d) Envolver um grande contingente de pessoal no processo de compra.

e) Procurar, por meio de uma negociação honesta, as melhores condições para a empresa.

Gabarito

01	A	08	ERRADO
02	CERTO	09	CERTO
03	CERTO	10	ERRADO
04	CERTO	11	CERTO
05	ERRADO	12	CERTO
06	ERRADO	13	CERTO
07	CERTO	14	D

Anotações

CAPÍTULO 12

Negociações

Para que a compra possa ser realizada efetivamente, a negociação deve ser usada no processo de tomada de decisão. Em qualquer aquisição o negociador deve visar a maximização dos interesses do grupo, buscando a competitividade.

Objetivos da Negociação

Obter um preço satisfatório: obter um bom preço para a organização, quando refere-se à compra de matéria-prima, significa conseguir um produto de qualidade por um preço satisfatório, ou seja, o custo não é o único aspecto observado para que a compra seja considerada boa, mas também a qualidade do produto é essencial.

Garantir que o fornecedor cumpra os prazos e condições estabelecidas: a organização deve procurar fazer parceria com fornecedores que têm condições de cumprir as necessidades e prazos de entrega estabelecidos por ela, o que nem sempre significa o que possui o melhor preço.

Convencer o fornecedor a dar a máxima cooperação: conseguir cooperação do fornecedor significa demonstrar que o acordo implica em recompensa para ele, ou seja, um contrato de fornecimento de mercadoria.

Desenvolver uma relação contínua com os fornecedores: o comprador/negociador deve sempre manter uma relação de continuidade, isto é, o objetivo não é apenas fechar um negócio hoje, mas criar uma relação de companheirismo, de parceria.

Quando Negociar

Quando em um processo de compra muitos fatores devem ser considerados, e o preço é apenas umas das variáveis, a negociação é a melhor solução para uma compra adequada e satisfatória. Assim, algumas situações em que comumente utiliza-se de negociação são:

> Quando há muitos fatores envolvidos e não somente o preço, por exemplo: os contratos governamentais, nos quais a qualidade é essencial e a negociação torna-se importante, haja vista o volume de compras realizado.

> Quando há riscos que não podem ser predeterminados com precisão.

> Quando há custos com a instalação, como o arranjo de máquinas e ferramentas: o contrato deve ser bem negociado, já que o valor dessas instalações e ferramentas podem ser altos e, dessa forma, o fornecedor também deve se comprometer com uma certa porcentagem, para assim criar vantagem competitiva para o comprador.

> Quando o período que o fornecedor necessita para entregar os produtos é longo: como o fornecedor necessita de um certo tempo para produção dos produtos, a organização compradora pode solicitar que ele faça mudanças/melhorias no artigo, assim, como o produtor terá custos com os investimentos, o comprador também deve ajudar nas despesas.

> Quando há interrupção da produção devido a numerosas mudanças: ocorre constantemente quando os produtos empregam alta tecnologia, pois quando o contrato prevê um longo período de entrega, ele pode acabar chegando obsoleto para o comprador. Dessa forma, o contrato deve prever possíveis mudanças para que sejam contempladas as melhorias tecnológicas.

> Quando é necessário o produto de um fornecedor em especifico: nesse caso não há competitividade, já que o comprador prefere determinado fornecedor em detrimento de outros. Porém, a negociação é essencial para que a competitividade do artigo da organização compradora seja preservada.

Fique Ligado

Processo de negociação

Começa quando o comprador solicita proposta aos possíveis fornecedores, por meio da cotação de preços. Tem sua continuidade com as discussões para realizar a compra, que são definidas em reunião de negociação e termina com a realização da aquisição nos termos anteriormente definidos.

Barganha do Fornecedor

Tratam-se de fatores que favorecem o fornecedor na hora da negociação:

Interesse do fornecedor pelo contrato: quando ele tem interesse em realizar negócios com o comprador. Mas, por parte deste, todas as demonstrações financeiras daquele devem ser observadas para comprar a real saúde da organização.

Certeza do fornecedor em obter o contrato: quando ele tem a consciência de que seus preços são os mais baixos e viáveis para o comprador, o deixando em posição de vantagem na hora da negociação;

Tempo disponível para negociar: quando o comprador tem pouco tempo para realizar o negócio é vantagem para o fornecedor, já que aquele não possui tempo hábil para pesquisar o mercado e fazer comparações.

Barganha do Comprador

Tratam-se de fatores que favorecem o comprador na hora da negociação. Normalmente, são três fatores básicos:

Quantidade de fornecedores: quando há competição entre os fornecedores, isso favorece o comprador, pois há comparação de preços.

Adequação de custos e do preço: quando há uma análise dos custos e preços em relação aos produtos, o comprador estará preparado para explorar com razoabilidade a proposta.

Eficiência do comprador: um negociador deve ter um conhecimento completo do produto, dos preços de mercado e da sua organização. Assim, terá vantagens na hora da negociação com os fornecedores.

Reza a lenda que quem tem o poder de barganha nas mãos tem "o" poder, ou ao menos se sente poderoso a ponto de considerar que as suas decisões definem as dos outros.

→ **Mas o que é poder de barganha?**

No conceito para negócios (especificamente) há o poder de barganha dos compradores (no caso os clientes) e o poder de barganha dos fornecedores.

Aqueles têm o poder de decidir sobre os atributos objetivos e subjetivos de produtos e serviços como qualidade, preço, aderência, prazo, atendimento, relacionamento, entre outras questões. Importantíssimo também o posicionamento da empresa compradora e da sua marca no mercado, os quais podem ser tão representativos que qualquer fornecedor motiva-se e encanta-se com a possibilidade de que esse consumidor faça parte de sua carteira de clientes.

Quanto aos fornecedores, esses têm o poder que se refere ao fornecimento de produtos e serviços, considerando que o setor em que atuam é dominado por poucas empresas; que os seus produtos e serviços são diferenciados ou exclusivos; são cientes de que a troca deles (o fornecedor) por outro (pelo cliente) acarretaria altos custos e se torna inviável. A considerar outros aspectos, como a representatividade de faturamento do negócio "em vista" com o comprador para esse fornecedor, se for baixa, não será considerada necessariamente prioritária, ficando pouco atrativa, por exemplo.

Seja como for, tanto clientes como fornecedores têm, por definição, os seus meios de controlar um processo de negociação, baseado na necessidade de um pelo outro e da ciência disso. Sim, poder de barganha tem a ver com controle da situação.

Saiba que, sempre que se utilizar esse poder de controle em condições que menosprezem algo e alguém, que demonstrem que os esforços alheios não valem porque há outros que têm um peso maior e, por isso, certamente serão "os" escolhidos..., somente se fragiliza e descaracteriza o relacionamento leal para negócios.

SOMENZI, Silvia. Disponível em :<http://www.baguete.com.br/colunistas/colunas/50/silvia-somenzi/27/05/2010/poder-de-barganha)> Adaptado.

Exercício Comentado

01. ***Obter um preço satisfatório é o principal objetivo da negociação, não importando muito o restante.***

ERRADO. Pois não adianta obter um preço satisfatório, se o fornecedor não tiver condições de cumprir os prazos e entregas estabelecidos, entre outros pontos.

Vamos Praticar

01. A negociação visa à maximização do interesse da empresa ou grupo.

Certo ( ) Errado ( )

02. São objetivos da negociação:

a) Obter um preço satisfatório, desenvolver uma relação contínua com os fornecedores e minimização de custo para o fornecedor.

b) Obter um preço satisfatório, garantir que o fornecedor cumpra os prazos e condições estabelecidas e desenvolver uma relação contínua com os fornecedores.

c) Obter um preço justo, desenvolver uma relação contínua com os fornecedores e minimização de custo para o fornecedor.

d) Obter um preço satisfatório, desenvolver uma relação não contínua com os fornecedores e minimização de custo para o fornecedor.

e) Obter um preço justo, garantir que o fornecedor cumpra os prazos e condições estabelecidas e desenvolver uma relação não contínua com os fornecedores.

03. A organização deve procurar fazer parceria com fornecedores que têm condições de cumprir as necessidades e prazos de entrega estabelecidos pela organização, o que nem sempre significa o fornecedor que possui o melhor preço.

Certo ( ) Errado ( )

04. Buscar relações contínuas com comprador/negociador criando um vínculo de parceria é um dos objetivos da negociação.

Certo ( ) Errado ( )

05. A negociação começa com a discussão para a realização da compra.

Certo ( ) Errado ( )

Quanto à barganha do fornecedor julgue os itens a seguir.

06. Um dos fatores que favorecem o fornecedor é o tempo curto que o comprador tem para realizar a compra.

Certo ( ) Errado ( )

07. O interesse do fornecedor pelo contrato, a certeza dele em obter o contrato e o tempo disponível para negociar são exemplos de fatores que favorecem o fornecedor na hora da negociação.

Certo ( ) Errado ( )

Quanto à barganha do comprador julgue os itens a seguir.

08. Fazem parte dos três fatores básicos que favorecem o comprador na hora da negociação a quantidade de fornecedores, a adequação de custos e do preço e o tempo curto.

Certo ( ) Errado ( )

09. A quantidade de fornecedores é um fator favorável para o comprador, pois a competição entre os fornecedores melhora a comparação de preços.

Certo ( ) Errado ( )

10. Um comprador é eficiente quando, em uma negociação, tem um conhecimento completo do produto, dos preços de mercado e da sua organização.

Certo ( ) Errado ( )

Gabarito

01	*CERTO*	*06*	*CERTO*
02	*B*	*07*	*CERTO*
03	*CERTO*	*08*	*ERRADO*
04	*CERTO*	*09*	*CERTO*
05	*ERRADO*	*10*	*CERTO*

Anotações

CAPÍTULO 13

Áreas do Setor de Materiais

Em uma organização tradicional, o setor de materiais possui algumas divisões relativas às suas áreas de concentração:

Controle de estoque*:* subsistema responsável pela gestão econômica dos estoques, por meio do planejamento e da programação de material, compreendendo a análise, a previsão, o controle e o ressuprimento de material. O estoque é necessário para que o processo de produção-venda da empresa opere com um número mínimo de preocupações e desníveis; ele pode ser de matéria-prima, produtos em fabricação e produtos acabados.

O setor de controle de estoque acompanha e controla o nível dele e o investimento financeiro envolvido. **Nesse setor, a preocupação principal é com o estoque de matéria-prima, pois é responsável pelas compras de produtos, visando sempre encontrar preços favoráveis, já que o custo dela é fundamental para o valor do artigo.**

Armazenagem/Almoxarifado: subsistema responsável pela gestão física dos estoques, compreendendo as atividades de guarda, preservação, embalagem, recepção e expedição de material, segundo determinadas normas e métodos de armazenamento. O Almoxarifado é o responsável pela guarda física dos materiais em estoque, com exceção dos objetos em processo; é o local onde ficam armazenados os produtos para atender a produção e os materiais entregues pelos fornecedores.

Ele pode ser definido como um lugar designado a guardar e conservar os materiais, podendo ser em um local coberto ou não, dependendo do que será estocado; tem ainda a função de reservar espaços onde permanecerá cada item aguardando a necessidade do seu uso, estabelecendo a sua localização, equipamentos e disposição interna dependentes da política geral de estoques da empresa.

Movimentação de materiais*:* as operações logísticas começam com o carregamento inicial de materiais ou componentes de um fornecedor e terminam quando um produto processado é entregue ao consumidor final (Bowersox, 1996, p. 34).

Desde a compra inicial dos materiais ou componentes aos fornecedores, os processos logísticos envolvidos acrescentam valor ao movimentarem os materiais quando e onde é necessário. Se tudo correr bem, este, ganha importância em cada passo da sua transformação até se tornar um produto final, ou seja, é acrescentado valor a um componente individual sempre que esse é incorporado numa máquina, o que fará também com que esta tenha maior valor quando for entregue ao comprador final.

Para que esse processo de produção possa existir, é necessário que os materiais em processamento sejam transportados ao longo da linha de montagem. O custo de cada componente e do seu transporte tornam-se parte do processo de valor acrescentado. O acréscimo de preço final ocorre quando se dá a transferência dos produtos para o consumidor final, quando e para onde esse especifica.

Para um grande produtor, as operações logísticas podem consistir em milhares de movimentações dos materiais , as quais terminam com a entrega dos produtos a um consumidor industrial, retalhista, negociante ou outro cliente. No caso de um grande retalhista, as operações logísticas têm início na procura dos artefatos para revenda, terminando quando estes são levados ou entregues aos seus clientes.

Independentemente do tamanho ou do tipo de empresa ou negócio, a logística é fundamental e exige uma atenção contínua na sua gestão (Bowersox, 1996, p. 35). Para melhor se compreender a importância dos processos logísticos, ajuda dividi-los em três áreas: distribuição física, apoio da produção e procura.

Planejamento e Controle de Produção

O PCP, no planejamento, deve obedecer a uma sequência na obtenção de suas metas. As etapas a serem seguidas são:

- Receber previsão de vendas da área comercial, expressando intervenção de vendas por produto em um determinado período (consumo).
- Verificar nível de estoque atual (estoque inicial).
- Quantificar nível desejável de estoque futuro, definindo a quantidade que ficará estocada após cumprir a demanda prevista (estoque final).
- Quantificar a produção a ser cumprida, que então passa a constituir-se na meta de produção do período.
- Verificar o estoque de matéria-prima e os insumos diversos, determinando itens a serem adquiridos pelo setor de suprimentos, necessários para a obtenção da meta de produção estabelecida.
- Calcular, em função do nível de produção e das horas previstas de trabalho, a necessidade de equipamento e de mão de obra ou, ainda, em função dos equipamentos disponíveis, calcular as horas de trabalho necessárias ao entendimento do plano de produção.
- Definir prazo para início e término da produção quantificada.

Inspeção de Recebimento: subsistema responsável pela verificação física e documental do recebimento de material, podendo ainda encarregar-se da conferência dos atributos qualitativos, pelas normas de controle de qualidade.

Cadastro: subsistema encarregado do cadastramento de fornecedores, pesquisa de mercado e compras.

Importação: ressuprimento pode ser definida como um processo comercial e também fiscal. Consiste em trazer um bem (produto ou serviço) do exterior para o país em questão. O procedimento deve acontecer via nacionalização do bem e passa por procedimentos burocráticos ligados à Receita do país alvo, bem como da fiscalização alfandegária durante o descarregamento e entrega. O transporte pode ser por via aérea, marítima, rodoviária ou ferroviária. Nos casos em que mais de um tipo de transporte é utilizado, chamamos de transporte multimodal.

Roteiro Básico para Importar

> Identificar as melhores condições comerciais em função dos vários vendedores disponíveis;
> Verificar se a importação é permitida ou se possui alguma exigência de ordem administrativa;
> Fazer levantamento do custo da importação;
> Verificar a viabilidade da importação;
> Negociar a operação;
> Verificar se o produto e/ou serviço está pronto para ser embarcado pelo exportador no exterior;
> Autorizar o embarque do produto e/ou serviço;
> Receber documentos e enviá-los ao despachante para que o mesmo avalie e inicie o processo de despacho aduaneiro de importação (nacionalização);
> Providenciar a internalização do produto e/ou serviço (Registro da operação de importação no SISCOMEX - Sistema Integrado de Comércio Exterior);
> Receber o produto e/ou serviço;
> Pagar a importação e fechar o câmbio.

Fique Ligado

Importar significa realizar compras no exterior. Como a legislação para a importação é especializada, existe um setor responsável pela negociação, inclusive o desembaraço aduaneiro.

Importante: o setor de importação pode auxiliar na hora da exportação, mas apenas com o processo legal, ou seja, ele não se envolve na realização da venda.

Transportes e distribuição: A distribuição física tem como foco principal todos os produtos que a companhia oferece para vender, quer dizer, desde o instante em que a produção é terminada até o momento em que o cliente recebe a mercadoria (produto). Toda produção visa a um ponto final, que é chegar às mãos do consumidor; "Nadar e morrer na praia" não é objetivo de nenhuma instituição que vise alcançar lucro. Nem entidades sem fins lucrativos desejam que seus feitos não alcancem os objetivos, mesmo que esses não sejam financeiros.

A distribuição responsável, associada a um produto de boa qualidade, a uma propaganda eficaz e a um preço justo, faz com que os artigos sejam disponibilizados a seus consumidores, de modo que esses possam fazer a opção pela compra. Estando nas prateleiras, o produto passa a fazer parte de uma gama de outros concorrentes que podem ser comprados ou não.

A distribuição é responsável pela entrega da matéria - prima, do fornecedor até o destino e também do produto final aos clientes. Esse setor pode ser desenvolvido por uma empresa de transporte terceirizada ou pode ser um setor integrante da organização.

Síntese das Ideias

→ **As principais atribuições da área de materiais são:**

> **Compra:** é a atribuição responsável pela seleção da fonte de suprimento, negociação de preço, prazo de entrega, etc.
> **Programação da produção:** é por meio dela que a área de materiais consegue perceber as quantidades e o momento de colocar os materiais dentro da empresa.
> **Armazenamento:** devido à dificuldade em sincronizar as quantidades abastecidas e as necessidades para produção, é necessária a armazenagem de materiais, evitando a falta deles. Entretanto, é importante lembrar que a área disponível para isso é restrita, o que deve ser levado em conta na hora de negociar com os fornecedores, principalmente no que diz respeito ao prazo de entrega.
> **Logística:** essa atribuição preocupa-se em determinar de que forma o material chegará à empresa, bem como de que forma esses materiais serão alimentados nas linhas de produção.

Para que o setor de materiais cumpra o seu papel, é necessário que se integrem as atribuições citadas acima. Baseada em um nível de produção estabelecido, a área de materiais tem que sair em busca das fontes de suprimento e programar o seu recebimento na empresa de acordo com a disponibilidade de armazenagem e, com a logística de abastecimento e com a logística interna (também conhecida como movimentação).

Medida de Desempenho

Maneira de medir o desempenho de uma determinada área e de agir sobre os desvios em relação aos objetivos traçados.

A mensuração deve possibilitar uma tomada de ação e ser compreendida por todos os membros, aceita pelas pessoas envolvidas e orientada para resultados.

A avaliação de desempenho é de grande importância e precisa ser feita constantemente, já que, a partir dela, o administrador pode tomar decisões pautado em dados confiáveis e atualizados. Existem diversas formas de se fazer a avaliação; as clássicas são: **financeira, por departamentos e pelos procedimentos administrativos.**

→ **Financeira:**

Vantagens	Desvantagens
Clareza	Lentidão
Fácil aplicação	Desatualização
Utilidade para terceiros	Revela sintomas e não as causas
	Instabilidade na credibilidade dos índices

→ **Por departamentos:**

Vantagens	Desvantagens
Método ordenado	Obriga uma departamentalização rígida
Propicia o aparecimento de novas ideias, já que envolve muitas pessoas	Enfatiza as operações da forma como já são feitas, gerando mudanças nos departamentos e não na organização.

A avaliação de desempenho por departamento deve observar três aspectos de cada unidade:

> **Comercial:** produtos e mercados; participação no mercado;

> **Administrativo-financeiro:** despesas e receitas;
> **Industrial:** produtividade

→ **Pelos Procedimentos Administrativos:**

Compreende a análise dos setores de planejamento, controle, organização, assessoria e liderança.

Os problemas detectados nas organizações são chamados de doenças, as quais apresentam sintomas. Devido a estes, podemos classificar as doenças em quatro grupos:

> **Econômicas:** quando os produtos oferecidos pelas organizações encontram-se com o preço mais elevado que os dos concorrentes do mesmo setor.
> **Financeiras:** caracterizados pela falta de dinheiro ou grande dependência de capital de terceiros, ou seja, de financiamentos ou empréstimo que geram despesas financeiras elevadas.
> **Falta de dados para a gestão:** como os balanços nas organizações são geralmente feitos anualmente, durante o período é complicado tomar decisões, pois serão feitas em cima de dados antigos, os quais podem não refletir a realidade atual da organização.
> **Comportamentais:** caracterizados pela falta de coordenação e pelas reuniões realizadas frequentemente, mas que não surtem efeitos na organização.

Exercício Comentado

01. ***O Controle de Estoque preocupa-se com o estoque de matéria-prima e com a venda de produtos.***

ERRADO. Pois o controle de Estoque é responsável pelo estoque de matéria-prima, mas não pela venda. Há responsabilidade pelas compras de produtos, visando sempre encontrar preços favoráveis, já que o custo da matéria-prima é fundamental para o valor do produto.

Vamos Praticar

01. O Controle de estoque é subsistema responsável pela gestão econômica dos estoques, por meio do planejamento e da programação de material, compreendendo a análise, a previsão, o controle e o ressuprimento de material.

Certo ( ) Errado ( )

02. O Almoxarifado é o responsável pela guarda física dos materiais em estoque, com exceção dos produtos em processo.

Certo ( ) Errado ( )

03. As operações logísticas começam com o descarregamento inicial de materiais ou componentes de um fornecedor e terminam quando um produto processado é entregue ao consumidor final.

Certo ( ) Errado ( )

04. O Subsistema de Inspeção de Recebimento é responsável do cadastramento de fornecedores, pesquisa de mercado e compras.

Certo ( ) Errado ( )

05. A importação consiste em trazer um bem (produto ou serviço) do exterior para o país em questão.

Certo ( ) Errado ( )

06. O procedimento de Importação se dá pela nacionalização do bem e passa por procedimentos burocráticos ligados à fiscalização tributária e à sanitária do país alvo, bem como da fiscalização alfandegária durante o descarregamento e entrega.

Certo ( ) Errado ( )

07. A compra é a função responsável pela seleção da fonte de suprimento, negociação de preço, prazo de entrega.

Certo ( ) Errado ( )

08. Programação da produção é a atribuição que se preocupa em determinar de que forma o material chegará à empresa, bem como de que forma esses materiais serão alimentados nas linhas de produção.

Certo ( ) Errado ( )

09. O armazenamento ocorre em função da dificuldade em sincronizar as quantidades abastecidas e as necessidades para produção; é necessária a armazenagem de materiais, evitando a falta deles.

Certo ( ) Errado ( )

10. A avaliação de desempenho por departamento deve observar três aspectos de cada unidade, são eles:

a) Comercial, Administrativo-financeiro e Industrial
b) Econômicas, Administrativo-financeiro e Comportamentais
c) Comercial, Administrativo-financeiro e Comportamentais
d) Econômicas, Administrativo-financeiro e Industrial

Gabarito

01	*CERTO*	*06*	*CERTO*
02	*CERTO*	*07*	*CERTO*
03	*ERRADO*	*08*	*ERRADO*
04	*ERRADO*	*09*	*CERTO*
05	*CERTO*	*10*	*A*

Anotações

CAPÍTULO 14

Classificação dos Materiais

Há uma importância muito grande na classificação dos materiais que está relacionada ao agrupamento destes segundo sua forma, dimensão, peso, tipo, uso, etc. O objetivo é facilitar o trabalho de gestão e não gerar confusão.

A classificação deve ser feita de uma maneira que cada gênero material ocupe seu respectivo local; a ideia é colocar ordem na confusão, organizar o caos. Por exemplo: produtos químicos poderão estragar produtos alimentícios, se estiverem próximos.

Classificar o material é ordená-lo segundo critérios adotados, agrupando-o de acordo com a semelhança, sem, contudo, causar confusão ou dispersão no espaço, garantindo assim a qualidade do produto.

→ **Qual o objetivo da classificação de materiais?**

O objetivo da classificação de materiais, envolvendo todos os que compõem o estoque de uma empresa, é definir uma:

> Catalogação.
> Simplificação.
> Especificação.
> Normalização.
> Padronização.
> Codificação.

→ **A classificação é importante?**

O sistema de classificação é primordial para qualquer Departamento de Materiais, afinal, sem ele não poderia existir um controle eficiente dos estoques, armazenagem adequada e funcionamento correto do almoxarifado. Sua importância da classificação pode ser facilmente notada se compararmos a situação de uma pessoa em uma loja de departamentos organizada em setores e que está à procura de um item específico, a uma pessoa, em busca do mesmo item, em uma loja com produtos distribuídos aleatoriamente.

→ **Quais são os critérios para a classificação?**

São vários os critérios que podem ser adotados, mas, considerando o enfoque dado pelas várias bancas de concurso público, pode-se dividir os materiais segundo os seguintes critérios: **estocagem, aplicação, perecibilidade, periculosidade.**

→ **Estocagem**

> **Materiais estocáveis:** são materiais que devem existir em estoque e para os quais serão determinados critérios de ressuprimento, de acordo com a previsão de consumo.

> **Materiais não estocáveis:** são materiais não destinados à estocagem e que não são críticos para a operação da organização; sua utilização é ocasional e imediata, por isso,seu ressuprimento não é feito automaticamente.

> **Materiais de estocagem permanente:** são materiais mantidos em nível normal de estoque, para garantir o abastecimento ininterrupto de qualquer atividade. Aconselha-se o sistema de renovação automática.

> **Materiais de estocagem temporária:** Não são considerados materiais de estoque e por isso são guardados apenas durante determinado tempo, até sua utilização.

→ **Aplicação**

> **Materiais de consumo geral:** são materiais que a empresa utiliza em seus diversos setores, para fins diretos ou indiretos de produção.

> **Materiais de manutenção:** são os materiais utilizados pelo setor específico de manutenção da organização.

→ **Perecibilidade**

É o critério de classificação pelo perecimento (obsolescência): significa evitar o desaparecimento das propriedades físico-químicas do material; o tempo é sua maior restrição. Existem recomendações quanto à preservação dos artigos e sua adequada embalagem para proteção à umidade, oxidação, poeira, choques mecânicos, pressão, etc.

→ **Periculosidade**

A adoção dessa classificação visa à identificação de materiais, como, por exemplo, produtos químicos e gases, que, por suas características físico-químicas, possuam incompatibilidade com outros, oferecendo riscos à segurança. É de muita utilidade quando do manuseio, transporte e armazenagem de materiais.

Quais os princípios da Classificação?

A classificação de materiais está relacionada a:

→ **Catalogação**

É a primeira fase do processo de classificação de materiais. Em suma, ela consiste em ordenar, de forma lógica, todo um conjunto de dados relativos aos itens identificados, criando para eles códigos (codificados e cadastrados), de modo a facilitar a sua consulta pelas diversas áreas da empresa. Cria-se grupos e sub-grupos, por **afinidade, finalidade e uso.**

→ **Simplificar material**

É, por exemplo, reduzir a multiplicidade de um item usado para o mesmo fim. Assim, no caso de haver duas peças para uma finalidade qualquer, se aconselha a simplificação, ou seja, a opção pelo uso de uma delas. Por exemplo, cadernos com capa, número de folhas e formato idênticos contribuem para que haja a normalização.

→ **Especificação**

Aliada a uma simplificação, é necessária uma especificação do material, que pode ser vista como uma descrição minuciosa para possibilitar melhor entendimento entre o consumidor e o fornecedor quanto ao tipo de material a ser requisitado, sempre procurando agilizar o serviço, melhorando o atendimento.

→ **Normalização**

Tal critério tem como preocupação a maneira pela qual devem ser utilizados os materiais em seus diversos fins, como a padronização e a identificação do material, possibilitando que, tanto o usuário quanto o almoxarifado possam requisitar e atender os itens utilizando a mesma terminologia. A normalização é aplicada também no caso de peso, medida e formato.

→ **Codificação**

Como o próprio nome está dizendo, é a representação de cada item por meio de um código que utiliza informações suficientes e necessárias. Para isso, a codificação utiliza números e/ou letras, o que facilita a localização de materiais armazenados no almoxarifado. Os sistemas de codificação comumente usados são: o alfabético (procurando aprimorar o sistema de codificação, passou-se a adotar uma ou mais letras), o código numérico, o alfanumérico e o enumérico, também chamado "decimal".

Os objetivos dessa prática são: desenvolver métodos de codificação simples, racionais, metódicos e claros, pelos quais se identifiquem os materiais; facilitar o controle de estoques; evitar duplicidade de itens em estoque; estabelecer uma "linguagem" única no que se refere a materiais e compras; permitir atividades de gestão de estoques e compras.

→ **Métodos de codificação:**

> **Número Sequencial**: método pelo qual se distribui sequencialmente números arábicos à casa material que se deseja codificar. Embora simples, não deixa de ser bastante eficaz, especialmente em empresas de pequeno e médio portes.

> **Método Alfabético:** utiliza letras em vez de números para a identificação dos materiais. É um sistema bem limitado, ainda mais hoje, quando algumas máquinas não aceitam símbolos alfabéticos.

> **Método Alfanumérico:** tal método é caracterizado pela associação de letras e algarismos. Ele permite uma flexibilidade considerável, pelo fato de que as letras que antecedem os números poderão indicar lotes ou representar a inicial do material codificado. É o método mais difundido no Brasil, porém, apresenta um problema: o da não aceitação (por vezes) das letras pelos sistemas mecanizados.

> **Método decimal (simplificado)**: apoia-se na "*Decimal Classification*", do famoso bibliotecário norte americano *Melville Louis Kossuth Dervey*. É uma adaptação da ideia genial de *Dervey*, uma simplificação de seu sistema; consiste basicamente na associação de três grupos e sete algarismos. É o método mais utilizado nos almoxarifados para a codificação de materiais.

→ **Grupos de Classificação**

1º Grupo 00 Classificador: designa as grandes "Classes" ou agrupamentos de materiais em estoque.

2º Grupo 00 Individualizador : identifica cada um dos materiais do 1º grupo.

3º Grupo 000 Caracterizador : descreve os materiais pertencentes ao 2º grupo, de forma definitiva, com todas as suas características, a fim de torná-los inconfundíveis.

> 01. Material de Escritório.

> 01. Canetas.

> 1 Caneta esferográfica azul.

> 01 .01.001 – Caneta Esferográfica azul.

> 01.01.002 – Caneta Esferográfica vermelha.

→ **Padronização**

É o processo pelo qual se eliminam as variedades desnecessárias de produtos, que, quando são adquiridas em pequenas quantidades, encarecem as compras de materiais de uso normal.

> Favorece a diminuição do número de itens;

> Simplifica o trabalho de estocagem;

> Permite a obtenção de melhores preços;

> Reduz o trabalho de compras;

> Diminui os custos de estocagem;

> Permite a aquisição dos materiais com maior rapidez e economia com consertos e substituições de peças.

Pela padronização se adquire a certeza de não haver confusão entre os tipos de materiais que se assemelham sem se equipararem, ficando, portanto, distintamente classificados pela própria especificação.

→ **Desvantagens da padronização**

> Se a padronização não for executada corretamente executada, poderá haver multa;

> As Normas para Padronização seguem algumas recomendações previamente utilizáveis na aplicação da técnica de padronização de materiais: consulta de catálogos, informações dos fornecedores, análise de estoques existentes e informações do setor usuário.

→ **Identificação**

Passa-se agora para o conceito de item: o termo "item de material" é aplicável a um conjunto de objetos (materiais) que possuem as mesmas características.

» **Ex. 1**: Lata de refrigerante de 330 ml em uma caixa de latas.

» **Ex. 2**: Álcool comum, vendido a granel em postos de combustível.

» **Ex. 3**: Álcool em embalagem de 1 litro e Álcool em embalagem de ½ litro são itens diferentes, recebem código de barra diferentes.

» **Ex. 4**: A marca do produto também pode constituir uma característica de diferenciação de itens. Num grande supermercado ela é importante, pois diferencia para o cliente o preço, a confiança, a forma da embalagem, etc. Em um setor de serviços gerais de uma empresa, a marca do álcool não terá importância, desde que ele atenda aos requisitos de qualidade. Esse é o caso em que, para as várias marcas, tem-se um só item.

→ **E o conceito do Código do Produto?**

A identificação de itens de material em uma organização pode ser feita de diversas formas, dependendo de onde é utilizada: código interno, número de desenho, código do fabricante, código do fornecedor, número de catálogo, amostra, protótipo, modelo, aplicação, nome, descrição, norma técnica, especificação, código internacional de produtos (código de barras), etc.

→ **Temos também o número de série:**

Em alguns casos, a distinção de cada uma das peças se torna importante. Recorremos agora a um exemplo simples: os itens que possuem garantia (televisores, máquinas em geral, etc.) tornam necessária a identificação de cada peça isoladamente. Essa identificação é feita por um código denominado "número de série", **que é, portanto, uma espécie de detalhamento do código do produto.**

Os itens em que há necessidade de utilização de número de série são conhecidos, habitualmente, como "serializados". O número do chassi de um automóvel é um número de série típico.

Na fábrica de automóveis todos os chassis com as mesmas características correspondem ao mesmo item, porém, possuem números de série diferentes, o que individualiza o material, tornando-o único e rastreável.

→ **Identificação dos lotes. O que é isso?**

Certos materiais, tanto por necessidade legal quanto pelo interesse no controle de qualidade, devem ser identificados por lotes de fabricação. Tal identificação pode ser feita no próprio produto, também na sua embalagem, e tem como objetivo localizar todos os peças com algum tipo de problema detectado pelos clientes ou até mesmo pela própria empresa, sempre visando o controle da qualidade e o bom atendimento do consumidor. Imagine-se uma instituição que fabrica celulares, por exemplo. Ela pode detectar uma incidência muito grande de um determinado problema; nesse caso, é importante que o controle de produção permita rastrear o processo de fabricação até a identificação do lote da matéria para poder pesquisar as possíveis causas do problema. Por isso, a rastreabilidade é muito importante.

→ **Identificação pelos atributos.**

→ **Especificação é uma das formas de Identificação de materiais.**

> Identificar precisamente.

> Torná-lo inconfundível e específico.

> Nomenclatura padronizada.

→ **"Nome básico" é a denominação inicial da Descrição (exemplo: arruela, parafuso, etc.).**

→ **"Nome modificador" é um complemento do Nome básico (exemplo para arruela: Lisa, cobre, pressão, etc.).**

→ **Nomenclatura.**

> Apresentada em catálogos.

> Fácil localização do código de identificação.

> A partir de características conhecidas.

Especificação é uma das formas de identificação de materiais. O próprio termo é, em geral, empregado com o significado de identificar precisamente o produto, de modo a torná-lo inconfundível e, dessa forma, específico. O conjunto de descrições de materiais forma a nomenclatura de materiais da empresa.

É muito interessante a padronização da nomenclatura, afinal, uma nomenclatura padronizada é formada por uma estrutura de nomes ou palavras-chave (nomes básicos e nomes modificadores), dimensões, características físicas em geral, embalagem, aplicação, características químicas. Também pode ser chamada de "nomenclatura estruturada".

O "nome básico" é a denominação inicial da descrição (exemplo: arruela, parafuso, etc.), enquanto o "nome modificador" é um complemento do nome básico (exemplo para arruela: lisa, cobre, pressão etc.). Vale lembrar que um nome básico pode estar associado a vários modificadores!

» **Ex. 1**: arruela lisa de cobre, espessura 0,5 mm, diâmetro interno 6 mm, diâmetro externo 14 mm (nome básico = arruela e modificadores = lisa, cobre).

Ela deve ser apresentada em catálogos em diversas ordens, para facilidade de se encontrar o código de identificação a partir do nome ou vice-versa, ou então para se encontrar o material pretendido a partir de características conhecidas

» **Ex 2.**: Imagine uma lista de materiais de parafusos:

1.1.1 Parafuso sextavado 8mm.

1.1.2 Paraf Sext 9mm.

1.1.3 Para Sx 10mm.

Sem uma nomenclatura estruturada, itens com características semelhantes terão um nome diferente e a pesquisa num software ficará prejudicada, causando demora na identificação do item, duplicidade de cadastros, etc.

→ **Cadastramento de materiais.**

> Identificado.

> Codificado.

> Cadastro.

Já identificou-se e codificou-se o material: chegou a hora de cadastrá-lo. Entendemos cadastramento como um registro em computador de materiais com todos os dados identificadores, como: nome, código, unidade etc., de interesse da empresa. Uma vez em posse desse cadastro, a organização terá facilmente à mão as listagens de materiais, tão necessárias para consultas e análises econômico-administrativas.

→ **Armazenamento**

Sistemas de armazenamento (estocagem)

> **Carga unitária:** embalagens de transporte (*pallets*) arranjam uma certa quantidade de material (como se fosse uma unidade), facilitando o manuseio, transporte e armazenagem, economizando o tempo de armazenagem, carga e descarga, esforço, mão de obra e área.

> **Caixas ou gavetas:** ideal para materiais de pequenas dimensões, como: parafusos, arruelas, material de escritório etc., até na própria seção de produção.

> **Prateleiras***:* destinadas a materiais de tamanhos diversos e para o apoio de gavetas ou caixas. Adequadas para peças pequenas e leves, e quando o estoque não é muito grande. Constitui o sistema mais simples e econômico.

> **Raques***:* para peças longas e estreitas (como tubos, barras, tiras, vergalhões e feixes). Podem ser montados em rodízios, para facilitar o deslocamento.

> **Empilhamento***:* uma variante das caixas, para aproveitar ao máximo o espaço vertical, reduzindo a necessidade de divisões nas prateleiras (formando uma única prateleira) e facilitando a utilização das empilhadeiras. As caixas ou *pallets* são empilhados uns sobre os outros, obedecendo a uma distribuição quantitativa.

> **Container flexível:** é uma das técnicas mais recentes, utilizada para sólidos a granel e líquidos em sacos.

Exercício Comentado

Empresas fabricantes de graxa advertem aos seus clientes que este é um material que, em contato com partículas sólidas como areia e poeiras, pode perder parte de suas características físicas e químicas.

01. (CESGRANRIO) Do ponto de vista da administração de materiais, esse produto é classificado como material:

a) Perecível por contaminação.

b) Crítico para as empresas.

c) Sujeito ao controle por obsolescência.

d) De reposição de alto custo.

e) De alta periculosidade no transporte.

RESPOSTA. "A". Perecível é todo material que, em razão da exposição à umidade, oxidação, poeira, choques mecânicos, pressão, etc., tem desaparecimento ou mudança das propriedades físico-químicas do material, como é o caso da graxa nessa questão.

Vamos Praticar

01. O tipo de classificação de materiais que tem como vantagem demonstrar os materiais de grande investimento no estoque, porém não fornece a importância operacional do material, é denominada:

a) Perecibilidade.
b) Periculosidade.
c) Valor de consumo.
d) Importância operacional.
e) Tipo de embalagem.

02. O tipo de classificação de materiais que tem como vantagem demonstrar os materiais vitais para a empresa, porém que não fornece análise econômica dos estoques, é denominada:

a) Perecibilidade.
b) Periculosidade.
c) Valor de consumo.
d) Importância operacional.
e) Tipo de embalagem.

03. Considerando-se a Lei de Pareto aplicada à gestão de estoques, pode-se afirmar que o conjunto de materiais que representam 20% dos itens estocados e, aproximadamente, 80% do valor do estoque são classificados como materiais tipo.

a) "A"
b) "B"
c) "C"
d) "E"

Cada material requer uma técnica de estocagem própria. Torna-se quase impossível identificar todos eles pelos seus respectivos nomes, marcas, tamanhos etc., e, por isso, precisam ser classificados para serem armazenados. Sobre esses procedimentos, julgue os itens que seguem:

04. Classificação consiste no arrolamento de todos os itens existentes, de modo a não omitir nenhum deles.

Certo ( ) Errado ( )

05. Simplificação significa a redução da grande diversidade de itens empregados para a mesma finalidade.

Certo ( ) Errado ( )

06. Normalização significa a maneira pela qual o material deve ser utilizado em suas diversas aplicações.

Certo ( ) Errado ( )

07. "O problema logístico de qualquer empresa é a soma dos problemas de cada um dos seus produtos. A linha de artigos de uma empresa típica é composta por produtos variados em diferentes estágios de seus respectivos ciclos de vida e com diferentes graus de sucesso em matéria de vendas. A qualquer momento no tempo, isso cria um fenômeno de produto conhecido como a curva 80 – 20, um conceito extremamente valioso em termos de planejamento logístico".

O texto refere-se a um importante conceito de controle estatístico conhecido como:

a) Médias móveis.
b) Amortecimento exponencial.
c) Estoque ponto a ponto.
d) Amostragem por camadas.
e) Lei de Pareto.

08. Considere que uma empresa, ao codificar seu material de expediente, o define utilizando uma codificação numérica de dois dígitos. O item lápis preto n.º 1 foi identificado como 04, pois a borracha já havia sido identificada como 01. Nesse caso, é correto afirmar que esse sistema de codificação apresenta desvantagem quanto às características de expansividade e significância, no sentido de impossibilitar a inclusão, na sequência natural da série numérica, caso ocorra a necessidade de inserção de novos itens.

Certo ( ) Errado ( )

09. Prateleiras são ideais para materiais de pequenas dimensões, como parafusos, arruelas, material de escritório, etc., até na própria seção de produção.

Certo ( ) Errado ( )

10. Número Sequencial tal método é caracterizado pela associação de letras e algarismos. Ele permite uma flexibilidade considerável, pelo fato de que as letras que antecedem os números poderão indicar lotes ou representar a inicial do material codificado.

Certo ( ) Errado ( )

Gabarito

01	D	06	ERRADO
02	C	07	D
03	D	08	E
04	CERTO	09	ERRADO
05	ERRADO	10	ERRADO

Anotações

CAPÍTULO 15

Gestão de Estoques

"Administrar materiais é ter os materiais necessários, na quantidade, local e tempo certos, à disposição dos órgãos de produção da empresa."

A Organização (ou o Sistema-Empresa) é definida como a ordenação e agrupamento de atividades e recursos, visando ao alcance dos objetivos estabelecidos.

A Administração de Materiais é um subsistema do Sistema-Empresa. Seu enfoque fundamental é determinar o quê, quanto e como adquirir ao menor custo - desde o momento de sua concepção até seu consumo final, afim de repor o estoque.

Objetivo da Gestão de Estoques

A função do controle de estoques é maximizar o efeito lubrificante no *feedback* de vendas não realizadas, ajudando no ajuste do planejamento da produção.

A administração do controle de estoques deve minimizar o capital total investido em estoques, pois ele é caro e aumenta continuamente, uma vez que o custo financeiro também se eleva. Uma empresa não poderá trabalhar sem estoque, pois sua função amortecedora entre vários estágios de produção vai até a venda final do produto.

O estoque do produto acabado, matéria-prima e material em processo não serão vistos como independentes. Todas as decisões tomadas sobre um dos tipos de estoque influenciarão os outros. Às vezes acaba se esquecendo dessa regra nas estruturas de organização mais tradicionais e conservadoras.

Somente algumas matérias-primas têm a vantagem de estocar, em razão da influência da entrega do fornecedor. Outras, especiais, o fornecedor precisa de vários dias para produzi-la.

O controle de estoques tem também o objetivo de planejar, controlar e replanejar o material armazenado na empresa. Quanto maior é o investimento, também maior é a capacidade e a responsabilidade de cada setor da organização. Ele é de suma importância para a empresa, sendo que controla-se os desperdícios, desvios, apura-se valores para fins de análise, bem como apura-se o demasiado investimento, o qual prejudica o capital de giro.

Os objetivos dos departamentos de compras, de produção, de vendas e financeiro deverão ser conciliados pela administração de controle de estoques, sem prejudicar a operacionalidade da empresa. A responsabilidade da divisão de estocagem já é antiga: os materiais caem sobre o almoxarife, que zela pelas reposições necessárias.

Na administração moderna, a responsabilidade dos estoques fica sob uma única pessoa; os departamentos tradicionais ficam livres disso e podem dedicar-se à sua função primária. Atingir o equilíbrio ideal entre estoque e consumo é meta primordial, portanto, deve existir uma integração das atividades como compras, recepção e estocagem desses artigos, com o Sistema de Abastecimento, que, juntamente com outros componentes do Sistema, necessitam de uma coordenação específica, de forma a permitir a racionalização de sua manipulação. Logo, a Administração de materiais tem como finalidade gerir e coordenar esse aglomerado de atividades, insumos materiais e estabelecer normas, critérios e rotinas operacionais, de modo que tudo funcione regularmente.

Funções do Estoque

→ As principais funções do estoque são:

a) Garantir o abastecimento de materiais à empresa, neutralizando os efeitos de:
   - » Demora ou atraso no fornecimento de materiais;
   - » Sazonalidade no suprimento;
   - » Riscos de dificuldade no fornecimento.

b) Proporcionar economias de escala:
   - » Por meio da compra ou produção em lotes econômicos;
   - » Pela flexibilidade do processo produtivo;
   - » Pela rapidez e eficiência no atendimento às necessidades.

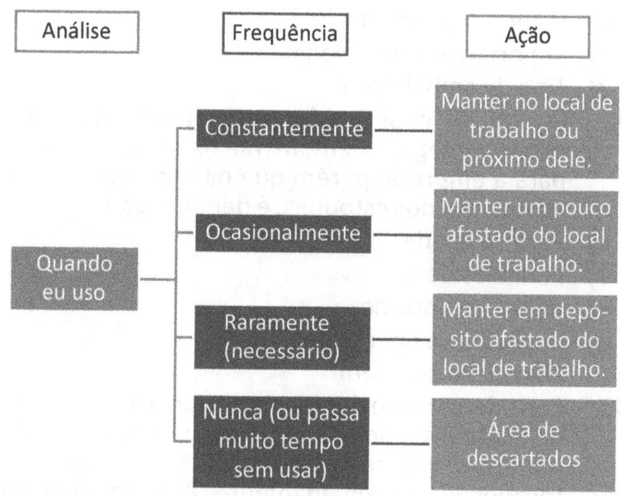

Os estoques constituem um vínculo entre as etapas do processo de compra e venda - no processo de comercialização em empresas comerciais - e entre as etapas de compra, transformação e venda - no de produção em empresas industrias. Em qualquer ponto do procedimento formado por essas etapas, os estoques desempenham um papel importante na flexibilidade operacional da empresa.

Funcionam como amortecedores das entradas e saídas entre as duas etapas dos processos de comercialização e de produção, pois minimizam os efeitos de erros de planejamento e as oscilações inesperadas de oferta e procura, ao mesmo tempo em que isolam ou diminuem as interdependências das diversas partes da organização empresarial.

Classificação de Estoques

→ **Estoques de Matérias-Primas (MPs)**
   - » Os estoques de MPs constituem os insumos e materiais básicos que ingressam no processo produtivo da empresa. São os itens iniciais para a produção dos produtos/serviços da instituição.

→ **Estoques de Materiais em Processamento ou em Vias**
   - » Os estoques de materiais em processamento - também denominados materiais em vias - são constituídos de artigos que estão sendo processados ao longo das diversas seções que compõem o processo produtivo da empresa. Não estão nem no almoxarifado - por não serem mais MPs iniciais - nem no depósito - por ainda não serem PAs. Mais adiante serão transformadas em PAs.

→ **Estoques de Materiais Semiacabados**

» Os estoques de materiais semiacabados referem-se aos materiais parcialmente acabados, cujo processamento está em algum estágio intermediário de acabamento e que se encontram também ao longo das diversas seções que compõem o processo produtivo. Diferem dos produtos em processamento pelo seu estágio mais avançado, pois se encontram quase acabados, faltando apenas mais algumas etapas do processo produtivo para se transformarem em materiais acabados ou em PAs.

→ **Estoques de Materiais Acabados ou Componentes**

» Os estoques de materiais acabados - também denominados componentes - referem-se a peças isoladas ou componentes já acabados e prontos para serem anexados ao produto. São, na realidade, partes prontas ou montadas que, quando juntadas, constituirão o PA.

→ **Estoques de Produtos Acabados (PAs)**

» Os Estoques de PAs se referem aos produtos prontos e acabados, cujo processamento foi completado inteiramente. Constituem o estágio final do processo produtivo e já passaram por todas as fases, como MP, materiais em processamento, materiais semiacabados, materiais acabados e PAs.

Princípios Básicos para a Gestão de Estoques

Para se organizar um setor de controle de estoques, inicialmente deve-se descrever suas principais funções:

> Determinar o que deve permanecer em estoque. Número de itens;
> Determinar quando se deve reabastecer o estoque. Prioridade;
> Determinar a quantidade de estoque que será necessário para um período pré-determinado;
> Acionar o departamento de compras para executar a aquisição de estoque;
> Receber, armazenar e atender os materiais estocados de acordo com as necessidades;
> Controlar o estoque em termos de quantidade e valor e fornecer informações sobre sua posição;
> Manter inventários periódicos para avaliação das quantidades e estados dos materiais estocados;
> Identificar e retirar do estoque os itens danificados.

Fique Ligado

Existem determinados aspectos que devem ser especificados antes de se montar um sistema de controle de estoques. Um deles refere-se aos diferentes tipos de estoques existentes em uma fábrica. Os principais encontrados em uma empresa industrial são: matéria-prima, produto em processo, produto acabado e peças de manutenção.

→ **Principais enfoques da gestão de estoques**

Para a consecução dos objetivos, o Administrador de Materiais deve ter como seus principais enfoques:

01. Administração de Recursos: que é em grande parte baseada em técnicas que integram os elementos de tecnologia de manufatura e otimizam a utilização de pessoas, materiais e instalações ou equipamentos);
02. Sistema de Controle de Informações: sua utilização correta leva a uma melhoria de produtividade, por meio da distribuição de informações, integrando gestores, funcionários, clientes, fornecedores e setores da empresa envolvidos com seu abastecimento, como:
    » Informações para os usuários.
    » Informações para a gestão.
    » Informações para compras.
    » Informações para o almoxarifado.
    » Informações para inventário.

É um processo que coleta, organiza e dissemina informações tecnológicas, com uma rede estabelecida para comunicar tecnologias recém identificadas.

O Sistema-Empresa, fazendo bem o uso de suas informações, estará a frente em relação aos seus concorrentes, porque a disponibilidade e distribuição onipresente da informação faz parte de um dos vetores para a competitividade das empresas.

Utilizando bem esses recursos, informações e pessoas, o Administrador de Materiais estará apto a exercer as suas funções de forma eficaz, ou seja, gerenciando as entradas e saídas dos materiais necessários à instituições.

→ **Ressuprimento de estoques**

Para contornar problemas, tais como estimativas exageradas que implicam a imobilização desnecessária de recursos financeiros (além de congestionamento de áreas de armazenagem), utiliza-se parâmetro de ressuprimento, que tem por finalidade manter os níveis permanentemente ajustados em função da lei de consumo, do prazo de reposição, da importância operacional e do valor de cada material.

→ **Política de gestão de estoques**

A administração geral da empresa deverá determinar ao departamento de controle de estoques o programa de objetivos a serem atingidos, isto é, estabelece certos padrões que servem de guias aos programadores e controladores e também de critérios para medir o desenvolvimento do departamento.

Essas políticas são diretrizes que, de maneira geral, são as seguintes:

a) Metas de empresas quando há tempo de entrega dos produtos ao cliente;
b) Definição do número de depósitos de almoxarifados e da lista de materiais a serem estocados neles;
c) Até que nível deverão flutuar os estoques para atender uma alta ou baixa demanda ou uma alteração de consumo.

Fique Ligado

As definições das políticas são muito importantes ao bom funcionamento da administração de estoques. Percebe-se, então, que uma gestão inadequada pode resultar em efeitos danosos, tais como insegurança na empresa, elevados custos, perda de tempo, falta de confiabilidade de funcionários, fornecedores e clientes, resultando no possível fechamento da empresa.

→ **Classificação ABC**

A curva ABC é um importante instrumento para o administrador. Ela permite identificar aqueles itens que justificam atenção e tratamento adequados quanto à sua administração. Obtém-se a curva ABC por meio da ordenação dos itens conforme a sua importância relativa.

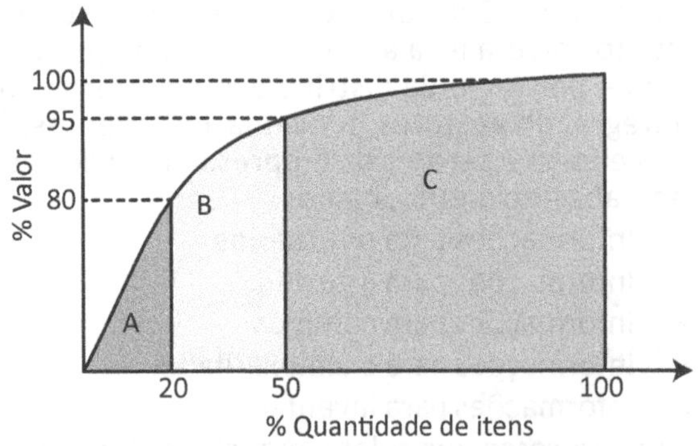

Verifica-se, portanto, que, uma vez obtida a sequência dos itens e sua classificação ABC, disso resulta imediatamente a aplicação preferencial das técnicas de gestão administrativas, conforme a importância dos objetos.

A curva ABC tem sido usada para a administração de estoques, para definição de políticas de vendas, estabelecimento de prioridades para a programação da produção e uma série de outros problemas usuais na empresa.

Após os artigos terem sido ordenados pela importância relativa, as classes da curva ABC podem ser definidas das seguintes maneiras:

> **Classe A**: Grupo de itens mais importantes que devem ser trabalhados com uma atenção especial pela administração.

> **Classe B:** Grupo intermediário.

> **Classe C:** Grupo de itens menos importantes em termos de movimentação, no entanto, requerem atenção pelo fato de gerarem custo de manter estoque.

Exercício Comentado

01. (CESPE) A curva ABC é importante instrumento para o administrador, porque permite controlar a entrada e a saída de bens do almoxarifado, de modo que os materiais mais antigos ou perecíveis sejam consumidos primeiramente.

ERRADO. A questão está errada, uma vez que a curva ABC não é o instrumento mais importante para o administrador, pois ela não tem relação com o controle de entrada e de saída de bens do almoxarifado, mas tem relação com a quantidade de cada material estocado. O uso mais comum da curva ABC se dá no gerenciamento do estoque, a fim de realizar um controle mais apurado dos produtos em estoque e, também, em buscar a redução de custos sem comprometer o nível de atendimento ao cliente.

Fique Ligado

Montagem da curva ABC, relacionar os itens analisados no período que estiver sendo analisado; número ou referência do produto; nome do produto; preços unitários atualizados; valor total do consumo; arrume os itens em ordem decrescente de valor; some o total do faturamento; defina os itens da classe "A" = 80% do faturamento; Fat. Classe "A" = Fat. Total x 80; Defina os itens da classe "B" = 15% do faturamento; defina os itens da classe "C" = 5% do faturamento; após conhecidos esses valores define-se os itens de cada classe.

→ **Evolução de Consumo Constante (ECC)**

Vale lembrar que por si só não são suficientes as informações quantitativas e qualitativas; é necessária também a utilização de modelos matemáticos. Analisando gráficos de evolução de demanda de mercado, podemos verificar que existe uma Evolução de Consumo Constante, a qual é quando o volume de consumo permanece constante, sem alterações significativas. Um bom exemplo são as empresas que mantém suas vendas estáveis, seja lá qual for o produto, mercado ou concorrentes.

→ **Evolução de Consumo Sazonal (ECS)**

Acontece quando o volume de consumo passa por oscilações regulares no decorrer de certos períodos ou do ano, sendo influenciado por fatores culturais e ambientais, com desvios de demanda superiores/inferiores a 30% de valores médios; é o caso de sorvetes, enfeites de natal, ovos de páscoa, etc.

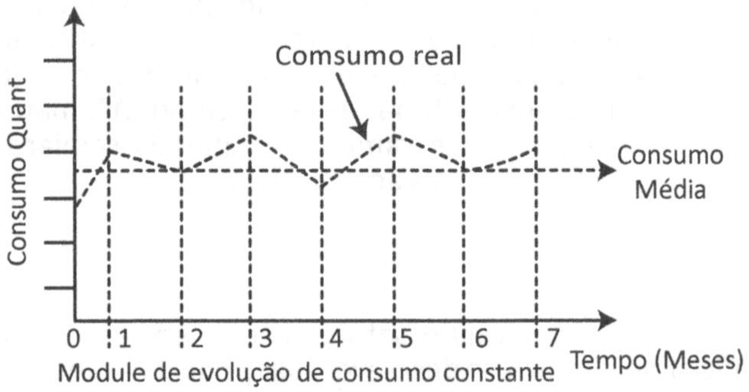

Evolução de Consumo e Tendências (ECT)

O volume do consumo aumenta ou diminui drasticamente no decorrer de um período ou ano, sendo influenciado por fatores culturais, ambientais, econômicos, conjunturais. Isso acaba acarretando desvios de demanda positiva ou negativa.

> **Negativos:** produtos que ficaram ultrapassados no mercado, que de alguma forma estão sofrendo com a grande concorrência, ou, ainda, por motivos financeiros.

> **Positivos:** indústrias com um crescimento ascendente no mercado.

Pode-se visualizar então, na prática, as combinações dos diversos modelos de evolução de demanda. Isso se dá porque existem inúmeras variáveis que influenciam as empresas. Caso a esta conheça bem a evolução da demanda, ficará mais fácil a elaboração de uma previsão dela. Classifica-se a demanda em dois tipos:

Demanda Independente:

> **Ex.:** Geladeira - Demanda Independente - Mercado consumidor.

Demanda Dependente:

> **Ex.:** Porta da geladeira - Demanda Dependente - A quantidade de geladeiras a serem montadas determinará a quantidade de portas que deverão ser produzidas.

Vamos Praticar

01. Elevados níveis de estoque podem provocar impactos negativos nos resultados da organização, por causa dos custos decorrentes de todo o processo de armazenagem. Uma das formas de eliminar totalmente os custos de armazenagem é manter os estoques com quantidade zero.

Certo ( ) Errado ( )

02. Uma empresa de material de construção adquiriu um conjunto composto de 3 itens: vaso sanitário, pia e bidê. Em inspeção, detectou-se que cerca de 1.000 bidês, de variadas cores, estavam se acumulando no depósito, e havia mais de 5 meses não se vendia uma unidade sequer desse item. Segundo análise, o bidê, além de antiquado para o estilo vigente de arquitetura, era tido como anti-higiênico. Diante dessa situação, a consequência mais plausível é o(a)

a) Diminuição do tempo de reposição.
b) Aumento do custo de pedido para esse item.
c) Aumento do custo de armazenagem.
d) Aumento do valor do estoque mínimo desse item.
e) Aumento da quantidade referente a ponto de pedido.

Todo e qualquer armazenamento de material gera custos. Acerca da administração de materiais, julgue os itens que seguem.

03. Os custos relativos a salários e encargos sociais são denominados custos com pessoal.

Certo ( ) Errado ( )

04. Os custos relativos à deterioração e à obsolescência de equipamentos são entendidos como custos de capital.

Certo ( ) Errado ( )

05. Juros, deterioração, obsolescência, conservação, salários e aluguéis são custos de estoque de material.

Certo ( ) Errado ( )

06. As despesas fixas de armazenagem são zeradas usando o nível de estoque zero.

Certo ( ) Errado ( )

07. O lote econômico de compras, num ambiente de demanda equilibrada, é utilizado, na gestão de materiais para encontrar o ponto ótimo no qual o custo total de pedir e manter materiais em estoque é

a) Maximizado.
b) Eliminado.
c) Aumentado.
d) Minimizado.
e) Diferenciado.

08. Uma empresa compra matéria-prima cinco vezes por ano, ao custo total anual de emissão de pedido de R$ 20.750,00. Com base nessa informação, pode-se dizer que o custo de um pedido é de R$ 4.150,00.

Certo ( ) Errado ( )

09. Os custo de armazenagem ocorrem quando há grandes quantidades de materiais em estoque por longo tempo de permanência.

Certo ( ) Errado ( )

10. Deseja-se calcular quanto adquirir de um certo item cujo estoque precisa de reabastecimento. A demanda pelo item é de 2.000 unidades por ano. O custo de colocação de um item é de R$45,00 por pedido e o custo de manutenção de estoque é de R$2,00 por item por ano. Definimos custos de manutenção como o custo de manutenção por unidade multiplicado pelo estoque médio e definimos custos de pedido como o produto do custo por pedido pelo número de pedidos no período. O Lote Econômico de Compra para esses dados é igual a:

a) 150;
b) 225;
c) 300;
d) 375;
e) 500.

Gabarito

01	ERRADO	06	ERRADO
02	C	07	D
03	CERTO	08	CERTO
04	ERRADO	09	CERTO
05	CERTO	10	C

Anotações

CAPÍTULO 16

Métodos de Previsão de Estoques

A Previsão de Estoques é o ponto de partida, a base da administração de materiais. Qualquer tipo de consumo deve ser previsto e, se possível, calculado; para tanto, pode-se usar diversos modelos disponíveis no mercado, como:

Método do Último Período (MUP)

É o mais simples, sem fundamento matemático; utiliza como previsão para o próximo período o valor real do anterior.

» **Ex.:** A VIPAS teve, neste ano, o volume de vendas de vidros: Janeiro, 5.000; Fevereiro 4.400; Março 5.300; Abril 5.600; Maio 5.700, Junho 5.800; e Julho 6.000.

De acordo com o método MUP, calcula-se a previsão de demanda para agosto: (MUP)= o último período foi julho, 6.000 unidades, portanto, a previsão para o mês será de 6.000 unidades.

Esse método é muito precário, pois não utiliza nenhum tipo de informação externa, de sazonalidade. Infelizmente, muitas empresas adotam-no pela simplicidade ou mesmo pela falta de conhecimentos por parte dos responsáveis pelos estoques.

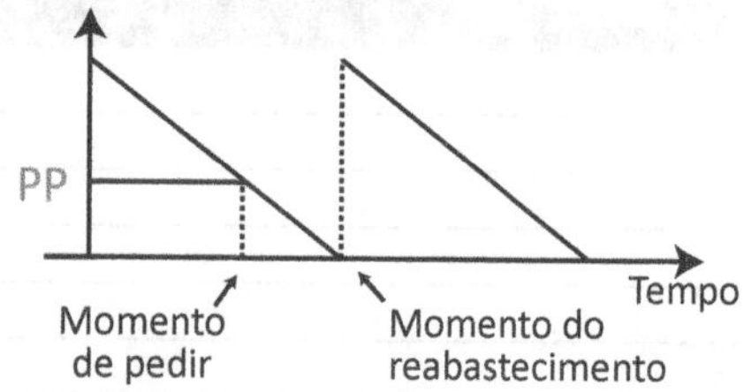

Método da Média Móvel (média aritmética) (MMM)

A previsão do próximo período é obtida por meio de cálculo da média aritmética do consumo dos períodos anteriores. Como resultado desse modelo, teremos valores menores que os ocorridos, caso o consumo tenha tendências crescentes, e maiores se o consumo tiver tendências decrescentes, nos últimos períodos. Por isso, esse método também não é muito confiável, pois desconsidera tendências de demanda real.

» **Ex.:** Usando os mesmos valores do exemplo anterior, tem-se:

P (MMM)= (C1+C2+C3+...............+ Cn) : n

P = Previsão para o próximo período

C1,C2,C3,Cn = Consumo nos períodos anteriores

n = número de períodos

P(MMM)= 5.000+4.400+5.300+5.600+5.700+5.800+6.000

P agosto(MMM) = 5.400 (previsão para agosto será 5.400)

Como pode-se observar, a tendência da demanda é crescente, porém, o resultado foi menor, o que demonstra a imprecisão do método. Para amenizar a fragilidade de tal sistema, poderíamos usar os dados mais recentes, ou seja, os últimos quatro, como calcula-se a seguir:

P agosto (MMM)= (C1+C2+C3........+Cn) : n

P agosto (MMM)= 5.600+5.700+5.800+6.000n : 4

P agosto (MMM)= 5.775 Unidades

Caso não se tenha outro meio e precisar optar, o segundo caso (os 4 últimos meses) traz maior credibilidade para a previsão de agosto.

Método da Média Móvel Ponderada (MMP)

A previsão é dada por meio de ponderação dada a cada período, de acordo com a sensibilidade do administrador, obedecendo algumas regras:

Primeira regra: o período mais próximo recebe peso de maior ponderação, entre 40% a 60%, e para os outros haverá uma redução gradativa conforme os mais distantes.

Segunda regra: a época mais antiga recebe peso de menor ponderação e deve ser igual a 5%.

Terceira regra: a soma das ponderações deve ser sempre 100% (40 a 60 % para o mais recente e para o último, 5%).

Esse modelo elimina, em parte, algumas precariedades dos anteriores, mas, mesmo assim, como está sujeito ao arbitramento dos percentuais pelo administrador, uma análise mal feita resultará numa previsão equivocada, ocasionando muitos prejuízos.

» **Ex.:** Usando os mesmos parâmetros dos consumos nos exemplos anteriores, tem-se: Janeiro 5.000 - Fevereiro 4.400 - Março 5.300 - Abril 5.600 - Maio 5.700 - Junho 5.800 - Julho 6.000P

(MMP)= (C1xP1) + (C2xP2) + (C3xP3)+ ....+(CnxPn)

Onde P(MMP)= Previsão para o próximo período, através do método da média ponderada.

C1,C2,C3,Cn= Consumo nos períodos anteriores

P1,P2,P3,Pn = Ponderação dada a cada período

Dão-se para o exemplo em questão as ponderações para cada época, conforme o enunciado (regra):

Julho 40% - Junho 20% - Maio 15% - Abril 8% - Março 7% - Fevereiro 5% - Janeiro 5% = Total 100%.

Fique Ligado

Reforçando o enunciado anterior, as ponderações são fundamentadas de acordo com a influência do mercado. A soma deverá ser 100%, sendo o maior valor para o último período (o anterior ao que será calculado), para o período mais recente 40% a 60% e, para o último 5%.

P(MMP)=(C1xP1)+(C2xP2)+(C3xP3)+(C4xP4)+(C5+P5)+(C6xP6)+(C7+P7)

P agosto(MMP)=(6.000x0,4)+(5.800x0,2)+(5.700x0,15)+(5.600x0,08)+(5.300x0,07)+(4.400x0,05)+(5.000x0,05)

P agosto(MMP) = (2.400)+(1160)+(855)+(448)+(371)+(220)+(250)

P agosto(MMP)=5.704 (Previsão para Agosto)

Pode-se também, para melhor aprimoramento da previsão, usar os 4 últimos períodos, principalmente pela tendência positiva observada. *Julho 6.000 50% - Junho 5.800 30% - Maio 5.700 15% - Abril 5.600 5%*

PP(MMP)=(6.000x0,50)+(5.800x0,30)+(5.700x0,15)+(5.600x0,05)

Ppp(MMP)=3.000+1740+855+280

Ppp(MMP)=5.875 (Previsão para Agosto)

Método da Média com Suavização Exponencial (MMSE) ou Método da Média Exponencialmente Ponderada (MMEP)

Nesse método, a previsão é obtida de acordo com o consumo do último período e tem-se que utilizar também a previsão deste. Ele procura fazer a eliminação das situações exageradas que ocorreram em épocas anteriores. É simples de usar e necessita de poucos dados acumulados, sendo auto-adaptável, corrigindo-se constantemente de acordo com as mudanças dos volumes das vendas.

A ponderação utilizada é denominada constante de suavização exponencial, que tem o símbolo (@), e pode variar de 1>@>0. Na prática, @ tem uma variação de 0,1 a 0,3, dependendo dos fatores que afetam a demanda.

→ **Para melhor entendimento:**

P(MMSE)= [(Ra x @) + (1 - @) x P a]

Onde: P(MMSE)= Previsão para o próximo período, através do método da média com suavização exponencial:

Ra = Consumo real no período anterior.

Pa = Previsão do período anterior.

@ = Constante de suavização exponencial (desvio - padrão).

» **Ex.**: Usando os mesmos valores dos exemplos anteriores e sabendo-se que a previsão de julho foi de 6.200 (calculada anteriormente no final de junho), calcula-se a previsão para agosto com uma constante de suavização exponencial de 15%.

Ppp (MMSE)= [(Ra x@) + (1 - @) x Pa]

Ppp (MMSE)= [(6.000x0,15)+(1-0,15)x 6.200]

Ppp(MMSE)= [900+(0,85x6.200)]

Ppp(MMSE)= 900+5.270)

Ppp(MMSE)= 6.170 Unidades

A previsão para agosto será 6.170 Unidades

Esse meio permite que obtenhamos um padrão de condução das previsões com valores próximos da realidade. Assim, as vendas reais e as previsões seguem uma tendência que facilita as projeções do administrador. Esse modelo é eficaz quando usado de maneira exclusiva.

Método da Média dos Mínimos Quadrados (MMNQ)

De fato, é o melhor em relação aos outros relacionados, pois é um processo de ajuste que aproxima os valores existentes, minimizando as distâncias entre cada consumo realizado. Baseia-se na equação da reta [Y=a+bx] para o cálculo da previsão de demanda, portanto, permite um traçado bem realista do que poderá ocorrer com a projeção da reta. Usando a equação desta, tem-se que calcular a,b e x. Para o cálculo dos mesmos, usam-se as equações normais, sendo que os dados são obtidos da tabulação dos existentes.

P(MMQ)= a + bx

Onde: a = valor a ser obtido na equação normal por meio da tabulação de dados.

b = valor a ser obtido na equação normal mediante a tabulação de dados.

x = quantidades de períodos de consumo utilizados para calcular a previsão. Para computar-se os termos a e b, é necessário tabular-se os dados existentes para preparar as equações normais, dadas por:

ΣY= (n x a) + (Σ x b)

ΣXY= (Σx x a) + (Σx² x b)

» **Ex.**: Usando os mesmos dados dos exemplos anteriores, tem-se:

N.° Quant. Per	Períodos	Y	X	X²	XY
1	Janeiro	5.000	0	0	0
2	Fevereiro	4.400	1	1	4.400
3	Março	5.300	2	4	10.600
4	Abril	5.600	3	9	16.800
5	Maio	5.700	4	16	22.800
6	Junho	5.800	5	25	29.000
7	Julho	6.000	6	36	36.000
7	Σ	37.800	21	91	119.600

ΣY = (n x a) + (Σ x b)

ΣXY = (Σx x a) + (Σx² x b)

37.800 = (7 x a) + (21 x b) (1ª) - (1ª) 37.800 = 7a + 21b119.600 = (21 x a) + (91 x b) (2ª) - (2ª) 119.600 = 21a + 91b

Como se tem duas equações com duas incógnitas (a e b), deve-se resolvê-las simultaneamente. Portanto, precisa-se eliminar uma das incógnitas, necessitando igualar numericamente o coeficiente de a ou b, o que for mais fácil, porém, com sinais opostos.

Nesse exemplo, iremos igualar o coeficiente A multiplicando toda a equação (1ª) por - 3.

(1) 37.800 = 7a + 21 b x (-3)

(1) 119.600 = 21 a + 91 b

-113.400 = -21 a - 63 b

119.600 = 21 a + 91 b

6.200 = 0 + 28 b

b= 6.200 : 28 b = 221,43

Como já se encontrou uma das incógnitas, basta achar a outra:

37.800 = 7a + 21 b

37.800 = 7a + 21(221,43)

37.800= 7a + 4650,03

37.800 - 4650,03 = 7a

33.149,97 = 7ª

a = 33.149,00/7 ; a = 4.735,71

P(MMMQ) = a + bx

a = 4.735,71

b = 221,43

x = 7 (Quantidade de Períodos)

P (MMMQ) = 4.735,71 + 221,43 x 7

P(MMMQ)= 4.735,71 + 1.550,01

P agosto (MMMQ)= 6.285,72 ou P agosto(MMMQ)= 6.286 unidades.

Custos do Estoque

Há uma grande importância em dimensionar o estoque, isso significa definir as quantidades corretas e mais exatas possíveis de cada mercadoria que deve estar nele em um determinado período de tempo, justamente para a empresa não acabar sofrendo prejuízo. Talvez o maior dilema das organizações seja: Quanto ela deverá estocar?

Para avaliarmos os custos dos estoques, temos que primeiramente identificar seu custo de aquisição, entendido como o valor pago pela empresa compradora na aquisição de mercadorias. Normalmente adotamos a regra de que:

Fique Ligado

Custo de Aquisição = Preço unitário versus Quantidade Adquirida ou CAq = Pu x Q

Os métodos de avaliação de estoques englobam procedimentos necessários ao registro da movimentação deles. Têm por objetivo separar os custos dos produtos entre os que foram vendidos e os que permaneceram em estoque. Entre os critérios de avaliação mais utilizados no Brasil, destacam-se quatro métodos diferentes: avaliação pelo método PEPS (FIFO), avaliação pelo método UEPS (LIFO), avaliação pelo custo médio e avaliação pelo custo de reposição.

PEPS = Primeiro a entrar, primeiro a sair; ou seja, o custo do item de estoque é guardado de forma seriada. Por exemplo, suponha que um item tenha entrado no estoque em 3 ocasiões (três entradas), em que a primeira foi 20 unidades a 15 reais, 30 unidades a 14 reais, 10 unidades a 17 reais. No método PEPS, o valor das 20 primeiras unidades a sair é igual ao custo das 20 primeiras unidades que entraram, no caso, 15 reais.

Num regime inflacionário (tendência crescente de preços ao longo do tempo), os valores do Estoque Final e do CMV (Custo das Mercadorias Vendidas) são, respectivamente, maiores e menores, pois, na venda, sairão primeiro as mercadorias mais "baratas", ficando nos estoques as mais "caras". Consequentemente, o LUCRO é o maior possível e o CMV, o menor possível. Caso haja deflação (preços decrescentes no decorrer do tempo), sairão primeiro as mais caras (maior CVM), ficando nos estoques as mais baratas (menor Estoque Final). Isto posto, o LUCRO será o menor possível, tendo em vista que o CMV será o maior possível. No caso de estabilidade econômica de preços, os valores do Estoque Final, do CMV e do LUCRO serão iguais àqueles encontrados em qualquer outro método.

UEPS = Último a entrar, primeiro a sair. Nesse método o valor do item é "empilhado" de modo que o último custo fica no "topo" da pilha e, portanto, é o primeiro a sair. Dessa forma, em comparação aos meios já mencionados, num regime de tendência crescente de preços (inflação), os valores do Estoque Final e do CMV serão, respectivamente, os menores e o maiores possíveis. No caso de deflação, ocorrerá o inverso, isto é, os valores do Estoque Final estarão superavaliados e do CMV, subavaliados. Sobre a estabilidade econômica de preços, os valores seriam os mesmos daqueles apurados por outro método.

Em um regime **inflacionário**, em comparação com os métodos de controle de estoque já mencionados, **o Lucro pelo método UEPS é o menor possível**, fazendo com que o Imposto de Renda sobre o lucro também o seja. Daí, o Regulamento do Imposto de Renda NÃO PERMITE que as empresas no Brasil, que estejam obrigadas a declararem tal imposto com base no lucro fiscal, utilizem o método UEPS.

Fique Ligado

Período Inflacionário:

PEPS: MAIOR LUCRO, MENOR CMV, MAIOR EF

UEPS: MENOR LUCRO, MAIOR CMV, MENOR EF

O método PEPS, apesar de proporcionar maior lucro em um período inflacionário, não é o mais utilizado. O recomendável para fins gerenciais é o meio UEPS, pois os lucros ficam menores, reduzindo assim a carga tributável.

Período Deflacionário:

PEPS: MENOR LUCRO, MAIOR CMV, MENOR EF

UEPS: MAIOR LUCRO, MENOR CMV, MAIOR EF

→ **Método do custo médio** - Também chamado de Média Ponderada Móvel, uma vez que a cada nova aquisição é calculada uma nova média.

Lucro = Vendas líquidas - CMV

Fórmula do custo das mercadorias vendidas

CMV = EI + C - EF

EI = Estoque inicial, **C** = Compras, **EF** = Estoque final

Abaixo, podemos observar um esquema que ressalva a importância do estoque e da organização do custo dele dentro da lógica da gestão de materiais:

O capital impactado na compra dos itens, se mal empregado, pode trazer muito prejuízo à empresa. Além disso, um estoque mal dimensionado pode acarretar um custo muito alto de estrutura (armazenagem), segurança e pessoal (para limpar, organizar).

Vantagens e Desvantagens do estoque próprio Vs Terceiro

→ **Vantagens do estoque próprio:**

- Menor custo.
- Conhecimento da operação.
- Garantia de qualidade do serviço desejado.
- Flexibilidade.

→ **Desvantagem do estoque próprio**

- Dificuldade administrativa e operacional.
- Possível dificuldade para crescimento do estoque.
- Preocupação com segurança.
- Depreciação de equipamento e manutenção.
- Maior curva de aprendizado.
- Ônus trabalhista.

→ **Vantagens do estoque terceiro:**

- Facilidade administrativa e operacional.
- Facilidade de crescimento de itens no estoque.
- Menor curva de aprendizado.
- Menor treinamento.

→ **Desvantagens do estoque terceiro:**

- Diminuição da margem.
- Alta complexibilidade logística para o caso de uma mudança para estoque próprio.
- Processos mais engessados.

→ **Custo de armazenagem**

São diretamente proporcionais ao estoque médio e ao tempo de permanência neles. À medida que cresce a quantidade de material em estoque, aumentam os custos (de armazenagem, de distribuição, etc.), que podem ser agrupados em diversas modalidades:

- **Custos de capital:** juros, depreciação (o capital investido em estoque deixa de render juros).
- **Custos com pessoal**: salários, encargos sociais (mais pessoas para cuidar do estoque).
- **Custos com edificações**: aluguel, imposto, luz (maior área para guardar e conservar os estoques).
- **Custos de manutenção**: deterioração, obsolescência, equipamento (maiores as chances de perdas e inutilização, bem como mais custos de mão de obra e equipamentos).

Esse valor gira aproximadamente em 25% do valor médio de seus produtos. Também estão envolvidos os custos fixos (que independem da quantidade), como por exemplo, o aluguel de um galpão.

→ **Cálculo do Custo de Armazenagem**

Para calcular o custo de armazenagem de determinado material,podemos utilizar a seguinte expressão:

Custo de armazenagem = **Q/2 x T x P x I**

Onde: **Q** = Quantidade de material em estoque no tempo considerado.

P = Preço unitário do material.

I = Taxa de armazenamento, expressa geralmente em termos de porcentagem do custo unitário.

T = Tempo considerado de armazenagem.

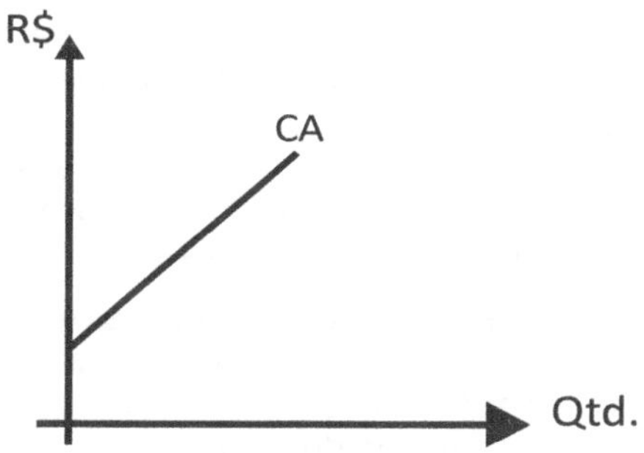

Custo de pedido

São inversamente proporcionais aos estoques médios. Quanto mais vezes se comprar ou se preparar a fabricação, menores serão os estoques médios e maiores os custos decorrentes do processo, tanto de compras como de preparação, isto é, maior estoque requer menor quantidade de pedidos, com lotes de compras maiores, o que implica menor custo de aquisição e menores problemas de falta ou atraso e, consequentemente, menores custos.

O total das despesas que compõem os custos de pedidos inclui os custos fixos (os salários do pessoal envolvidos na emissão das solicitações - que independem da quantidade) e Variáveis (referentes ao processo de emissão e confecção dos produtos)

Cálculo do Custo de Pedido

Chamaremos de B o custo de um pedido de compra. Para calcularmos o valor anual de todas as solicitações colocadas no período de um ano é necessário multiplicar o custo de cada pedido pelo número de vezes que, em um ano, foi processado.

Se (N) for o número de pedidos efetuados durante um ano, o resultado será:

B x N = custo total de pedidos (CTA)

O total das despesas que compõe o CTA é:

a) Mão de obra - para emissão e processamento.

b) Material - utilizado na confecção do pedido (papel, etc.).

c) Custos indiretos - despesas ligadas indiretamente com o pedido(telefone, luz etc.).

Após apuração anual dessas empresas, teremos o valor total anual dos pedidos. Para calcular o custo unitário, é só dividir o CTA pelo número total anual de encomendas.

B = CTA/N = Custo unitário do pedido

Método para cálculo do custo do pedido:

1) **Mão de obra:** Salários e encargos + honorários do pessoal envolvido,anual.
2) **Material:** Papel, caneta, envelope, material de informática, etc., anual.
3) **Custos indiretos:** Telefone, luz, correios, reprodução, viagens, custo de área ocupada, servidor de Internet, etc., anual.

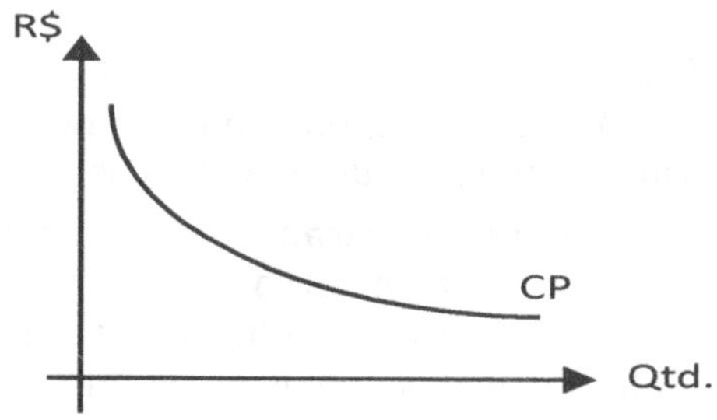

Custos Fixos

Independem da quantidade; envolve tanto custos de armazenagem quanto de pedido.

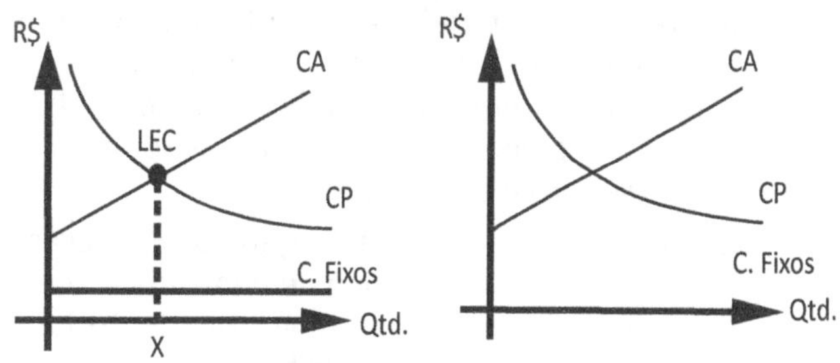

$$LEC = \sqrt{\frac{2 \times CP \times D}{CA}}$$

Custo por falta de estoque

Ocorre quando não há o cumprimento no prazo de entrega de um pedido colocado, também poderá ocorrer ao infrator o pagamento de uma multa ou até mesmo (em casos mais sérios) o cancelamento da encomenda. Isso, sem dúvida, prejudica a imagem da organização diante do cliente. Obviamente nenhuma empresa espera ter que arcar com esse tipo de custo, afinal, ele envolve a imagem da empresa, custos financeiros, confiabilidade, concorrência, etc.

Lote Econômico De Compras - Lec

Costumamos conceituar o LEC como: "a quantidade que se adquire, onde os custos totais são os menores possíveis; ocorre quando o custo do pedido é igual ao custo de armazenagem."

Fique Ligado

→ ***Como calcular o LEC:***

> ***CP = custo de um pedido***

> ***D= demanda/consumo***

> ***CA= custo de armazenagem por unidade***

→ **Restrições ao Lote Econômico**

- **Espaço de Armazenagem**: a falta de espaço, por vezes, é um problema para a empresa que passa a adotar o método em seus estoques. Às vezes os lotes de compra que são recomendados pelo sistema não estão de acordo com a capacidade de armazenagem no almoxarifado.
- **O preço de material poder variar:** quando a inflação é um problema no ciclo econômico, calcular e adquirir a quantidade ideal ou econômica de compra, com base nos preços atuais para suprir o dia de amanhã, implicaria, de certa forma, refazer os cálculos tantas vezes quantas fossem as alterações de preços sofridas pelo material ao longo do período, o que não se verifica, com constância, nos países de economia relativamente estável, onde o preço permanece estacionário por períodos mais longos.
- **Dificuldade de aplicação**: essa dificuldade é consequência, na maior parte das vezes, da falta de registros ou da dificuldade de levantamento dos dados de custos. Porém, quando falamos desse aspecto, os erros, por mais gritantes que possam ser na apuração dos custos, não chegam a afetar de maneira significativa o resultado ou a solução final.
- **Natureza do material**: há de se ter um cuidado com a natureza do material, uma vez que isso pode se tornar uma dificuldade no processo. Por exemplo, o objeto poderá deteriorar-se, ou até mesmo se tornar obsoleto.
- **Natureza do Consumo**: a aplicação do LEC, necessita, via de regra, de um tipo de demanda regular e constante e também de uma distribuição que respeite um certo caráter de uniformidade.

Exercício Comentado

01. Aluguel, imposto e luz fazem parte do custo de capital.

ERRADO. ***Aluguel, imposto e luz fazem parte dos custos de edificação; custos de capital são juros e depreciação (o capital investido em estoque deixa de render juros).***

Vamos Praticar

01. Com o crescimento do custo unitário de compra das unidades comercializadas ao longo do tempo, em razão da inflação, a adoção do critério de custo médio ponderado provoca uma redução do lucro em comparação com o fundamento de último a entrar primeiro a sair.

Certo ( ) Errado ( )

02. O critério de avaliação de estoques que a empresa adota influencia no valor do seu patrimônio líquido, já que o resultado é diretamente afetado pela avaliação dos estoques.

Certo ( ) Errado ( )

Sabendo que a administração de estoque objetiva controlar tanto a quantidade de matérias em estoque quanto o valor desses produtos, considere a seguinte movimentação de estoque de determinado material em uma empresa:

05/06 - entrada de 100 unidades ao valor unitário de R$ 10,00.

10/06 - entrada de 80 unidades ao valor unitário de R$ 15,00.

12/06 - saída de 120 unidades.

20/06 - entrada de 150 unidades ao valor unitário de R$ 12,00 e saída de 60 unidades.

30/06 - saída de 40 unidades.

03. Nessa situação, com base na avaliação de estoque pelo método PEPS ou FIFO, é correto afirmar que o valor do estoque em 20/06 é de R$ 1.800,00 e de R$ 1.320,00 em 30/06?

Certo ( ) Errado ( )

04. A utilização do método PEPS, em um ambiente de redução de preços, tende a diminuir o lucro do período em relação ao método do custo médio.

Certo ( ) Errado ( )

05. Objetivando o controle de estoque, é necessário determinar os itens que devem permanecer em estoque e a periodicidade em que devem ser reabastecidos. Nesse controle, não é necessário realizar inventários periódicos para a avaliação da quantidade e do estado dos materiais estocados.

Certo ( ) Errado ( )

06. O método de avaliação de estoques que é pouco utilizado em economias inflacionárias e que reflete custos mais próximos da realidade do mercado é chamado de LIFO.

Certo ( ) Errado ( )

07. Os inventários rotativos são efetuados ao final do exercício e abrangem todos os itens de estoque de uma só vez, diferentemente dos inventários gerais, que ocorrem com mais frequência durante o mês e se referem a uma menor quantidade de itens.

Certo ( ) Errado ( )

08. No início do mês de maio, o estoque de mercadorias estava avaliado ao custo unitário de R$ 15,00 e constava de 80 unidades. Durante o mês ocorreram duas compras: uma dia três, de 120 unidades por R$ 2.400,00; e outra, no dia 10, de 160 unidades, por R$ 4.000,00. A única venda do mês aconteceu no dia 8 e foi feita a prazo por R$ 6.000,00. O inventário físico final acusa a existência de 200 unidades. Considerando que os estoques são avaliados pelo critério técnico-matemático do Custo Médio, podemos afirmar que o Custo das Mercadorias Vendidas (CMV), no aludido mês de maio, alcançou o valor de:

a) R$ 2.304,00
b) R$ 2.496,00
c) R$ 2.702,40
d) R$ 2.808,00
e) R$ 2.880,00

09. O método de avaliação de estoque que proporciona maior lucro em um período inflacionário é o UEPS.

Certo ( ) Errado ( )

10. O método de avaliação de estoque que proporciona maior CMV em um período inflacionário é o UEPS.

Certo ( ) Errado ( )

11. O método de avaliação de estoque que proporciona menor lucro em um período deflacionário é o UEPS.

Certo ( ) Errado ( )

12. O método de avaliação de estoque que proporciona menor CMV em um período inflacionário é o PEPS.

Certo ( ) Errado ( )

13. O método de avaliação de estoque que proporciona maior lucro em um período deflacionário é o PEPS.

Certo ( ) Errado ( )

14. Quando se utiliza o método de avaliação de estoques conhecido como FIFO, é correto dizer que o EF (estoque final) será superior ao valor do estoque quando se utiliza o método do Custo Médio.

Certo ( ) Errado ( )

15. O método de avaliação de estoques LIFO é indicado para fins gerenciais, porque apresenta resultados mais realistas, no entanto, apresenta uma deficiência: para períodos de inflação não é recomendado, pois os lucros ficam subavaliados e também o estoque final, reduzindo assim o valor tributável.

Certo ( ) Errado ( )

16. Dá-se o nome de inventário físico:

I. Ao balanço contábil dos bens e materiais da empresa.

II. A verificação ou confirmação da existência dos materiais ou bens patrimoniais da empresa.

III. Ao levantamento físico ou contagem dos materiais existentes para efeito de registro no banco de dados de materiais da empresa.

Assinale:

a) Apenas a afirmativa I está correta.
b) Apenas a afirmativa II está correta.
c) Apenas a afirmativa III está correta.
d) Apenas as afirmativas II e III estão corretas.
e) Todas as afirmativas estão corretas.

Gabarito

01	ERRADO	09	ERRADO
02	CERTO	10	CERTO
03	CERTO	11	ERRADO
04	ERRADO	12	CERTO
05	ERRADO	13	ERRADO
06	ERRADO	14	ERRADO
07	ERRADO	15	ERRADO
08	E	16	D

CAPÍTULO 17

Movimentação de Materiais

Movimentação e Transporte de Materiais

A movimentação e o transporte de materiais são classificados conforme a atividade funcional que neles será aplicada.

→ **Destacam-se:**

> **Granel:** destinados desde a extração até o armazenamento de materiais a granel, incluindo gases, líquidos e sólidos.

> **Cargas unitárias:** trata-se de cargas contidas em um recipiente de paredes rígidas ou individuais ou apoiadas em estrados.

> **Embalagem:** utilizada no projeto, utilização e seleção de recipientes para o transporte de produtos.

> **Armazenamento:** corresponde ao recebimento, empilhamento ou colocação em prateleiras.

> **Vias de transporte:** carregamento, fixação no transporte, desembarque e transferência de qualquer tipo de material.

> **Análise de dados:** abrange os aspectos analíticos da movimentação, como o levantamento de mapas, treinamento, organização, segurança e outras técnicas para o desenvolvimento de um sistema eficiente de movimentação de materiais.

Fique Ligado

Vale a pena lembrar que os custos da movimentação das mercadorias, bem como da movimentação do produto, agregam diretamente no custo final, mas não contribuem para elevar o valor do objeto no mercado. Dessa maneira, entende-se que um sistema de movimentação de materiais deve levar em consideração uma série de recursos que possibilitem a redução do custo final do produto.

Vantagens Obtidas com o Estudo da Movimentação

As vantagens obtidas podem ser classificadas como

→ **Redução de Custo**

> **Mão de obra:** a implantação de equipamentos mecânicos substituirá o trabalho braçal, exigindo menos esforço do homem e reduzirá o tempo de movimentação.

> **Materiais:** uma melhor estrutura no acondicionamento do material e transporte mais eficaz resultarão em um índice de perdas muito pequeno.

> **Equipamentos:** o uso de equipamentos adequados em termos de número e características para a movimentação e armazenagem de materiais exigirão menor investimento em ativo fixo por parte da empresa.

> **Outros custos:** um serviço de armazenagem e transporte eficiente terá, como consequência, redução nas despesas em geral.

→ **Aumento da capacidade produtiva**

> **Aumento da produção:** a produtividade da linha de produção será consequência de racionalização dos processos de transportes e estoque, que permitirá mais rapidez dos materiais até as linhas de produção.

> **Capacidade de armazenagem:** o melhor acondicionamento do produto associado à máxima utilização do espaço na área de armazenagem libera a área produtiva.

> **Distribuição de armazenagem:** é necessário o aproveitamento de armazéns para a formação de cargas unitárias, levando a um sistema de armazenagem mais eficiente.

→ **Melhores condições de trabalho**

> **Mais segurança:** com a movimentação adequada, os riscos de acidentes são bastante reduzidos.

> **Redução da fadiga:** como o esforço humano é menor pela adoção de equipamentos, existe uma consequente redução da fadiga.

→ **Melhor distribuição**

> **Melhoria na circulação:** uma total adequação do ambiente de trabalho, isto é, corredores bem definidos, endereçamento fácil e equipamentos eficientes, representam uma melhora na movimentação.

> **Localização estratégica do almoxarifado:** a aplicação de sistemas de manuseio torna viável a criação de pontos de armazenagem em vários locais distantes da fábrica, colocados, estrategicamente, próximos aos pontos de utilização.

> **Melhoria dos serviços ao usuário:** a proximidade de mercadorias em relação ao usuário torna muito mais rápido o seu acesso, evitando risco de deterioração ou quebra e representando menor custo.

> **Mais disponibilidade:** um sistema de distribuição eficaz terá, como consequência, mais disponibilidade dos produtos, conforme a região.

É necessária a revisão total ou parcial do sistema de movimentação para que pequenos problemas não aconteçam, tais como:

> Manuseio: homens manuseando mais de 25 Kg e mulheres manuseando mais de 20 Kg.

> Desvios: desvios do caminho natural e direto para inspeções, conferências, etc.

> Paradas: interrupções da produção para efetuar operações de transporte.

> Suprimento: interrupções da produção por falta de matéria-prima.

> Elevação: cargas com mais de 50 Kg elevadas mais de um metro, sem ajuda mecânica.

As Leis de Movimentação

Para se manter eficiente um sistema de movimentação de materiais, existem ainda certas "leis" que, sempre dentro das possibilidades, devem ser levadas em consideração. São elas:

01. Obediência ao fluxo das operações - Disponha a trajetória dos materiais de forma que ela seja a sequência de operações, ou seja, utilize sempre, dentro do possível, o arranjo tipo linear.

02. Mínima distância - Reduza as distâncias e transporte pela eliminação de ziguezagues no fluxo dos materiais.

03. **Mínima manipulação** - Reduza a frequência de transporte manual. O transporte mecânico custa menos que as operações de carga e descarga, levantamento e armazenamento. Evite manipular os materiais tanto quanto possível ao longo do ciclo de processamento.

04. **Segurança e satisfação** - Leve sempre em conta a segurança dos operadores e o pessoal circulante, quando selecionar o equipamento de transporte de materiais.

05. **Padronização** - Use equipamento padronizado na medida do possível. O custo inicial é mais baixo, a manutenção é mais fácil e mais barata e a utilização dele é mais variada por ser mais flexível que equipamentos especializados.

06. **Flexibilidade** - O valor de determinado equipamento para o usuário é proporcional à sua flexibilidade, isto é, capacidade de satisfazer ao transporte de vários tipos de cargas, em condições variadas de trabalho.

07. **Máxima utilização do equipamento** - Mantenha o equipamento ocupado tanto quanto possível. Evite acúmulo de materiais nos terminais do ciclo de transporte. Se não puder suportar o equipamento de baixo investimento, mantenha o quociente carga útil/carga morta tão baixo quanto possível, 1/4 é considerado o ideal.

08. **Máxima utilização da gravidade** - Use a gravidade sempre que possível. Pequenos trechos motorizados de transportadores podem elevar carga a uma altura conveniente para suprir trechos longos de transportes por gravidade.

09. **Máxima utilização do espaço disponível** - Use o espaço "sobre cabeças" sempre que for possível. Empilhe cargas ou utilize suportes especiais para isso.

10. **Método alternativo** - Faça uma previsão de um método alternativo de movimentação em caso de falha do meio mecânico de transporte.

Esta alternativa pode ser bem menos eficiente que o processo definitivo de transporte, mas pode ser de grande valor em casos de emergência. Exemplos: colocação de pontos esparsos para instalação de uma talha manual; prever espaço para movimentação de uma empilhadeira numa área coberta por uma ponte rolante.

11. **Menor custo total** - Selecione equipamentos na base de custos totais e não somente do valor inicial mais baixo, do custo operacional, ou somente de manutenção. O equipamento escolhido deve ser aquele que apresenta o menor valor total para uma vida útil razoável e a uma taxa de retorno do investimento adequado.

Equipamento

Há de se levar em consideração o equipamento a ser utilizado, afinal, existe uma grande variedade de equipamentos. No momento da escolha, é importante uma avaliação custo/benefício, uma vez que o aumento da produtividade pode compensar gastos que, isolados, parecem maiores. É evidente, porém, que, em alguns casos, a escolha fica limitada devido ao tipo de material, espaço disponível ou até mesmo o próprio custo. Vale ressaltar que não basta apenas ter o tipo de equipamento certo, também é preciso saber utilizá-lo de maneira racional e otimizada. De acordo com o Professor Wendell Léo em "Administração de Materiais e Recursos Patrimoniais" os tipos mais comuns são:

Sistemas de Transportadores Contínuos

Consiste na movimentação constante entre dois pontos pré determinados. São utilizados em mineração, indústrias, terminais de carga e descarga, terminais de recepção e expedição ou em armazéns.

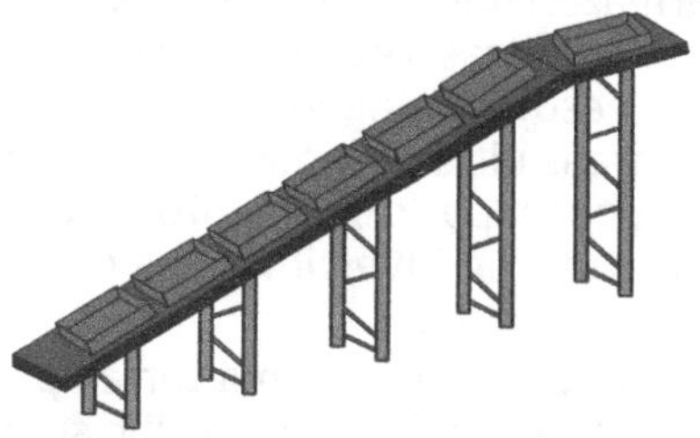

Exemplos:

Esteiras transportadoras: são equipamentos de ampla aplicação, podem ser de correia, fita ou de tela metálica, utilizadas geralmente para grandes quantidades de material.

- As fitas metálicas podem ser feitas de aço-carbono, aço inoxidável e aço revestido por borracha. Nas esteiras, o ângulo máximo de inclinação é função das características do material (entre 20 e 35º).
- As esteiras transportadoras apresentam a desvantagem de possuir uma pequena flexibilidade na trajetória.

Transportadores de roscas: são indicados para a movimentação de materiais pulverizados não corrosivos ou abrasivos. Utilizados em silos, moinhos, indústria farmacêutica, etc. O transporte é feito através da rotação do eixo longitudinal do equipamento.

Transportadores magnéticos: utilizados para a movimentação de peças e recipientes de ferro e aço. Consiste em duas faixas de ferro magnetizadas por ímãs permanentes colocados na parte posterior de um transportador de fita, com um polo em cada faixa, assim, o material ferroso é conduzido e atraído simultaneamente, podendo seguir em trajetórias verticais e horizontais, ser virado, freando, etc. Vantagens: é silencioso, requer pouco espaço e manutenção e trabalha até embaixo d'água. Desvantagens: só transporta materiais ferrosos.

Transportadores pneumáticos: utilizados para transporte de materiais granulados em silos, moinhos e portos. Constituem-se em um conjunto de tubulações e de um sistema motor que produz a corrente de ar. Vantagens: funcionam em qualquer tipo de trajeto, vedação completa, requer pouco espaço e baixos custos de manutenção. Desvantagens: somente utilizado para materiais de pequena granulometria e não abrasivos.

Transportadores de roletes livres: não há mecanismo de acionamento (somente a força da gravidade ou manual). É um sistema de transporte econômico, não há manutenção, permite o transporte de todos os materiais não a granel. A superfície de fundo do material deve ser dura e plana e, no mínimo, 3 roletes devem estar agindo simultaneamente sobre a carga.

Transportadores de correntes: evitam problemas de contaminação, permitem o aproveitamento do espaço aéreo, gasto inicial e manutenção baixos.

Sistemas de Manuseio para Áreas Restritas

São feitos para locais onde a área é elemento crítico, por isso são bastante utilizados em almoxarifados. A ponte rolante é o equipamento mais utilizado entre todos.

Ponte rolante: viga suspensa sobre um vão livre, que roda sobre dois trilhos. Empregada em fábricas ou depósitos que permitem o aproveitamento total da área útil (armazenamento de ferro para construção, chapa de aço e bobinas, recepção de carga de grandes proporções e peso). Vantagens: elevada durabilidade, movimenta cargas ultra pesadas, carrega e descarrega em qualquer ponto, posicionamento aéreo. Desvantagens: exige estruturas, investimento elevado e área de movimentação definida.

Stacker Crane: consiste numa torre apoiada sobre um trilho inferior e guiada por um trilho superior. Pode ser instalada em corredores com menos de 1 metro de largura e algumas torres atingem até 30m de altura. Exige alto investimento, mas ocasiona uma grande economia de espaço.

Pórticos: são vigas elevadas e autossustentáveis sobre trilhos; possuem sistema de elevação semelhante ao das pontes rolantes. Os pórticos são utilizados no armazenamento em locais descobertos. Vantagens: maior capacidade de carga que as pontes rolantes e não requer estrutura. Desvantagens: menos seguro, interfere no tráfego no piso e é mais caro.

Sistemas de Manuseio entre Pontos sem Limites Fixos

É o mais versátil dos sistemas.

Carrinhos: são os equipamentos mais simples. Consistem em plataformas com rodas e um timão direcional. Possuem vantagens como baixo custo, versatilidade, manutenção quase inexistente. Desvantagens: capacidade de carga limitada, baixa velocidade e produção, exigem mão de obra.

Palleteiras: carrinhos com braços metálicos em forma de garfo e um pistão hidráulico para a elevação da carga (pequena elevação). As palleteiras podem ser motorizadas ou não.

Exercícios Comentados

01. ***(CESPE) Os depósitos de distribuição são espaços em que os produtos são armazenados por longos períodos, com o objetivo de proteger as mercadorias até que sejam solicitadas, sendo reduzido o manuseio.***

ERRADO. ***Questão errada, pois os depósitos de distribuição não armazenam necessariamente mercadorias por longos períodos, o ideal, inclusive, é que estas tenham uma rotatividade contínua evitando, dessa forma, o perecimento da carga e o custo de armazenagem dessas mercadorias. No que diz respeito à redução de manuseio, isso só será possível se o depósito estiver num local estratégico***

Empilhadeiras: podem ser elétricas ou de combustão interna (verificar ventilação); são usadas quando o peso e as distâncias são maiores (se comparadas com o carrinho). As mais comuns são as frontais de contrapeso. Vantagens: livre escolha do caminho, exige pouca largura dos corredores, segurança ao operário e à carga e diminui a mão de obra. Desvantagens: retornam quase sempre vazias, exige operador especializado e paletização de cargas pequenas.

Guindastes: usados em pátios, construção pesada, portos e oficinas de manutenção; o veículo pode ser motorizado ou não. Opera cargas não paletizadas, versátil, alcança locais de difícil acesso, mas apresenta a desvantagem de exigir espaço e ser lento.

Plataformas de Carga e Descarga: utilizadas no recebimento e na expedição de mercadorias, facilitando o trabalho. Geralmente são fixas.

Mesas e Plataformas Hidráulicas: usadas basicamente na elevação da carga, geralmente em conjugação com outro equipamento ou pessoa.

AGV (*Automatic Guided Vehicles*): são utilizados desde 1950, podendo carregar até 100 toneladas. Os AGVs modernos são controlados por computador, possuindo microprocessadores e gerenciadores de sistema que podem até emitir ordens de transporte e recolher ou descarregar cargas automaticamente. Existem diversos modelos, com os mais variados tipos de sensores e até por radiofrequência. As desvantagens desse sistema são o custo e manutenção elevados.

Dispositivos para Movimentação de Barris: utilização limitada, mas bastante útil para esse tipo de material. Elimina a necessidade de paletização.

Empilhadeiras elétricas com operador a pé: ideal para movimentação e empilhamento de *pallets* ou similar em curta ou longa distância, em armazéns fechados; minimiza a largura de corredores por girar 360 graus parada, fácil de operar, sendo uma opção na separação fracionada de materiais.

Transpaleteira manual: ideal para movimentação de *pallets* não muito pesados e em curtas distâncias.

Carro elétrico transportador: ideal para transporte de componentes nos diversos pontos do processo de produção operacionalizando o Kanban.

Trator: ideal para o reboque de carretas com médio e grande porte para transporte interno de média ou longa distância.

Retroescavadeira: ideal para movimentação de materiais a granel na carga ou descarga de caminhões, silos e esteiras, podendo ser usada também em pequenas desagregações ou escavações.

Empilhadeira Elétrica com Operador a bordo

Ideal para movimentação de materiais em armazéns fechados, minimiza a largura de corredores por girar 360 graus parado e proporciona ótimo aproveitamento vertical.

Transpaleteira elétrica: ideal para movimentação de *pallets* ou similar (sem esforço físico), em curta ou longa distância, em armazéns fechados; minimiza a largura de corredores por girar 360 graus parado, fácil de operar, sendo uma opção no transporte de *palletes* entre área de separação e expedição de produtos e outras operações similares.

Carro elétrico rebocador: ideal para reboque de carretas ou conjunto de carretas no transporte interno.

Pá carregadeira: ideal para movimentação de materiais a granel na carga ou descarga de caminhões, silos e esteiras, e também na desagregação de grandes massas (barrancos ou amontoados).

Guinchos: ideal para içamento e movimentação de máquinas, componentes e acessórios do parque industrial.

Caminhão Munck: ideal para içamento, movimentação e transporte de máquinas, componentes e acessórios do parque industrial.

Caminhão Brooks: ideal na movimentação de caçambas para acondicionamento de materiais a granel, sendo que as caçambas são depositadas nos locais de enchimento e retiradas quando abastecidas.

Vamos Praticar

01. Uma das leis referentes à movimentação eficaz é a lei da mínima manipulação. Essa lei justifica o uso do transporte mecânico, que gera menor custo de carga e descarga do que o manual.

Certo ( ) Errado ( )

02. A flexibilidade de um equipamento de movimentação refere-se à capacidade do equipamento de manipular um tipo de carga por diversos caminhos.

Certo ( ) Errado ( )

03. Na administração de grandes depósitos, os custos de movimentação de materiais influem sobremaneira no produto, afetando diretamente o custo final. Uma vantagem dos carrinhos no manejo de cargas é:

a) Alta produção.
b) Baixo custo.
c) Alta velocidade de operação.
d) Capacidade de carga ilimitado.
e) Exigem menos mão de obra que equipamentos mecanizados.

04. Com relação à movimentação de materiais, uma vantagem dos carrinhos no manejo de cargas é:

a) Alto custo.
b) Serem barulhentos.
c) Baixa velocidade de operação.
d) Alto custo de manutenção.
e) Exigirem mais mão de obra que equipamentos mecanizados .

05. Com relação à movimentação de materiais, uma vantagem da empilhadeira frontal no manejo de cargas é:

a) Ocupar pouco espaço;
b) Fluxo de material contínuo;
c) Retomar quase sempre cheio;
d) Dispensar a paletização de cargas pequenas;
e) Transporte mais rápido do que por equipamento especializados

Com relação à movimentação de cargas, uma desvantagem da empilhadeira frontal no manejo de cargas é:

06. Aumentar a mão de obra.

Certo ( ) Errado ( )

07. Aumentar a largura dos corredores.

Certo ( ) Errado ( )

08. Impedir a livre escolha do itinerário.

Certo ( ) Errado ( )

09. Necessidade do operador especializado.

Certo ( ) Errado ( )

10. Dificultar o melhor aproveitamento do espaço vertical.

Certo ( ) Errado ( )

Gabarito

01	*CERTO*	*06*	*ERRADO*
02	*ERRADO*	*07*	*ERRADO*
03	*B*	*08*	*ERRADO*
04	*C*	*09*	*CERTO*
05	*A*	*10*	*ERRADO*

Anotações

CAPÍTULO 18

Sistemas de Produção

Cada empresa adota um sistema de produção para realizar as suas operações e produzir seus produtos ou serviços da melhor maneira possível e, com isso, garantir sua eficiência e eficácia. O sistema de produção é a forma pela qual a empresa organiza seus órgãos e realiza suas operações de produção, adotando uma interdependência lógica entre todas as etapas do processo produtivo, desde o momento em que os materiais e matérias-primas saem do almoxarifado até chegar ao depósito como produto acabado.

Na realidade, para que isso aconteça, as entradas e os insumos que vêm dos fornecedores ingressam na empresa por meio do almoxarifado de materiais e matérias-primas, sendo ali estocados até a sua eventual utilização pela produção. Esta processa e transforma os materiais e matérias-primas em produtos acabados para serem estocados no depósito até a sua entrega aos clientes e consumidores.

A interdependência entre o almoxarifado, a produção e o depósito é muito grande: qualquer alteração em um deles provoca influências sobre os demais, como se fossem vasos comunicantes. Eles são os três subsistemas do sistema de produção intimamente inter-relacionados e interdependentes.

Basicamente, os três subsistemas do sistema de produção - o almoxarifado, a produção e o depósito - devem trabalhar de maneira coordenada, balanceados e ajustados entre si.

Existem três tipos de sistemas de produção: a produção sob encomenda, a produção em lotes e a produção contínua .

CHIAVENATO, Adalberto. Administração da Produção . 1.ed. 2005. Elsevier. Adaptado.

Taylorismo

Taylorismo ou Administração científica é o modelo de administração desenvolvido por Frederick Taylor, considerado o pai da administração científica e um dos primeiros sistematizadores da disciplina científica da Administração de Empresas. O taylorismo caracteriza-se pela ênfase nas tarefas, objetivando o aumento da eficiência ao nível operacional. É considerado uma das vertentes na perspectiva administrativa clássica. Suas ideias começaram a ser divulgadas no século XX.

Há uma série de princípios enunciados por Taylor, no que concerne à administração. Eles são entendidos como máximas pelas quais a organização deve se orientar para melhorar sua eficiência, a partir de critérios supostamente científicos.

Em seu *Principles of Scientific Management*, Taylor enuncia quatro princípios:

> Substituir os métodos empíricos e improvisados *(rule-of-thumb method)* por métodos científicos e testados (**planejamento**);
> Selecionar os trabalhadores para suas melhores aptidões e treiná-los para cada cargo (**seleção** ou **preparo**);
> Supervisionar se o trabalho está sendo executado como foi estabelecido (**controle**);
> Disciplinar o trabalho (**execução**).

Taylor e outros teóricos da Administração científica adicionaram mais princípios, porém esses seguem como fundamentais e orientadores. Críticos apontam que tais métodos incorporam uma ideologia capitalista de redução do saber operário ao cumprimento de ordens, e seu enunciado como científico faz uma identificação exagerada dessas opções administrativas com uma neutralidade (usualmente emprestada à Ciência). Mais grave, os estudos carecem de comprovação científica segundo um método aceito: fundam-se mais em conjecturas a partir de casos isolados e em evidências concretas, não em abstração.

Taylor iniciou o seu estudo observando o trabalho dos operários. Sua teoria seguiu um caminho de baixo para cima, e das partes para o todo, dando ênfase na tarefa. Para ele, a administração tinha que ser tratada como ciência.

Dessa forma, ele buscava ter um maior rendimento do serviço do operariado da época, o qual era desqualificado e tratado com desleixo pelas empresas. O estudo de "tempos e movimentos" mostrou que um "exército" industrial desqualificado significava baixa produtividade e lucros decrescentes, forçando as empresas a contratarem mais operários. Tinha o objetivo de acelerar o processo produtivo, ou seja, produzir mais em menos tempo, e com qualidade.

→ **Para Taylor:**

> À gerência caberia: afixar trabalhadores numa jornada de trabalho controlada, supervisionada, sem interrupções, a seu controle, podendo o trabalhador só parar para descansar, quando fosse permitido, com particularização de cada movimento.
> A gerência não podia deixar o controle do processo de trabalho nas mãos dos trabalhadores. Como estes conheciam mais a função do que o gerente, ele deveria aprender os métodos de trabalho com aqueles para então cobrar dos seus operários.
> O ritmo lento de trabalho e a vadiação eram inimigas da produção.
> O processo de trabalho não deveria estar nas mãos dos trabalhadores, o que de fato estava, por meio do trabalho combinado. Sua grande descoberta foram os conhecimentos da produção de processo combinado. Contudo, o este bem como as decisões deveriam passar pela gerência e não pelo trabalhador.
> Com o conhecimento da produção, a gerência poderia estabelecer os tempos necessários. Assim, fixou a distribuição do período de trabalho.

Taylor não estava interessado no avanço tecnológico, mas preocupado em controlar o trabalho a qualquer nível de tecnologia.

> Fez pesquisa para analisar como o trabalhador poderia produzir mais num ritmo de trabalho controlado;
> Também acreditava que o trabalhador devia apenas aprender a executar uma função, não podia perder tempo analisando o trabalho, visto que ele não tinha nem tempo, nem dinheiro para isso. Essa responsabilidade então deveria caber à gerência.

Organização do Trabalho

Objetivava a isenção de movimentos inúteis, para que o operário executasse de forma mais simples e rápida a sua função, estabelecendo um tempo médio, a fim de que as atividades fossem feitas em um período menor e com qualidade, aumentando a produção de forma eficiente.

> Estudo da fadiga humana: a fadiga predispõe o trabalhador à diminuição da produtividade e perda de qualidade, acidentes, doenças e aumento da rotatividade de pessoal.

> Divisão do trabalho e especialização do operário;

> Análise do trabalho e estudo dos tempos e movimentos: cada um se especializaria e desenvolveria as atividades em que mais tivesse aptidões.

> Desenho de cargos e tarefas: desenhar cargos é especificar o conteúdo de tarefas de uma função, como executar e as relações com os demais cargos existentes.

> Incentivos salariais e prêmios por produtividade.

> Condições de trabalho: o conforto do operário e o ambiente físico ganham valor, não porque as pessoas merecessem, mas porque são essenciais para o ganho de produtividade.

> Padronização: aplicação de métodos científicos para obter a uniformidade e reduzir os custos.

> Supervisão funcional: os operários são supervisionados por supervisores especializados, não por uma autoridade centralizada.

> Homem econômico: o homem é motivável por recompensas salariais, econômicas e materiais.

A empresa era vista como um sistema fechado, isto é, os indivíduos não recebiam influências externas. Tal sistema é mecânico, previsível e determinístico, porém, a empresa é um sistema que movimenta-se conforme as condições internas e externas, portanto, um sistema aberto e dialético.

Fordismo

Henry Ford foi o primeiro a pôr em prática, na sua empresa *"Ford Motor Company"*, o taylorismo. Posteriormente, ele inovou com o processo do fordismo, que absorveu aspectos daquele. Consistia em organizar a linha de montagem de cada fábrica para produzir mais, controlando melhor as fontes de matérias-primas e de energia, os transportes, a formação da mão de obra.

Princípios do Fordismo

De Intensificação: diminuir o tempo de duração com o emprego imediato dos equipamentos e da matéria-prima e a rápida colocação do produto no mercado.

De Economia: consiste em reduzir ao mínimo o volume do estoque da matéria-prima em transformação.

De Produtividade: aumentar a capacidade de produção do homem no mesmo período (produtividade), por meio da especialização e da linha de montagem. O operário ganha mais e o empresário tem maior produção.

→ **As características do Fordismo são:**

> O trabalho dividido.

> O trabalho repetido.

> O trabalho em cadeia.

> O trabalho contínuo.

Ford resolve aplicar a organização científica do trabalho, produzindo muito, intensamente e economicamente.

Linha de Produção

Para ter um produto mais barato, Ford inventou a linha de montagem. As várias etapas de fabricação foram distribuídas ao longo de uma esteira rolante e cada empregado deveria acoplar um componente padronizado; ideia era evitar hesitações e perda de tempo.

Gente de todos os Estados Unidos foi atraída pelo trabalho, que era repetitivo e cansativo, mas bem pago:

U$ 5,00 por jornada de oito horas de trabalho - o dobro do que se pagava na época por 12 horas.

Além da criação de uma classe média, essas mudanças provocaram grandes transformações econômicas e sociais, conhecidas como fordismo.

O Fordismo proporcionou grandes vantagens competitivas aos países e organizações que o adotaram. Por meio desse sistema de produção, foi possível expandir rapidamente a fabricação, reduzindo os custos unitários de fabricação, de modo a atender a grande demanda reprimida existente nos países em desenvolvimento.

Diversas nações, lideradas pelos Estados Unidos, consolidaram sua posição enquanto líderes econômicas no planeta, graças aos aumentos de produtividade obtidos com o método fordista de produção - Inglaterra, Alemanha e França em especial, tendo seu produto interno bruto aumentado significativamente durante os anos de apogeu do Fordismo.

Toyotismo

O Toyotismo é um modo de organização da produção capitalista originário do Japão, caracterizado pelo *"just in time"* e criado por Taiichi Ohno: surgiu nas fábricas da montadora de automóvel Toyota, após a Segunda Guerra Mundial e tinha como elemento principal a flexibilização da produção. Ao contrário do modelo fordista, que fabricava muito e estocava essa produção, no toyotismo só se produzia o necessário, reduzindo ao máximo os estoques. Essa flexibilização tinha como objetivo a produção de um bem exatamente no momento em que ele fosse demandado, no chamado *just in time*. Dessa forma, ao trabalhar com pequenos lotes, pretende-se que a qualidade dos produtos seja a máxima possível. Essa é outra característica do modelo japonês: a **Qualidade Total**.

→ **O sistema pode ser teoricamente caracterizado por seis aspectos:**

01. **Mecanização flexível**, uma dinâmica oposta à rígida automação fordista decorrente da inexistência de escalas que viabilizassem a rigidez. A mecanização flexível consiste em produzir somente o necessário, contrariando o fordismo, que produzia o máximo possível e estocava o excedente. A produção toyotista é flexível à demanda do mercado.
02. Processo de **multifuncionalização** de sua mão de obra, uma vez que, por se basear na mecanização flexível e na produção para mercados muito segmentados, a mão de obra não podia ser especializada em funções únicas e restritas como a fordista. Afim de atingir esse objetivo, os japoneses investiram na educação e qualificação de seu povo e o toyotismo, em lugar de avançar na tradicional divisão do trabalho, seguiu também um caminho inverso, incentivando uma atuação voltada para o enriquecimento do trabalho.

03. Implantação de sistemas de controle de **qualidade total**, segundo os quais, pela promoção de palestras de grandes especialistas norte-americanos, há um aprimoramento do modelo norte-americano, sendo que, ao se trabalhar com pequenos lotes e com matérias-primas muito caras, os japoneses de fato buscaram a qualidade total. Se, no sistema fordista de produção em massa, a qualidade era assegurada por meio de controles amostrais em apenas pontos do processo produtivo, no toyotismo, o controle de qualidade se desenvolve por meio de todos os trabalhadores em todos os pontos do processo produtivo.

04. Sistema *JUST IN TIME* (JIT): Essa técnica de produção foi originalmente elaborada nos EUA, no início do século XX, por iniciativa de Henry Ford, mas não foi posta em prática. Só no Japão, destruído pela II Guerra Mundial, é que ela encontrou condições favoráveis para ser aplicada pela primeira vez. Em visita às indústrias automobilísticas americanas, na década de 1950, o engenheiro japonês Eiji Toyota passou alguns meses em Detroit para conhecê-las e analisar o sistema dirigido pela linha fordista atual. Seu especialista em produção, Taiichi Ohno, iniciou um processo de pesquisa no desenvolvimento de mudanças na fabricação por meio de controles estatísticos de processo. Sendo assim, foi feita uma certa sistematização das antigas ideias de Henry Ford e por sua viabilização nessa fábrica de veículos. Surge daí o sistema *just in time*, que visa envolver a produção como um todo; seu objetivo é "produzir o necessário, na quantidade necessária e no momento necessário", o que foi vital numa fase de crise econômica na qual a disputa pelo mercado exigiu uma produção ágil e diversificada.

05. Personalização dos produtos: fabricar o produto de acordo com o gosto do cliente.

06. Controle visual: havia alguém responsável por supervisionar as etapas produtivas.

Fique Ligado

A abordagem JIT requer alto desempenho de todos os elementos e componentes da produção e da empresa.

A qualidade deve ser alta; problemas na produção causados por erros reduzem o fluxo de materiais e a confiabilidade interna, além de gerar estoques, caso esses erros diminuam a produtividade ou o ritmo dos trabalhos.

A velocidade do fluxo de material deve ser alta, pois os lead times (período de tempo desde o pedido do cliente até a data da entrega do produto) são curtos devido à eliminação dos estoques.

A confiabilidade é pré-requisito para um fluxo rápido. Se os equipamentos e pessoas não forem confiáveis não se consegue um fluxo rápido.

A flexibilidade é muito importante para que se consiga produzir em pequenos lotes, com fluxos rápidos e lead times curtos.

O *just in time* é, definitivamente, um programa ganha/ganha tanto para o cliente como para o fornecedor. Qualquer esquema que resolva de modo transparente os problemas de duplicidade do sistema operacional e da falta de confiança irá reduzir os custos operacionais tanto para ambos os lados. Quando se desenvolve uma relação cliente-fornecedor que permite depender do fornecimento de um produto sem os controles internos normais, proporciona-se àquele uma economia substancial de custos de auditagem, avaliação e estocagem. Os fornecedores que puderem reduzir as taxas internas de refugo e retrabalho irão conseguir economias substanciais nos custos de produção.

É de se esperar que essas economias sejam passadas para o cliente. Quando duas empresas dentro desse espírito trabalham juntas, ambas irão economizar de acordo com a confiança que desenvolveram e a responsabilidade que elas depositaram em:

a) Quanto mais clientes e fornecedores possam ser incorporados em um sistema JIT, maiores as economias que podem ser compartilhadas.
b) Tanto o cliente quando os fornecedores podem compartilhar a redução de custos operacionais de programas de entrega na linha de montagem.
c) Tanto o cliente quando os fornecedores podem compartilhar a redução de custos operacionais decorrentes de contratos JIT.

Estoque Zero

Estoque zero, fortemente divulgado pela *American Pro – and Inventory Control Society* (APICS), define as metas de redução dos níveis de estoque para próximo do zero. Muito dessa filosofia é compatível com a filosofia e conceitos do JIT.

Planejamento das Necessidades de Materiais (MRP)

É um sistema de planejamento baseado na explosão da estrutura dos produtos, visando controlar as necessidades de materiais. Consiste em um planejamento mestre aberto em suas necessidades de peças individuais (explosão) e "empurrado" através do ciclo de produção. Durante muitos anos acreditou-se que o uso de computadores permitiria aos sistemas MRP dominar o campo de sistemas de controle de produção. Entretanto, o MRP tem dois grandes obstáculos: primeiro, ele funciona baseado em um planejamento mestre, feito em função das necessidades estimadas dos clientes; e, segundo, ele utiliza um sistema de produção "empurrada".

Os sistemas MRP geram necessidades de materiais baseados na demanda estimada dos clientes; prevêem a manufatura de grandes lotes, mesmo sabendo que o material pode não ser necessário. O resultado é que o MRP "empurra" materiais de uma estação de trabalho para outra, não importando as necessidades da produção no momento. Alguns autores referem-se a ele como "controle de materiais na embalagem certa" (*just in case* material control). O resultado desses dois fatores é que ele é um método que necessita de muitos custos indiretos e excessos de estoques para atender ao plano mestre, o qual pode mudar com frequência, atendendo a compromissos de planejamento flexíveis, levando a um grande estoque de materiais que fica armazenado quando o plano muda. Adicionalmente, o MRP não contribui na solução do problema básico de melhorar o sistema global de produção.

Como resultado de "empurrar" a produção em grandes quantidades, o MRP permite que o estoque fique acumulado quando as necessidades de produção mudam.

Alguns sistemas MRP permitem controle "chão de fábrica" e fazem ajustes na produção diariamente. Entretanto, as enormes quantidades de dados necessárias e geradas tornam as explosões diárias do planejamento mestre do MRP uma tarefa enorme.

A maioria dos fabricantes ocidentais que está mudando para o JIT acha que é necessário manter o MRP somente para administração dos materiais comprados. Apesar de o processo de pedidos ser baseado em planejamento derivado de um método MRP, os planos de entrega serão baseados nas necessidades reais e poderão ser ajustados nas entregas diárias pelo uso de um sistema kanban.

O planejamento de produção também é controlado por meio do uso de um sistema kanban.

Planejamento de Capacidade de Manufatura (MRP II)

É uma extensão do planejamento de necessidades de materiais e usa um banco de dados comum para fornecer informações de carga de máquina, custos e mão de obra. Para fins de planejamento, esses são recursos valiosos e devem ser mantidos em um sistema JIT.

Kanban

Tecnologia de controle de fábrica pela qual as necessidades de entregas determinam os níveis de estoque no decorrer do processo. O kanban não empurra a produção - ele a puxa.

Cartão, em português, repousa em medidas do trabalho adequadas, melhorias na flutuação dos volumes, sequências corretas (o processo subsequente deve retirar no precedente os produtos necessários nas quantidades e momentos necessários), engenharia de métodos e layout (o processo precedente deve produzir seus produtos nas quantidades requisitadas pelo subsequente), gerenciamento de capacidades, monitoramento (produtos com defeito não devem ser passados para a frente) e controle de programas.

A palavra kanban significa "registro visual" e refere-se ao sistema de controle de manufatura desenvolvido e usado no Japão. O kanban, ou cartão, como é normalmente chamado, é um mecanismo pelo qual um posto de trabalho informa a sua necessidade de mais peças para a seção precedente; o tipo de sinal usado como kanban não é importante; cartões, bolas coloridas, luzes e sistemas eletrônicos têm sido usados como sinais kanban.

O único fato que separa o verdadeiro sistema kanban de outros sistemas de cartão, como as ordens de produção usadas na maioria das empresas, é a incorporação dos meios de produção "puxada", a qual refere-se a um sistema de demanda em que os produtos são produzidos somente de acordo com a demanda do setor que os usa.

Fique Ligado

O termo "custos totais para baixo" pode ser relacionado ou derivado de outro termo japonês, gorika, que significa produção "racionalizada, livre de desperdícios, simplificada".

Kaisen

É a expressão utilizada para definir o modelo japonês de gestão da qualidade e que significa melhoria contínua dos processos produtivos.

Representa, portanto, o princípio da Gestão da Qualidade Total (GQT ou TQM). De acordo com a TQM, apesar de dever ser conduzida pelo topo da hierarquia da organização, a melhoria contínua dos processos apenas poderá ter sucesso se existir o envolvimento e colaboração de todos os membros.

O princípio base de Kaisen é, por esse motivo, incentivar os colaboradores para, permanentemente, colocarem em questão os processos da organização, a fim de identificar áreas de potencial melhoria.

O Kaisen pode ser aplicado a todos os processos no interior da organização, entre os quais: o *layont* da linha de produção, as compras, os aprovisionamentos, os processos de controle da qualidade, os processos de fabrico, o serviço ao cliente, entre muitos outros.

Exercício Comentado

01. O sistema Just-in-time é:

a) Um método de busca sistematizada com o objetivo de disponibilizar os materiais requeridos pelos estoques apenas quando forem necessários para que o custo de estoque seja menor.

b) Um método de produção com o objetivo de disponibilizar os materiais requeridos pela manufatura apenas quando forem necessários para que o custo de estoque seja menor.

c) Um sistema tático de operacionalização com o objetivo de disponibilizar os materiais requeridos pela manufatura apenas quando forem necessários para que o custo de vendas seja menor.

d) Um método estratégico com o objetivo de disponibilizar os materiais requeridos pela manufatura apenas quando forem necessários para que o custo de estoque seja maior.

RESPOSTA. ***"B". O sistema just-in-time foi originalmente elaborado nos Estados Unidos por iniciativa de Ford, porém, não foi colocada em prática. No japão, após a Segunda Guerra, tem-se condições favoráveis para a implantação do sistema. Engenheiro Taiichi Ohno iniciou um processo de pesquisa no desenvolvimento de mudanças na produção por meio de controles estáticos de processo; foi feita uma sistematização que visava envolver a produção como um todo. Seu objetivo é produzir o necessário, na quantidade necessária e no momento necessário, o que foi vital numa fase de crise econômica, na qual a disputa pelo mercado exigiu uma produção ágil e diversificada.***

Vamos Praticar

A produção industrial capitalista no século XXI continua a se desenvolver a partir de dois grandes paradigmas criados no século passado: o fordismo e o toyotismo. Com relação a esse tema, julgue os itens que seguem.

01. O toyotismo, apesar de originado no Japão, mostra força maior nos países do terceiro mundo, em especial naqueles que saíram do comunismo na virada da última década de 80 para 90.

Certo ( ) Errado ( )

02. A produção industrial capitalista na atualidade continua somente dentro do processo do "just in time" pelo fato de ser perfeita pra grandes organizações.

Certo ( ) Errado ( )

03. O fordismo foi totalmente superado, em especial na China, onde a produção industrial se baseia inteiramente no conceito de garantias trabalhistas e sindicatos fortes.

Certo ( ) Errado ( )

04. Considera-se que o berço da administração científica foi a Sociedade Americana dos Engenheiros Mecânicos (ASME), fundada em 1880, da qual Frederick Taylor, criador e participante mais destacado do movimento, foi sócio e presidente. O assunto de que se ocupou quase exclusivamente na primeira fase foi o problema dos salários. Os sistemas de pagamento da época eram baseados em dia trabalhado e em peça produzida. Com relação ao assunto, assinale a alternativa correta.

a) No sistema de pagamento por dia trabalhado, o salário era variável.
b) No sistema de pagamento por peça produzida, o salário aumentava proporcionalmente à produção.
c) Os empregados tinham muito interesse e eram estimulados a trabalhar mais.
d) Os sindicatos de trabalhadores eram os maiores interessados em estimular a intensificação do ritmo de trabalho.
e) Cogitava-se, desde então, participação nos lucros, embora se reconhecesse o efeito de suas flutuações, por influência de fatores fora do controle do empregado.

05. Como proposto por Henry Fayol, o princípio geral da administração que estabelece a necessidade de especialização de empregados, desde a alta hierarquia até os trabalhadores operários, como forma de aprimorar a eficiência da produção e, consequentemente, aumentar a produtividade, é o princípio da:

a) ordem.
b) equidade.
c) divisão do trabalho.
d) unidade de comando.
e) disciplina.

06. Henri Fayol (1841 – 1925) é considerado um dos principais nomes da Teoria Clássica da Administração e construiu vários princípios importantes que fundamentam as funções do administrador. Assinale a alternativa que define corretamente a função de controle.

a) Dirigir e orientar a organização são as principais atividades da função controle, que envolve a avaliação do futuro e o aprovisionamento presente.
b) Unir e harmonizar os atos e esforços coletivos fazem parte do escopo da função controle.
c) A função controle alinha todas as atividades organizacionais, facilitando o trabalho em busca do alcance dos objetivos.
d) Providenciar os recursos necessários para o pleno funcionamento da organização é a principal característica da função controle.
e) A função controle é responsável por verificar se os resultados alcançados estão de acordo os objetivos e com os princípios estabelecidos no planejamento organizacional.

07. Frederick Taylor foi criador e principal destaque da Administração Científica. Em 1895 ele apresentou o primeiro trabalho da Administração Científica: " Um sistema de pagamento por peça". As ideias apresentadas por ele nessa e em diversas outras obras acabaram inspirando outros estudos e pensamentos, como o "operário-padrão" e o conceito de Kaizen. Pode-se dizer que alguns dos mecanismos da administração científica eram:

a) Revisão dos movimentos, aumento da necessidade da força muscular, aumento do tempo de trabalho sem interrupção.
b) Cartão de instruções, sistema de pagamento baseado no desempenho, grupos de trabalhos autogeridos.
c) Procedimento formalizado e articulador de resultados, geração de vantagens competitivas, análise ambiental apurada.
d) Criação do núcleo operacional das organizações, tecnoestrutura (composta por especialistas e dirigentes) e sistema em fluxo e transformação.
e) Padronização de movimentos, sistema de pagamentos baseado no desempenho, padronização de ferramentas e instrumentos.

08. De acordo com Taylor, o nível de eficiência do trabalhador é estabelecido com base na capacidade social que esse trabalhador apresenta e não em sua capacidade de executar o trabalho corretamente no prazo estabelecido.

Certo ( ) Errado ( )

09. Em relação ao sistema de estoque Just in Time (JIT), assinale as afirmações abaixo com V (verdadeiro) ou F (falso).

( ) Os fornecedores entregam peças no momento exato em que elas se tornam necessárias para o processo de produção da organização compradora.
( ) Utilizado adequadamente, esse sistema mantém os custos em nível mínimo.
( ) Utilizado adequadamente, esse sistema mantém os estoques em nível máximo.
( ) Utilizado adequadamente, esse sistema mantém o armazenamento em nível mínimo.
( ) Os fornecedores entregam peças após constatada a falta da peça no processo de produção da organização compradora.

A alternativa que preenche corretamente os parênteses, de cima para baixo, é:

a) V – V – F – V – F.
b) V – F – F – V – F.
c) F – V – V – F – V.
d) F – F – V – V – V.
e) V – V – F – F – F.

10. O sistema JIT (just in time), inicialmente utilizado em empresas automobilísticas japonesas, é um método de controle de estoque que envolve redução de custos, melhoria do fluxo de trabalho e entrega de matérias primas e materiais no "tempo certo", sem desperdício ou qualquer tipo de perda. Assinale a única alternativa que NÃO representa um dos fatores essenciais para o bom funcionamento de um sistema JIT.

a) Qualidade assegurada.
b) Rede de fornecedores administráveis.

c) Concentração geográfica.
d) Trabalho individualizado.
e) Manuseio eficiente de materiais.

Gabarito

01	ERRADO	06	E
02	ERRADO	07	E
03	ERRADO	08	ERRADO
04	E	09	A
05	C	10	D

Anotações

CAPÍTULO 19

Logística e Cadeia de Suprimentos

O conceito de logística, que segundo Daskin é "o planejamento e operação de sistemas físicos, informacionais e gerenciais necessários para que insumos e produtos vençam condicionantes espaciais e temporais de forma econômica", é relativamente novo. Contudo, o homem utiliza-se de alguns conceitos logísticos de forma intuitiva desde a era primitiva, já que tinha que transportar a caça e a pesca até a sua aldeia para que pudesse servir de alimento.

Pela definição do *Council of Supply Chain Management Professionals*, "Logística é a parte do Gerenciamento da Cadeia de Abastecimento que planeja, implementa e controla o fluxo e armazenamento eficiente e econômico de matérias-primas, materiais semi-acabados e produtos acabados, bem como as informações a eles relativas, desde o ponto de origem até o ponto de consumo, com o propósito de atender às exigências dos clientes" (Carvalho, 2002, p. 31).

→ **Como ferramenta, a logística utiliza (entre outros):**

> O WMS, ***Warehouse Management System***, em português – literalmente: sistema de automação e gerenciamento de depósitos, armazéns e linhas de produção. O WMS é uma parte importante da cadeia de suprimentos (*supply chain*) e fornece a rotação dirigida de estoques, diretivas inteligentes de *picking*, consolidação automática e *cross-docking* para maximizar o uso do valioso espaço dos armazéns.

> O TMS, ***Transportation Management System*** é um *software* para melhoria da qualidade e produtividade de todo o processo de distribuição. Esse sistema permite controlar toda a operação e gestão de transportes de forma integrada; é desenvolvido em módulos que podem ser adquiridos pelo cliente, consoante as suas necessidades (Gasnier et al., 2001).

> O ERP, ***Enterprise Resource Planning*** ou **SIGE** (Sistemas Integrados de Gestão Empresarial), no Brasil, são sistemas de informação que integram todos os dados e processos de uma organização em um único sistema. A integração pode ser vista sob a perspectiva funcional (sistemas de: finanças, contabilidade, recursos humanos, fabricação, *marketing*, vendas, compras etc.) e sob a perspectiva sistêmica (sistema de processamento de transações, sistemas de informações gerenciais, sistemas de apoio à decisão, etc.).

> O MRP, ***Material Requirement Planning,*** planeamento (português europeu) ou planejamento (português brasileiro) das necessidades de materiais, PNR.

→ **Dessa forma, atualmente o valor da logística esta atrelado a quatro fatores importantes:**

> **Forma** - refere-se à maneira como o produto é fabricado.

> **Tempo** - refere-se ao local onde o produto está armazenado fisicamente.

> **Lugar** - refere-se ao local específico onde o produto está localizado.

> **Posse** - refere-se à detenção do bem em poder de alguém, como consumidor ou empresa.

Para que haja melhor compreensão, as atividades logísticas são divididas em dois grandes grupos:

→ **São consideradas atividades chaves:**

Padrão de serviço ao cliente: diz respeito à observação das necessidades dos clientes para que a qualidade do serviço prestado possa ser sempre aprimorado.

Transporte: refere-se à seleção da forma de transporte que será utilizada, também chamada de modal. Dessa forma, o modal pode ser único (utiliza-se apenas uma forma de transporte) ou em vários modais (quando se utiliza mais de um tipo de transporte). São cinco os modais clássicos de transporte: rodoviário, ferroviários, aeroviário, aquaviário e dutoviário.

No Brasil, a forma mais utilizada de transporte é o rodoviário, visto que 56,5% deles são feitos dessa forma. Contudo, um estudo desenvolvido por um jornal de grande circulação no Rio de Janeiro constatou que:

Para que o Brasil tenha uma matriz de transportes parecida com a norte americana até 2023 o investimento deve ser de cerca de R$18 bilhões.

Se a matriz brasileira, atualmente, fosse semelhante à norte americana, teríamos uma economia anual em torno de R$ 45 bilhões.

Sistemas Intermodal e Multimodal

A otimização das operações de transportes inclui a utilização conjunta de vários tipos de modais, de forma a obter o máximo de cada um deles.

> É a integração de todos os tipos de transportes.

Eficiência, rapidez e segurança não podem ser comparados separadamente quando se decide transportar qualquer mercadoria.

→ **Intermodalidade**

É a utilização conjunta de mais de um modal, em que são utilizados documentos fiscais individuais para cada tipo de modal.

→ **Multimodalidade**

Integração total da cadeia de transporte, de modo a permitir um gerenciamento integrado dos modais utilizados, bem como das operações de transferência, com a aplicação de um único documento.

Tipos de Transportes

→ **Aeroviário**

> Cargas " leves " de maior valor agregado, distâncias acima de 1.000 km e menor tempo para entrega.

→ **Rodoviário**

> Ideal para cargas de peso médio e para distâncias de 500 km, com prazo de entrega em torno de 24 horas.

→ **Ferroviário**

> Indicado para cargas pesadas, com valor agregado relativamente baixo, ou menos visadas, e com o prazo de entrega bem equacionado.

→ **Aquaviários**

> Cargas diversas, tendência "conteinerizada", face à rapidez na Movimentação de embarque e desembarque, garantia na qualidade do produto até seu destino.

→ **Dutos**

> Produtos especializados na forma de gás, líquida e granulada, no sistema *pipeline* com terminais e rotas fixas.

Também deve-se observar que 72% da malha rodoviária brasileira está em situação péssima ou ruim, sendo que apenas 12% das estradas brasileiras são pavimentadas. Vale ressaltar que o Brasil gasta cerca de R$ 22 bilhões, anualmente, com os acidentes rodoviários.

Fluxo de informações: refere-se ao fluxo de informações dentro da cadeia logística para que estas sejam interligadas entre os setores, visando, assim, evitar, por exemplo, que se realize a venda de um produto que não está disponível para a entrega.

Atividades de apoio operacional

→ **São consideradas atividades de apoio:**

- **Armazenagem***:* refere-se à destinação dos espaços para a armazenagem dos produtos; a forma como será configurado o armazenamento e a localização estratégica deles.
- **Manuseio dos materiais:** refere-se ao manuseio dos produtos armazenados, como a sua alocação, coleta e expedição dos pedidos dos clientes.
- **Compras***:* refere-se às atividades de seleção dos fornecedores e da matéria-prima, definição do tempo ideal para aquisição destas e a negociação com os fornecedores visando realizar parcerias.
- **Embalagens***:* é um dos elementos indispensáveis para a área logística, já que facilita a estocagem o manuseio e também a comercialização do produto através da imagem.
- **Produção e operação:** refere-se à definição da quantidade que deve ser produzida, qual a sequência e também o tempo e o volume de produção.
- **Gestão de informações:** refere-se à coleta, análise, arquivamento e processamento de informações que possam facilitar e aprimorar o controle sobre a produção.

Redes de suprimento: as redes de suprimento, também chamadas de cadeias de suprimento, são compostas pelas redes físicas e informacionais interligadas entre si, com a finalidade de aperfeiçoar os processos e atender com eficiência e eficácia a demanda de produtos e serviços.

Dentro de uma cadeia de suprimentos existem três fluxos que são considerados essenciais:

- **Fluxo de materiais:** está relacionado ao abastecimento dos elos que compõem a cadeia de suprimento de maneira contínua. Assim, a demanda da cadeia de nível inferior também deve ser levada em conta no cálculo da base da demanda do próximo nível de forma sincronizada, ou seja, toda a cadeia deve ser interligada.
- **Fluxo de informações***:* está relacionado com o processo de abastecimento com base em informações, já que quando se observa o fluxo de informações que há na cadeia de suprimentos pode-se estabelecer um processo de abastecimento adequado para a realidade dos diversos elos que a compõem.

Fique Ligado

Se as informações não fluem de maneira eficiente na cadeia de suprimentos, ocorre o chamado efeito Forrest, ou seja, quando uma simples oscilação no consumo dispara de forma desordenada o abastecimento dos demais elos da cadeia de suprimentos, chamado também de bolha de consumo, que, uma vez cessada, toda a cadeia permanece sobrecarregada de estoques.

- **Fluxo financeiro:** refere-se às transações financeiras efetivadas a medida em que os matérias são fornecidos aos elos da cadeia de suprimentos, já que a aceitação do produto implica em um compromisso financeiro relativo ao valor deste material.

Para que a rede de suprimentos seja eficiente, é necessária uma integração dos elos que a compõem. Contudo, devido à complexidade dessa integração, pode-se destacar quatro estágios de evolução da cadeia de suprimentos:

- **Informal***:* nesse estágio da cadeia de suprimentos inexiste uma política de gerenciamento de operações bem estruturada, o que resulta em baixa qualidade no serviço de atendimento e uma imprevisibilidade na qualidade do produto oferecido.
- **Funcional***:* nesse estágio há um controle voltado para o gerenciamento de investimentos, o que resulta em uma baixa qualidade na gestão e observação da satisfação do cliente.
- **Integração de processos internos***:* ocorre a busca pela melhoria contínua, visto que os diversos subprocessos da organização são alinhas e há gestão das operações de forma integrada.
- **Organização integrada:** é considerado a evolução final da integração da cadeia de suprimento, pois há uma interação interna e externa da empresa com todos os seus parceiros.

Monitoramento e Controle dos Indicadores de Desempenho Logístico

A coleta de dados merece especial cuidado, quando se trata da medição de qualquer tipo de indicador.

No caso de indicadores de desempenho logístico, grande parte ou até a totalidade dos dados necessários são provindos de sistemas de informações. Portanto, deve-se atentar para a curacidade dos dados fornecidos pelo sistema, a fim de garantir que os indicadores representem o real desempenho das atividades logísticas. Feita a medição, inicia-se a fase de monitoramento e controle dos indicadores.

Nesse momento, tão importante quanto buscar atingir a meta é estabelecer os limites dentre os quais os indicadores podem variar. Quando a empresa determina uma meta para um indicador, implicitamente, ela está definindo a quantidade de recursos que serão alocados para as atividades a fim de cumprir com a meta. Os Gráficos de Controle são ferramentas simples e que respondem adequadamente à problemática de determinação dos limites de variação dos indicadores.

Tecnologia da Informação

A Tecnologia da Informação ***(TI)*** pode ser definida como o conjunto de todas as atividades e soluções providas por recursos de computação, que visam permitir o armazenamento, o acesso e o uso das informações. Na verdade, as aplicações para TI são tantas - estão ligadas às mais diversas áreas - que há várias definições para a expressão e nenhuma delas consegue determiná-la por completo.

Sendo a informação um patrimônio, um bem que agrega valor e dá sentido às atividades que a utilizam, é necessário fazer uso de recursos de TI de maneira apropriada, ou seja, é preciso utilizar ferramentas, sistemas ou outros meios que façam das informações um diferencial. Além disso, deve-se buscar soluções que tragam bons resultados, isto é, que permitam transformar as informações em algo de maior valor ainda, principalmente se isso for feito considerando o menor custo possível.

A questão é que não existe "fórmula mágica" para determinar como utilizar da melhor maneira as informações, tudo depende da cultura, do mercado, do segmento e de outros aspectos relacionados ao negócio ou à atividade. As escolhas precisam ser bem feitas, do contrário, gastos desnecessários ou, ainda, perda de desempenho e competitividade, podem ser a consequência.

Tome como base o seguinte exemplo: se uma empresa renova seu parque de computadores comprando máquinas com processadores velozes, muita memória e placa de vídeo 3D para funcionários que apenas precisam utilizar a internet, trabalhar com pacotes de escritório ou acessar a rede, a companhia fez gastos desnecessários. Comprar máquinas de boa qualidade não significa comprar as mais caras, mas aquelas que possuem os recursos necessários.

Por outro lado, imagine que uma empresa comprou computadores com vídeo integrado simples à placa-mãe (*onboard*) e monitor de 15 polegadas para profissionais que trabalham com *Autocad*. Para esses funcionários, o correto seria fornecer computadores que suportassem aplicações pesadas e um monitor de, pelo menos, 19 polegadas. Máquinas mais baratas certamente conseguiriam rodar o programa Autocad, porém com lentidão, e o monitor com área de visão menor dá mais trabalho aos profissionais. Nesse caso, percebe-se que a aquisição das máquinas reflete diretamente no desempenho.

Por isso, é preciso conhecer quais as necessidades de cada setor, de cada departamento, de cada atividade, e de cada indivíduo.

(Fonte: http://www.infowester.com/ti.php)

Para que a interligação da cadeia de suprimentos possa ser realizada com eficiência, é necessária a utilização de tecnologia de informação, já que ela permite melhor acompanhamento da demanda, das exigências dos consumidores e auxilia na programação das compras e vendas.

→ **Essa tecnologia de informação tem como vantagens:**

> Diminuição do tempo de espera.
> Eliminação da duplicidade na realização de tarefas.
> Integração das tarefas.
> Sinergia das atividades operacionais da organização com os seus parceiros comerciais.

Como exemplos desse processo de automação pode-se citar:

> **Código de barras:** esse exemplo de automação tem como finalidade básica simplificar a entrada e saída de produtos no sistema, o que, consequentemente, auxilia nas operações de venda, compra e controle de estoque.
> **TAG (Etiqueta eletrônica):** essa técnica pode ser vista como uma evolução do código de barras, já que possui benefícios maiores e maior facilidade para utilização. Enquanto o código de barras necessita de um aparelho de leitura e proximidade do produto, a TAG trabalha com radiofrequência, ou seja, a leitura é feita por varredura eletrônica no local onde o produto encontra-se.

Com a utilização da TI, pode-se ter uma visão global da cadeia de suprimentos, o que permite uma avaliação do tempo utilizado para cada elo da cadeia e facilita identificar se há problema em um deles. Dessa forma, os dados não devem ser apenas coletados, mas também analisados a fim de que se crie um fluxo de suprimentos e de informações que trafeguem por toda a cadeia de suprimentos.

Assim, a TI é um elemento indispensável para alcançar a integração dos elos da cadeia, o que promove grandes benefícios, como:

> Redução do tempo correspondente a cada ciclo dos elos da cadeia de suprimentos;
> Compartilhamento adequado das informações entre os parceiros, facilitando o planejamento, a produção e o transporte;
> Criação de parceiros que auxiliem no processo de integração.

Reposição Contínua

Com a utilização da tecnologia de informação, nasce a possibilidade da implementação de novas técnicas para gerenciamento da cadeia de suprimentos. Um desses processos utilizados é chamado de resposta rápida ou reposição contínua. Consiste em, usando tecnologia adequada, tornar o fluxo de produtos na cadeia de suprimentos flexível e eficiente, ou seja, prever a quantidade de produtos que será vendida pelos varejistas para que haja uma quantidade adequada no momento em que for necessário.

→ **Contudo, para que esse sistema possa ser desenvolvido de maneira adequada, é necessário:**

> A relação comercial entre os parceiros deve ser estável, ou seja, deve haver confiabilidade.
> Os fornecedores devem garantir uma prestação de serviço de alto nível, isto é, garantir que não haja atrasos na entrega dos produtos.
> Troca de informações entre os parceiros possibilitadas pela confiança mútua.

→ **Já como objetivos, o sistema de reposição contínua possui:**

> Rotação maior dos estoques.
> Redução do espaço ocupado pelos produtos devido a maior rotatividade.
> Redução de custos administrativos.
> Aumento das vendas, já que há uma resposta imediata à demanda e disponibilidade do produto em quantidade adequada.

Vamos Praticar

01. Para atingir mais lucro, uma empresa deve usar o capital para que esse não permaneça inativo. Dessa maneira, é usual o investimento em estoque de material e espera-se que ele seja necessário à produção e ao bom atendimento das vendas.

Certo ( ) Errado ( )

02. Quando existe restrição financeira, a utilização da administração de materiais é fundamental para a manutenção de equilíbrio financeiro da empresa.

Certo ( ) Errado ( )

03. Um dos objetivos da administração de estoque é otimizar o investimento em estoque por meio da maximização das necessidades de capital investido. Se, de um lado, a departamentalização facilita, para as empresas, a execução das tarefas, por outro pode causar erros, conflitos interdepartamentais. Em grande parte desses conflitos, os principais departamentos envolvidos são os de produção, vendas, compras e finanças. Quando se fala em administração de materiais, é natural encontrar esse tipo de conflito para ser resolvido, isso porque os departamentos têm diferentes interesses no que se refere aos estoques de materiais. Pode-se dizer que os departamentos de compras, produção e vendas, cada qual por seus motivos, têm interesses em manter altos estoques de materiais; e o departamento de finanças quer os menores estoques possíveis.

Certo ( ) Errado ( )

04. O departamento de compras tende a manter alto estoque de matéria-prima (ou de produto acabado, quando se trata de uma empresa comercial), pois, em geral, obtém descontos dos fornecedores, quando adquire grandes quantidades de material, reduzindo assim, a receita total das compras.

Certo ( ) Errado ( )

05. O departamento de produção tende a manter sempre alto o estoque de matéria-prima e, por conseguinte, o de material em processo, para permitir a produção de lotes menores, otimizando os custos da empresa. A principio, lotes menores significam custos de fabricação mais baixos por unidade.

Certo ( ) Errado ( )

06. O departamento de vendas tende a manter alto o estoque de produtos acabados, sejam eles adquiridos de terceiros ou produzidos internamente, pois depende desse estoque para poder realizar vendas e atender de forma eficiente seus clientes. Ter produtos acabados para pronta-entrega pode ser fundamental para conquistar novos clientes e manter os antigos.

Certo ( ) Errado ( )

07. O departamento financeiro é contrário à manutenção de altos estoques, uma vez que estes implicam desvantagens para a empresa, do ponto de vista financeiro, como, por exemplo: alto capital investido em estoques, juros pagos ou perdidos, altos custos de armazenagem, risco de obsolescência e(ou) perda de material.

Certo ( ) Errado ( )

08. É função da administração de materiais integrar os objetivos dos departamentos envolvidos (compras, produção, vendas e finanças), aumentando, assim, a eficácia dos meios internos e otimizando os investimentos da empresa em estoques.

Certo ( ) Errado ( )

09. O departamento de compras é de fundamental importância para a administração de materiais. Para a empresa, a atividade de compra não se restringe ao simples ato físico de adquirir determinado item e efetuar o pagamento correspondente à transação efetuada. A responsabilidade principal do departamento de compras é localizar fontes adequadas de suprimentos e negociar preços.

Certo ( ) Errado ( )

10. As decisões a respeito dos volumes de estoque devem considerar as metas organizacionais quanto aos prazos de atendimento dos pedidos dos clientes. A Administração de materiais responde pela obtenção, guarda e distribuição de recursos materiais para todas as áreas de empresa.

Certo ( ) Errado ( )

11. A área de marketing tem como objetivo manter e aumentar receitas por meio do fornecimento dos melhores serviços aos clientes. No entanto, sua atuação pode ser fonte geradora de conflito com a área de administração de materiais.

Certo ( ) Errado ( )

12. Um dos principais dilemas da gestão e manutenção de estoques é a quantidade de material mantido estocado. Se, por um lado, um estoque elevado requer investimento e grandes gastos, por outro, diminui o risco de não ter satisfeita a demanda de consumidores dos produtos em estoque.

Certo ( ) Errado ( )

13. Um dos principais objetivos do planejamento e controle de estoque é manter a menor quantidade possível dele para atender aos clientes.

Certo ( ) Errado ( )

14. Um dos objetivos das empresas é obter o máximo lucro. Na busca de realizar esse objetivo, é comum surgirem conflitos entre as áreas de materiais, de marketing e de finanças.

Certo ( ) Errado ( )

15. O controle de estoque é fundamental para a eficiência da organização em suprir as necessidades dos seus clientes, externos ou internos. Os princípios básicos do controle de estoques não incluem o (a).

a) Determinação de que itens devem permanecer em estoque.

b) Determinação de quando se devem reabastecer os estoques, da periodicidade de reabastecimento.

c) Determinação do quanto de estoque será necessário para um período predeterminado.

d) Acompanhamento, a documentação e a fiscalização das encomendas realizadas em observância aos respectivos prazos de entrega: follow-up.

e) Identificação e retirada de itens obsoletos e danificados do estoque.

16. Dentre os fatores que influenciam os investimentos em estoque, o que mantém um alto nível de produção, diminuindo custos, justificando a manutenção de um maior volume de produtos em estoque é:

a) Projeção de Vendas;

b) Economia de Escala;

c) Natureza do Produto;

d) Processo Produtivo;

e) Preço unitário.

17. Uma das vantagens de serem mantidos níveis reduzidos de estoques é a diminuição do refugo, pois as não-conformidades são logo identificadas.

Certo ( ) Errado ( )

18. Balou um dos mais respeitados gurus da logística, em 1978, ressaltou a importância dessa ferramenta na administração de materiais. Nesse contexto, atenção especial deve ser dada aos inventários. Para Bailou, os estoques devem ser mantidos com o objetivo de melhorar o serviço ao cliente, gerar economia de escala, proteger a empresa contra mudanças de preços em tempo de inflação alta, proteger contra incertezas na demanda e no tempo de entrega, além de proteger contra contingências.

Certo ( ) Errado ( )

Gabarito

01	C	10	C
02	C	11	C
03	E	12	C
04	E	13	C
05	E	14	C
06	C	15	D
07	C	16	B
08	C	17	C
09	C	18	C

Anotações

CAPÍTULO 20

Recursos Patrimoniais

Conceitos e Objetivos

Os recursos patrimoniais são formados por elementos imprescindíveis para que uma organização possa operar e produzir produtos e serviços que irão atender às demandas de mercados. Para tanto, uma perfeita adequação e manutenção dos bens patrimoniais de uma organização é de suma importância.

O fato é que as instituições transacionam constantemente seus recursos patrimoniais, seja comprando, vendendo ou trocando-os sempre com o objetivo de otimizar os processos e proporcionar mais satisfação para os clientes externos e internos. Dessa forma, gerenciar os recursos patrimoniais de uma empresa é atividade fundamental na administração empresarial.

Recursos Patrimoniais

Mas o que são os recursos patrimoniais? São as instalações utilizadas nas operações do dia a dia da empresa, mas que são adquiridas esporadicamente. Prédios, equipamentos e veículos da organizações, por exemplo, podem ser classificados como recursos patrimoniais. São todos os bens necessários para as empresas operarem, criarem valor e proporcionarem satisfação ao cliente. Os bens patrimoniais não são adquiridos todos de uma só vez, mas durante a sua existência, eles podem ser classificados como equipamentos e máquinas, edificações, terrenos, jazidas e intangíveis, são eles

> Equipamentos e máquinas são as ferramentas, máquinas operatrizes, caldeiras, guindastes, pontes rolantes, compressoras, dispositivos, veículos, computadores, móveis, etc.

> Prédios são os galpões, escritórios, almoxarifados, garagens, etc.

> Terrenos compreendem o local onde estão as instalações, suas áreas livres e terrenos vazios que pertençam à empresa.

> Jazidas são as localizações onde a empresa tem direitos, poder ou autorização de extração de produtos minerais.

> Intangíveis são os recursos que não podemos tocar, não tem corpo ou forma física; são as patentes, projetos, direitos autorais e marcas.

A compra de um recurso patrimonial, em razão de sua peculiaridade e complexidade, deve ser feita mediante contratos que garantam todas as especificações e exigências legais e do projeto.

A aquisição de bens patrimoniais pode ocorrer em duas etapas:

01. Primeira etapa: é quando se está iniciando o negócio. Dessa forma elabora-se um projeto amplo, envolvendo todas as necessidades iniciais da empresa e os bens são adquiridos em uma só vez ou dentro de um planejamento financeiro para que em determinado período a instituição tenha todos os recursos necessários para iniciar suas atividades.

02. Segunda etapa: é o momento em que se está ampliando ou trocando os recursos, esta troca deverá estar subordinada a um planejamento estratégico de médio e longo prazo e fundamentada em uma projeção de retorno de investimento para sua aprovação e garantia de sucesso.

O autor Hamilton Pozo, em sua obra Administração de Recursos Materiais e Patrimoniais menciona ainda que os móveis e imóveis também fazem parte dos recursos patrimoniais. Aqueles são os que podem ser movimentados, deslocados de um lugar para outro (máquinas, veículos, móveis, etc.). Estes, são os que, se forem movidos ou deslocados de seu local perdem sua forma física.

Patrimônio da Empresa

Para a contabilidade, os recursos patrimoniais fazem parte dos ativos imobilizados, ou seja, é o conjunto de bens, direitos e obrigações que são colocados à sua disposição pelos sócios e/ou fornecedores. O papel do administrador de recursos patrimoniais é zelar pelos recursos, gerindo-os de forma a garantir sua utilização racionalmente a fim de permitir que se atinjam os objetivos organizacionais de maximização dos resultados (lucros).

Esse "conjunto de bens, direitos e obrigações", segundo o autor Razzolini Filho, representa os recursos que, bem administrados, poderão contribuir com os objetivos da organização.

Controle Físico de bens Patrimoniais

A inclusão dos bens patrimoniais do ativo permanente da empresa se dá na data do seu fornecimento pelo órgão supridor, com base na documentação prevista pelo sistema de Administração de Material e seus respectivos modelos. A inclusão física do bem no sistema de patrimônio será feita pelo órgão de controle de movimentação e compreenderá os seguintes procedimentos:

> Registro no livro de tombamento.

> Emissão da ficha de controle físico.

> Identificação por número de tombamento através de plaquetas.

> Confecção do termo de transferências de Responsabilidade de Bens Patrimoniais ao usuário.

A inclusão contábil do bem no sistema de patrimônio será efetuada pela área da contabilidade – através de procedimentos previamente determinados pela empresa.

> Classificação contábil analítica do bem.

> Registro do custo de aquisição.

> Data de aquisição e outros dados pertinentes.

Para o caso de bens doados e de bens existentes e não incorporados, os que dizem respeito aos procedimentos para inclusão serão retirados do documento de doação, nota fiscal ou laudo de avaliação existentes ou emitidos por comissão de avaliação especialmente designada.

Transferências

→ Os bens patrimoniais podem ser transferidos por:

> **Remanejamento interno**: é quando acontece o remanejamento do bem patrimonial dentro da empresa entre setores ou funcionários.

> **Remanejamento interórgãos:** é quando acontece a transferência dos bens patrimoniais entre órgãos diferentes da empresa.

> **Remanejamento interestadual:** é quando a transferência acontece entre órgãos situados em diferentes unidades federativas.

> **Remanejamento contratual:** é a transferência

dos bens patrimoniais à terceiros, por termo de depósito ou contrato de comodato.

Como se pode perceber, a transferência de bens patrimoniais pode ocorrer de diversas formas. Para tanto é necessário o preenchimento do formulário "transferência de responsabilidade de bens patrimoniais"; esse preenchimento só não é necessário quando o mesmo ocorre internamente, ou seja, sem alteração de local.

Inventário de Bens Patrimoniais

Para manter atualizados os registros dos bens patrimoniais, é de responsabilidade dos setores conservar atualizado a localização dos mesmos. Por isso serão realizados, periodicamente, inventários através de verificações físicas no encerramento de cada exercício fiscal. A partir das diferenças observadas por meio do inventário, será possível elaborar um relatório à administração explicando os índices encontrados.

No final do exercício será realizado um levantamento geral, no qual serão contados todos os itens, será feita uma avaliação e, consequentemente, a contabilização dos Bens Patrimoniais. Nesse momento são levantados todos os bens patrimoniais que se encontram obsoletos, em desuso ou avariados e, de posse dessa informação o setor responsável por esse inventário deverá informar a área de Administração de Recursos Materiais e Patrimoniais para que a mesma proceda à alienação.

No levantamento da listagem anual, deverão ser incluído todos os bens patrimoniais, inclusive aqueles que fisicamente se encontram fora da empresa, tais como:

> Bens patrimoniais enviados para terceiros que não pertencem à empresa.

> Bens patrimoniais em trânsito entre as filiais sendo arrolados pelo órgão de origem.

> Bens Patrimoniais cedidos por empréstimo a outros órgãos públicos ou a terceiros.

Deverão ainda ser incluídos no inventário, porém relacionados à parte, os bens patrimoniais que, embora se encontrem na empresa fisicamente, pertençam a terceiros, como por exemplo:

> Bens patrimoniais a serem devolvidos aos fornecedores por não terem sido aprovados na inspeção.

> Bens patrimoniais recebidos de órgãos públicos de fornecedores como demonstração.

Emplaquetamento de Bens Patrimoniais

Segundo o autor Severo Filho, o emplaquetamento tem a finalidade de colocar plaquetas de identificação de bens, buscando sempre não ferir a estética destes.

Critérios de fixação de Plaquetas

A colocação de plaquetas de identificação de bens patrimoniais é de competência do órgão de patrimônio dos setores afins. Devem seguir os seguintes critérios:

> Fixação na parte superior não visível.

> Fixação na parte superior visível.

> Fixação no local mais adequado.

Critérios Utilizados na Colocação de Plaquetas

A fim de determinar os modos de colocação, os bens se dividem nos seguintes grupos para fixação dos registros de identificação:

> Equipamento de ar, água e ventilação: parte superior visível.

> Equipamentos de duplicação: parte superior visível.

> Equipamentos de escritório: parte superior não visível.

> Equipamento foto cinematográfico: parte inferior visível ou de melhor adaptação.

> Equipamentos de limpeza: parte superior visível.

> Equipamento de prevenção e proteção ao fogo: parte superior visível.

> Equipamento de processamento de dados: parte superior visível.

> Equipamento elétrico: parte superior ou de melhor adaptação.

> Mobiliário de escritório: parte superior visível.

> Mobiliário hospitalar: parte superior visível.

> Mobiliário residencial: parte superior visível.

Alienação de Bens

É o ato de transferir o domínio de bens de um indivíduo ou corporação, seja por venda, por troca ou doação, para um terceiro. Ou seja, é a transferência de qualquer item de valor econômico, como: imóveis, moto, automóvel, barco, computador, filmadora, etc., que pode ser convertido em dinheiro. Nos exemplos mais comuns de alienação têm-se os títulos, contas a receber, estoque, equipamentos de escritório, imobiliária, carros e outros bens.

Importa mencionar também a existência da alienação de bens públicos, que ocorre quando a sua administração admite unicamente sua utilização e conservação segundo a destinação natural ou legal de cada coisa, e, em sentido amplo, os bens públicos devem ser alienados quando se mostrarem inúteis ou inconvenientes ao domínio público.

Para melhor compreensão, vale ressaltar que, na administração pública, a alienação está sujeita a certas regras.

Alienação de Bens Públicos

A alienação de bens públicos é a transferência do domínio de um bem do ente governamental para qualquer pessoa, física ou jurídica, e subordina-se sempre à existência de um interesse público devidamente justificado.

Existem cinco formas de alienação de bens pelo poder público: venda, dação em pagamento, doação, permuta, investidura.

Quando se tratar de bens imóveis, ela estará sujeita à prévia autorização legislativa. Já nas demais situações, os bens, obrigatoriamente, devem ser alienados pela modalidade de licitação leilão. Quanto aos de uso comum do povo e aos bens de uso especial, é vedada sua alienação, sob qualquer forma enquanto guardarem essa qualidade.

Alienação de Bens Públicos - Dação em Pagamento

Ato de transferência de um bem em pagamento de um débito ou uma obrigação. Depende sempre de avaliação prévia e, se tratar de bem imóvel, também de autorização legislativa. A licitação é dispensada, por tornar-se inviável.

Alienação de Bens Públicos – Doação

Ato de transferência de um bem do poder público para o particular, mediante autorização legal e avaliação prévia (dispensada também a licitação). A título gratuito ou oneroso.

Alienação de Bens Públicos - Investidura

Entende-se como tal a alienação aos proprietários de imóveis lindeiros (vizinhos), por preço nunca inferior ao da avaliação, de área remanescente ou resultante da obra pública, desde que se torne inaproveitável isoladamente. Além da avaliação, depende de autorização legislativa. Dessa forma, a licitação, mais uma vez, é dispensada pela legislação.

Alienação de Bens Públicos – Permuta

Ocorre quando há interesse do Poder Público na realização de negócio com particular ou outra entidade pública. Exige que os valores dos bens envolvidos sejam compatíveis. Depende de avaliação prévia e autorização legislativa, porém, a licitação está dispensada pela Lei 8.666, de 1993.

Alienação de Bens Públicos – Venda

Tratando-se de bem imóvel, será sempre precedida de autorização e de licitação, na modalidade de concorrência, conforme determina a **Lei nº. 8.666, de 1993**. Não cumpridos esses requisitos, poderá ser decretada a nulidade da transação. Tratando-se de bem móvel, a mesma legislação exige que se proceda à licitação, dispensada, porém, a autorização legislativa. Em ambos os casos é forçoso realizar a correspondente avaliação.

Alterações e Baixa de Bens

→ **Baixa de um bem patrimonial:**

Só poderá ocorrer mediante autorização da administração – em documentos próprios e nas seguintes condições:

> Por doação: é quando o bem patrimonial é doado definitivamente para alguma instituição pública ou privada, porém, que não pertença à empresa.

> Por alienação: é quando há constatação de inservibilidade. Quando ocorre a decisão por vender o bem, a alienação será processada de forma análoga às decisões de compras previstas na norma de contratação de compras, serviços e obras referentes a material ou observando-se as disposições legais pertinentes e também com base na instrução de alienação (SEVERO FILHO, 2006).

> Por perda ou extravio: é quando algum dos setores da empresa informa o setor de patrimônio que houve perda ou extravio de um determinado bem. Quando isso ocorre, imediatamente a área que promove o controle de bens patrimoniais procederá a análise sem prejuízo da apuração da responsabilidade.

Assim, de posse dos documentos da área contábil, o gestor de materiais patrimoniais irá proceder a baixa do bem patrimonial, baseando-se em dados, tais como: motivos da baixa, o favorecido e outros dados necessários para a realização do lançamento contábil.

Exercício Comentado

01. ***A Logística é muito ampla e engloba as atividades abaixo, exceto:***

a) Embalagem.
b) Transporte.
c) Armazenagem.
d) Desenvolvimento de produtos

RESPOSTA. "D". Desenvolvimento de produto não está ligado à Logística; está mais ligado à gestão de processos e/ou à gestão de projetos.

Vamos Praticar

01. (CESPE). Compras e doações são as únicas origens de recebimento de bens patrimoniais nos órgãos sistêmicos.

Certo ( ) Errado ( )

02. (CESPE) Caso, durante a realização do inventário, a comissão designada para o trabalho identifique e localize bens sem valor conhecido, o procedimento recomendado é atribuir-se um valor simbólico aos bens encontrados.

Certo ( ) Errado ( )

03. (COPEVE) Na Administração Pública, o inventário é obrigatório, pois a legislação estabelece que o levantamento geral de bens móveis e imóveis terá por base o inventário analítico de cada unidade gestora e os elementos da escrituração sintética da contabilidade.

Certo ( ) Errado ( )

04. (COPEVE) A fim de manter atualizados os registros dos bens patrimoniais, bem como a responsabilidade dos setores onde se localizam tais bens, a Administração Pública deve proceder ao inventário mediante verificações físicas pelo menos uma vez a cada cinco anos.

Certo ( ) Errado ( )

05. (COPEVE) Na Administração Pública, o inventário é entendido como o arrolamento dos direitos e comprometimentos da Fazenda Pública, feito periodicamente, com o objetivo de se conhecer a exatidão dos valores que são registrados na contabilidade e que formam o Ativo e o Passivo ou, ainda, com o objetivo de apurar a responsabilidade dos agentes sob cuja guarda se encontram determinados bens.

Certo ( ) Errado ( )

06. (COPEVE) É um instrumento de controle para verificação dos saldos de estoques nos almoxarifados e depósitos, e da existência física dos bens em uso no órgão ou entidade, informando seu estado de conservação, e mantendo atualizados e conciliados os registros do sistema de administração patrimonial e os contábeis, constantes do sistema financeiro.

Certo ( ) Errado ( )

07. (COPEVE) Os inventários na Administração Pública devem ser levantados não apenas por uma questão de rotina ou de disposição legal, mas também como medida de controle, tendo em vista que os bens nele arrolados não pertencem a uma pessoa física, mas ao Estado, e precisam estar resguardados quanto a quaisquer danos.

Certo ( ) Errado ( )

08. (UFBA) Os bens de uso comum do povo não são registrados contabilmente.

Certo ( ) Errado ( )

09. (ESAF) Sobre a gestão de bens patrimoniais, no âmbito da administração pública, é correto afirmar que a contabilidade deve manter registros analíticos e sintéticos de todos os bens móveis e imóveis.

Certo ( ) Errado ( )

10. (ESAF) É atribuição do setor de patrimônio registrar as transferências de bens quando ocorrer mudança física deles ou quando houver alterações do responsável.

Certo ( ) Errado ( )

Gabarito

01	***ERRADO***	***06***	***CERTO***
02	***ERRADO***	***07***	***CERTO***
03	***CERTO***	***08***	***CERTO***
04	***ERRADO***	***09***	***ERRADO***
05	***CERTO***	***10***	***CERTO***

Anotações

Referências Bibliográficas

COSTA, Fabio J.C. Leal. Introdução à Administração de Materiais em Sistemas Informatizados.

SEVERO FILHO, JOÃO. Administração de Logística Integrada: Materiais, PCP e Marketing/ 2.ed. ver – Rio de Janeiro: E-pappers, 2006]

RAZZOLINI FILHO, E. Administração de Material e Patrimônio. Ed. IESDE, 2012. Curitiba.

POZO, H. Administração de recursos materiais e patrimoniais: uma abordagem logística. Ed. Atlas: 2004.

FRANCISCHINI, P. G. GURGEL, F.A. Administração de materiais e do patrimônio. São Paulo. Pioneira Thompson Learning, 2004.

MARTINS, P.G. ALT, P. R. C. Administração de Materiais e Recursos Patrimoniais. São Paulo. 3ª. Ed. Saraiva, 2009.

ÍNDICE

CAPÍTULO 01

Arquivística: Princípios e Conceitos

Segundo o Dicionário Internacional de Terminologia Arquivística publicado pelo Conselho Internacional de Arquivos (CIA), um arquivo é "o conjunto de documentos, quaisquer que sejam suas datas, suas formas ou seus suportes materiais, produzidos ou recebidos por pessoas físicas ou jurídicas, de direito público ou privado, no desempenho de suas atividades". *(1984, p. 25).*

Para a Lei nº 8.159, de 8/1/1991 – que dispõe sobre a política nacional de arquivos públicos e privados:

> ***Art. 2º** Consideram-se arquivos, para os fins desta Lei, os conjuntos de documentos produzidos e recebidos por órgãos públicos, instituições de caráter público e entidades privadas, em decorrência do exercício de atividades específicas, bem como por pessoa física, qualquer que seja o suporte da informação ou a natureza dos documentos.*

Segundo a historiadora Heloísa Liberalli Bellotto, "a natureza dos arquivos é administrativa, é jurídica, é informacional, é probatória, é orgânica, é serial, é contínua, é cumulativa. A soma de todas essas características faz do arquivo uma instituição única e inconfundível".

A Arquivologia ou Arquivística é uma das disciplinas que vem crescendo em importância nos últimos anos devido ao alto grau de especialização exigido nos concursos públicos atualmente.

Se fizermos uma análise superficial, facilmente perceberemos que matérias da área do Direito, há muito tempo, já não fazem a diferença em concursos. O nível de concorrência e competição entre os concurseiros tornou o conhecimento dessas disciplinas obrigatório.

Conceitos Fundamentais

Os conceitos arquivísticos englobam uma infinidade de nomenclaturas e termos próprios, muitos desses capazes de confundir pela similaridade. Dito isso, será esquematizado todo o conteúdo para uma fácil e rápida assimilação, dando ênfase naquilo que vem sendo mais cobrado pela banca nos últimos certames.

Arquivologia ou Arquivística

É a ciência que tem por objetivo o conhecimento dos arquivos e das teorias, métodos e técnicas a serem observadas na sua **constituição, organização, desenvolvimento e utilização.** As palavras destacadas constituem a chave para o entendimento dessa disciplina.

Pode ser entendida como um dos ramos da **Ciência da Informação,** que engloba também a **Biblioteconomia** e a **Museologia.** Posteriormente, veremos o que as diferencia.

Apresenta-se como ciência capaz de oferecer subsídios para a realização da **gestão da informação.** Essa característica faz da arquivologia uma ciência ímpar, pois sua principal função é auxiliar o gestor, nos diferentes níveis hierárquicos, a tomar decisões.

Para começarmos o estudo da disciplina, devemos antes compreender alguns conceitos, dentre eles, o de documento e de arquivo. Por hora, nos basta associá-los a um conjunto de documentos no sentido l-ato e, durante este capítulo, iremos abordar algumas peculiaridades que os especificam em relação aos outros conjuntos documentais.

Em suma: **Arquivologia = Arquivística = Estudo dos Arquivos.**

→ O termo "ARQUIVO" também é utilizado para:

- Órgão de documentação – Arquivo Nacional.
- Conjunto de documentos.
- Móvel para guarda de documentos.

Para a melhor compreensão do que é Arquivo, devemos conhecer três conceitos básicos: Documento, Informação e Suporte.

Documento

É toda informação registrada em um suporte material, suscetível de consulta, estudo, prova e pesquisa, que comprova ou atesta os fatos, fenômenos, formas de vida e pensamento do gênero humano em determinada época ou lugar.

Atualmente, não devemos mais associar os arquivos ao mero armazenamento de papel. Temos um novo paradigma arquivístico, muito mais associado à informação do que necessariamente ao suporte em que essa informação é armazenada ou transmitida.

Informação

É uma ideia ou conhecimento. Elemento referencial, noção ou mensagem contida em um documento.

Suporte

É o meio material no qual a informação é registrada. Meio físico.

» **Ex.:** papel, CD, DVD, fotografia, filme.

Documento = Informação + Suporte

Documentos de Arquivo

Conceitualmente, são aqueles mantidos por uma instituição ou pessoa ao longo de suas atividades administrativas, com valor de prova. Os documentos de arquivo são produzidos ou recebidos. Isso significa que são acumulados dessa forma. Os documentos de arquivo apresentam as seguintes características:

- **Autenticidade:** está ligada ao processo de criação, manutenção e custódia; os documentos são produtos de rotinas processuais que visam ao cumprimento de determinada função ou consecução de alguma atividade; e são autênticos, quando são criados e conservados, de acordo com procedimentos regulares que podem ser comprovados a partir dessas rotinas estabelecidas.
- **Naturalidade:** os registros arquivísticos não são coletados artificialmente, mas acumulados de modo natural nas instituições, em função das atividades desenvolvidas por elas; os registros arquivísticos se acumulam de maneira contínua e progressiva. São como sedimentos sobrepostos e isso os dotam de um elemento de coesão natural, embora estruturada.
- **Inter-relacionamento:** os documentos estabelecem relações no decorrer do andamento das transações para as quais foram criados; eles estão ligados por um elo que é criado no momento em que são produzidos ou recebidos; os registros arquivísticos são um conjunto indivisível de relações.
- **Unicidade:** cada registro documental assume um lugar único na estrutura documental do

grupo ao qual pertence.

> **Imparcialidade:** como os documentos de arquivo têm como função primeira servir à administração, decorre dessa característica que o seu processo de acumulação se dá de forma natural e progressiva de acordo com critérios e normas preestabelecidas pela instituição.

Exercício Comentado

01. (FCC) Podem-se determinar mais facilmente os valores secundários de documentos oficiais se os analisarmos em relação a dois aspectos: a) a prova que contêm da organização e funcionamento do órgão governamental que os produziu, e b) a informação que contêm sobre pessoas, entidades, coisas, problemas, condições etc., com que o órgão governamental haja tratado. (SCHELLENBERG, T.R. Arquivos modernos: princípios e técnicas. Trad. Nilza Teixeira Soares. Rio de Janeiro: Fundação Getulio Vargas, 1973. p. 153).

O primeiro aspecto de que trata o clássico autor norte-americano diz respeito a uma importante qualidade dos documentos de arquivo, que é a:

a) informalidade.
b) probabilidade.
c) autenticidade.
d) duplicidade.
e) veracidade.

RESPOSTA. ***"C". Autenticidade é a qualidade de um documento quando preenche as formalidades necessárias para que se reconheça sua proveniência, independentemente da veracidade do respectivo conteúdo. Muito cuidado para não confundir com a veracidade, que diz respeito ao que é falso ou verdadeiro no documento. Para diferenciar esses dois temos, o historiador e especialista em organização de arquivos, André Porto Ancona Lopez, explica que "enquanto a autenticidade está voltada para o processo de criação do documento, a veracidade está ligada diretamente à qualidade das informações que compõem este certificado".***

Princípios Arquivísticos

Como toda ciência, a Arquivologia é composta e regida por princípios e conceitos. Alguns são mais cobrados pelas bancas, outros nem tanto. Dentre os que mais aparecem em questões de concursos, destacam-se:

> **Proveniência ou respeito aos fundos -** respeitar que todos os documentos recebidos ou produzidos devem ser imediatamente anexados à pasta do funcionário. Visa fixar a identidade dos documentos relativa ao seu produtor. Os documentos devem ser observados e organizados segundo a competência e as atividades da instituição ou de uma pessoa; devem manter individualidade, não sendo misturados aos de origem diversa.

> **Organicidade -** qualidade dos arquivos que reflete a estrutura, as funções e as atividades da instituição.

> **Unicidade -** qualidade pela qual os documentos de arquivo, a despeito de forma, espécie ou tipo, conservam caráter único em função de seu contexto de origem.

> **Integridade -** um fundo deve ser preservado sem dispersão, mutilação, alienação, destruição não autorizada ou acréscimo indevido.

> **Cumulatividade -** formação progressiva, natural e orgânica.

> **Ordem original -** levam-se em consideração as relações estruturais e funcionais que presidem a gênese dos arquivos.

> **Territorialidade -** jurisdição a que pertence cada documento de acordo com a área territorial, a esfera de poder e o âmbito administrativo em que foi produzido e recebido (nacional, regional e institucional).

> **Princípios da legalidade -** os registros arquivísticos são provas confiáveis das ações a que se referem e devem essa confiabilidade às circunstâncias de sua criação e às necessidades de prestar contas.

Exercícios Comentados

01. (FCC) Uma das características dos documentos de arquivo é a naturalidade com que são reunidos, ao contrário do que ocorre com os documentos de museu. Segundo Luciana Duranti, o atributo se deve ao fato de:

a) Não existir, no âmbito da administração (pública ou privada), nenhuma obrigatoriedade quanto à acumulação de documentos, cabendo aos servidores ou agentes criar suas próprias normas arquivísticas.
b) Haver a pretensão de simular o caráter necessariamente subjetivo dos documentos, conferindo-lhes aparente naturalidade e objetividade.
c) Os profissionais da área adotarem o princípio do respeito à ordem original, segundo o qual o sistema de ordenação empregado no organismo produtor é mais natural.
d) Grande parte dos documentos constituírem ameaça aos interesses do órgão produtor, razão pela qual se revestem de aspecto natural e inofensivo.
e) Os documentos não serem concebidos fora dos requisitos da atividade prática, que se realiza de forma contínua e progressiva, dotando as séries de elementos de coesão espontânea e estruturada.

RESPOSTA. ***"E". Os documentos dos arquivos não são objeto de coleção (escolha artificial) e sim da acumulação natural, no decurso de atividades administrativas.***

02. (CESPE) O princípio arquivístico que deve ser aplicado na constituição de um fundo de arquivo é:

a) Da territorialidade.
b) Das três idades.
c) Da proveniência.
d) Da ordem original.
e) Da pertinência.

RESPOSTA. ***"C". O princípio da proveniência ou do respeito aos fundos constitui-se em princípio básico da Arquivologia, segundo o qual o arquivo produzido por uma entidade coletiva, pessoa ou família não deve ser misturado aos de outras entidades produtoras.***

O fundo, por sua vez, é formado pelo conjunto de documentos, independentemente de sua forma ou suporte, organicamente produzido e/ou acumulado e utilizado por um indivíduo, família ou entidade coletiva no decurso das suas atividades de funções. Pode ser aberto ou fechado, a depender de a entidade produtora continuar ou não a desenvolver suas atividades.

Função do Arquivo

- Guardar e organizar os documentos que circulam na instituição, tornando disponíveis as informações mantidas sob sua guarda, utilizando, para isso, técnicas que permitam um arquivamento ordenado e eficiente (**Valor Primário**).
- Garantir a preservação dos documentos, utilizando formas adequadas de acondicionamento, levando em consideração temperatura, umidade e demais aspectos que possam danificá-los os mesmos.
- Atendimento aos pedidos de consulta e desarquivamento de documentos pelos diversos setores da instituição, de forma a atender rapidamente à demanda pelas informações ali depositadas.

Além dessas funções principais, podemos destacar outras de relativa importância, como a expedição da correspondência, criação dos modelos para documentos e criação das normas de gestão documental da instituição.

Para alcançar esses objetivos, é necessário que o arquivo disponha dos seguintes requisitos:

- Contar com pessoal qualificado e em número suficiente.
- Estar instalado em local apropriado.
- Dispor de instalações e materiais adequados.
- Utilizar sistemas racionais de arquivamento, fundamentados na teoria arquivística moderna.
- Contar com normas de funcionamento.
- Contar com dirigente qualificado, preferencialmente formado em Arquivologia.

A importância do arquivo para a instituição está associada ao aumento expressivo do volume de documentos que ela se utiliza no exercício de suas atividades e a necessidade de se estabelecerem critérios de guarda e de eliminação de documentos quando estes já não são mais úteis para a organização.

A adoção de técnicas arquivísticas adequadas permite não apenas a localização eficiente da informação desejada, mas também a economia de recursos para a instituição.

Fique Ligado

A finalidade do Arquivo é facilitar a consulta aos documentos e, com isso, servir à administração no processo de aquisição de conhecimento e tomada de decisão.

Distinção entre Arquivo, Biblioteca e Museu

Embora arquivo, museu e biblioteca tenham a mesma finalidade (guardar documentos), seus objetivos são diferentes, tendo em vista os tipos documentais que cada instituição trata.

Objetivos Comuns
Guardar documentos
Preservar documentos
Dar acesso aos documentos

→ **Poderíamos, assim, definir cada instituição:**

Arquivo

É o conjunto de documentos criados ou recebidos (acumulados) por uma instituição ou pessoa, no exercício de sua atividade, preservados para garantir a consecução de seus objetivos. Os documentos não são objetos de coleção (escolha artificial) e sim da acumulação natural, no decurso de atividades administrativas.

Relembrando: os documentos de Arquivo são **produzidos** ou **recebidos.** Isto significa que são **acumulados** dessa forma.

Sua função é guardar e organizar os documentos, tornando disponíveis as informações mantidas sob sua guarda. E sua finalidade é servir à Administração e **secundariamente** servir à História.

Dentro de sua finalidade funcional, preservam as informações que evidenciam o funcionamento da instituição ao longo do tempo.

→ Outros termos associados ao arquivo:

Biblioteca

É o conjunto de material, em sua maioria, impresso e não produzido pela instituição em que está inserida. Normalmente constituída de coleções temáticas.

A biblioteca tem finalidade essencialmente **cultural** – guardar informações para estudo. Seus documentos são acumulados por meio de **compra, doação ou permuta.**

Museu

É uma instituição de interesse público, criada com a finalidade de conservar, estudar e colocar à disposição do público conjuntos de peças e objetos de valor cultural.

Podemos verificar que, enquanto o arquivo tem finalidade funcional, a finalidade das bibliotecas e dos museus é essencialmente **histórica e cultural**, embora o arquivo também possa adquirir, com o tempo, caráter cultural, a partir do caráter histórico que alguns de seus documentos podem adquirir.

Quadro comparativo entre **biblioteca, museu e arquivo:**

Diferenças		
	Biblioteca e Museu	Arquivo
Objetivos	*Objetivos Culturais*	*Objetivos Funcionais*
	Provêm de várias fontes (colecionadores, doações, compra)	*Provêm somente das atividades públicas ou privadas*
	Existem vários exemplares	*Há um número de cópias restritas*
Avaliar	*Unidades isoladas*	*Conjunto (refere-se a uma atividade)*
	Caráter revogável	*Caráter irrevogável*
	Questão de conveniência e não de preservação	*Normalmente encontra-se em uma única via*
Classificar	*Métodos determinados previamente*	*Métodos variáveis de acordo com o órgão*
Descrição	*Unidades discriminadas*	*Conjunto de documentos*

Exercício Comentado

A organização de documentos, atividade cada vez mais importante nas instituições, possibilita a tomada de decisão segura e o atendimento rápido das demandas

dos usuários. Considerando essa informação, julgue os próximos itens referentes à Arquivologia:

01. ***(CESPE) O arquivo do Departamento de Polícia Federal compõe-se de documentos colecionados referentes a assuntos de interesse dos servidores desse órgão.***

ERRADO. Como podemos observar, a questão trata da diferença entre arquivos, museus e bibliotecas. Na questão em foco as únicas formas de acumulação de documentos de arquivos são a produção e o recebimento, o que exclui a coleção, como consta no enunciado. Outro erro crasso encontrado na questão está na parte final que fala sobre a finalidade dos documentos de arquivo, que é servir à Administração e não aos interesses dos servidores, ainda que o faça indiretamente.

Classificação dos Arquivos

→ **Os arquivos podem ser classificados em 4 tipos:**

> **Quanto à entidade mantenedora**
>> » Público ou privado.

> **Quanto à natureza dos documentos**
>> » Especial ou especializado.

> **Quanto ao estágio de evolução**
>> » Intermediário ou Corrente.

> **Quanto à extensão de sua atuação**
>> » Setorial ou central.

Quanto à Entidade Mantenedora

> Dividem-se em público e privado.

Público

Órgãos dos Poderes Executivo, Legislativo e Judiciário, nas esferas Federal, Estadual, Municipal e do DF. Também são considerados públicos os arquivos das Fundações Públicas e Empresas Públicas.

Privado

São aqueles mantidos por instituição de caráter particular. Exemplos: arquivo de instituições financeiras, arquivo de grandes redes de lojas, arquivo de imprensa.

Existe, ainda, na doutrina, a seguinte divisão: públicos, institucionais, comerciais, pessoais ou familiares. Sobre isso, devemos lembrar que os institucionais, comerciais, pessoais ou familiares devem ser entendidos como arquivos privados.

Quanto à Natureza dos Documentos

Podem ser especiais ou especializados.

Arquivos Especiais

São arquivos cuja forma física (suporte) dos documentos exige cuidado especial, diferenciado, por causa da sua preservação ou manuseio. Exemplos: foto, filme, negativo, microfilme.

Especializados

São aqueles que mantêm em sua guarda documentos de determinada área do conhecimento, relacionados a assunto específico. Exemplo: arquivo médico, arquivo cartográfico, arquivos de engenharia.

Quanto ao Estágio de Evolução ou Teoria das Três Idades

Ciclo Vital Arquivístico			
	Corrente	*Intermediário*	*Permanente*
Características	*Ainda em tramitação*	*Consultados esporadicamente*	*Aqueles que serão arquivados definitivamente*
	Também chamado de aquivos ativos	*Normalmente, por já terem cumprido seu objetivo administrativo, são transferidos para um arquivo central*	*Não serão jamais eliminados*
	Possuem valor administrativo para a organização, valor primário	*Cumprem prazos prescricionais e precaucionais antes de sua destinação final (guarda permanente ou destruição)*	*Valor secundário, ou seja, histórico-cultural*
	Definido devido a sua frequente utilização e consulta	*Arquivos chamados também de semiativos*	*Arquivo são abertos ao público*
	Arquivos fechados ao público	*Possuem também valor primário*	*São chamados de arquivos inativos*
		Arquivos fechados ao público	
Exemplo	*Protocolo, arquivamento, consulta, empréstimo, expedição*		*Documentos que contam a história da organização: sua origem, constituição, normas e regulamentos*

Arquivos Correntes

São os arquivos que guardam os documentos mais novos e mais utilizados pela instituição. No arquivo corrente, os documentos possuem grande frequência de uso e possuem fim administrativo.

Segundo essa teoria, os documentos de arquivo passam por três estágios distintos de arquivamento, de acordo com a frequência de utilização, a utilidade administrativa para a instituição e o valor intrínseco do documento. Geralmente, as questões de prova podem ser facilmente respondidas observando-se as seguintes características:

> **1ª IDADE –** Arquivo Corrente – valor primário – uso restrito aos produtores do documento.

> **2ª IDADE –** Arquivo Intermediário - documentos que aguardam destinação final – depósito temporário – valor primário – acesso com autorização do órgão produtor.

> **3ª IDADE –** Arquivo Permanente - é o arquivo propriamente dito – valor secundário e histórico. Arquivo corrente.

> É a fase em que os documentos são criados.

> Nessa fase, os documentos tramitam bastante e são muito consultados.

> Os arquivos correntes localizam-se nos próprios setores que produzem/recebem os documentos (**arquivos setoriais**) ou em locais próximos a estes (**arquivo central/geral**).

As principais rotinas que envolvem o arquivamento na fase corrente são:

> **Inspeção:** verificação se realmente o arquivo destina-se ao arquivamento, pois pode ser apenas para anexar ou apensar ou simplesmente para ser fornecida uma informação.
> **Análise:** consiste em classificar e determinar como será codificado, caso não tenha sido feita a classificação no protocolo.
> **Ordenação:** dispor os documentos conforme a codificação.
> **Arquivamento:** inserir o documento na unidade pré-estabelecida.
> **Empréstimo ou consulta:** retirada para empréstimo ou consulta.

Arquivo Intermediário

São os arquivos que guardam os documentos utilizados com menos frequência pela instituição. No arquivo intermediário, os documentos possuem baixa frequência de uso, mas ainda possuem fim administrativo.

→ **Devemos lembrar que:**

> É a fase em que os documentos ainda têm valor administrativo, mas são pouco consultados.
> A sua transferência para o arquivo intermediário permite que os setores otimizem seu espaço.
> Não há necessidade de serem conservados próximos aos setores.
> Nesta fase, os documentos aguardam sua destinação final (**eliminação ou guarda permanente** – aqueles que possuem valor histórico para a instituição).

Arquivo Permanente

São os arquivos que guardam os documentos que, já tendo cumprido seu fim administrativo, sua função administrativa, agora são preservados e conservados pelo seu valor histórico para a Instituição (**valor secundário**).

→ **Dicas que ajudarão a identificá-lo:**

> É o arquivo em que os documentos já perderam seu valor administrativo e são guardados pelo seu valor histórico, probatório ou informativo.
> Permitem conhecer a História da Instituição.
> Revelam a origem e constituição da Instituição.
> Os documentos desta fase jamais serão eliminados.

→ **Processo mnemônico:**

1ª idade	*Corrente*	*Valor primário*
2ª idade	*Intermediário*	*Valor primário*
3ª idade	*Permanente*	*Valor secundário*

Valor do Documento

O documento só é guardado e preservado pela instituição porque possui algum valor. Esse valor pode ser **Administrativo** ou **Histórico**.

A Arquivologia denomina o valor administrativo como valor primário.

→ **Sobre o valor primário, é preciso lembrar-se de que:**

> Serve à Administração dando suporte/apoio às atividades da instituição.
> É um valor temporário – em determinado momento o valor administrativo irá acabar (quando ocorre a destinação final).
> Todo documento nasce com valor administrativo.
> Finalidade: servir à administração.

A Arquivologia denomina o valor histórico como valor secundário.

→ **Sobre o valor secundário, lembre-se de que:**

> Está presente no documento que perdeu seu valor administrativo, mas adquiriu valor histórico.
> Serve de fonte de pesquisa para terceiros e/ou para própria instituição.
> Finalidade: servir à História.
> O documento que possuir valor secundário será recolhido ao Arquivo Permanente.
> O documento de valor secundário jamais poderá ser eliminado.

Fique Ligado

Valor primário = Valor administrativo.
Valor secundário = Valor histórico.

Quanto à Extensão de sua Atuação

Classificação relativa ao local de instalação do arquivo.

Arquivos Setoriais

São aqueles instalados nos setores que utilizam os documentos de uso constante e cotidiano. Dicas:

> É um arquivo descentralizado.
> Cada setor de trabalho possui o seu.

Arquivos Centrais

São aqueles localizados fora do local de trabalho e acumulam, em um único local, documentos provenientes dos diversos setores da instituição, de forma centralizada.

Fique Ligado

Extensão da atuação não se confunde com estágio de evolução ou ciclo de vida do documento. É muito comum a confusão entre arquivo central e fase ou arquivo intermediário.

Classificação dos Documentos

Os documentos de arquivos possuem as seguintes classificações:

> Gênero.
> Espécie/tipologia documental.
> Forma.
> Formato.
> Natureza do assunto.

Gênero

Esta classificação está relacionada ao suporte no qual a informação é registrada; o gênero proporciona ao arquivista o devido tratamento ao documento, especialmente nas políticas de conservação e preservação. Existem sete tipos diferentes de gênero documental:

> Escritos ou textuais.
> Iconográficos.
> Sonoros.
> Filmográficos.
> Informáticos ou digitais.
> Cartográficos.
> Micrográficos.

Escritos ou textuais

Documentos cuja informação esteja manuscrita ou impressa. Exemplos: contrato, atas, relatórios, certidões.

Iconográficos

Documentos cuja informação esteja em forma de imagem estática. Exemplos: fotografias, negativos, diapositivos (slides), desenho e gravuras.

Sonoros

Documentos cuja informação esteja em forma de som/áudio. Exemplos: escuta telefônica, gravador analógico.

Filmográficos

Documentos cuja informação esteja em forma de imagem em movimento (com ou sem som). Exemplos: películas filmográficas, filmagens, vídeos.

Informáticos ou Digitais

Documentos gravados em meio digital e que, por isso, necessitam de equipamentos eletrônicos para serem lidos. Exemplos: arquivo em MP3, arquivo do Word, etc.

Cartográficos

Documentos que representem, de forma reduzida, uma área maior. Exemplos: mapas e plantas de engenharia.

Micrográficos

Documentos em microformas. Exemplos: microfilmes e microfichas.

Fique Ligado

As bancas costumam inverter os conceitos de:

> ***Iconográficos - imagem estática.***

> ***Filmográficos - imagem em movimento.***

→ ***Não existe necessariamente uma relação direta entre gênero e suporte, prova disso é que se pode encontrar o gênero iconográfico em suporte de pedra (pinturas rupestres), dentre outras possibilidades.***

Espécie/Tipologia Documental

Enquanto a **Espécie** é a denominação que se dá ao aspecto formal de um documento, a Tipologia Documental corresponde à denominação que se dá quando reunimos determinada espécie à função ou atividade que o documento irá exercer. A doutrina admite diversas espécies documentais. Exemplos: ofício, memorando, declaração, certidão.

Da mesma forma, dentre as diferentes espécies, encontramos tipos peculiares. Exemplos: declaração de imposto de renda, certidão de nascimento.

→ **Exemplos de Espécie e Tipo Documental:**

Espécie	*Tipologia*
Contrato	*Contrato de locação*
Alvará	*Alvará de funcionamento*
Certidão	*Certidão de casamento*
Declaração	*Declaração de Imposto de Renda*

Exercício Comentado

01. (FCC) Edital, edital de citação, códice e rascunho são, respectivamente,

a) Espécie, tipo, formato e forma.

b) Formulário, espécie, forma e gênero.

c) Espécie diplomática, espécie jurídica, tipo e linguagem.

d) Tipo, espécie, série e suporte.

e) Formato, assunto, suporte e técnica de registro.

RESPOSTA. ***"A". Espécie: é a denominação que se dá ao aspecto formal de um documento; as instituições possuem diversas espécies. Exemplos: ofício, memorando, declaração, certidão. Tipologia Documental: é a denominação que se dá quando reunimos determinada espécie à função ou atividade que o documento irá exercer. Exemplos: Declaração de Imposto de Renda, Certidão de nascimento. Formato: é o aspecto físico do documento, independentemente da informação nele registrada. São formatos documentais: ficha, livro, caderno, pergaminho. Forma: é a classificação relacionada quanto à forma do estágio de preparação do documento. São as formas documentais: rascunho ou minuta; original e cópia.***

02. Caderno e livro são exemplos de:

a) Formato.

b) Tipo.

c) Espécie.

d) Suporte.

e) Forma.

RESPOSTA. ***"A". Denomina-se formato de um documento o seu aspecto físico, independentemente da informação nele registrada. São formatos documentais: ficha, livro, caderno, pergaminho.***

Forma

É a classificação relacionada quanto à forma do estágio de preparação do documento. São as formas documentais: rascunho ou minuta; original e cópia. O original é o documento com o sinal de subscrição (ou assinatura), que lhe dá autenticidade jurídica e arquivística. O rascunho é o documento com rasuras ou anotações suplementares, anterior à elaboração do original. A minuta não é rascunho e sim um pré-original, com um aspecto limpo, elaborado, mas sem a assinatura da autoridade responsável. E a cópia é o teor documental reproduzido na íntegra.

Formato

Denomina-se formato de um documento o seu aspecto físico, independentemente da informação nele registrada. São formatos documentais: ficha, livro, caderno, pergaminho, apostila, etc.

Natureza do Assunto

Em relação à natureza dos assuntos, ou seja, o grau ou nível de acessibilidade às informações contidas nos documentos, eles são classificados como ostensivos ou sigilosos.

Ostensivos

É a classificação dada ao documento cuja divulgação não prejudica a segurança ou as atividades desenvolvidas pela instituição. O documento ostensivo pode ser de livre conhecimento do público em geral.

Sigilosos

Documento que, por sua natureza, deve ser de conhecimento restrito.

De acordo com o Decreto 4.553/2002, o Documento classificado como sigiloso será diferenciado pelo **grau de sigilo**. São quatro (4) os graus de sigilo, escalonados de acordo com a necessidade de restrição ao seu acesso:

> Ultrassecreto.

> Secreto.

> Confidencial.

> Reservado.

- **Ultrassecreto**

Recebem essa classificação os documentos cujos assuntos requerem **excepcional grau de segurança** e o seu teor só deve ser de conhecimento de pessoas intimamente ligadas ao seu estudo ou manuseio.

- **Secreto**

Os assuntos que requerem **alto grau de segurança** e cujo teor pode ser do conhecimento de pessoas que, sem estarem intimamente ligadas ao seu estudo ou manuseio, são autorizadas a deles tomar conhecimento, funcionalmente.

Confidencial

Tais documentos reúnem assuntos que embora não requeiram alto grau de segurança, seu conhecimento por pessoa não autorizada **pode ser prejudicial** a um indivíduo ou criar embaraços administrativos.

Reservado

Documentos que reúnem assuntos que **não devem ser do conhecimento** do público em geral.

Grau de sigilo dos documentos – palavras-chave.

Fique Ligado

O § 1º do art. 24 da LEI Nº 12.527, DE 18 DE NOVEMBRO DE 2011, dispõe que os prazos máximos de restrição de acesso à informação, conforme a classificação prevista no caput, vigoram a partir da data de sua produção e são os seguintes:

I. ultrassecreta: 25 (vinte e cinco) anos;
II. secreta: 15 (quinze) anos; e
III. reservada: 5 (cinco) anos.

Você deve ter observado que a referida lei só traz três graus de sigilo, excetuando-se o grau confidencial.

Prazo de Guarda dos Documentos

O prazo de guarda dos documentos é o período em que o documento deve ser mantido nos arquivos corrente e intermediário e vincula-se à determinação do valor do documento, de acordo com os seguintes fatores:

> Frequência do uso das informações contidas nos documentos.
> Existência de leis ou decretos que regulem a prescrição legal dos documentos (prazo prescricional).
> Existência de outras fontes com as mesmas informações (documentos repetitivos).
> Necessidade de guarda de documentos por precaução, em virtude das práticas administrativas (prazos precaucionais).

Destinação Final dos Documentos

Todo documento, seguindo o ciclo vital, deverá ser encaminhado à sua destinação final. Que irá ocorrer no momento em que ele perder seu valor administrativo ou valor primário. Existem duas situações, a saber:

> Eliminação.
> Recolhimento.

Eliminação

Ocorre quando o documento perde o valor administrativo e não apresenta valor histórico.

Guarda Permanente

Ocorre quando o documento perde o valor administrativo, mas apresenta valor histórico.

Transferência

É a passagem dos documentos da fase corrente para a intermediária.

Recolhimento

É a passagem dos documentos das fases corrente e intermediária para a fase permanente.

Ao longo do ciclo vital dos documentos, existem quatro possibilidades:

> O documento foi criado na fase corrente; cessada essa fase, ele será eliminado sem passar pela fase intermediária.
> O documento foi criado na fase corrente, cumpre seu prazo de guarda nessa fase, posteriormente será transferido para o arquivo intermediário, em que cumprirá seu prazo de guarda; cessada essa fase, ele será eliminado.
> O documento foi criado na fase corrente; cessada essa fase, ele será recolhido ao arquivo permanente.
> O documento foi criado na fase corrente; cessada essa fase, ele será transferido para o arquivo intermediário, no qual cumprirá seu prazo de guarda; cessada essa fase, ele será recolhido ao arquivo permanente.

Características gerais dos diferentes tipos de documentos e instituições de guarda.

	Arquivo	Biblioteca	Museu	Centro de documentação
Tipo de Suporte	Manuscritos, impressos, audiovisuais, exemplar único	Impressos, manuscritos, audiovisuais, exemplares,	Objetos bi/tridimensionais, exemplar único	Audiovisuais (reproduções) Exemplar único ou múltiplo
Tipo de Conjunto	Fundos, documentos unidos pela origem	Coleção, documentos unidos pelo conteúdo	Coleção, documentos unidos pelo conteúdo ou pela função	Coleção, documentos unidos pelo conteúdo
Produtor	A máquina administrativa	Atividade humana individual e coletiva	Atividade humana, a natureza	Atividade humana
Fins de Produção	Administrativos, jurídicos, funcionais, legais	Culturais, científicos, técnicos, artísticos, educativos	Culturais, artísticos, funcionais	Científicos
Objetivo	Provar, testemunhar	Instruir, informar	Informar e Entreter	Informar
Entrada de documentos	Passagem natural de fonte geradora única	Compra, doação, permuta de fontes múltiplas	Compra, doação, permuta, de fontes múltiplas	Compra, doação, pesquisa
Processamento técnico	Registro, arranjo, descrição: guias, inventários, catálogos etc.	Tombamento, classificação, catalogação, fichários	Tombamento, catalogação, inventários, catálogos	Tombamento, classificação catalogação, fichários ou computador
Público	Administrador e pesquisador	Grande público e pesquisador	Grande público e pesquisador	Pesquisador

Vamos Praticar

Com relação aos princípios e conceitos arquivísticos, julgue os itens a seguir.

01. (CESPE) O fundo de arquivo do Ministério Público do Estado do Piauí origina-se da aplicação do princípio da proveniência.

Certo ( ) Errado ( )

02. (CESPE) A organicidade dos arquivos está vinculada à autenticidade dos documentos.

Certo ( ) Errado ( )

03. (CESPE) Uma das características dos documentos de arquivo é sua naturalidade, ou seja, o fato de não serem coletados artificialmente, mas acumulados naturalmente em razão dos objetivos da organização.

Certo ( ) Errado ( )

04. (CESPE) Em caso de divisão territorial de um estado, a destinação dos arquivos públicos nele acumulados deve ser decidida de acordo com o princípio do respeito à ordem original.

Certo ( ) Errado ( )

05. (CESPE) De acordo com o princípio da proveniência, que decorre do direito à propriedade, os documentos de um arquivo ocupam lugares determinados, devendo-se respeitar essa ordem de acondicionamento, ou, caso ela tenha sido alterada por qualquer razão, restabelecê-la.

Certo ( ) Errado ( )

06. (FCC) Os arquivos originários de uma instituição ou pessoa devem manter sua individualidade, sem jamais se misturarem aos de origem diversa, conforme estabelece o princípio da:

a) Integridade.
b) Inalienabilidade.
c) Proveniência.
d) Autonomia.
e) Reintegração.

07. (FCC) A ideia de que o arquivo é uma formação espontânea, natural, progressiva e sedimentar, conforme o caracterizou Elio Lodolini, fundamenta o princípio da:

a) Procedência.
b) Unicidade.
c) Indivisibilidade.
d) Cumulatividade.
e) Imprescritibilidade.

08. (CESPE) A característica de imparcialidade dos documentos de arquivo está no fato de que eles são inerentemente verdadeiros, livres da suspeita de preconceito no que diz respeito aos interesses em nome dos quais são usados hoje.

Certo ( ) Errado ( )

09. (CESPE)A característica de naturalidade dos documentos de arquivo decorre do fato de esses documentos não serem coletados artificialmente, tais como objetos de um museu, mas acumulados naturalmente nos setores de trabalho em função das atividades de uma organização.

Certo ( ) Errado ( )

10. (CESPE)O princípio da proveniência territorial estabelece que os documentos acumulados em uma região podem ser transferidos para outra região, desde que o recolhimento desses documentos seja previsto em um edital.

Certo ( ) Errado ( )

11. (CESPE) Quando se preserva a forma original de organização dos documentos, aplica-se o princípio da pertinência.

Certo ( ) Errado ( )

12. (CESPE) Para a obtenção do fundo de arquivo, deve-se aplicar o princípio da naturalidade.

Certo ( ) Errado ( )

13. (ESAF) O princípio arquivístico envolvido diretamente com a classificação de documentos é o da:

a) Pertinência.
b) Organicidade.
c) Reversibilidade.
d) Autenticidade.
e) Proveniência.

14. (CESPE) Os princípios arquivísticos, entre eles o princípio de respeito aos fundos, que fundamentam a prática arquivística contemporânea foram elaborados nos últimos quarenta anos, principalmente a partir da chamada explosão da informação.

Certo ( ) Errado ( )

15. (CESPE) O segundo nível do princípio da proveniência, de acordo com os arquivistas canadenses, determina a observância do fluxo natural e orgânico com que foram acumulados os documentos.

Certo ( ) Errado ( )

16. (CESPE) O princípio da territorialidade deve ser utilizado no lugar do princípio da proveniência ou de respeito aos fundos quando se tratar de documentos de escritórios ou representações estaduais de um órgão ou agência de regulação.

Certo ( ) Errado ( )

17. (FCC) O princípio do respeito à ordem original tem sido objeto de polêmica na área arquivística. Uns preferem considerá-lo de forma estrita, respeitando a ordem física que os documentos tinham na fase corrente. Outros o entendem à luz do fluxo natural com que foram produzidos, traduzindo-o como princípio do respeito à

a) Organicidade.
b) Sucessão arquivística.
c) Jurisdição arquivística.
d) Integridade.
e) Temporalidade.

18. (CESPE) Segundo Schellenberg, para se definir o valor informativo dos documentos oficiais, três princípios fundamentais devem ser considerados: unicidade, naturalidade e conteúdo.

Certo ( ) Errado ( )

19. (FCC) Os documentos que apresentam valor primário e que são indispensáveis à manutenção das atividades cotidianas de uma pessoa física ou jurídica constituem, segundo Jean- Yves Rousseau e Carol Couture, os chamados

a) Arquivos intermediários.
b) Sistemas de protocolo.
c) Arquivos correntes.
d) Processos e expedientes.
e) Sistemas de gestão informacional.

20. (FGV) Com relação à razão que promoveu uma mudança de foco na organicidade, assinale a afirmativa correta.

a) A organicidade não está ligada ao arquivamento.
b) A organicidade não está ligada à destinação.
c) A organicidade não está ligada à ordenação.
d) A organicidade não está ligada à classificação.
e) A organicidade não está ligada à produção.

Gabarito

01	CERTO	11	ERRADO
02	ERRADO	12	ERRADO
03	CERTO	13	E
04	ERRADO	14	ERRADO
05	ERRADO	15	CERTO
06	C	16	ERRADO
07	D	17	A
08	CERTO	18	ERRADO
09	CERTO	19	C
10	ERRADO	20	E

Anotações

CAPÍTULO 02
Gestão da Informação e de Documentos

Segundo a Lei 8.159/1991, a Gestão de Documentos envolve o conjunto de procedimentos e operações técnicas referentes às atividades de produção, tramitação e uso, avaliação e arquivamento de documentos em fase corrente e intermediária, visando a sua eliminação ou recolhimento para guarda permanente.

Ainda na mesma Lei: "É dever do poder público a gestão documental e a proteção especial a documentos de arquivo, como instrumento de apoio à administração, à cultura e ao desenvolvimento científico e como elemento de prova e informação".

A gestão de documentos é atingida por meio do planejamento, organização, controle, coordenação dos recursos humanos, do espaço físico e dos equipamentos, com o objetivo de aperfeiçoar o ciclo documental.

É qualquer atividade que vise a controlar o fluxo de documentos existentes, de forma a assegurar a eficiência das atividades.

Objetivos

> Garantir, assegurar, de forma eficiente: produção, administração, manutenção e destinação de documentos.

> Garantir que a informação estará disponível no momento necessário ao usuário (instituição, estado, pessoa).

> Eliminação de documentos que não possuem valor administrativo, fiscal, legal ou para fins de pesquisa científica ou histórica.

> Assegurar uso adequado da Micrográfica, processamento automatizado de dados, e outras técnicas da gestão de informação.

> Contribuir para o acesso e a preservação dos documentos que deverão ser guardados e preservados por seus valores históricos, científicos, valores secundários.

Planejamento do Sistema de Arquivamento

Primeiramente, antes de se implantar um gerenciamento de informação, necessita-se de um planejamento. Assim, tem que se definir um importante aspecto: se há centralização ou descentralização dos arquivos correntes. Ou seja, no planejamento a organização deve definir se os arquivos ficaram centralizados - reunidos em um arquivo central — ou descentralizados - arquivados nos setores da organização.

Fique Ligado

A opção pela descentralização ocorre apenas na fase corrente. Na fase intermediária e permanente é OBRIGATÓRIA a centralização.

Ao planejamento também cabe a função de definir a coordenação dos serviços arquivísticos organizacionais. Assim, recomenda-se que haja uma centralização referente às normas, controle e orientação para evitar que haja tratamento diferenciado aos arquivos de uma mesma instituição.

Fique Ligado

Como os arquivos correntes são aqueles que ainda estão em processo de tramitação, ou seja, são consultados de modo frequente, eles devem ficar armazenados junto aos setores organizacionais que os produziram. Assim, por meio de técnicas de gerenciamento de informação, também chamado de gestão de documentos, deve-se estabelecer padronização quanto ao tratamento dos arquivos, definindo-se um planejamento e implementando um programa de gerenciamento de informação na organização. Dessa forma, já deve ser implementado nos setores um Plano de Classificação de Documentos e uma Tabela de Temporalidade e Destinação dos Documentos.

Os **arquivos intermediários** têm como sua principal função a econômica, pois se torna muito caro manter esse tipo de arquivo (semiativo, que possui baixo nível de consulta, ou seja, tem pouco interesse administrativo para a organização que o produziu) nos setores de trabalho em que foram produzidos, já que, para isso, seria necessário um espaço físico grande. Assim, é interessante guardar esses documentos em depósitos centralizados, pois sua guarda é devido principalmente a prazos prescricionais e precaucionais. Mesmo estando em um depósito central, vale ressaltar que os arquivos intermediários continuam sendo de propriedade do departamento que o gerou e que somente esse setor, ou alguém por ele autorizado, pode consultar os arquivos.

Fases da Gestão de Documentos

→ **São três as fases básicas da gestão documental:**

> Produção.

> Utilização.

> Destinação.

Produção

Elaboração de documentos em razão das atividades específicas de uma instituição ou setor.

Pode ser chamada de 1ª fase e possui as seguintes características:

> Otimização na criação de documentos, evitando a reprodução desnecessária de documentos.

> Acontece na fase corrente.

Utilização

Elaboração de documentos em razão das atividades específicas de uma instituição ou setor.

Essa fase refere-se ao fluxo percorrido pelos documentos, necessários ao cumprimento de sua função administrativa, assim como sua guarda após o trâmite. Pode ser chamada de 2ª fase e possui as seguintes características:

> Envolve as atividades de protocolo, classificação de documentos, controle de acesso e recuperação da informação, bem como a elaboração de instrumentos de recuperação.

> É desenvolvida na gestão de arquivos correntes e intermediários.

Destinação

Envolve as atividades de análise, seleção e fixação de prazos de guarda dos documentos, ou seja, implica decidir quais documentos serão eliminados e quais serão preservados permanentemente. Acontece no arquivo corrente e intermediário.

Alguns documentos têm valor temporário, enquanto outros têm valor permanente. Além disso, alguns deles são frequentemente utilizados, enquanto outros nem tanto.

Devido a essas diferenças relativas ao valor e à frequência de uso, surge a necessidade de avaliar, selecionar e eliminar os documentos.

Essas três atividades objetivam estabelecer o prazo de vida dos documentos, de acordo com seus valores informativo e probatório.

→ **Em relação ao seu valor, os documentos podem ser:**

> **Permanentes vitais:** devem ser conservados indefinidamente por serem de importância vital para a organização.

> **Permanentes:** devem ser conservados indefinidamente — apesar de não serem vitais, a informação que contêm deve ser preservada em caráter permanente.

> **Temporários:** podem ser descartados, após determinado prazo, quando cessa o valor do documento.

→ **É evidente que a eliminação de documentos não pode ser feita indiscriminadamente. Dessa forma, há pontos-chave que sempre devem ser observados:**

> Importância do documento com relação aos valores administrativo, fiscal ou legal (=primário) ou informativo, probatório (=secundário).

> Possibilidade e custos de reprodução (e.g. microfilmagem).

> Espaço, equipamento utilizado e custos de arquivamento.

> Prazos de prescrição e decadência de direitos, de acordo com a legislação vigente.

> Número de cópias existentes.

Ainda, segundo o artigo 9º da Lei nº 8.159/91: "a eliminação de documentos produzidos por instituições públicas e de caráter público será realizada mediante autorização da instituição arquivística pública, na sua específica esfera de competência".

Instrumentos de Destinação

Nas atividades de avaliação e destinação são utilizados os instrumentos de destinação, que são os atos normativos elaborados pela organização, nos quais são fixadas diretrizes quanto ao tempo e local de guarda dos documentos.

→ **Os dois principais instrumentos de destinação são:**

> Tabela de Temporalidade de Documentos.

> Lista de Eliminação.

- **Tabela de Temporalidade de Documentos**

É o instrumento resultante da etapa de avaliação dos documentos. É ela, a tabela de temporalidade, que determina o prazo de guarda dos documentos nas fases corrente e intermediária, bem como indica a destinação final (eliminação ou recolhimento para guarda permanente).

Em uma tabela de temporalidade de uma empresa, por exemplo, poderia estar definido que os cartões de ponto deveriam ser conservados por sete anos no Serviço de Pessoal e depois eliminados; ou que os contratos de prestação de serviços de limpeza deveriam ser conservados em caráter definitivo no arquivo permanente.

A tabela de temporalidade será elaborada pela CPAD — Comissão Permanente de Avaliação de Documentos ou Comissão de Análise de Documentos.

→ **Tabela de Temporalidade com exemplos hipotéticos.**

Documentos	*Prazos de guarda*		*Destinação final*	*Observação*
	Corrente	*Intermediário*		
Legislação de pessoal	*10 anos*	*10 anos*	*Guarda Perm.*	-
Admissão de pessoal	*5 anos*	*47 anos*	*Eliminação*	-
Férias	*7 anos*	-	*Eliminação*	
Frequência	*5 anos*	*47 anos*	*Eliminação*	*Microfilmar após 5 anos*
Aposentadoria	*5 anos*	*95 anos*	*Eliminação*	*Microfilmar após 5 anos*
Greves	*5 anos*	*5 anos*	*Guarda Perm.*	-
Normas Internas	*Enqto. Vig.*	-	*Guarda Perm.*	-

Exercício Comentado

01. (FCC) O instrumento de destinação que determina os prazos em que os documentos devem ser mantidos nos arquivos correntes e/ou intermediários, ou recolhidos aos arquivos permanentes, denomina-se:

a) Tabela mnemônica.

b) Lista de eliminação

c) Tabela de eliminação.

d) Termo de encerramento.

e) Tabela de temporalidade.

RESPOSTA. ***"E". É o instrumento resultante da etapa de avaliação dos documentos. É ela, a tabela de temporalidade, que determina o prazo de guarda dos documentos nas fases corrente e intermediária, bem como indica a destinação final (eliminação ou recolhimento para guarda permanente). A tabela de temporalidade será elaborada pela CPAD - Comissão Permanente de Avaliação de Documentos ou Comissão de Análise de Documentos.***

- **Lista de eliminação**

Consiste em uma relação específica de documentos a serem eliminados de uma só vez e que necessita ser aprovada pela autoridade competente.

→ **Agora, veremos as ações coordenadas pelos instrumentos de destinação dentro da rotina para a destinação de documentos na fase corrente:**

> Verificar se os documentos a serem destinados estão organizados de acordo com os conjuntos definidos na tabela de temporalidade.

» A tabela de temporalidade organiza os documentos a serem destinados, a partir de prazos e critérios para recolhimento e eliminação.

> Verificar se cumpriram o prazo de guarda estabelecido.

» Para proceder com a destinação, é preciso verificar, na tabela de temporalidade, os prazos de guarda estabelecidos.

> Registrar os documentos a serem eliminados.
   » As listas de eliminação, como vimos, relacionam os documentos a serem eliminados.
> Proceder à eliminação.
   » O ato de eliminar os documentos também faz parte da fase de destinação.
> Elaborar termo de eliminação.
   » O termo de eliminação é o instrumento do qual consta o registro de informações sobre documentos eliminados após terem cumprido o prazo de guarda.
> Elaborar lista de documentos destinados à fase intermediária.
   » De forma semelhante à lista de eliminação, existem as listas de transferência (documentos destinados à fase intermediária) e as listas de recolhimento (documentos destinados à fase permanente).
> Operacionalizar a passagem ao arquivo intermediário.
   » Permitir que os documentos passem ao arquivo intermediário também faz parte da fase de destinação.

→ **Principais rotinas e procedimentos na destinação:**

> **Análise** - são procedidos estudos dos documentos recebidos.
> **Seleção** - é feita a triagem dos documentos que devem permanecer no arquivo.
> **Avaliação** - procedimento mais importante da destinação, pois nela ocorre a verificação do valor probatório (de prova) ou informativo, de pesquisa dos documentos e estabelecimento de prazos de vida dos documentos.

Esse processo está vinculado à legislação, já que deve cumprir os prazos legais de armazenamento de alguns documentos, bem como a discricionariedade da organização, quando falamos dos prazos precaucionais.

Recomenda-se, de acordo com a doutrina, que a avaliação seja feita nos documentos no arquivo corrente para se evitar que documentos sejam transferidos para o arquivo intermediário de forma desnecessária, o que gera burocracia e dispêndio de recursos desnecessários.

Visando à garantia da eficiência administrativa, a avaliação deve ser precedida pela classificação dos documentos visando ao correto arquivamento em suas classes.

→ **Benefícios da avaliação documental:**

> Eficiência administrativa.
> Eliminação de documentos inúteis.
> Agilidade na hora de encontrar um documento ou informação, pois há redução do volume de documentos.
> Prévia identificação dos documentos de guarda permanente.

No fim da fase de destinação, há duas possibilidades para o documento que perdeu o seu valor administrativo:

> **Recolhimento:** que é o deslocamento de um documento do arquivo intermediário para o arquivo permanente, para aqueles documentos dotados de valor histórico ou secundário.
> **Eliminação:** destruição, doação ou venda de documentos julgados destituídos do valor permanente, feito por uma Comissão Permanente de Avaliação.

→ **Síntese dos pontos mais importantes da gestão de documentos:**

Gestão de Documentos	*Produção*	*Elaboração dos documentos em decorrência das atividades da instituição.* *Criação de documentos essenciais à administração, evitando duplicação e emissão de vias desnecessárias.*
	Utilização	*Protocolo, classificação, organização e arquivamento durante a idade corrente e intermediária.* *Normas de acesso à documentação e à recuperação de informações.*
	Destinação	*Análise e avaliação dos documentos (valor).* *Definição de quais serão objetos de arquivo permanente e quais serão eliminados.*

> **Produção**
   » Elaboração dos documentos em decorrência das atividades da instituição.
   » Criação de documentos essencias à administração, evitando duplicação e emissão de vias desnecessárias.
> Utilização
   » Protocolo, classificação, organização e arquivamento durante a idade corrente e intermediária.
   » Normas de acesso à documentação e à recuperação de informações.
> Destinação
   » Análise e avaliação dos documentos (valor).
   » Definição de quais serão objeto de arquivo permanente e quais serão eliminados.

Exercício Comentado

01. ***(CESPE) A fase da gestão de documentos que compreende a elaboração do instrumento de classificação dos documentos de arquivo é a da:***

a) Destinação.
b) Difusão.
c) Utilização e conservação.
d) Criação.
e) Produção.

RESPOSTA. ***"C". A 2ª fase da gestão documental envolve as atividades de protocolo, classificação de documentos, controle de acesso e recuperação da informação (conservação), bem como a elaboração de instrumentos de recuperação***

Métodos de Arquivamento

Arquivamento é a técnica de como serão acondicionados e armazenados os documentos, ou seja, o arquivamento corresponde à forma como os documentos serão armazenados, visando obter precisamente a sua localização no futuro. Assim, o arquivamento pode ser dividido em dois sistemas: direto e indireto.

> **Direto:** ocorre quando a localização dos documentos é encontrada de forma direta, ou seja,

é encontrado diretamente no local onde se encontra arquivado.

> **Indireto:** ocorre quando se necessita consultar antes em outro lugar para se encontrar a localização do documento, como exemplo, um índice ou código.

→ Os principais métodos utilizados para organizar um arquivo são:

Alfabético

Ordena-se a partir do nome existente no documento.

Esse método preza pelo ordenamento de pastas e fichas pela ordem alfabética divididas por guias divisórias (estas devem ser assinaladas com anotações que façam referência aos documentos ali arquivados), e também devem respeitar as normas gerais para a alfabetação.

→ **Existem 13 regras de alfabetação:**

01. Quando se tratar de nomes de pessoas físicas, deve-se considerar primeiramente o sobrenome depois o nome.
02. Sobrenomes que forem compostos com hífen por um substantivo e um adjetivo não devem ser separados.
03. Também seguem a regra dos sobrenomes compostos por substantivo e um adjetivo os sobrenomes compostos com as palavras: Santa, Santo ou São.
04. Há preferência para as iniciais abreviativas de prenomes na classificação de sobrenomes iguais.
05. Não serão considerados os artigos e preposições.
06. Serão considerados como parte integrante do último sobrenome, mas não serão utilizados para consideração alfabética os sobrenomes que demonstrem grau de parentesco, como: Filho, Júnior ou Neto.
07. Não serão considerados os títulos na hora da alfabetação, que devem ser colocados entre parênteses após o nome completo.
08. Serão considerados pelo último sobrenome os nomes estrangeiros.
09. É facultativo considerar as partículas dos nomes estrangeiros, contudo, é comum considerá-las se forem grafadas com letra maiúscula.
10. São registrados pelo penúltimo sobrenome os nomes espanhóis, já que estes se referem ao sobrenome da família do pai.
11. Serão registrados como são apresentados os nomes orientais (chineses, árabes ou japoneses).
12. Nomes de pessoas jurídicas (empresas, instituições e órgãos do governo) devem ser transcritos como se apresentam, contudo, não serão contados para a ordenação os artigos e preposições.
13. Os números romanos ou arábicos devem aparecer no fim, entre parênteses, quando presentes em títulos de congressos ou conferências.

Numérico

→ Pode ser dividido em:

Numérico Simples

Ordenado conforme o número relativo ao documento. Para esse método, são conferidos aos documentos um número que será utilizado para o arquivamento. Para que os documentos possam ser encontrados, é feito um índice alfabético no qual se pode descobrir qual número foi conferido ao documento, esse índice é chamado também de onomástico.

Fique Ligado

Esse método é considerado de arquivamento indireto.

Cronológico

Ordenado conforme a data do documento. Esse método leva em consideração uma data, normalmente a da produção do documento. Podemos citar como exemplo da utilização desse método o arquivo de notas fiscais, em que o arquivo leva em consideração o dia, mês e ano.

Dígito-terminal

Ordenado conforme os dois últimos dígitos de um número do documento. Geralmente utilizado no arquivo de documentos que possuem um grande volume e em situações em que os mesmos possuam um número muito grande.

Geográfico

Ordenado conforme o local de produção do documento. É utilizado como parâmetro para o arquivo o lugar de procedência do documento, ou seja, onde ele foi produzido. Para facilitar a organização no caso de nomes de cidades, deve-se levar em consideração:

> Quando as cidades forem do mesmo estado, começa-se pela capital (mesmo que ela não esteja na ordem alfabética).

> Essa mesma lógica deve ser utilizada ao nos referirmos a cidades de um país. Devemos começar pela capital dele.

> Porém, quando as cidades estão espalhadas em diferentes estados devemos levar em consideração apenas a ordem alfabética e colocar as siglas dos estados, entre parênteses, após o nome da cidade (não é necessário colocarmos primeiramente as capitais).

Ideográfico

Ordenado conforme o assunto do documento. Neste método, deve-se levar em consideração o assunto do documento e, para ter eficiência, exige-se a interpretação dos documentos e um vasto conhecimento das atividades da organização. Assim, podemos dividir esse método em duas categorias: alfabética e numérica.

> **Alfabética:** essa categoria subdivide-se em:
> » Dicionário.
> » Enciclopédia.

> **Numérica:** subdivide-se também em duas categorias:
> » Decimal.
> » Duplex.

Fique Ligado

Não há um método superior ao outro, a escolha de um método em detrimento de outro deve ser feito, levando em consideração as necessidades da organização.

Acondicionamento e Armazenamento de Documentos de Arquivo

O armazenamento é a guarda de documentos em depósitos destinados para esse fim. Já o acondicionamento é a colocação de documentos em mobiliário e invólucros apropriados, que assegurem a sua preservação.

Armazenamento

Todos os documentos devem ser armazenados em instalações que ofereçam um ambiente adequado a sua preservação.

Apesar dos avanços tecnológicos em matéria de restauração documental, é um princípio de preservação arquivística quase consensual que a manutenção de um ambiente de armazenamento dentro dos padrões convencionais (umidade relativa e temperatura) para o material que está sendo armazenado é a medida mais eficaz, em termos de custo-benefício, para uma maior sobrevida dos documentos arquivísticos. Quando falamos de armazenamento de documentos magnéticos ou ópticos, há que se observarem as recomendações específicas ou especiais quanto às melhores condições possíveis de armazenamento. O ambiente deve ser constantemente monitorado e as leituras verificadas com regularidade.

Acondicionamento

A escolha da forma de acondicionar os documentos será em função do suporte documental e suas peculiaridades.

A confecção e a disposição do mobiliário deverão acatar as normas existentes sobre qualidade e resistência e sobre segurança no trabalho. A observância desses preceitos proporciona:

> Facilidade de acesso aos documentos.

> Proteção contra eventuais danos físicos, químicos e mecânicos.

Uma medida que vem ao encontro da necessidade de preservação dos documentos é a opção de utilizar em sua guarda, arquivos, estantes, armários ou prateleiras, apropriados a cada suporte e formato.

Algumas Peculiaridades no Acondicionamento e Armazenamento de Documentos

Devido as suas características, certos documentos como mapas, plantas e cartazes devem ser armazenados horizontalmente em móveis especiais para o acondicionamento horizontal com gavetas próprias para a sua guarda sem a necessidade de dobrá-las de acordo com suas medidas. Um móvel que atende a essa finalidade é a Mapoteca. Outra opção é enrolá-los em tubos confeccionados em cartão alcalino e acondicioná-los em armários ou gavetas.

Campos magnéticos causam a distorção ou a perda de dados em mídias magnéticas, como fitas de vídeo, áudio e de computador, que, por isso, devem ser armazenadas em locais onde haja proteção contra essa influência.

O armazenamento será preferencialmente em mobiliário de aço tratado com pintura sintética, de efeito antiestático.

Vantagens do Acondicionamento em Embalagens

Os documentos de valor permanente que apresentam grandes formatos, como mapas, plantas e cartazes, devem ser armazenados horizontalmente, em mapotecas – móveis especiais para o acondicionamento horizontal com gavetas próprias para a guarda de mapas, cartas geográficas, históricas, sem a necessidade de dobrá-las — adequadas às suas medidas, ou enrolados sobre tubos confeccionados em cartão alcalino e acondicionados em armários ou gavetas.

> Nenhum documento deve ser armazenado diretamente sobre o chão.

> As mídias magnéticas, como fitas de vídeo, áudio e de computador, devem ser armazenadas longe de campos magnéticos que possam causar a distorção ou a perda de dados.

> O armazenamento será preferencialmente em mobiliário de aço tratado com pintura sintética, de efeito antiestático.

Vantagens do Acondicionamento em Embalagens

> Protegem os documentos contra a poeira e danos acidentais.

> Minimizam as variações externas de temperatura e umidade relativa.

> Diminuem a probabilidade de danos em eventual contato com água e fogo em casos de desastre.

Características das Caixas de Acondicionamento de Documentos de Arquivo

> Devem suportar o peso dos documentos e a pressão, caso tenham de ser empilhadas.

> Devem ser limpos e conservados, de forma a proteger os documentos.

> As medidas de caixas, envelopes ou pastas devem respeitar formatos padronizados, devendo exceder a dos documentos que irão abrigar.

> Não devem ser utilizados para o armazenamento de documentos permanentes materiais quimicamente instáveis, devido ao risco quanto à preservação dos documentos.

> Para a confecção de caixas para o acondicionamento dos documentos, devem ser utilizados papéis especiais, que atendam à necessidade de preservação e conservação dos documentos.

Fique Ligado

No caso de caixas não confeccionadas em cartão alcalino, recomenda-se o uso de invólucros internos de papel alcalino, para evitar o contato direto de documentos com materiais instáveis.

Condições Ambientais

O estudo das condições ambientais para o armazenamento e preservação de documentos subdivide-se na análise da:

> Temperatura.

> Umidade relativa do ar (UR).

As condições adequadas de temperatura e de umidade relativa do ar são elementos vitais para postergar a sobrevivência dos registros.

→ Fatores importantes a se considerar na UR:

> Se os níveis de umidade relativa (UR) são muito baixos, aumenta-se o risco de quebra das fibras e esfarelamento dos materiais orgânicos fibrosos.

> Para pergaminhos e encadernações em couro, a UR abaixo de 40% é perigosa e o papel também sofre abaixo desses níveis. Já nas faixas de UR acima de 65% crescem micro-organismos e ocorrem reações químicas danosas.

> A faixa segura de umidade relativa é entre 45% e 55%, com variação diária de +/- 5%.

→ Fatores importantes a se considerar na Temperatura:

> A temperatura deve também estar relacionada com a umidade relativa.

> A temperatura ideal para documentos é 20º C, com variação diária de +/- 1º C.

> Observações:

> A estabilidade da temperatura e da UR é especialmente importante, e as mudanças bruscas ou constantes são muito danosas.

> No caso de não existir a possibilidade de se instalar um sistema de climatização, a instalação de umidificadores, desumidificadores, exaustores e ventiladores pode surtir bons resultados.

> O sistema de ar condicionado ideal é aquele que controla a temperatura, a umidade e ainda filtra os agentes poluentes, antes de insuflar o ar no ambiente interno. Ele deve ficar em funcionamento durante as 24 horas do dia. Os custos iniciais de instalação e os de manutenção são muito altos.

Diagnóstico

É a análise detalhada dos aspectos relacionados ao funcionamento do arquivo da instituição, de forma a identificar as falhas ou lacunas existentes, permitindo a adoção de medidas que visem a aumentar a eficiência dele.

→ **O diagnóstico proporciona informações como:**

> Instalações físicas (infiltrações, goteiras, poeira, luz solar etc.).

> Condições ambientais (temperatura, umidade, luminosidade).

> Condições de armazenamento.

> Estado de conservação do documento.

> Espaço físico ocupado.

> Volume documental.

> Controle de empréstimos (frequência de consultas).

> Recursos humanos (número de pessoas, nível de escolaridade, formação profissional).

> Acesso à informação.

> Gênero dos documentos (escritos ou textuais, audiovisuais, cartográficos, iconográficos, micrográficos e informáticos).

> Arranjo e classificação dos documentos (métodos de arquivamento adotados).

> Tipo de acondicionamento (pastas, caixas, envelopes, amarrados, etc.).

De posse dos dados acima citados, o arquivista está habilitado a analisar objetivamente a real situação dos serviços de arquivo e fazer seu diagnóstico para propor as alterações e medidas mais indicadas, em cada caso, a serem adotadas no sistema a ser implantado.

Podemos concluir que o diagnóstico seria uma forma de encontrar falhas e problemas no processo de arquivamento que possam dificultar ou impedir o eficiente funcionamento do arquivo e propor soluções viáveis para o equacionamento dos problemas.

Gestão de Documentos Correntes

O estabelecimento de normas para o tratamento de documentos em fase corrente permite aproveitar ao máximo a informação disponível e necessária à tomada de decisões, bem como os recursos humanos e materiais existentes. Essas normas visam aumentar a eficácia administrativa, facilitar a recuperação mais rápida dos documentos e/ou informações neles contidas e racionalizar sua guarda e conservação.

O documento corrente é aquele necessário ao desenvolvimento das atividades de rotina de uma instituição e, por consequência, os procedimentos realizados para a sua classificação, registro, autuação e controle da tramitação, expedição, e arquivamento têm por objetivo facilitar o acesso às informações neles contidas. Esse conjunto de operações técnicas caracteriza os serviços de gestão dos documentos correntes. Nas administrações pública e privada, as unidades responsáveis por tais serviços são intituladas protocolo e arquivo, arquivo e comunicações administrativas, serviço de comunicações etc.

Gestão de Documentos Intermediários

Encerrado o período de arquivamento na fase corrente, alguns documentos podem ser eliminados imediatamente, desde que assim definidos na Tabela de Temporalidade da instituição. Mas uma parte relativamente importante destes deverá ser conservada por um período mais longo em função de razões legais ou administrativas. Nesse caso, não se justifica a sua guarda junto aos organismos que os produziram, pois esses documentos ocupariam um espaço em locais onde o metro quadrado é extremamente caro. Os depósitos de armazenagem temporária constituem uma alternativa cujo objetivo principal é minimizar o custo público da guarda de documentos intermediários, racionalizando espaço físico, equipamentos e recuperação da informação.

→ Responsáveis pela guarda física dos documentos de uso pouco frequente, os arquivos intermediários:

> Atendem às consultas feitas pelos órgãos depositantes.

> Coordenam as transferências de novos documentos aos seus depósitos.

> Procedem à aplicação de tabelas de temporalidade por meio de seleção de documentos para eliminação ou recolhimento.

> Coordenam o recolhimento de documentos permanentes para o arquivo de terceira idade.

Os documentos só devem ser aceitos para guarda intermediária quando for conhecido o seu conteúdo, o prazo de guarda e a data de eliminação ou recolhimento.

A unidade administrativa que transfere os documentos ao arquivo intermediário conserva seus direitos sobre eles, podendo consultá-los ou tomá-los por empréstimo. O atendimento às consultas e empréstimos deve ser rápido e preciso. A consulta por parte de terceiros só é permitida com a autorização da unidade administrativa que transferiu os documentos.

Geralmente, os depósitos de arquivamento

intermediário estão localizados fora dos centros urbanos (terrenos mais baratos), mas em locais de acesso fácil e rápido.

A construção e os equipamentos são simples, mas devem permitir a conservação adequada do acervo documental contra elementos que possam danificá-los, como incêndios, inundações, poluição atmosférica, excesso de umidade e de luz solar.

Protocolo

Conjunto de operações e procedimentos visando ao controle dos documentos que ainda tramitam no órgão, de modo a assegurar e garantir a imediata localização e recuperação do documento, garantindo assim o acesso à informação. É uma atividade típica de arquivo corrente. Este setor é típico da fase corrente, pois é nessa fase que os documentos possuem grande tramitação.

→ O Protocolo realiza as seguintes atividades/operações:

> Recebimento.
> Registro.
> Autuação.
> Classificação.
> Expedição/Distribuição.
> Controle/Movimentação.

Recebimento

Ato de receber os documentos produzidos pela instituição ou aqueles produzidos por outras instituições que para lá foram encaminhados.

→ **Devemos observar o fluxograma do documento a partir da sua produção ou recebimento:**

> Recebimento da correspondência chegada à instituição geralmente pelo malote e separação da correspondência oficial da particular.
> Distribuição da correspondência particular e encaminhamento da correspondência sigilosa aos seus destinatários.
> Separação da correspondência oficial de caráter ostensivo das de caráter sigiloso.
> Abertura da correspondência ostensiva.
> Interpretação da correspondência e sua classificação de acordo com o código adotado pela empresa e definido pelo arquivista.
> Carimbo do documento no canto superior direito.
> Elaboração do resumo do assunto tratado no documento.
> Encaminhamento dos papéis ao setor responsável pelo registro e movimentação.

Registro

Procedimento no qual o protocolo cadastra os dados básicos do documento, em um sistema de controle (manual ou informatizado), no qual posteriormente esses dados possam ser utilizados para localização do documento.

Autuação

→ **Atividade de transformação de documentos em processos:**

> **Processo:** é a reunião de dois ou mais documentos. Sem isso, eles perderiam o seu valor administrativo ou probatório. Possuem um caráter detalhado e são protocolados e autuados pelos órgãos produtores ou receptores.
> **Formação de Processo:** caracteriza a abertura do processo. Assim, nessa fase deverão ser observados os documentos que necessitam de análises, informações e decisões de vários setores da organização.
> **Juntada:** é a união de um documento ao restante do processo ou de um processo a outro. Realiza-se por apensação ou anexação.
  » **Por anexação**: é uma união definitiva e irreversível de processos de um mesmo interessado desde que tenham o mesmo assunto.
  » **Por apensação**: é uma união provisória de um processo a outro mais antigo, visando à uniformidade, a dar um tratamento semelhante, com o mesmo interessado ou não.

Fique Ligado

De modo inverso, a desapensação é a separação física de um documento unido temporariamente a um processo.

→ **Procedimentos adotados para a Autuação:**

> Inserção de capa específica.
> Numeração das páginas.
> Atribuição de nº de identificação do processo.

→ **Durante a sua tramitação interna, o processo pode exigir a adoção de alguns procedimentos administrativos:**

> **Despacho:** é a decisão da autoridade administrativa, pode ser favorável (deferido) ou desfavorável (indeferido).
> **Diligência:** é quando um processo é devolvido ao órgão para que sane as formalidades que foram descumpridas.

→ **Outras definições relacionadas ao processo:**

> **Folha de Processo:** são duas faces de uma mesma página.
> **Peça do processo:** são documentos que fazem parte do processo. Exemplos: fita de vídeo, nota fiscal, contratos etc.
> **Desentranhamento de peças:** é a retirada de alguma peça do processo, isso ocorre devido à necessidade da administração ou do interessado.
> **Desmembramento:** é a retirada de uma parte do processo para formar um novo processo. Isso só pode ocorrer com autorização do órgão autorizado.

Classificação

Uma vez recebido no protocolo, o documento será analisado para identificar o assunto e classificado de acordo com o código de classificação de documentos.

A classificação consiste na rotina de "interpretação" de documentos, que se dispõe conforme a função de criação do documento. O seu objetivo é, basicamente, dar visibilidade às funções e às atividades do organismo produtor do documento de arquivo, deixando claras as ligações entre os documentos.

- **Procedimentos de Classificação**

Inicialmente, analisam-se os documentos produzidos por determinada instituição para a posterior criação de categorias e classes genéricas que correspondam às funções e atividades desenvolvidas pela instituição. A classificação considera a forma e os motivos que determinaram a existência do documento (como e por que foram produzidos), sendo condição precípua para a sua compreensão plena, tanto para quem organiza como para quem consulta. Esse procedimento é conhecido como elaboração do "plano de classificação" do arquivo na fase corrente.

Para os documentos recebidos – de origem externa à instituição: a abertura daqueles que estiverem em envelopes fechados deverá ser procedida no setor de Protocolo, com exceção dos documentos particulares e sigilosos. Já os documentos ostensivos (natureza do assunto) deverão ser abertos, analisados, classificados e registrados, antes de serem encaminhados aos seus destinatários.

Expedição/Distribuição

É o envio dos documentos para os seus respectivos destinatários, sendo que, na **expedição**, esse destinatário encontra-se no âmbito **externo** ao órgão, enquanto na **distribuição,** a remessa de documentos ocorre **dentro** do próprio órgão.

Controle de Movimentação/Tramitação

Atividade que consiste em identificar os setores pelos quais passam os documentos, para recuperá-los com agilidade, quando necessário, auxiliando o Gestor na tomada de decisão, bem como identificar possíveis atrasos na tramitação. É realizado por sistemas informatizados ou manuais (livro, ficha de protocolo).

→ **Outros termos relacionados ao setor de protocolo:**

> **Protocolo central:** é uma unidade ou órgão que centraliza as atividades de protocolo.

> **Protocolo setorial:** descentraliza as atividades do protocolo central, pois é instalado em cada unidade visando a dar suporte às atividades de recebimento e expedição de documentos.

Vamos Praticar

01. (FGV) Acerca dos métodos de arquivamento, assinale a afirmativa correta.

a) Os métodos de arquivamento podem ser divididos em duas classes: alfabéticos e numéricos.
b) Os métodos de arquivamento podem ser divididos em dois grandes sistemas: o geográfico e o ideográfico.
c) O método alfanumérico é considerado do sistema semi-indireto.
d) Variadex e soundex são considerados métodos dígito-terminais.
e) O sistema direto é aquele em que, para se localizar o documento, é preciso apenas consultar o índice.

02. (FCC) É correto afirmar que, para arquivar documentos seguindo a regra de alfabetação, os sobrenomes que exprimem grau de parentesco, tais como Filho, Júnior, Neto e Sobrinho, devem ser:

a) Considerados apenas se forem nomes estrangeiros.
b) Desconsiderados parte integrante do último sobrenome.
c) Colocados após o nome completo, entre parênteses.
d) Considerados e ligados por hífen.
e) Considerados parte integrante do último sobrenome.

No que concerne a sistemas e métodos de arquivamento, julgue os itens subsequentes.

03. (CESPE) O método ideográfico ou por assunto é frequentemente confundido com um método que se baseia no tipo físico do documento, isto é, na espécie documental.

Certo ( ) Errado ( )

04. (CESPE) Os métodos básicos de arquivamento são alfabético, geográfico, numérico e ideográfico.

Certo ( ) Errado ( )

05. (FUNIVERSA) De acordo com as regras de alfabetação utilizadas no método alfabético, assinale a alternativa em que os nomes a seguir estão arquivados de maneira correta.

João Antônio Silva - Alberto Monte Azul - William d'Almeida - Roberto Carlos Sousa Júnior

a) Almeida, William d'
Monte Azul, Alberto
Silva, João Antônio
Sousa Júnior, Roberto Carlos.

b) Alberto Monte Azul
João Antônio Silva
Roberto Carlos Sousa Júnior
William d'Almeida.

c) Almeida, William d'
Azul, Alberto Monte
Júnior, Roberto Carlos Sousa
Silva, João Antônio.

d) D'Almeida, William
Monte Azul, Alberto
Júnior, Roberto Carlos Sousa
Silva, João Antônio.

e) Azul, Alberto Monte
D'Almeida, William
Júnior, Roberto Carlos Sousa
Silva, João Antônio.

06. (FUNIVERSA) Acerca do método geográfico de arquivamento, assinale a alternativa correta.

a) O principal elemento a ser considerado é o nome.
b) É um método do sistema direto.
c) Quando se organiza o arquivo por estados, as capitais devem ser alfabetadas por último.
d) Quando se organiza o arquivo pelo nome das cidades, deve haver um destaque especial para as capitais.
e) Quando se organiza o arquivo pelo nome do país, não há a necessidade de dispô-los em ordem alfabética.

07. (FUNIVERSA) Assinale a alternativa que apresenta o tipo de sistema a que pertence o método de arquivamento alfabético.

a) Indireto.
b) Básico.
c) Ideográfico.
d) Padronizado.
e) Direto.

08. (CESGRANRIO) A organização de documentos de arquivo de primeira idade requer a escolha racional do melhor método para uma eficiente e posterior recuperação da informação. Nesse sentido, considerando-se o agrupamento de assuntos correlatos por entradas gerais que subordinam entradas secundárias, e que são organizados de acordo com a rigorosa sequência das letras, a ordem utilizada é a:

a) Automática.
b) Decimal.
c) Dicionária.
d) Enciclopédica.
e) Duplex.

09. (CESGRANRIO) O método ideográfico numérico, no qual a documentação é dividida em classes conforme os assuntos, partindo do gênero para a espécie e permitindo a abertura ilimitada de classes, denomina-se:

a) Duplex.
b) Decimal.
c) Unitermo.
d) Cronológico.
e) Dígito-terminal.

10. (CESGRANRIO) Em método por assunto alfabético, no qual os assuntos correlatos são grupados sob títulos gerais e dispostos alfabeticamente, os assuntos seguem a ordem:

a) Enciclopédica.
b) Dicionária.
c) Duplex.
d) Variadex.
e) Decimal.

11. (CESGRANRIO) Considerando o método alfabético e as regras de alfabetação utilizadas nesse método, analise os nomes a seguir.

01. Luís Otávio Teixeira Amaral Filho.
02. Vinicius Cerqueira Santo Aleixo.
03. Pedro Augusto Rocha Alonso.
04. Antônio Henrique de Amaral Neto.
05. Paulo Ricardo da Costa Almeida.

A ordem correta de arquivamento desses nomes é:

a) 2 - 3 - 1 - 4 - 5;
b) 2 - 5 - 4 - 1 - 3;
c) 5 - 1 - 4 - 3 - 2;
d) 5 - 3 - 4 - 1 - 2;
e) 5 - 4 - 1 - 2 - 3.

Acerca do diagnóstico da situação arquivística — a primeira etapa da intervenção arquivística em uma organização —, julgue os itens que se seguem.

12. (CESPE) O diagnóstico da situação arquivística propicia não só o conhecimento do acervo documental, mas também o do sujeito acumulador de arquivos — a organização.

Certo ( ) Errado ( )

13. O diagnóstico da situação arquivística do tipo minimalista tem como objetivo principal a formulação de uma política arquivística para um conjunto de órgãos de uma mesma área de atuação.

Certo ( ) Errado ( )

14. (CESPE) A elaboração do plano de classificação de documentos e da tabela de temporalidade depende das informações coletadas nos diagnósticos da situação arquivística de um órgão ou empresa privada.

Certo ( ) Errado ( )

Acerca da realidade arquivística brasileira e do diagnóstico da situação arquivística, julgue os itens a seguir.

15. *(CESPE)* A finalidade do diagnóstico da situação arquivística do tipo minimalista é subsidiar a elaboração de política arquivística para os arquivos da Justiça Eleitoral brasileira.

Certo ( ) Errado ( )

16. (CESPE) O diagnóstico da situação arquivística do tipo maximalista é o indicado para ser aplicado no Tribunal Regional Eleitoral do Espírito Santo.

Certo ( ) Errado ( )

17. (CESPE) O diagnóstico da situação arquivística possibilita formular hipóteses a respeito da origem dos problemas levantados, bem como alternativas para solucioná-los.

Certo ( ) Errado ( )

18. O Cadastro Nacional de Arquivos Federais, publicado pelo Arquivo Nacional em 1990, é típico exemplo de diagnóstico minimalista.

Certo ( ) Errado ( )

19. (CESPE) Um dos objetivos do diagnóstico minimalista é a elaboração de instrumentos de gestão arquivística, como o plano ou o código de classificação e a tabela de temporalidade de documentos.

Certo ( ) Errado ( )

20. (CESPE) O modo original de organização, classificação, avaliação e descrição dos documentos, mesmo se empírico e com base no senso comum, constitui informação relevante a ser coletada em um diagnóstico da situação arquivística.

Certo ( ) Errado ( )

Gabarito

01	C	11	A
02	E	12	CERTO
03	CERTO	13	CERTO
04	CERTO	14	ERRADO
05	A	15	CERTO
06	B	16	ERRADO
07	B	17	ERRADO
08	E	18	CERTO
09	D	19	ERRADO
10	A	20	CERTO

Anotações

CAPÍTULO 03
Tipologias Documentais e Suportes Físicos

Introdução

Vimos, nos capítulos anteriores, que o arquivo pode ser formado por documentos de qualquer gênero (a configuração que assume um documento, dependendo do sistema de signos utilizados na comunicação de seu conteúdo). Ou seja, o documento pode ser textual, iconográfico, sonoro, audiovisual, informático etc.

O arquivo também é composto de documentos que podem ser confeccionados por diversos tipos de materiais, sobre os quais as informações são registradas (suporte).

São exemplos disso: papel, filme, disco ótico, disco magnético etc. Para que você não confunda os gêneros de documentos, vamos recordar os mais importantes:

→ **Escritos ou textuais:** textos manuscritos, datilografados ou impressos.

→ **Cartográficos:** representações geográficas, arquitetônicas ou de engenharia (mapas, plantas, perfis etc.).

→ **Iconográficos:** suporte sintético, em papel emulsionado, como fotografias, diapositivos, desenhos etc.

→ **Filmográficos:** películas cinematográficas e fitas magnéticas de imagens, com ou sem sonorização, contendo imagens em movimento.

→ **Sonoros:** registros fonográficos (discos e fitas magnéticas).

→ **Micrográficos:** documentos resultantes de microrreprodução de imagens (microfilme, microficha, rolo etc.).

→ **Informáticos:** tratados e armazenados em sistemas computacionais (disquete, CD-ROM, DVD-ROM, HD etc.).

Mudança de Suporte

Muitas vezes, dentro do ciclo de vida de um documento, o suporte pode ser alterado devido a questões funcionais, administrativas ou legais. Nesse sentido, a microfilmagem é um processo bastante utilizado e oferece como resultado a economicidade de espaço e a garantia da preservação de originais passíveis de destruição.

É necessário observar que a adoção de recursos tecnológicos para alteração do suporte da informação requer a observância de determinados critérios:

→ **Questões legais** concernentes à alteração do suporte, observando-se as garantias jurídicas, a normalização dos procedimentos, as especificações e os padrões de qualidade estabelecidos pela legislação brasileira e por organismos internacionais.

→ **Capacidade de recuperação** das informações antes e depois de processar a alteração do suporte.

→ **Custo da operação.**

→ **Definição da melhor técnica**, de forma a assegurar a qualidade da reprodução, a durabilidade do novo suporte e o acesso à informação.

→ **Existência de depósitos** e equipamentos de segurança que venham a garantir a preservação do novo suporte.

Organizados e avaliados os documentos, deve-se proceder ao estudo da viabilidade econômica, de acordo com a disponibilidade de pessoal, espaço e recursos financeiros do órgão, além do cálculo dos equipamentos, materiais e acessórios necessários.

Deve-se, ainda, verificar as instalações dos arquivos de segurança, bem como as condições de tratamento técnico, armazenamento e acesso às informações.

Somente a partir desses procedimentos, recomenda-se propor as eventuais alterações de suporte documental.

Microfilmagem

A microfilmagem é um processo realizado mediante captação da imagem por meio fotográfico ou eletrônico. É uma técnica utilizada para alterar o suporte em que a informação está contida e atualizar os arquivos. Assim, a microfilmagem cria uma cópia do documento original em gênero micrográfico (microfilme ou microficha).

→ **Tem como objetivos:**

> Reduzir o tamanho do acervo, propiciando otimização de espaço e economicidade para a instituição.

> Prolongar a vida útil dos documentos originais, uma vez que, a partir da microfilmagem — via de regra —, o documento estará disponível para consulta apenas através do rolo de microfilme, preservando-se, dessa forma, o original.

→ **Podemos resumir as vantagens do microfilme nos seguintes pontos:**

> Economia de espaço.

> Acesso fácil e rápido.

> Segurança e garantia da confidencialidade das informações.

Segundo a legislação, a microfilmagem só pode ser realizada por cartórios ou empresas devidamente registradas e autorizadas pelo Ministério da Justiça. Isso garante o valor legal dos microfilmes.

A microfilmagem por si só não exime a observância dos critérios e procedimentos estabelecidos aos demais documentos relativos à eliminação ou guarda permanente.

Fique Ligado

A microfilmagem não autoriza, por si só, a eliminação do documento.

Devido ao valor legal do microfilme, existe uma legislação específica que deve ser seguida pelas instituições envolvidas em sua produção. Nesse sentido, a Lei nº 5.433/68, regulamentada pelo Decreto nº 1799/96, que disciplina toda produção de microfilme, estabelece que:

> ***§ 1º** Os microfilmes de que trata esta Lei, assim como as certidões, os traslados e as cópias fotográficas obtidas diretamente dos filmes produzirão os mesmos efeitos legais dos documentos originais em juízo ou fora dele.*

Os documentos microfilmados são dotados de valor probatório, ou seja, produzem os mesmos efeitos legais que os dos originais.

É importante destacar que há restrições à microfilmagem. Quando se produz um microfilme, podemos eliminar quase toda papelada microfilmada, no entanto, não os documentos considerados de valor histórico (exemplo: documentos referentes à construção de um monumento).

Arquivos	Tipos de documentos	Microformas
Documentos	Processos, recibos, escrituras, fichas, balancetes, balanços, licitações, concursos, leis, portarias, decretos, resoluções, atos, contratos	Rolo, cartucho, com filme 16mm
Documentos administrativos e contábeis de arquivo corrente	Prontuário de empregados, alunos, cadastro de fornecedores e clientes	Jaquetas de 105mm com filme de 16mm - 5 canais Tab-Jac-cartão tabuláveis com filme de 16mm de 1 a 3 canais
Documentos técnicos	Livros, plantas, mapas, jornais	Rolo ou cartucho com filme de 35mm Cartão-janela com filme de 35mm jaqueta de 105mm com filme de 35mm Tab-jac-cartão tabuláveis com filme de 35mm
Biblioteca	Livros, revistas	Rolo de 16mm e 35mm m
Informações volumosas contidas em arquivos	Cadastro do IPTU, INSS, dívida ativa, dotações orçamentárias.	COM microficha Filme de 105mm x 148mm

Automação

Pode ser entendida como a transposição do suporte inicial do documento (papel, fita magnética, etc.) para um suporte digital (CD, DVD, etc.) por meio de computadores.

Não devemos confundi-la com o processo de automação de arquivo (Gestão Eletrônica de Documentos - GED), pois este é muito mais abrangente e envolve a automação de todo o sistema (protocolo, sistema de busca do documento).

→ **Os métodos utilizados para automatizar (digitalizar) um documento são:**

> Por meio da transferência da informação para um CD ou mesmo para o meio virtual pelo processo de escaneamento de um documento em papel.

> Gravando as informações de uma fita magnética, disco de vinil etc. para um CD ou DVD, por exemplo.

» A digitalização de documentos é uma política de arquivo baseada em quatro fundamentos principais:

> Diminuição do tamanho do acervo.

> Preservação dos documentos.

> Possibilidade de acesso ao mesmo documento por várias pessoas ao mesmo tempo.

> Maior agilidade (ao menos em tese) na busca e recuperação da informação.

> Acondicionamento e armazenamento de documentos de arquivo.

O armazenamento é a guarda ou acondicionamento de documentos em depósitos. E o acondicionamento é a colocação de documentos em mobiliário e invólucros apropriados, que assegurem sua preservação.

Armazenamento

Todos os documentos devem ser armazenados em instalações que possibilitem condições ambientais apropriadas às suas necessidades de preservação, pelo prazo de guarda estabelecido em tabela de temporalidade e destinação. Apesar dos avanços tecnológicos em matéria de restauração documental, é um princípio de preservação arquivística quase consensual que a manutenção de um ambiente de armazenamento dentro dos padrões convencionais (umidade relativa e temperatura) para o material que está sendo armazenado é a medida mais eficaz, em termos de custo-benefício, para uma maior sobrevida dos documentos arquivísticos. Quando falamos de armazenamento de documentos magnéticos ou ópticos, há que se observar as recomendações específicas ou especiais quanto às melhores condições possíveis de armazenamento. O ambiente deve ser constantemente monitorado e as leituras verificadas com regularidade.

Acondicionamento

A escolha da forma de acondicionar os documentos deverá ser feita observando-se as características físicas e a natureza de cada suporte. A confecção e a disposição do mobiliário deverão acatar as normas existentes sobre qualidade e resistência e sobre segurança no trabalho. O mobiliário facilita o acesso seguro aos documentos, promove a proteção contra danos físicos, químicos e mecânicos. Os documentos devem ser guardados em arquivos, estantes, armários ou prateleiras apropriados a cada suporte e formato.

→ **Algumas peculiaridades no acondicionamento e armazenamento de documentos:**

> Os documentos de valor permanente que apresentam grandes formatos, como mapas, plantas e cartazes, devem ser armazenados horizontalmente em mapotecas – móveis especiais para o acondicionamento horizontal com gavetas próprias para guardar mapas, cartas geográficas, históricas, sem a necessidade de dobrá-las - adequadas às suas medidas ou enrolados sobre tubos confeccionados em cartão alcalino e acondicionados em armários ou gavetas.

> Nenhum documento deve ser armazenado diretamente sobre o chão.

> As mídias magnéticas, como fitas de vídeo, áudio e de computador, devem ser armazenadas **longe** de campos magnéticos que possam causar a distorção ou a perda de dados.

> O armazenamento será **preferencialmente** em mobiliário de aço tratado com pintura sintética, de efeito antiestático.

→ **Vantagens do acondicionamento em embalagens:**

> Protegem os documentos contra a poeira e danos acidentais.

> Minimizam as variações externas de temperatura e umidade relativa.

> Reduzem os riscos de danos por água e fogo em casos de desastre.

→ **Características das caixas de acondicionamento de documentos de arquivo:**

> Devem ser resistentes ao manuseio, ao peso dos documentos e à pressão, caso tenham de ser empilhadas.

> Precisam ser mantidas em boas condições de conservação e limpeza, de forma a proteger os documentos.

> As medidas de caixas, envelopes ou pastas devem ser sempre superiores às dos documentos que irão abrigar.

- Todos os materiais usados para o armazenamento de documentos permanentes devem manter-se quimicamente estáveis ao longo do tempo, não podendo provocar quaisquer reações que afetem a preservação dos documentos.
- Os papéis e cartões empregados na produção de caixas e invólucros devem ser alcalinos e corresponder às expectativas de preservação dos documentos.

Fique Ligado

No caso de caixas não confeccionadas em cartão alcalino, recomenda-se o uso de invólucros internos de papel alcalino, para evitar o contato direto de documentos com materiais instáveis.

Condições Ambientais

O estudo das condições ambientais para o armazenamento e preservação de documentos subdivide-se na análise da:

→ **Temperatura.**

→ **Umidade relativa do ar (UR).**

As condições adequadas de temperatura e de umidade relativa do ar são elementos vitais para postergar a sobrevivência dos registros.

Fatores importantes a se considerar na UR:

- Se os níveis de umidade relativa (UR) são muito baixos, aumenta-se o risco de quebra das fibras e esfarelamento dos materiais orgânicos fibrosos.
- Para pergaminhos e encadernações em couro, a UR abaixo de 40% é perigosa e o papel também sofre abaixo desses níveis. Já nas faixas de UR acima de 65%, crescem micro-organismos e ocorrem reações químicas danosas.
- A faixa segura de umidade relativa é entre 45% e 55%, com variação diária de +/- 5%.

→ **Fatores importantes a se considerar na temperatura:**

- A temperatura deve também estar relacionada com a umidade relativa.
- A temperatura ideal para documentos é 20º C, com variação diária de +/- 1º C.

Fique Ligado

A estabilidade da temperatura e da UR é especialmente importante, e as mudanças bruscas ou constantes são muito danosas. No caso de não existir a possibilidade de se instalar um sistema de climatização, a instalação de umidificadores, desumidificadores, exaustores e ventiladores pode surtir bons resultados.

- O sistema de ar condicionado ideal é aquele que controla a temperatura, a umidade e ainda filtra os agentes poluentes, antes de insuflar o ar no ambiente interno. Ele deve ficar em funcionamento durante as 24 horas do dia. Os custos iniciais de instalação e os de manutenção são muito altos.

Preservação e Conservação

Os documentos podem sofrer degradação causada por diversos agentes, normalmente classificados em:

→ **Físicos** - luminosidade, temperatura, umidade etc.

→ **Químicos** - acidez do papel, poluição atmosférica, tintas, etc.

→ **Biológicos** - insetos, fungos, roedores etc.

→ **Ambientais** - ventilação, poeira etc.

Assim, o arquivo permanente, além da guarda, deve se preocupar também com a preservação dos documentos da instituição, de forma a garantir que os valores secundários (histórico e cultural, probatório e informativo), inerentes a essa idade do arquivo, não sejam perdidos.

→ **A preservação de documentos compreende três atividades:**

- Conservação.
- Armazenamento.
- Restauração.

A preservação dos documentos se dá por meio de adequado **controle ambiental** e tratamento físico ou químico. Dessa forma, procura-se prevenir a deterioração dos documentos.

Conservação

O principal objetivo é estender, dilatar a vida útil dos documentos, procurando mantê-los o mais próximo possível do estado físico em que foram criados/recebidos.

→ **Fatores que influenciam na conservação dos documentos:**

- **Luminosidade:** deve-se procurar usar luz artificial (com parcimônia), e a luz do dia deve ser evitada, pois acelera o desaparecimento da tinta e enfraquece o papel.
- **Umidade:** ar muito seco enfraquece o papel e ambientes muito úmidos causam o aparecimento de mofo; o ideal é uma umidade intermediária (45%-60%).
- **Temperatura:** não deve sofrer muitas oscilações; ambientes muito quentes podem destruir a fibra do papel.

Dos fatores acima, destaca-se negativamente a luminosidade que, mesmo em baixo nível, é danosa para a manutenção de um bom estado de conservação dos documentos.

→ **As quatro principais operações de conservação são:**

- Desinfestação.
- Limpeza.
- Alisamento.
- Restauração ou reparo.

Desinfestação

- Processo de destruição ou inibição da atividade de insetos.

Higienização ou limpeza

- Retirada, por meio de técnicas apropriadas, de poeira e outros resíduos.

Alisamento

Consiste em colocar os documentos em bandejas de aço inoxidável e expô-los à ação do ar com forte percentagem de umidade, durante uma hora e, em seguida, passá-los a ferro, folha por folha.

Restauração ou reparo

Conjunto de procedimentos específicos para recuperação e reforço de documentos deteriorados e danificados. Inclui medidas que objetivam a estabilização ou a reversão de danos físicos ou químicos adquiridos pelo documento ao longo do tempo e do uso, intervindo de modo a não comprometer sua integridade e seu caráter histórico. Tem por objetivo revitalizar a concepção original, ou seja, a legibilidade do documento.

A seguir, veremos alguns métodos de restauração de documentos:

- **Silking**

Esse método utiliza tecido de grande durabilidade, mas devido ao uso de adesivo à base de amido, afeta suas qualidades permanentes. Tanto a legibilidade quanto a flexibilidade, a reprodução e o exame pelos raios ultravioletas e infravermelhos são pouco prejudicados. É, no entanto, um processo de difícil execução, cuja matéria-prima é de alto custo.

- **Banho de gelatina**

Consiste em mergulhar o documento em banho de gelatina ou cola o que aumenta a sua resistência, não prejudica a visibilidade e flexibilidade e proporciona a passagem dos raios ultravioletas e infravermelhos. Os documentos, porém, tratados por este processo, que é manual, tornam-se suscetíveis ao ataque de insetos e fungos, além de exigir habilidade do executor.

- **Tecido**

Processo de reparação em que são usadas folhas de tecido muito fino, aplicadas com pasta de amido. A durabilidade do papel é aumentada consideravelmente, mas o emprego do amido propicia o ataque de insetos e fungos, impede o exame pelos raios ultravioletas e infravermelhos, além de reduzir a legibilidade e flexibilidade.

- **Laminação**

Processo em que se envolve o documento, nas duas faces, com uma folha de papel de seda e outra de acetato de celulose, prensado sob pressão e temperatura elevada.

A durabilidade e as qualidades permanentes do papel são asseguradas sem a perda da legibilidade e da flexibilidade, tornando-o imune à ação de fungos e pragas. Qualquer mancha resultante do uso pode ser removida com água e sabão.

O volume do documento é reduzido, mas o peso duplica. A aplicação, por ser mecanizada, é rápida e a matéria-prima, de fácil obtenção. O material empregado na restauração não impede a passagem dos raios ultravioletas e infravermelhos. Assim, as características da laminação são as que mais se aproximam do método Ideal.

- **Laminação manual**

Utiliza a matéria-prima básica da laminação mecanizada, embora não empregue calor nem pressão, que são substituídos pela acetona. Esta ao entrar em contato com o acetato, transforma-o em camada semiplástica que, ao secar, adere ao documento, juntamente com o papel de seda.

A laminação manual, também chamada de laminação com solvente oferece grande vantagem àqueles que não dispõem de recursos para instalar equipamentos mecanizados.

- **Encapsulação**

Utiliza basicamente películas de poliéster e fita adesiva de duplo revestimento. O documento é colocado entre duas lâminas de poliéster fixadas nas margens externas por fita adesiva nas duas faces; entre o documento e a fita deve haver um espaço de 3mm, deixando o documento solto dentro das duas lâminas.

A Encapsulação é considerada um dos mais modernos processos de restauração de documentos.

Fique Ligado

As técnicas de restauração e conservação visam a garantir que a preservação da informação contida nos documentos seja mantida, o que nos leva a entender que a preservação engloba as técnicas de conservação e restauração.

Vamos Praticar

01. (CESPE) A organização de documentos, atividade cada vez mais importante nas instituições, possibilita a tomada de decisão segura e o atendimento rápido das demandas dos usuários. Considerando essa informação, julgue os próximos itens, referentes à Arquivologia. O uso simultâneo de microfilmagem e digitalização consiste em solução viável para o arquivamento de grandes massas documentais com longos prazos de guarda. A microfilmagem contempla o aspecto de comprovação legal, e a digitalização possibilita acesso rápido e múltiplo aos documentos.

Certo ( ) Errado ( )

02. (CESPE) Os originais dos documentos correntes microfilmados podem ser eliminados antes de serem arquivados, visto que os microfilmes os substituem.

Certo ( ) Errado ( )

03. (CESPE) Os documentos avaliados como permanentes podem ser eliminados depois de microfilmados, a critério da instituição produtora.

Certo ( ) Errado ( )

04. (CESPE) A microfilmagem de documentos da administração pública classificados como permanentes é proibida pela legislação arquivística brasileira.

Certo ( ) Errado ( )

05. (CESPE) A microfilmagem de documentos de arquivos é recomendada nos casos em que o volume documental é elevado e o seu prazo de guarda, longo.

Certo ( ) Errado ( )

06. (CESPE) Os traslados e as cópias em papel de documentos somente produzem efeitos legais caso sejam autenticados pela autoridade competente detentora do filme original.

Certo ( ) Errado ( )

07. (CESPE) A microfilmagem é um processo voltado para a preservação e segurança dos documentos arquivísticos, bem como para a promoção do acesso a eles.

Certo ( ) Errado ( )

08. (CESPE) O filme cópia extraído do filme original deve ser mantido, para sua preservação e conservação, no mesmo local do filme original.

Certo ( ) Errado ( )

09. (CESPE) Denomina-se microfilme de substituição o microfilme que serve à preservação das informações contidas em documentos que são eliminados, tendo em vista a racionalização e o aproveitamento de espaço.

Certo ( ) Errado ( )

10. (CESPE) Julgue os seguintes itens, que tratam de políticas, planejamento e técnicas de microfilmagem aplicadas aos arquivos Os documentos microfilmados que apresentarem imagens ilegíveis, por falha de operação ou por problema técnico, serão reproduzidos posteriormente, não sendo permitido corte ou inserção no filme original.

Certo ( ) Errado ( )

11. Na microfilmagem de documentos arquivísticos, o uso de logotipo e de identificação do projeto de microfilmagem é proibido, mesmo que tenha sido realizado por meio de patrocínio, convênio ou intercâmbio.

Certo ( ) Errado ( )

12. (ESAF) Na microfilmagem de documentos, cada série será sempre precedida de imagem de abertura, com os seguintes elementos, exceto:

a) Código de classificação dos documentos.
b) Local e data da microfilmagem.
c) Registro no Ministério da Justiça.
d) Identificação do detentor dos documentos a serem microfilmados.
e) Identificação do equipamento utilizado.

13. (ESAF) Acerca da microfilmagem, assinale a opção correta.

a) É autorizada apenas para documentos públicos.
b) Os documentos de valor histórico microfilmados não deverão ser eliminados.
c) Os traslados e as cópias fotográficas não produzem efeitos em juízo ou fora dele.
d) Os filmes negativos resultantes de microfilmagem serão armazenados no Arquivo Nacional.
e) O Arquivo Nacional autorizará a microfilmagem de documentos.

14. (CESPE) A lei que regulamenta a microfilmagem de documentos oficiais no Brasil foi concebida em decorrência da Lei de Arquivos brasileira.

Certo ( ) Errado ( )

15. Após a microfilmagem de documentos de arquivo, os documentos originais podem ser eliminados, independentemente de terem valor primário ou secundário.

Certo ( ) Errado ( )

O uso da informática como apoio para o desempenho das funções arquivísticas tem sido um aliado, no entanto, também apresenta desafios para o Arquivista, sobretudo no que se refere à manutenção das características essenciais dos arquivos. Considerando a automação aplicada aos arquivos, julgue os próximos itens.

16. (CESPE) Tendo por base pesquisas desenvolvidas em outros países, atualmente, recomenda-se que as políticas e atividades de automação prescindam de medidas que preservem a autenticidade, confiabilidade e representação exata dos documentos.

Certo ( ) Errado ( )

17. (CESPE) Nos casos em que os documentos eletrônicos dependam de programas (software) específicos para a sua conservação, a migração desses documentos para outros suportes ou formatos pode ser uma solução viável.

Certo ( ) Errado ( )

18. (CESPE) O website de um arquivo deve funcionar como um folder institucional e contemplar as informações definidas pelas normas internacionais de descrição de instituições. Nesse espaço de comunicação virtual, as formas de relacionamento com os usuários tradicionais, não devem ser alteradas ou substituídas.

Certo ( ) Errado ( )

19. (CESPE) Metadados correspondem a marcas que servem para identificar uma imagem digital ao sobrepor no mapa de bits da imagem, uma informação complexa, visível ou invisível, que só pode ser suprimida mediante a utilização de um algoritmo e de uma chave protegida.

Certo ( ) Errado ( )

20. (CESPE) A utilização em sistemas informatizados, de assinaturas digitais e de certificação digital, para assegurar autenticação, imputabilidade e irretratabilidade ou irrefutabilidade, foi padronizada e normatizada com a criação da Infraestrutura de Chaves Públicas Brasileira (ICP -Brasil).

Certo ( ) Errado ( )

Gabarito

01	*CERTO*	*11*	*ERRADO*
02	*ERRADO*	*12*	*A*
03	*ERRADO*	*13*	*B*
04	*ERRADO*	*14*	*ERRADO*
05	*CERTO*	*15*	*ERRADO*
06	*CERTO*	*16*	*ERRADO*
07	*CERTO*	*17*	*CERTO*
08	*ERRADO*	*18*	*ERRADO*
09	*CERTO*	*19*	*ERRADO*
10	*CERTO*	*20*	*CERTO*

Anotações

CAPÍTULO 04

Legislação Arquivística

CONARQ

O Conselho Nacional de Arquivos - (CONARQ) é um órgão colegiado, vinculado ao Arquivo Nacional do Ministério da Justiça, que tem por finalidade definir a política nacional de arquivos públicos e privados, como órgão central de um Sistema Nacional de Arquivos, bem como exercer orientação normativa visando à gestão documental e à proteção especial aos documentos de arquivo.

A **Constituição Federal** de 1988 e, particularmente, a **Lei nº 8.159, de 8 de janeiro de 1991** que dispõe sobre a política nacional de arquivos públicos e privados, delegaram ao Poder Público estas responsabilidades, consubstanciadas pelo **Decreto nº 4.073, de 3 de janeiro de 2002**, que consolidou os decretos anteriores - nºs 1.173, de 29 de junho de 1994; 1.461, de 25 de abril de 1995; 2.182, de 20 de março de 1997 e 2.942, de 18 de janeiro de 1999.

De acordo com estes dispositivos legais, as ações visando à consolidação da política nacional de arquivos deverão ser emanadas do **Conselho Nacional de Arquivos – CONARQ**.

O Conselho Nacional de Arquivos (**CONARQ) foi criado pelo art. 26 da Lei nº 8.159/91 e regulamentado pelo Decreto nº 4.073, de 3 de janeiro de 2002** e tem como competências:

01. Estabelecer **diretrizes para o funcionamento do Sistema Nacional de Arquivos - SINAR**, visando à gestão, à preservação e ao acesso aos documentos de arquivos.
02. **Promover o inter-relacionamento de arquivos públicos e privados** com vistas ao intercâmbio e à integração sistêmica das atividades arquivísticas.
03. Propor ao Ministro de Estado da Justiça **normas legais necessárias ao aperfeiçoamento e à implementação da política nacional de arquivos públicos e privados**.
04. **Zelar pelo cumprimento dos dispositivos constitucionais e legais** que norteiam o funcionamento e o acesso aos arquivos públicos.
05. **Estimular programas de gestão e de preservação de documentos públicos de âmbito federal, estadual, do Distrito Federal e municipal**, produzidos ou recebidos em decorrência das funções executiva, legislativa e judiciária.
06. **Subsidiar a elaboração de planos nacionais de desenvolvimento**, sugerindo metas e prioridades da política nacional de arquivos públicos e privados.
07. **Estimular a implantação de sistemas de arquivos nos Poderes Executivo, Legislativo e Judiciário da União, dos Estados, do Distrito Federal e nos Poderes Executivo e Legislativo dos Municípios.**
08. **Estimular a integração e modernização dos arquivos públicos e privados**; identificar os arquivos privados de interesse público e social, nos termos do art. 12 da Lei no 8.159, de 1991.
09. **Propor ao Presidente da República, por intermédio do Ministro de Estado da Justiça, a declaração de interesse público e social de arquivos privados.**
10. **Estimular a capacitação técnica dos recursos humanos** que desenvolvam atividades de arquivo nas instituições integrantes do SINAR.
11. **Recomendar providências para a apuração e a reparação de atos lesivos à política nacional de arquivos públicos e privados.**
12. **Promover a elaboração do cadastro nacional de arquivos públicos e privados**, bem como desenvolver atividades censitárias referentes a arquivos.
13. **Manter intercâmbio com outros conselhos e instituições**, cujas finalidades sejam relacionadas ou complementares às suas, para prover e receber elementos de informação e juízo, conjugar esforços e encadear ações.
14. **Articular-se com outros órgãos do Poder Público formuladores de políticas nacionais nas áreas de educação, cultura, ciência, tecnologia, informação e informática.**

O funcionamento do CONARQ é regulamentado pelo seu regimento interno aprovado pela Portaria nº 2.588, de 24 de novembro de 2011.

O CONARQ é constituído por dezessete membros conselheiros: o Diretor-Geral do Arquivo Nacional, que o presidirá, representantes dos poderes Executivo Federal, Judiciário Federal, Legislativo Federal, do Arquivo Nacional, dos arquivos públicos estaduais e do Distrito Federal, dos arquivos públicos municipais, das instituições mantenedoras de curso superior de Arquivologia, de associações de arquivistas e de instituições que congreguem profissionais que atuem nas áreas de ensino, pesquisa, preservação ou acesso a fontes documentais. Cada Conselheiro tem um suplente.

Sua composição espelha, portanto, a convergência de interesses do Estado e da Sociedade, de modo a compatibilizar as questões inerentes à responsabilidade funcional e social do Poder Público perante a gestão e preservação do patrimônio arquivístico público e privado brasileiro e o direito dos cidadãos de acesso às informações.

Para melhor funcionamento do CONARQ e maior agilidade na operacionalização do **Sistema Nacional de Arquivos - SINAR**, foi prevista a criação de **Câmaras Técnicas e Câmaras Setoriais** e **Comissões Especiais**, com a incumbência de elaborar estudos e normas necessárias à implementação da política nacional de arquivos públicos e privados e ao funcionamento do SINAR.

Ao Arquivo Nacional cabe dar suporte técnico e administrativo ao CONARQ.

As **Câmaras Técnicas**, constituídas pelo Plenário, **são de caráter permanente** e visam a elaborar estudos e normas necessárias à implementação da política nacional de arquivos públicos e privados e ao funcionamento do SINAR.

→ **Desde a implantação do CONARQ foram criadas as seguintes câmaras técnicas:**

> Câmara Técnica de Avaliação de Documentos.
> Câmara Técnica de Capacitação de Recursos Humanos.
> Câmara Técnica de Classificação de Documentos.
> Câmara Técnica de Documentos Audiovisuais, Iconográficos e Sonoros.
> Câmara Técnica de Documentos Eletrônicos.
> Câmara Técnica de Normalização da Descrição Arquivística.
> Câmara Técnica de Paleografia e Diplomática.
> Câmara Técnica de Preservação de Documentos.

Câmaras Setoriais

A Portaria nº 2.588, de 24 de novembro de 2011, do Ministério da Justiça que aprova o recente Regimento

Interno do CONARQ, institui no Capítulo IV Da Organização e do Funcionamento, as Câmaras Setoriais, de caráter permanente visando a identificar, discutir e propor soluções para questões temáticas que se repercutirem na estrutura e organização de segmentos específicos de arquivos, interagindo com as câmaras técnicas.

Câmara Setorial de Arquivos de Instituições de Saúde; Câmara Setorial sobre Arquivos de Empresas Privatizadas ou em Processo de Privatização; Câmara Setorial sobre Arquivos do Judiciário; Câmara Setorial sobre Arquivos Municipais; Câmara Setorial sobre Arquivos de Arquitetura, Engenharia e Urbanismo; Câmara Setorial sobre Arquivos Privados.

SINAR

A História do SINAR

Em 25 de setembro de 1978, o **Decreto nº 82.308**, instituiu o Sistema Nacional de Arquivos -SINAR.

A implementação do Sistema foi bastante prejudicada já que sua **área de abrangência ficou restrita aos arquivos intermediários e permanentes**, tendo em vista os limites impostos na criação, pelo Governo Federal, em 1975, do **Sistema de Serviços Gerais - SISG**, ao qual se vinculariam os **arquivos correntes da Administração Pública Federal.**

A postura equivocada de limitar a atuação do SINAR confrontava-se radicalmente com o princípio da organicidade dos documentos de arquivo, que preconiza a complementaridade entre as três idades que compõem o ciclo vital dos documentos.

Embora formalmente criado, o Sistema nunca chegou a ser implantado uma vez que trazia em seu bojo dispositivos conflitantes e que não atendiam às necessidades e à realidade de nossos arquivos.

Mesmo assim, esse decreto teve o mérito de despertar a atenção de vários governos estaduais para a importância dos arquivos na administração pública, motivando-os a criarem seus sistemas estaduais de arquivos. Foi o caso dos governos do Rio Grande do Norte, do Pará, de Sergipe e do Espírito Santo.

Com a **"recriação" do Sistema Nacional de Arquivos - SINAR, pela Lei n° 8.159, de 08 de janeiro de 1991 e pelos decretos nº 1.173, de 29 de junho de 1994 e 1.461, de 25 de abril de 1995**, consolidados e revogados pelo Decreto nº 4.073, de 3 de janeiro de 2002, o SINAR desenvolverá suas atividades de forma integrada com esses sistemas e estimulará os demais Estados bem como os municípios, que ainda não dispõem desse moderno instrumento de administração, a criarem também seus sistemas de arquivo.

O art. 26 da Lei nº 8.159/91, não só criou o Conselho Nacional de Arquivos - CONARQ como institui também o Sistema Nacional de Arquivos - SINAR, cuja competência, organização e funcionamento estão regulamentados pelo Decreto nº 4.073, de 3 de janeiro de 2002.

De acordo com esse dispositivo legal, o SINAR tem por finalidade implementar a política nacional de arquivos públicos e privados, visando à gestão, à preservação e ao acesso aos documentos de arquivo.

→ **Integram o SINAR, que tem como órgão central o CONARQ:**

> O Arquivo Nacional.
> Os arquivos do Poder Executivo Federal.
> Os arquivos do Poder Legislativo Federal.
> Os arquivos do Poder Judiciário Federal.
> Os arquivos estaduais dos Poderes Executivo, Legislativo e Judiciário.
> Os arquivos do Distrito Federal dos Poderes Executivo, Legislativo e Judiciário; os arquivos municipais dos Poderes Executivo e Legislativo.

Os arquivos referidos acima, exceto o Arquivo Nacional, quando organizados sistemicamente, passam a integrar o SINAR por intermédio de seus órgãos centrais.

As pessoas físicas e jurídicas de direito privado, detentoras de arquivos, podem integrar o SINAR mediante acordo ou ajuste com o órgão central.

→ **Compete aos integrantes do SINAR:**

01. Promover a gestão, a preservação e o acesso às informações e aos documentos na sua esfera de competência, em conformidade com as diretrizes e normas emanadas do órgão central.
02. Disseminar, em sua área de atuação, as diretrizes e normas estabelecidas pelo órgão central, zelando pelo seu cumprimento; implementar a racionalização das atividades arquivísticas, de forma a garantir a integridade do ciclo documental.
03. Garantir a guarda e o acesso aos documentos de valor permanente; apresentar sugestões ao CONARQ para o aprimoramento do SINAR.
04. Prestar informações sobre suas atividades ao CONARQ; apresentar subsídios ao CONARQ para a elaboração de dispositivos legais necessários ao aperfeiçoamento e à implementação da política nacional de arquivos públicos e privados.
05. Promover a integração e a modernização dos arquivos em sua esfera de atuação.
06. Propor ao CONARQ os arquivos privados que possam ser considerados de interesse público e social.
07. Comunicar ao CONARQ, para as devidas providências, atos lesivos ao patrimônio arquivístico nacional.
08. Colaborar na elaboração de cadastro nacional de arquivos públicos e privados, bem como no desenvolvimento de atividades censitárias referentes a arquivos; possibilitar a participação de especialistas nas câmaras técnicas, câmaras setoriais e comissões especiais constituídas pelo CONARQ.
09. Proporcionar aperfeiçoamento e reciclagem aos técnicos da área de arquivo, garantindo constante atualização.

Os integrantes do SINAR seguirão as diretrizes e normas emanadas do CONARQ, sem prejuízo de sua subordinação e vinculação administrativa.

Arquivo Nacional

O Arquivo Nacional, criado em 1838, é o órgão central do Sistema de Gestão de Documentos de Arquivo - SIGA, da administração pública federal.

Subordinado ao Ministério da Justiça - MJ desde a publicação do **Decreto nº 7.430, de 17 de janeiro de 2011**, no Diário Oficial da União nº 12, de 18 de janeiro de 2011.

→ **Tem por finalidade:**

I. Implementar e acompanhar a política nacional de arquivos, definida pelo Conselho Nacional de Arquivos - CONARQ, por meio da gestão, do recolhimento, do tratamento técnico, da preservação e da divulgação do patrimônio documental do País,
II. Garantir pleno acesso à informação, visando apoiar as decisões governamentais de caráter político-administrativo, o cidadão na defesa de seus direitos,

III. Incentivar a produção de conhecimento científico e cultural.

→ **O que são documentos de arquivo?**

São documentos produzidos, recebidos e mantidos por órgãos e entidades da administração pública federal, em decorrência do exercício de funções e atividades específicas, qualquer que seja o suporte da informação ou a natureza dos documentos.

→ **O que é gestão de documentos?**

É o conjunto de procedimentos e operações técnicas referentes à produção, tramitação, uso, avaliação e arquivamento de documentos em fase corrente e intermediária, independentemente do suporte, visando a sua eliminação ou recolhimento para guarda permanente.

→ **Para que uma política de gestão de documentos?**

Porque é dever do Poder Público a gestão documental e a proteção especial aos documentos de arquivo, como instrumento de apoio à administração, à cultura, ao desenvolvimento científico e como elementos de prova e informação.

→ **Quem integra o SIGA?**

I. O Arquivo Nacional, como órgão central **do SIGA**.

II. As unidades responsáveis pela **coordenação das atividades de gestão de documentos de arquivo nos Ministérios e órgãos equivalentes**, como **órgãos setoriais**.

III. As unidades vinculadas aos Ministérios e órgãos equivalentes, como órgãos seccionais.

Órgãos equivalentes a Ministério, isto é, cujo titular possui status de Ministro de Estado. Atualmente, são órgãos equivalentes: Advocacia-Geral da União - AGU, Casa Civil da Presidência da República, Controladoria-Geral da União - CGU, Gabinete de Segurança Institucional da Presidência da República - GSI-PR, Secretaria de Assuntos Estratégicos da Presidência da República - SAE/PR, Secretaria de Aviação Civil - SAC, Secretaria de Comunicação Social da Presidência da República - SECOM-PR, Secretaria de Direitos Humanos - SDH, Secretaria de Políticas de Promoção da Igualdade Racial - SEPPIR, Secretaria de Políticas para as Mulheres - SPM, Secretaria de Portos - SP, Secretaria de Relações Institucionais da Presidência da República - SRI/PR, Secretaria-Geral da Presidência da República - SGPR.

→ **Qual é a função do Arquivo Nacional como órgão central do SIGA?**

I. **Acompanhar e orientar**, junto aos órgãos setoriais do SIGA, **a aplicação das normas relacionadas à gestão de documentos** de arquivo aprovadas pelo Ministro-Chefe da Casa Civil da Presidência da República.

II. Orientar a implementação, **a coordenação e o controle das atividades e rotinas de trabalho relacionadas à gestão de documentos** nos órgãos setoriais.

III. **Promover a disseminação de normas técnicas** e informações de interesse para o aperfeiçoamento do sistema junto aos órgãos setoriais do SIGA.

IV. **Promover e manter intercâmbio de cooperação técnica com instituições e sistemas afins, nacionais e internacionais.**

V. **Estimular e promover a capacitação, o aperfeiçoamento, o treinamento e a reciclagem dos servidores** que atuam na área de gestão de documentos de arquivo.

→ **Qual é a função dos órgãos setoriais no SIGA?**

I. **Implantar, coordenar e controlar as atividades de gestão de documentos de arquivo**, em seu âmbito de atuação e de seus seccionais, em conformidade com as normas aprovadas pelo Ministro-Chefe da Casa Civil da Presidência da República.

II. **Implementar e acompanhar rotinas de trabalho desenvolvidas**, no seu âmbito de atuação e de seus seccionais, **visando à padronização dos procedimentos técnicos relativos às atividades de produção, classificação, registro, tramitação, arquivamento, preservação, empréstimo, consulta, expedição, avaliação, transferência e recolhimento ou eliminação de documentos de arquivo e ao acesso às informações neles contidas**.

III. **Coordenar a elaboração de código de classificação de documentos de arquivo**, com base nas funções e atividades desempenhadas pelo órgão ou entidade, e acompanhar a sua aplicação no seu âmbito de atuação e de seus seccionais.

IV. **Coordenar a aplicação do código de classificação e da tabela de temporalidade e destinação de documentos de arquivo relativos às atividades-meio, instituída para a Administração Pública Federal**, no seu âmbito de atuação e de seus seccionais.

V. Elaborar, por intermédio da Comissão Permanente de Avaliação de Documentos e de que trata o art. 18 do Decreto n° 4.073, de 3 de janeiro de 2002, e **aplicar, após aprovação do Arquivo Nacional, a tabela de temporalidade e destinação de documentos de arquivo relativos às atividades-fim.**

VI. **Promover e manter intercâmbio de cooperação técnica com instituições e sistemas afins, nacionais e internacionais.**

VII. **Proporcionar aos servidores** que atuam na área de gestão de documentos de arquivo **a capacitação, o aperfeiçoamento, o treinamento e a reciclagem, garantindo constante atualização.**

→ **Devo me registrar no Cadastro Nacional dos Integrantes do SIGA?**

Devem se cadastrar os servidores federais e os empregados de empresas públicas da esfera federal ou de economia mista, que atuem na área de gestão de documentos, ainda que ocupe somente um cargo comissionado ou por prazo determinado. Não estão incluídos nesse grupo os funcionários terceirizados, estagiários ou servidores e empregados de empresas públicas da esfera estadual, distrital ou municipal.

O Que é o SIGA?

Documentos de Arquivo - SIGA, da Administração Pública Federal, pelo qual se organizam, sob a forma de sistema, as atividades de gestão de documentos de arquivo no âmbito dos órgãos e entidades da administração pública federal.

O **Sistema de Gestão de Documentos de Arquivo – SIGA**, da Administração Pública Federal, tem por **finalidade garantir ao cidadão e aos órgãos e entidades da Administração Pública Federal, de forma ágil e segura, o acesso aos documentos de arquivo e às informações neles contidas**, resguardados os aspectos de sigilo e as restrições administrativas ou legais; integrar e coordenar as atividades de gestão de documentos de arquivo desenvolvidas pelos órgãos setoriais e seccionais que o integram; disseminar normas relativas à gestão de documentos de arquivo; racionalizar a produção da documentação arquivística pública; racionalizar e reduzir os custos operacionais e de armazenagem da documentação arquivística pública; preservar o patrimônio documental arquivístico da Administração Pública Federal; articular-se com os demais sistemas que atuam direta ou indiretamente na gestão da informação pública federal.

Para efeitos de acompanhar, coordenar, controlar, orientar e promover a gestão de documentos de arquivo, o **SIGA tem o Arquivo Nacional como órgão central, e uma Comissão de Coordenação, presidida pelo Diretor-Geral do Arquivo Nacional e integrada por representantes do Arquivo Nacional, dos Ministérios e dos órgãos equivalentes**, cabendo aos Ministérios e aos órgãos equivalentes a criação de Subcomissões de Coordenação do SIGA que reúnam representantes dos órgãos seccionais de seu âmbito de atuação, com vistas a identificar necessidades e harmonizar as proposições a serem apresentadas à Comissão de Coordenação. As normas emanadas e deliberadas pela Comissão de Coordenação do SIGA serão aprovadas pela Ministra-Chefe da Casa Civil da Presidência da República.

É instituído por este Decreto um sistema de informações a fim de proceder à operacionalização do SIGA, visando à integração dos serviços arquivísticos dos órgãos e entidades da Administração Pública Federal.

A reunião de instalação da Comissão de Coordenação do SIGA foi realizada no dia 28 de janeiro de 2004, às 9h30, no auditório da Secretaria de Imprensa e Divulgação da Presidência da República, localizado no subsolo do Palácio do Planalto, com a participação dos presidentes ou coordenadores **das Subcomissões de Coordenação do SIGA**, criadas no âmbito dos Ministérios e órgãos equivalentes.

Objetivos

01. **Garantir ao cidadão e aos órgãos e entidades da administração pública federal**, de forma ágil e segura, o **acesso aos documentos de arquivo e às informações neles contidas**, resguardados os aspectos de sigilo e as restrições administrativas ou legais.
02. **Integrar e coordenar as atividades de gestão de documentos de arquivo** desenvolvidas pelos órgãos setoriais e seccionais que o integram.
03. **Disseminar normas relativas à gestão de documentos de arquivo.**
04. **Racionalizar a produção da documentação arquivística pública.**
05. Racionalizar e reduzir os custos operacionais e de armazenagem da documentação arquivística pública.
06. **Preservar o patrimônio documental arquivístico da administração pública federal.**
07. Articular-se com os demais sistemas que atuam direta ou indiretamente na gestão da informação pública federal.

Histórico

Década de 1980

Programa de Modernização do **Arquivo Nacional**: desenvolvimento de ações e programas de assistência técnica, publicação de manuais, treinamento de recursos humanos, promoção de seminários e cursos, recolhimento de documentos públicos federais, implantação do Registro Geral de Entrada de Acervos Arquivísticos no Arquivo Nacional. Essas ações permitiram delinear uma política arquivística para o governo federal.

Década de 1990

Concepção do Sistema Federal de Arquivos do Poder Executivo – SIFAR.

Anos 2000 e 2001

Aperfeiçoamento do SIFAR, que passou a ser denominado Sistema de Gestão de Documentos de Informações – SGDI, do Poder Executivo Federal.

Instituição do SIGA

→ **12 de dezembro de 2003**

O **Decreto nº 4.915 cria o Sistema de Gestão de Documentos de Arquivo - SIGA, da Administração Pública Federal**, organizando, sob a forma de sistema, as atividades de gestão de documentos de arquivo no âmbito dos órgãos e entidades da Administração Pública Federal.

A **Lei de Acesso à Informação (Lei nº 12.527, de 18 de novembro de 2011)** estabelece que as **informações de interesse coletivo ou geral devem ser divulgadas pelos órgãos públicos, espontânea e proativamente, independentemente de solicitações.**

Com esse objetivo o Arquivo Nacional apresenta nesta seção, um conjunto significativo de dados de interesse público, de forma organizada, de modo a oferecer ao cidadão um padrão claro e uniforme de acesso, que facilite a localização e a obtenção das informações.

Aqui estão disponíveis, entre outros, dados sobre o funcionamento, a base jurídica e a própria história da Instituição, além daqueles referentes a diárias e passagens, licitações, relatórios de gestão, despesas, programas e ações, reforçando a missão do Arquivo Nacional de fornecer amplo acesso às informações, incluindo aquelas que se relacionam à transparência pública.

Neste sentido, destacam-se ainda a criação do SIC-AN que se destina a atender aos pedidos de informações sobre o acervo produzido pela Instituição de 1985 até o presente, e o fácil acesso à Ouvidoria, que recebe reclamações, denúncias e sugestões visando aperfeiçoar a qualidade dos serviços prestados pelo Arquivo Nacional.

A Instituição também apresenta um amplo conjunto de informações reunidas no item Perguntas Frequentes que, de modo objetivo, visa a esclarecer as dúvidas e questões encaminhadas habitualmente às áreas técnicas e ao Gabinete da Direção-Geral.

Atento à importância das diversas ferramentas de acesso à informação e, ao mesmo tempo, à necessidade de um contínuo aperfeiçoamento deste portal, o Arquivo Nacional busca contribuir, com esta seção, para a modernização dos serviços arquivísticos governamentais.

Câmara Técnica de Documentos Eletrônicos

Disponível em:<http://www.conarq.arquivonacional.gov.br>Adaptado.

→ **O que é e-ARQ Brasil?**

Estabelece um conjunto de condições a serem cumpridas pela organização produtora/recebedora de documentos, pelo sistema de gestão arquivística e pelos próprios documentos a fim de garantir a sua confiabilidade e autenticidade, assim como seu acesso. Pode ser usado para orientar a identificação de documentos arquivísticos digitais, estabelecer requisitos mínimos para um **Sistema Informatizado de Gestão Arquivística de Documentos – SIGAD** – independentemente da plataforma tecnológica em que for desenvolvido e/ou implantado.

O objeto do e-ARQ Brasil é o documento arquivístico digital. Este documento não trata de processos de digitalização, isto é, de procedimentos técnicos de conversão de um documento em qualquer suporte ou formato para o formato digital, por meio de dispositivo apropriado, como o escâner.

O e-ARQ Brasil especifica todas as atividades e operações técnicas da gestão arquivística de documentos desde a produção, tramitação, utilização e arquivamento até a sua destinação final. Todas essas atividades poderão ser desempenhadas pelo SIGAD, o qual, tendo sido desenvolvido em conformidade com os requisitos aqui apresentados, conferirá credibilidade à produção e à manutenção de documentos arquivísticos.

→ **O que é SIGAD?**

É um conjunto de procedimentos e operações técnicas, característico do sistema de gestão arquivística de documentos, processado por computador. O sucesso do SIGAD dependerá fundamentalmente da implementação prévia de um programa de gestão arquivística de documentos. A produção de documentos digitais levou à criação de sistemas informatizados de gerenciamento de documentos. Entretanto, para se assegurar que documentos arquivísticos digitais sejam confiáveis e autênticos e que possam preservar suas características é fundamental que os sistemas acima referidos incorporem os conceitos arquivísticos e suas implicações no gerenciamento dos documentos digitais.

Diferença entre Sistema de Informação, Gestão Arquivística de Documentos, Sistema de Gestão Arquivística de Documentos, Gerenciamento Eletrônico de Documentos (GED) e Sistema Informatizado de Gestão Arquivística de Documentos (SIGAD).

Sistema de Informação – conjunto organizado de políticas, procedimentos, pessoas, equipamentos e programas computacionais que produzem, processam, armazenam e proporcionam acesso à informação, proveniente de fontes internas e externas para apoiar o desempenho das atividades de um órgão ou entidade.

Gestão Arquivística de Documentos – conjunto de procedimentos e operações técnicas referentes à produção, tramitação, uso, avaliação e arquivamento dos documentos em fase corrente e intermediária, visando a sua eliminação ou seu recolhimento para a guarda permanente.

Sistema de Gestão Arquivística de Documentos – conjunto de procedimentos e operações técnicas, cuja interação permite a eficiência e a eficácia da gestão arquivística de documentos.

Gerenciamento Eletrônico de Documentos (GED) – conjunto de tecnologias utilizadas para organização da informação não-estruturada de um órgão ou entidade, que pode ser dividido nas seguintes funcionalidades: captura, gerenciamento, armazenamento e distribuição. Entende-se por informação não estruturada aquela que não está armazenada em banco de dados, tal como mensagem de correio eletrônico, arquivo de texto, imagem ou som, planilhas, etc. O **GED** pode englobar tecnologias de digitalização, automação de fluxos de trabalho (*workflow*), processamento de formulários, indexação, gestão de documentos, repositórios, entre outras.

Sistema Informatizado de Gestão Arquivística de Documentos (SIGAD) – é um conjunto de procedimentos e operações técnicas, característico do sistema de gestão arquivística de documentos, processado por computador. O **SIGAD** é aplicável em sistemas híbridos, isto é, que utilizam documentos digitais e documentos convencionais.

→ **Requisitos arquivísticos que caracterizam um SIGAD:**

01. Captura, armazenamento, indexação e recuperação de todos os tipos de documentos arquivísticos.
02. Captura, armazenamento, indexação e recuperação de todos os componentes digitais do documento arquivístico como uma unidade complexa.
03. Gestão dos documentos a partir do plano de classificação para manter a relação orgânica entre os documentos.
04. Implementação de metadados associados aos documentos para descrever os contextos desses mesmos documentos (jurídico-administrativo, de proveniência, de procedimentos, documental e tecnológico), integração entre documentos digitais e convencionais.
05. Foco na manutenção da autenticidade dos documentos.
06. Avaliação e seleção dos documentos para recolhimento e preservação daqueles considerados de valor permanente.
07. Aplicação de tabela de temporalidade e destinação de documentos.
08. Transferência e o recolhimento dos documentos por meio de uma função de exportação.
09. Gestão de preservação dos documentos.

Destacamos, para efeito de leitura e fixação, as seguintes normas legais:

Lei nº 8.159, de 08 de Janeiro de 1991

Dispõe sobre a política nacional de arquivos públicos e privados e dá outras providências.

Decreto nº 2.942, de 18.1.99, regulamenta os arts. 7º, 11 e 16 (revogado)

Decreto nº 4.073, de 03.01.02, regulamenta a Lei 8.159/91

Capítulo I

Disposições Gerais

Art. 1º *É dever do Poder Público a gestão documental e a de proteção especial a documentos de arquivos, como instrumento de apoio à administração, à cultura, ao desenvolvimento científico e como elementos de prova e informação.*

Art. 2º *Consideram-se arquivos, para os fins desta lei, os conjuntos de documentos produzidos e recebidos por órgãos públicos, instituições de caráter público e entidades privadas, em decorrência do exercício de atividades específicas, bem como por pessoa física, qualquer que seja o suporte da informação ou a natureza dos documentos.*

Art. 3º *Considera-se gestão de documentos o conjunto de procedimentos e operações técnicas referentes à sua produção, tramitação, uso, avaliação e arquivamento em fase corrente e intermediária, visando a sua eliminação ou recolhimento para guarda permanente.*

Art. 4º *Todos têm direito a receber dos órgãos públicos informações de seu interesse particular ou de interesse coletivo ou geral, contidas em documentos de arquivos, que serão prestadas no prazo da lei, sob pena de responsabilidade, ressalvadas aquelas cujo sigilo seja imprescindível à segurança da sociedade e do Estado, bem como à inviolabilidade da intimidade, da vida privada, da honra e da imagem das pessoas. (Grifo nosso).*

Art. 5º *A Administração Pública franqueará a consulta aos documentos públicos na forma desta lei.*

Art. 6º Fica resguardado o direito de indenização pelo dano material ou moral decorrente da violação do sigilo, sem prejuízo das ações penal, civil e administrativa.

Capítulo II

Dos Arquivos Públicos

Art. 7º *Os arquivos públicos são os conjuntos de documentos produzidos e recebidos, no exercício de suas atividades, por órgãos públicos de âmbito federal, estadual, do Distrito Federal e municipal em decorrência de suas funções administrativas, legislativas e judiciárias.*

§ 1º São também públicos os conjuntos de documentos produzidos e recebidos por instituições de caráter público, por entidades privadas encarregadas da gestão de serviços públicos no exercício de suas atividades.

§ 2º A cessação de atividades de instituições públicas e de caráter público implica o recolhimento de sua documentação à instituição arquivística pública ou a sua transferência à instituição sucessora.

Art. 8º *Os documentos públicos são identificados como correntes, intermediários e permanentes.*

§ 1º Consideram-se documentos correntes aqueles em curso ou que, mesmo sem movimentação, constituam de consultas frequentes.

§ 2º Consideram-se documentos intermediários aqueles que, não sendo de uso corrente nos órgãos produtores, por razões de interesse administrativo, aguardam a sua eliminação ou recolhimento para guarda permanente.

§ 3º Consideram-se permanentes os conjuntos de documentos de valor histórico, probatório e informativo que devem ser definitivamente preservados.

Art. 9º *A eliminação de documentos produzidos por instituições públicas e de caráter público será realizada mediante autorização da instituição arquivística pública, na sua específica esfera de competência.*

Art. 10. *Os documentos de valor permanente são inalienáveis e imprescritíveis.*

Capítulo III

Dos Arquivos Privados

Art. 11. *Consideram-se arquivos privados os conjuntos de documentos produzidos ou recebidos por pessoas físicas ou jurídicas, em decorrência de suas atividades.*

Art. 12. *Os arquivos privados podem ser identificados pelo Poder Público como de interesse público e social, desde que sejam considerados como conjuntos de fontes relevantes para a história e desenvolvimento científico nacional. (Por exemplo, o que dispõe o DECRETO DE 9 DE MAIO DE 2012, que Declarou de interesse público e social o acervo documental privado da Cúria Diocesana de Nova Iguaçu, no Estado do Rio de Janeiro).*

Art. 13. *Os arquivos privados identificados como de interesse público e social não poderão ser alienados com dispersão ou perda da unidade documental, nem transferidos para o exterior.*

Parágrafo único. Na alienação desses arquivos o Poder Público exercerá preferência na aquisição.

Art. 14. *O acesso aos documentos de arquivos privados identificados como de interesse público e social poderá ser franqueado mediante autorização de seu proprietário ou possuidor.*

Art. 15. *Os arquivos privados identificados como de interesse público e social poderão ser depositados a título revogável, ou doados a instituições arquivísticas públicas.*

Art. 16. *Os registros civis de arquivos de entidades religiosas produzidos anteriormente à vigência do Código Civil ficam identificados como de interesse público e social.*

Capítulo IV

Da Organização e Administração de Instituições Arquivísticas Públicas

Art. 17. *A administração da documentação pública ou de caráter público compete às instituições arquivísticas federais, estaduais, do Distrito Federal e municipais.*

§ 1º São Arquivos Federais o Arquivo Nacional do Poder Executivo, e os arquivos do Poder Legislativo e do Poder Judiciário. São considerados, também, do Poder Executivo os arquivos do Ministério da Marinha, do Ministério das Relações Exteriores, do Ministério do Exército e do Ministério da Aeronáutica.

§ 2º São Arquivos Estaduais o arquivo do Poder Executivo, o arquivo do Poder Legislativo e o arquivo do Poder Judiciário.

§ 3º São Arquivos do Distrito Federal o arquivo do Poder Executivo, o Arquivo do Poder Legislativo e o arquivo do Poder Judiciário.

§ 4º São Arquivos Municipais o arquivo do Poder Executivo e o arquivo do Poder Legislativo.

§ 5º Os arquivos públicos dos Territórios são organizados de acordo com sua estrutura político-jurídica.

Art. 18. *Compete ao Arquivo Nacional a gestão e o recolhimento dos documentos produzidos e recebidos pelo Poder Executivo Federal, bem como preservar e facultar o acesso aos documentos sob sua guarda, e acompanhar e implementar a política nacional de arquivos.*

Parágrafo único. *Para o pleno exercício de suas funções, o Arquivo Nacional poderá criar unidades regionais.*

Art. 19. *Competem aos arquivos do Poder Legislativo Federal a gestão e o recolhimento dos documentos produzidos e recebidos pelo Poder Legislativo Federal no exercício das suas funções, bem como preservar e facultar o acesso aos documentos sob sua guarda.*

Art. 20. *Competem aos arquivos do Poder Judiciário Federal a gestão e o recolhimento dos documentos produzidos e recebidos pelo Poder Judiciário Federal no exercício de suas funções, tramitados em juízo e oriundos de cartórios e secretarias, bem como preservar e facultar o acesso aos documentos sob sua guarda.*

Art. 21. *Legislação estadual, do Distrito Federal e municipal definirá os critérios de organização e vinculação dos arquivos estaduais e municipais, bem como a gestão e o acesso aos documentos, observado o disposto na Constituição Federal e nesta lei.*

Capítulo V

Do Acesso e do Sigilo dos Documentos Públicos

Art. 22. *É assegurado o direito de acesso pleno aos documentos públicos (Revogado pela Lei 12.527, de 18 de novembro de 2011)*

Art. 23. *Decreto fixará as categorias de sigilo que deverão ser obedecidas pelos órgãos públicos na classificação dos documentos por eles produzidos. (Revogado pela Lei 12.527, de 18 de novembro de 2011).*

§ 1º Os documentos cuja divulgação ponha em risco a segurança da sociedade e do Estado, bem como aqueles necessários ao resguardo da inviolabilidade da intimidade, da vida privada, da honra e da imagem das pessoas são originariamente sigilosos. (Revogado pela Lei 12.527, de 18 de novembro de 2011).

§ 2º O acesso aos documentos sigilosos referentes à segurança da sociedade e do Estado será restrito por um prazo máximo de 30 (trinta) anos, a contar da data de sua produção, podendo esse prazo ser prorrogado, por uma única vez, por igual período. (Revogado pela Lei 12.527, de 18 de novembro de 2011)

§ 3º O acesso aos documentos sigilosos referente à honra e à imagem das pessoas será restrito por um prazo máximo de 100 (cem) anos, a contar da sua data de produção.

Art. 24. *Poderá o Poder Judiciário, em qualquer instância, determinar a exibição reservada de qualquer documento sigiloso, sempre que indispensável à defesa de direito próprio ou esclarecimento de situação pessoal da parte. (Revogado pela Lei 12.527, de 18 de novembro de 2011)*

Parágrafo único. *Nenhuma norma de organização administrativa será interpretada de modo a, por qualquer forma, restringir o disposto neste artigo. (Revogado pela Lei 12.527, de 18 de novembro de 2011)*

Disposições Finais

Art. 25. *Ficará sujeito à responsabilidade penal, civil e administrativa, na forma da legislação em vigor, aquele que desfigurar ou destruir documentos de valor permanente ou considerado como de interesse público e social.*

Art. 26. *Fica criado o Conselho Nacional de Arquivos (Conarq), órgão vinculado ao Arquivo Nacional, que definirá a política nacional de arquivos, como órgão central de um Sistema Nacional de Arquivos (Sinar).*

§ 1º O Conselho Nacional de Arquivos será presidido pelo Diretor-Geral do Arquivo Nacional e integrado por representantes de instituições arquivísticas e acadêmicas, públicas e privadas.

§ 2º A estrutura e funcionamento do conselho criado neste artigo serão estabelecidos em regulamento.

Art. 27. *Esta lei entra em vigor na data de sua publicação.*

Art. 28. *Revogam-se as disposições em contrário.*

Fernando Collor

Jarbas Passarinho

[Diário Oficial da União, de 09 janeiro de 1991, e pub. ret. em 28 de janeiro de 1991]

Lei nº 12.527, de 18 de novembro de 2011

Lei nº 12.527, de 18 de Novembro de 2011

Regula o acesso a informações previsto no inciso XXXIII do art. 5º, no inciso II do § 3º do art. 37 e no § 2º do art. 216 da Constituição Federal; altera a Lei nº 8.112, de 11 de dezembro de 1990; revoga a Lei nº 11.111, de 5 de maio de 2005, e dispositivos da Lei nº 8.159, de 8 de janeiro de 1991; e dá outras providências.

A PRESIDENTA DA REPÚBLICA Faço saber que o Congresso Nacional decreta e eu sanciono a seguinte Lei:

Capítulo I

Disposições Gerais

Art. 1º *Esta Lei dispõe sobre os procedimentos a serem observados pela União, Estados, Distrito Federal e Municípios, com o fim de garantir o acesso a informações previsto no inciso XXXIII do art. 5º, no inciso II do § 3º do art. 37 e no § 2º do art. 216 da Constituição Federal.*

Parágrafo único. *Subordinam-se ao regime desta Lei:*

I. *os órgãos públicos integrantes da administração direta dos poderes executivo, legislativo, incluindo as cortes de contas, e judiciário e do ministério público;*

II. *as autarquias, as fundações públicas, as empresas públicas, as sociedades de economia mista e demais entidades controladas direta ou indiretamente pela união, estados, distrito federal e municípios.*

Art. 2º *Aplicam-se as disposições desta Lei, no que couber, às entidades privadas sem fins lucrativos que recebam, para realização de ações de interesse público, recursos públicos diretamente do orçamento ou mediante subvenções sociais, contrato de gestão, termo de parceria, convênios, acordo, ajustes ou outros instrumentos congêneres.*

Parágrafo único. *A publicidade a que estão submetidas as entidades citadas no caput refere-se à parcela dos recursos públicos recebidos e à sua destinação, sem prejuízo das prestações de contas a que estejam legalmente obrigadas.*

Art. 3º *Os procedimentos previstos nesta Lei destinam-se a assegurar o direito fundamental de acesso à informação e devem ser executados em conformidade com os princípios básicos da administração pública e com as seguintes diretrizes:*

I. *observância da publicidade como preceito geral e do sigilo como exceção;*

II. *divulgação de informações de interesse público, independentemente de solicitações;*

III. *utilização de meios de comunicação viabilizados pela tecnologia da informação;*

IV. *fomento ao desenvolvimento da cultura de transparência na administração pública;*

V. *desenvolvimento do controle social da administração pública.*

Art. 4º *Para os efeitos desta Lei, considera-se:*

I. *informação: dados, processados ou não, que podem ser utilizados para produção e transmissão de conhecimento, contidos em qualquer meio, suporte ou formato;*

II. *documento: unidade de registro de informações, qualquer que seja o suporte ou formato;*

III. *informação sigilosa: aquela submetida temporariamente à restrição de acesso público em razão de sua imprescindibilidade para a segurança da sociedade e do Estado;*

IV. *informação pessoal: aquela relacionada à pessoa natural identificada ou identificável;*

V. *tratamento da informação: conjunto de ações referentes à produção, recepção, classificação, utilização, acesso, reprodução, transporte, transmissão, distribuição, arquivamento, armazenamento, eliminação, avaliação, destinação ou controle da informação;*

VI. *disponibilidade: qualidade da informação que pode ser conhecida e utilizada por indivíduos, equipamentos ou sistemas autorizados;*

VII. *autenticidade: qualidade da informação que tenha sido produzida, expedida, recebida ou modificada por determinado indivíduo, equipamento ou sistema;*

VIII. *integridade: qualidade da informação não modificada, inclusive quanto à origem, trânsito e destino;*

IX. *primariedade: qualidade da informação coletada na fonte, com o máximo de detalhamento possível, sem modificações.*

Art. 5º *É dever do Estado garantir o direito de acesso à informação, que será franqueada, mediante procedimentos objetivos e ágeis, de forma transparente, clara e em linguagem de fácil compreensão.*

Capítulo II

Do Acesso a Informações e da sua Divulgação

Art. 6º *Cabe aos órgãos e entidades do poder público, observadas as normas e procedimentos específicos aplicáveis, assegurar a:*

I. *gestão transparente da informação, propiciando amplo acesso a ela e sua divulgação;*

II. *proteção da informação, garantindo-se sua disponibilidade, autenticidade e integridade; e*

III. *proteção da informação sigilosa e da informação pessoal, observada a sua disponibilidade, autenticidade, integridade e eventual restrição de acesso.*

Art. 7º *O acesso à informação de que trata esta Lei compreende, entre outros, os direitos de obter:*

I. *orientação sobre os procedimentos para a consecução de acesso, bem como sobre o local onde poderá ser encontrada ou obtida a informação almejada;*

II. *informação contida em registros ou documentos, produzidos ou acumulados por seus órgãos ou entidades, recolhidos ou não a arquivos públicos;*

III. *informação produzida ou custodiada por pessoa física ou entidade privada decorrente de qualquer vínculo com seus órgãos ou entidades, mesmo que esse vínculo já tenha cessado;*

IV. *informação primária, íntegra, autêntica e atualizada;*

V. *informação sobre atividades exercidas pelos órgãos e entidades, inclusive as relativas à sua política, organização e serviços;*

VI. *informação pertinente à administração do patrimônio público, utilização de recursos públicos, licitação, contratos administrativos;*

VII. *informação relativa:*

a) *à implementação, acompanhamento e resultados dos programas, projetos e ações dos órgãos e entidades públicas, bem como metas e indicadores propostos;*

b) *ao resultado de inspeções, auditorias, prestações e tomadas de contas realizadas pelos órgãos de controle interno e externo, incluindo prestações de contas relativas a exercícios anteriores.*

§ 1º O acesso à informação previsto no caput não compreende as informações referentes a projetos de pesquisa e desenvolvimento científicos ou tecnológicos cujo sigilo seja imprescindível à segurança da sociedade e do Estado.

§ 2º Quando não for autorizado acesso integral à informação por ser ela parcialmente sigilosa, é assegurado o acesso à parte não sigilosa por meio de certidão, extrato ou cópia com ocultação da parte sob sigilo.

§ 3º O direito de acesso aos documentos ou às informações neles contidas utilizados como fundamento da tomada de decisão e do ato administrativo será assegurado com a edição do ato decisório respectivo.

§ 4º A negativa de acesso às informações objeto de pedido formulado aos órgãos e entidades referidas no art. 1º, quando não fundamentada, sujeitará o responsável a medidas disciplinares, nos termos do art. 32 desta Lei.

§ 5º Informado do extravio da informação solicitada, poderá o interessado requerer à autoridade competente a imediata abertura de sindicância para apurar o desaparecimento da respectiva documentação.

§ 6º Verificada a hipótese prevista no § 5º deste artigo, o responsável pela guarda da informação extraviada deverá, no prazo de 10 (dez) dias, justificar o fato e indicar testemunhas que comprovem sua alegação.

Art. 8º *É dever dos órgãos e entidades públicas promover, independentemente de requerimentos, a divulgação em local de fácil acesso, no âmbito de suas competências, de informações de interesse coletivo ou geral por eles produzidas ou custodiadas.*

§ 1º Na divulgação das informações a que se refere o caput, deverão constar, no mínimo:

I. *registro das competências e estrutura organizacional, endereços e telefones das respectivas unidades e horários de atendimento ao público;*

II. *registros de quaisquer repasses ou transferências de recursos financeiros;*

III. *registros das despesas;*

IV. *informações concernentes a procedimentos licitatórios, inclusive os respectivos editais e resultados, bem como a todos os contratos celebrados;*

V. *dados gerais para o acompanhamento de programas, ações, projetos e obras de órgãos e entidades; e*

VI. *respostas a perguntas mais frequentes da sociedade.*

§ 2º Para cumprimento do disposto no caput, os órgãos e entidades públicas deverão utilizar todos os meios e instrumentos legítimos de que dispuserem, sendo obrigatória a divulgação em sítios oficiais da rede mundial de computadores (internet).

§ 3º Os sítios de que trata o § 2º deverão, na forma de regulamento, atender, entre outros, aos seguintes requisitos:

I. *conter ferramenta de pesquisa de conteúdo que permita o acesso à informação de forma objetiva, transparente, clara e em linguagem de fácil compreensão;*

II. *possibilitar a gravação de relatórios em diversos formatos eletrônicos, inclusive abertos e não proprietários, tais como planilhas e texto, de modo a facilitar a análise das informações;*

III. *possibilitar o acesso automatizado por sistemas externos em formatos abertos, estruturados e legíveis por máquina;*

IV. *divulgar em detalhes os formatos utilizados para estruturação da informação;*

V. *garantir a autenticidade e a integridade das informações disponíveis para acesso;*

VI. *manter atualizadas as informações disponíveis para acesso;*

VII. *indicar local e instruções que permitam ao interessado comunicar-se, por via eletrônica ou telefônica, com o órgão ou entidade detentora do sítio; e*

VIII. *adotar as medidas necessárias para garantir a acessibilidade de conteúdo para pessoas com deficiência, nos termos do art. 17 da Lei no 10.098, de 19 de dezembro de 2000, e do art. 9º da Convenção sobre os Direitos das Pessoas com Deficiência, aprovada pelo Decreto Legislativo no 186, de 9 de julho de 2008.*

§ 4 Os Municípios com população de até 10.000 (dez mil) habitantes ficam dispensados da divulgação obrigatória na internet a que se refere o § 2º, mantida a obrigatoriedade de divulgação, em tempo real, de informações relativas à execução orçamentária

e financeira, nos critérios e prazos previstos no art. 73-B da Lei Complementar no 101, de 4 de maio de 2000 (Lei de Responsabilidade Fiscal).

Art. 9º *O acesso a informações públicas será assegurado mediante:*

I. criação de serviço de informações ao cidadão, nos órgãos e entidades do poder público, em local com condições apropriadas para:

a) atender e orientar o público quanto ao acesso a informações;

b) informar sobre a tramitação de documentos nas suas respectivas unidades;

c) protocolizar documentos e requerimentos de acesso a informações; e

II. realização de audiências ou consultas públicas, incentivo à participação popular ou a outras formas de divulgação.

Capítulo III

Do Procedimento de Acesso à Informação

Seção I

Do Pedido de Acesso

Art. 10. *Qualquer interessado poderá apresentar pedido de acesso a informações aos órgãos e entidades referidos no art. 1º desta Lei, por qualquer meio legítimo, devendo o pedido conter a identificação do requerente e a especificação da informação requerida.*

§ 1º Para o acesso a informações de interesse público, a identificação do requerente não pode conter exigências que inviabilizem a solicitação.

§ 2º Os órgãos e entidades do poder público devem viabilizar alternativa de encaminhamento de pedidos de acesso por meio de seus sítios oficiais na internet.

§ 3º São vedadas quaisquer exigências relativas aos motivos determinantes da solicitação de informações de interesse público.

Art. 11. *O órgão ou entidade pública deverá autorizar ou conceder o acesso imediato à informação disponível.*

§ 1º Não sendo possível conceder o acesso imediato, na forma disposta no caput, o órgão ou entidade que receber o pedido deverá, em prazo não superior a 20 (vinte) dias:

I. comunicar a data, local e modo para se realizar a consulta, efetuar a reprodução ou obter a certidão;

II. indicar as razões de fato ou de direito da recusa, total ou parcial, do acesso pretendido; ou

III. comunicar que não possui a informação, indicar, se for do seu conhecimento, o órgão ou a entidade que a detém, ou, ainda, remeter o requerimento a esse órgão ou entidade, cientificando o interessado da remessa de seu pedido de informação.

§ 2º O prazo referido no § 1º poderá ser prorrogado por mais 10 (dez) dias, mediante justificativa expressa, da qual será cientificado o requerente.

§ 3º Sem prejuízo da segurança e da proteção das informações e do cumprimento da legislação aplicável, o órgão ou entidade poderá oferecer meios para que o próprio requerente possa pesquisar a informação de que necessitar.

§ 4º Quando não for autorizado o acesso por se tratar de informação total ou parcialmente sigilosa, o requerente deverá ser informado sobre a possibilidade de recurso, prazos e condições para sua interposição, devendo, ainda, ser-lhe indicada a autoridade competente para sua apreciação.

§ 5º A informação armazenada em formato digital será fornecida nesse formato, caso haja anuência do requerente.

§ 6º Caso a informação solicitada esteja disponível ao público em formato impresso, eletrônico ou em qualquer outro meio de acesso universal, serão informados ao requerente, por escrito, o lugar e a forma pela qual se poderá consultar, obter ou reproduzir a referida informação, procedimento esse que desonerará o órgão ou entidade pública da obrigação de seu fornecimento direto, salvo se o requerente declarar não dispor de meios para realizar por si mesmo tais procedimentos.

Art. 12. *O serviço de busca e fornecimento da informação é gratuito, salvo nas hipóteses de reprodução de documentos pelo órgão ou entidade pública consultada, situação em que poderá ser cobrado exclusivamente o valor necessário ao ressarcimento do custo dos serviços e dos materiais utilizados.*

Parágrafo único. *Estará isento de ressarcir os custos previstos no caput todo aquele cuja situação econômica não lhe permita fazê-lo sem prejuízo do sustento próprio ou da família, declarada nos termos da Lei no 7.115, de 29 de agosto de 1983.*

Art. 13. *Quando se tratar de acesso à informação contida em documento cuja manipulação possa prejudicar sua integridade, deverá ser oferecida a consulta de cópia, com certificação de que esta confere com o original.*

Parágrafo único. *Na impossibilidade de obtenção de cópias, o interessado poderá solicitar que, a suas expensas e sob supervisão de servidor público, a reprodução seja feita por outro meio que não ponha em risco a conservação do documento original.*

Art. 14. *É direito do requerente obter o inteiro teor de decisão de negativa de acesso, por certidão ou cópia.*

Seção II

Dos Recursos

Art. 15. *No caso de indeferimento de acesso a informações ou às razões da negativa do acesso, poderá o interessado interpor recurso contra a decisão no prazo de 10 (dez) dias a contar da sua ciência.*

Parágrafo único. *O recurso será dirigido à autoridade hierarquicamente superior à que exarou a decisão impugnada, que deverá se manifestar no prazo de 5 (cinco) dias.*

Art. 16. *Negado o acesso a informação pelos órgãos ou entidades do Poder Executivo Federal, o requerente poderá recorrer à Controladoria-Geral da União, que deliberará no prazo de 5 (cinco) dias se:*

I. o acesso à informação não classificada como sigilosa for negado;

II. a decisão de negativa de acesso à informação total ou parcialmente classificada como sigilosa não indicar a autoridade classificadora ou a hierarquicamente superior a quem possa ser dirigido pedido de acesso ou desclassificação;

III. os procedimentos de classificação de informação sigilosa estabelecidos nesta Lei não tiverem sido observados; e

IV. estiverem sendo descumpridos prazos ou outros procedimentos previstos nesta Lei.

§ 1º O recurso previsto neste artigo somente poderá ser dirigido à Controladoria-Geral da União depois de submetido à apreciação de pelo menos uma autoridade hierarquicamente superior àquela que exarou a decisão impugnada, que deliberará no prazo de 5 (cinco) dias.

§ 2º Verificada a procedência das razões do recurso, a Controladoria-Geral da União determinará ao órgão ou entidade que adote as providências necessárias para dar cumprimento ao disposto nesta Lei.

§ 3º Negado o acesso à informação pela Controladoria-Geral da União, poderá ser interposto recurso à Comissão Mista de Reavaliação de Informações, a que se refere o art. 35.

***Art. 17.** No caso de indeferimento de pedido de desclassificação de informação protocolado em órgão da administração pública federal, poderá o requerente recorrer ao Ministro de Estado da área, sem prejuízo das competências da Comissão Mista de Reavaliação de Informações, previstas no art. 35, e do disposto no art. 16.*

§ 1º O recurso previsto neste artigo somente poderá ser dirigido às autoridades mencionadas depois de submetido à apreciação de pelo menos uma autoridade hierarquicamente superior à autoridade que exarou a decisão impugnada e, no caso das Forças Armadas, ao respectivo Comando.

§ 2º Indeferido o recurso previsto no caput que tenha como objeto a desclassificação de informação secreta ou ultrassecreta, caberá recurso à Comissão Mista de Reavaliação de Informações prevista no art. 35.

***Art. 18.** Os procedimentos de revisão de decisões denegatórias proferidas no recurso previsto no art. 15 e de revisão de classificação de documentos sigilosos serão objeto de regulamentação própria dos Poderes Legislativo e Judiciário e do Ministério Público, em seus respectivos âmbitos, assegurado ao solicitante, em qualquer caso, o direito de ser informado sobre o andamento de seu pedido.*

Art. 19. (VETADO).

§ 1º (VETADO).

§ 2º Os órgãos do Poder Judiciário e do Ministério Público informarão ao Conselho Nacional de Justiça e ao Conselho Nacional do Ministério Público, respectivamente, as decisões que, em grau de recurso, negarem acesso a informações de interesse público.

***Art. 20.** Aplica-se subsidiariamente, no que couber, a Lei no 9.784, de 29 de janeiro de 1999, ao procedimento de que trata este Capítulo.*

Capítulo IV

Das Restrições de Acesso à Informação

Seção I

Disposições Gerais

***Art. 21.** Não poderá ser negado acesso à informação necessária à tutela judicial ou administrativa de direitos fundamentais.*

Parágrafo único. As informações ou documentos que versem sobre condutas que impliquem violação dos direitos humanos praticada por agentes públicos ou a mando de autoridades públicas não poderão ser objeto de restrição de acesso.

***Art. 22.** O disposto nesta Lei não exclui as demais hipóteses legais de sigilo e de segredo de justiça nem as hipóteses de segredo industrial decorrentes da exploração direta de atividade econômica pelo Estado ou por pessoa física ou entidade privada que tenha qualquer vínculo com o poder público.*

Seção II

Da Classificação da Informação quanto ao Grau e Prazos de Sigilo

***Art. 23.** São consideradas imprescindíveis à segurança da sociedade ou do Estado e, portanto, passíveis de classificação as informações cuja divulgação ou acesso irrestrito possam:*

I. pôr em risco a defesa e a soberania nacionais ou a integridade do território nacional;

II. prejudicar ou pôr em risco a condução de negociações ou as relações internacionais do País, ou as que tenham sido fornecidas em caráter sigiloso por outros Estados e organismos internacionais;

III. pôr em risco a vida, a segurança ou a saúde da população;

IV. oferecer elevado risco à estabilidade financeira, econômica ou monetária do País;

V. prejudicar ou causar risco a planos ou operações estratégicos das Forças Armadas;

VI. prejudicar ou causar risco a projetos de pesquisa e desenvolvimento científico ou tecnológico, assim como a sistemas, bens, instalações ou áreas de interesse estratégico nacional;

VII. pôr em risco a segurança de instituições ou de altas autoridades nacionais ou estrangeiras e seus familiares; ou

VIII. comprometer atividades de inteligência, bem como de investigação ou fiscalização em andamento, relacionadas com a prevenção ou repressão de infrações.

***Art. 24.** A informação em poder dos órgãos e entidades públicas, observado o seu teor e em razão de sua imprescindibilidade à segurança da sociedade ou do Estado, poderá ser classificada como ultrassecreta, secreta ou reservada.*

§ 1º Os prazos máximos de restrição de acesso à informação, conforme a classificação prevista no caput, vigoram a partir da data de sua produção e são os seguintes:

I. ultrassecreta: 25 (vinte e cinco) anos;

II. secreta: 15 (quinze) anos; e

III. reservada: 5 (cinco) anos.

§ 2º As informações que puderem colocar em risco a segurança do Presidente e Vice-Presidente da República e respectivos cônjuges e filhos(as) serão classificadas como reservadas e ficarão sob sigilo até o término do mandato em exercício ou do último mandato, em caso de reeleição.

§ 3º Alternativamente aos prazos previstos no § 1o, poderá ser estabelecida como termo final de restrição de acesso a ocorrência de determinado evento, desde que este ocorra antes do transcurso do prazo máximo de classificação.

§ 4º Transcorrido o prazo de classificação ou consumado o evento que defina o seu termo final, a informação tornar-se-á, automaticamente, de acesso público.

§ 5º Para a classificação da informação em determinado grau de sigilo, deverá ser observado o interesse público da informação e utilizado o critério menos restritivo possível, considerados:

I. a gravidade do risco ou dano à segurança da sociedade e do Estado; e

II. o prazo máximo de restrição de acesso ou o evento que defina seu termo final.

Seção III

Da Proteção e do Controle de Informações Sigilosas

***Art. 25.** É dever do Estado controlar o acesso e a divulgação de informações sigilosas produzidas por seus órgãos e entidades, assegurando a sua proteção. (Regulamento)*

§ 1º O acesso, a divulgação e o tratamento de informação classificada como sigilosa ficarão restritos

a pessoas que tenham necessidade de conhecê-la e que sejam devidamente credenciadas na forma do regulamento, sem prejuízo das atribuições dos agentes públicos autorizados por lei.

§ 2º O acesso à informação classificada como sigilosa cria a obrigação para aquele que a obteve de resguardar o sigilo.

§ 3º Regulamento disporá sobre procedimentos e medidas a serem adotados para o tratamento de informação sigilosa, de modo a protegê-la contra perda, alteração indevida, acesso, transmissão e divulgação não autorizados.

Art. 26. As autoridades públicas adotarão as providências necessárias para que o pessoal a elas subordinado hierarquicamente conheça as normas e observe as medidas e procedimentos de segurança para tratamento de informações sigilosas.

***Parágrafo único.** A pessoa física ou entidade privada que, em razão de qualquer vínculo com o poder público, executar atividades de tratamento de informações sigilosas adotará as providências necessárias para que seus empregados, prepostos ou representantes observem as medidas e procedimentos de segurança das informações resultantes da aplicação desta Lei.*

Seção IV

Dos Procedimentos de Classificação, Reclassificação e Desclassificação

Art. 27. A classificação do sigilo de informações no âmbito da administração pública federal é de competência: (Regulamento)

I. no grau de ultrassecreto, das seguintes autoridades:

a) Presidente da República;

b) Vice-Presidente da República;

c) Ministros de Estado e autoridades com as mesmas prerrogativas;

d) Comandantes da Marinha, do Exército e da Aeronáutica; e

e) Chefes de Missões Diplomáticas e Consulares permanentes no exterior;

II. no grau de secreto, das autoridades referidas no inciso I, dos titulares de autarquias, fundações ou empresas públicas e sociedades de economia mista; e

III. no grau de reservado, das autoridades referidas nos incisos I e II e das que exerçam funções de direção, comando ou chefia, nível DAS 101.5, ou superior, do Grupo-Direção e Assessoramento Superiores, ou de hierarquia equivalente, de acordo com regulamentação específica de cada órgão ou entidade, observado o disposto nesta Lei.

§ 1º A competência prevista nos incisos I e II, no que se refere à classificação como ultrassecreta e secreta, poderá ser delegada pela autoridade responsável a agente público, inclusive em missão no exterior, vedada a subdelegação.

§ 2º A classificação de informação no grau de sigilo ultrassecreto pelas autoridades previstas nas alíneas "d" e "e" do inciso I deverá ser ratificada pelos respectivos Ministros de Estado, no prazo previsto em regulamento.

§ 3º A autoridade ou outro agente público que classificar informação como ultrassecreta deverá encaminhar a decisão de que trata o art. 28 à Comissão Mista de Reavaliação de Informações, a que se refere o art. 35, no prazo previsto em regulamento.

Art. 28. A classificação de informação em qualquer grau de sigilo deverá ser formalizada em decisão que conterá, no mínimo, os seguintes elementos:

I. assunto sobre o qual versa a informação;

II. fundamento da classificação, observados os critérios estabelecidos no art. 24;

III. indicação do prazo de sigilo, contado em anos, meses ou dias, ou do evento que defina o seu termo final, conforme limites previstos no art. 24; e

IV. identificação da autoridade que a classificou.

***Parágrafo único.** A decisão referida no caput será mantida no mesmo grau de sigilo da informação classificada.*

Art. 29. A classificação das informações será reavaliada pela autoridade classificadora ou por autoridade hierarquicamente superior, mediante provocação ou de ofício, nos termos e prazos previstos em regulamento, com vistas à sua desclassificação ou à redução do prazo de sigilo, observado o disposto no art. 24. (Regulamento)

§ 1º O regulamento a que se refere o caput deverá considerar as peculiaridades das informações produzidas no exterior por autoridades ou agentes públicos.

§ 2º Na reavaliação a que se refere o caput, deverão ser examinadas a permanência dos motivos do sigilo e a possibilidade de danos decorrentes do acesso ou da divulgação da informação.

§ 3º Na hipótese de redução do prazo de sigilo da informação, o novo prazo de restrição manterá como termo inicial a data da sua produção.

Art. 30. A autoridade máxima de cada órgão ou entidade publicará, anualmente, em sítio à disposição na internet e destinado à veiculação de dados e informações administrativas, nos termos de regulamento:

I. rol das informações que tenham sido desclassificadas nos últimos 12 (doze) meses;

II. rol de documentos classificados em cada grau de sigilo, com identificação para referência futura;

III. relatório estatístico contendo a quantidade de pedidos de informação recebidos, atendidos e indeferidos, bem como informações genéricas sobre os solicitantes.

§ 1º Os órgãos e entidades deverão manter exemplar da publicação prevista no caput para consulta pública em suas sedes.

§ 2º Os órgãos e entidades manterão extrato com a lista de informações classificadas, acompanhadas da data, do grau de sigilo e dos fundamentos da classificação.

Seção V

Das Informações Pessoais

Art. 31. O tratamento das informações pessoais deve ser feito de forma transparente e com respeito à intimidade, vida privada, honra e imagem das pessoas, bem como às liberdades e garantias individuais.

§ 1º As informações pessoais, a que se refere este artigo, relativas à intimidade, vida privada, honra e imagem:

I. terão seu acesso restrito, independentemente de classificação de sigilo e pelo prazo máximo de 100 (cem) anos a contar da sua data de produção, a agentes públicos legalmente autorizados e à pessoa a que elas se referirem; e

II. poderão ter autorizada sua divulgação ou acesso por terceiros diante de previsão legal ou consentimento expresso da pessoa a que elas se referirem.

§ 2º Aquele que obtiver acesso às informações de que trata este artigo será responsabilizado por seu uso indevido.

§ 3º O consentimento referido no inciso II do § 1º não será exigido quando as informações forem necessárias:

I. à prevenção e diagnóstico médico, quando a pessoa estiver física ou legalmente incapaz, e para utilização única e exclusivamente para o tratamento médico;

II. à realização de estatísticas e pesquisas científicas de evidente interesse público ou geral, previstos em lei, sendo vedada a identificação da pessoa a que as informações se referirem;

III. ao cumprimento de ordem judicial;

IV. à defesa de direitos humanos; ou

V. à proteção do interesse público e geral preponderante.

§ 4º A restrição de acesso à informação relativa à vida privada, honra e imagem de pessoa não poderá ser invocada com o intuito de prejudicar processo de apuração de irregularidades em que o titular das informações estiver envolvido, bem como em ações voltadas para a recuperação de fatos históricos de maior relevância.

§ 5º Regulamento disporá sobre os procedimentos para tratamento de informação pessoal.

Capítulo V

Das Responsabilidades

***Art. 32.** Constituem condutas ilícitas que ensejam responsabilidade do agente público ou militar:*

I. recusar-se a fornecer informação requerida nos termos desta Lei, retardar deliberadamente o seu fornecimento ou fornecê-la intencionalmente de forma incorreta, incompleta ou imprecisa;

II. utilizar indevidamente, bem como subtrair, destruir, inutilizar, desfigurar, alterar ou ocultar, total ou parcialmente, informação que se encontre sob sua guarda ou a que tenha acesso ou conhecimento em razão do exercício das atribuições de cargo, emprego ou função pública;

III. agir com dolo ou má-fé na análise das solicitações de acesso à informação;

IV. divulgar ou permitir a divulgação ou acessar ou permitir acesso indevido à informação sigilosa ou informação pessoal;

V. impor sigilo à informação para obter proveito pessoal ou de terceiro, ou para fins de ocultação de ato ilegal cometido por si ou por outrem;

VI. ocultar da revisão de autoridade superior competente informação sigilosa para beneficiar a si ou a outrem, ou em prejuízo de terceiros; e

VII. destruir ou subtrair, por qualquer meio, documentos concernentes a possíveis violações de direitos humanos por parte de agentes do Estado.

§ 1º Atendido o princípio do contraditório, da ampla defesa e do devido processo legal, as condutas descritas no caput serão consideradas:

I. para fins dos regulamentos disciplinares das Forças Armadas, transgressões militares médias ou graves, segundo os critérios neles estabelecidos, desde que não tipificadas em lei como crime ou contravenção penal; ou

II. para fins do disposto na Lei no 8.112, de 11 de dezembro de 1990, e suas alterações, infrações administrativas, que deverão ser apenadas, no mínimo, com suspensão, segundo os critérios nela estabelecidos.

§ 2º Pelas condutas descritas no caput, poderá o militar ou agente público responder, também, por improbidade administrativa, conforme o disposto nas Leis nos 1.079, de 10 de abril de 1950, e 8.429, de 2 de junho de 1992.

***Art. 33.** A pessoa física ou entidade privada que detiver informações em virtude de vínculo de qualquer natureza com o poder público e deixar de observar o disposto nesta Lei estará sujeita às seguintes sanções:*

I. advertência;

II. multa;

III. rescisão do vínculo com o poder público;

IV. suspensão temporária de participar em licitação e impedimento de contratar com a administração pública por prazo não superior a 2 (dois) anos; e

V. declaração de inidoneidade para licitar ou contratar com a administração pública, até que seja promovida a reabilitação perante a própria autoridade que aplicou a penalidade.

§ 1º As sanções previstas nos incisos I, III e IV poderão ser aplicadas juntamente com a do inciso II, assegurado o direito de defesa do interessado, no respectivo processo, no prazo de 10 (dez) dias.

§ 2º A reabilitação referida no inciso V será autorizada somente quando o interessado efetivar o ressarcimento ao órgão ou entidade dos prejuízos resultantes e após decorrido o prazo da sanção aplicada com base no inciso IV.

§ 3º A aplicação da sanção prevista no inciso V é de competência exclusiva da autoridade máxima do órgão ou entidade pública, facultada a defesa do interessado, no respectivo processo, no prazo de 10 (dez) dias da abertura de vista.

***Art. 34.** Os órgãos e entidades públicas respondem diretamente pelos danos causados em decorrência da divulgação não autorizada ou utilização indevida de informações sigilosas ou informações pessoais, cabendo a apuração de responsabilidade funcional nos casos de dolo ou culpa, assegurado o respectivo direito de regresso.*

***Parágrafo único.** O disposto neste artigo aplica-se à pessoa física ou entidade privada que, em virtude de vínculo de qualquer natureza com órgãos ou entidades, tenha acesso a informação sigilosa ou pessoal e a submeta a tratamento indevido.*

Capítulo VI

Disposições Finais e Transitórias

Art. 35. (VETADO).

§ 1º É instituída a Comissão Mista de Reavaliação de Informações, que decidirá, no âmbito da administração pública federal, sobre o tratamento e a classificação de informações sigilosas e terá competência para:

I. requisitar da autoridade que classificar informação como ultrassecreta e secreta esclarecimento ou conteúdo, parcial ou integral da informação;

II. rever a classificação de informações ultrassecretas ou secretas, de ofício ou mediante provocação de pessoa interessada, observado o disposto no art. 7º e demais dispositivos desta Lei; e

III. prorrogar o prazo de sigilo de informação classificada como ultrassecreta, sempre por prazo determinado, enquanto o seu acesso ou divulgação puder ocasionar ameaça externa à soberania nacional ou à integridade do território nacional ou grave risco às relações internacionais do País, observado o prazo previsto no § 1º do art. 24.

§ 2º O prazo referido no inciso III é limitado a uma única renovação.

§ 3º A revisão de ofício a que se refere o inciso II do § 1º deverá ocorrer, no máximo, a cada 4 (quatro) anos, após a reavaliação prevista no art. 39, quando se tratar de documentos ultrassecretos ou secretos.

§ 4º A não deliberação sobre a revisão pela Comissão Mista de Reavaliação de Informações nos prazos previstos no § 3º implicará a desclassificação automática das informações.

§ 5º Regulamento disporá sobre a composição, organização e funcionamento da Comissão Mista de Reavaliação de Informações, observado o mandato de 2 (dois) anos para seus integrantes e demais disposições desta Lei. (Regulamento)

Art. 36. *O tratamento de informação sigilosa resultante de tratados, acordos ou atos internacionais atenderá às normas e recomendações constantes desses instrumentos.*

Art. 37. *É instituído, no âmbito do Gabinete de Segurança Institucional da Presidência da República, o Núcleo de Segurança e Credenciamento (NSC), que tem por objetivos: (Regulamento)*

I. promover e propor a regulamentação do credenciamento de segurança de pessoas físicas, empresas, órgãos e entidades para tratamento de informações sigilosas; e

II. garantir a segurança de informações sigilosas, inclusive aquelas provenientes de países ou organizações internacionais com os quais a República Federativa do Brasil tenha firmado tratado, acordo, contrato ou qualquer outro ato internacional, sem prejuízo das atribuições do Ministério das Relações Exteriores e dos demais órgãos competentes.

Parágrafo único. *Regulamento disporá sobre a composição, organização e funcionamento do NSC.*

Art. 38. *Aplica-se, no que couber, a Lei no 9.507, de 12 de novembro de 1997, em relação à informação de pessoa, física ou jurídica, constante de registro ou banco de dados de entidades governamentais ou de caráter público.*

Art. 39. *Os órgãos e entidades públicas deverão proceder à reavaliação das informações classificadas como ultrassecretas e secretas no prazo máximo de 2 (dois) anos, contado do termo inicial de vigência desta Lei.*

§ 1º A restrição de acesso a informações, em razão da reavaliação prevista no caput, deverá observar os prazos e condições previstos nesta Lei.

§ 2º No âmbito da administração pública federal, a reavaliação prevista no caput poderá ser revista, a qualquer tempo, pela Comissão Mista de Reavaliação de Informações, observados os termos desta Lei.

§ 3º Enquanto não transcorrido o prazo de reavaliação previsto no caput, será mantida a classificação da informação nos termos da legislação precedente.

§ 4º As informações classificadas como secretas e ultrassecretas não reavaliadas no prazo previsto no caput serão consideradas, automaticamente, de acesso público.

Art. 40. *No prazo de 60 (sessenta) dias, a contar da vigência desta Lei, o dirigente máximo de cada órgão ou entidade da administração pública federal direta e indireta designará autoridade que lhe seja diretamente subordinada para, no âmbito do respectivo órgão ou entidade, exercer as seguintes atribuições:*

I. assegurar o cumprimento das normas relativas ao acesso a informação, de forma eficiente e adequada aos objetivos desta Lei;

II. monitorar a implementação do disposto nesta Lei e apresentar relatórios periódicos sobre o seu cumprimento;

III. recomendar as medidas indispensáveis à implementação e ao aperfeiçoamento das normas e procedimentos necessários ao correto cumprimento do disposto nesta Lei; e

IV. orientar as respectivas unidades no que se refere ao cumprimento do disposto nesta Lei e seus regulamentos.

Art. 41. *O Poder Executivo Federal designará órgão da administração pública federal responsável:*

I. pela promoção de campanha de abrangência nacional de fomento à cultura da transparência na administração pública e conscientização do direito fundamental de acesso à informação;

II. pelo treinamento de agentes públicos no que se refere ao desenvolvimento de práticas relacionadas à transparência na administração pública;

III. pelo monitoramento da aplicação da lei no âmbito da administração pública federal, concentrando e consolidando a publicação de informações estatísticas relacionadas no art. 30;

IV. pelo encaminhamento ao Congresso Nacional de relatório anual com informações atinentes à implementação desta Lei.

Art. 42. *O Poder Executivo regulamentará o disposto nesta Lei no prazo de 180 (cento e oitenta) dias a contar da data de sua publicação.*

Art. 43. *O inciso VI do art. 116 da Lei no 8.112, de 11 de dezembro de 1990, passa a vigorar com a seguinte redação:*

*"**Art. 116**....*

VI. levar as irregularidades de que tiver ciência em razão do cargo ao conhecimento da autoridade superior ou, quando houver suspeita de envolvimento desta, ao conhecimento de outra autoridade competente para apuração;

*(**Art. 44.** O Capítulo IV do Título IV da Lei no 8.112, de 1990, passa a vigorar acrescido do seguinte art. 126-A:*

*"**Art. 126-A.** Nenhum servidor poderá ser responsabilizado civil, penal ou administrativamente por dar ciência à autoridade superior ou, quando houver suspeita de envolvimento desta, a outra autoridade competente para apuração de informação concernente à prática de crimes ou improbidade de que tenha conhecimento, ainda que em decorrência do exercício de cargo, emprego ou função pública."*

Art. 45. *Cabe aos Estados, ao Distrito Federal e aos Municípios, em legislação própria, obedecidas as normas gerais estabelecidas nesta Lei, definir regras* *específicas, especialmente quanto ao disposto no art. 9º e na Seção II do Capítulo III.*

Art. 46. *Revogam-se:*

I. *a Lei no 11.111, de 5 de maio de 2005; e*

II. *os arts. 22 a 24 da Lei no 8.159, de 8 de janeiro de 1991.*

Art. 47. *Esta Lei entra em vigor 180 (cento e oitenta) dias após a data de sua publicação.*

Brasília, 18 de novembro de 2011; 190º da Independência e 123º da República.

Exercício Comentado

A respeito das políticas públicas de arquivo e da legislação arquivística, julgue os itens que se seguem.

01. (CESPE) Os critérios de organização e vinculação dos arquivos estaduais assim como a gestão desses arquivos e o acesso aos documentos neles mantidos devem ser estabelecidos por legislação federal.

ERRADO. O artigo 21, da Lei Nº 8.159/91, que dispõe sobre a política nacional de arquivos públicos e privados, diz: "Legislação estadual, do Distrito Federal e municipal definirá os critérios de organização e vinculação dos arquivos estaduais e municipais, bem como a gestão e o acesso aos documentos, observado o disposto na Constituição Federal e nesta lei". O erro da questão está em sua parte final, no termo "federal", quando o correto seria estadual.

A respeito das políticas públicas de arquivo e da legislação arquivística, julgue os itens que se seguem.

02. (CESPE) É assegurado por lei o acesso a documentos públicos, ressalvados os cuja divulgação ponha em risco a segurança da sociedade e do Estado, e os cujo sigilo seja necessário ao resguardo da inviolabilidade da intimidade, da vida privada, da honra e da imagem das pessoas.

CERTO. A Lei 8159/1994 estabelece, em seu Art. 4º, que "Todos têm direito a receber dos órgãos públicos informações de seu interesse particular ou de interesse coletivo ou geral, contidas em documentos de arquivos, que serão prestadas no prazo da lei, sob pena de responsabilidade, ressalvadas aquelas cujo sigilo seja imprescindível à segurança da sociedade e do Estado, bem como à inviolabilidade da intimidade, da vida privada, da honra e da imagem das pessoas." Interessante notar que o referido artigo está em consonância com o previsto na LEI Nº 12.527, DE 18 DE NOVEMBRO DE 2011, que regula o acesso à informação previsto no inciso XXXIII do art. 5º, no inciso II do § 3º do art. 37 e no § 2º do art. 216 da Constituição Federal.

Vamos Praticar

Considerando as diretrizes para a gestão arquivística do correio eletrônico corporativo, elaboradas pelo Conselho Nacional de Arquivos (CONARQ), julgue os itens a seguir.

01. As cópias de mensagens eletrônicas encaminhadas a grupos de trabalho, com a finalidade de informar ou referenciar uma situação, devem ser inseridas na categoria de documento de arquivo.

Certo ( ) Errado ( )

02. A mensagem de correio eletrônico que for inserida em um processo judicial deve ser impressa e carimbada com o registro que confere com o original.

Certo ( ) Errado ( )

03. As instituições que possuem política de preservação digital devem prever a inserção das mensagens de correio eletrônico como documento digital.

Certo ( ) Errado ( )

04. Os órgãos da administração pública federal integram o sistema de gestão de documentos de arquivo (SIGA).

Certo ( ) Errado ( )

Acerca do sistema de gestão de documentos de arquivo (SIGA), julgue os itens a seguir.

05. O Conselho Nacional de Arquivos, formulador da política nacional de arquivos, é o órgão central do SIGA.

Certo ( ) Errado ( )

06. São órgãos setoriais do SIGA as unidades responsáveis pela coordenação das atividades de gestão de documentos de arquivo nos ministérios e órgãos equivalentes.

Certo ( ) Errado ( )

07. Incluem-se entre as competências dos órgãos seccionais do SIGA a coordenação da elaboração do código de classificação de documentos de arquivo e o acompanhamento de sua aplicação.

Certo ( ) Errado ( )

08. Os ministérios e órgãos equivalentes devem criar, para identificar necessidades, subcomissões de coordenação do SIGA.

Certo ( ) Errado ( )

09. Entre as competências do SIGA, inclui-se a de estabelecer diretrizes para o funcionamento do Sistema Nacional de Arquivos.

Certo ( ) Errado ( )

10. Um sistema de gestão arquivística de documentos deve ter a capacidade de capturar dossiês, processos ou documentos convencionais e gerenciá-los de forma diferente da realizada com os documentos digitais.

Certo ( ) Errado ( )

Gabarito

01	*CERTO*	*06*	*CERTO*
02	*ERRADO*	*07*	*CERTO*
03	*CERTO*	*08*	*CERTO*
04	*CERTO*	*09*	*ERRADO*
05	*ERRADO*	*10*	*ERRADO*

Anotações

Anotações

PARABÉNS!

Está disponível para você o código abaixo. Para utilizá-lo, é preciso estar cadastrado no site **www.alfaconcursos.com.br**.

Com ele, será possível acessar:

- Videoaulas **ON-LINE GRATUITAS*** de assuntos diversificados.
- Atualizações por meio digital, se forem necessárias, das disciplinas que compõem a apostila para o Concurso Público da **Petrobras**, cargo de **Técnico de Administração e Controle Júnior.** Aproveite para continuar seus estudos com o preparatório que mais aprova no Brasil!

123456 | ATAP | CHABCABF | 123456

CÓDIGO

Entre agora no site:
www.alfaconcursos.com.br/codigo
e utilize o código, é **GRÁTIS!**

* Acesso disponível por 6 (seis) meses.

* Cada videoaula pode ser visualizada 5 (cinco) vezes.

Abril EDUCAÇÃO

AlfaCon Concursos Públicos